U0629252

北京文物与考古系列丛书
北京市考古研究院田野考古报告（第60号）
北京城市副中心考古（二）

后屯墓地（战国卷）

（下册）

北京市考古研究院　编著

科学出版社
北　京

内 容 简 介

本书为2017～2020年北京城市副中心考古（二）——后屯墓地战国墓葬考古发掘报告，是后屯墓地考古发掘工作的阶段性成果之一。考古发掘揭露面积4500平方米，发掘了战国时期墓葬231座，为了解和研究通州地区考古学文化内涵，特别是探究汉代路县故城形成之前的区域文化面貌提供了新的资料。

本书可供考古学、文物学、历史学等学科的研究者，以及高等院校相关专业师生阅读、参考。

图书在版编目（CIP）数据

后屯墓地. 战国卷 / 北京市考古研究院编著. 北京：科学出版社，2024. 8. --（北京文物与考古系列丛书）. -- ISBN 978-7-03-079340-9

Ⅰ. K878.85

中国国家版本馆CIP数据核字第20245PZ852号

责任编辑：柴丽丽 / 责任校对：邹慧卿

责任印制：肖　兴 / 封面设计：北京美光制版有限公司

科学出版社 出版

北京东黄城根北街16号

邮政编码：100717

http://www.sciencep.com

北京汇瑞嘉合文化发展有限公司印刷

科学出版社发行　各地新华书店经销

2024年8月第　一　版　开本：889×1194　1/16

2024年8月第一次印刷　印张：33 3/4　插页：74

字数：1 000 000

定价：498.00元

（如有印装质量问题，我社负责调换）

附　　表

附表一　战国墓登记表

（单位：米）

序号	墓号	开口层位	方向	形状与结构	深度（底距地表）	墓（室）长×宽×深	椁 长×宽×残高×厚	棺 长×宽×残高×厚	人骨保存情况	葬式	头向及面向	随葬品（名称、数量）	时代	备注
1	M368	4	10°	竖穴土坑单棺墓	3	2.47×1.2×0.7	无	2.28×0.96×0.05×（0.06~0.1）	一般	仰身直肢	头向北，面向西	无	战国	
2	M369	4	30°	竖穴土坑一棺一椁墓	4.1	口：3.19×（1.9~2） 底：2.8×（1.62~1.7） 深：2	2.62×（0.84~1.32）×0.48×（0.04~0.06）	1.78×（0.5~0.6）×0.28×（0.02~0.04）	较差	仰身直肢	头向东北，面向上	陶鼎2，陶豆2，陶壶2，陶盘1，陶匜1，陶小口罐2，双耳罐1，陶尊1	战国晚期	
3	M432	5	40°	竖穴土坑一棺一椁墓	4.56	口：3.52×1.98 底：3.35×1.7 深：2.57	2.86×（1.02~1.33）×0.46×0.08	1.93×（0.44~0.52）×0.42×（0.04~0.06）	一般	仰身直肢	头向东北，面向上	陶鼎2，陶豆2，陶壶2，陶盘1，陶匜1，陶小口壶1	战国中期早段	
4	M433	4	35°	竖穴土坑墓	2.4	2×（0.5~0.64）×0.2	无	无	差	不详	头向东北，面向东南	无	战国	

续表

序号	墓号	开口层位	方向	形状与结构	深度（底距地表）	墓（室）长×宽×深	椁 长×宽×残高×厚	棺 长×宽×残高×厚	人骨保存情况	葬式	头向及面向	随葬品（名称、数量）	时代	备注
5	M434	4	35°	竖穴土坑一棺一椁墓	4.93	口：3.38×2.06 底：3.3×（1.78～1.96） 深：2.41	2.39×（1.1～1.53）×0.42×0.06	2×（0.63～0.7）×0.34×0.06	一般	仰身直肢	头向东北，面向上	无	战国	
6	M436	4	35°	竖穴土坑单棺墓	3.6	口：2.98×1.52 底：2.83×1.42 深：1.43	无	1.96×（0.44～0.64）×0.14×0.04	较好	仰身直肢	头向东北，面向下	无	战国	
7	M437	5	50°	竖穴土坑一棺一椁墓	4.34	口：3.47×2.14 底：3.23×1.87 深：2.44	2.64×（0.82～1.4）×0.54×0.06	1.9×（0.46～0.74）×0.3×0.05	较好	仰身直肢	头向东北，面向东南	陶鼎1，陶豆2，陶壶2，陶盘1，陶匜1，陶三足罐1，陶罐1，陶小口壶2，铜带钩1	战国中期早段	
8	M440	4	60°	竖穴土坑双棺一椁墓	3.84	口：3.41×2.18 底：3.16×2 深：1.87	2.75×（1.27～1.88）×0.3×0.06	南棺：2.12×（0.52～0.69）×0.3×0.06 北棺：2.12×（0.5～0.64）×0.2×0.06	南棺：一般 北棺：差	南：仰身直肢 北：不详	南：头向东北，面向不详 北：不详	陶鼎1，陶豆2，陶壶2，陶盘1，陶匜1，陶小口罐2	战国中期晚段	
9	M443	4	15°	竖穴土坑一棺一椁墓	4	口：3.52×2.15 底：2.94×（1.83～1.95） 深：1.82	2.52×（1.15～1.54）×0.43×（0.04～0.06）	2.26×（0.6～0.7）×0.24×（0.03～0.05）	差	不详	不详	陶鬲2	战国晚期	二层台：平面呈长方形，长2.01、宽0.44、高0.94米
10	M445	4	20°	竖穴土坑单棺墓	3.4	口：2.96×（1.78～1.85） 底：2.89×（1.65～1.75） 深：1.40	无	2. 28×（0.52～0.73）×0.6×0.06	差	仰身直肢	头向东北，面向上	无	战国	

续表

序号	墓号	开口层位	方向	形状与结构	深度（底距地表）	墓（室）长×宽×深	椁 长×宽×残高×厚	棺 长×宽×残高×厚	人骨保存情况	葬式	头向及面向	随葬品（名称、数量）	时代	备注
11	M446	5	40°	竖穴土坑一棺一椁墓	4.4	口：3.37×2.18 底：3.16×1.98 深：2.13	2.65×（1～1.33）×0.4×0.08	1.97×（0.53～0.68）×0.25×0.06	差	不详	不详	陶鼎1，陶豆1，陶壶1，陶盘1，陶匜1，陶三足罐1，陶小口壶1	战国中期早段	
12	M448	4	30°	竖穴土坑一棺一椁墓	3.9	口：3.31×2.18 底：3.25×2.1 深：2.13	2.82×（0.97～1.51）×0.37×0.06	1.92×（0.6～0.76）×0.36×（0.04～0.06）	一般	仰身直肢	头向东北，面向上	陶鼎2，陶豆2，陶壶2，陶盘1，陶匜1，陶小口罐1，陶尊1，铜带钩1	战国晚期	
13	M449	4	77°	竖穴土坑单棺墓	2.2	口：1.85×0.84 底：1.76×0.78 深：0.66	无	1.68×（0.4～0.64）×0.1×0.04	差	不详	头向东北，面向上	无	战国	
14	M451	4	40°	竖穴土坑单棺墓	2.9	口：2.62×（1.38～1.5） 底：2.53×（1.3～1.44） 深：1.4	无	2.01×（0.51～0.67）×0.4×0.05	一般	仰身直肢	头向东北，面向上	无	战国	
15	M454	4	10°	竖穴土坑单棺墓	3.26	口：2.72×（1.36～1.43） 底：2.62×（1.27～1.37） 深：1.06	无	1.8×（0.44～0.54）×0.12	较差	仰身直肢	头向北，面向不详	无	战国	
16	M455	4	60°	竖穴土坑单棺墓	3.27～3.33	口：3.21×（1.57～1.62） 底：3.15×（1.48～1.51） 深：1.17～1.23	无	1.92×（0.5～0.64）×0.3×0.06	一般	仰身直肢	头向北，面向东	无	战国	
17	M526	2	334°	竖穴土坑单棺墓	2.48	2.6×（0.92～0.94）×0.46	无	2.09×（0.46～0.56）×0.28	较差	仰身直肢	头向北，面向上	无	战国	

续表

序号	墓号	开口层位	方向	形状与结构	深度（底距地表）	墓（室）长×宽×深	椁 长×宽×残高×厚	棺 长×宽×残高×厚	人骨保存情况	葬式	头向及面向	随葬品（名称、数量）	时代	备注
18	M529	5	10°	竖穴土坑单棺墓	2.4～2.45	2.46×1.4×（0.5～0.55）	无	1.94×（0.49～0.69）×0.14×0.08	差	仰身直肢	头向北，面向上	铜带钩1，铜环5，铜铃12	战国	
19	M530	5	18°	竖穴土坑单棺墓	1.92	2.7×1.3×0.32	无	2×（0.62～0.78）×0.13×0.06	一般	仰身直肢	头向北，面向东	无	战国	
20	M532	4	10°	竖穴土坑单棺墓	2.7	3.04×（1.62～1.69）×1.08	无	2.03×（0.7～0.8）×0.28×0.05	较差	仰身直肢	头向北，面向西	无	战国	
21	M533	5	26°	竖穴土坑一棺一椁墓	3.6	口：2.9×1.73 底：2.79×1.63 深：1.7	2.54×（1.05～1.32）×0.3×0.04	1.94×（0.6～0.76）×0.2×（0.03～0.05）	较好	仰身直肢	头向东北，面向西	陶鼎1，陶豆2，陶壶2，陶盘1，陶匜1，陶罐4，骨饰1	战国中期晚段	
22	M534	4	5°	竖穴土坑单棺墓	2.34	3.1×1.36×0.74	无	1.97×（0.5～0.67）×0.32×0.04	较差	仰身直肢	头向北，面向不详	无	战国	
23	M537	5	5°	竖穴土坑单棺墓	2.32	口：2.9×（1.7～1.8） 底：2.76×（1.58～1.68） 深：1.12	无	1.99×（0.56～0.76）×0.38×0.06	一般	仰身直肢	头向北，面向西	陶鬲2	战国	北壁壁龛：平面呈长方形，距墓底0.82米，长0.52、进深0.48、高0.3米
24	M541	5	28°	竖穴土坑单棺墓	2.2	2.82×（1.13～1.3）×1	无	1.81×（0.44～0.6）×0.24×0.06	较差	仰身直肢	头向东北，面向上	陶鬲2	战国晚期	二层台：平面呈长方形，长1.3、宽0.42、高0.78米

续表

序号	墓号	开口层位	方向	形状与结构	深度（底距地表）	墓（室）长×宽×深	椁 长×宽×残高×厚	棺 长×宽×残高×厚	人骨保存情况	葬式	头向及面向	随葬品（名称、数量）	时代	备注
25	M544	4	40°	竖穴土坑单棺墓	2.18	2.18×0.9×1.08	无	1.85×（0.44～0.57）×0.26×0.06	较差	仰身直肢	头向东北，面向西	无	战国	
26	M545	5	40°	竖穴土坑单棺墓	2.3	2.53×1.32×1.25	无	1.86×（0.5～0.6）×0.1×0.05	较差	仰身直肢	头向东北，面向不详	陶鬲2	战国晚期	北壁壁龛：平面呈长方形，距墓室底0.65米，长0.5、进深0.4、高0.5米
27	M547	5	355°	竖穴土坑单棺墓	2.8	2.8×1.4×1.5	无	2.12×（0.62～0.81）×0.3×0.06	一般	仰身直肢	头向北，面向西	无	战国	
28	M551	4	15°	竖穴土坑单棺墓	2.8	2.8×1.2×1.8	无	2.04×（0.66～0.7）×0.14×0.04	一般	仰身直肢	头向北，面向西	无	战国	
29	M552	5	30°	竖穴土坑单棺墓	3.56	口：2.67×1.4 底：2.51×1.28 深：2.26	无	1.97×（0.55～0.75）×0.16×0.06	较差	不详	不详	陶鬲2	战国晚期	北壁中部壁龛：平面呈长方形，距墓室底0.52米，长0.4、进深0.24、高0.4米
30	M553	5	38°	竖穴土坑单棺墓	2.56	2.62×1.11×1.26	无	2.02×（0.54～0.6）×0.09×0.04	较差	仰身直肢	头向东北，面向不详	无	战国	
31	M554	4	35°	竖穴土坑单棺墓	2	2.32×0.88×0.6	无	1.98×（0.53～0.64）×0.11×（0.04～0.07）	一般	仰身直肢	头向东北，面向上	无	战国	

续表

序号	墓号	开口层位	方向	形状与结构	深度（底距地表）	墓（室）长×宽×深	椁 长×宽×残高×厚	棺 长×宽×残高×厚	人骨保存情况	葬式	头向及面向	随葬品（名称、数量）	时代	备注
32	M555	5	35°	竖穴土坑单棺墓	2.7	口：2.81×1.45 底：2.36×（1.23～1.3） 深：1.3	无	2×（0.53～0.68）×0.18×0.06	较差	不详	头向东北，面向西北	陶鬲2	战国晚期	北部二层台：平面呈长方形，长1.45、宽0.3、高0.58米
33	M556	4	26°	竖穴土坑单棺墓	3	2.3×0.92×1.78	无	1.7×（0.5～0.6）×0.2×0.04	一般	仰身屈肢	头向东北，面向东南	铁锛1	战国	
34	M557	5	40°	竖穴土坑单棺墓	3.7	口：2.6×1.83 底：2.32×1.58 深：2.19	无	1.9×（0.54～0.7）×0.3×0.05	一般	仰身直肢	头向东北，面向上	无	战国	
35	M559	4	10°	竖穴土坑单棺墓	2.2	2.70×1.31×1.09	无	1.94×（0.42～0.63）×0.12×0.04	较差	仰身直肢	头向北，面向不详	铜带钩1	战国	
36	M561	5	5°	竖穴土坑单棺墓	3.06	2.38×1×1.56	无	1.90×（0.53～0.65）×0.34×0.04	较好	仰身直肢	头向北，面向西	石肛塞 1	战国	
37	M562	5	340°	竖穴土坑单棺墓	3.4	2.6×1×1.8	无	1.92×（0.5～0.6）×0.3×0.04	差	不详	头向北，面向不详	无	战国	
38	M563	4	350°	竖穴土坑一棺一椁墓	3.5	3.15×2.08×2.3	2.25×1.07× 0.44×0.06	1.92×（0.44～0.73）×0.44×（0.03～0.06）	较差	不详	头向北，面向不详	陶鬲2，玉璧1	战国晚期	北壁壁龛：平面呈长方形，距墓底1.88米，长0.5、进深0.3、高0.4米

续表

序号	墓号	开口层位	方向	形状与结构	深度（底距地表）	墓（室） 长×宽×深	椁 长×宽×残高×厚	棺 长×宽×残高×厚	人骨保存情况	葬式	头向及面向	随葬品（名称、数量）	时代	备注
39	M564	4	3°	竖穴土坑一棺一椁墓	2.96	2.98×（1.84～1.94）×1.75	2.61×（1.12～1.47）×0.3×0.06	2.15×（0.5～0.73）×0.3×0.05	差	不详	不详	陶鬲2，玉璜1	战国	北壁壁龛：平面呈长方形，距墓底1.45米，长0.34、进深0.22、高0.3米
40	M565	5	355°	竖穴土坑单棺墓	3.2	2.5×1.23×1.6	无	2×（0.6～0.7）×0.18×0.04	较差	仰身直肢	头向北，面向西	无	战国	
41	M567	4	340°	竖穴土坑墓	1.94	（0.96～1.15）×（0.58～0.6）×0.42	无	无	较差	不详	头向北，面向西	无	战国	
42	M571	5	20°	竖穴土坑一棺一椁墓	3.4	口：3.11×1.6 底：2.87×1.47 深：1.98	（2.15～2.44）×（0.88～1.36）×0.4×（0.04～0.09）	1.94×（0.55～0.62）×0.24×（0.04～0.06）	较好	仰身直肢	头向东北，面向上	陶鬲2	战国晚期	北壁壁龛：平面呈长方形，距墓底1.08米，长0.4、进深0.2、高0.39米
43	M572	5	32°	竖穴土坑一棺一椁墓	3.84	3.4×2.28×1.96	2.9×（1.21～1.54）×0.87×（0.04～0.06）	1.95×（0.6～0.8）×0.2×（0.03～0.05）	较好	仰身直肢	头向东北，面向上	陶鼎2，陶豆2，陶壶2，陶盘1，陶匜1，陶小口罐2，骨饰1	战国晚期	
44	M574	5	35°	竖穴土坑一棺一椁墓	3.7	3.2×2.28×1.96	2.8×（1.27～1.51）×0.86×（0.05～0.07）	1.84×（0.6～0.72）×0.17×0.05	一般	仰身直肢	头向东北，面向东南	陶鼎2，陶豆2，陶壶2，陶盘1，陶匜1，陶小口壶2，陶尊1，石块1，骨饰2	战国中期晚段	

续表

序号	墓号	开口层位	方向	形状与结构	深度（底距地表）	墓（室）长×宽×深	椁长×宽×残高×厚	棺长×宽×残高×厚	人骨保存情况	葬式	头向及面向	随葬品（名称、数量）	时代	备注
45	M575	4	30°	竖穴土坑单棺墓	3.7	2.61×（1.24～1.3）×2.1	无	1.92×（0.44～0.67）×0.3×0.04	较差	仰身直肢	头向东北，面向东南	陶鼎2，陶豆2，陶壶2，陶盘1，陶匜1，陶小口罐2	战国晚期	北部头箱：1.01×（0.42～0.45）×0.3×0.04（残）
46	M580	5	30°	竖穴土坑一棺一椁墓	4.4	口：3.3×2.13 底：3.09×1.96 深：2.41	2.92×（1.52～1.81）×0.7×0.08	1.94×0.64×0.3×0.06	较好	仰身直肢	头向东北，面向上	陶鼎2，陶豆2，陶壶2，陶小口罐2	战国晚期	
47	M581	5	30°	竖穴土坑一棺一椁墓	4.1	口：3.99×（2.48～2.52） 底：3.38×（2.16～2.18） 深：2.25	3.06×（1.13～1.69）×0.5×（0.04～0.08）	1.82×（0.55～0.64）×0.15×（0.03～0.05）	较差	不详	头向东北，面向不详	陶鼎1，陶豆2，陶壶2，陶盘1，陶匜1，陶鬲2，陶小口壶2	战国早期	北部头箱：1.38×0.73×0.5×0.06
48	M586	5	10°	竖穴土坑单棺墓	4	2.66×1.04×1.55	无	2.09×（0.54～0.6）×0.22×（0.03～0.05）	一般	仰身直肢	头向北，面向西	无	战国	
49	M587	5	50°	竖穴土坑单棺墓	3.6	口：3.02×1.8 底：2.83×1.59 深：1.7	无	2.08×（0.67～0.75）×0.2×（0.02～0.05）	较差	仰身直肢	头向东北，面向不详	无	战国	
50	M588	5	45°	竖穴土坑一棺一椁墓	3.2	3.28×（1.98～2.1）×1.5	2.93×（1.08～1.61）×0.4×0.05	1.9×（0.51～0.73）×0.24×0.05	较差	不详	头向东北，面向不详	陶鼎1，陶豆2，陶壶2，陶盘1，陶匜1，陶鬲1，陶小口壶2	战国中期早段	北部头箱：（1.35～1.41）×0.74×0.38×0.06

续表

序号	墓号	开口层位	方向	形状与结构	深度（底距地表）	墓（室）长×宽×深	椁长×宽×残高×厚	棺长×宽×残高×厚	人骨保存情况	葬式	头向及面向	随葬品（名称、数量）	时代	备注
51	M589	5	44°	竖穴土坑单棺墓	2.52	2.41×1.2×1.02	无	1.8×（0.53～0.68）×0.12×0.04	较差	仰身直肢	头向东北，面向不详	陶鼎1，陶豆1，陶壶1，陶小口罐1	战国晚期	北壁壁龛：平面呈长方形，距墓底0.52米，长0.5、进深0.4、高0.4米
52	M590	6	40°	竖穴土坑一棺一椁墓	3.82	3.2×2.16×2.3	2.89×（0.83～2.1）×0.61×0.06	1.94×（0.48～0.74）×0.16×0.04	较差	不详	头向东北，面向上	陶鼎1，陶豆2，陶壶2，陶盘1，陶匜1，陶浅盘豆2，陶小口壶2	战国中期早段	
53	M591	5	35°	竖穴土坑单棺墓	2.35	2.12×1.14×1.05	无	1.9×（0.4～0.72）×0.21×0.04	一般	仰身直肢	头向东北，面向上	无	战国	
54	M592	5	30°	竖穴土坑单棺墓	2.2	2.41×1×0.66	无	1.92×（0.5～0.66）×0.11×（0.04～0.06）	一般	仰身直肢	头向东北，面向西北	无	战国	
55	M593	5	7°	竖穴土坑单棺墓	3.1	2.46×1.37×1.4	无	1.95×（0.44～0.65）×0.2×0.05	差	不详	不详	无	战国	
56	M596	5	5°	竖穴土坑单棺墓	3.46	口：2.8×1.68 底：2.6×1.5 深：1.7	无	1.94×（0.48～0.68）×0.14×0.05	差	不详	不详	陶鬲2	战国晚期	北壁壁龛：平面呈长方形，距墓底1米，长0.56、进深0.34、高0.4米
57	M599	5	2°	竖穴土坑单棺墓	3.5	3.13×1.6×1.6	无	2.08×（0.6～0.71）×0.15×0.06	较好	仰身直肢	头向北，面向上	无	战国	

续表

序号	墓号	开口层位	方向	形状与结构	深度（底距地表）	墓（室）长×宽×深	椁 长×宽×残高×厚	棺 长×宽×残高×厚	人骨保存情况	葬式	头向及面向	随葬品（名称、数量）	时代	备注
58	M601	5	20°	竖穴土坑单棺墓	3.4	口：2.6×1.71 底：2.4×1.5 深：1.6	无	2.02×（0.55～0.71）×0.2×0.04	较差	仰身直肢	头向东北，面向东	玉环1	战国	
59	M602	5	36°	竖穴土坑单棺墓	3.4	口：2.1×0.95 底：1.84×0.77 深：1.6	无	1.73×（0.52～0.64）×0.2×（0.04～0.06）	较差	仰身直肢	头向东北，面向上	铜带钩1，铜环1	战国	
60	M603	5	47°	竖穴土坑一棺一椁墓	3.8	2.98×1.7×1.9	2.54×（1.02～1.26）×0.3×0.05	1.92×（0.54～0.6）×0.15×0.04	较差	仰身直肢	头向东北，面向西北	陶鬲1	战国中期	
61	M604	5	42°	竖穴土坑单棺墓	3.6	2.84×1.7×1.6	无	2×（0.5～0.72）×0.3×0.05	一般	仰身直肢	头向东北，面向西北	无	战国	
62	M607	5	24°	竖穴土坑一棺一椁墓	3.9	口：2.84×1.64 底：2.62×1.44 深：1.9	2.53×（1.14～1.34）×0.7×0.08	1.99×（0.54～0.67）×0.2×（0.04～0.06）	较好	仰身直肢	头向东北，面向上	无	战国	
63	M608	5	12°	竖穴土坑单棺墓	3.44	口：2.8×1.6 底：2.47×1.28 深：2.22	无	1.84×（0.53～0.63）×0.21×（0.02～0.05）	一般	仰身直肢	头向北，面向上	陶鬲2	战国晚期	北壁壁龛：平面呈长方形，距墓底0.82米，长0.4、进深0.3、高0.5米
64	M609	5	35°	竖穴土坑单棺墓	3.8	2.12×1×1.6	无	1.84×（0.5～0.57）×0.2×0.05	差	不详	不详	铜带钩1，玛瑙环1，玛瑙珠1	战国	
65	M613	5	35°	竖穴土坑单棺墓	3.12	2.26×1.2×1.4	无	1.94×（0.53～0.64）×0.22×（0.04～0.06）	较差	仰身直肢	头向东北，面向不详	无	战国	

续表

序号	墓号	开口层位	方向	形状与结构	深度（底距地表）	墓（室）长×宽×深	椁 长×宽×残高×厚	棺 长×宽×残高×厚	人骨保存情况	葬式	头向及面向	随葬品（名称、数量）	时代	备注
66	M615	6	56°	竖穴土坑一棺一椁墓	3.8	口：2.57×（1.4～1.5） 底：2.57×（1.27～1.43） 深：1.3	2.3×（0.82～1.08）×0.3×0.08	1.8×（0.44～0.5）×0.2×0.04	较好	仰身屈肢	头向东北，面向上	骨饰1	战国	
67	M616	5	22°	竖穴土坑一棺一椁墓	4	口：2.68×1.52 底：2.6×1.42 深：1.8	2.31×（0.94～1.17）×0.4×0.06	1.87×（0.46～0.6）×0.15×0.05	较好	仰身直肢	头向东北，面向上	陶鼎1，陶豆1，陶尊1	战国	
68	M617	5	30°	竖穴土坑单棺墓	3.16	2.2×1.23×1.36	无	1.56×（0.5～0.65）×0.15×0.06	较差	仰身直肢	头向东北，面向不详	铜带钩1	战国	
69	M620	5	40°	竖穴土坑一棺一椁墓	3.3	口：3.34×2.1 底：3.22×1.95 深：1.4	3.13×（1.14～1.41）×0.11×（0.1～0.3）	1.78×（0.6～0.74）×0.1×（0.03～0.05）	较差	仰身直肢	头向东北，面向不详	陶鬲1	战国中期	北壁壁龛：平面呈长方形，距墓底0.2米，长0.6、进深0.2、高0.6米
70	M621	5	45°	竖穴土坑单棺墓	3.6	口：2.53×1.1 底：2.44×0.99 深：1.7	无	1.93×（0.61～0.65）×0.2×0.06	一般	仰身直肢	头向东北，面向上	无	战国	
71	M622	5	8°	竖穴土坑一棺一椁墓	3.3	3.52×2.2×1.28	3.02×（1.5～1.9）×0.3×0.09	1.96×（0.5～0.68）×0.18×0.03	较差	不详	头向北，面向不详	无	战国	
72	M623	5	8°	竖穴土坑一棺一椁墓	3	2.94×1.9×1.09	2.3×（1.16～1.46）×0.27×0.06	1.76×（0.5～0.6）×0.14×0.03	差	不详	头向北，面向不详	无	战国	
73	M625	5	43°	竖穴土坑墓	2.9	2.52×（1.12～1.24）×1	无	无	差		不详	无	战国	

续表

序号	墓号	开口层位	方向	形状与结构	深度（底距地表）	墓（室）长×宽×深	椁 长×宽×残高×厚	棺 长×宽×残高×厚	人骨保存情况	葬式	头向及面向	随葬品（名称、数量）	时代	备注
74	M626	5	30°	竖穴土坑一棺一椁墓	3.6	3×1.8×1.4	2.63×（0.82～1.34）×0.3×（0.04～0.06）	1.81×（0.44～0.66）×0.16×（0.02～0.04）	差	不详	不详	陶鼎2，陶豆2，陶壶2，陶盘1，陶匜1，陶小口罐2，铜带钩1	战国晚期	
75	M630	6	19°	竖穴土坑单棺墓	3.65	2.6×1×1.17	无	1.9×（0.49～0.61）×0.25×0.05	较好	仰身直肢	头向北，面向上	无	战国	
76	M634	5	22°	竖穴土坑一棺一椁墓	2.9	口：3.42×1.96 底：3.17×（1.69～1.77） 深：1.5	2.84×（0.95～1.7）×0.3×（0.03～0.06）	1.93×（0.48～0.6）×0.24×（0.02～0.04）	差	不详	头向东北，面向不详	陶鼎1，陶豆2，陶壶2，陶盘1，陶匜1，陶三足罐2，陶小口壶2	战国中期早段	
77	M636	6	35°	竖穴土坑一棺一椁墓	3.2	2.9×1.76×1.6	2.3×（0.88～1.32）×0.5×0.06	1.93×（0.48～0.6）×0.24×0.04	较好	仰身直肢	头向东北，面向上	陶鬲2，铜带钩1	战国中期	
78	M638	5	35°	竖穴土坑单棺墓	2.2	2.3×0.9×0.5	无	2.03×（0.6～0.68）×0.09×（0.02～0.05）	一般	仰身直肢	头向东北，面向西北	无	战国	
79	M640	5	10°	竖穴土坑单棺墓	3.6	（1.43～2.44）×1.12×0.95	无	（1.5～1.92）×（0.56～0.65）×0.2×0.05	较好	仰身直肢	头向北，面向上	无	战国	
80	M641	5	30°	竖穴土坑单棺墓	3.2	2.6×（1.11～1.2）×2.1	无	1.93×（0.54～0.66）×0.2×0.06	较差	仰身直肢	头向东北，面向东南	无	战国	

续表

序号	墓号	开口层位	方向	形状与结构	深度（底距地表）	墓（室）长×宽×深	椁 长×宽×残高×厚	棺 长×宽×残高×厚	人骨保存情况	葬式	头向及面向	随葬品（名称、数量）	时代	备注
81	M646	5	3°	竖穴土坑单棺墓	3.7	2.4×1.1×2.1	无	2.1×（0.55～0.6）×0.16×0.04	较好	仰身直肢	头向北，面向东	无	战国	
82	M648	6	26°	竖穴土坑一棺一椁墓	4.2	口：3.35×1.97 底：2.94×1.6 深：2.32	2.84×（0.86～1.54）×0.4×（0.06～0.1）	1.87×（0.56～0.6）×0.2×0.04	一般	仰身屈肢	头向东北，面向上	陶鼎1，陶豆2，陶壶2，陶盘1，陶三足罐1，陶小口壶1	战国中期早段	
83	M649	5	25°	竖穴土坑一棺一椁墓	3.8	口：3.2×1.93 底：3.2×1.83 深：2.2	2.28×（1.08～1.22）×0.5×0.06	1.9×（0.55～0.67）×0.2×0.04	较好	仰身直肢	头向东北，面向东	陶鼎2，陶豆2，陶壶2，陶盘1，陶匜1，陶小口罐2	战国中期早段	
84	M653	5	5°	竖穴土坑单棺墓	2.64	2.14×0.8×0.84	无	1.87×（0.47～0.57）×0.14×0.06	较好	仰身直肢	头向北，面向东	无	战国	
85	M654	5	30°	竖穴土坑单棺墓	3.46	口：2.54×1 底：2.32×0.8 深：1.66	无	1.99×（0.5～0.6）×0.3×（0.03～0.06）	较好	仰身直肢	头向东北，面向上	无	战国	
86	M655	5	205°	竖穴土坑单棺墓	3.3	2×0.88×1.1	无	1.8×（0.47～0.58）×0.2×（0.04～0.06）	较差	仰身直肢	头向南，面向不详	串饰1	战国	
87	M657	5	25°	竖穴土坑一棺一椁墓	3.5	3.14×1.68×1.5	2.41×（0.72～1.14）×0.22×0.08	1.82×（0.47～0.57）×0.2×0.06	较好	仰身直肢	头向东北，面向西北	无	战国	

续表

序号	墓号	开口层位	方向	形状与结构	深度（底距地表）	墓（室） 长×宽×深	椁 长×宽×残高×厚	棺 长×宽×残高×厚	人骨保存情况	葬式	头向及面向	随葬品（名称、数量）	时代	备注
88	M658	5	20°	竖穴土坑一棺一椁墓	4.8	口：4.1×2.65 底：3.69×2.23 深：2.61	3.22×（1.2～1.69）×0.6×0.04	2.1×（0.75～0.91）×0.3×0.04	差	仰身直肢	头向东北，面向上	陶鼎1，陶豆2，陶壶2，陶盘1，陶匜1，陶小口壶3	战国中期早段	
89	M659	5	17°	竖穴土坑单棺墓	2.8	2.6×1.01×0.78	无	2×（0.55～0.62）×0.25×（0.03～0.05）	一般	仰身直肢	头向北，面向上	无	战国	
90	M660	5	5°	竖穴土坑一棺一椁墓	3.9	口：3.1×2.13 底：2.8×1.8 深：2.02	2.44×（0.98～1.34）×0.3×0.06	2.09×（0.71～0.77）×0.3×0.05	一般	仰身直肢	头向北，面向东	陶鬲2	战国	北壁壁龛：平面呈长方形，距墓底0.9米，长0.5、进深0.26、高0.39米
91	M661	5	30°	竖穴土坑单棺墓	3.6	口：2.6×1.2 底：2.5×1.1 深：1.6	无	2×（0.54～0.7）×0.3×0.05	较好	仰身屈肢	头向东北，面向西北	无	战国	
92	M663	5	23°	竖穴土坑单棺墓	3.1	2.3×0.7×1.32	无	1.9×（0.45～0.52）×0.2×（0.03～0.04）	一般	仰身直肢	头向东北，面向上	无	战国	
93	M664	5	12°	竖穴土坑一棺一椁墓	4.4	口：3.22×2 底：2.94×1.79 深：2.8	2.3×（0.86～1.3）×0.44×（0.04～0.06）	2×（0.5～0.66）×0.22×（0.03～0.04）	差	不详	头向北，面向上	陶鬲2，玉片1	战国	北壁壁龛：平面呈长方形，距墓底0.99米，长0.64、进深0.28、高0.6米
94	M665	5	25°	竖穴土坑单棺墓	3.2	2.5×1.3×1.4	无	1.93×（0.5～0.6）×0.19×（0.03～0.05）	较好	仰身直肢	头向东北，面向西北	无	战国	

续表

序号	墓号	开口层位	方向	形状与结构	深度（底距地表）	墓（室）长×宽×深	椁长×宽×残高×厚	棺长×宽×残高×厚	人骨保存情况	葬式	头向及面向	随葬品（名称、数量）	时代	备注
95	M668	5	5°	竖穴土坑单棺墓	3.7	口：2.9×1.3 底：2.8×1.24 深：1.6	无	1.94×（0.52～0.68）×0.2×0.05	一般	仰身直肢	头向北，面向上	无	战国	
96	M669	5	5°	竖穴土坑一棺一椁墓	4.2	口：3.1×（1.9～2） 底：3.1×1.93 深：2.21	2.71×（1.1～1.47）×0.44×0.06	1.88×（0.56～0.64）×0.24×0.05	较好	仰身直肢	头向北，面向上	陶鼎2，陶豆2，陶壶2，陶盘1，陶匜1，陶小口罐2，陶尊1，铜带钩1，骨饰2	战国晚期	
97	M670	5	4°	竖穴土坑单棺墓	3.84	2.8×1.33×1.7	无	1.81×（0.64～0.72）×0.2×（0.03～0.06）	一般	仰身直肢	头向北，面向上	玛瑙珠1	战国	
98	M671	4	38°	竖穴土坑单棺墓	3.2	2.5×1.03×2	无	2×（0.54～0.72）×0.2×0.05	一般	仰身直肢	头向东北，面向西北	无	战国	
99	M672	5	23°	竖穴土坑一棺一椁墓	4.2	口：3×2.04 底：2.8×1.83 深：2.4	2.48×（1.03～1.24）×0.44×0.05	1.8×（0.54～0.6）×0.28×0.04	较好	仰身直肢	头向东北，面向上	陶鼎1，陶豆2，陶壶2，陶盘1，陶匜1，陶小口罐2	战国晚期	
100	M673	5	35°	竖穴土坑单棺墓	3.3	2.7×1.34×1.71	无	1.98×（0.51～0.65）×0.2×0.05	较好	仰身直肢	头向东北，面向东南	无	战国	
101	M674	4	18°	竖穴土坑单棺墓	2.6	2.6×1×1.5	无	1.9×（0.56～0.63）×0.15×（0.03～0.04）	较好	仰身直肢	头向北，面向西	无	战国	

续表

序号	墓号	开口层位	方向	形状与结构	深度（底距地表）	墓（室）长×宽×深	椁 长×宽×残高×厚	棺 长×宽×残高×厚	人骨保存情况	葬式	头向及面向	随葬品（名称、数量）	时代	备注
102	M675	5	15°	竖穴土坑单棺墓	3.84	口：2.75×1.6 底：2.36×1.2 深：2.24	无	1.96×（0.54～0.61）×0.2×0.06	差	仰身直肢	头向北，面向不详	无	战国	
103	M676	6	23°	竖穴土坑一棺一椁墓	4.28～5.32	口：3.33×1.97 底：2.94×1.5 深：1.95～2.47	2.82×（0.82～1.36）×0.36×0.07	1.9×（0.42～0.6）×0.15×（0.03～0.06）	较差	仰身直肢	头向东北，面向上	陶鼎2，陶豆2，陶壶2，陶盘1，陶匜1，陶小口罐2，陶尊1	战国晚期	
104	M677	5	3°	竖穴土坑一棺一椁墓	4.4	口：3.24×1.75 底：3.02×1.55 深：1.32	2.46×（0.94～1.36）×0.25×（0.03～0.09）	1.9×（0.47～0.6）×0.15×0.03	差	仰身直肢	头向北，面向不详	无	战国	
105	M678	6	18°	竖穴土坑单棺墓	4.1	口：2.53×1.47 底：2.33×1.27 深：1.2	无	1.88×（0.5～0.6）×0.2×0.05	一般	仰身直肢	头向北，面向东	铜带钩1	战国	
106	M680	4	155°	竖穴土坑双棺墓	2.7	2.4×（1.4～1.64）×0.7	无	东：1.8×（0.5～0.63）×0.12×（0.02～0.04） 西：1.83×（0.5～0.66）×0.12×（0.03～0.05）	差	不详	不详	无	战国	
107	M681	5	22°	竖穴土坑单棺墓	3.14	2.52×0.84×0.7	无	1.91×（0.62～0.73）×0.14×（0.02～0.06）	较好	仰身直肢	头向东北，面向东南	无	战国	
108	M682	4	18°	竖穴土坑单棺墓	2.1	口：2.4×1.06 底：2.11×0.85 深：1	无	1.83×（0.41～0.58）×0.14×（0.04～0.06）	一般	仰身直肢	头向北，面向上	陶三足罐1，陶罐1，陶尊1	战国中期晚段	

续表

序号	墓号	开口层位	方向	形状与结构	深度（底距地表）	墓（室）长×宽×深	椁长×宽×残高×厚	棺长×宽×残高×厚	人骨保存情况	葬式	头向及面向	随葬品（名称、数量）	时代	备注
109	M683	5	30°	竖穴土坑单棺墓	2.8	口：2.44×1.3 底：2.13×0.99 深：1.55	无	1.68×（0.44~0.58）×0.22×（0.04~0.05）	较差	仰身屈肢	头向东北，面向上	无	战国	
110	M684	5	23°	竖穴土坑单棺墓	2.1	1.9×1.04×0.8	无	1.36×（0.45~0.52）×0.28×（0.04~0.06）	一般	仰身直肢	头向东北，面向东南	无	战国	
111	M685	5	25°	竖穴土坑一棺一椁墓	3.3	口：3.14×1.59 底：2.9×1.34 深：2.1	2.73×（0.7~1.23）×0.26×0.06	1.87×（0.48~0.6）×0.26×0.05	差	仰身直肢	头向东北，面向上	石片1	战国	
112	M686	6	38°	竖穴土坑一棺一椁墓	4.38	3.12×1.9×1.98	2.77×（1.09~1.39）×0.4×（0.05~0.07）	1.82×（0.46~0.55）×0.15×（0.03~0.05）	较差	仰身直肢	头向东北，面向不详	陶鼎1，陶豆1，陶壶1，陶小口罐1，陶尊1	战国晚期	
113	M687	6	19°	竖穴土坑单棺墓	3.3	2.8×1.6×0.9	无	2.13×（0.73~0.82）×0.19×0.06	一般	仰身直肢	头向北，面向不详	无	战国	
114	M688	4	21°	竖穴土坑单棺墓	2.3	2.2×0.85×0.4	无	1.9×（0.48~0.6）×0.1×0.04	一般	仰身直肢	头向东北，面向上	无	战国	
115	M689	5	50°	竖穴土坑一棺一椁墓	4.7	口：3.5×2 底：3×1.5 深：2.53	2.65×（0.96~1.22）×0.4×0.08	1.81×（0.6~0.7）×0.2×0.06	较好	仰身直肢	头向东北，面向上	陶鼎2，陶豆2，陶壶2，陶盘1，陶匜1，陶小口壶2，铜环2	战国中期早段	

续表

序号	墓号	开口层位	方向	形状与结构	深度（底距地表）	墓（室）长×宽×深	椁 长×宽×残高×厚	棺 长×宽×残高×厚	人骨保存情况	葬式	头向及面向	随葬品（名称、数量）	时代	备注
116	M690	5	44°	竖穴土坑一棺一椁墓	3	口：2.7×1.37 底：2.63×1.27 深：1.6	2.28×（0.56～0.72）×0.41×（0.03～0.05）	1.8×0.43×0.13×0.04	较差	仰身直肢	头向东北，面向西北	陶鼎1，陶豆1，陶壶1，陶小口罐1	战国晚期	
117	M692	4	34°	竖穴土坑单棺墓	2.64	口：2.3×0.96 底：2.1×0.8 深：1.3	无	1.94×（0.48～0.58）×0.2×（0.04～0.06）	较好	仰身直肢	头向东北，面向西北	无	战国	
118	M693	5	45°	竖穴土坑单棺墓	1.6	1.86×0.9×0.6	无	1.52×（0.5～0.6）×0.13×0.05	较好	仰身直肢	头向东北，面向东南	无	战国	
119	M696	4	46°	竖穴土坑单棺墓	2.8	2.2×0.8×1.4	无	1.79×（0.52～0.62）×0.2×0.06	较好	仰身直肢	头向东北，面向西北	无	战国	
120	M698	4	43°	竖穴土坑单棺墓	2.8	2.3×0.84×1.3	无	1.7×（0.5～0.56）×0.12×（0.03～0.06）	差	不详	头向东北，面向不详	无	战国	
121	M700	5	45°	竖穴土坑一棺一椁墓	3.76	口：3.04×1.92 底：2.63×1.55 深：2.27	2.32×（0.94～1.27）×0.3×0.06	1.98×（0.46～0.64）×0.26×（0.02～0.04）	较好	仰身屈肢	头向东北，面向西北	陶鬲1	战国中期	
122	M701	6	352°	竖穴土坑单棺墓	3.2	2.31×1.13×0.8	无	1.98×（0.55～0.6）×0.1×（0.03～0.05）	差	不详	不详	无	战国	
123	M702	5	33°	竖穴土坑单棺墓	3.24	2.63×1.04×1.74	无	1.92×（0.53～0.6）×0.3×（0.04～0.06）	较好	仰身直肢	头向东北，面向西北	无	战国	

续表

序号	墓号	开口层位	方向	形状与结构	深度（底距地表）	墓（室）长×宽×深	椁 长×宽×残高×厚	棺 长×宽×残高×厚	人骨保存情况	葬式	头向及面向	随葬品（名称、数量）	时代	备注
124	M703	5	32°	竖穴土坑单棺墓	3.5	2.1×1.08×2.02	无	1.93×（0.52～0.64）×0.2×（0.03～0.06）	较好	仰身屈肢	头向东北，面向东南	无	战国	
125	M704	6	23°	竖穴土坑单棺墓	2.78	2.2×1.04×1.28	无	1.86×（0.52～0.61）×0.2×0.06	较好	仰身直肢	头向东北，面向上	无	战国	
126	M705	4	30°	竖穴土坑单棺墓	2.6	口：2.33×1.2 底：2.1×0.98 深：1.41	无	1.82×（0.4～0.6）×0.2×0.05	较差	仰身直肢	头向东北，面向东南	无	战国	
127	M706	5	35°	竖穴土坑一棺一椁墓	3.7	口：3.22×1.8 底：2.92×1.5 深：2.09	2.84×（0.88～1.33）×0.3×（0.05～0.07）	1.97×（0.42～0.63）×0.15×（0.03～0.05）	较好	仰身直肢	头向东北，面向上	陶鼎2，陶豆2，陶壶2，陶盘1，陶尊1	战国晚期	
128	M707	4	124°	竖穴土坑单棺墓	1.8	1.03×0.95×0.5	无	0.91×（0.52～0.61）×0.12×0.06	较差	仰身直肢	头向东南，面向不详	无	战国	
129	M708	5	28°	竖穴土坑一棺一椁墓	3.4	口：3×2.03 底：2.8×1.83 深：1.9	2.62×（1.14～1.4）×0.3×（0.05～0.06）	1.86×（0.5～0.68）×0.3×（0.02～0.06）	较差	仰身直肢	头向东北，面向不详	陶豆2，陶壶2，陶盘1，陶匜1，陶小口罐2	战国中期晚段	
130	M709	5	45°	竖穴土坑单棺墓	2.8	口：2.8×2.24 底：2.68×2.03 深：1.5	无	2.1×（0.58～0.78）×0.2×0.05	较差	仰身直肢	头向东北，面向上	陶鬲1，铜带钩1	战国早期	
131	M710	5	30°	竖穴土坑一棺一椁墓	3.1	口：3.58×2.52 底：3.38×2.28 深：1.71	2.75×（1.24～1.72）×0.17×（0.03～0.05）	2×（0.57～0.64）×0.12×（0.03～0.05）	较差	仰身直肢	头向东北，面向西北	陶鼎2，陶豆2，陶壶2，陶罐2	战国晚期	

续表

序号	墓号	开口层位	方向	形状与结构	深度（底距地表）	墓（室）长×宽×深	椁长×宽×残高×厚	棺长×宽×残高×厚	人骨保存情况	葬式	头向及面向	随葬品（名称、数量）	时代	备注
132	M712	4	20°	竖穴土坑单棺墓	3.2	口：2.44×1.24 底：2.23×1.03 深：2	无	1.88×（0.54～0.64）×0.14×0.05	较好	仰身直肢	头向东北，面向西	无	战国	
133	M713	4	26°	竖穴土坑单棺墓	3.75	口：2.82×1.67 底：2.37×1.3 深：2.25	无	1.95×（0.52～0.72）×0.17×0.04	较差	仰身直肢	头向东北，面向上	玉环1	战国	
134	M715	4	30°	竖穴土坑单棺墓	3.36	2.48×1.06×2.06	无	2×（0.62～0.72）×0.16×（0.04～0.06）	较差	仰身直肢	头向东北，面向上	无	战国	
135	M716	4	35°	竖穴土坑单棺墓	2.7	2.2×0.99×1.4	无	1.88×（0.54～0.66）×0.16×（0.04～0.06）	较差	仰身直肢	头向东北，面向上	无	战国	
136	M717	4	35°	竖穴土坑单棺墓	3.06	2.48×1.08×1.56	无	1.9×（0.52～0.64）×0.15×（0.05～0.06）	较好	仰身直肢	头向东北，面向上	无	战国	
137	M718	4	25°	竖穴土坑单棺墓	4.2	2.8×1.73×1.1	无	2.07×（0.66～0.73）×0.2×0.06	较差	仰身直肢	头向东北，面向不详	无	战国	
138	M719	4	40°	竖穴土坑单棺墓	2.5	2.6×1.27×1.21	无	1.93×（0.52～0.62）×0.14×0.06	较好	仰身直肢	头向东北，面向南	无	战国	
139	M720	5	33°	竖穴土坑一棺一椁墓	4.26	3.65×2.2×2.26	3.37×（1.46～1.81）×0.85×0.08	1.92×（0.6～0.7）×0.2×0.05	一般	仰身直肢	头向东北，面向不详	陶鼎2，陶豆2，陶壶2，陶盘1，陶匜1，陶小口罐2，陶尊1，铜带钩1	战国晚期	

续表

序号	墓号	开口层位	方向	形状与结构	深度（底距地表）	墓（室）长×宽×深	椁 长×宽×残高×厚	棺 长×宽×残高×厚	人骨保存情况	葬式	头向及面向	随葬品（名称、数量）	时代	备注
140	M722	4	20°	竖穴土坑一棺一椁墓	3.8	口：3.32×2.3 底：2.92×1.88 深：2.35	2.67×（1.32~1.73）×0.35×（0.04~0.06）	1.89×（0.5~0.65）×0.18×0.04	一般	仰身直肢	头向东北，面向上	无	战国	
141	M724	4	38°	竖穴土坑单棺墓	2.2	2.42×1.2×0.83	无	1.76×（0.45~0.56）×0.09×0.04	差	仰身直肢	头向东北，面向不详	无	战国	
142	M725	4	35°	竖穴土坑一棺一椁墓	3.36	2.5×1.33×1.67	2.08×（0.86~1.15）×0.25×（0.04~0.06）	1.85×（0.6~0.62）×0.25×（0.03~0.05）	较好	仰身直肢	头向东北，面向西北	陶鼎1，陶豆1，陶壶1	战国晚期	东壁壁龛：平面呈长方形，距墓底0.81米，长0.6、进深0.19、高0.46米
143	M726	4	23°	竖穴土坑单棺墓	2.2	口：2.12×1.28 底：1.92×1.03 深：0.7	无	1.24×（0.44~0.5）×0.15×（0.03~0.04）	差	仰身直肢	头向东北，面向上	无	战国	
144	M727	5	23°	竖穴土坑单棺墓	3.5	口：2.52×1.32 底：2.2×1.05 深：2.18	无	1.84×（0.44~0.59）×0.16×0.06	一般	仰身直肢	头向东北，面向上	陶鬲1，陶罐1	战国早期	北壁壁龛：平面呈长方形，距墓底0.24米，长0.32、进深0.23、高0.29米
145	M728	4	50°	竖穴土坑单棺墓	3.7	2.48×1.44×2	无	1.92×（0.6~0.7）×0.23×（0.04~0.05）	一般	仰身直肢	头向东北，面向东南	铜带钩1	战国	
146	M729	5	46°	竖穴土坑单棺墓	3.4	口：2.61×1.2 底：2.42×1 深：1.4	无	1.81×（0.58~0.71）×0.19×（0.04~0.05）	较差	仰身直肢	头向东北，面向上	无	战国	

续表

序号	墓号	开口层位	方向	形状与结构	深度（底距地表）	墓（室） 长×宽×深	椁 长×宽×残高×厚	棺 长×宽×残高×厚	人骨保存情况	葬式	头向及面向	随葬品（名称、数量）	时代	备注
147	M732	5	40°	竖穴土坑一棺一椁墓	4.1	口：3.4×1.73 底：2.98×1.53 深：2.53	2.66×（0.73～1.34）×0.3×0.06	1.91×（0.52～0.62）×0.3×0.05	一般	仰身直肢	头向东北，面向西北	陶鼎2，陶豆2，陶壶2，陶盘1，陶匜1，陶小口罐2	战国晚期	
148	M734	5	8°	竖穴土坑单棺墓	2.9	2.33×0.98×1.5	无	1.94×（0.54～0.7）×0.2×（0.03～0.05）	较好	仰身直肢	头向北，面向西	无	战国	
149	M735	5	14°	竖穴土坑一棺一椁墓	4.2	3.22×1.7×3	2.98×（0.93～1.6）×0.32×（0.06～0.08）	2.12×（0.58～0.68）×0.2×（0.03～0.06）	较好	仰身直肢	头向北，面向上	陶鼎2，陶豆2，陶壶2，陶小口壶2	战国中期晚段	
150	M736	6	20°	竖穴土坑单棺墓	3.7	2.6×0.94×1.2	无	1.92×（0.65～0.74）×0.16×（0.02～0.04）	一般	仰身直肢	头向东北，面向西北	玉片1	战国	
151	M737	4	20°	竖穴土坑单棺墓	2.7	口：2.3×1.45 底：2.1×1.24 深：1.1	无	1.75×（0.47～0.53）×0.15×（0.02～0.05）	一般	仰身直肢	头向东北，面向上	铜环2	战国	
152	M738	4	30°	竖穴土坑单棺墓	3.4	2.27×1.02×2	无	1.85×（0.5～0.6）×0.16×0.05	一般	仰身直肢	头向东北，面向上	无	战国	
153	M739	5	42°	竖穴土坑一棺一椁墓	4	口：3×（1.73～1.77） 底：2.83×（1.57～1.65） 深：1.6	2.63×（0.81～1.29）×0.3×（0.03～0.05）	1.84×（0.48～0.67）×0.2×（0.03～0.04）	较差	仰身直肢	头向东北，面向不详	陶鼎2，陶豆2，陶壶2，陶盘1，陶匜1，陶小口罐2	战国晚期	
154	M740	5	10°	竖穴土坑单棺墓	2.5	2×0.92×1	无	1.8×（0.51～0.61）×0.15×（0.04～0.06）	一般	仰身直肢	头向北，面向上	无	战国	

续表

序号	墓号	开口层位	方向	形状与结构	深度（底距地表）	墓（室）长×宽×深	椁长×宽×残高×厚	棺长×宽×残高×厚	人骨保存情况	葬式	头向及面向	随葬品（名称、数量）	时代	备注
155	M741	5	335°	竖穴土坑单棺墓	2.5	2.3×0.85×0.7	无	1.9×（0.46～0.6）×0.2×0.06	一般	仰身直肢	头向西北，面向上	无	战国	
156	M743	4	126°	竖穴土坑一棺一椁墓	3.2	口：2.98×1.63 底：2.7×1.37 深：1.76	2.32×（0.82～1.07）×0.2×0.06	1.75×（0.44～0.52）×0.2×（0.03～0.05）	较差	仰身直肢	头向东南，面向不详	铜环2，玉环1，水晶珠3，石璧7	战国	
157	M744	4	122°	竖穴土坑单棺墓	2.8	2.92×1.41×1.2	无	2×（0.69～0.77）×0.2×（0.03～0.06）	较差	仰身直肢	头向东南，面向西南	无	战国	
158	M747	4	22°	竖穴土坑单棺墓	3	口：3.3×1.86 底：2.9×1.5 深：1.81	无	2.15×（0.5～0.7）×0.16×（0.02～0.04）	较差	仰身直肢	头向东北，面向不详	无	战国	
159	M748	5	38°	竖穴土坑单棺墓	3	口：1.94×1 底：1.74×0.82 深：1.66	无	1.34×（0.37～0.46）×0.2×（0.03～0.04）	差	不详	不详	无	战国	
160	M749	4	18°	竖穴土坑一棺一椁墓	2.6	2.84×1.51×1.18	2.54×（0.87～1.33）×0.22×（0.04～0.06）	1.91×（0.51～0.62）×0.22×（0.03～0.05）	较差	仰身直肢	头向北，面向上	陶鼎1，陶豆2，陶壶2，陶小口罐1，铜带钩1，铜镞2	战国晚期	
161	M750	5	20°	竖穴土坑一棺一椁墓	3	口：3.52×2.14 底：3.23×1.8 深：1.66	2.6×（1.13～1.44）×0.4×（0.04～0.06）	2.01×（0.6～0.7）×0.2×（0.04～0.05）	差	仰身直肢	头向东北，面向不详	陶鼎1，陶豆2，陶壶2，陶盘1，陶匜1，陶小口壶2	战国早期	
162	M752	5	40°	竖穴土坑单棺墓	3	3.13×1.98×1.63	无	2.13×1×0.27	差	不详	不详	无	战国	

续表

序号	墓号	开口层位	方向	形状与结构	深度（底距地表）	墓（室）长×宽×深	椁 长×宽×残高×厚	棺 长×宽×残高×厚	人骨保存情况	葬式	头向及面向	随葬品（名称、数量）	时代	备注
163	M753	4	120°	竖穴土坑一棺一椁墓	3.6	口：2.9×1.81 底：2.7×1.6 深：2	2.35×（0.9～1.1）×0.4×0.06	1.94×（0.5～0.56）×0.2×（0.02～0.04）	较好	仰身直肢	头向东南，面向上	无	战国	
164	M756	5	20°	竖穴土坑一棺一椁墓	3	2.77×1.81×1.3	2.61×（0.83～1.55）×0.3×0.06	1.94×（0.46～0.6）×0.2×0.04	一般	仰身直肢	头向东北，面向上	陶鼎2，陶壶2	战国晚期	
165	M761	4	35°	竖穴土坑单棺墓	3.3	口：2.6×1.2 底：2.4×1 深：1.9	无	1.83×（0.42～0.6）×0.2×0.05	较好	仰身直肢	头向东北，面向上	铜带钩1	战国	
166	M764	5	48°	竖穴土坑一棺一椁墓	3.8	口：3.2×2.07 底：2.91×1.94 深：2.22	2.48×（1.02～1.4）×0.3×（0.06～0.08）	1.96×（0.58～0.63）×0.3×（0.04～0.06）	较好	仰身直肢	头向东北，面向西北	陶鼎1，陶豆2，陶壶2，陶盘1，陶罐2，铜带钩1，骨饰2	战国中期晚段	北壁壁龛：平面呈长方形，距墓底1.3米，长1.09、进深0.25、高0.6米
167	M765	5	50°	竖穴土坑一棺一椁墓	3.3	口：3.15×2.12 底：2.78×1.83 深：1.6	2.39×（0.89～1.26）×0.32×0.06	1.92×（0.56～0.6）×0.32×（0.05～0.06）	差	不详	头向东北，面向上	陶鬲1	战国中期	东壁壁龛：平面呈长方形，距墓底0.94米，长0.27、进深0.24、高0.35米
168	M766	4	45°	竖穴土坑单棺墓	2.1	1.9×0.72×0.58	无	1.76×（0.5～0.62）×0.1×0.05	较差	仰身直肢	头向东北，面向不详	无	战国	
169	M769	4	2°	竖穴土坑单棺墓	2.6	口：2.58×1.23 底：2.5×1.15 深：1.2	无	1.9×（0.44～0.65）×0.2×0.05	较差	仰身直肢	头向北，面向东	无	战国	

续表

序号	墓号	开口层位	方向	形状与结构	深度（底距地表）	墓（室）长×宽×深	椁 长×宽×残高×厚	棺 长×宽×残高×厚	人骨保存情况	葬式	头向及面向	随葬品（名称、数量）	时代	备注
170	M771	4	358°	竖穴土坑单棺墓	3.4	口：2.4×1.05 底：2.15×0.94 深：1.62	无	1.84×（0.47～0.65）×0.12×0.06	差	仰身直肢	头向北，面向不详	无	战国	
171	M774	5	24°	竖穴土坑单棺墓	3.6	2.6×1.12×1.41	无	2.16×（0.54～0.69）×0.23×0.06	差	不详	头向东北，面向上	无	战国	
172	M775	4	8°	竖穴土坑单棺墓	1.9	2×0.93×0.4	无	1.2×（0.35～0.37）×0.15×（0.02～0.05）	较差	仰身直肢	头向北，面向不详	无	战国	
173	M776	4	37°	竖穴土坑单棺墓	1.8	2.23×0.93×0.22	无	2×（0.5～0.6）×0.15×（0.04～0.06）	差	仰身直肢	头向东北，面向上	无	战国	
174	M777	4	21°	竖穴土坑单棺墓	3.5	口：2.32×1 底：2.21×0.94 深：2	无	1.74×（0.46～0.56）×0.2×0.05	一般	仰身直肢	头向东北，面向西北	无	战国	
175	M779	4	20°	竖穴土坑一棺一椁墓	3.3	（2.06～2.4）×1.5×1.71	2.03×（1.12～1.32）×0.3×（0.06～0.08）	1.44×0.6×0.3×（0.05～0.06）	一般	仰身直肢	头向东北，面向西北	陶鼎2，陶豆2，陶壶2，陶三足罐1，陶罐1，陶尊1，铜带钩1	战国晚期	
176	M780	4	35°	竖穴土坑单棺墓	3.1	2.48×1.33×1.4	无	1.99×（0.57～0.59）×0.2×0.05	较好	仰身直肢	头向东北，面向上	无	战国	
177	M781	6	20°	竖穴土坑单棺墓	3	2.2×1×1.1	无	1.94×（0.56～0.62）×0.2×0.06	较好	仰身直肢	头向东北，面向上	铜带钩1	战国	

续表

序号	墓号	开口层位	方向	形状与结构	深度（底距地表）	墓（室）长×宽×深	椁 长×宽×残高×厚	棺 长×宽×残高×厚	人骨保存情况	葬式	头向及面向	随葬品（名称、数量）	时代	备注
178	M782	4	20°	竖穴土坑单棺墓	2.8	2.1×0.9×1	无	1.85×（0.54～0.68）×0.2×（0.03～0.06）	较好	仰身直肢	头向东北，面向上	无	战国	
179	M783	5	60°	竖穴土坑一棺一椁墓	3.3	2.71×1.5×1.2	2.63×（1.28～1.43）×0.23×（0.02～0.06）	2.11×（0.64～0.69）×0.2×（0.03～0.05）	较好	仰身屈肢	头向东北，面向上	陶鼎1，陶豆1，陶壶1，铜带钩1	战国晚期	
180	M784	4	357°	竖穴土坑单棺墓	3.1	口：1.9×0.6 底：1.8×0.53 深：1.09	无	1.6×（0.4～0.44）×0.1×0.04	差	不详	不详	无	战国	
181	M785	4	25°	竖穴土坑单棺墓	3.1	口：2.1×1.1 底：1.98×0.96 深：1.52	无	1.83×（0.6～0.67）×0.14×（0.02～0.05）	较差	仰身直肢	头向东北，面向上	无	战国	
182	M786	4	38°	竖穴土坑单棺墓	3	口：2.5×1.3 底：2.28×1.1 深：1.78	无	1.8×（0.51～0.58）×0.09×（0.02～0.04）	较好	仰身直肢	头向东北，面向西北	无	战国	
183	M787	6	40°	竖穴土坑单棺墓	3.9	口：2.4×1.21 底：2.2×1 深：1.8	无	1.77×（0.47～0.59）×0.12×（0.03～0.05）	一般	仰身直肢	头向东北，面向西北	陶三足罐1，陶尊1，陶杯1	战国中期早段	北壁壁龛：平面呈长方形，距墓底0.6米，长0.65、进深0.19、高0.29米
184	M788	6	22°	竖穴土坑单棺墓	3.9	口：2.5×1.15 底：2.4×1.05 深：1.7	无	2.06×（0.5～0.66）×0.2×（0.03～0.04）	较差	仰身直肢	头向东北，面向上	陶浅盘豆3，陶三足罐1，陶罐1，陶尊1，陶簋1	春秋战国之际	北壁壁龛：平面呈长方形，距墓底0.64米，长0.67、进深0.41、高0.52米

续表

序号	墓号	开口层位	方向	形状与结构	深度（底距地表）	墓（室）长×宽×深	椁 长×宽×残高×厚	棺 长×宽×残高×厚	人骨保存情况	葬式	头向及面向	随葬品（名称、数量）	时代	备注
185	M790	4	38°	竖穴土坑单棺墓	3.1	口：2.2×0.92 底：1.99×0.71 深：1.7	无	1.91×（0.45～0.58）×0.2×0.04	较差	仰身直肢	头向东北，面向不详	无	战国	
186	M791	4	44°	竖穴土坑单棺墓	2.1	2.18×0.77×0.6	无	1.74×（0.42～0.5）×0.12×（0.03～0.04）	较差	仰身屈肢	头向东北，面向上	无	战国	
187	M792	5	20°	竖穴土坑一棺一椁墓	4	口：3.9×2.3 底：3.5×1.99 深：2.73	2.74×（0.93～1.51）×0.4×（0.04～0.07）	1.9×（0.56～0.76）×0.3×（0.03～0.04）	较差	仰身直肢	头向东北，面向上	陶豆2，陶罐1，铜带钩1	战国中期晚段	
188	M794	5	26°	竖穴土坑一棺一椁墓	4	3.2×2.07×2.18	2.26×（0.86～1.27）×0.3×（0.03～0.06）	1.9×0.6×0.15×（0.03～0.04）	较差	仰身屈肢	头向东北，面向西北	陶鬲1	战国早期	
189	M797	5	32°	竖穴土坑一棺一椁墓	4.4	口：3.51×2.5 底：3.4×2.37 深：2.6	2.86×（1.04～1.54）×0.4×（0.05～0.06）	2.16×0.76×0.22×（0.05～0.06）	较差	仰身直肢	头向东北，面向西北	陶鼎2，陶豆2，陶壶2，陶盘1，陶匜1，陶小口罐2	战国中期晚段	
190	M804	4	15°	竖穴土坑单棺墓	3.3	2.5×1×1.3	无	2×（0.61～0.66）×0.2×（0.05～0.06）	一般	仰身直肢	头向北，面向上	无	战国	
191	M813	4	26°	竖穴土坑单棺墓	3.5	口：2.4×1.3 底：2.1×1.09 深：2.54	无	1.8×（0.5～0.6）×0.2×（0.03～0.05）	差	仰身屈肢	头向东北，面向不详	无	战国	
192	M814	5	30°	竖穴土坑单棺墓	3.2	2.58×1.43×0.77	无	2.02×（0.67～0.9）×0.2×（0.04～0.06）	一般	仰身直肢	头向东北，面向上	陶罐2	战国中期晚段	

续表

序号	墓号	开口层位	方向	形状与结构	深度（底距地表）	墓（室）长×宽×深	椁 长×宽×残高×厚	棺 长×宽×残高×厚	人骨保存情况	葬式	头向及面向	随葬品（名称、数量）	时代	备注
193	M817	4	135°	竖穴土坑单棺墓	3.1	口：2.6×（1.64～1.72） 底：2.4×（1.53～1.62） 深：1.6	无	1.96×（0.6～0.7）×0.2×（0.04～0.05）	较好	仰身直肢	头向东南，面向东北	陶三足罐1，陶罐1，陶尊1	战国晚期	
194	M818	4	198°	竖穴土坑一棺一椁墓	4	口：（3.18～3.29）×（2.03～2.23） 底：3.2×（1.84～2.04） 深：2.6	3.02×（0.92～1.41）×0.36×0.08	1.9×（0.5～0.63）×0.2×0.05	较差	仰身屈肢	头向南，面向不详	陶鼎2，陶豆2，陶壶2，陶盘1，陶匜1，陶尊1	战国晚期	
195	M820	4	350°	竖穴土坑单棺墓	2.5	2.42×1.14×0.7	无	2×（0.77～0.8）×0.3×（0.02～0.06）	较好	仰身直肢	头向北，面向上	无	战国	
196	M822	4	24°	竖穴土坑单棺墓	2.4	口：2.5×1.1 底：2.4×1 深：0.8	无	1.9×（0.5～0.68）×0.12×（0.03～0.04）	一般	仰身直肢	头向东北，面向西	无	战国	
197	M825	6	355°	竖穴土坑单棺墓	3.8	口：2.56×1.01 底：2.46×0.84 深：1.6	无	2×（0.51～0.65）×0.2×0.04	较差	仰身直肢	头向北，面向上	无	战国	
198	M828	4	12°	竖穴土坑单棺墓	3.7	口：2.85×1.56 底：2.68×1.31 深：2.5	无	2.06×（0.5～0.7）×0.2×（0.03～0.04）	较差	仰身直肢	头向北，面向西	无	战国	
199	M830	5	25°	竖穴土坑一棺一椁墓	4.4	口：3.5×2.2 底：3.28×1.99 深：2.63	2.79×（1.22～1.68）×0.5×0.06	2.01×（0.65～0.81）×0.2×0.05	差	仰身直肢	头向东北，面向不详	陶鼎1，陶豆2，陶壶2，陶盘1，陶匜1，陶小口壶1	战国中期早段	

续表

序号	墓号	开口层位	方向	形状与结构	深度（底距地表）	墓（室） 长×宽×深	椁 长×宽×残高×厚	棺 长×宽×残高×厚	人骨保存情况	葬式	头向及面向	随葬品（名称、数量）	时代	备注
200	M831	5	25°	竖穴土坑一棺一椁墓	3.9	口：3.1×2.18 底：2.99×1.99 深：1.93	2.61×（0.91~1.37）×0.4×0.06	1.98×（0.7~0.79）×0.3×0.05	差	仰身直肢	头向东北，面向西北	陶鼎2，陶豆2，陶壶2，陶盘1，陶匜1，陶小口罐2	战国晚段	
201	M834	5	25°	竖穴土坑单棺墓	5.56	口：3.38×2.21 底：3.1×1.9 深：3.83	无	2.2×（0.4~0.65）×0.26×0.06	差	仰身直肢	头向东北，面向不详	铜带钩1，铜镞1	战国	
202	M836	5	23°	竖穴土坑一棺一椁墓	3.3	口：3.1×2.3 底：2.77×2 深：1.55	2.59×（0.84~1.23）×0.2×0.06	1.98×（0.62~0.71）×0.2×0.05	差	不详	头向东北，面向西北	陶鬲1	战国中期	
203	M837	4	10°	竖穴土坑单棺墓	2.7	口：2.63×（0.8~1.02） 底：2.68×（0.83~1.03） 深：1.25	无	1.8×（0.56~0.67）×0.2×0.04	较好	仰身直肢	头向北，面向西	无	战国	
204	M844	5	40°	竖穴土坑一棺一椁墓	4.1	口：3.4×2.18 底：3.21×1.99 深：2.6	2.87×（1.27~1.75）×0.4×0.06	1.78×（0.54~0.6）×0.21×0.04	差	仰身直肢	头向东北，面向不详	陶鼎1，陶豆2，陶壶2，陶小口壶2，陶盘1，陶匜1	战国中期早段	
205	M849	5	11°	竖穴土坑单棺墓	3.7	口：2.6×1.18 底：2.4×1 深：2.1	无	1.76×（0.46~0.51）×0.23×0.05	差	仰身直肢	头向北，面向不详	无	战国	
206	M851	5	15°	竖穴土坑单棺墓	3.7	2.64×1.1×1.7	无	2.03×（0.5~0.6）×0.1×0.05	较差	仰身直肢	头向北，面向不详	无	战国	

续表

序号	墓号	开口层位	方向	形状与结构	深度（底距地表）	墓（室）长×宽×深	椁 长×宽×残高×厚	棺 长×宽×残高×厚	人骨保存情况	葬式	头向及面向	随葬品（名称、数量）	时代	备注
207	M852	5	32°	竖穴土坑一棺一椁墓	3.8	口：3.41×2.5 底：3.2×2.18 深：2.1	2.33×（0.8～1.1）×0.3×0.09	2×（0.5～0.65）×0.15×0.05	一般	仰身直肢	头向东北，面向东南	陶鬲2	战国晚期	
208	M853	5	26°	竖穴土坑一棺一椁墓	3.9	口：3.24×2.38 底：3.04×2.18 深：2.2	2.52×（1～1.39）×0.4×（0.04～0.07）	1.94×（0.53～0.63）×0.15×（0.04～0.05）	较差	仰身直肢	头向东北，面向东南	陶鬲1	战国中期	西北角壁龛：平面呈长方形，距墓室底1.3米，长0.27、进深0.24、高0.39米
209	M855	5	40°	竖穴土坑一棺一椁墓	4	口：3.84×2.27 底：3.55×2.07 深：2.5	2.56×（0.97～1.37）×0.4×0.06	1.94×0.67×0.14×0.05	较差	仰身直肢	头向东北，面向西北	陶鬲2	战国中期	
210	M856	5	25°	竖穴土坑一棺一椁墓	3.2	口：2.84×1.7 底：2.64×1.38 深：1.4	2.25×（0.74～1.11）×0.15×0.06	1.99×（0.54～0.62）×0.15×（0.02～0.05）	差	仰身直肢	头向东北，面向西北	无	战国	
211	M859	5	35°	竖穴土坑一棺一椁墓	4.3	口：3.63×2.12 底：3.23×1.86 深：2.8	2.55×（1.13～1.42）×0.4×0.06	1.77×（0.51～0.61）×0.24×0.04	较差	仰身屈肢	头向东北，面向东南	陶鼎2，陶豆2，陶壶2，陶盘1，陶匜1，陶小口壶2，铜剑1，石片1	战国中期晚段	
212	M861	5	58°	竖穴土坑单棺墓	4.2	口：2.54×1 底：2.38×0.91 深：2.6	无	1.94×（0.5～0.6）×0.2×（0.02～0.06）	一般	仰身屈肢	头向东北，面向西北	无	战国	
213	M864	5	346°	竖穴土坑单棺墓	2.8	2.34×1×1.55	无	1.74×（0.52～0.58）×0.15×0.06	差	仰身直肢	头向北，面向不详	无	战国	

续表

序号	墓号	开口层位	方向	形状与结构	深度（底距地表）	墓（室）长×宽×深	椁 长×宽×残高×厚	棺 长×宽×残高×厚	人骨保存情况	葬式	头向及面向	随葬品（名称、数量）	时代	备注
214	M865	5	94°	竖穴土坑单棺墓	2.26	2.2×0.9×1.09	无	1.66×（0.5～0.56）×0.1×（0.04～0.06）	差	不详	不详	无	战国	
215	M866	5	5°	竖穴土坑单棺墓	3.2	2.62×1.3×2.02	无	1.86×（0.54～0.64）×0.15×（0.04～0.05）	差	仰身直肢	头向北，面向不详	无	战国	
216	M869	4	45°	竖穴土坑单棺墓	2.2	2.6×0.87×0.9	无	2.05×（0.45～0.51）×0.28×0.04	较好	仰身直肢	头向东北，面向西北	无	战国	
217	M871	5	5°	竖穴土坑单棺墓	2.6	口：2.62×1.08 底：2.42×0.88 深：1.7	无	2.02×（0.54～0.68）×0.2×0.06	较好	仰身直肢	头向北，面向上	无	战国	
218	M872	4	4°	竖穴土坑单棺墓	2.4	口：2.53×1.3 底：2.34×1.08 深：1.5	无	1.94×（0.48～0.66）×0.2×（0.04～0.06）	较好	仰身直肢	头向北，面向上	无	战国	
219	M874	4	354°	竖穴土坑单棺墓	2.9	口：2.23×1.2 底：2.03×1 深：1.99	无	1.83×（0.48～0.66）×0.15×0.06	较差	仰身直肢	头向北，面向西	无	战国	
220	M893	5	13°	竖穴土坑单棺墓	4.8	口：3.04×1.6 底：2.83×1.4 深：1.3	无	2.11×（0.48～0.63）×0.4×（0.03～0.06）	较差	仰身直肢	头向北，面向不详	陶鬲2	战国晚期	北壁壁龛：平面呈长方形，距墓底0.9米，长0.4、进深0.33、高0.3米

续表

序号	墓号	开口层位	方向	形状与结构	深度（底距地表）	墓（室）长×宽×深	椁 长×宽×残高×厚	棺 长×宽×残高×厚	人骨保存情况	葬式	头向及面向	随葬品（名称、数量）	时代	备注
221	M894	5	4°	竖穴土坑一棺一椁墓	4.2	3.33×1.9×1.2	2.87×（1.17～1.44）×0.4×0.1	1.9×（0.64～0.78）×0.3×（0.05～0.08）	一般	仰身直肢	头向北，面向西	陶鼎1，陶豆2，陶壶2，陶小口罐1，陶三足罐1	战国中期早段	
222	M895	6	18°	竖穴土坑一棺一椁墓	5	口：3.63×（2.1～2.15） 底：3.43×1.93 深：1.51	2.61×（1.4～1.66）×0.6×（0.08～0.1）	2.12×（0.69～0.84）×0.3×（0.04～0.08）	差	不详	头向北，面向上	陶鬲2	战国早期	
223	M912	5	22°	竖穴土坑一棺一椁墓	3.5	3.32×2×1	2.94×（1.47～1.74）×0.33×0.09	1.75×（0.54～0.66）×0.2×0.05	较差	仰身直肢	头向东北，面向不详	陶鼎1，陶豆2，陶壶2，陶盘1，陶匜1，陶三足罐1，陶小口壶2，石片1	战国晚期	
224	M913	5	10°	竖穴土坑一棺一椁墓	3.96	3.06×1.72×1.46	2.81×（1.35～1.56）×0.24×0.06	2.01×0.59×0.22×0.06	较差	仰身直肢	头向北，面向上	陶鼎2，陶豆2，陶壶2，陶盘1，陶匜1，陶小口壶2	战国中期早段	
225	M916	5	18°	竖穴土坑单棺墓	4.5	2.77×2.01×2	无	2.02×（0.5～0.6）×0.2×0.05	差	仰身直肢	头向北，面向西	陶鼎1，陶豆2，陶壶2，陶盘1，陶小口壶2，陶器座1	战国中期早段	
226	M921	5	16°	竖穴土坑单棺墓	3.76	2.57×1.3×1.26	无	1.94×（0.45～0.56）×0.2×0.06	一般	仰身直肢	头向北，面向不详	陶尊2，铜带钩1	战国	

续表

序号	墓号	开口层位	方向	形状与结构	深度（底距地表）	墓（室）长×宽×深	椁长×宽×残高×厚	棺长×宽×残高×厚	人骨保存情况	葬式	头向及面向	随葬品（名称、数量）	时代	备注
227	M926	5	31°	竖穴土坑一棺一椁墓	4.1	3.13×（1.87～1.9）×1.6	2.68×（0.9～1.07）×0.3×（0.06～0.1）	1.9×（0.45～0.57）×0.2×（0.04～0.06）	较好	仰身直肢	头向东北，面向上	陶豆2，陶壶2，陶小口壶1，石片1	战国晚期	
228	M927	5	40°	竖穴土坑单棺墓	3	2.36×（0.7～0.8）×0.5	无	1.82×（0.44～0.49）×0.1×0.04	较好	仰身直肢	头东北，面向西北	陶罐2	战国中期晚段	
229	M929	5	14°	竖穴土坑单棺墓	3.6	2.78×（1.35～1.5）×1.1	无	2.08×（0.45～0.57）×0.06×（0.04～0.05）	一般	仰身直肢	头向北，面向不详	陶鼎2，陶豆2，陶壶2，陶盘1，陶匜1，陶小口罐2	战国晚期	
230	M944	6	40°	竖穴土坑一棺一椁墓	3.78	3.14×（1.85～1.96）×1.28	2.48×（1.3～1.6）×0.38×0.08	2.07×（0.76～0.86）×0.3×0.06	一般	仰身直肢	头向东北，面向上	陶鬲1，铜带钩1	战国中期	
231	M949	5	37°	竖穴土坑一棺一椁墓	4	2.75×（1.5～1.8）×1.5	2.11×（0.84～1.12）×0.48×0.05	1.94×（0.43～0.56）×0.24×（0.04～0.06）	差	不详	头向东北，面向不详	陶鬲1	战国中期	

附表二　战国墓出土人骨性别年龄鉴定表

序号	墓号	性别	年龄（岁）	骨骼状况及病理性观察
1	M434	女	30～35	颅缝多无愈合，牙齿磨耗3级，肢骨较细弱
2	M437	男	30±	颅缝多愈合，牙齿磨耗2级，肢骨粗壮度2级，骨密度1级。M3（第三臼齿）脓出，右侧股骨中部有“骨囊肿”，股骨有“骑马小平面”
3	M440	男	40～45	头骨缝多愈合，牙齿磨耗3级，左侧骨头增生，股骨有骑马小平面
4	M448	女	老年	保存较差，颅缝多愈合，牙齿磨耗4～5级，粗壮度3级，骨密度2级
5	M451	男	40～50	颅缝多愈合，牙齿磨耗4级，骨密度、粗壮度1级，有龋齿
6	M454	女	50±	保存较差，骨密度、粗壮度3级
7	M455	男	35～40	长颅、高颅、狭颅，颅缝部分愈合，下肢骨粗壮
8	M529	女	20～30	保存较差，颅缝没有愈合，骨密度、粗壮度2级
9	M530	男	40～45	长颅、高颅、狭颅，颅缝多愈合，“冠状缝区”有大片连续凹坑，颅骨表面破坏，肢骨粗壮。左下颌M1（第一臼齿）齿槽脓肿，牙齿磨耗3级
10	M533	男	35±	长颅，颅高、颅宽中等，颅缝部分愈合，牙齿磨耗2～3级，下肢骨粗壮，上肢一般。左侧顶骨有锐器坎削痕迹
11	M537	女	35～40	颅缝没有愈合，牙齿磨耗3级，肢骨粗壮度、骨密度3级，右下M1（第一臼齿）、M3（第三臼齿）龋齿
12	M553	女	青年	骨密度3级
13	M557	女	中年	保存较差，颅骨缝已愈合，粗壮度、骨密度中等
14	M559	倾向男	中年	牙齿磨耗3级，骨密度1级，粗壮度2级
15	M562	女	30～40	保存太差，颅缝部分愈合，肢骨粗壮度3级
16	M563	男	成年	保存太差
17	M565	男	25～30	颅缝部分愈合，骨密度3级，粗壮度2级
18	M571	男	30±	长颅，颅宽、颅高中等，牙齿磨耗1～2级，粗壮度、骨密度1级
19	M572	男	35～40	牙齿磨耗3级，肢骨粗壮度、骨密度1级
20	M580	男	35～40	骨密度、粗壮度2级，颅缝部分愈合，下颌左侧P2、M2有齿槽脓肿，M3、M3因牙周炎，齿槽开始闭合
21	M588	不明	成年	保存太差
22	M589	女	30±	牙齿磨耗2级，肢骨骨密度、粗壮度1级
23	M590	倾向女	30～35	保存较差，颅缝部分愈合，牙齿磨耗2～3级
24	M591	男	35～40	牙齿磨耗3级，肢骨粗壮度1级，骨密度3级
25	M593	女	中年	保存较差，肢骨粗壮度、骨密度2级
26	M599	男	45±	颅缝多愈合，牙齿磨耗4级，肢骨粗壮
27	M607	男	50±	颅缝多愈合，牙齿磨耗4～5级，骨密度2级，牙周炎，齿槽脓肿
28	M615	男	30±	长颅，颅高、颅宽中等，颅缝愈合，牙齿磨耗2级，右下M1（第一臼齿）龋齿，骨密度、粗壮度1级，有“施莫氏结节”
29	M616	男	40±	牙齿磨耗3～4级，骨密度2级，粗壮度1级
30	M621	女	28～30	头骨缝部分愈合，肢骨粗壮，M3（第三臼齿）脓出，牙齿磨耗2级
31	M622	男	30～35	长颅、高颅，骨密度、粗壮度3级
32	M623	倾向男	成年	保存太差

续表

序号	墓号	性别	年龄（岁）	骨骼状况及病理性观察
33	M626	倾向男	中年	保存太差，肢骨粗壮度中等
34	M630	男	25～30	牙齿磨耗1级，M3（第三臼齿）萌出，腰椎有9个施莫氏结节（怀疑与骑马有关）
35	M636	男	35±	长颅、低颅、阔颅、高面，面宽中等，高框，狭鼻，可能有北方血统，部分颅缝愈合，牙齿磨耗3级，肢骨粗壮度、骨密度1级，牙周炎
36	M638	女	30～40	牙齿磨耗3级，骨密度1级，粗壮度2级，齿槽脓肿
37	M640	男	35±	骨密度、粗壮度较好，椎骨轻微增生，有牙结石、龋齿、牙周炎，下颌左侧开始闭合，右侧已闭合
38	M641	不明	40±	牙齿磨耗3级，牙周炎，龋齿
39	M646	女	40～45	长颅、高颅、狭颅，颅缝大部分愈合，肢骨粗壮度2级，骨密度1级，牙齿磨耗4级，椎骨轻度增生，左下P1（前臼齿）龋齿
40	M648	不明	成年	保存太差
41	M649	女	30～35	颅缝部分愈合，牙齿磨耗2级，肢骨中等粗壮
42	M653	女	45±	颅缝部分愈合，肢骨粗壮度、骨密度2级，牙齿磨耗4级，“斜坡状磨耗”，上颌左右M1（第一臼齿）齿槽脓肿，右P1（前臼齿）龋齿
43	M654	女	成年	保存较差，肢骨较细弱，头骨缝没有完全愈合，脚骨有“跪踞痕迹”
44	M657	女	40	颅缝多愈合，骨密度、粗壮度3级，有“跪踞面”
45	M659	倾向男	25～30	颅缝无愈合，牙齿磨耗3级，肢骨粗壮
46	M660	女	45～50	卵圆形颅、长颅、高颅，颅宽中等，颅缝愈合，牙齿磨耗4级，肢骨粗壮度3级，骨密度2级，牙周炎严重，左下M1（第一臼齿）龋齿
47	M661	女	30±	头骨缝没有愈合，肢骨粗壮度1级，骨密度2级，牙齿磨耗3级
48	M663	女	成年	保存较差，牙齿磨耗2级，骨密度、粗壮度2级
49	M665	男	18～20	肢骨缝无愈合，左侧骨下端皮质增生，牙齿磨耗0级
50	M668	男	30～35	长颅、高颅、狭颅，头骨缝大部分愈合，牙齿磨耗3级，下颌右侧M3（第三臼齿），肢骨粗壮度1级
51	M669	男	30～35	卵圆形颅、长颅、高颅、狭颅，颅缝多愈合，牙齿磨耗3级，肢骨粗壮度2级，骨密度1级
52	M670	女	25～28	骨密度3级，粗壮度2级，上颌右侧龋齿，下颌左侧牙周炎、齿槽闭合，腰椎骨轻微增生，股骨轻微“骑马小平面”，肱骨有鹰嘴窝孔
53	M672	男	30±	颅缝部分愈合，牙齿磨耗3级，肢骨粗壮度、骨密度1级
54	M673	男	40±	肢骨粗壮1级，骨密度1级，腰椎严重增生，颅缝大部分愈合
55	M674	男	25～28	牙齿磨耗1～2级，髂骨脊刚愈合
56	M675	不明	成年	保存太差
57	M676	女	40～45	保存较差，颅骨缝部分愈合，牙齿磨耗4级，骨密度、粗壮度2级
58	M680	不明	壮年	保存较差，头骨缝无愈合
59	M681	女	25～30	肢骨骨密度1级，粗壮度2级，牙齿磨耗2级，M3（第三臼齿）萌出
60	M682	女	30～35	牙齿磨耗3级，粗壮度2级，骨密度1级
61	M683	男	40	椭圆形颅，长颅，颅高、颅宽中等，颅缝大部分愈合，牙齿磨耗4级，肢骨粗壮度、骨密度1级，椎骨增生严重，右下C（犬齿）齿槽脓肿，下颌左右M1（第一臼齿）龋齿

续表

序号	墓号	性别	年龄（岁）	骨骼状况及病理性观察
62	M684	不明	6 ±	保存太差
63	M685	女	40 ~ 45	颅缝部分愈合，牙齿磨耗4级，龋齿
64	M686	女	45 ±	颅缝多愈合，牙齿磨耗4级，肢骨细弱
65	M687	男	40 ±	牙齿磨耗4级，骨密度、粗壮度1级
66	M688	女	24 ±	颅缝未愈合，骨密度、粗壮度2级，牙釉质发育不全
67	M689	女	40 ~ 45	颅缝部分愈合，牙齿磨耗4级，肢骨骨密度、粗壮度3级
68	M690	女	30 ~ 35	牙齿磨耗3级，骨骼粗壮度中等，牙周炎
69	M692	女	30 ±	颅缝部分愈合，牙齿磨耗3级，椎骨轻度增生
70	M693	不明	8 ~ 10	保存太差
71	M696	女	30 ±	骨密度、粗壮度2级，颅缝基本愈合，上颌右侧有牙结石，下颌左侧P2有龋齿，左侧股骨头韧带脓肿
72	M698	女	30 ±	卵圆形颅，颅高、颅宽中等，颅缝未愈合，骨密度、粗壮度2级，有龋齿，腰椎有骨折引发增生
73	M700	女	45	颅缝部分愈合，牙齿磨耗4级，肢骨粗壮度、骨密度2级
74	M701	男	30 ~ 35	牙齿磨耗2 ~ 3级，骨密度、粗壮度1级，腰椎轻度增生，椎间盘炎症
75	M702	男	35 ~ 40	卵圆形颅、高颅、长颅、窄额，头骨缝基本愈合，枕后隆凸发达，骨骼粗壮度、骨密度一般，股骨发达，股骨有“骑马小平面”，上颌有龋齿，下颌有牙周炎，右侧齿槽开始闭合，左侧囊肿；锁骨、胸骨端有增生，椎骨轻微增生，部分椎体有“施莫氏结节”
76	M703	男	45 ±	头骨缝多愈合，牙齿磨耗4级，肢骨粗壮度1级，右下M2（第二臼齿）齿槽脓肿
77	M704	男	40 ±	颅缝部分愈合，牙齿磨耗3级，上肢粗壮
78	M705	男	45 ~ 50	颅缝基本愈合，牙齿磨耗4 ~ 5级，骨密度、粗壮度1级，腰椎中度增生
79	M706	男	35 ±	颅缝部分愈合，牙齿磨耗2 ~ 3级，肢骨粗壮
80	M707	男	壮年	保存太差，粗壮度、骨密度1级
81	M708	女	35 ~ 40	颅缝部分愈合，牙齿磨耗3 ~ 4级，肢骨细弱，下颌右侧有M3（第三臼齿）
82	M709	女	40 ~ 45	保存较差，牙齿磨耗4级
83	M710	女	50 ±	牙齿磨耗4 ~ 5级
84	M712	女	40 ~ 45	颅缝部分愈合，肢骨中等粗壮，牙齿磨耗4级
85	M713	女	45 ~ 50	颅缝基本愈合，牙齿磨耗4 ~ 5级，严重牙周炎，有龋齿
86	M715	男	28 ~ 30	牙齿磨耗1 ~ 2级，肢骨中等粗壮，有“骑马小平面”
87	M716	女	18 ±	颅缝开始愈合，肢骨粗壮度、骨密度3级
88	M717	女	16 ~ 18	牙齿磨耗0 ~ 1级，肢骨缝未愈合
89	M719	女	18 ~ 20	牙齿磨耗1级，骨头刚愈合，其余肢骨无愈合，肢骨细弱
90	M720	男	壮年	骨密度、粗壮度1级
91	M725	男	30 ±	颅缝大部分愈合，牙齿磨耗2级，骨密度、粗壮度1级，肌肉发达，腰椎无增生
92	M726	不明	7 ~ 8	保存太差，儿童骨骼，恒齿M1（第一臼齿）、I1（正门齿）萌出，其余都是乳齿
93	M727	男	45 ±	长颅、高颅、狭颅，颅缝部分愈合，粗壮度1级，骨密度2级，骨质疏松，牙齿磨耗5级

续表

序号	墓号	性别	年龄（岁）	骨骼状况及病理性观察
94	M728	女	40 ~ 50	
95	M729	女	45 ±	头骨缝多愈合，高颅，颅宽中等，牙齿磨耗4级，肢骨粗壮度、骨密度3级
96	M732	女	45 ~ 50	长颅，颅高、颅宽中等，颅缝多愈合，牙齿磨耗3 ~ 4级，粗壮度2级，骨密度1级，牙周炎严重，有“施莫氏结节”
97	M734	男	35 ±	卵圆形颅，短、低颅，阔面，斜额，颅缝部分愈合，骨密度、粗壮度2级，上颌右侧有牙结石、龋齿、根尖脓肿，耳状关节、面周围有增生，锁骨胸骨端有轻微增生，椎骨部分增生
98	M735	男	30 ~ 35	颅缝多未愈合，牙齿磨耗3级，粗壮度1级，骨密度2级
99	M736	男	35 ±	骨密度一般，骨质微疏松，椎骨、跟骨增生，龋齿
100	M737	女	45 ~ 50	牙齿磨耗4级
101	M738	女	30 ~ 40	颅缝部分愈合，牙齿磨耗3级，股骨粗壮度中等
102	M739	女	45 ~ 50	颅缝都愈合，牙齿磨耗4级，肢骨粗壮度、骨密度3级
103	M740	女	20 ~ 30	骨密度一般，粗壮度弱，牙釉质发育不全
104	M741	女	45 ±	长颅、低颅、阔颅，颅缝多愈合，牙齿磨耗3 ~ 4级，肢骨粗壮度、骨密度中等，牙周炎
105	M743	倾向男	中年	保存太差
106	M744	女	45 ±	颅缝愈合，牙齿磨耗4级，有“跪踞面”
107	M747	男	50 ±	颅缝基本愈合，牙齿磨耗4级，粗壮度、骨密度2级，牙周炎严重
108	M749	男	40 ±	颅缝无愈合，牙齿磨耗4级，左侧小腿下部有骨肿瘤
109	M753	女	30 ~ 35	高颅、狭颅、高面、狭面，颅缝无愈合，牙齿磨耗3级，肌肉发达，腰椎无增生
110	M756	男	40 ~ 45	骨密度、粗壮度2级，牙齿磨耗4级，上肢比下肢粗壮，左侧比右侧粗壮，腰椎轻度增生，有骑马痕迹
111	M761	女	40 ±	牙齿磨耗3级
112	M764	男	30 ~ 40	颅缝部分愈合，粗壮度、骨密度1级
113	M766	男	45 ±	牙齿磨耗4 ~ 5级，骨密度、粗壮度1级
114	M769	女	40 ±	颅缝部分愈合，牙齿磨耗3 ~ 5级，牙周炎严重，龋齿严重
115	M774	女	中年	
116	M775	不明	2 ±	保存太差
117	M776	女	35 ~ 40	保存太差，颅缝大部分愈合，粗壮度2级，骨密度1级
118	M777	女	45 ~ 50	高颅、颅宽中等，颅缝大部分愈合，牙齿磨耗4级，严重牙周炎，有龋齿
119	M779	男	40 ~ 50	颅缝基本愈合，牙齿磨耗4 ~ 5级，骨密度、粗壮度1级，腰椎严重增生
120	M780	女	40 ~ 45	颅缝部分愈合，牙齿磨耗4级，粗壮度、骨密度3级，肢骨细弱，肌肉不发达
121	M781	女	30 ±	颅缝无愈合，牙齿磨耗3级，肌肉不发达
122	M782	女	40 ~ 45	颅缝部分愈合，牙齿磨耗4级，粗壮度、骨密度1级，腰椎无增生，有“跪踞面”
123	M783	男	40 ~ 45	骨密度、粗壮度1级，牙齿磨耗4级，牙周炎，腰椎无增生
124	M785	女	30 ~ 40	保存太差，肢骨细弱，肌肉不发达，仅存一颗牙
125	M786	女	30 ±	肌肉不发达，骨骼纤细，牙齿磨耗2级
126	M788	男	30 ±	颅缝无愈合，牙齿磨耗2 ~ 3级，粗壮度、骨密度1级，牙周炎

续表

序号	墓号	性别	年龄（岁）	骨骼状况及病理性观察
127	M790	女	中年	保存较差，颅缝基本愈合，肢骨纤细
128	M791	男	50±	保存太差，牙齿磨耗5级，粗壮度、骨密度2级，牙周炎严重
129	M804	女	40±	颅缝部分愈合，牙齿磨耗3级，粗壮度、骨密度1级
130	M814	男	40±	牙齿磨耗4级
131	M817	女	40±	高颅、狭颅，颅缝部分愈合，粗壮度1级，骨密度2级
132	M818	男	30～40	粗壮度1级
133	M820	男	22～25	牙齿磨耗1级，粗壮度2级，骨密度1级，髂骨脊没有完全愈合，M3（第三臼齿）没有萌出
134	M825	男	45±	牙齿磨耗4级
135	M828	男	40±	
136	M830	女	中年	
137	M836	女	50±	牙齿磨耗5级，牙周炎
138	M837	女	35～40	
139	M849	女	17～19	耻骨未愈合
140	M851	男	45～50	
141	M852	女	中年	
142	M853	男	中年	
143	M855	女	35±	牙齿磨耗3级
144	M856	女	40～45	牙齿磨耗4级，龋齿
145	M859	男	50±	
146	M861	男	18～20	牙齿磨耗2级，耻骨未愈合
147	M864	女	20～25	牙齿磨耗2级
148	M869	男	35±	牙齿磨耗3级，牙周炎，龋齿，骨质疏松
149	M871	女	35～40	牙齿磨耗3级，下肢肌肉发达
150	M872	女	50±	
151	M874	女	35～40	

注：该墓地人骨由中国社会科学院考古研究所王明辉鉴定

附表三　典型器物分期表

陶鼎

型式／期段	A型	B型					C型	D型
		Ba型	Bb型	Bc型	Bd型	Be型		
春秋战国之际								
战国早期	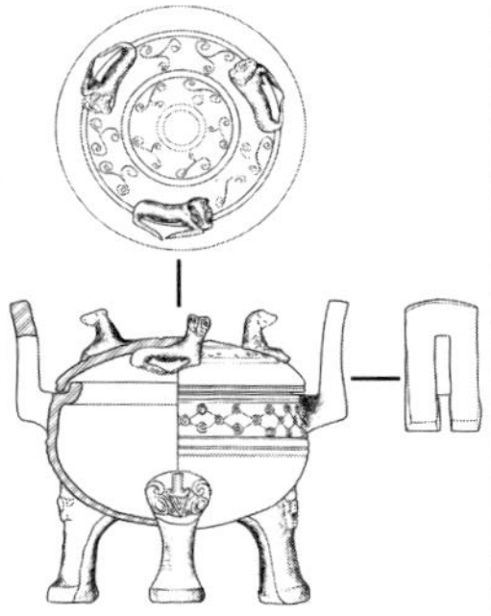 0 6厘米 Ⅰ式（M750：9）	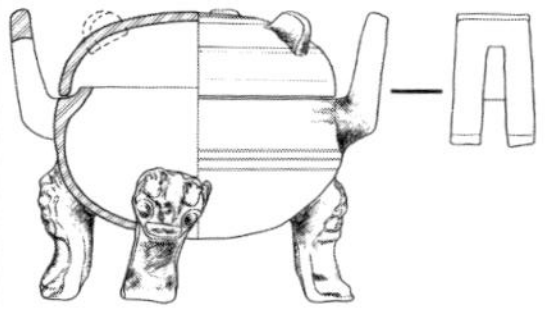 0 6厘米 Ⅰ式（M581：5）						
战国中期早段	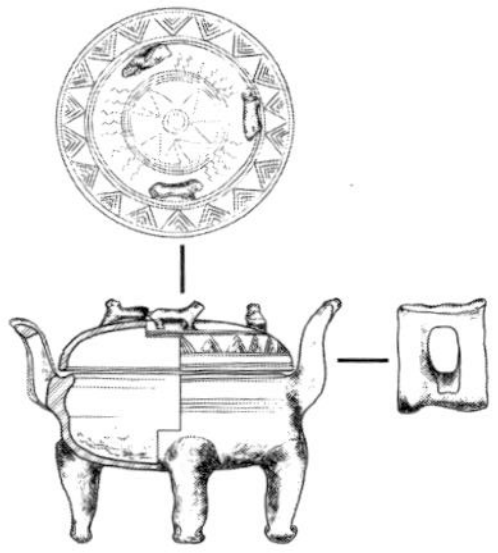 0 6厘米 Ⅱ式（M437：8）	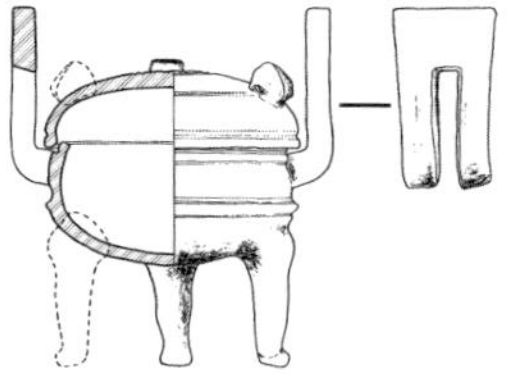 0 6厘米 Ⅱ式（M916：6）		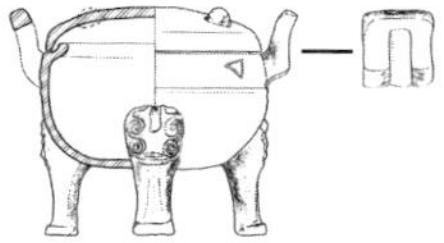 0 6厘米 Ⅰ式（M689：5）	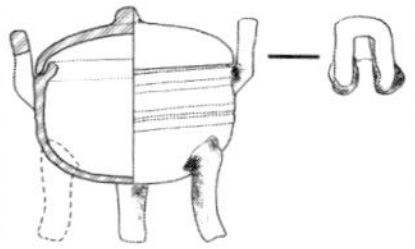 0 6厘米 Ⅰ式（M689：6）	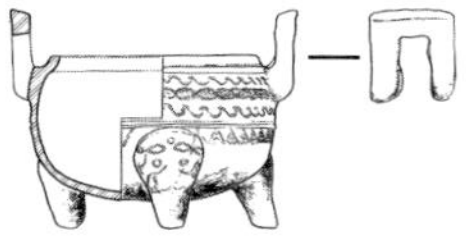 0 6厘米 Ⅰ式（M658：2）		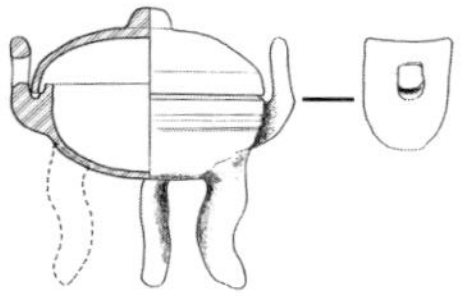 0 6厘米 Ⅰ式（M634：5）

续表

型式 期段	A型	B型					C型	D型
		Ba型	Bb型	Bc型	Bd型	Be型		
战国中期早段		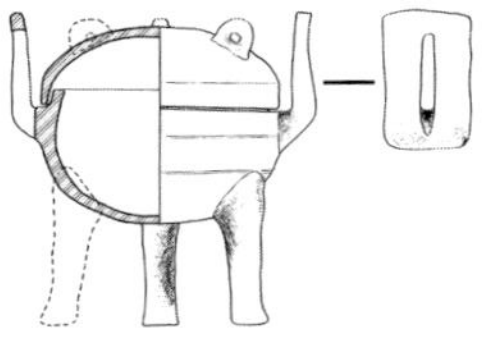 0 6厘米 Ⅲ式（M588：8）		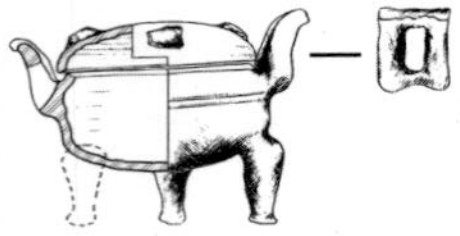 0 6厘米 Ⅱ式（M913：8）				
战国中期晚段		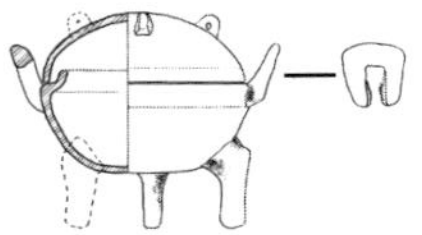 0 6厘米 Ⅳ式（M764：7）	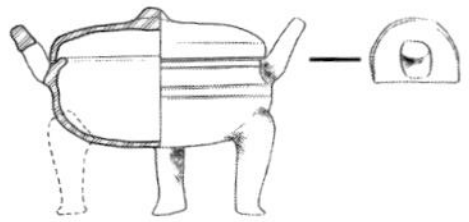 0 6厘米 M735：2	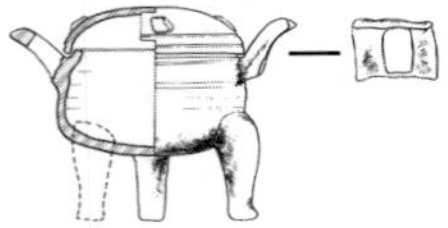 0 6厘米 Ⅲ式（M859：7）		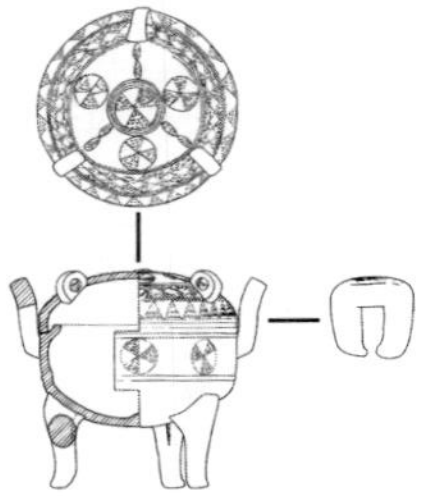 0 6厘米 Ⅱ式（M440：8）	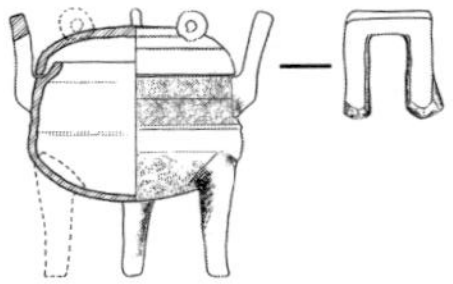 0 6厘米 M533：9	
战国晚期				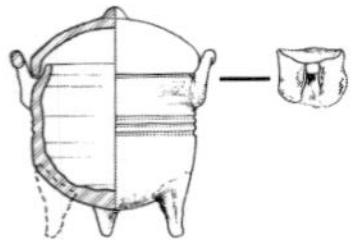 0 6厘米 Ⅳ式（M369：10）	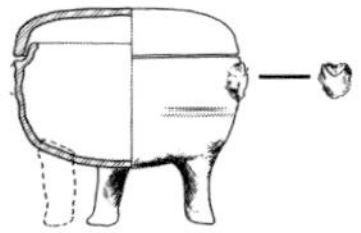 0 6厘米 Ⅱ式（M725：2）	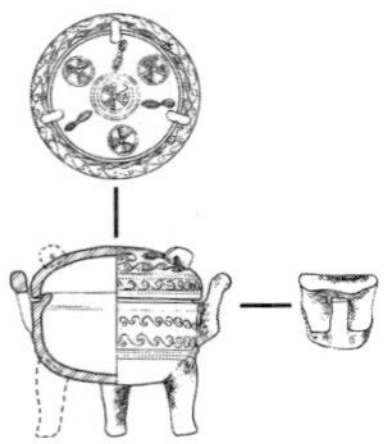 0 6厘米 Ⅲ式（M672：3）		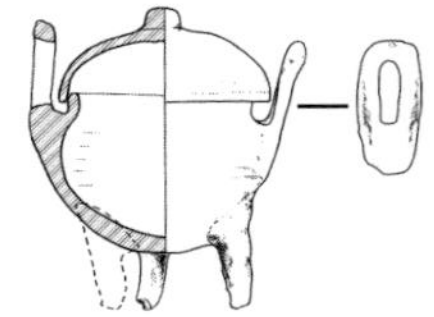 0 6厘米 Ⅱ式（M912：1）

续表

陶豆

型式/期段	A型	B型	C型	D型	E型	F型	G型
春秋战国之际							
战国早期	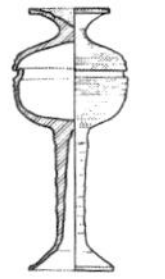 0 12厘米 Ⅰ式（M750：6）			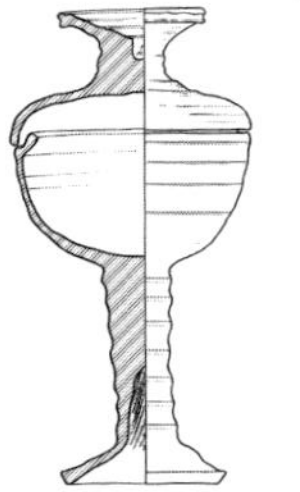 0 6厘米 Ⅰ式（M581：6）			
战国中期早段	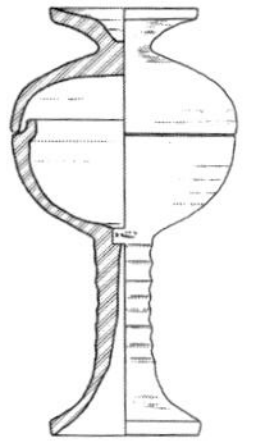 0 6厘米 Ⅱ式（M689：10）		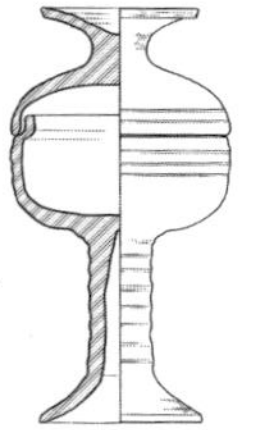 0 6厘米 Ⅰ式（M634：2）		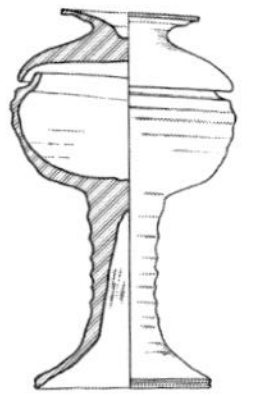 0 6厘米 Ⅰ式（M844：4）	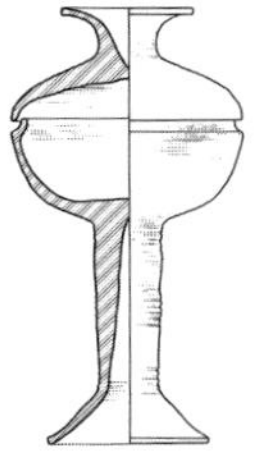 0 6厘米 M830：4	

续表

期段＼型式	A型	B型	C型	D型	E型	F型	G型
战国中期晚段	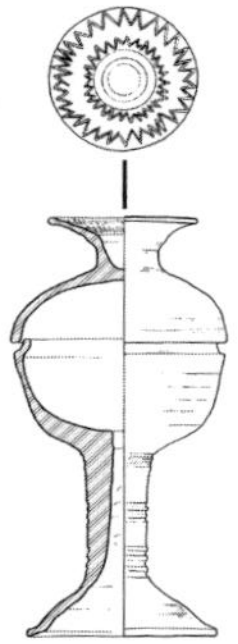 0 6厘米 Ⅲ式（M440：6）	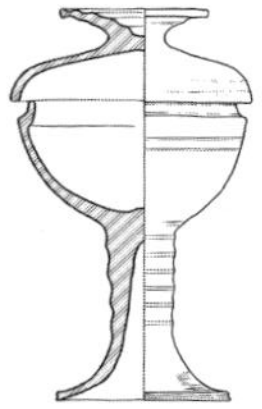 0 6厘米 M735：4	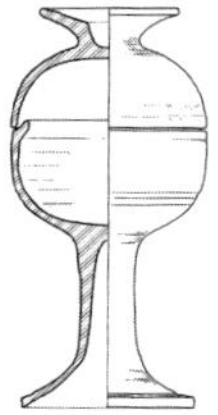 0 6厘米 Ⅱ式（M533：3）	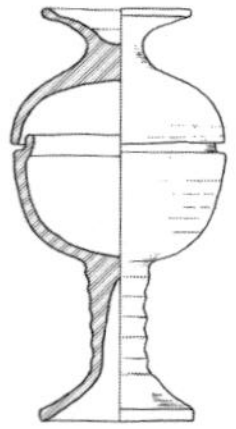 0 6厘米 Ⅱ式（M859：3）	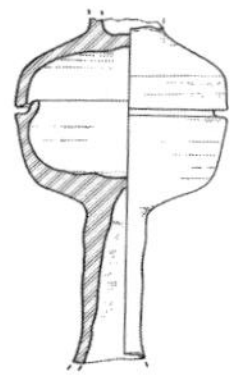 0 6厘米 Ⅱ式（M797：1）		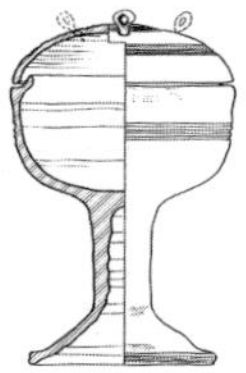 0 6厘米 M574：11
战国晚期	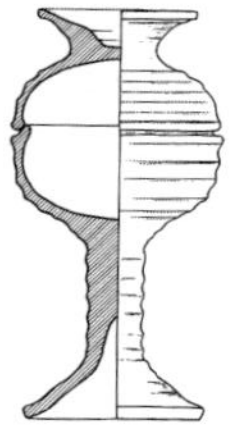 0 6厘米 Ⅳ式（M926：1）			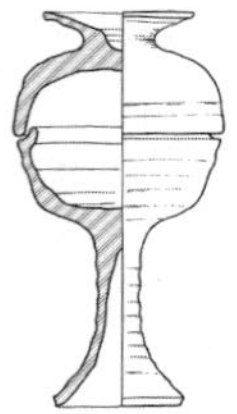 0 6厘米 Ⅲ式（M369：1）			
				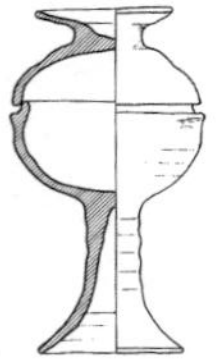 0 6厘米 Ⅳ式（M732：5）			

续表

型式/期段	A型	B型	C型	D型	E型	F型	G型
战国晚期				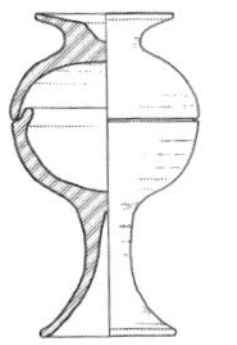 0 6厘米 V式（M706：3）			

续表

陶壶

型式 期段	A型		B型		C型	
	Aa型	Ab型	Ba型	Bb型	Ca型	Cb型
春秋战国之际						
战国早期	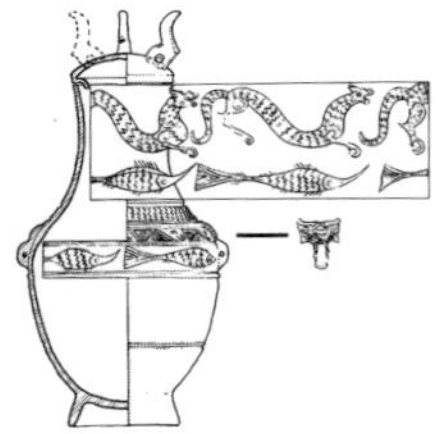 0 9厘米 Ⅰ式（M750：3）			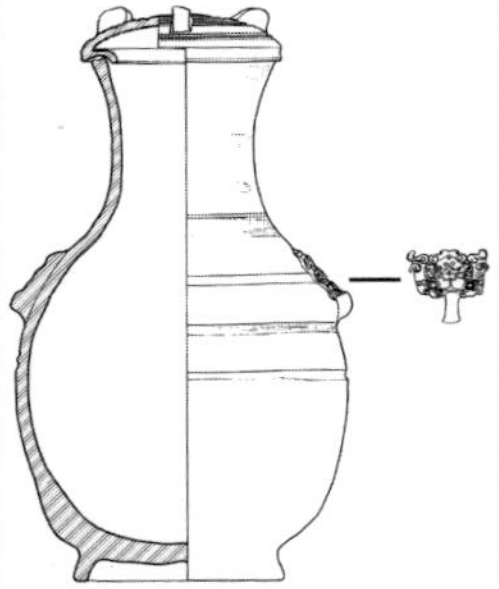 0 6厘米 Ⅰ式（M581：1）		
战国中期早段	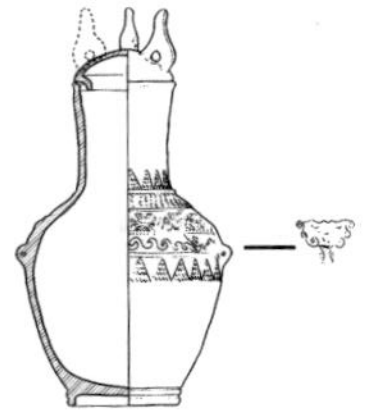 0 9厘米 Ⅱ式（M658：1）	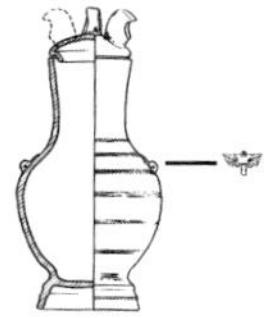 0 12厘米 Ⅰ式（M588：5）	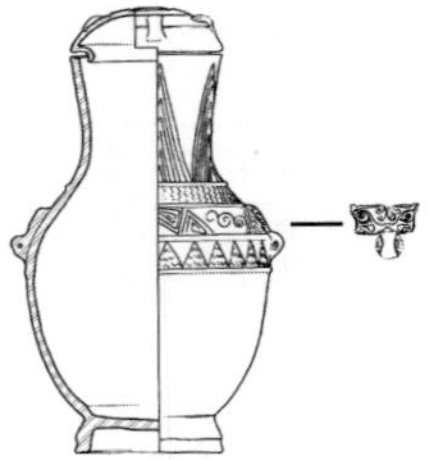 0 6厘米 M913：2	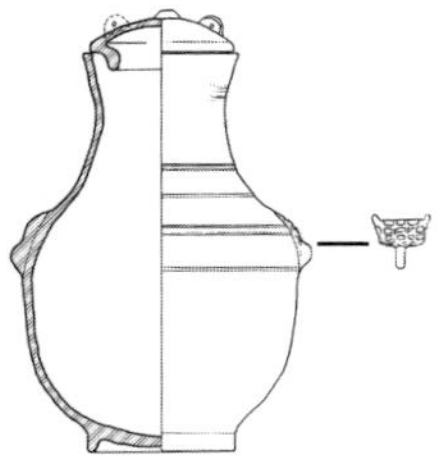 0 6厘米 Ⅱ式（M432：1）		

续表

型式 / 期段	A型		B型		C型	
	Aa型	Ab型	Ba型	Bb型	Ca型	Cb型
战国中期早段		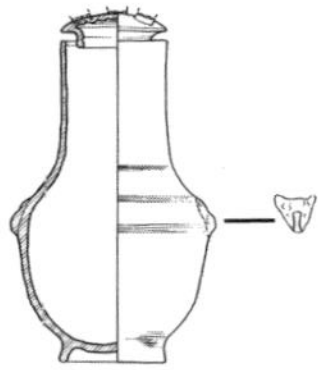 0 9厘米 Ⅱ式（M844：1）				
战国中期晚段	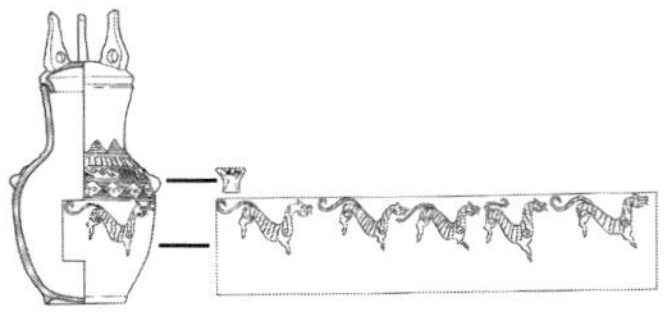 0 10厘米 Ⅲ式（M440：7）	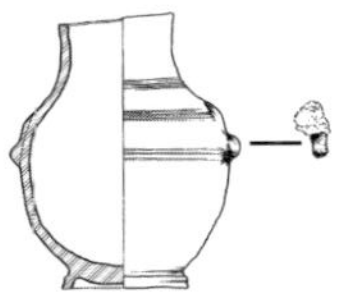 0 6厘米 Ⅲ式（M859：5）		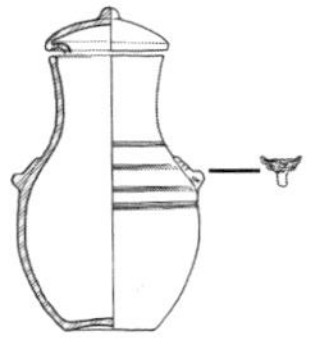 0 9厘米 Ⅲ式（M735：7）	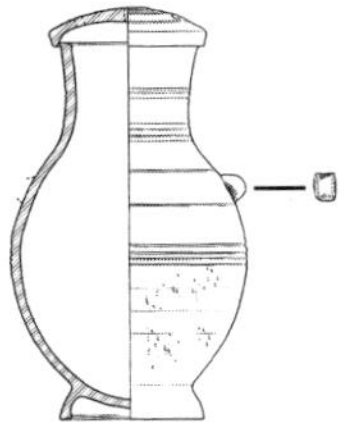 0 6厘米 Ⅰ式（M533：1）	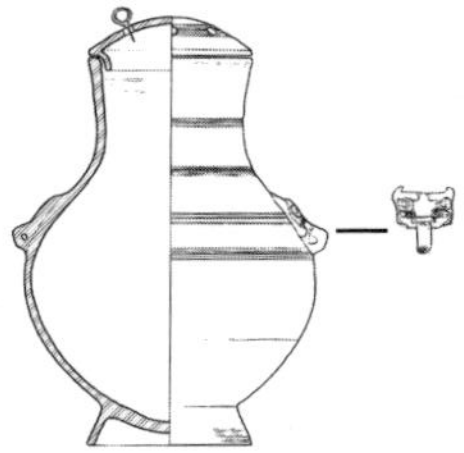 0 6厘米 Ⅰ式（M574：2）
				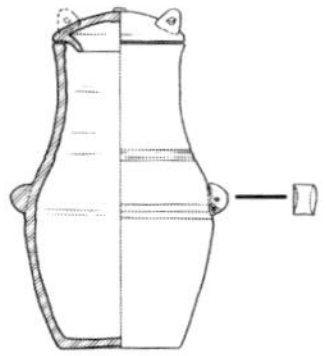 0 6厘米 Ⅳ式（M764：2）		

续表

期段＼型式	A型		B型		C型	
	Aa型	Ab型	Ba型	Bb型	Ca型	Cb型
战国晚期	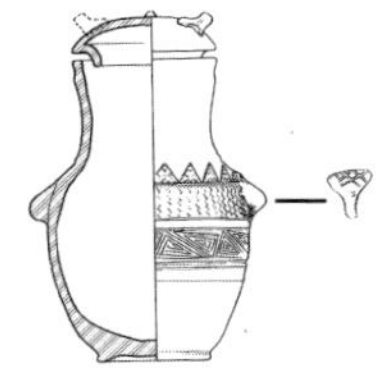 Ⅳ式（M732：6）	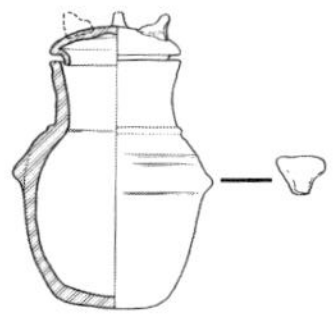 Ⅳ式（M575：2）			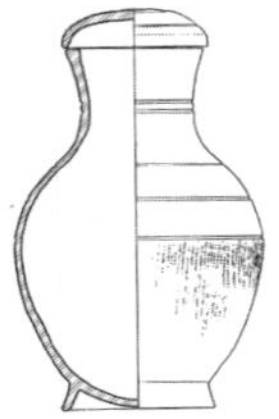 Ⅱ式（M448：5）	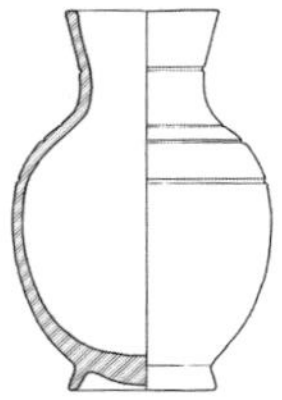 Ⅱ式（M448：1）
	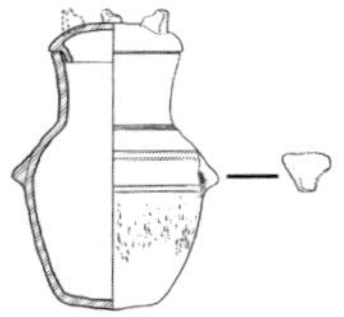 Ⅴ式（M575：3）					
	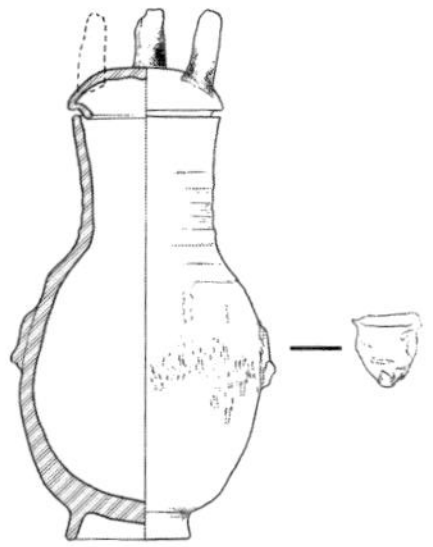 Ⅵ式（M912：2）					

续表

陶盘

期段＼型式	A型			B型	
	Aa型	Ab型	Ac型	Ba型	Bb型
春秋战国之际					
战国早期		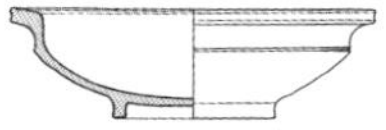 0 6厘米 Ⅰ式（M581：2）	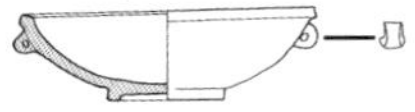 0 6厘米 M750：8		
战国中期早段	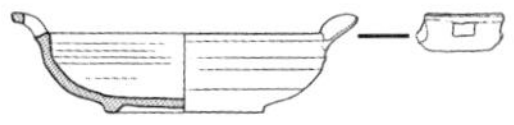 0 6厘米 Ⅰ式（M689：7）	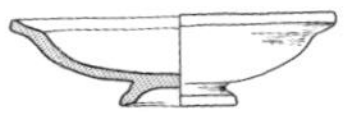 0 6厘米 Ⅱ式（M916：4）		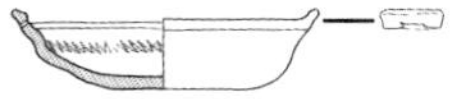 0 6厘米 Ⅰ式（M830：7）	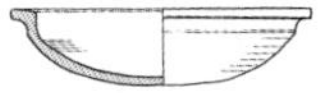 0 6厘米 Ⅰ式（M588：9）
					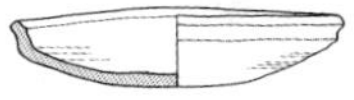 0 6厘米 Ⅱ式（M913：5）
					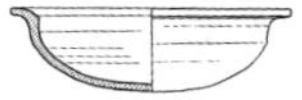 0 6厘米 Ⅲ式（M432：4）

续表

型式 / 期段	A型			B型	
	Aa型	Ab型	Ac型	Ba型	Bb型
战国中期晚段				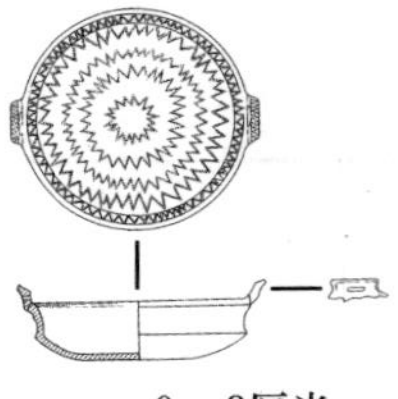 0 8厘米 Ⅱ式（M440：3）	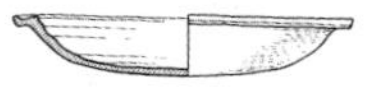 0 6厘米 Ⅳ式（M533：10）
					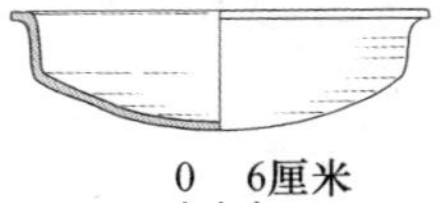 0 6厘米 Ⅴ式（M574：7）
战国晚期	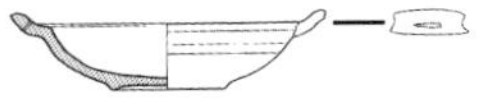 0 6厘米 Ⅱ式（M720：11）			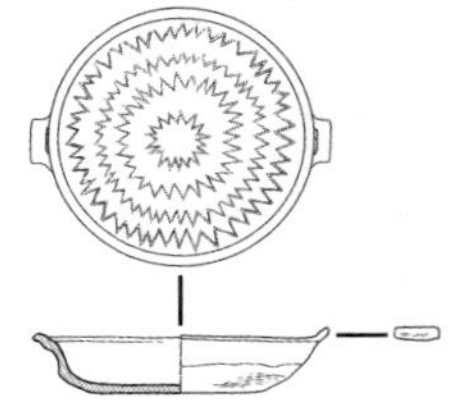 0 6厘米 Ⅲ式（M818：7）	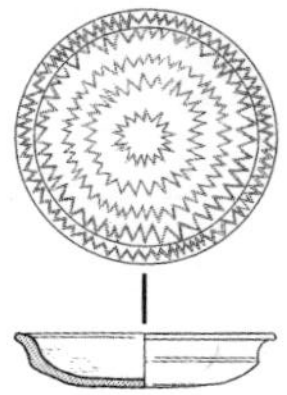 0 6厘米 Ⅵ式（M626：7）

续表

陶匜

期段＼型式	A型	B型	C型	D型
战国早期	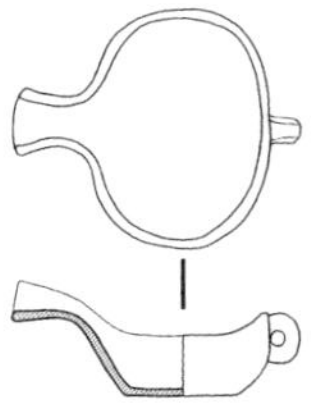 0　6厘米 Ⅰ式（M581：3）	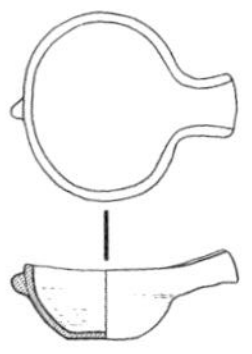 0　6厘米 Ⅰ式（M750：7）		
战国中期早段		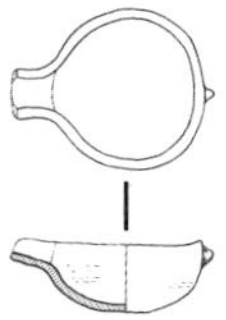 0　6厘米 Ⅱ式（M689：9）	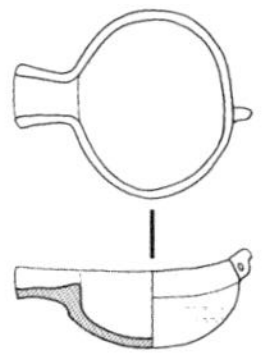 0　6厘米 Ⅰ式（M588：6）	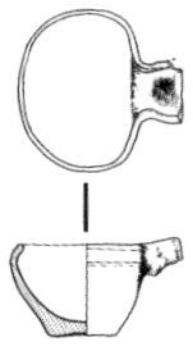 0　6厘米 Ⅰ式（M437：9）
战国中期早段			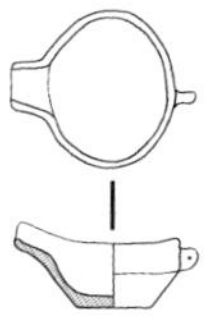 0　6厘米 Ⅱ式（M649：8）	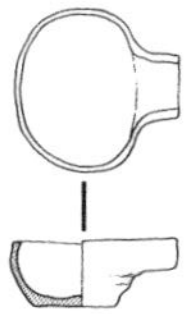 0　6厘米 Ⅱ式（M446：3）

续表

期段 \ 型式	A型	B型	C型	D型
战国中期早段			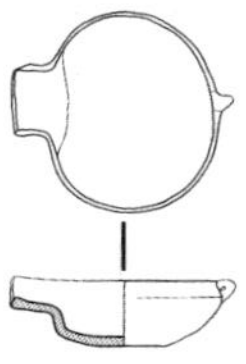 0 6厘米 Ⅲ式（M432：9）	
战国中期晚段	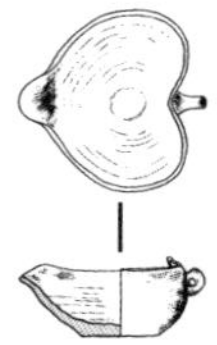 0 6厘米 Ⅱ式（M533：11）	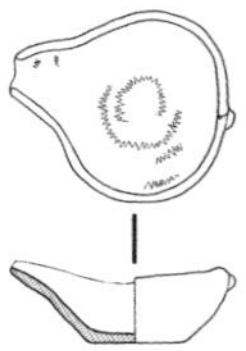 0 6厘米 Ⅲ式（M797：2）	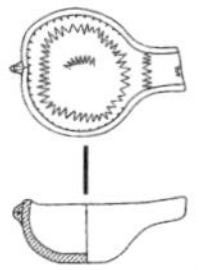 0 8厘米 Ⅳ式（M440：2）	
	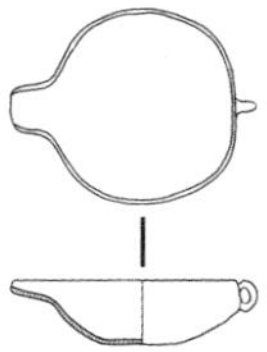 0 6厘米 Ⅲ式（M574：5）			

续表

型式／期段	A型	B型	C型	D型
战国晚期		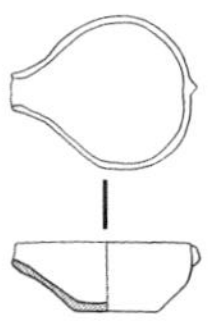 0　6厘米 Ⅳ式（M676：10）	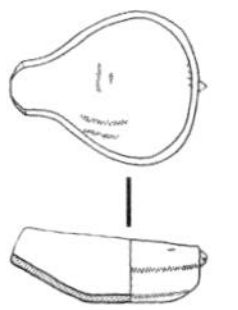 0　6厘米 Ⅴ式（M732：8）	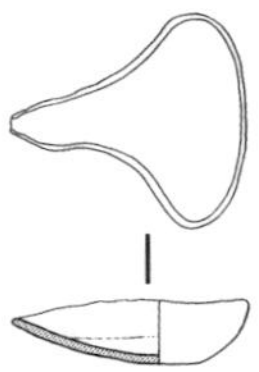 0　6厘米 Ⅲ式（M912：4）

续表

陶小口壶

期段＼型式	A型	B型	C型	D型
春秋战国之际				
战国早期	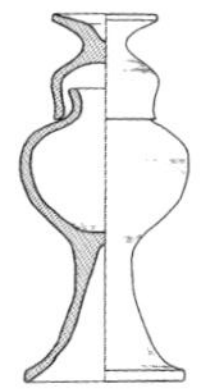 0 6厘米 Ⅰ式（M750：4）	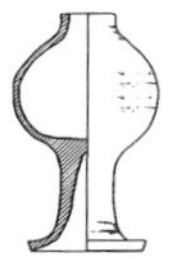 0 6厘米 Ⅰ式（M581：10）		
战国中期早段	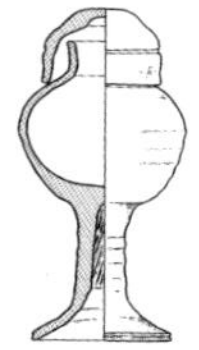 0 6厘米 Ⅱ式（M588：4）		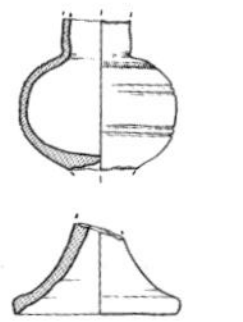 0 6厘米 Ⅰ式（M916：3）	
	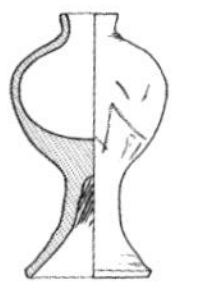 0 6厘米 Ⅲ式（M658：5）			

续表

期段＼型式	A型	B型	C型	D型
战国中期早段	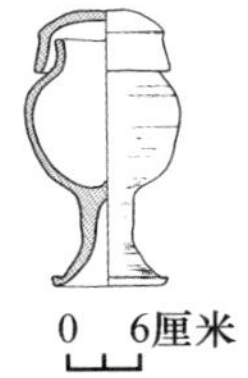 0　6厘米 Ⅳ式（M590：11）			
	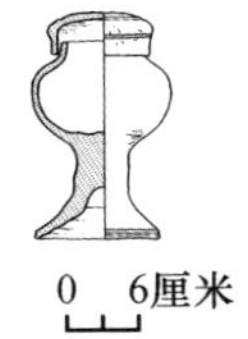 0　6厘米 Ⅴ式（M658：6）			
战国中期晚段	 0　6厘米 Ⅵ式（M859：4）		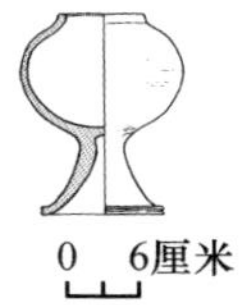 0　6厘米 Ⅱ式（M735：6）	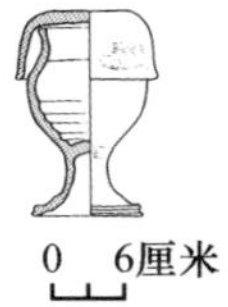 0　6厘米 M574：13
战国晚期		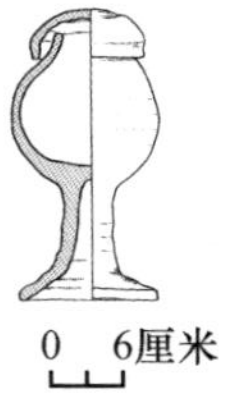 0　6厘米 Ⅱ式（M912：9）		

续表

陶鬲

型式 / 期段	A型
春秋战国之际	
战国早期	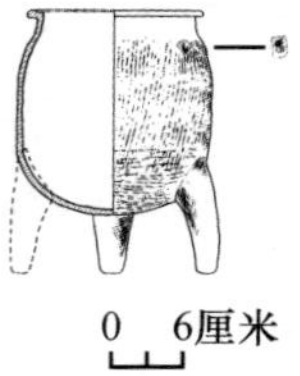 0 6厘米 Ⅰ式（M581：8）
战国中期	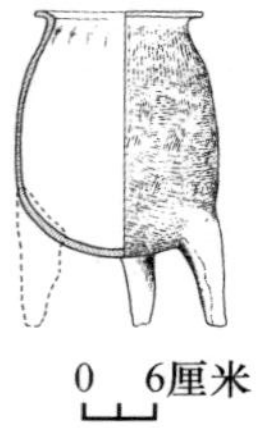 0 6厘米 Ⅱ式（M636：2）
战国晚期	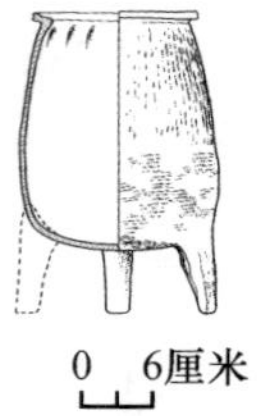 0 6厘米 Ⅲ式（M545：2）

续表

陶三足罐

期段＼型式	A型		B型	
	Aa	Ab	Ba	Bb
春秋战国之际	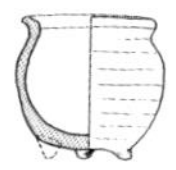 0 6厘米 Ⅰ式（M788：1）			
战国早期				
战国中期早段	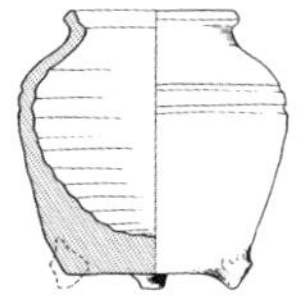 0 3厘米 Ⅱ式（M437：10）	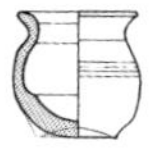 0 6厘米 Ⅰ式（M787：1）	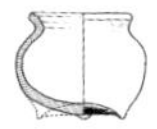 0 6厘米 M634：10	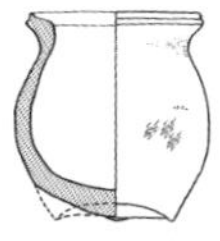 0 3厘米 Ⅰ式（M894：4）
战国中期晚段	 0 6厘米 Ⅲ式（M682：2）			
战国晚期	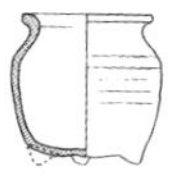 0 6厘米 Ⅳ式（M779：3）	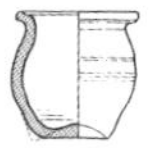 0 6厘米 Ⅱ式（M817：2）		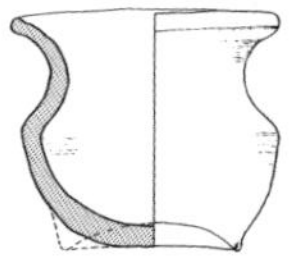 0 3厘米 Ⅱ式（M912：5）

续表

型式 期段	陶罐 A型	陶罐 B型
春秋战国之际		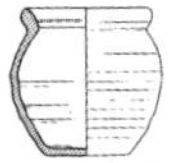 0 6厘米 Ⅰ式（M788：2）
战国早期	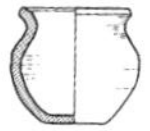 0 6厘米 Ⅰ式（M727：1）	
战国中期早段		 0 3厘米 Ⅱ式（M437：11）
战国中期晚段	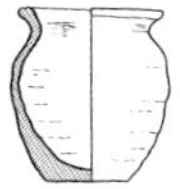 0 6厘米 Ⅱ式（M533：6）	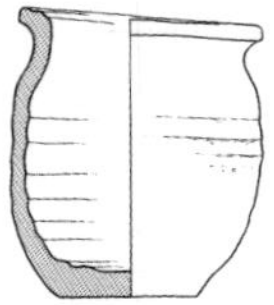 0 3厘米 Ⅲ式（M682：3）
战国晚期		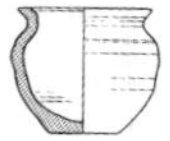 0 6厘米 Ⅳ式（M817：1）

续表

陶小口罐

期段＼型式	A型
春秋战国之际	
战国早期	
战国中期早段	
战国中期晚段	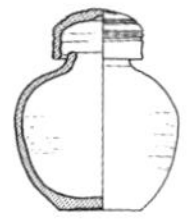 0 6厘米 Ⅰ式（M797：5）
战国晚期	 0 6厘米 Ⅱ式（M369：2）

续表

陶双耳罐

期段 \ 型式	A型
春秋战国之际	
战国早期	
战国中期早段	
战国中期晚段	
战国晚期	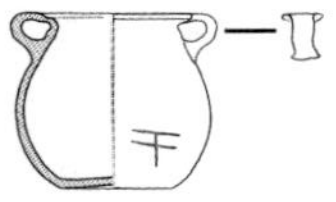 0 6厘米 M369：6

续表

陶尊

期段＼型式	A型	B型
春秋战国之际	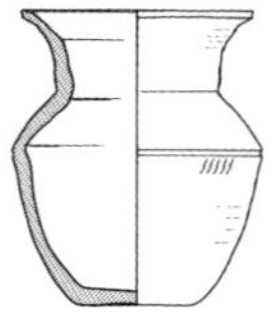 0 6厘米 Ⅰ式（M788：3）	
战国早期		
战国中期早段		
战国中期晚段		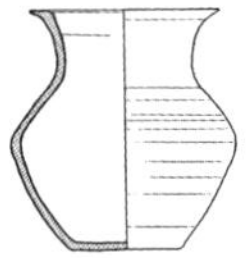 0 6厘米 Ⅰ式（M574：8）
战国晚期	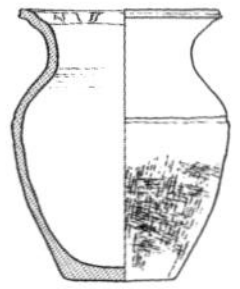 0 6厘米 Ⅱ式（M369：9）	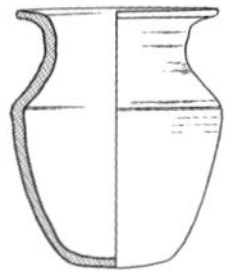 0 6厘米 Ⅱ式（M720：6）

续表

陶浅盘豆

期段 \ 型式	A型
春秋战国之际	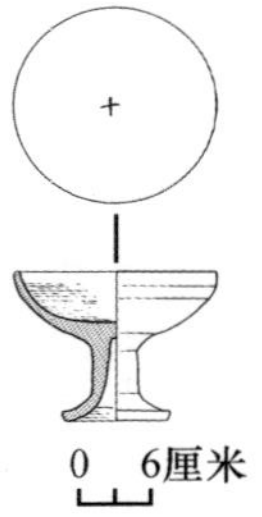 0 6厘米 Ⅰ式（M788：5）
战国早期	
战国中期早段	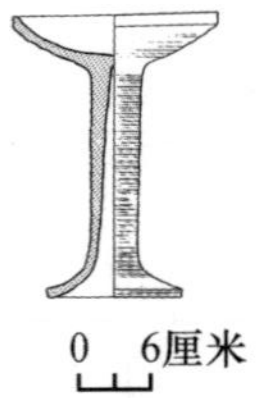 0 6厘米 Ⅱ式（M590：8）
战国中期晚段	
战国晚期	

墓号	总件（组）数	发表件（组）数	陶器																陶器总数	铜器		
			鼎	豆	壶	盘	匜	鬲	浅盘豆	小口罐	双耳罐	三足罐	罐	小口壶	尊	簋	器座	杯		铜带钩	铜环	铜镞
M649	10	8	2	2	2	1	1			2									10			
M655	1	1																				
M658	10	9	1	2	2	1	1							3					10			
M660	2	2						2											2			
M664	3	3						2											2			
M669	14	13	2	2	2	1	1			2					1				11	1		
M670	1	1																				
M672	9	9	1	2	2	1	1			2									9			
M676	11	9	2	2	2	1	1			2					1				11			
M678	1	1																		1		
M682	3	3										1	1		1				3			
M685	1	1																				
M686	5	5	1	1	1					1					1				5			
M689	12	12	2	2	2	1	1							2					10		2	
M690	4	4	1	1	1					1									4			
M700	1	1						1											1			
M706	8	8	2	2	2	1									1				8			
M708	8	5		2	2	1	1			2									8			
M709	2	2						1											1	1		
M710	8	7	2	2	2								2						8			
M713	1	1																				
M720	12	12	2	2	2	1	1			2					1				11	1		
M725	3	2	1	1	1														3			
M727	2	2						1					1						2			
M728	1	1																		1		
M732	10	10	2	2	2	1	1			2									10			
M735	8	7	2	2	2									2					8			
M736	1	1																				
M737	2	2																			2	
M739	10	10	2	2	2	1	1			2									10			
M743	13	13																			2	
M749	9	6	1	2	2					1									6	1		2
M750	9	9	1	2	2	1	1							2					9			
M756	4	2	2		2														4			
M761	1	1																		1		
M764	11	10	1	2	2	1							2						8	1		
M765	1	1						1											1			
M779	10	8	2	2	2							1	1		1				9	1		
M781	1	1																		1		
M783	4	4	1	1	1														3	1		
M787	3	3										1			1			1	3			
M788	7	7							3			1	1		1	1			7			

		铜器总数	铁器	铁器总数	玉器						玉器总数	水晶	水晶总数	石制品				石制品总数	骨器	骨器总数
铜铃	铜剑		铁锛		玉环	玉璧	玉璜	玛瑙环	玛瑙珠	玉片		水晶珠		石片	石璧	肛塞	石块		骨饰	
									1		1									
										1	1									
		1																	2	2
									1		1									
		1																		
														1				1		
		2																		
		1																		
					1						1									
		1																		
		1																		
										1	1									
		2																		
		2			1						1	3	3		7			7		
		3																		
		1																		
		1																	2	2
		1																		
		1																		
		1																		

附录　战国墓出土玉石器的无损科技分析报告

杨　菊　刘风亮　刘乃涛

（北京市考古研究院）

一、引　　言

后屯战国墓地中有110余座墓发现随葬品，共出土各类器物620余件，以陶器为主，主要有鼎、豆、壶、盘、匜、罐、鬲等；铜器有带钩、铃、环、剑等；其他质地的器物有长条形玉片、玉环、玉璜、玉璧、串珠等。为探明后屯战国墓出土玉石器的材质和可能的文化交流，本研究采用了光学无损分析技术对玉器进行分析，包括能量色散型X射线荧光光谱（EDXRF）、激光拉曼光谱（LRS）和X射线衍射（XRD）等。

二、样品情况

目前对于“玉石”的定义存在着两种不同的理解。狭义“玉”的概念是以硬玉矿物为主的单斜辉石类矿物组成的岩石，或是以透闪石—阳起石系列矿物为主的闪石类矿物组成的岩石。广义的“玉石”则是指凡天然形成的具有一定色泽和透明度及较大硬度（最好H＞5）的矿物集合体（少数为非晶质体）和结构致密的岩石[①]。本研究分析的样品共21件，分别来自8座墓，年代为战国，器形包括珠饰、管饰、玉璜、玉环和石璧等。样品的详细信息见表一。玉器样品表面较为干净，未发现明显的污染痕迹。考虑到样品的安全问题，在测试之前，选取样品干净区域，用少量酒精进行擦拭。

---

① 邹天人、郭立鹤、於晓晋：《中国主要玉石类型及产地》，《矿床地质》1996年第15期（S1）。

表一　玉器样品的基本情况

实验编号	出土编号	器名		样品描述
BJFZX-1	M655：7	绿色珠饰	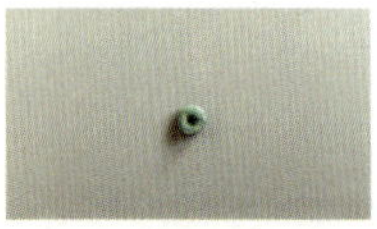	绿色，不透明，圆形片状，中穿小孔；直径5.1毫米，穿孔直径0.9毫米，厚3.1毫米，重0.2克
BJFZX-2	M655：19	绿色珠饰		绿色，不透明，圆形片状，中穿小孔；直径5.2毫米，穿孔直径1毫米，厚2.5毫米，重0.1克
BJFZX-3	M655：1-1	玛瑙珠		橙红色，半透明，圆形片状，中穿小孔；直径5毫米，穿孔直径1～2毫米，厚2毫米，重0.1克
BJFZX-4	M655：1-2	玛瑙珠	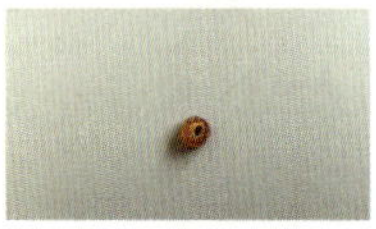	棕色，半透明，圆形片状，中穿小孔；直径6毫米，穿孔直径2毫米，厚4毫米，重1克
BJFZX-5	M670：1	玛瑙珠	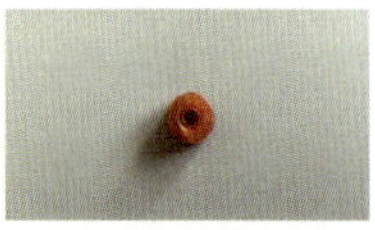	红色，半透明，圆柱形；直径8毫米，穿孔直径4毫米，厚6毫米，重3.5克
BJFZX-6	M609：3	玛瑙珠		红色，不透明，圆球形；直径15毫米，穿孔直径4毫米，厚14毫米，重21.5克
BJFZX-7	M655：5-3	白色料珠		白色，不透明，圆柱状；直径4.7毫米，穿孔直径2.3毫米，长6.4毫米，重1克
BJFZX-8	M655：5-4	白色料珠	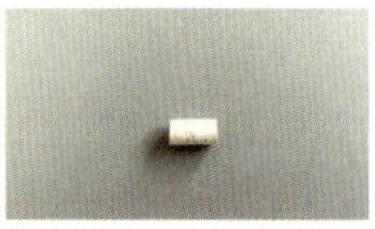	白色，不透明，圆柱状；直径4.6毫米，穿孔直径2.1毫米，长9毫米，重1克
BJFZX-9	M723：5	水晶珠（残）	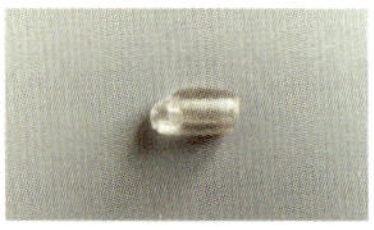	无色，透明，橄榄形；直径9.3毫米，穿孔直径3.4毫米，长19.4毫米，重10克
BJFZX-10	M723：6	水晶珠		无色，透明，圆柱形；直径20.1毫米，穿孔直径3.2毫米，厚13.5毫米，重44.5克
BJFZX-11	M723：12	水晶珠		无色，透明，圆球形；直径17.3毫米，穿孔直径2.9毫米，厚16.2毫米，重31.5克

续表

实验编号	出土编号	器名		样品描述
BJFZX-12	M743：4	水晶珠		无色，透明，圆柱形；直径15毫米，穿孔直径4毫米，厚12毫米，重24克
BJFZX-13	M563：1	玉璧（残）		绿色，不透明；残长139.1毫米，宽52.8毫米，厚2毫米，重174克
BJFZX-14	M564：1	玉璜（残）		黄绿色，不透明；残长87毫米，宽75毫米，厚4.3～5毫米，重243克
BJFZX-15	M624：1	玉剑格（残）		白色，不透明；残长34.8毫米，宽14.2毫米，厚12.9毫米，重40.5克
BJFZX-16	M609：2	玛瑙环		米白色，半透明，圆环状；外径40毫米，内径24毫米，厚7毫米，重48克
BJFZX-17	M723：15	黑色玉环（残）		黑色，不透明，圆环状；外径47毫米，内径20.7毫米，厚8.2毫米，重115克
BJFZX-18	M723：16	玛瑙环		淡黄色，半透明，圆环状；外径51.7毫米，内径27.1毫米，厚7.3毫米，重110克
BJFZX-19	M723：17	玛瑙环		青色，不透明，圆环状；外径39.2毫米，内径22.8毫米，厚6.5毫米，重46.5克

续表

实验编号	出土编号	器名		样品描述
BJFZX-20	M743：2	玉环		黄白色，半透明，圆环状；外径30毫米，内径16毫米，厚6毫米，重23.5克
BJFZX-21	M743：7	石璧（残）		深灰色，不透明，圆环状；外径111毫米，内径35毫米，厚2毫米，重196.5克

三、分析方法

1. 能量色散型X射线荧光光谱仪（EDXRF）

我们使用能量色散型X荧光光谱分析技术对这些玉器进行了主微量元素的成分分析，测试在北京市考古研究院科技考古中心完成，采用美国EDAX公司的EDAX ORBIS微束X射线荧光能谱仪。分析条件如下：X光管电压30kV，管电流300μA，采谱时间100s，每次分析采谱2次。解谱方法为单标样基本参数法。

2. 共焦显微激光拉曼光谱仪（LRS）

激光拉曼光谱是根据拉曼位移反映出物质分子和晶体的振动谱，通过分析拉曼光谱的峰位、峰强、线型和线宽等在分子层面上研究样品的结构和物相鉴定。本测试在北京市考古研究院科技考古中心完成，采用XploRAPLUS型光谱仪。采用针孔共焦技术，横向空间分辨率优于1μm，纵向分辨率优于2μm，光谱分辨率≤$2cm^{-1}$，测试前均采用单晶Si标样进行校正。实际使用的激发波长为532nm，测试范围$100cm^{-1}$～$2000cm^{-1}$，采用内置光栅1800gr · mm^{-1}，积分时间10s，循环次数2次。

3. X射线衍射仪（XRD）

X射线衍射分析是以物质晶体结构为基础的一种测试方法，组成物质的各种相都有各自的点阵类型、晶胞形状与大小，因而具有各自的X射线衍射花样特征（衍射线位置及强度），从而定性或定量地确定物质的物相。本测试在北京市考古研究院科技考古中心完成，采用德国BrukerAXSD8AdvanceA25的X射线衍射仪，测试条件：CuKα射线，Ni滤波，管压40kV，管流40mA，一维阵列探测器，扫描范围为5°～90°，步长0.01/2θ，扫描速度1.2°/min，λ=0.15406Å。

四、结果与讨论

1. 化学组成以SiO_2、Al_2O_3、K_2O为主的天河石质玉器

由表二可知，样品BJFZX-1和BJZFX-2的化学成分为SiO_2（66.7%~70.95%）、K_2O（10.82%~12.03%）、Al_2O_3（14.95%~16.59%），这与天河石的理论组分非常接近。图一为样品BJFZX-1和BJZFX-2的拉曼图谱，结果显示，三者的特征峰极为相似，个别峰值上的差异可能与其所含杂质有关。样品BJFZX-1的主要峰值为1135cm^{-1}、1125cm^{-1}、999cm^{-1}、812cm^{-1}、746cm^{-1}、649cm^{-1}、511cm^{-1}、474cm^{-1}、450cm^{-1}、371cm^{-1}、330cm^{-1}、283cm^{-1}、258cm^{-1}、199cm^{-1}、176cm^{-1}、153cm^{-1}、124cm^{-1}等，和样品上深棕色斑点的拉曼散射峰基本一致。样品BJFZX-2的主要峰值为1095cm^{-1}、813cm^{-1}、756cm^{-1}、507cm^{-1}、477cm^{-1}、455cm^{-1}、409cm^{-1}、359cm^{-1}、324cm^{-1}、288cm^{-1}、267cm^{-1}、245cm^{-1}、208cm^{-1}、184cm^{-1}、161cm^{-1}、110cm^{-1}等。这两件样品的拉曼图谱与RRUFF数据库中卡号为R050150的微斜长石（Microcline）的拉曼峰极为相似（图二），个别峰值上的差异可能与样品所含杂质有关。综合拉曼图谱和XRF的测试分析结果，绿色珠饰样品BJFZX-1和BJZFX-2推测是用天河石加工而成。

微斜长石是一种常见的矿物，产于火山岩中，属于富钾长石矿物的一种，为含钾铝硅酸盐，属三斜晶系，莫氏硬度为6。其颜色有白、米黄、红色，具有玻璃光泽，比较脆。它有一个亮绿到亮蓝绿的变种叫天河石（Amazonite），化学成分主要为$KAlSi_3O_8$，又称“亚马孙

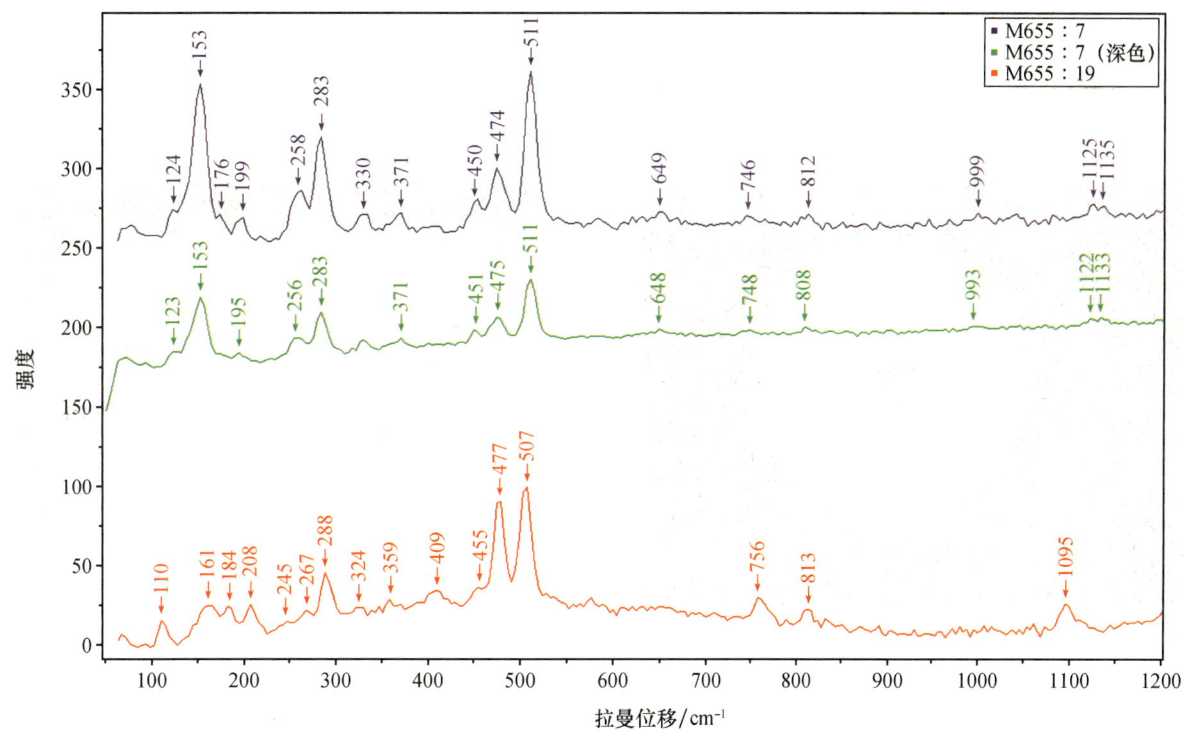

图一　绿色珠饰M655：7（BJFZX-1）和M655：19（BJZFX-2）的拉曼图谱

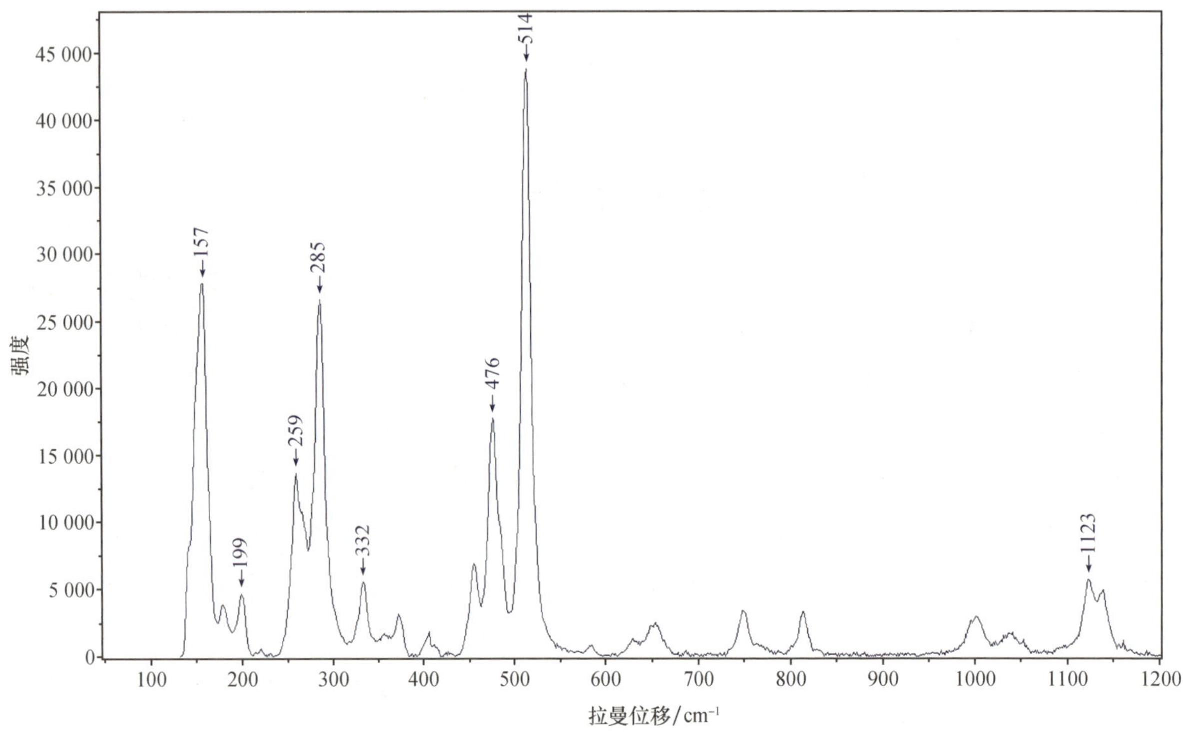

图二　微斜长石（Microcline）的拉曼图谱

石”，因产于巴西亚马孙河而得名，是唯一的一种钾长石晶体的玉石，淡蓝色、蓝色、蓝绿色的半透明块体[①]。因天河石属于微斜长石，其内容有固溶体分离的钠长石（白色）细条纹，故蓝色中呈现细白纹，甚是美观。天河石的蓝色是微量Pb^{2+}离子致色，颜色经久不衰。图三为采用超景深视频显微镜拍摄的样品BJFZX-1的照片，可清楚看到淡蓝绿色中的细白条纹。

天河石器在我国出现于红山文化晚期，目前已经发现的天河石器物大部分以小型装饰品为主。王荣对我国境内考古出土的红山文化晚期至战国晚期的天河石器进行了统计[②]，结果表

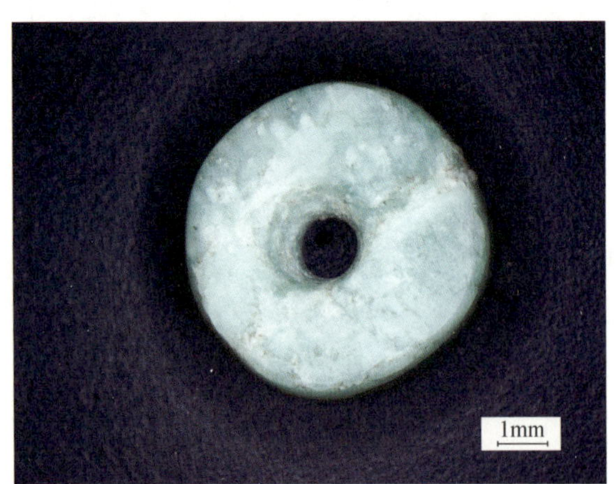

图三　珠饰M655：7（BJFZX-1）

图四　绿色珠饰（M655：7、M655：19）出土情况照片

① 张蓓莉：《系统宝石学》（第二版），地质出版社，2006年，第306页。

② 王荣：《中国早期玉器科技考古与保护研究》，复旦大学出版社，2020年，第138～141页。

表二　玉器样品的主要化学成分分析结果　（单位：wt%）

样品编号	出土编号	位置	Na_2O	MgO	Al_2O_3	SiO_2	P_2O_5	K_2O	CaO	TiO_2	Cr_2O_3	MnO	Fe_2O_3	Rb_2O	PbO_2	SO_3	BaO	CoO	V_3O_5	主要矿物
BJFZX-1	M655：7	1	1.51	0.58	14.95	70.95	0.13	10.82	0.10	0.02	0.02	n.d.	0.07	0.39	0.16	0.22	0.07	0.01	n.d.	天河石
		2	2.01	0.51	16.57	67.35	0.09	12.02	0.05	n.d.	0.02	n.d.	0.06	0.48	0.24	0.29	0.31	n.d.	n.d.	
BJFZX-2	M655：19	1	3.40	1.10	16.47	66.70	0.16	10.91	0.57	0.02	0.03	n.d.	0.12	0.26	0.08	0.17	n.d.	n.d.	0.01	天河石
		2	2.33	1.06	16.59	66.75	0.17	12.03	0.30	0.02	0.03	n.d.	0.17	0.27	0.06	0.18	0.02	n.d.	0.01	
天河石（$KAlSi_3O_8$）理论值					18.30	64.80		16.90												
BJFZX-3	M655：1-1	1	1.59	1.17	1.14	95.19	0.21	0.07	0.28	n.d.	0.03	n.d.	0.11	n.d.	n.d.	0.17	0.01	n.d.	0.02	石英
		2	1.29	0.87	1.01	96.16	0.18	0.05	0.19	n.d.	0.03	n.d.	0.09	n.d.	n.d.	0.12	n.d.	n.d.	0.01	
BJFZX-4	M655：1-2	1	2.00	0.85	1.19	95.25	0.15	0.09	0.15	n.d.	0.03	n.d.	0.15	n.d.	n.d.	0.11	0.01	n.d.	0.01	石英
		2	2.03	1.10	1.69	94.33	0.19	0.14	0.14	0.01	0.04	0.01	0.14	n.d.	n.d.	0.15	0.01	n.d.	0.02	
BJFZX-5	M670：1	1	1.03	1.85	1.27	93.44	0.28	0.01	1.50	0.01	0.04	n.d.	0.12	0.01	n.d.	0.42	n.d.	n.d.	0.01	石英
		2	0.88	1.25	1.24	95.25	0.34	0.03	0.52	0.01	0.04	n.d.	0.09	n.d.	n.d.	0.34	n.d.	n.d.	0.02	
BJFZX-6	M609：3	1	4.06	0.70	1.02	93.09	0.30	0.05	0.10	n.d.	0.22	n.d.	0.15	0.02	0.01	0.14	0.08	0.04	0.02	石英
		2	1.79	0.46	0.79	95.30	0.27	0.01	0.11	0.01	0.03	n.d.	1.05	n.d.	0.01	0.14	n.d.	0.01	0.03	
BJFZX-7	M655：5-3	1	0.74	38.55	1.27	58.30	0.28	0.05	0.26	0.01	n.d.	0.01	0.32	0.01	0.01	0.12	0.04	0.01	0.03	顽火辉石
		2	1.89	38.94	1.18	56.78	0.18	0.06	0.32	0.02	n.d.	0.01	0.24	n.d.	n.d.	0.34	0.02	n.d.	0.02	
BJFZX-8	M655：5-4	1	1.12	40.52	1.16	55.93	0.22	0.08	0.52	0.01	0.01	0.01	0.19	n.d.	n.d.	0.19	0.02	n.d.	0.01	顽火辉石
		2	1.17	39.96	1.34	55.93	0.29	0.11	0.51	0.01	0.01	0.01	0.25	n.d.	n.d.	0.33	0.05	n.d.	0.01	
顽火辉石Mg_2（Si_2O_6）				40.15		59.85														
BJFZX-9	M723：5	1	2.12	0.51	0.80	95.70	0.20	0.04	0.07	n.d.	0.02	n.d.	0.04	n.d.	n.d.	0.16	0.34	0.01	n.d.	石英
		2	0.66	0.29	0.81	97.73	0.13	0.02	n.d.	n.d.	n.d.	n.d.	0.01	n.d.	n.d.	0.03	0.33	n.d.	n.d.	
BJFZX-10	M723：6	1	1.12	0.90	n.d.	94.38	0.19	0.08	0.11	0.01	n.d.	n.d.	0.02	3.00	0.04	0.13	n.d.	0.01	n.d.	石英
		2	0.90	0.64	n.d.	94.88	0.19	0.06	0.06	0.01	n.d.	n.d.	0.01	3.13	0.04	0.08	n.d.	n.d.	n.d.	
BJFZX-11	M723：12	1	0.87	1.58	1.31	95.13	0.31	0.12	0.29	0.01	0.04	n.d.	0.04	n.d.	0.01	0.29	n.d.	n.d.	n.d.	石英
		2	1.71	0.96	1.38	94.38	0.37	0.24	0.27	0.03	0.03	n.d.	0.10	0.01	0.02	0.49	n.d.	n.d.	0.01	

续表

样品编号	出土编号	位置	Na_2O	MgO	Al_2O_3	SiO_2	P_2O_5	K_2O	CaO	TiO_2	Cr_2O_3	MnO	Fe_2O_3	Rb_2O	PbO_2	SO_3	BaO	CoO	V_3O_5	主要矿物
BJFZX-12	M743：4	1	1.37	0.70	1.24	95.79	0.30	0.08	0.06	0.01	n.d.	n.d.	0.32	n.d.	n.d.	0.12	n.d.	n.d.	n.d.	石英
		2	0.96	0.85	1.86	94.86	0.49	0.17	0.09	0.01	n.d.	n.d.	0.40	n.d.	0.01	0.27	0.01	n.d.	n.d.	
BJFZX-13	M563：1	1	1.10	28.47	n.d.	55.48	0.65	0.12	10.61	0.12	0.01	0.13	1.05	2.05	0.01	0.16	n.d.	0.01	0.03	透闪石
		2	0.85	28.68	n.d.	55.71	0.65	0.11	10.44	0.17	0.01	0.13	0.96	2.15	n.d.	0.11	n.d.	0.01	0.03	
BJFZX-14	M564：1	1	0.89	29.77	n.d.	55.54	0.35	0.06	10.23	0.04	0.01	0.01	0.40	2.47	0.01	0.18	0.01	n.d.	0.02	透闪石
		2	0.99	29.70	n.d.	56.07	0.36	0.07	10.31	0.03	0.01	0.02	0.29	1.99	n.d.	0.13	n.d.	n.d.	0.02	
BJFZX-15	M624：1	1	0.93	30.55	1.52	54.61	0.49	0.02	11.45	0.02	0.01	0.02	0.28	n.d.	n.d.	0.08	n.d.	n.d.	0.02	透闪石
		2	0.84	24.57	4.89	55.81	1.06	0.32	11.36	0.09	0.01	0.23	0.59	n.d.	n.d.	0.17	0.03	n.d.	0.02	
透闪石$Ca_2(Mg, Fe)_5[Si_4O_{11}]_2(OH)_2$理论值				24.81		59.17			13.81											
BJFZX-16	M609：2	1	0.94	0.35	n.d.	94.88	0.11	0.03	0.04	n.d.	0.03	n.d.	0.02	3.54	n.d.	0.02	0.02	0.01	0.01	石英
		2	0.67	0.35	n.d.	96.11	0.17	0.02	0.05	n.d.	0.02	n.d.	0.02	2.52	n.d.	0.03	0.01	n.d.	0.03	
BJFZX-17	M723：15	1	1.66	34.33	n.d.	59.19	0.56	0.04	0.12	n.d.	n.d.	n.d.	0.21	3.81	n.d.	0.04	0.02	n.d.	0.02	滑石
		2	1.49	37.41	n.d.	59.20	0.18	0.04	0.07	0.01	n.d.	n.d.	0.24	1.29	n.d.	0.05	n.d.	n.d.	0.02	
滑石$Mg_3[Si_4O_{10}](OH)_2$理论值				31.88		63.37														
BJFZX-18	M723：16	1	1.03	0.29	n.d.	94.69	0.18	0.02	0.05	n.d.	0.02	n.d.	0.02	3.61	n.d.	0.04	0.02	n.d.	0.02	石英
		2	0.77	0.36	n.d.	95.03	0.15	0.03	0.04	n.d.	0.03	n.d.	0.01	3.50	n.d.	0.04	0.01	0.01	0.02	
BJFZX-19	M723：17	1	1.17	0.27	n.d.	94.80	0.22	0.04	0.06	0.01	0.02	n.d.	0.03	3.26	n.d.	0.09	n.d.	n.d.	0.03	石英
		2	1.47	0.44	n.d.	93.51	0.21	0.04	0.07	0.01	0.02	n.d.	0.55	3.60	0.01	0.06	n.d.	0.01	0.01	
BJFZX-20	M743：2	1	1.85	0.60	n.d.	92.81	0.22	0.04	0.10	0.01	0.02	n.d.	0.17	4.07	0.01	0.10	n.d.	n.d.	0.01	石英
		2	2.62	0.63	n.d.	92.17	0.24	0.17	0.08	0.01	0.01	n.d.	0.86	2.98	n.d.	0.20	n.d.	0.01	0.02	
BJFZX-21	M743：7	1	n.d.	n.d.	21.05	64.28	n.d.	7.63	n.d.	0.91	n.d.	n.d.	6.03	n.d.	n.d.	n.d.	n.d.	00.0	0.09	砂岩
		2	n.d.	n.d.	19.51	62.24	n.d.	6.43	n.d.	1.09	n.d.	n.d.	10.63	n.d.	n.d.	n.d.	n.d.	n.d.	0.10	

明除了东北地区以及内蒙古东部地区，天河石器还发现于山西襄汾陶寺遗址、湖北荆州枣林岗墓地、河南安阳妇好墓、陕西西安沣西张家坡墓地、陕西扶风强家村一号墓和安徽蚌埠双墩一号墓等。这些出土地点都集中在长江以北地区。除个别地点外，大部分地点出土器物数量仅为1件，不过器形有所扩展，如天河石在张家坡墓地被用作柄形饰，相应的功能也有扩展（如礼仪器）。后屯墓地M655出土的天河石珠饰数量较多，为保存其出土状况并未对珠饰的具体数量进行统计，但通过图四可粗略计算出其数量在50颗以上。天河石与绿松石同属于绿色系玉石，绿松石在我国古代北方尤其是中原地区的新石器时代至商周时期比较流行，天河石饰品的偶然出现可能是作为绿松石的替代品。

2. 化学组成以SiO_2为主的石英质玉器

化学成分分析结果显示，样品BJFZX-3、BJFZX-4、BJFZX-5、BJFZX-6、BJFZX-9、BJFZX-10、BJFZX-11、BJFZX-12、BJFZX-16、BJFZX-18、BJFZX-19、BJFZX-20的主要成分是SiO_2（92.17%~97.73%），表明其为石英质矿物质。

石英族矿物有一系列的同质多相变体，即具有相同的化学组成，却有不同的分子结构，如α-石英、磷石英和方石英。最常见的石英晶体为α-石英（α-Quartz），可分为显晶质和隐晶质。显晶质的α-石英包括单晶体的无色水晶、紫水晶、茶晶、黄水晶等，通常呈六方柱和菱面体，因含有微量致色离子、细分散包裹体及色心等，而呈现各种颜色，并致使透明度降低。隐晶质石英集合体包括红玉髓（Carnelian）、绿玉髓、玛瑙（Agate）、燧石等，主要根据不同的宏观特征进行判断。单色微透明者称为玉髓或石髓，带条纹斑纹呈微透者称为玛瑙[①]。玛瑙的主要组成为α-石英、斜硅石、微晶石英以及少量蛋白石[②]。斜硅石（Moganite）属于单斜的多晶质石英，在玉髓和玛瑙中存在该种晶形的石英。已有的研究表明，斜硅石具有19个独立的拉曼光谱谱峰，其中多数与α-石英重合，最特征的也是最强的斜硅石拉曼特征峰位于501cm^{-1}附近，该峰主要与硅氧四面体组成的四方环中Si—O—Si的对称伸缩—弯曲振动有关，因此常用于确定是否含有斜硅石存在[③]。

我们对这12件样品进行了拉曼光谱分析，其中4件透明珠饰BJFZX-9、BJFZX-10、BJFZX-11、BJFZX-12的拉曼光谱特征峰（图五）与石英（Quartz）基本一致，其中

① Azhari Mustafa Sadig. *The Neolithic of the Middle Nile Region: An Archeology of Central Sudan and Nubia*. Rochester: Fountain Publishers, 2010: 207-208；夏玉梅、戴苏兰、陈大鹏等：《玛瑙的宝石学分类及其鉴别特征》，《矿物岩石》2020年第40卷第2期。

② 陶明、徐海军：《玛瑙的结构、水含量和成因机制》，《岩石矿物学杂志》2016年第35卷第2期。

③ Götze J, Nasdala L, Kleeberg R, et al. Occurrence and Distribution of "Moganite" in Agate/Chalcedony: A Combined Micro-Raman, Rietveld, and Cathodolumine-scence Study", *Contributions to Mineralogy and Petrology*. 1998, 133: 96-105; Hardgrove C. Thermal Infrared and Raman Microspectro-scopy of Moganite-bearing Rocks. *American Mineralogist*. 2013, 8: 78-84; Kingma K J, Hemley R J. Raman Spectroscopic Study of Microcrystalline Silica. *American Mineralogist*. 1994, 79: 269-273.

123cm^{-1}和351cm^{-1}为晶格振动峰（Latticevibration），202cm^{-1}归属于［SiO_4］扭曲振动（Swingvibration），最强的460cm^{-1}则归属于Onb—Si—Onb弯曲振动（Bendingvibration），结合其外观判定为水晶。水晶的摩氏硬度为7，高于玉（6～6.5）、绿松石（5～6）、玛瑙（6.5～7）等，且脆性高，因此其制作较难。早期的水晶饰品多为天然晶形，不加人工干预。本次发现的水晶制品制作精美，可见当时先民可以根据装饰的需求将水晶这类脆性材料加工成多种器形。唐锦琼对出土的先秦时期水晶制品进行了统计，发现早期水晶器的数量不多、分布极为零散，至春秋中晚期开始大量出现，出土数量达2474件，很可能是铁质工具的出现和大量运用才使得水晶制品得到广泛使用①。玛瑙的使用可以追溯到新石器时代，战国时期继续沿用。由于玛瑙质地坚硬，所以一般不雕琢纹饰而仅将其打磨光滑。

4件环BJFZX-16、BJFZX-18、BJFZX-19、BJFZX-20的拉曼图谱（图六～图八），除石英的特征峰外还可见501cm^{-1}附近有明显的峰位，显示该组器物是由隐晶质的石英材质——玛瑙或玉髓构成，结合其外观判定为玛瑙。珠饰BJFZX-3和BJFZX-4的拉曼特征峰（图九）在505cm^{-1}可见明显峰位，判定为玉髓；珠饰BJFZX-5的拉曼图谱（图九）中未见斜硅石的特征峰，该样品应为红玉髓，可能经过了高温处理。带条纹珠饰BJFZX-6选择了红、黄、白三个不同的区域进行测试分析，拉曼图谱（图一〇～图一二）显示该样品含有斜硅石，结合其外观条带状明显，判定为玛瑙。BJFZX-3～BJFZX-6应该是加热处理过的玉髓珠或玛瑙珠，天然玉髓、玛瑙中铁离子经高温处理后会发生价态变化，由二价转变为三价，产生红色。孟国强等对河北宣化“战国红”玛瑙进行热处理实验分析其表面，红色主要由赤铁矿致色，黄色主要由针铁矿致色，加热到400℃时，针铁矿会转化为赤铁矿，玛瑙条带会由黄色变成红色②。

3. 化学组成以SiO_2和MgO为主的滑石质玉器

白色料珠BJFZX-7和BJFZX-8的主要成分是MgO（38.55%～40.52%）、SiO_2（55.93%～58.3%），质量比ω（SiO_2）/ω（MgO）=1.38～1.51；次要化学成分为Al_2O_3、CaO、Na_2O、Fe_2O_3及K_2O等。这与顽火辉石的理论组分值（MgO 40.15%，SiO_2 59.85%）基本一致。黑色玉环BJFZX-17的化学成分是MgO（34.33%～37.41%）、SiO_2（59.19%～59.2%），质量比ω（SiO_2）/ω（MgO）=1.72，这与滑石［Talc，化学结构式Mg_3［Si_4O_{10}］（OH）$_2$的理论组分值（MgO为31.88%和SiO_2为63.37%］比较接近。需要说明的是XRF检测不到氢元素，结果中H_2O的含量无法确定，这可能会导致测出的SiO_2和MgO的含量偏高，与滑石的理论组分有偏差。

对这三件样品又进行了XRD分析，白色料珠BJFZX-7和BJFZX-8的衍射峰都比较弱，只呈现出一条弥散的曲线，甚至出现非晶化，初步推测这种现象可能与热处理有关。黑

---

① 唐锦琼：《先秦时期水晶制品初探》，《东南文化》2019年第5期。

② 孟国强、陈美华、蒋佳丽等：《河北宣化“战国红”玛瑙的结构特征及颜色成因》，《宝石和宝石学杂志》2016年第18卷第6期。

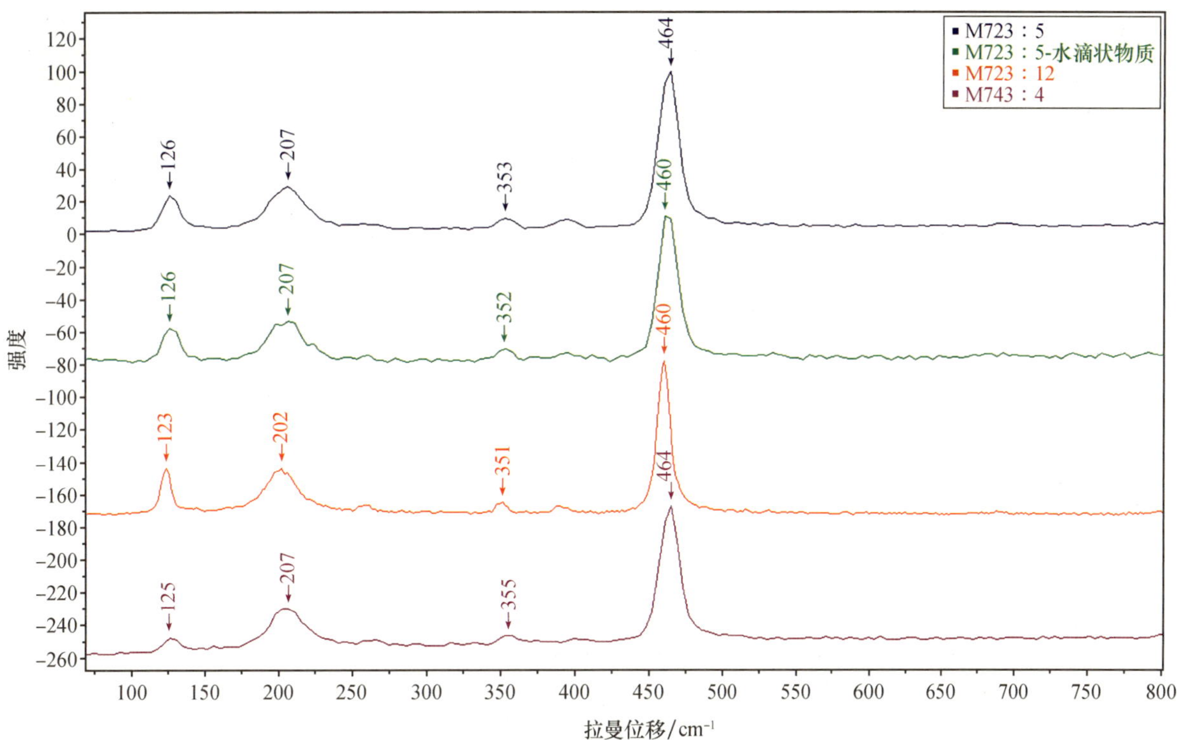

图五　珠饰M723：5（BJFZX-9）、M723：12（BJFZX-11）和M743：4（BJFZX-12）的拉曼图谱

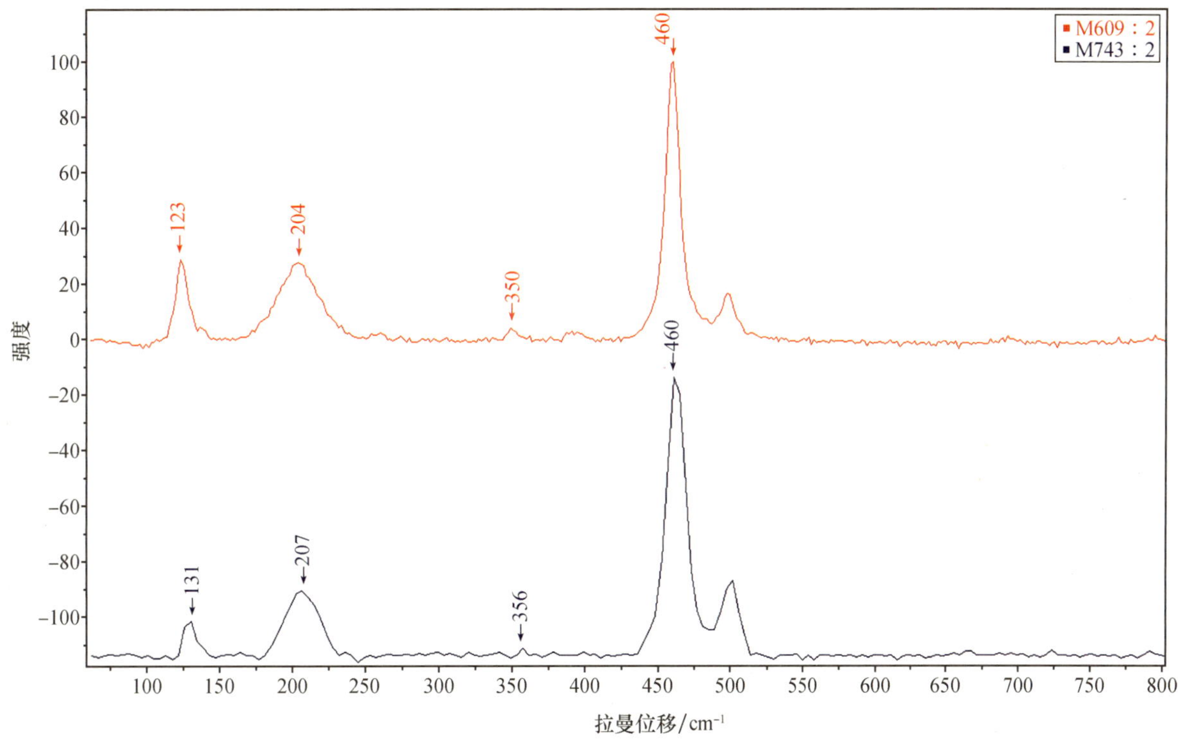

图六　环饰M609：2（BJFZX-16）和M743：2（BJFZX-20）的拉曼图谱

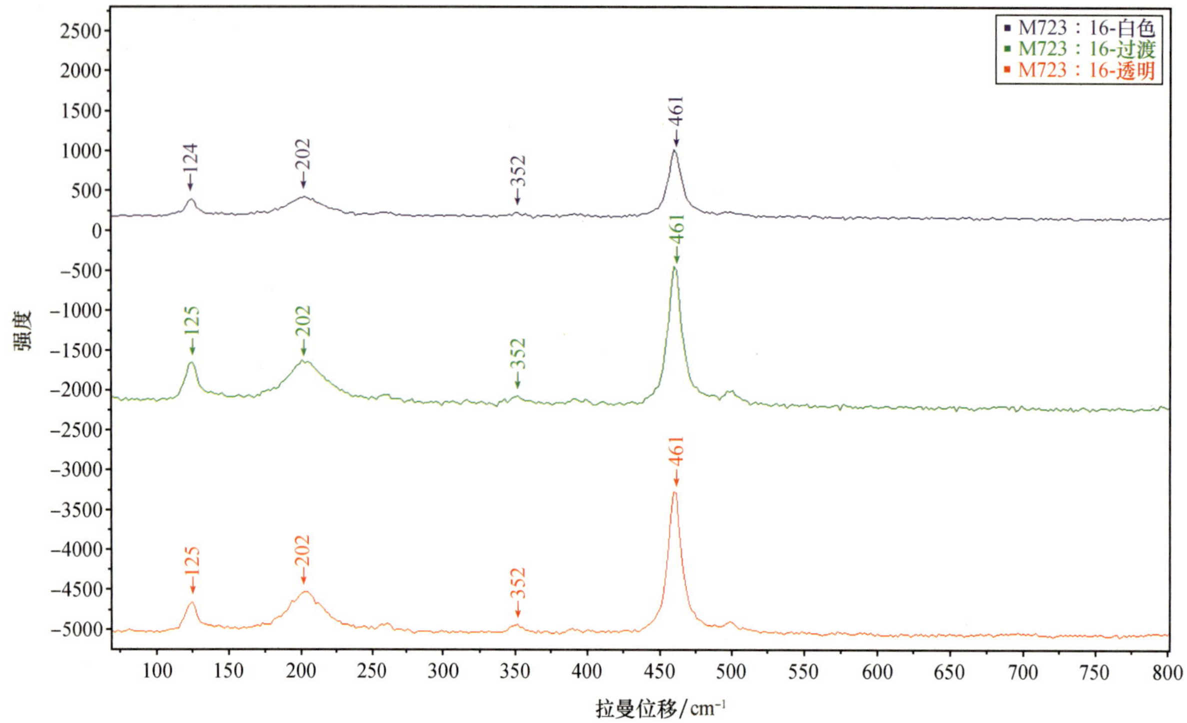

图七　环饰M723：16（BJFZX-18）的拉曼图谱

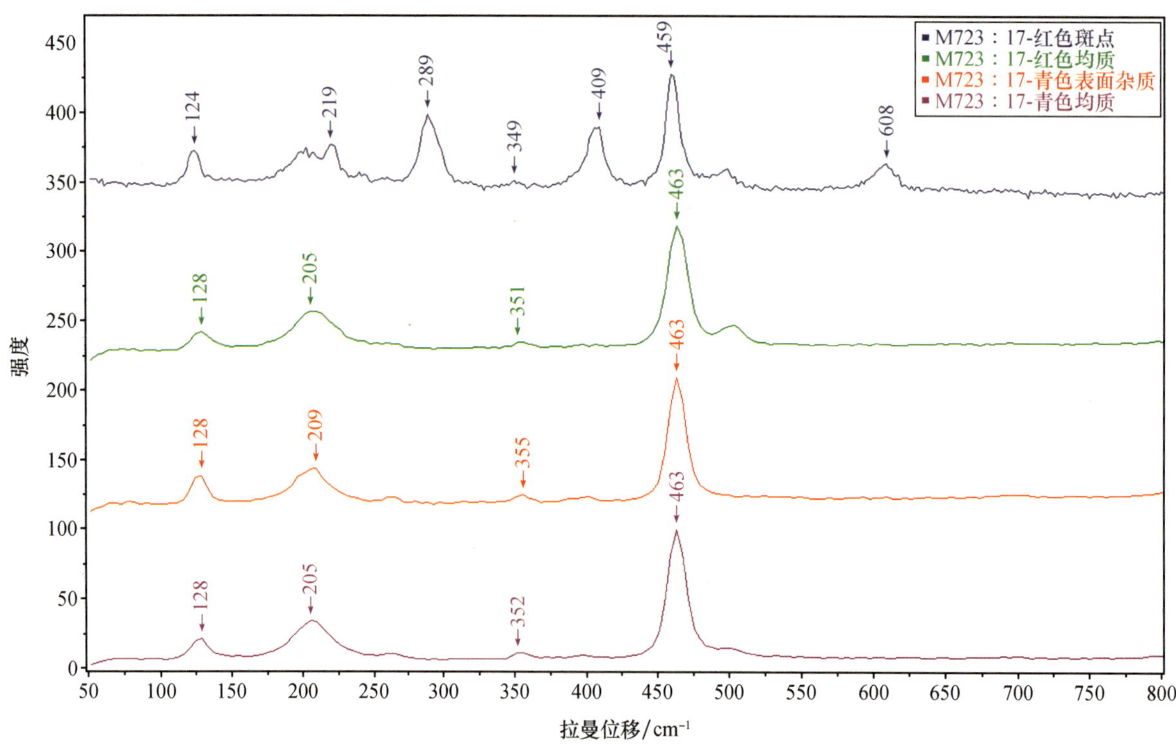

图八　环饰M723：17（BJFZX-19）的拉曼图谱

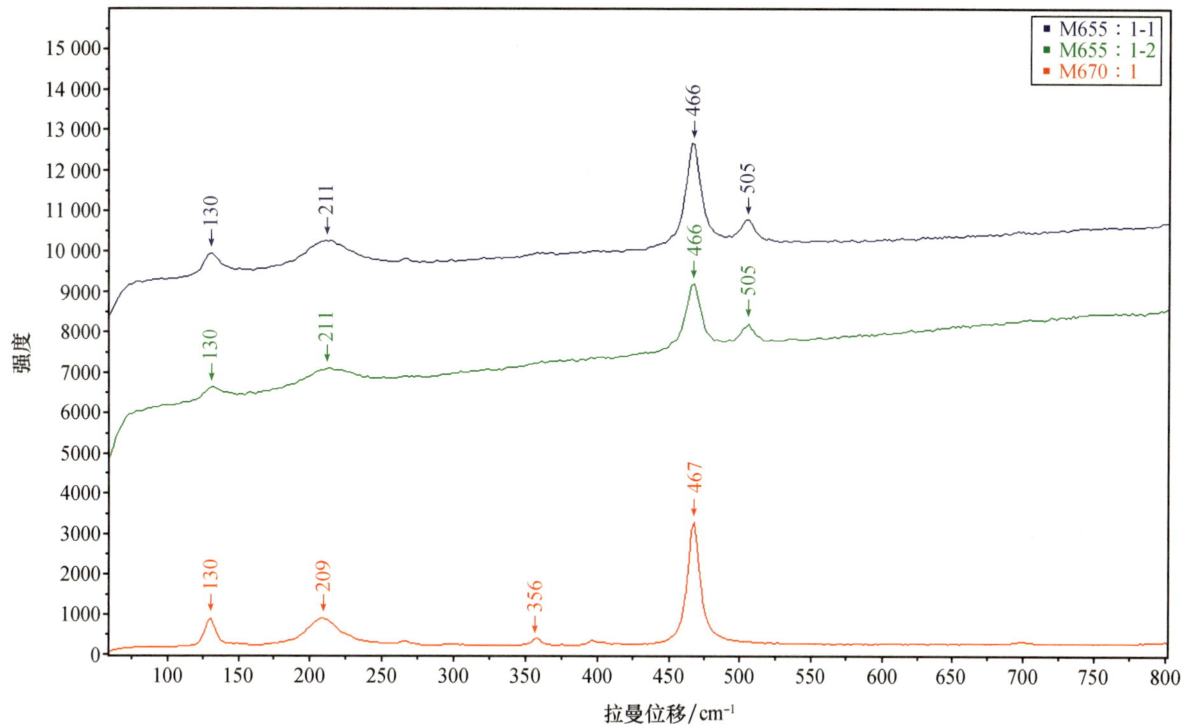

图九　珠饰M655：1-1（BJFZX-3）、M655：1-2（BJFZX-4）和M670：1（BJFZX-5）的拉曼图谱

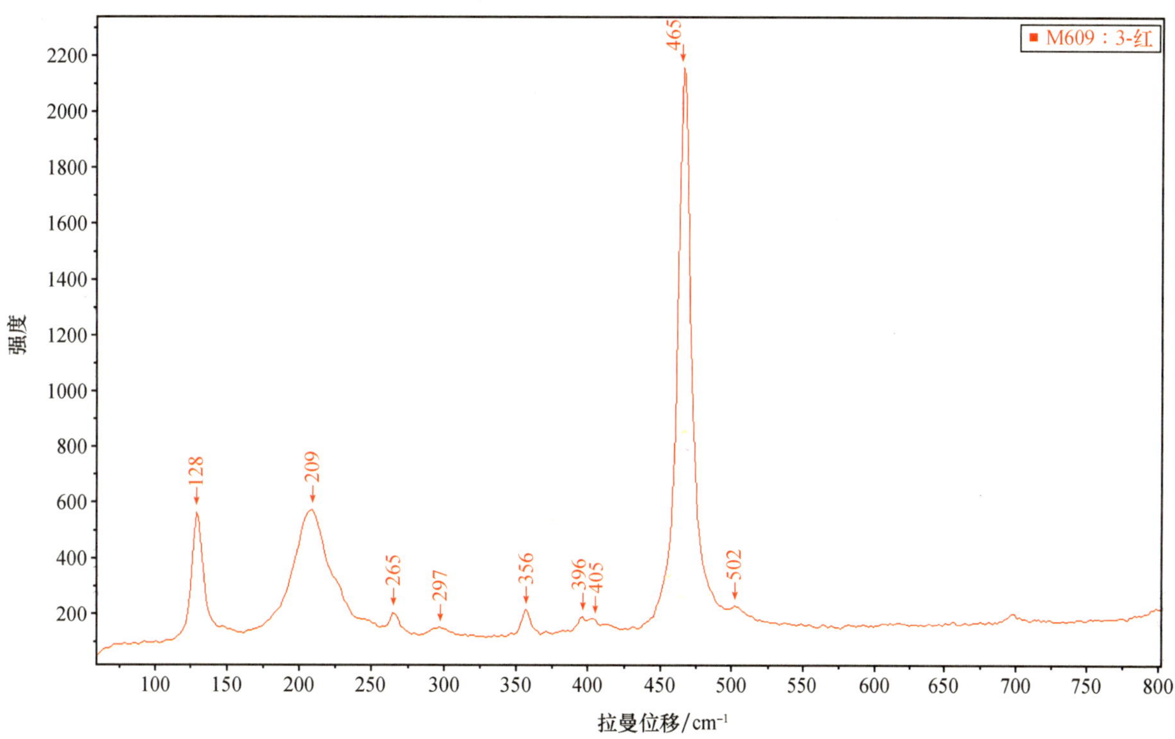

图一〇　珠饰M609：3（BJFZX-6）红色区域拉曼图谱

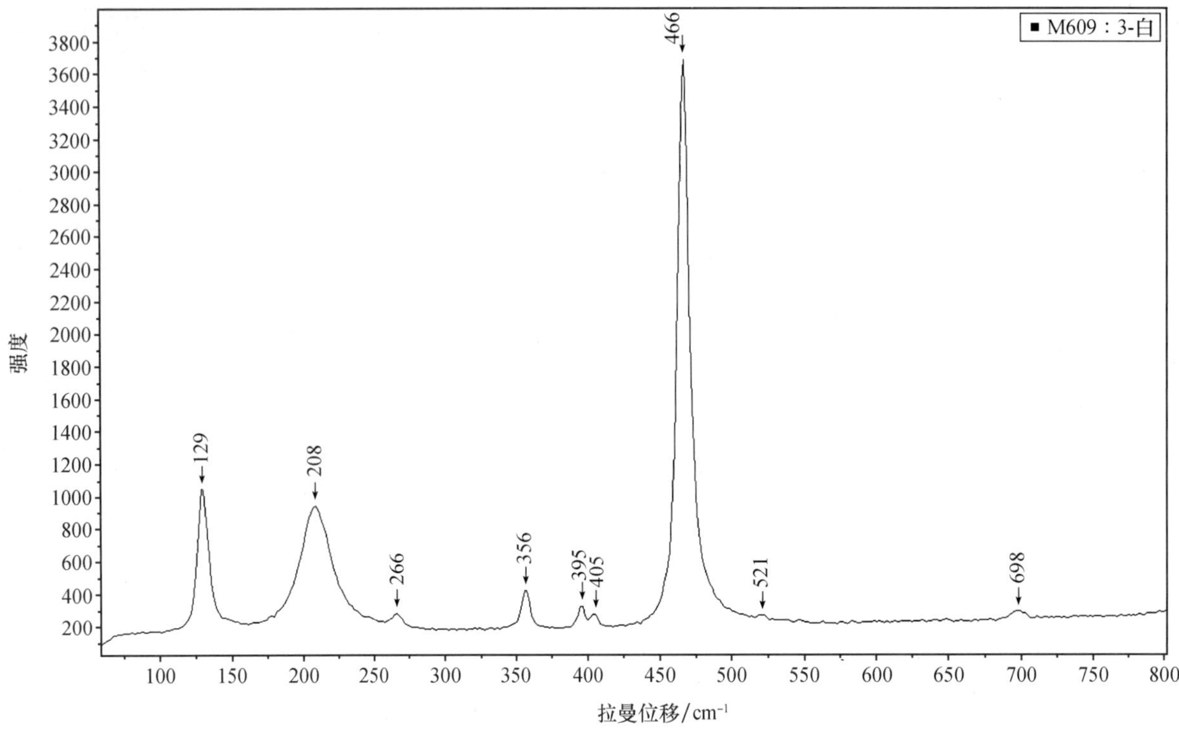

图一一　珠饰M609：3（BJFZX-6）白色区域拉曼图谱

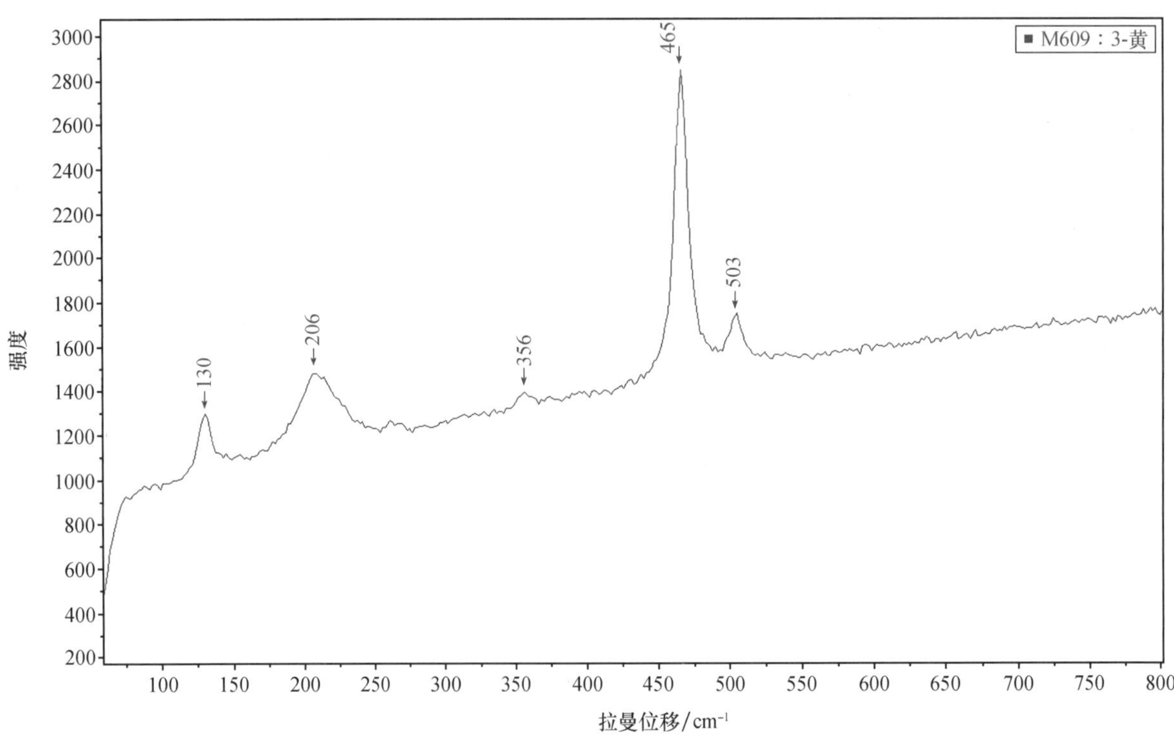

图一二　珠饰M609：3（BJFZX-6）黄色区域拉曼图谱

色玉环BJFZX-17的衍射谱线，主要矿物组分与滑石（JCPDS卡片号为83-1768）非常接近（图一三）。

为进一步探明样品的呈色机理，我们对相关样品进行了拉曼光谱测试。黑色玉环BJFZX-17的拉曼图谱（图一四）特征峰在1371cm^{-1}（弱）和1601cm^{-1}（强）附近出现两个弱而宽的拉曼散射峰。在碳材料的拉曼图谱一级序区（Firstorderregion）的频率范围（1100cm^{-1} ~ 1800cm^{-1}）内，单晶石墨仅在1575cm^{-1}处有一特征G（Graphite）谱线，该谱线是天然石墨所固有的，属于石墨晶格面内C—C键的伸缩振动，振动模式为E_{2g}。其他碳材料除了G谱线外，随着石墨晶格缺陷、边缘无序排列和低对称碳结构的增加，在1360cm^{-1}附近还有另外一个D（Defacts）谱线，属于石墨微晶的A_{1g}振动模式，被称为结构无序峰①。由此可见图一四中1357cm^{-1}和1600cm^{-1}附近的拉曼峰来源于碳材料的振动，说明黑色料环中存在单晶石墨或其他碳质材料，故颜色发黑。白色料珠BJFZX-7和BJFZX-8的拉曼图谱（图一五）在189cm^{-1}和670cm^{-1}附近有明显谱线，这两个峰分别与滑石［SiO_2］扭曲振动（Swingvibration）及Si—O—Si伸缩振动（Stretchingvibration）的拉曼峰基本一致。

滑石是一种层状硅酸盐矿物，在我国比较常见且分布广泛。工业滑石按颜色可划分为白滑石、黑滑石、红滑石、绿滑石和灰滑石五种②。我国黑滑石资源十分丰富，目前所探明的矿点大多分布于我国中南及西南地区，如江西东部的广丰和九江、湖南西北部的北龙山至保靖一带、广西上林、重庆南川，以及广东平远等地，按成矿地质特征可分为区域变质型、热液交代型和风化沉积型三大类型。黑滑石的主要矿物成分通常由滑石、石英、方解石、海泡石、有机碳等组成，颜色呈黑色或灰黑色③。陈正国等通过模拟实验认为黑滑石在800 ~ 1200℃

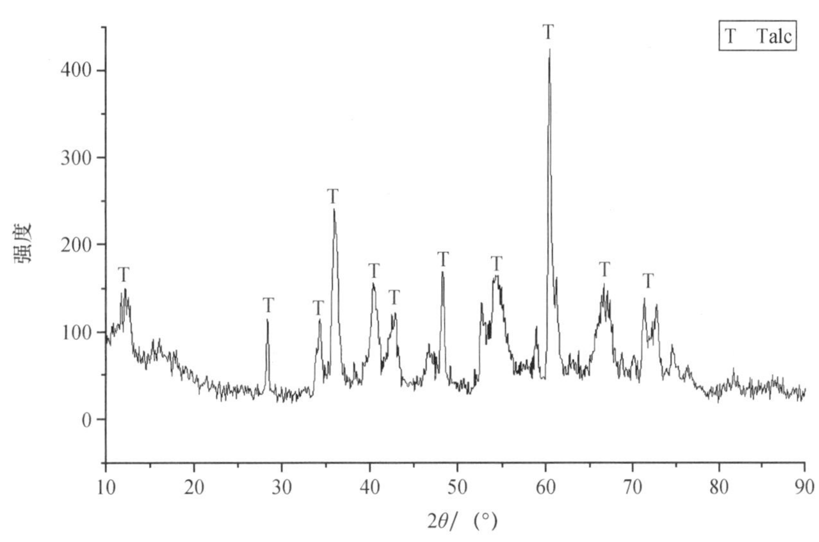

图一三　黑色玉环M723：17（BJFZX-19）的XRD图谱

① 李东风、王浩静、王心葵：《PAN基碳纤维在石墨化过程中的拉曼光谱》，《光谱学与光谱分析》2007年第11期。

② 田红：《黑滑石增白实验研究》，《中国非金属矿工业导刊》1991年第5期。

③ 吴基球、文忠和、李竞先：《我国黑滑石资源及其应用状况》，《光谱学与光谱分析》2007年第11期。

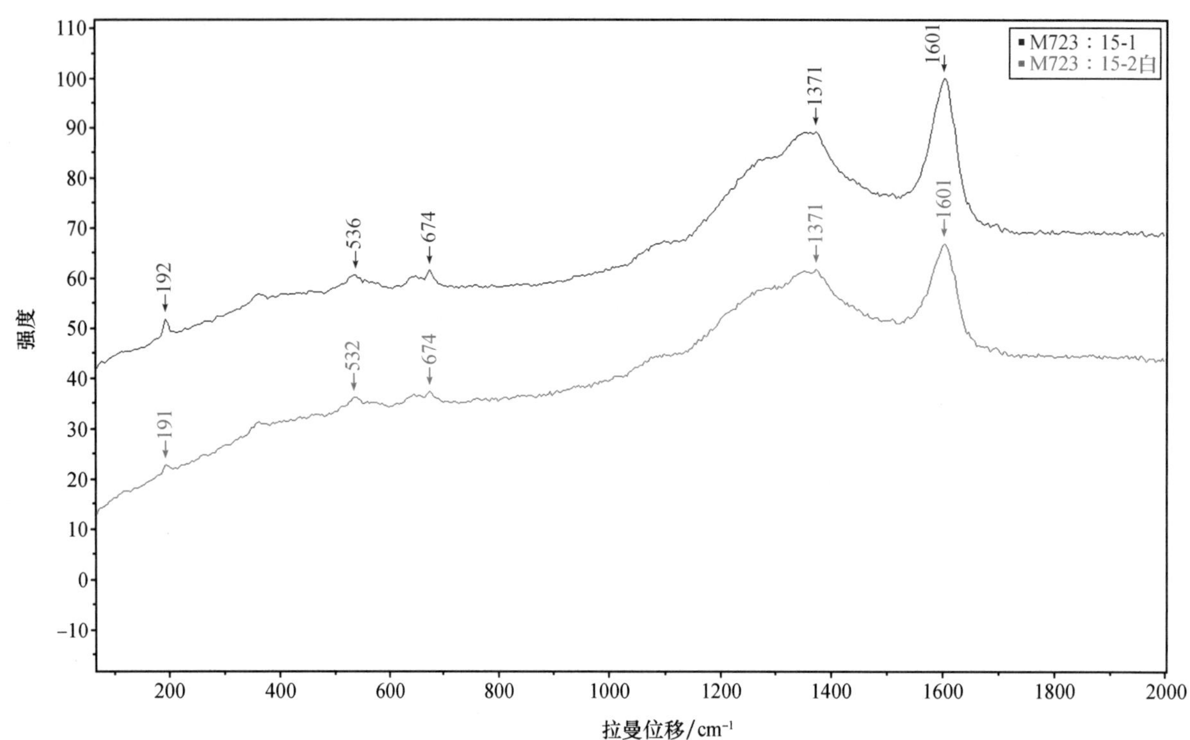

图一四　黑色玉环M723：17（BJFZX-17）的拉曼图谱

可生成顽火辉石[①]，其反应式为2Mg_3［Si_4O_{10}］（OH）$_2$（滑石）⟹3$Mg_2Si_2O_6$（顽火辉石）+SiO_2+2H_2O。许芳芳也通过实验得出结论：黑滑石中的有机碳在400℃左右开始分解，随着焙烧温度升高，白度随之逐渐提高，黑滑石中的有机碳逐渐挥发掉；当温度达到850℃时，白云石完全分解，滑石开始发生相变；随着温度的升高，滑石相变完全，生成顽火辉石；白云石分解后的产物，分别与SiO_2反应生成顽火辉石和碳酸钙；1150℃煅烧后，样品中的主要物相是顽火辉石、硅酸钙和二氧化硅[②]。在模拟实验的基础上，王荣和董俊卿认为中国境内出土的顽火辉石器物可能是由滑石经过热处理形成的，而一些标注为黑色和白色的滑石器可能分别经过了低温（＜400℃）和高温（＞800℃）的热处理过程[③]。

综合以上分析，黑色环饰BJFZX-17可能由黑滑石未经热处理直接冷加工而成，矿物中的单晶石墨或其他碳质材料是其致黑的原因。两件白色料珠BJFZX-7和BJFZX-8可能是经过800℃左右高温处理的滑石，部分物相发生了向顽火辉石转变。推测加工时先由黑滑石加工成型，再经过850～900℃高温焙烧而成，以达到增白的效果，可称为热处理滑石珠[④]。

① 陈正国、邱素梅、祝强：《广丰黑滑石的增白试验及致黑机理探讨》，《非金属矿》1993年第6期。

② 许芳芳、李金洪、王宇才：《江西广丰黑滑石煅烧增白及物相变化特征》，《非金属矿》2010年第6期。

③ 王荣、董俊卿：《中国先秦时期热处理滑石器初探》，《东南文化》2021年第1期。

④ 田红：《黑滑石增白实验研究》，《建材地质》1991年第5期。

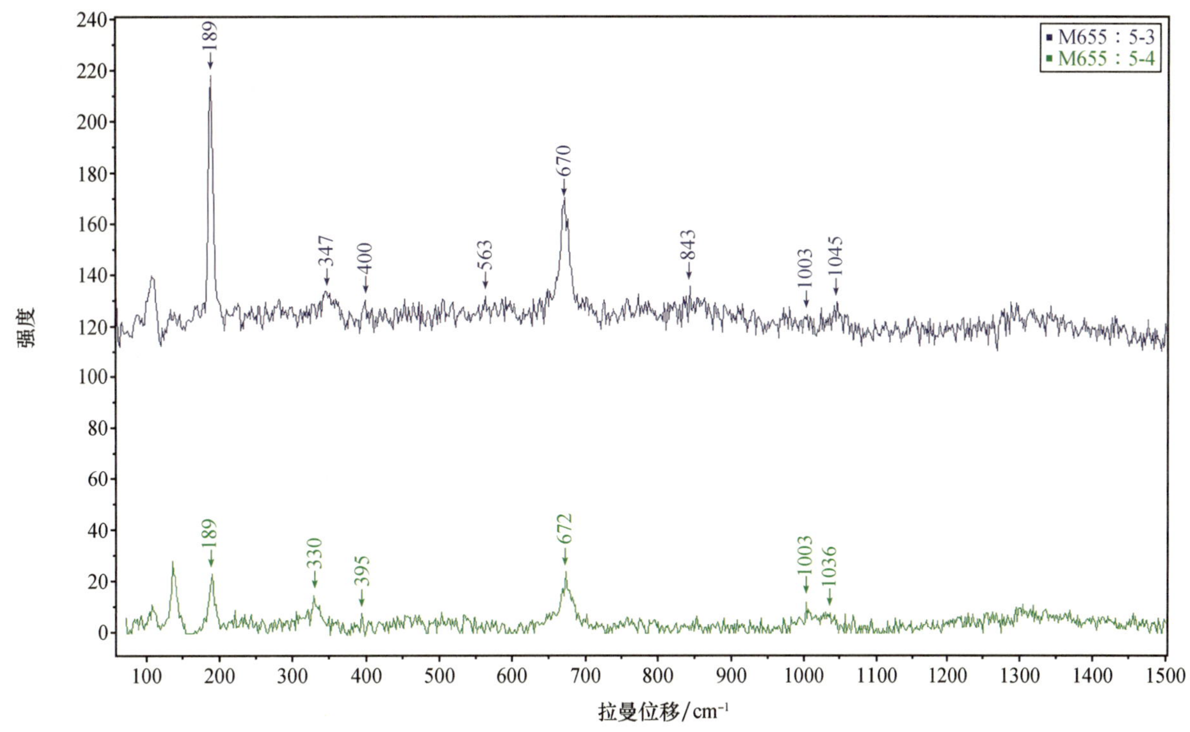

图一五　白色珠饰M655：5-3（BJFZX-7）和M655：5-4（BJFZX-8）的拉曼图谱

4. 化学组成以MgO、SiO_2、CaO为主的透闪石质玉器

BJFZX-13、BJFZX-14和BJFZX-15的主要成分是SiO_2（54.61%～56.07%）、MgO（24.57%～30.55%）、CaO（10.23%～11.45%），这与透闪石［Ca_2（Mg, Fe）$_5$［Si_4O_{11}］$_2$（OH）$_2$］的理论组分值（MgO为24.81%、SiO_2为59.17%、CaO为13.81%）基本一致。计算其镁铁比R^*［$Mg^{2+}/Mg^{2+}+Fe^{2+(3+)}$］，发现这3个样品的$R^*$值大于0.9，说明玉璧、玉璜和玉剑格的成分主要为透闪石，且颜色较浅（主要为白色和青白色）。拉曼图谱（图一六）显示此类玉器的拉曼特征峰主要为670cm^{-1}附近和1057cm^{-1}，分别与透闪石Si—O—Si伸缩振动（Stretchingvibration）和Si—O伸缩振动（Stretchingvibration）的拉曼特征峰位基本吻合，与化学成分分析结果相一致。另注意到样品BJFZX-15的Al_2O_3的含量较BJFZX-13和BJFZX-14高，推测与其受沁有关。受沁指玉器在地下埋藏环境中受到的风化作用，其根本原因在于玉器入土之后需要调整自身状态以适应新环境，与周边环境建立新平衡体系。玉器受沁后，其颜色会发生变化，各种变化中，白化较为常见，这件样品属于部分白化、中度受沁（区域分布）。

5. 砂岩

样品BJZFX-21的化学成分是Al_2O_3（21.05%）、SiO_2（64.28%）、K_2O（7.63%）、Fe_2O_3（6.03%），即以SiO_2和Al_2O_3为主，黑色，肉眼观察有颗粒感、结构较致密，放大镜下观察可见长石、石英等矿物，初步判定为砂岩。通过分析其拉曼图谱（图一七）和XRD图谱（图一八），进一步证实了之前的判断。

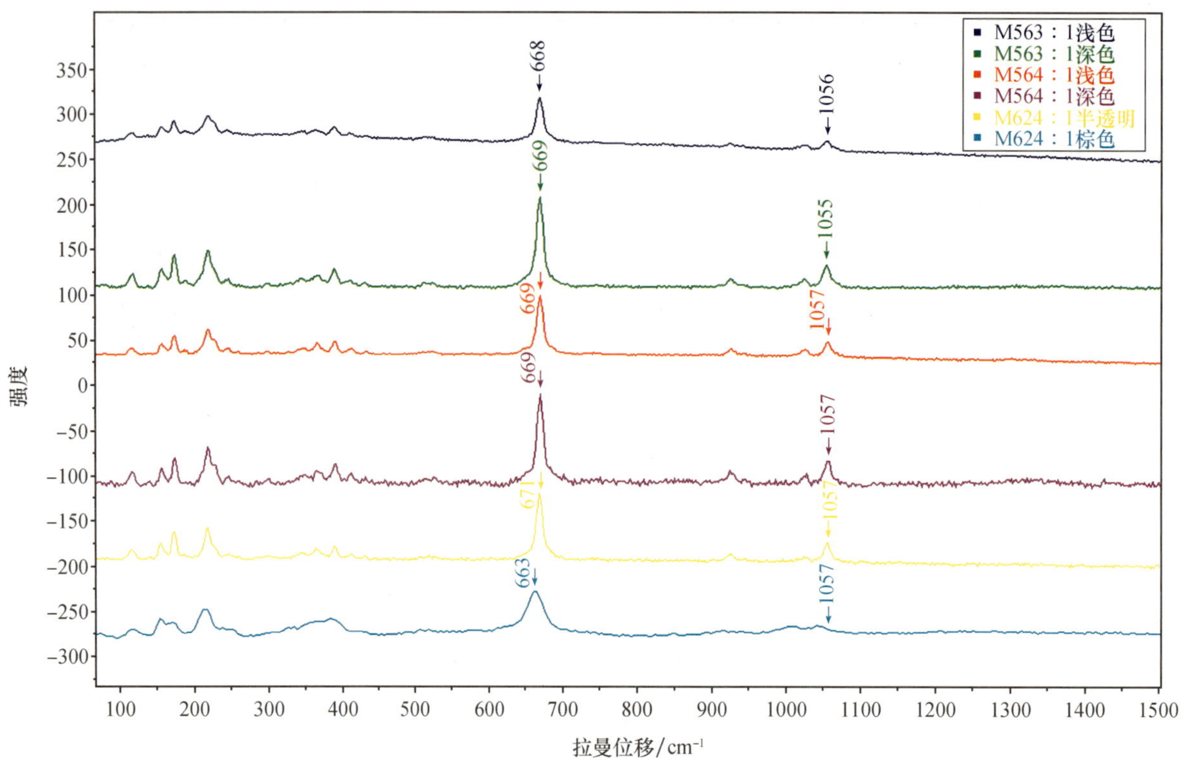

图一六　玉璧M563：1（BJFZX-13）、玉璜M564：1（BJFZX-14）和玉剑格M624：1（BJFZX-15）的拉曼图谱

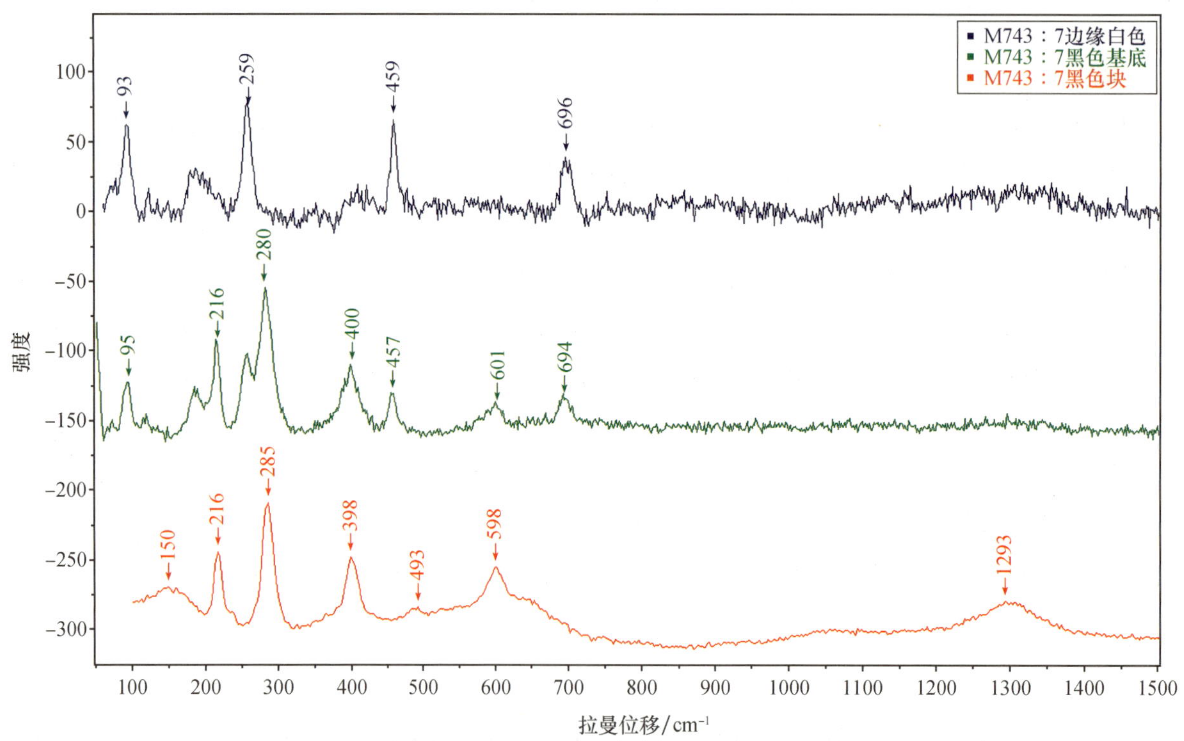

图一七　石璧M743：7（BJFZX-21）的拉曼图谱

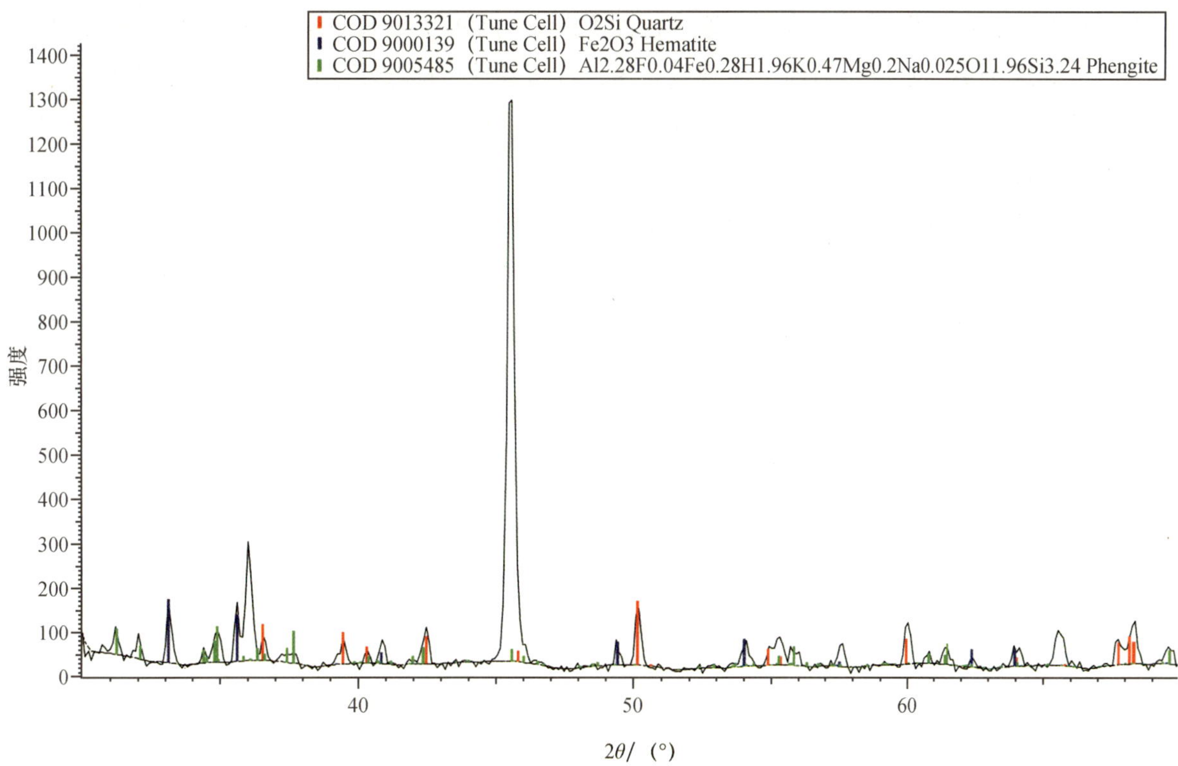

图一八　石璧M743：7（BJFZX-21）的XRD图谱

五、结　　论

我们利用能量色散型X射线荧光光谱（EDXRF）、激光拉曼光谱（LRS）和X射线衍射分析（XRD）三种无损分析方法测试了后屯村墓地出土的21件玉石器样品，结果表明这批器物材质丰富，主要矿物组成有石英、天河石、滑石、顽火辉石、透闪石、砂岩等。包括天河石珠2件、红玉髓珠3件、玛瑙珠1件、玛瑙环4件、水晶珠4件、热处理滑石珠2件、滑石环1件、透闪石型玉器3件、砂岩质石璧1件。

本次检测的白色料珠（直径小于0.5cm的圆柱形微珠）是由黑色滑石加工而成，矿物中的单晶石墨或其他碳质材料是黑滑石致黑的原因，黑滑石环可能是由黑滑石直接加工而成，白色料珠先由黑滑石加工成型，再经过850～900℃高温焙烧而成，以达到增白的效果。热处理是彰显古人智慧与技术的行为，用于改善材料性能以及获取所需色泽。青铜时代早期至西周时期，滑石珠饰大量出现，部分经过了热处理过程。早在距今8000年，印度河谷地区梅赫尔格尔一期晚段已使用了热处理滑石，目的既是为了提高滑石硬度，也是为了获取所需白色[①]。除滑石外，还发现几件玉髓珠也可能经过了高温处理，呈现红色。早在西周时期中原地区的就出现了

① Anne Bouquillon, B. Barthelemy, De Saizieu, A Duval. Glazed Steatite Beads from Merhgarh and Nausharo (Pakistani Balochistan). *MRS Proceedings*. 1995, 352: 527-538.

不少红玉髓珠，如河南平顶山应国墓地等，而晚期青铜时代游牧民族的墓地如内蒙古林西井沟子等红玉髓珠饰更为常见。目前主流观点认为，红玉髓珠可能起源于印度次大陆，西周墓葬中突然出现的红玉髓珠是受到外部刺激的结果[①]。由此，北京后屯战国墓出土的这批热处理滑石和红玉髓珠饰，可能与域外文化有着某种交流和联系，北方游牧民族可能是一个文化交流的桥梁和纽带，当然也可能是在域外文化影响下在本土制作而成。借助科学仪器甄别并鉴定出的天河石珠饰，为北京地区首次通过科学检测发现得到，其颜色、外形、形制上与绿松石制品极为相似，发掘之初被误认为是绿松石珠，此种材质的发现对丰富北京地区战国时期出土玉石器的认识具有积极作用。这种材质珠饰在我国古代墓葬或遗址中较少发现，目前已发现的红山文化晚期至战国晚期天河石器主要集中在长江以北地区，数量上东北地区和内蒙古东部地区具有一定优势，考虑到天河石、滑石和红玉髓珠饰在内蒙古、辽宁、吉林等地的晚期的墓葬中也常有发现，推测后屯村战国墓地应该与北方游牧民族存在较多的文化交流。

① Aruz J, Wallenfels R. *Art of the First Cities*: *The Third Millennium B.C. from the Mediterranean to the Indus*. New York: Yale University Press, 2003: 279; Rawson J, In Search of Ancient Red Beads and Carved Jade in Modern China. *Cabiersd' Extrême-Asie*. 2008, 17: 10-11.

后　记

《后屯墓地（战国卷）》考古发掘报告即将付梓了。这本报告是2017～2020年北京市考古研究院配合通州区潞城镇棚户区改造土地开发项目开展的考古发掘工作的阶段性汇报，也是北京城市副中心考古工作的一项重要成果，是集体劳动与智慧的结晶。

回望过往，需要感谢的人很多。

在考古发掘期间和报告的整理、编写过程中，国家文物局、北京市文物局、北京市考古研究院领导均给予了大力支持和指导。

青史如镜，鉴照峥嵘岁月；初心如炬，辉映复兴之路。考古发掘队伍里的队员们携手走过了四季，共同经历了风风雨雨，心中始终坚守着“莫道前路多险阻，再闯关山千万重”的勇气，在探索未知中不断揭示北京城市副中心的历史。

西安弘道文化遗产保护工程有限公司组织人员在编者指导下，完成了出土文物的修复、绘图和照相工作。

北京市通州区文化和旅游局、通州区文物管理所的领导和同志们，北京城市副中心工程建设管理办公室、北京城市副中心投资建设集团有限公司在勘探和发掘过程中提供了大力的协助。科学出版社柴丽丽女士为编辑本报告付出了很多辛劳。谨向大家表示诚挚的谢意！

本报告由刘风亮执笔，由于笔力所限，有些认识还不够深入，相关问题仍需探讨，报告中难免还存在一些疏漏，敬请各位方家指正。

刘风亮

2023年10月

后屯墓地战国墓葬正射影像

图版二

发掘期间领导指导工作

图版三

发掘期间专家指导工作

图版四

发掘现场

完工照

1. M437

2. M440

3. M445

4. M532

竖穴土坑墓M437、M440、M445、M532

1. M529

2. M534

3. M529出土器物

竖穴土坑墓M529、M534

图版八

1. M533

2. M574

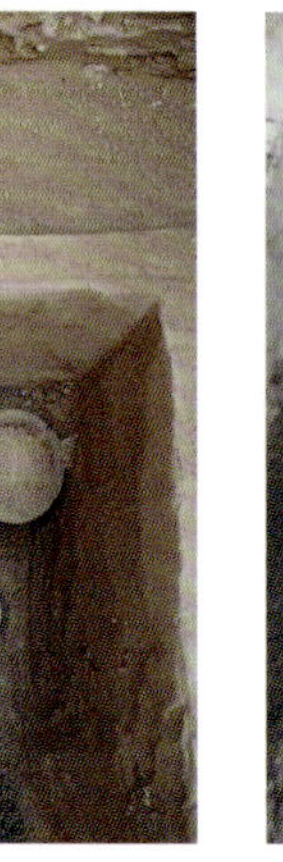

3. M533出土器物

4. M574出土器物

竖穴土坑墓M533、M574

1. M580

2. M581

3. M581出土器物

竖穴土坑墓M580、M581

图版一〇

1. M587

2. M592

3. M608

4. M620

竖穴土坑墓M587、M592、M608、M620

1. M630

2. M636

3. M641

4. M646

竖穴土坑墓M630、M636、M641、M646

1. M653

2. M655

3. M655出土器物

竖穴土坑墓M653、M655

1. M669

2. M672

3. M669出土器物

4. M672出土器物

竖穴土坑墓M669、M672

1. M676

2. M677

3. M676出土器物

竖穴土坑墓M676、M677

1. M678

2. M681

3. M682

4. M683

竖穴土坑墓M678、M681、M682、M683

1. M684

2. M686

3. M686出土器物

竖穴土坑墓M684、M686

图版一七

1. M689

2. M692

3. M696

4. M701

竖穴土坑墓M689、M692、M696、M701

图版一八

1. M702

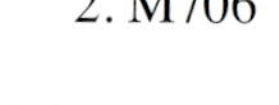

2. M706

3. M713

4. M715

竖穴土坑墓M702、M706、M713、M715

1. M716

2. M720

3. M720出土器物

竖穴土坑墓M716、M720

1. M717

2. M725

3. M725出土器物

竖穴土坑墓M717、M725

1. M727

2. M729

3. M727出土器物

竖穴土坑墓M727、M729

图版二二

1. M728

2. M739

3. M728出土器物

4. M739出土器物

竖穴土坑墓M728、M739

1. M736

2. M740

3. M736出土器物

竖穴土坑墓M736、M740

1. M743

2. M750

3. M743出土器物

4. M750出土器物

竖穴土坑墓M743、M750

1. M741

2. M765

3. M769

4. M777

竖穴土坑墓M741、M765、M769、M777

图版二六

1. M780

2. M783

3. M786

4. M787

竖穴土坑墓M780、M783、M786、M787

1. M788

2. M804

3. M788出土器物

竖穴土坑墓M788、M804

图版二八

1. M814

2. M817

3. M818

4. M820

竖穴土坑墓M814、M817、M818、M820

1. M825

2. M836

3. M837

4. M849

竖穴土坑墓M825、M836、M837、M849

1. M844

2. M851

3. M844出土器物

竖穴土坑墓M844、M851

图版三一

1. M852

2. M855

3. M856

4. M864

竖穴土坑墓M852、M855、M856、M864

图版三二

1. M869

2. M926

3. M926出土器物

竖穴土坑墓M869、M926

图版三三

1. M912

2. M913

3. M927

4. M944

竖穴土坑墓M912、M913、M927、M944

1. M369

2. M432

M369、M432典型陶器组合

1. M440

2. M533

M440、M533典型陶器组合

1. M564

2. M574

M564、M574典型陶器组合

1. M581

2. M589

M581、M589典型陶器组合

1. M590

2. M608

M590、M608典型陶器组合

1. M634

2. M636

M634、M636典型陶器组合

1. M660

2. M682

M660、M682典型陶器组合

1. M686

2. M689

M686、M689典型陶器组合

1. M720

2. M732

M720、M732典型陶器组合

1. M750

2. M787

M750、M787典型陶器组合

1. M788

2. M817

M788、M817典型陶器组合

1. M818

2. M852

M818、M852典型陶器组合

1. M912

2. M921

M912、M921典型陶器组合

1. M926

2. M929

M926、M929典型陶器组合

1. 陶鼎（M369：4）

2. 陶鼎（M369：10）

3. 陶豆（M369：1）

4. 陶豆（M369：3）

5. 陶壶（M369：8）

6. 陶壶（M369：12）

M369出土陶器

1. 陶盘（M369：11）

2. 陶匜（M369：7）

3. 陶小口罐（M369：2）

4. 陶小口罐（M369：5）

5. 陶双耳罐（M369：6）

6. 陶尊（M369：9）

M369出土陶器

1. 陶鼎（M432：3）

2. 陶鼎（M432：6）

3. 陶豆（M432：7）

4. 陶豆（M432：8）

5. 陶壶（M432：1）

6. 陶壶（M432：2）

M432出土陶器

1. 陶盘（M432：4）

2. 陶匜（M432：9）

3. 陶小口壶（M432：5）

4. 陶鼎（M437：8）

5. 陶豆（M437：4）

6. 铜带钩（M437：5）

M432、M437出土器物

1. 陶壶（M437：1）

2. 陶壶（M437：6）

3. 陶小口壶（M437：2）

4. 陶小口壶（M437：7）

5. 陶匜（M437：9）

6. 陶三足罐（M437：10）

M437出土陶器

1. 陶罐（M437：11）

2. 陶鼎（M440：8）

3. 陶豆（M440：5）

4. 陶豆（M440：6）

5. 陶壶（M440：4）

6. 陶壶（M440：7）

M437、M440出土陶器

1. 陶盘（M440：3）

2. 陶匜（M440：2）

3. 陶小口罐（M440：1）

4. 陶小口罐（M440：9）

5. 陶鬲（M443：1）

6. 陶鬲（M443：2）

M440、M443出土陶器

1. 陶鼎（M446：5）

2. 陶豆（M446：7）

3. 陶壶（M446：1）

4. 陶盘（M446：6）

5. 陶匜（M446：3）

6. 陶三足罐（M446：4）

M446出土陶器

1. 陶鼎（M448：8）

2. 陶壶（M448：1）

3. 陶壶（M448：5）

4. 陶尊（M448：11）

5. 铜带钩（M448：10）

6. 铜铃（M529：1）

M448、M529出土器物

1. 铜铃（M529：2）

2. 铜铃（M529：3）

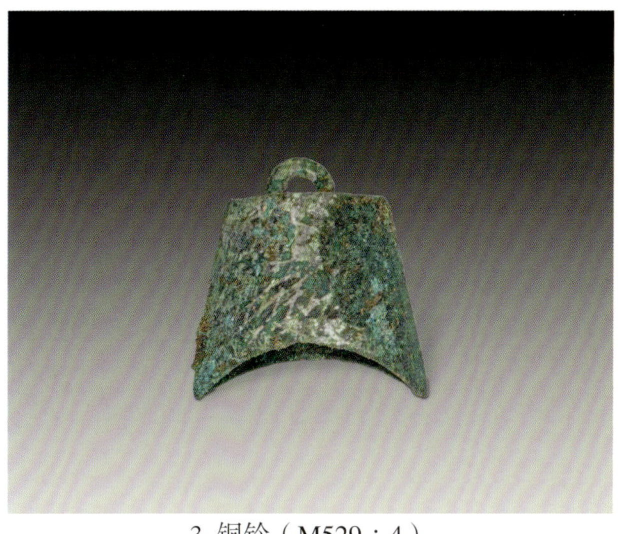

3. 铜铃（M529：4）

4. 铜铃（M529：5）

5. 铜铃（M529：6）

6. 铜铃（M529：7）

M529出土铜器

图版五八

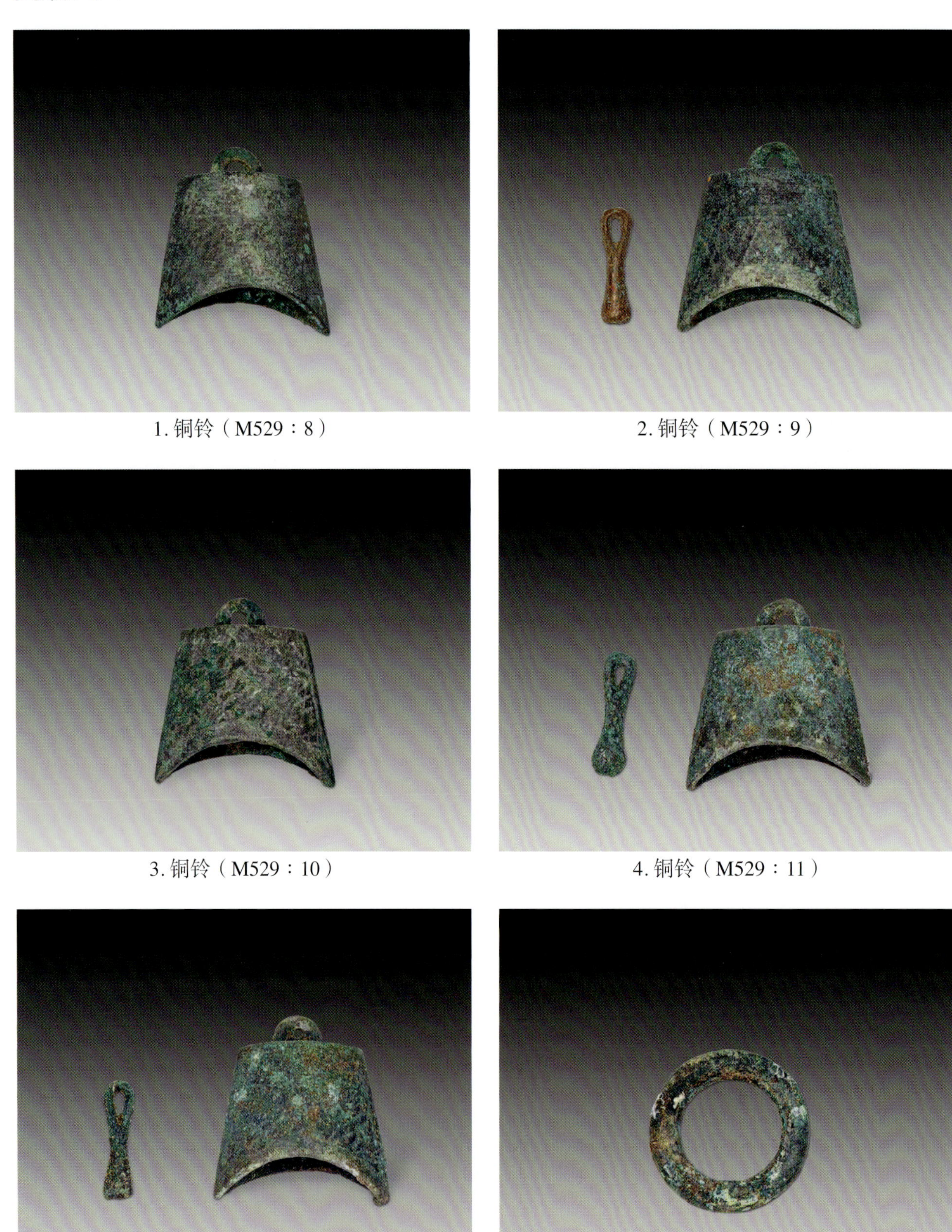

1. 铜铃（M529：8）

2. 铜铃（M529：9）

3. 铜铃（M529：10）

4. 铜铃（M529：11）

5. 铜铃（M529：12）

6. 铜环（M529：13）

M529出土铜器

1. 铜环（M529：14）

2. 铜环（M529：15）

3. 铜环（M529：16）

4. 铜环（M529：17）

5. 铜带钩（M529：18）

6. 陶鼎（M533：9）

M529、M533出土器物

1. 陶豆（M533：3）

2. 陶豆（M533：4）

3. 陶壶（M533：1）

4. 陶壶（M533：2）

5. 陶盘（M533：10）

6. 陶匜（M533：11）

M533出土陶器

1. 陶罐（M533：5）

2. 陶罐（M533：6）

3. 陶罐（M533：7）

4. 陶罐（M533：8）

5. 骨饰（M533：12）

6. 陶鬲（M537：1）

M533、M537出土器物

1. 陶鬲（M537：2）

2. 陶鬲（M541：1）

3. 陶鬲（M541：2）

4. 陶鬲（M545：1）

5. 陶鬲（M545：2）

6. 陶鬲（M552：1）

M537、M541、M545、M552出土陶器

1. 陶鬲（M552：2）

2. 陶鬲（M555：1）

3. 陶鬲（M555：2）

4. 铜带钩（M559：1）

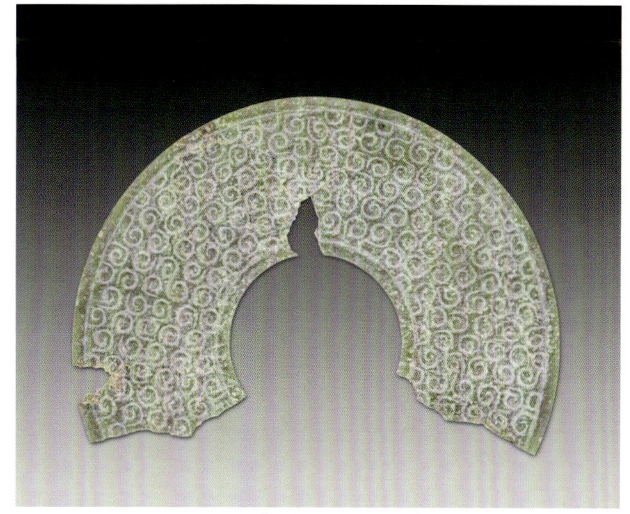
5. 玉璧（M563：1）

6. 玉璧（M563：1）

M552、M555、M559、M563出土器物

1. 石肛塞（M561：1）

2. 陶鬲（M563：2）

3. 陶鬲（M563：3）

4. 玉璜（M564：1）

5. 陶鬲（M564：2）

6. 陶鬲（M564：3）

M561、M563、M564出土器物

1. 陶鬲（M571：1）

2. 陶鬲（M571：2）

3. 陶豆（M572：7）

4. 陶壶（M572：3）

5. 陶小口罐（M572：1）

6. 陶小口罐（M572：6）

M571、M572出土陶器

1. 陶盘（M572：10）

2. 骨饰（M572：9）

3. 陶鼎（M574：9）

4. 陶鼎（M574：10）

5. 陶豆（M574：11）

6. 陶豆（M574：12）

M572、M574出土器物

1. 陶壶（M574：2）

2. 陶壶（M574：3）

3. 陶盘（M574：7）

4. 陶匜（M574：5）

5. 陶小口壶（M574：13）

6. 陶尊（M574：8）

M574出土陶器

1. 石块（M574：1）

2. 骨饰（M574：4）

3. 骨饰（M574：14）

4. 陶鼎（M575：9）

5. 陶鼎（M575：10）

6. 陶豆（M575：7）

M574、M575出土器物

1. 陶豆（M575：8）

2. 陶壶（M575：2）

3. 陶壶（M575：3）

4. 陶盘（M575：1）

5. 陶匜（M575：5）

6. 陶小口罐（M575：4）

M575出土陶器

1. 陶小口罐（M575：6）

2. 陶鼎（M580：2）

3. 陶豆（M580：4）

4. 陶豆（M580：6）

5. 陶壶（M580：7）

6. 陶壶（M580：8）

M575、M580出土陶器

1. 陶小口罐（M580：3）

2. 陶小口罐（M580：5）

3. 陶鼎（M581：5）

4. 陶豆（M581：6）

5. 陶豆（M581：7）

6. 陶盘（M581：2）

M580、M581出土陶器

图版七二

1. 陶壶（M581：1）

2. 陶壶（M581：4）

3. 陶匜（M581：3）

4. 陶鬲（M581：8）

5. 陶鬲（M581：11）

6. 陶小口壶（M581：9）

M581出土陶器

1. 陶小口壶（M581：10）

2. 陶鼎（M588：8）

3. 陶豆（M588：2）

4. 陶豆（M588：3）

5. 陶壶（M588：5）

6. 陶壶（M588：7）

M581、M588出土陶器

1. 陶盘（M588：9）

2. 陶匜（M588：6）

3. 陶鬲（M588：1）

4. 陶小口壶（M588：4）

5. 陶鼎（M589：3）

6. 陶豆（M589：4）

M588、M589出土陶器

1. 陶壶（M589：1）

2. 陶小口罐（M589：2）

3. 陶鼎（M590：1）

4. 陶豆（M590：4）

5. 陶豆（M590：5）

6. 陶盘（M590：3）

M589、M590出土陶器

1. 陶壶（M590：6）

2. 陶壶（M590：7）

3. 陶匜（M590：2）

4. 陶浅盘豆（M590：8）

5. 陶浅盘豆（M590：9）

6. 陶小口壶（M590：10）

M590出土陶器

1. 陶小口壶（M590：11）

2. 陶鬲（M596：1）

3. 陶鬲（M596：2）

4. 玉环（M601：1）

5. 铜带钩（M602：1）

6. 铜带钩（M602：1）

M590、M596、M601、M602出土器物

图版七八

1. 铜环（M602：2）

2. 陶鬲（M603：1）

3. 陶鬲（M608：1）

4. 陶鬲（M608：2）

5. 铜带钩（M609：1）

6. 铜带钩（M609：1）

M602、M603、M608、M609出土器物

1. 玉环（M609：2）

2. 玛瑙珠（M609：3）

3. 骨饰（M615：1）

4. 陶尊（M616：3）

5. 铜带钩（M617：1）

6. 陶鬲（M620：1）

M609、M615、M616、M617、M620出土器物

1. 陶鼎（M626：9）

2. 陶鼎（M626：10）

3. 陶豆（M626：1）

4. 陶豆（M626：2）

5. 陶壶（M626：5）

6. 陶壶（M626：6）

M626出土陶器

1. 陶盘（M626：7）

2. 陶匜（M626：8）

3. 陶小口罐（M626：3）

4. 陶小口罐（M626：4）

5. 铜带钩（M626：11）

6. 陶鼎（M634：5）

M626、M634出土器物

1. 陶豆（M634：1）

2. 陶豆（M634：2）

3. 陶壶（M634：3）

4. 陶壶（M634：4）

5. 陶盘（M634：6）

6. 陶匜（M634：9）

M634出土陶器

1. 陶三足罐（M634：10）

2. 陶三足罐（M634：11）

3. 陶小口壶（M634：7）

4. 陶小口壶（M634：8）

5. 陶鬲（M636：1）

6. 陶鬲（M636：2）

M634、M636出土陶器

图版八四

1. 铜带钩（M636：3）

2. 陶壶（M648：1）

3. 陶壶（M648：2）

4. 陶三足罐（M648：3）

5. 陶小口壶（M648：5）

6. 陶壶（M649：2）

M636、M648、M649出土器物

1. 陶壶（M649：5）

2. 陶盘（M649：7）

3. 陶匜（M649：8）

4. 玛瑙珠（M655：1-1、M655：1-2）

5. 陶鼎（M658：2）

6. 陶豆（M658：4）

M649、M655、M658出土器物

1. 陶壶（M658：1）

2. 陶壶（M658：3）

3. 陶盘（M658：8）

4. 陶小口壶（M658：5）

5. 陶小口壶（M658：6）

6. 陶小口壶（M658：7）

M658出土陶器

1. 陶鬲（M660：1）

2. 陶鬲（M660：2）

3. 陶鬲（M664：1）

4. 陶鬲（M664：2）

5. 玉片（M664：3）

6. 陶尊（M669：2）

M660、M664、M669出土器物

1. 陶鼎（M669：8）

2. 陶鼎（M669：9）

3. 陶豆（M669：4）

4. 陶豆（M669：7）

5. 陶壶（M669：1）

6. 陶壶（M669：5）

M669出土陶器

1. 陶小口罐（M669：3）

2. 陶小口罐（M669：6）

3. 陶盘（M669：11）

4. 铜带钩（M669：14）

5. 骨饰（M669：12）

6. 骨饰（M669：13）

M669出土器物

1. 玛瑙珠（M670：1）

2. 陶鼎（M672：3）

3. 陶豆（M672：1）

4. 陶豆（M672：5）

5. 陶壶（M672：2）

6. 陶壶（M672：4）

M670、M672出土器物

1. 陶盘（M672：8）

2. 陶匜（M672：7）

3. 陶小口罐（M672：6）

4. 陶小口罐（M672：9）

5. 陶鼎（M676：6）

6. 陶豆（M676：8）

M672、M676出土陶器

图版九二

1. 陶壶（M676：1）

2. 陶壶（M676：2）

3. 陶盘（M676：9）

4. 陶匜（M676：10）

5. 陶小口罐（M676：4）

6. 陶小口罐（M676：5）

M676出土陶器

1. 陶尊（M676：3）

2. 铜带钩（M678：1）

3. 陶三足罐（M682：2）

4. 陶罐（M682：3）

5. 陶尊（M682：1）

6. 石片（M685：1）

M676、M678、M682、M685出土器物

1. 陶鼎（M686：2）

2. 陶豆（M686：1）

3. 陶壶（M686：4）

4. 陶小口罐（M686：5）

5. 陶尊（M686：3）

6. 陶鼎（M689：5）

M686、M689出土陶器

1. 陶鼎（M689：6）

2. 陶豆（M689：2）

3. 陶豆（M689：10）

4. 陶壶（M689：1）

5. 陶壶（M689：4）

6. 陶盘（M689：7）

M689出土陶器

1. 陶匜（M689：9）

2. 陶小口壶（M689：3）

3. 陶小口壶（M689：8）

4. 铜环（M689：11）

5. 铜环（M689：12）

6. 陶鼎（M690：4）

M689、M690出土器物

1. 陶豆（M690：1）

2. 陶壶（M690：3）

3. 陶小口罐（M690：2）

4. 陶鬲（M700：1）

5. 陶鼎（M706：6）

6. 陶鼎（M706：7）

M690、M700、M706出土陶器

1. 陶豆（M706：3）

2. 陶豆（M706：4）

3. 陶壶（M706：1）

4. 陶壶（M706：2）

5. 陶盘（M706：8）

6. 陶尊（M706：5）

M706出土陶器

1. 陶壶（M708：5）

2. 陶壶（M708：6）

3. 陶盘（M708：4）

4. 陶小口罐（M708：1）

5. 陶小口罐（M708：2）

6. 陶鬲（M709：1）

M708、M709出土陶器

图版一〇〇

1. 铜带钩（M709：2）

2. 陶鼎（M710：1）

3. 陶鼎（M710：2）

4. 陶豆（M710：7）

5. 陶豆（M710：8）

6. 陶罐（M710：4）

M709、M710出土器物

1. 陶壶（M710：5）

2. 陶壶（M710：6）

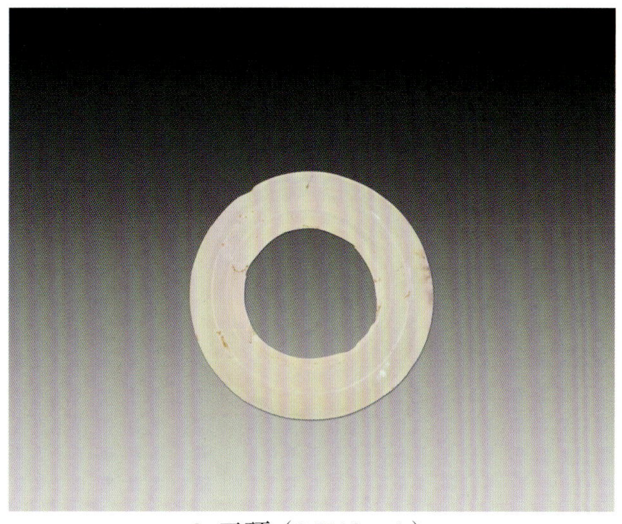
3. 玉环（M713：1）

4. 陶鼎（M720：2）

5. 陶鼎（M720：7）

6. 陶豆（M720：3）

M710、M713、M720出土器物

1. 陶豆（M720：4）

2. 陶壶（M720：1）

3. 陶壶（M720：5）

4. 陶盘（M720：11）

5. 陶匜（M720：10）

6. 陶尊（M720：6）

M720出土陶器

1. 陶小口罐（M720：8）

2. 陶小口罐（M720：9）

3. 铜带钩（M720：12）

4. 陶豆（M725：3）

5. 陶鬲（M727：2）

6. 陶罐（M727：1）

M720、M725、M727出土器物

1. 铜带钩（M728：1）

2. 陶鼎（M732：1）

3. 陶豆（M732：4）

4. 陶豆（M732：5）

5. 陶壶（M732：6）

6. 陶壶（M732：10）

M728、M732出土器物

1. 陶盘（M732：3）

2. 陶匜（M732：8）

3. 陶小口罐（M732：2）

4. 陶小口罐（M732：9）

5. 陶鼎（M735：1）

6. 陶鼎（M735：2）

M732、M735出土陶器

1. 陶豆（M735：3）

2. 陶豆（M735：4）

3. 陶壶（M735：7）

4. 陶小口壶（M735：6）

5. 玉片（M736：1）

6. 铜环（M737：1）

M735、M736、M737出土器物

1. 铜环（M737：2）

2. 陶鼎（M739：7）

3. 陶鼎（M739：8）

4. 陶豆（M739：3）

5. 陶豆（M739：4）

6. 陶壶（M739：1）

M737、M739出土器物

1. 陶壶（M739：2）

2. 陶盘（M739：9）

3. 陶匜（M739：10）

4. 陶小口罐（M739：5）

5. 陶小口罐（M739：6）

6. 铜环（M743：1）

M739、M743出土器物

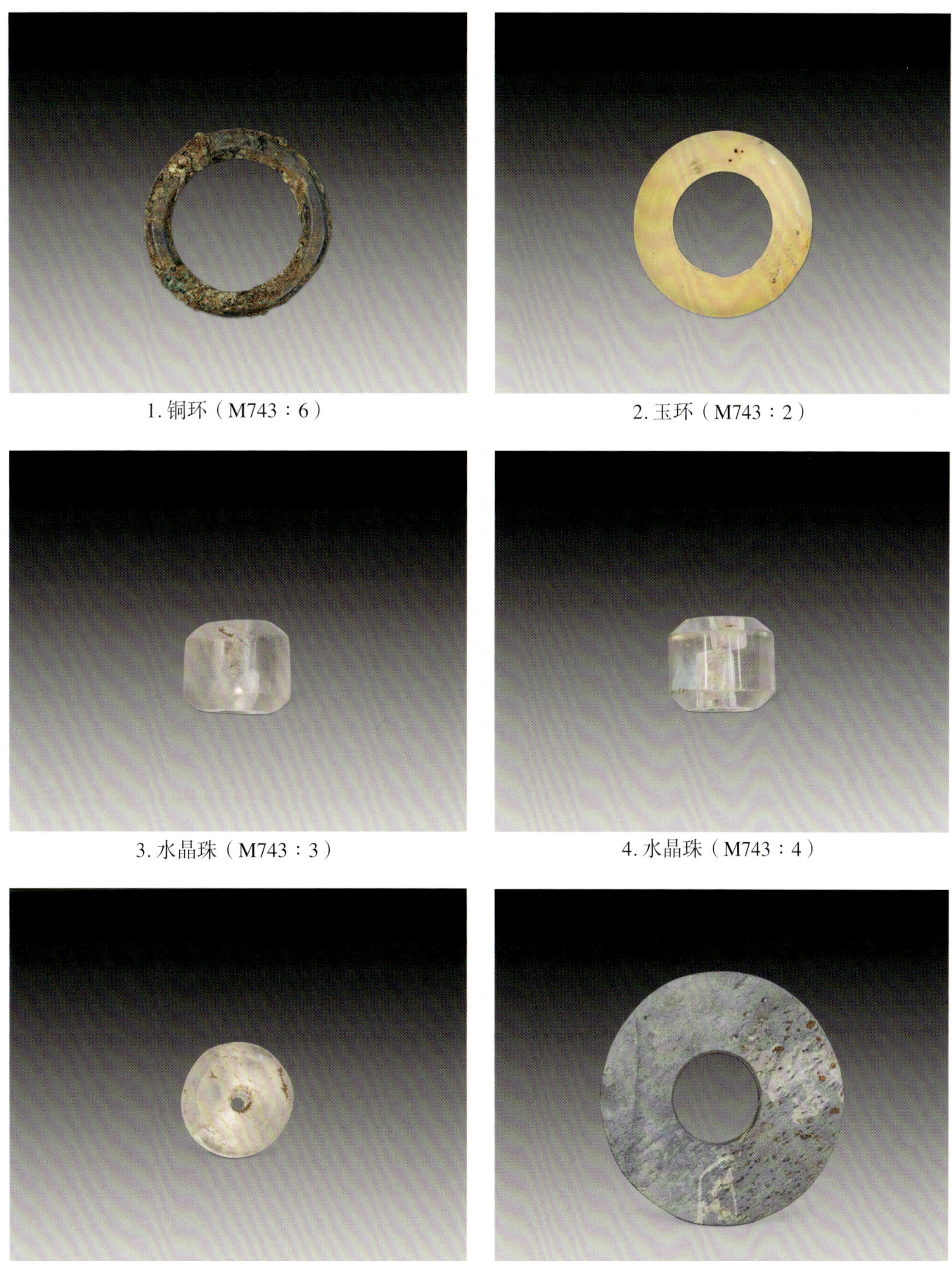

1. 铜环（M743：6）

2. 玉环（M743：2）

3. 水晶珠（M743：3）

4. 水晶珠（M743：4）

5. 水晶珠（M743：5）

6. 石璧（M743：8）

M743出土器物

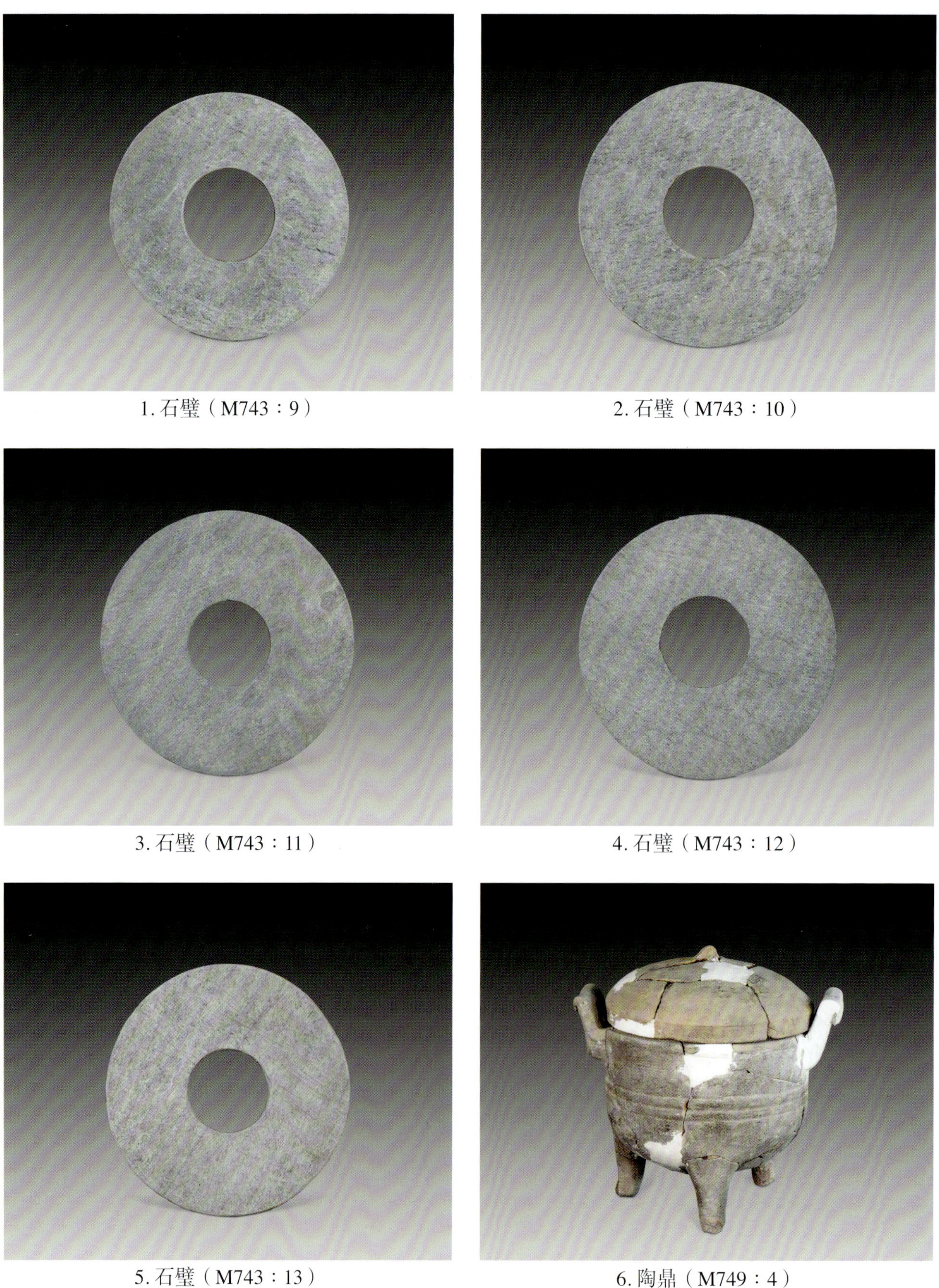

1. 石璧（M743：9）

2. 石璧（M743：10）

3. 石璧（M743：11）

4. 石璧（M743：12）

5. 石璧（M743：13）

6. 陶鼎（M749：4）

M743、M749出土器物

1. 陶豆（M749：1）

2. 陶壶（M749：6）

3. 铜带钩（M749：7）

4. 铜镞（M749：8）

5. 铜镞（M749：9）

6. 陶鼎（M750：9）

M749、M750出土器物

1. 陶豆（M750：1）

2. 陶豆（M750：6）

3. 陶壶（M750：2）

4. 陶壶（M750：3）

5. 陶盘（M750：8）

6. 陶匜（M750：7）

M750出土陶器

1. 陶小口壶（M750：4）

2. 陶小口壶（M750：5）

3. 陶鼎（M756：1）

4. 陶鼎（M756：2）

5. 铜带钩（M761：1）

6. 陶鼎（M764：7）

M750、M756、M761、M764出土器物

1. 陶豆（M764：4）

2. 陶豆（M764：5）

3. 陶壶（M764：1）

4. 陶壶（M764：2）

5. 陶罐（M764：6）

6. 陶罐（M764：8）

M764出土陶器

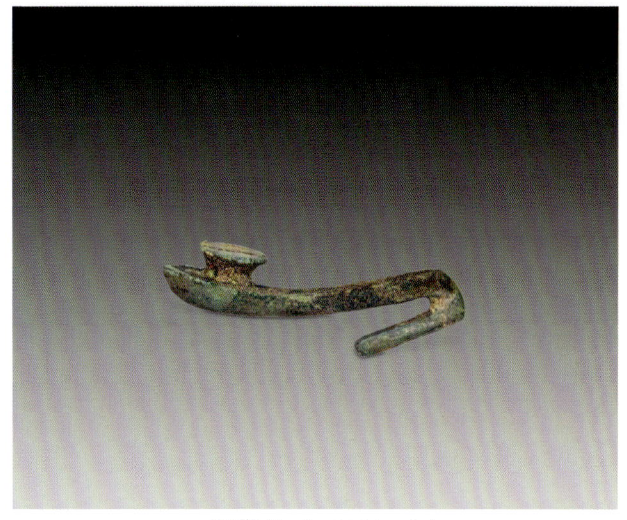
1. 铜带钩（M764：9）

2. 骨饰（M764：10）

3. 骨饰（M764：11）

4. 陶鬲（M765：1）

5. 陶鼎（M779：6）

6. 陶鼎（M779：7）

M764、M765、M779出土器物

1. 陶壶（M779：4）

2. 陶壶（M779：5）

3. 陶三足罐（M779：3）

4. 陶罐（M779：2）

5. 陶尊（M779：1）

6. 铜带钩（M779：10）

M779出土器物

1. 铜带钩（M781：1）

2. 陶豆（M783：3）

3. 陶壶（M783：2）

4. 铜带钩（M783：1）

5. 陶三足罐（M787：1）

6. 陶尊（M787：2）

M781、M783、M787出土器物

1. 陶杯（M787：3）

2. 陶浅盘豆（M788：5）

3. 陶浅盘豆（M788：6）

4. 陶浅盘豆（M788：7）

5. 陶三足罐（M788：1）

6. 陶罐（M788：2）

M787、M788出土陶器

1. 陶尊（M788：3）

2. 陶簋（M788：4）

3. 陶豆（M792：1）

4. 铜带钩（M792：4）

5. 陶鬲（M794：1）

6. 陶鼎（M797：9）

M788、M792、M794、M797出土器物

图版一二〇

1. 陶豆（M797：1）

2. 陶壶（M797：3）

3. 陶壶（M797：4）

4. 陶盘（M797：6）

5. 陶匜（M797：2）

6. 陶小口罐（M797：5）

M797出土陶器

1. 陶罐（M814：1）

2. 陶罐（M814：2）

3. 陶三足罐（M817：2）

4. 陶罐（M817：1）

5. 陶尊（M817：3）

6. 陶鼎（M818：6）

M814、M817、M818出土陶器

1. 陶鼎（M818：9）

2. 陶豆（M818：4）

3. 陶豆（M818：5）

4. 陶壶（M818：2）

5. 陶壶（M818：3）

6. 陶盘（M818：7）

M818出土陶器

1. 陶匜（M818：8）

2. 陶尊（M818：1）

3. 陶鼎（M830：6）

4. 陶豆（M830：4）

5. 陶壶（M830：1）

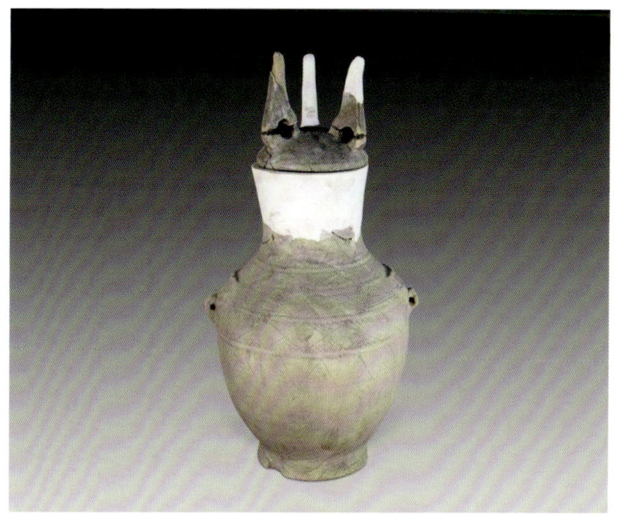
6. 陶壶（M830：2）

M818、M830出土陶器

图版一二四

1. 陶盘（M830：7）

2. 陶匜（M830：8）

3. 陶小口壶（M830：5）

4. 陶鼎（M831：5）

5. 陶豆（M831：3）

6. 陶豆（M831：4）

M830、M831出土陶器

1. 陶壶（M831：1）

2. 陶壶（M831：2）

3. 陶盘（M831：9）

4. 陶小口罐（M831：7）

5. 陶小口罐（M831：8）

6. 铜镞（M834：2）

M831、M834出土器物

1. 铜带钩（M834：1）

2. 铜带钩（M834：1）

3. 陶鬲（M836：1）

4. 陶鼎（M844：3）

5. 陶壶（M844：1）

6. 陶壶（M844：2）

M834、M836、M844出土器物

1. 陶豆（M844：4）

2. 陶鬲（M852：1）

3. 陶鬲（M852：2）

4. 陶鬲（M853：1）

5. 陶鬲（M855：1）

6. 陶鬲（M855：2）

M844、M852、M853、M855出土陶器

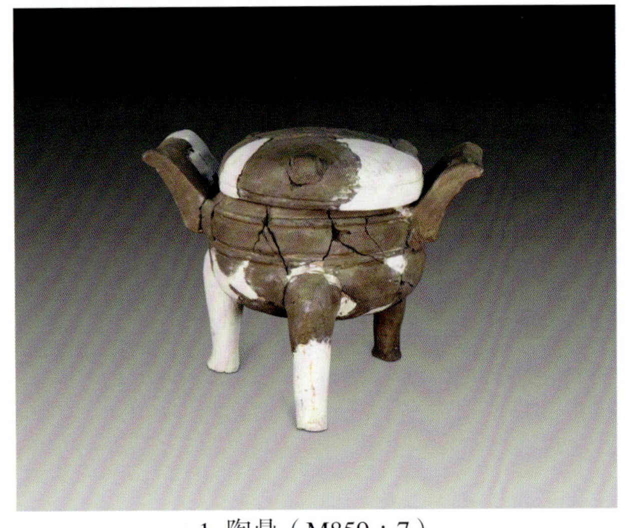
1. 陶鼎（M859：7）

2. 陶豆（M859：3）

3. 陶豆（M859：11）

4. 陶壶（M859：5）

5. 陶盘（M859：8）

6. 陶匜（M859：12）

M859出土陶器

1. 陶小口壶（M859：4）

2. 陶小口壶（M859：10）

3. 铜剑（M859：1）

4. 石片（M859：2）

5. 陶鬲（M893：1）

6. 陶鬲（M893：2）

M859、M893出土器物

1. 陶豆（M894：3）

2. 陶三足罐（M894：4）

3. 陶鬲（M895：1）

4. 陶鬲（M895：2）

5. 陶鼎（M912：1）

6. 陶盘（M912：3）

M894、M895、M912出土陶器

1. 陶豆（M912：10）

2. 陶豆（M912：11）

3. 陶壶（M912：2）

4. 陶壶（M912：8）

5. 陶匜（M912：4）

6. 陶三足罐（M912：5）

M912出土陶器

1. 陶小口壶（M912：6）

2. 陶小口壶（M912：9）

3. 石片（M912：7）

4. 陶鼎（M913：7）

5. 陶鼎（M913：8）

6. 陶豆（M913：3）

M912、M913出土器物

1. 陶壶（M913：2）

2. 陶盘（M913：5）

3. 陶小口壶（M913：6）

4. 陶鼎（M916：6）

5. 陶豆（M916：5）

6. 陶壶（M916：1）

M913、M916出土陶器

1. 陶壶（M916：9）

2. 陶盘（M916：4）

3. 陶小口壶（M916：3）

4. 陶器座（M916：8）

5. 陶尊（M921：1）

6. 陶尊（M921：2）

M916、M921出土陶器

1. 铜带钩（M921：3）

2. 陶豆（M926：1）

3. 陶豆（M926：5）

4. 陶壶（M926：3）

5. 陶壶（M926：4）

6. 陶小口壶（M926：2）

M921、M926出土器物

1. 石片（M926：6）

2. 陶罐（M927：1）

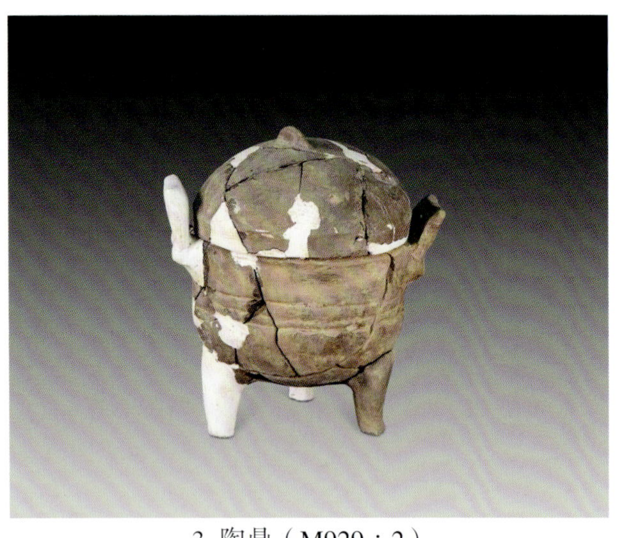
3. 陶鼎（M929：2）

4. 陶鼎（M929：5）

5. 陶豆（M929：7）

6. 陶豆（M929：8）

M926、M927、M929出土器物

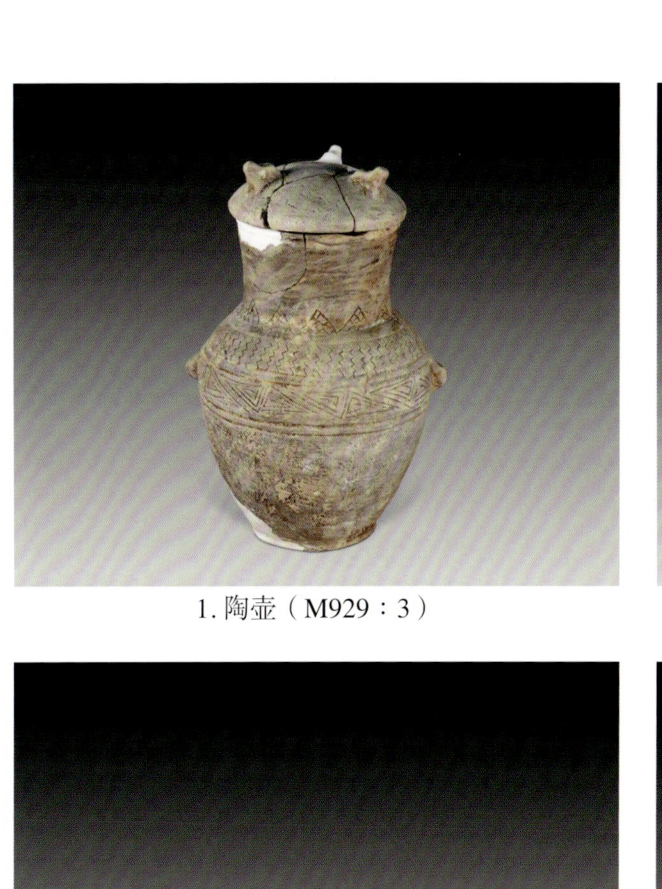

1. 陶壶（M929：3）

2. 陶壶（M929：6）

3. 陶盘（M929：1）

4. 陶匜（M929：10）

5. 陶小口罐（M929：4）

6. 陶小口罐（M929：9）

M929出土陶器

1. 陶鬲（M944：1）

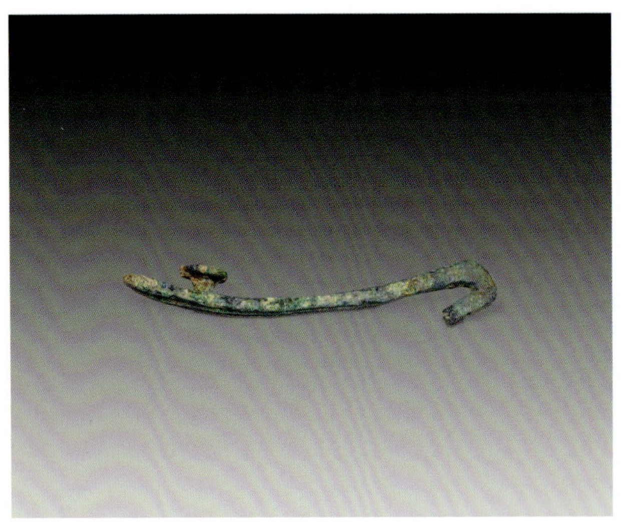

2. 铜带钩（M944：2）

3. 陶鬲（M949：1）

M944、M949出土器物

北京文物与考古系列丛书
北京市考古研究院田野考古报告（第60号）
北京城市副中心考古（二）

后屯墓地（战国卷）

（上册）

北京市考古研究院　编著

科 学 出 版 社
北 京

内 容 简 介

本书为2017～2020年北京城市副中心考古（二）——后屯墓地战国墓葬考古发掘报告，是后屯墓地考古发掘工作的阶段性成果之一。考古发掘揭露面积4500平方米，发掘了战国时期墓葬231座，为了解和研究通州地区考古学文化内涵，特别是探究汉代路县故城形成之前的区域文化面貌提供了新的资料。

本书可供考古学、文物学、历史学等学科的研究者，以及高等院校相关专业师生阅读、参考。

图书在版编目（CIP）数据

后屯墓地. 战国卷 / 北京市考古研究院编著. 北京：科学出版社，2024. 8. --（北京文物与考古系列丛书）. -- ISBN 978-7-03-079340-9

Ⅰ. K878.85

中国国家版本馆CIP数据核字第20245PZ852号

责任编辑：柴丽丽 / 责任校对：邹慧卿

责任印制：肖 兴 / 封面设计：北京美光制版有限公司

科学出版社 出版

北京东黄城根北街 16 号

邮政编码：100717

http://www.sciencep.com

北京汇瑞嘉合文化发展有限公司印刷

科学出版社发行 各地新华书店经销

2024年8月第 一 版 开本：889×1194 1/16

2024年8月第一次印刷 印张：33 3/4 插页：74

字数：1 000 000

定价：498.00元

（如有印装质量问题，我社负责调换）

目　　录

插图目录

插表目录

图版目录

第一章 引　言

后屯墓地（项目名称通州区潞城镇棚户区改造土地开发项目D区D-03、D-04地块）位于北京市通州区潞城镇，墓地区域东距丁各庄村约1800米，南邻通（州）燕（郊）高速公路，西侧紧邻北京东六环高速公路，北界宋庄南三街。该地块原属潞城镇后屯村及常屯村，南距“2016年度中国十大考古新发现”之一的汉代路县故城遗址约850米，墓地与路县故城仅隔现代人工河——运潮减河，是一处包含有从战国至明清等不同时期墓葬的古代墓地（图一）。

D-03地块平面呈不规则形，东北邻D-04地块，东西长1305米，南北宽935米，面积603838平方米。D-04地块平面呈多边形，西南侧为D-03地块，东西长590～1175米，南北宽630～680米，面积626733平方米（图二）。两地块面积合计1230571万平方米。发掘时整个区域内地表基本被现代渣土覆盖。

第一节　地理位置与历史沿革

一、地 理 位 置

后屯墓地位置在北京市通州区潞城镇境内。通州位于北京市境东南部，东隔潮白河与河北省三河市、大厂回族自治县、香河县相望，南与天津市武清区、河北省廊坊市交界，西邻北京市朝阳区、大兴区，北接顺义区。区域地理坐标跨东经116°32′～116°56′、北纬39°36′～40°02′，南北长约48千米，东西宽约36.5千米，面积约907平方千米[①]。通州区现辖四个街道、十个镇和一个乡。

通州区属华北平原东北部，东南距渤海约100千米，西北距燕山山脉约70千米，主要由永定河、潮白河冲积而成。地势平坦，由西北向东南略有倾斜，平均海拔20米。

① 通县地名志编辑委员会：《北京市通县地名志》，北京出版社，1992年，第2页。

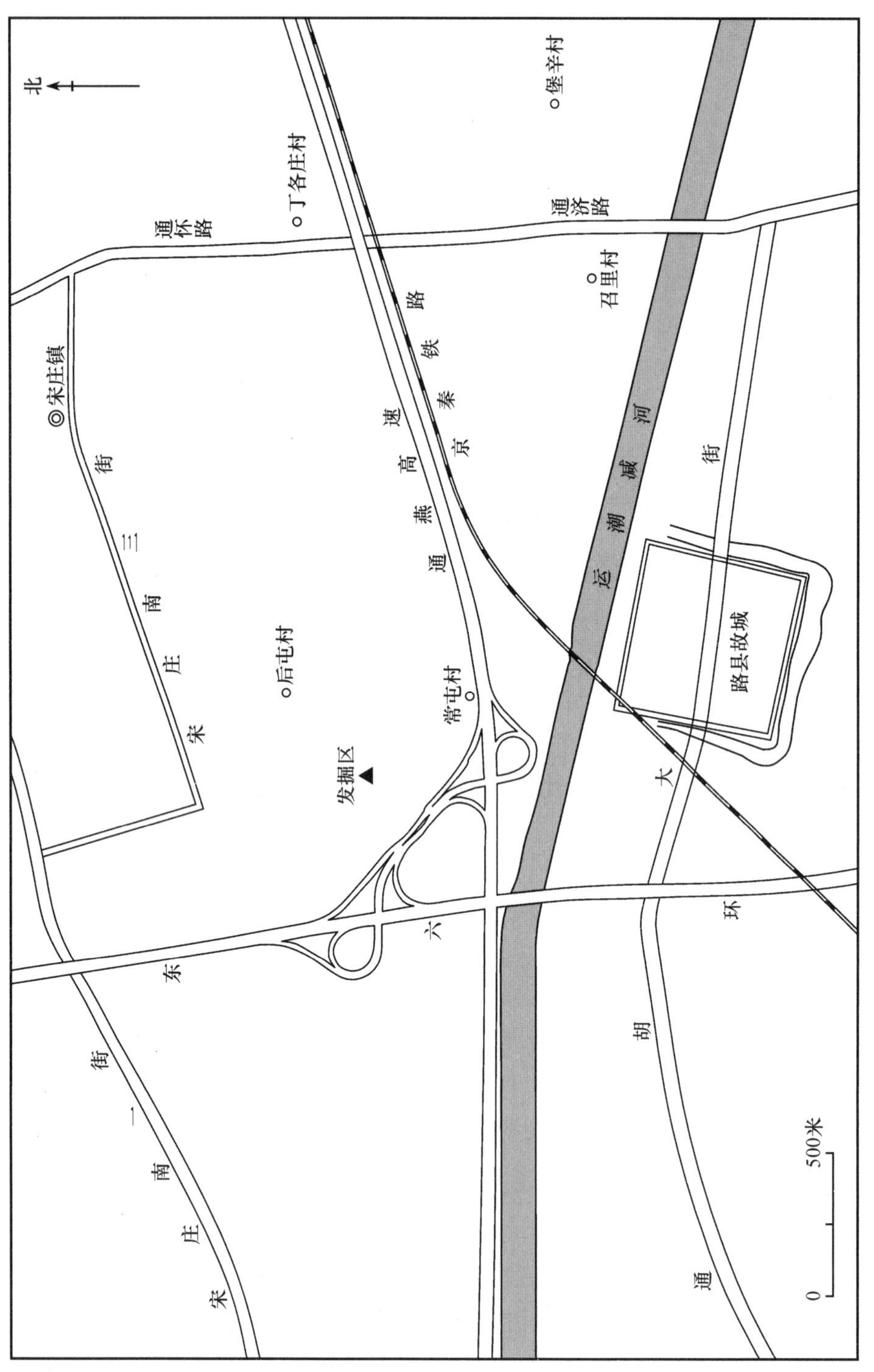
北
丁各庄村
堡辛村
通怀路
通济路
召里村
宋庄镇
京秦铁路
通燕高速
运潮减河
宋庄南三街
后屯村
常屯村
发掘区
路县故城
东六环
宋庄南一街
通胡大街
0
500米

图一　墓地位置示意图

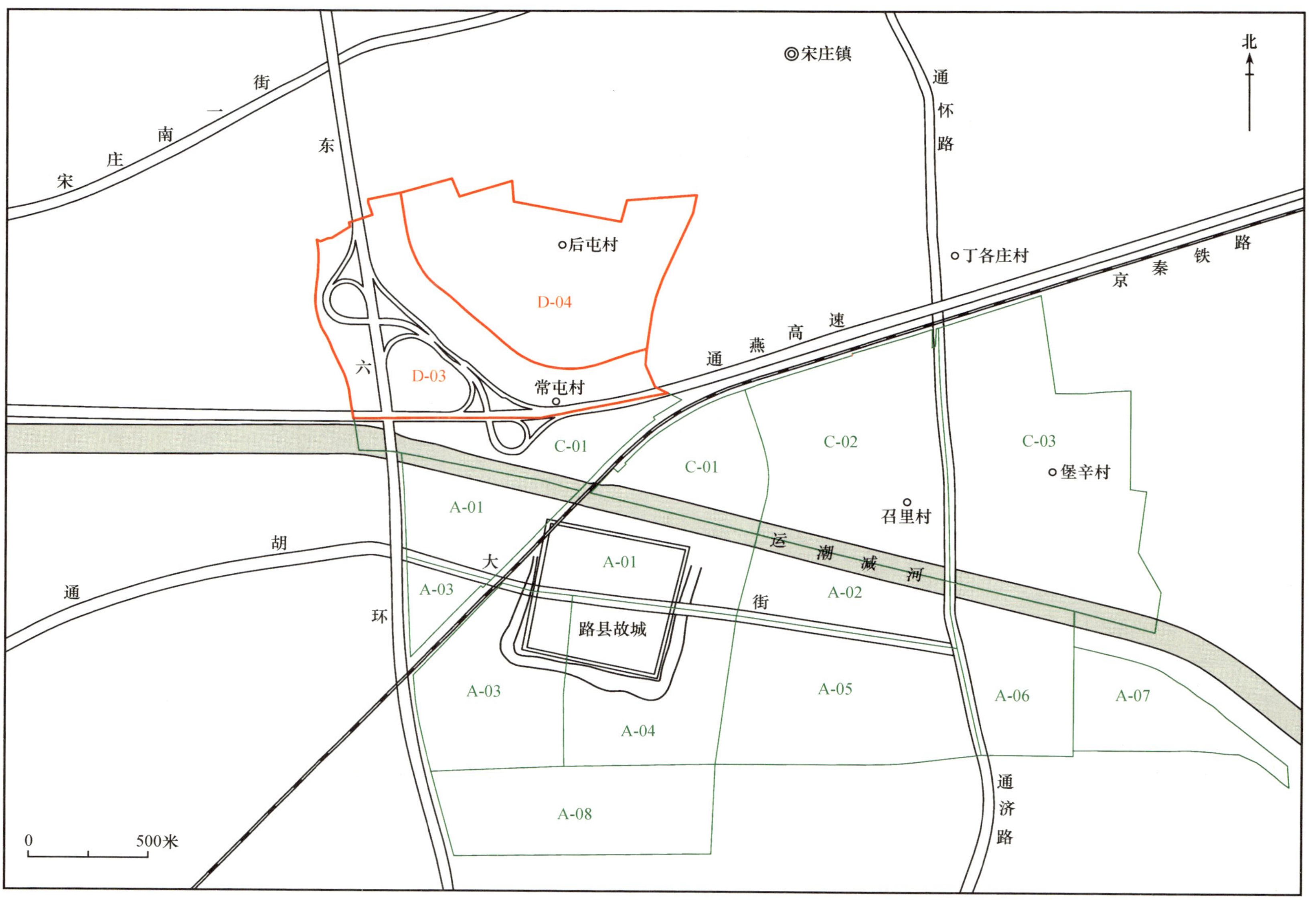

图二 墓地与周邻地块位置关系图

二、区位环境

通州为京杭大运河北端的水陆要会，全国知名商埠，素有“一京（北京）、二卫（天津）、三通州”的说法①。

通州优越的自然环境和便利的交通条件使得其区位优势较为明显。通州位于北京市辖域的东南、华北平原的东部，地势平坦，多河富水，是北京通往东北、东方和南方的交通枢纽，不仅拥有四通八达的陆路交通线，还兼有河流、运河等水运之便。秦统一后，为加强对东北地区的控制，修建了从蓟城（今北京）直达辽东襄平（今辽宁省辽阳市）的驰道，通州是这条驰道上的一个重要节点。隋朝为了连通南方经济中心和满足对北方的军事需要，先后开凿了通济渠、永济渠，并重修江南运河和疏通浙东航道，形成了以洛阳为中心，北抵涿郡、南达宁波的大运河体系，完成了大运河的第一次全线贯通。大运河开通后，通州成为四通八达、水陆兼通的要会。金天德三年（1511年），海陵王决定迁都燕京，因潞县为这一地区的漕运孔道，故取“漕运通济”之义改称“通州”。元朝完成对中国的统一并在大都（今北京）建立政治中心后，为满足漕运的需要，沟通大都城内与城东通州的通惠河建成，来自南方的漕粮可直接抵达城内的积水潭，实现了大运河的第二次大沟通。此后至明清时期，通州一直享有“北京水上门户”和“水陆要会”的盛誉，四方舟车辐辏于此。明代《通州志略》载：“（通州）上拱京阙，下控天津……实水陆之要会，为畿辅之襟喉。舟车之所辐辏，冠盖之所往来”②。民间也有“南通州，北通州，南北通州通南北”的谚语。近现代以来，随着铁路、高速公路、地铁的兴建，通州境内的交通网络四通八达，交通日益便捷，交通枢纽地位进一步强化了。

通州地理位置优越，“潞、浑（今凉水河）二水夹会于东南，幽燕诸山雄峙于西北。地博大以爽垲，势雄伟而广平”③，自元朝定都北京以后，通州以其地近京城的特殊地理位置成为入京孔道和京东门户，成为“北京门户”和“畿辅重镇”，战略地位非常重要。通州上拱神京，下控徐兖，襟河带海，实为“天府奥区”“左辅雄藩”。进入21世纪，位于京津冀交界之处的通州于2015年7月正式成为北京市行政副中心，成为京津冀协同发展的前沿阵地和桥头堡。

三、历史沿革

通州区历史悠久。古史传说中的唐尧虞舜时期，通州属冀州、幽州。夏、商时期为冀

① 通州区地方志编纂委员会：《通县志》，北京出版社，2003年，第1、2页。

② 刘宗永校：《北京旧志汇刊：（嘉靖）通州志略》，中国书店，2007年，第4页。

③ 刘宗永校：《北京旧志汇刊：（嘉靖）通州志略》，中国书店，2007年，第4页。

州地。周武王灭商后封召公奭于燕，通州属燕国。春秋战国时期均为燕国地。燕昭王（前311～前79年）开拓北疆，置上谷、渔阳、右北平、辽西、辽东五郡，时渔阳郡当辖及今通州地。秦统一后仍属渔阳郡地。

西汉置路县，属渔阳郡。路县治所位于今潞城镇古城村东北，即前述路县古城遗址。王莽篡汉，改路县名通路亭，属通路郡。东汉废王莽所改，恢复西汉旧称，但改“路”为“潞”，始称潞县。

三国时，潞县改属燕国。西晋代魏，因魏旧制，潞县仍属燕国。北魏时期，潞县属渔阳郡。北齐年间，潞县治所西迁至今通州城区北大街一带。

隋文帝开皇三年（583年）废渔阳郡，潞县归幽州总管府管辖。大业三年（607年），幽州改置涿郡，潞县为涿郡所领九县之一。唐武德元年（618年），涿郡复称幽州，潞县属幽州。天宝元年（742年），幽州改为范阳郡，潞县仍属。乾元元年（758年），范阳郡复称幽州，潞县所属亦随之而改。五代梁、唐之时，潞县仍为幽州属县。后晋天福元年（936年），契丹册立石敬瑭为皇帝，石敬瑭割让幽、蓟、瀛、莫、涿、顺、檀、新、妫、儒、武、云、应、寰、朔、蔚十六州给契丹，潞县地改归契丹。

公元938年，契丹主耶律德光升幽州为南京，于南京置幽都府，属南京道。辽开泰元年（1012年），改幽都府名为析津，潞县属之。辽圣宗太平年间（1021～1031年）于潞县霍村镇筑城置县，取县名漷阴，并分割潞县南境为漷阴县辖土。金初沿袭辽制，潞、漷阴二县仍属燕京析津府。金海陵王天德三年（1151年）“诏迁都燕京”，贞元元年（1153年）正式定都燕京，改名中都，并改析津府为大兴府。天德三年（1151年），因潞县为漕运重地升为州，取“漕运通济”之义改名通州，领潞、三河二县。至元十三年（1276年），升漷阴县为漷州，割大兴府之武清、香河二县归漷州管辖。元至元二十一年（1284年）置大都路总管府，通州及所领潞、三河二县隶属于大都路总管府。

明洪武元年（1368年），明将徐达攻占元大都，改名北平，并改元大都路为北平府，撤潞县入通州。洪武十年（1377年），撤香河县入漷州，同时宝坻县改隶通州。洪武十二年（1379年），又将武清县由漷州所属改归通州。洪武十三年（1380年），复置香河县，改属北平府。由于漷州不再领县，遂于洪武十四年（1381年）二月降格为漷县，改隶通州。通州领有三河、武清、香河、漷县四县，属北平府。永乐元年（1403年）正月，以北平为北京，改北平府为顺天府，通州及所领四县均属顺天府。

清初因明旧制。顺治十六年（1659年），撤漷县入通州，通州领三河、武清、宝坻三县，属直隶省顺天府。雍正六年（1728年）改三河、武清、宝坻三县直属顺天府，通州不再领县。

民国元年（1912年），改顺天府为京兆地方，同时改州称县，通州改名通县，属京兆。民国十七年（1928年）废京兆，设北平特别市，后改北平市，但市域仅为北平城区和近郊区，通县则改隶河北省。

1948年底，通县全境解放，初于通县城关设通州市，通县人民政府迁驻张家湾。1949年，通州市改为通县镇，为通县专区驻地。1953年11月，撤销通县镇，改设通州市，由通县专区代管，仍为通县专区驻地，与通县同属通县专区。

1958年3月7日，通县、通州市划归北京市。同年4月28日，撤销通县专区，将原辖蓟县、平谷、三河、大厂、香河五县划入唐山专区，密云、怀柔划入承德专区，固安县划入天津专区。通县与通州市划入北京市后，二者合并，改名通州区。1960年2月，改名通县。1997年4月，撤销通县，设立通州区。

2012年，北京市委、市政府明确提出“聚焦通州战略，打造功能完备的城市副中心”，明确了通州作为城市副中心的定位。2015年7月，中共北京市委十一届七次全会审议通过了《京津冀协同发展规划纲要》，通州正式成为北京市行政副中心。2019年1月，经国务院批准，北京市人民政府机关正式搬迁入驻通州新址运河东大街57号办公，通州正式成为北京市的行政中心。

第二节　考古发现与发掘经过

2015年，北京城市副中心建设启动，相关建设项目陆续展开。为配合北京城市副中心建设，保护地下文物，根据项目建设需要和进度，北京市文物研究所（今北京市考古研究院）在通州区潞城镇棚户区改造土地开发项目D区D-03、D-04地块范围内组织专业考古工作人员，实施了配合基建工程的考古勘探工作。

一、考古勘探工作经过

根据《中华人民共和国文物保护法》、《北京市实施〈中华人民共和国文物保护法〉办法》及《北京市地下文物保护管理办法》等有关规定，本着“既有利于文物保护，又有利于基本建设”的两利方针，北京市文物研究所对通州区潞城镇棚户区改造土地开发项目D区D-03、D-04地块实施了考古勘探工作，截至2019年底，勘探面积总计64万平方米。

考虑到项目建设的具体需求和进度等情况，考古勘探工作分为三个阶段。2017年6月1日至2018年1月10日，勘探区域位于D区D-04地块的中部及东部，发现不同时期的墓葬296座、窑址27座、井2眼；2018年3月5日至2018年12月30日，勘探区域位于D区D-04地块的西部、北部以及D区D-03地块的北部，勘探出不同时期的墓葬312座、窑址12座、井20眼、塔基41座、灰坑173个（遗址区156个、墓葬区17个）；2019年3月5日至2019年12月31日，勘探区域位于D区D-03地块的北部，勘探出不同时期的墓葬241座、窑址12座、井2眼、塔基44座、灰坑5个。

由于现场条件的限制，D区D-03、D-04地块内的勘探工作仍未完全完成，正在边勘探边发掘，后续的考古勘探工作仍将继续进行。

二、考古发掘工作经过

为推动北京城市副中心的建设和地下文物保护，并根据前期考古勘探工作的成果，北京市文物研究所对D区D-03、D-04地块已发现的各类遗存进行了三期（因新冠疫情影响，分为前、后两个阶段）的考古发掘工作。项目负责人为刘乃涛，发掘执照号为考函字（2019）第（25）号、考函字（2019）第（26）号、考执字（2020）第（1189）号。田野发掘现场工作由刘风亮负责，参加发掘的人员有刘风亮、曾庆铅、封世雄、张弥、王宝云等。

首先通过引入以路县故城遗址中心为基点的探方布设系统，对D-03、D-04地块进行10米×10米虚拟探方布设，使勘探发现的遗迹皆在布设的虚拟探方网络当中，然后进行第一阶段的考古发掘工作。发掘工作从2017年11月28日开始，并一直持续到2019年12月31日，对勘探发现的墓葬、窑址、灰坑、水井等遗迹仅根据遗迹自身范围扩大区域进行发掘，暴露出完整遗迹，发掘古代墓葬659座、窑址51座、水井24眼、灰坑22个。随着考古勘探的深入，在D区D-03地块北部及D-04地块南部发现大片战国墓葬、塔林遗址等重要遗迹，因此在战国墓葬及塔林遗址区域进行现场实地布方发掘，共实地布设了10米×10米探方253个，发掘战国墓葬231座、古代沟1条、塔基45座、灰坑151个（图三、图四；图版一～图版五）。

由于新冠疫情的影响，第二阶段的考古发掘工作于2020年11月25日才得以开展，持续到2021年1月10日，此阶段的发掘工作主要针对于前期已经勘探发现但由于新冠疫情在第一阶段未完成发掘的遗迹，共有古代墓葬59座、灰坑5处。

经过上述两个阶段的考古发掘，通州后屯墓地发掘面积总计42500平方米，共发掘古代墓葬949座，其中D-04地块发掘古代墓葬672座，D-03地块发掘古代墓葬277座，另发掘灰坑178处、窑址51座、塔基45座、水井24眼、古代沟1条。目前由于D区D-04地块东北部的勘探工作仍在继续，因此考古发掘工作伴随着勘探工作也仍在持续进行，后续的遗迹发掘及资料整理工作也将继续开展。

考古发掘严格按照《田野考古工作规程》进行，由晚及早、由上到下逐层清理。对发现的古代墓葬和遗迹进行测量、绘图、照相、摄像、记录、登记，填写了器物登记表。发掘期间制定了详细的安全保卫预案，安保人员24小时进行现场值守，考古发掘现场严格限制无关人员进入，确保了发掘现场安全与遗迹发掘现象完整。

本次发掘的墓葬，按墓葬形制分为土坑墓、瓮棺墓、砖室墓三大类，墓葬时代跨战国、两汉、唐、辽、金、明、清时期。其中战国墓葬主要为土坑墓，皆在古代沟东岸，根据墓葬分布、墓坑排列等，大部分战国墓葬分组明显、排列有序，墓葬方向相对一致，相互之间没有打破关系，初步判定该墓地可能属埋葬宗族的公共墓地。

北

T2639	T2638	T2637	T2636	T2635	T2634	T2633	T2632	T2631	T2630	T2629	T2628	T2627	T2626	T2625
T2539	T2538	T2537	T2536	T2535	T2534	T2533	T2532	T2531	T2530	T2529	T2528	T2527	T2526	T2525
T2439	T2438	T2437	T2436	T2435	T2434	T2433	T2432	T2431	T2430	T2429	T2428	T2427	T2426	T2425
T2339	T2338	T2337	T2336	T2335	T2334	T2333	T2332	T2331	T2330	T2329	T2328	T2327	T2326	T2325
T2239	T2238	T2237	T2236	T2235	T2234	T2233	T2232	T2231	T2230	T2229	T2228	T2227	T2226	T2225
T2139	T2138	T2137	T2136	T2135	T2134	T2133	T2132	T2131	T2130	T2129	T2128	T2127	T2126	T2125
T2039	T2038	T2037	T2036	T2035	T2034	T2033	T2032	T2031	T2030	T2029	T2028	T2027	T2026	T2025
T1939	T1938	T1937	T1936	T1935	T1934	T1933	T1932	T1931	T1930	T1929	T1928	T1927	T1926	T1925
T1839	T1838	T1837	T1836	T1835	T1834	T1833	T1832	T1831	T1830	T1829	T1828	T1827	T1826	T1825
T1739	T1738	T1737	T1736	T1735	T1734	T1733	T1732	T1731	T1730	T1729	T1728	T1727	T1726	T1725
T1639	T1638	T1637	T1636	T1635	T1634	T1633	T1632	T1631	T1630	T1629	T1628	T1627	T1626	T1625
T1539	T1538	T1537	T1536	T1535	T1534	T1533	T1532	T1531	T1530	T1529	T1528	T1527	T1526	T1525
		T1437	T1436	T1435	T1434	T1433	T1432	T1431	T1430	T1429	T1428	T1427	T1426	T1425
		T1337	T1336	T1335	T1334	T1333	T1332	T1331	T1330	T1329	T1328	T1327	T1326	T1325
		T1237	T1236	T1235	T1234	T1233	T1232	T1231	T1230	T1229	T1228	T1227	T1226	T1225
		T1137	T1136	T1135	T1134	T1133	T1132	T1131	T1130	T1129	T1128	T1127	T1126	T1125
								T1031	T1030	T1029	T1028	T1027	T1026	T1025
								T0931	T0930	T0929	T0928	T0927	T0926	T0925
								T0831	T0830	T0829	T0828	T0827	T0826	T0825

0　　20米

图三　后屯村战国墓地D-03、D-04地块虚拟布方图

第三节 资料整理与报告编写

一、资料整理

2019年8月，D-03、D-04地块第一阶段的考古发掘接近尾声，考虑到该墓地成批量发掘战国墓的特点，随即展开了对战国墓葬材料的遴选和出土遗物的清点、修复与整理工作。

2020年年底，正式启动了对D-03、D-04战国墓葬考古发掘资料的整理工作。按照文物保护法规及《田野考古工作规程》等文物保护行业规范以及北京市文物考古研究所（现北京市考古研究院）的要求，此次资料整理对象为通州区潞城镇棚户区改造土地开发项目D区D-03、D-04地块第一、二阶段发掘的231座战国墓，其他时段遗存未列入本报告资料整理范围。

2021年3月1日，室内整理正式开始，至2021年11月基本完成。整理过程中，严格遵守《田野考古制图（WW/T 0035—2012）》《文物藏品档案规范（WW/T 0020—2008）》等行业规范，做好文物修复、器物绘图、拓片制作、资料卡片制作、摄影等工作，科学规范做好记录。整理协作分为三个阶段，完成资料与文物清点、核对、修复、绘图、拓片制作、资料卡片制作、拍照等资料工作。根据工作进展合理调度，穿插进行。

第一阶段：2021年3月，核对、统计、归档相关资料。

第二阶段：2021年4月至2021年8月，资料检查、修改以及器物绘图等。

第三阶段：2021年9月至2021年12月，制表、报告编写、文本校对、材料汇总，完成报告初稿。

参加资料整理的人员有陈春娟、封世雄、李桃元、高玉萍、王国洪、陈娜、杨苗苗、刘军幸、王玉心、陈兴付、韩贤云、于朝辉等。

2022年由刘风亮统筹整合全部基础资料，完成报告的编写。

二、报告编写

此次资料整理对象为通州区潞城镇棚户区改造土地开发项目D区D-03、D-04地块中发掘的战国墓葬，共计231座。报告共分四个部分：第一章简要介绍通州区地理位置、区位环境、历史沿革、考古勘探和发掘情况、资料整理和报告编写情况；第二章介绍后屯战国墓地的地层堆积情况；第三章逐一介绍231座战国墓的墓葬形制与随葬器物；第四章从墓葬形制、方向、随葬品组合等对后屯村战国墓进行初步的分析。后附相关样品的检测分析报告、墓葬登记表和图版。

本报告编写体例说明如下。

关于墓葬编写顺序，整个后屯墓地共发掘各时期墓葬近千座，其中231座战国墓墓号并不相连且十分零散，编写时按墓号从小到大的顺序逐一介绍。

关于墓葬位置，为方便介绍，我们将战国墓地主要分为北部、西北部、中部、东南部等四个区域，并结合所在探方进行叙述。

关于墓葬方向，有人骨的墓葬以人骨头向为准，无人骨的墓葬以指北针顺时针旋转到墓葬长边的夹角值为准。本报告中的墓葬方向，340°～19°为北向，20°～69°为东北向，70°～109°为东向，110°～159°为东南向，160°～199°为南向；200°～249°为西南向，250°～289°为西向，290°～339°为西北向。

关于墓葬形制，后屯村战国墓葬形制主要为竖穴土坑墓，本报告根据葬具数量细分为竖穴土坑墓（无棺）、竖穴土坑单棺墓、竖穴土坑双棺墓、竖穴土坑一棺一椁墓、竖穴土坑双棺一椁墓等五种类型。

关于器物编号问题，某些器物残为数段，分编亚号，如M572出土的骨饰，分别编为M572：9-1与M572：9-2。同类器物出自同一墓中，如集中出土，则编为一号，本书介绍标本时也编亚号，如M655出土的玛瑙珠，分别编为M655：1-1、M655：1-2；如出土位置不同，则分别编号。一些墓葬填土中的器物实际上可确认为原始位置被扰动的随葬品，整理过程中按发掘时的先后顺序予以编号。

第二章　地层堆积

后屯墓地（通州区潞城镇棚户区改造土地开发项目D-03、04地块）原为后屯村与常屯村之间的村居和农田，考古勘探发掘时地块内村民房屋已拆迁，地表上覆盖有大量渣土，在建设方配合清除地面渣土后，考古人员对战国墓葬区进行了整体布方，对勘探发现有古代文化遗存的区域进行了考古发掘。

揭露的文化层情况及遗址的勘探表明，尽管不同探方的文化堆积层数、保存情况不尽相同，但经过对不同层位土质、土色及包含物等综合分析、比较，发掘区内的地层堆积可大致分为6层。现以T2133、T2333、T2433西壁为例介绍地层堆积情况。这两组剖面位于墓葬区中北部，无打破关系，基本代表了该遗址的地层叠压关系和堆积情况。

T2133西壁的地层堆积介绍如下（图五）。

第1层：现代堆积层，厚0.3～0.45米，黄褐色，土质较硬，内含较多现代生活垃圾、建筑垃圾等，水平堆积，分布于整个探方。

第2层：明清堆积层，厚0.11～0.31米，浅黄褐色，土质较松散，整体南厚北薄，分布整个探方。唐代和辽金墓葬开口于该层下。

第3层：唐代和辽金堆积层，厚0.59～0.67米，灰褐色，土质较松散，内含少量植物根茎、

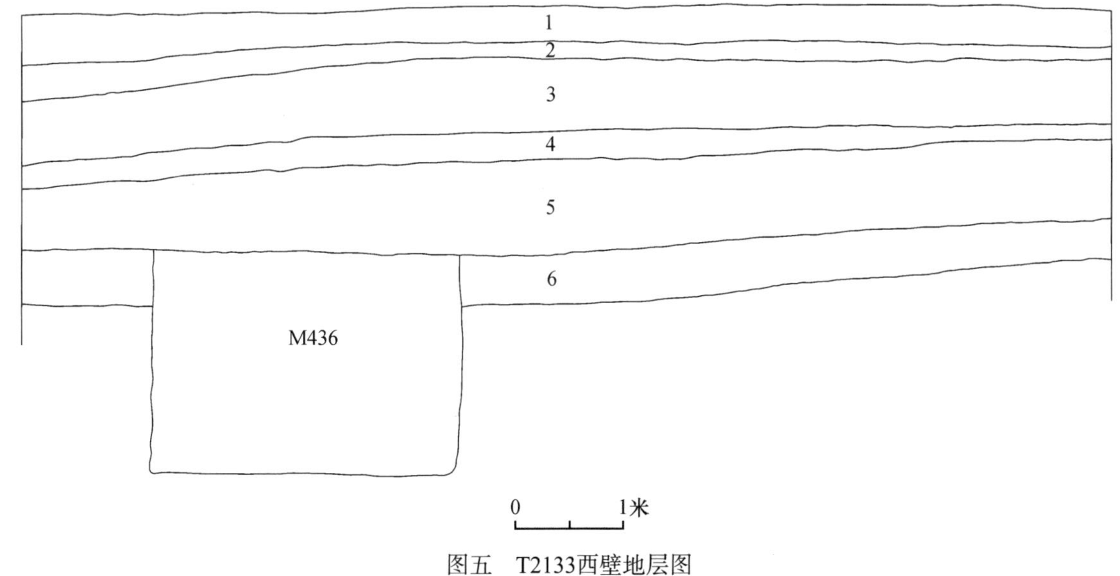

图五　T2133西壁地层图

碎砖块等，地层北高南低，分布于整个探方。东汉墓葬及窑址等开口于该层下。

第4层：汉代堆积层，厚0.12～0.27米，黄色，土质较松散，夹杂较多细砂，内含少量碎砖块等，地层北高南低，分布于整个探方。部分战国和西汉时期墓葬开口于该层下。

第5层：战国晚期堆积层，厚0.54～0.86米，灰褐色，土质较硬，内含少量夹砂碎红陶片等，地层堆积北高南低，中间厚两端薄，分布于整个探方。部分战国晚期墓葬开口于该层下。

第6层：战国堆积层，厚0.33～0.51米，青褐色，土质较硬，内含少量夹砂碎红陶片等，地层堆积北高南低，分布于整个探方。该层下为生土。

T2333、T2433西壁地层堆积介绍如下（图六）。

第1层：现代堆积层，厚0.31～0.5米，黄褐色，土质较硬，内含较多现代生活垃圾、建筑垃圾等，地层北高南低，堆积北厚南薄，分布于整个探方。

第2层：明清堆积层，厚0.09～0.26米，浅黄褐色，土质较松散，水平堆积，堆积北厚南薄，分布于整个探方。唐代和辽金墓葬开口于该层下。

第3层：唐代和辽金堆积层，厚0.53～0.65米，灰褐色，土质较松散，内含少量植物根茎、碎砖块等，水平堆积，分布于整个探方。东汉墓葬及窑址等开口于该层下。

第4层：汉代堆积层，厚0.05～0.16米，黄色，土质较松散，夹杂较多细砂，内含少量碎砖块等，水平堆积，分布于整个探方。部分战国和西汉时期墓葬开口于该层下。

第5层：战国晚期堆积层，厚0～0.64米，灰褐色，土质较硬，内含少量夹砂碎红陶片等，地层堆积南厚北薄，分布于T2333南部。部分战国晚期墓葬开口于该层下。

第6层：战国堆积层，厚0.23～0.61米，青褐色，土质较硬，内含少量夹砂碎红陶片等，水平堆积，堆积北厚南薄，分布于整个探方。该层下为生土。

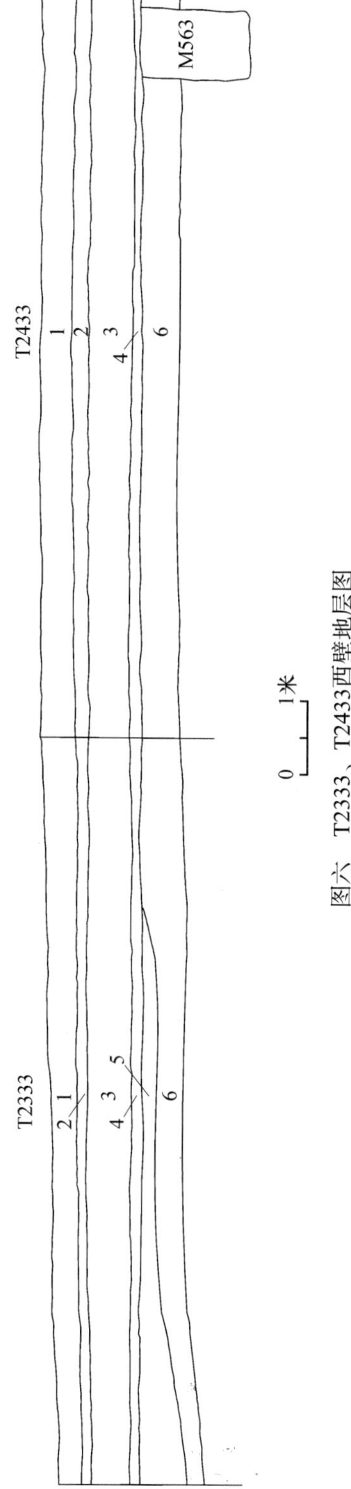

图六 T2333、T2433西壁地层图

第三章　墓葬介绍

一、M368

位于发掘区西北部，T2136北部，东北邻M440，西南部打破M369。方向10°。开口于第4层下，向下打破生土，开口距地表深2.3米（图七）。

（一）墓葬形制

该墓平面呈长方形，竖穴土坑墓。口底尺寸一致，南北长2.47米，东西宽1.2米，墓底距墓口深0.7米。内填黄褐色花土，土质松软。四壁较规整，壁面粗糙，直壁，平底。

葬具为单棺，木质，仅存朽痕。棺平面近长方形，南北长2.28米，东西宽0.96米，残高0.05米，棺板厚0.06～0.1米。

棺内有人骨一具，头向北，面向西，仰身直肢，保存一般。

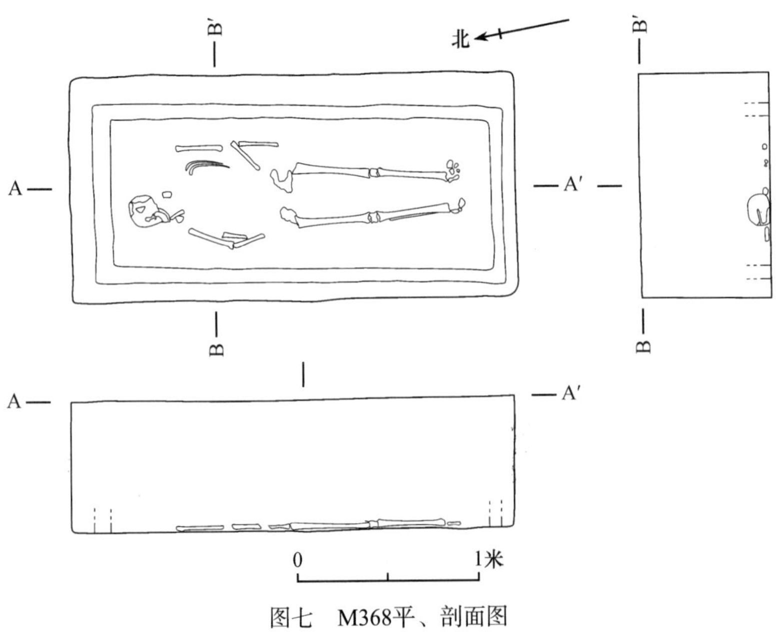

图七　M368平、剖面图

（二）出土器物

未发现随葬品。

二、M369

位于发掘区的西北部，T2136中部偏北，南邻M638，东北部被M368打破。方向30°。开口于第4层下，向下打破生土，开口距地表深2.1米（图八）。

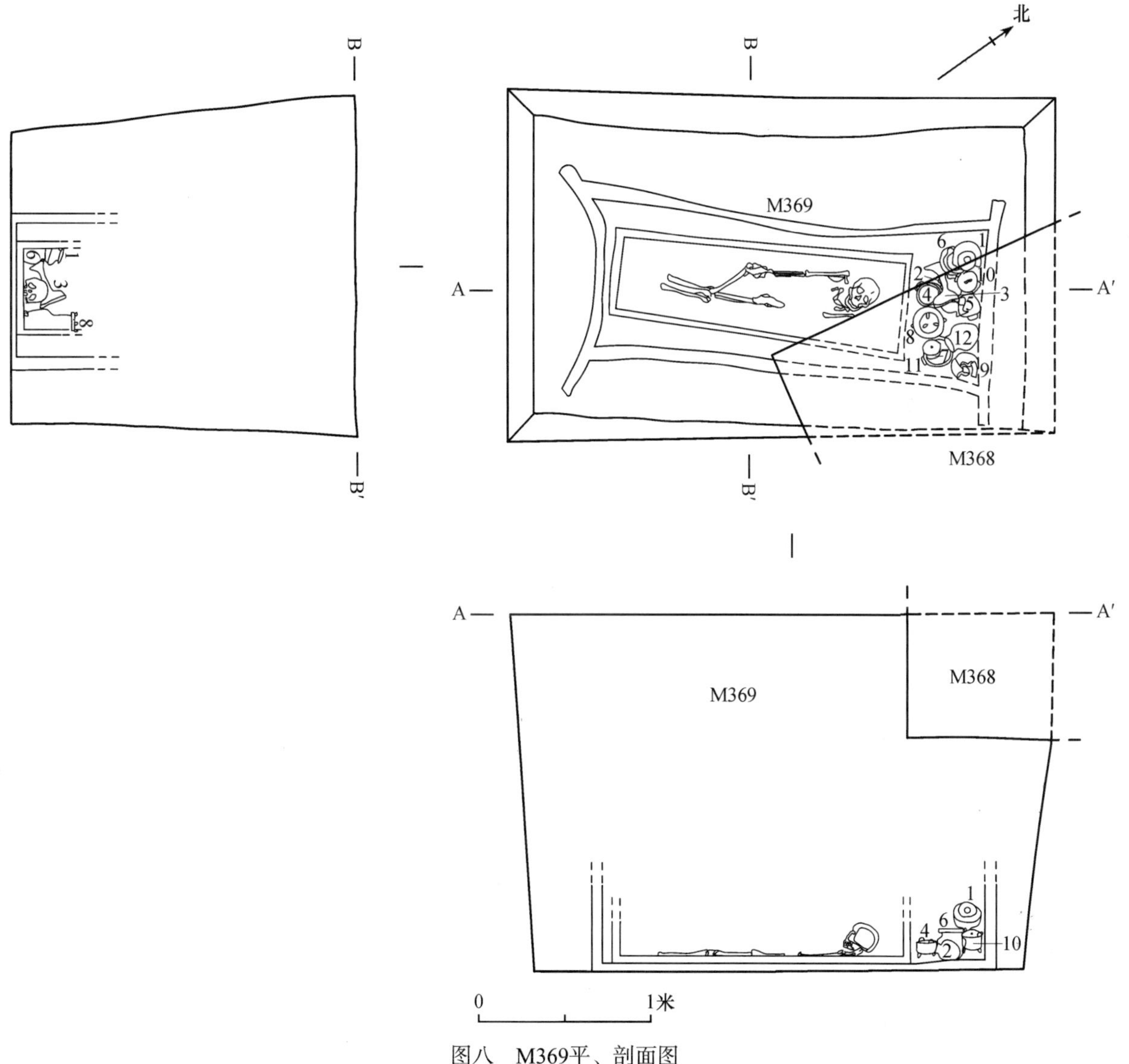

图八 M369平、剖面图

1、3. 陶豆 2、5. 陶小口罐 4、10. 陶鼎 6. 陶双耳罐 7. 陶匜 8、12. 陶壶 9. 陶尊 11. 陶盘

（一）墓葬形制

该墓平面呈梯形，竖穴土坑墓。口略大于底，墓口南北长3.19米，东西宽1.9～2米；墓底南北长2.8米，东西宽1.62～1.7米，墓底距墓口深2米。内填花土，土质松软。四壁较规整，壁面粗糙，斜壁，平底。

葬具为一椁一棺，木质，仅存朽痕。椁平面呈“Ⅱ”形，南、北两端宽，中间窄，南北长2.62米，东西宽0.84～1.32米，残高0.48米，椁板厚0.04～0.06米。东、西、南三侧椁壁均向内侧挤压变形。椁内有一棺，棺平面呈梯形，南北长1.78米，东西宽0.5～0.6米，残高0.28米，棺板厚0.02～0.04米。

棺内有人骨一具，头向东北，面向上，仰身直肢，保存较差。

（二）出土器物

随葬品置于墓室北部棺椁之间，共出土陶器12件。其中陶鼎2件、陶豆2件、陶壶2件、陶盘1件、陶匜1件、陶小口罐2件、陶双耳罐1件、陶尊1件（图版三四，1）。

陶鼎　2件。M369：4，泥质灰陶，轮模合制。有盖，母口，顶隆起，顶中心有一个“∩”形纽。器身子口，敛口，圆唇，上腹部有两个对称的方形外撇附耳，有长方形穿，深直腹，圜底，下附三蹄形足。腹部饰四周凹弦纹。器表施一层灰陶衣。口径11.3、腹径12.5、高14.2、壁厚0.7～1.4厘米，盖径12.9、高4.7、壁厚0.5～0.7厘米（图九，1；图版四八，1）。M369：10，泥质灰陶，轮模合制。有盖，母口，圆形，顶隆起，顶中心有一个“∩”形纽。器身子口，敛口，圆唇，上腹部有两个对称的方形外撇附耳，有长方形穿，深直腹，圜底，下附三蹄形足。腹部饰三周凹弦纹。器表施一层灰陶衣。口径11.2、腹径13.4、高15.4、壁厚0.5～1.7厘米，盖径13.6、高5.6、壁厚0.6～1.6厘米（图九，2；图版四八，2）。

陶豆　2件。M369：1，泥质灰陶，轮制。有盖，母口，呈覆钵形，顶部有平面呈圆形的喇叭形捉手，柄较短。器身子口，敛口，圆唇，弧折腹，细长柄，喇叭形座。柄部及器身有数道轮旋痕。口径14、腹径16.8、圈足径10.1、高23.2、壁厚0.4～1.8厘米，盖径17.1、捉手径12.2、高10.1、壁厚0.48～1.92厘米（图九，4；图版四八，3）。M369：3，泥质灰陶，轮制。有盖，母口，呈覆钵形，顶部有平面呈圆形的喇叭形捉手，柄较短。器身子口，敛口，圆唇，弧折腹，细长柄，喇叭形座。柄部及器身有数道轮旋痕。口径15.1、腹径17.3、圈足径13.1、高24.2、壁厚0.5～2.8厘米，盖径17.2、捉手径11.8、高10.2、壁厚0.48～1.92厘米（图九，3；图版四八，4）。

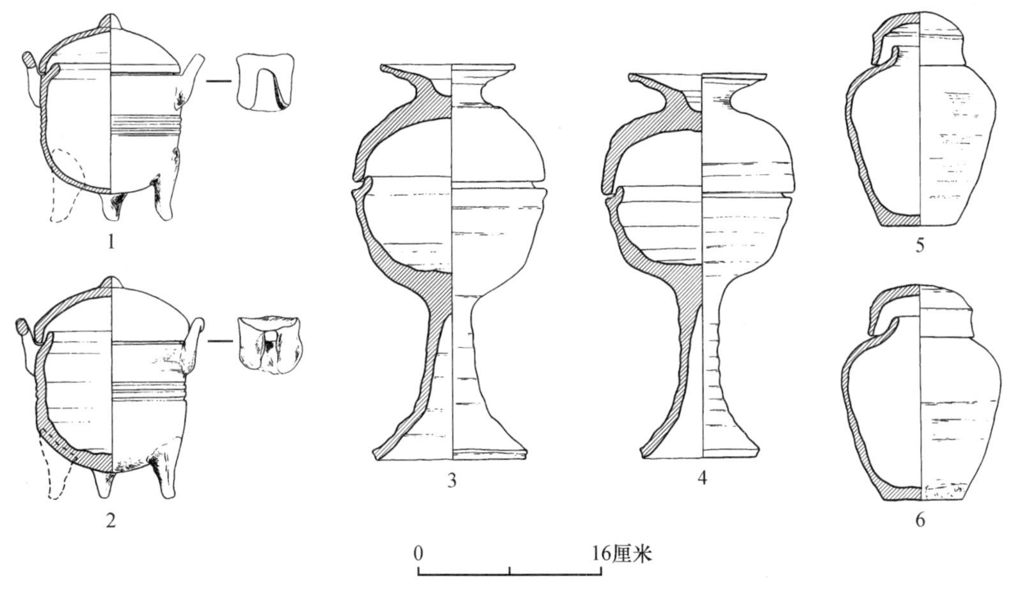

图九 M369出土器物

1、2. 陶鼎（M369：4、M369：10） 3、4. 陶豆（M369：3、M369：1） 5、6. 陶小口罐（M369：2、M369：5）

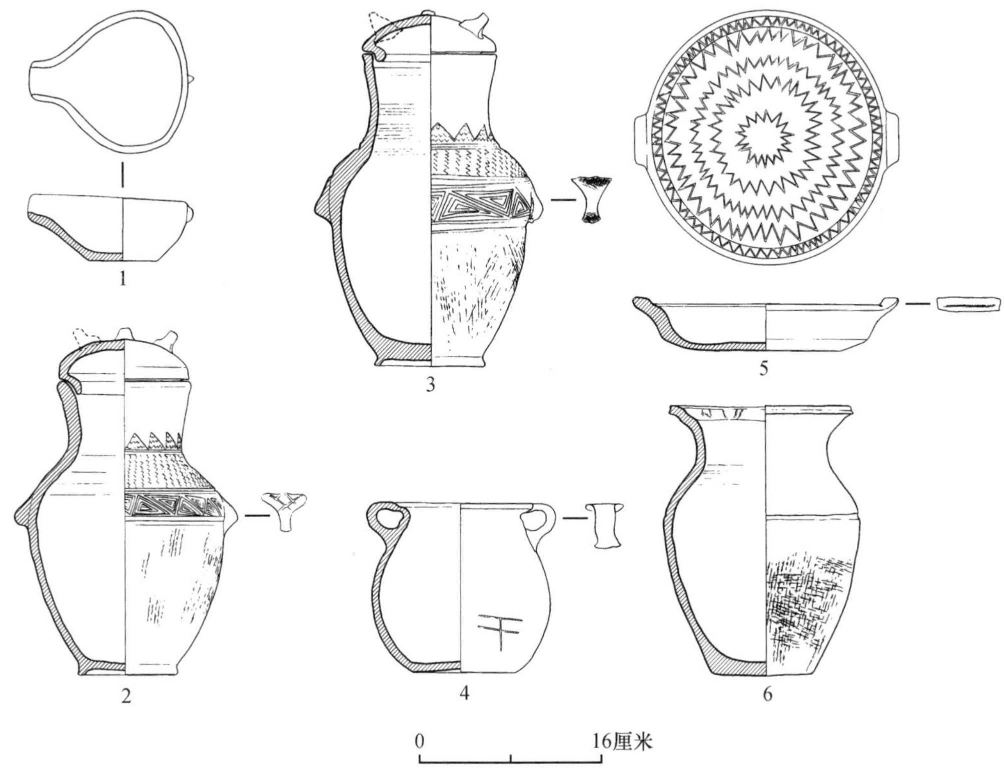

图一〇 M369出土器物

1. 陶匜（M369：7） 2、3. 陶壶（M369：8、M369：12） 4. 陶双耳罐（M369：6） 5. 陶盘（M369：11） 6. 陶尊（M369：9）

陶壶　2件。M369：8，泥质灰陶，轮模合制。有盖，子口，呈覆钵形，盖舌内折，顶隆起，等距分布三个矩尺状纽。器身母口，敞口，圆唇，束颈，圆肩，肩部贴附两个对称的简化兽首形耳，弧腹内收，圜底，矮圈足。颈至腹部刻划三组花纹，各组花纹下皆饰两周凹弦纹，自上而下第一组为一周三角纹内填水波纹，第二组为一周竖向水波纹，第三组为一周折线三角组合纹，下腹部饰细绳纹。器表施一层灰陶衣。口径11.7、腹径17.9、圈足径9、高25.1、壁厚0.5～2.5厘米，盖径8.9、高4.4、壁厚0.45～1.6厘米（图一〇，2；图版四八，5）。M369：12，泥质灰陶，轮模合制。有盖，子口，呈覆钵形，盖舌内折，顶隆起，等距分布三个矩尺状纽。器身母口，敞口，方唇，束颈，圆肩，肩部贴附两个对称的简化兽首形耳，弧腹内收，圜底，矮圈足。颈至腹部刻划三组花纹，各组花纹下皆饰两周凹弦纹，自上而下第一组为一周三角纹内填水波纹，第二组为一周竖向水波纹，第三组为一周折线三角组合纹，下腹部饰细绳纹。器表施一层灰陶衣。口径11.8、腹径17.4、圈足径9.8、高26.6、壁厚0.8～2.3厘米，盖径11.8、高4.4、壁厚0.8厘米（图一〇，3；图版四八，6）。

陶盘　1件。M369：11，泥质灰陶，轮模合制。敞口，折沿上扬，方唇，唇边有两个对称的长方形外撇附耳，折腹，下腹斜收，平底，内底微凸。内壁口沿至盘心压印五周水波纹。口径20.7、通宽24.3、底径13.4、高4.5、壁厚0.6～1.7厘米（图一〇，5；图版四九，1）。

陶匜　1件。M369：7，泥质灰陶，轮模合制。微敞口，方唇，弧腹内收，附槽状流，流口较短，微上扬，尾部有半圆形鋬，平底。器表施一层灰陶衣。长12.4、宽12、高5、流长2.9、壁厚0.9厘米（图一〇，1；图版四九，2）。

陶小口罐　2件。M369：2，泥质灰陶，轮制。有盖，母口，圆形，弧壁，顶隆起。器身子口，直口，圆唇，短束颈，圆肩，斜腹内收，平底。器身有数道轮旋痕。口径4.8、腹径13.3、底径6.6、高15.4、壁厚0.5～1.4厘米，盖径8.3、腹径8、高4.6、壁厚0.4～0.9厘米（图九，5；图版四九，3）。M369：5，泥质灰陶，轮制。有盖，母口，圆形，弧壁，顶隆起。器身子口，敛口，圆唇，短束颈，圆肩，斜腹内收，平底。器身有数道轮旋痕。口径4.8、腹径14、底径7、高15.8、壁厚0.5～1.4厘米，盖径9.4、腹径9、高4.6、壁厚0.4～0.8厘米（图九，6；图版四九，4）。

陶双耳罐　1件。M369：6，夹砂灰陶，轮模合制。侈口，内口沿有一周凹槽，圆唇，短束颈，颈部附有对称的双耳，一耳残，溜肩，鼓腹，平底内凹。下腹部有“干”字形刻划纹。口径13、腹径17.3、底径10、高15.1、壁厚0.5～1厘米（图一〇，4；图版四九，5）。

陶尊　1件。M369：9，泥质灰陶，轮模合制。侈口，方唇，宽沿外折，束颈，折肩，斜弧腹内收，平底。沿面、唇端及折肩处均有一周凹弦纹，腹部饰交错细绳纹。口径16.5、腹径17.7、底径8.7、高23、壁厚0.8～2.08厘米（图一〇，6；图版四九，6）。

三、M432

位于发掘区的西北部，T2135中部偏西南，东邻M433，西北部打破M640。方向40°。开口于第5层下，向下打破生土，开口距地表1.99米（图一一）。

（一）墓葬形制

该墓平面呈长方形，竖穴土坑墓。口略大于底，墓口南北长3.52米，东西宽1.98米；墓底南北长3.35米，东西宽1.7米，墓底距墓口深2.57米。内填黄褐色花土，土质松软。四壁较规整，壁面粗糙，斜壁，平底。

葬具为一椁一棺，木质，已朽，仅存朽痕。椁平面呈“Ⅱ”形，南北长2.86米，东西宽1.02～1.33米，残高0.46米，椁板厚0.08米。东、西两侧椁壁均向内侧挤压变形。椁内有一棺，棺平面呈梯形，南北长1.93米，东西宽0.44～0.52米，残高0.42米，棺板厚0.04～0.06米。

棺内有人骨一具，头向东北，面向上，仰身直肢，保存一般。

（二）出土器物

随葬品置于墓室北部棺椁之间，共出土陶器9件。其中陶鼎2件、陶豆2件、陶壶2件、陶盘1件、陶匜1件、陶小口壶1件（图版三四，2）。

陶鼎　2件。M432：3，泥质灰陶，轮模合制。有盖，母口，呈覆钵形，顶隆起，等距分布三个“∩”形穿孔纽。器身子口，敛口，圆唇，上腹部有两个对称的长方形附耳，有长方形穿，弧腹，圜底，下附三蹄形足。口径15.2、腹径16.1、高18、壁厚0.5～1.1厘米，盖径17.5、高6、壁厚0.9～1.1厘米（图一二，1；图版五〇，1）。M432：6，泥质灰陶，轮模合制。有盖，母口，呈覆钵形，顶隆起，等距分布三个“∩”形穿孔纽。器身子口，敛口，圆唇，上腹部有两个对称的长方形附耳，有长方形穿，弧腹，圜底，下附三蹄形足。口径16.8、腹径17.2、高17.8、壁厚0.5～1.9厘米，盖径18.1、高6.2、壁厚0.43厘米（图一二，2；图版五〇，2）。

陶豆　2件。M432：7，泥质灰陶，轮制。有盖，母口，呈覆钵形，盖腹较浅，顶部有平面呈圆形的喇叭形捉手，柄较长。器身子口，敛口，圆唇，弧腹斜收，细长柄，喇叭形座。口径15、腹径18、圈足径13.8、高26.9、壁厚0.8～1.9厘米，盖径17.7、捉手径9.8、高12、壁厚0.7～2厘米（图一二，4；图版五〇，3）。M432：8，泥质灰陶，轮制。有盖，母口，呈覆钵形，盖腹较浅，顶部有平面呈圆形的喇叭形捉手，柄较长。器身子口，敛口，圆唇，弧腹斜收，细长柄，喇叭形座。口径16、腹径18.1、圈足径13.6、高26.6、壁厚0.4～3.8厘米，盖径18.1、捉手径9.6、高12.1、壁厚0.4～2.1厘米（图一二，5；图版五〇，4）。

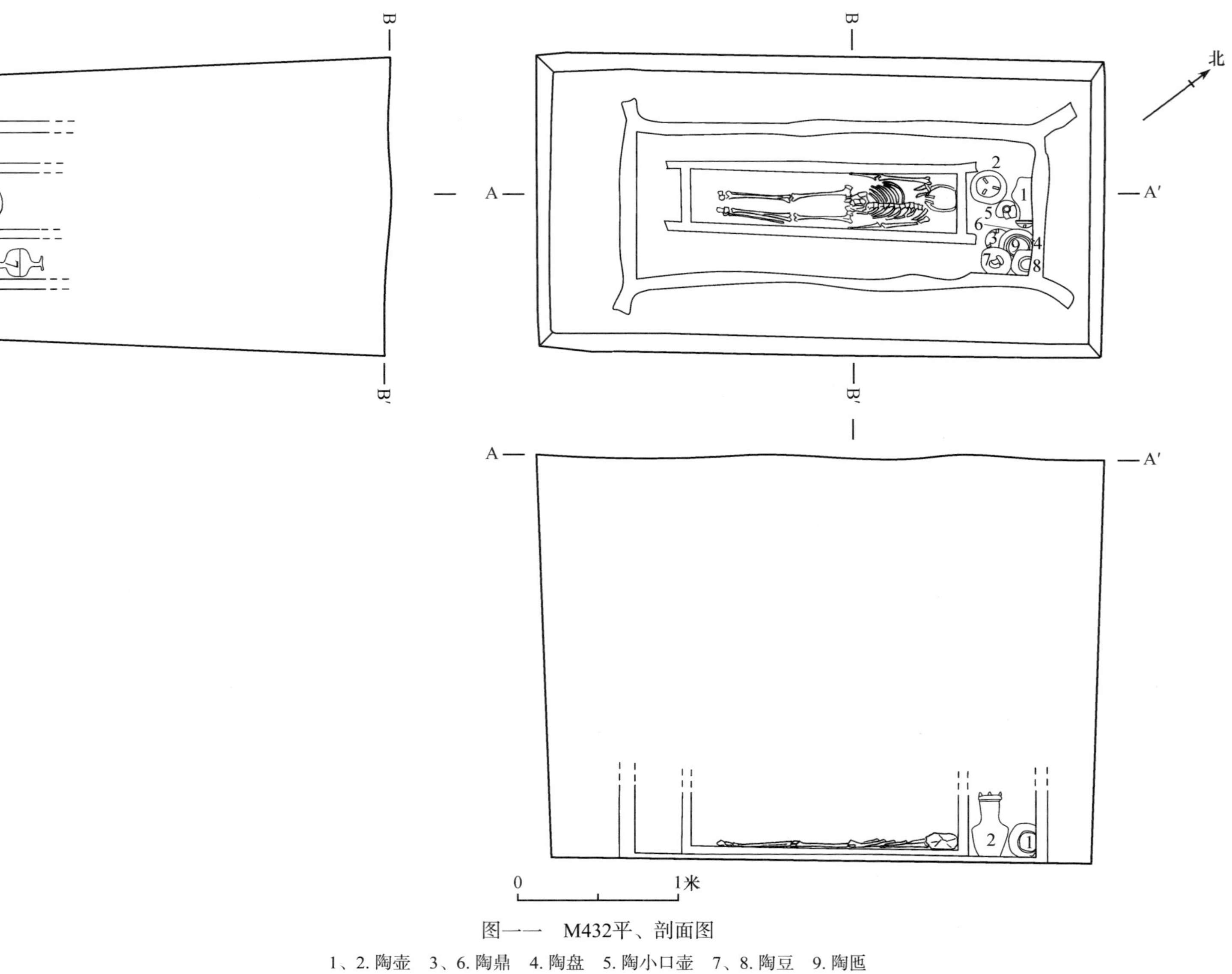

图一一　M432平、剖面图

1、2. 陶壶　3、6. 陶鼎　4. 陶盘　5. 陶小口壶　7、8. 陶豆　9. 陶匜

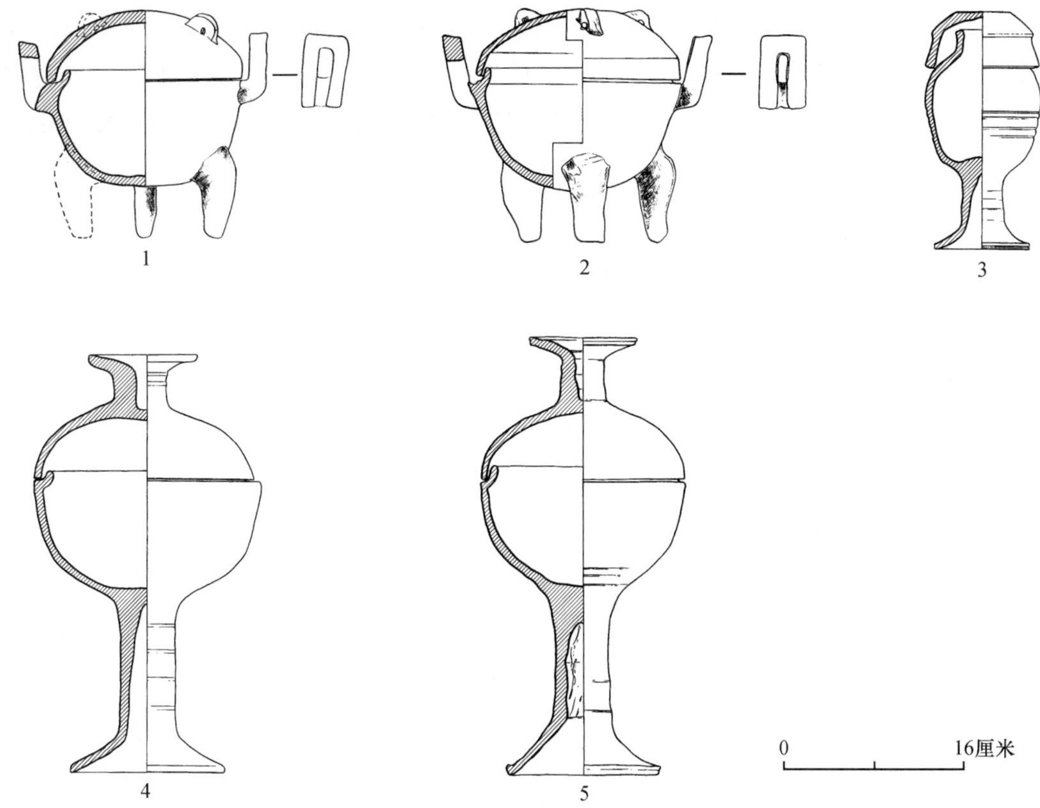

图一二　M432出土器物

1、2. 陶鼎（M432：3、M432：6）　3. 陶小口壶（M432：5）　4、5. 陶豆（M432：7、M432：8）

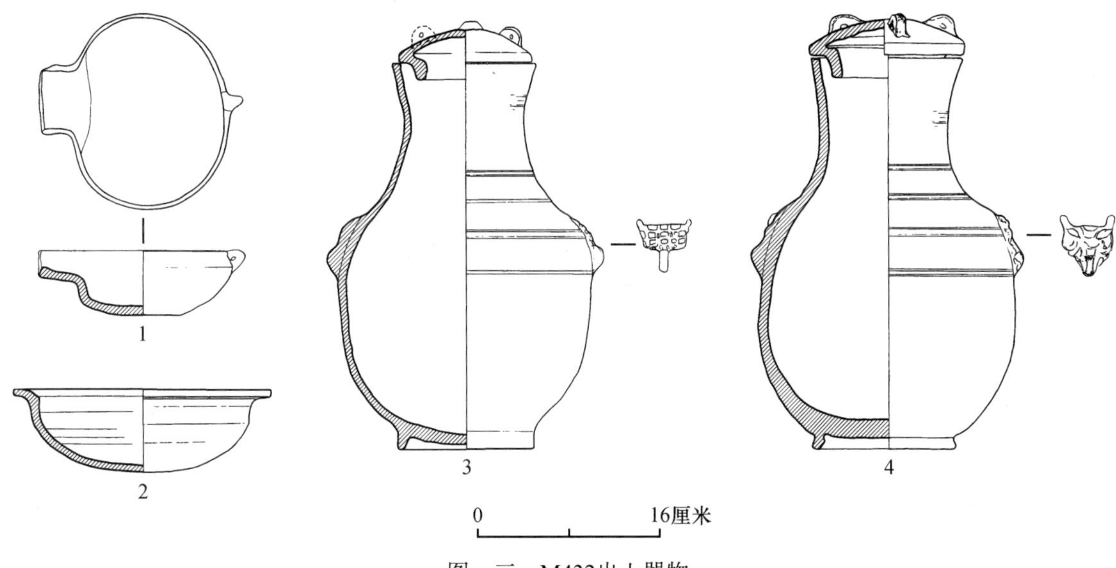

图一三　M432出土器物

1. 陶匜（M432：9）　2. 陶盘（M432：4）　3、4. 陶壶（M432：1、M432：2）

陶壶　2件。M432：1，泥质灰陶，轮模合制。有盖，子口，圆形，盖舌内折，顶隆起，等距分布三个“∩”形穿孔纽。器身母口，侈口，方唇，束颈，圆肩，肩部贴附两个对称的兽首形耳，鼓腹，下腹弧收，圜底，矮圈足。肩部至腹部饰四组凹弦纹，每组一或两周。器表施一层灰陶衣。口径12.7、腹径23、圈足径12.2、高34.2、壁厚0.7～1厘米，盖径8.8、高5.3、壁厚0.6～1.3厘米（图一三，3；图版五〇，5）。M432：2，泥质灰陶，轮模合制。有盖，子口，圆形，盖舌内折，顶隆起，等距分布三个“∩”形穿孔纽。器身母口，侈口，方唇，束颈，圆肩，肩部贴附两个对称的兽首形耳，鼓腹，下腹弧收，圜底，矮圈足。颈部至腹部饰四组凹弦纹，每组两周。器表施一层灰陶衣。口径13.5、腹径22.4、圈足径12.8、高33.6、壁厚0.6～2.4厘米，盖径9.6、高5.6、壁厚0.8～1.4厘米（图一三，4；图版五〇，6）。

陶盘　1件。M432：4，泥质灰陶，轮制。敞口，折沿上扬，方唇，折腹，上腹近直，下腹斜收，圜底。器身有数道轮旋痕。口径18.4、宽23.2、腹径20.3、高6.9、壁厚0.5～1.3厘米（图一三，2；图版五一，1）。

陶匜　1件。M432：9，泥质灰陶，轮模合制。口部呈椭圆形，敞口，圆唇，上腹微折，下腹斜收，附槽状流，流口较短，微上扬，尾部有简化兽形鋬，平底。长17.2、宽15.3、高5.3、流长3.8、壁厚0.9～1.1厘米（图一三，1；图版五一，2）。

陶小口壶　1件。M432：5，泥质灰陶，轮制。有盖，母口，斜壁，中部有一周折棱，平顶。器身子口，敞口，方唇，短颈，斜弧腹，细柄，柄较短，喇叭形座。腹部有四周凹弦纹。器身有数道轮旋痕。口径5.3、腹径11.5、圈足径8.8、高19、壁厚0.6～1.2厘米，盖径10.4、腹径9.6、顶径4.7、高5.1、壁厚0.5～1.1厘米（图一二，3；图版五一，3）。

四、M433

位于发掘区的西北部，T2135南部，东邻M434，西邻M432。方向35°。开口于第4层下，向下打破生土，开口距地表深2.2米（图一四）。

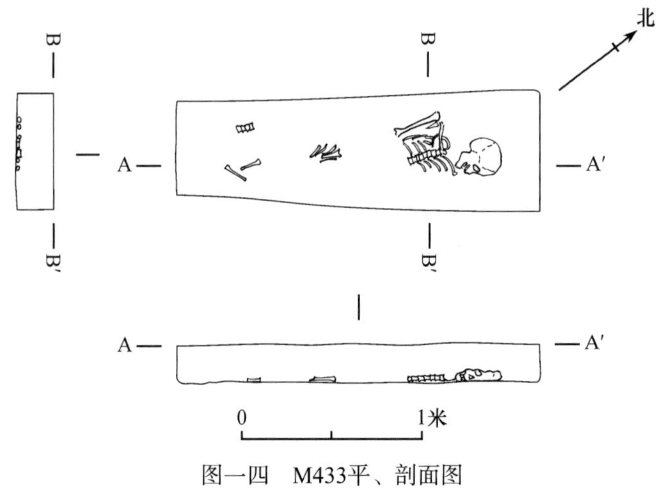

图一四　M433平、剖面图

（一）墓葬形制

该墓平面呈梯形，竖穴土坑墓。口底尺寸一致，南北长2米，东西宽0.5～0.64米，北壁宽于南壁，墓底距墓口深0.2米。内填花土，土质松软。四壁较规整，壁面粗糙，直壁，平底。

未发现葬具，仅存人骨一具，头向东北，面向东南，葬式不详，保存差。

（二）出土器物

未发现随葬品。

五、M434

位于发掘区的西北部，T2135东南部，西邻M433。方向35°。开口于第4层下，向下打破生土，开口距地表深2.52米（图一五）。

（一）墓葬形制

该墓平面呈长方形，竖穴土坑墓。口略大于底，墓口南北长3.38米，东西宽2.06米；墓底南北长3.3米，东西宽1.78～1.96米，墓底距墓口深2.41米。内填花土，土质松软。四壁较规整，壁面粗糙，斜壁，平底。

葬具为一椁一棺，木质，已朽，仅存朽痕。椁平面呈“Ⅱ”形，南北长2.39米，东西宽1.1～1.53米，残高0.42米，椁板厚约0.06米。南、北两侧椁壁均向内侧挤压变形，东侧椁壁向外挤压变形。椁内有一棺，棺平面呈梯形，南北长2米，东西宽0.63～0.7米，残高0.34米，棺板厚0.06米。

棺内有人骨一具，头向东北，面向上，仰身直肢，保存一般。

（二）出土器物

未发现随葬品。

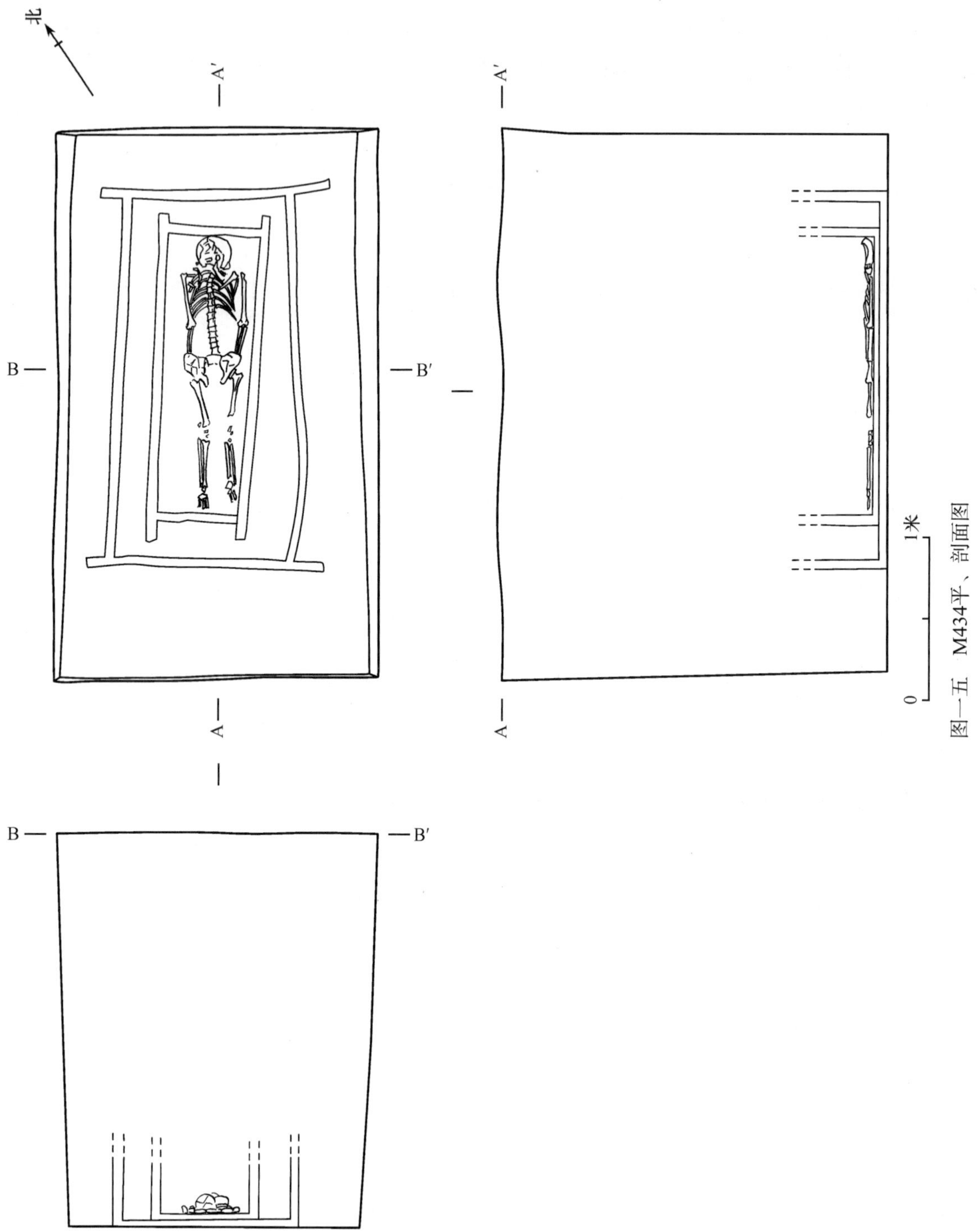

图一五　M434平、剖面图

六、M436

位于发掘区的西北部，T2133西南部，西邻M437。方向35°。开口于第4层下，向下打破生土，开口距地表深2.17米（图一六）。

（一）墓葬形制

该墓平面呈长方形，竖穴土坑墓。口略大于底，墓口南北长2.98米，东西宽1.52米；墓底南北长2.83米，东西宽1.42米，墓底距墓口深1.43米。内填灰褐色花土，土质松软。四壁较规整，壁面粗糙，斜壁，平底。

葬具为单棺，木质，已朽，仅存朽痕。棺平面呈梯形，南北长1.96米，东西宽0.44～0.64米，残高0.14米，棺板厚约0.04米。

棺内有人骨一具，头向东北，面向下，仰身直肢，保存较好。

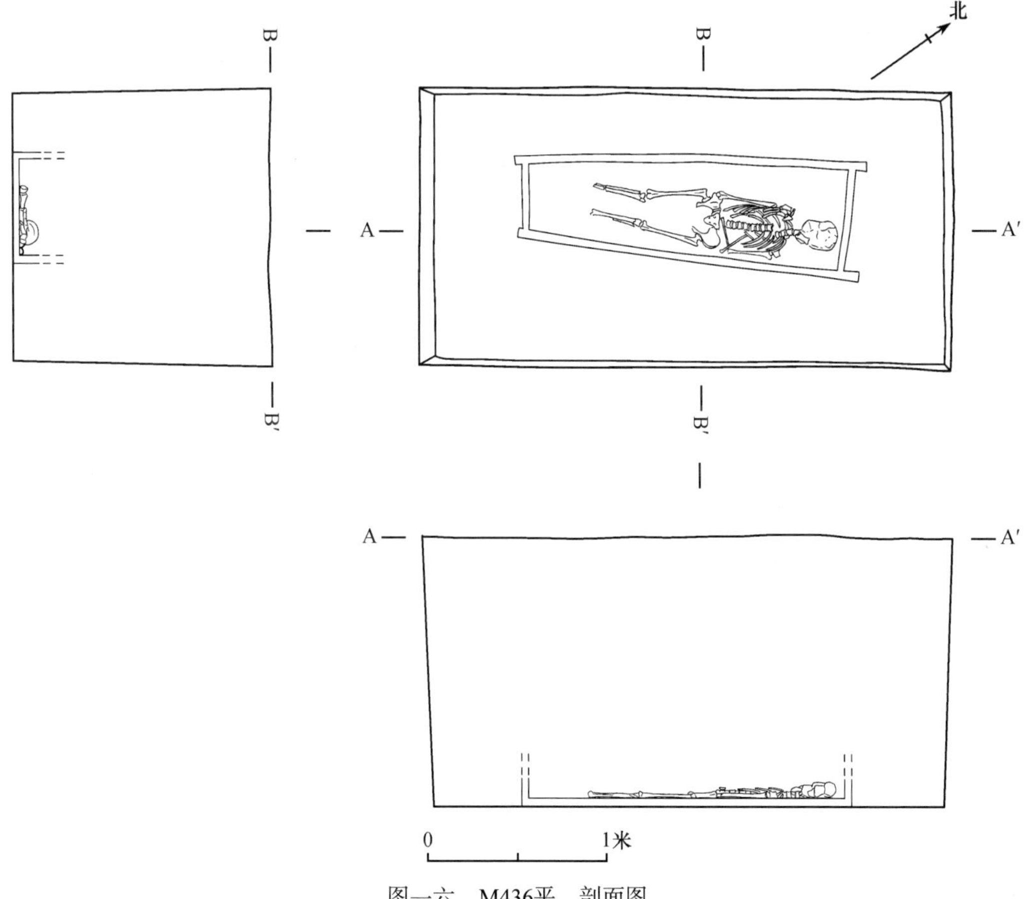

图一六　M436平、剖面图

（二）出土器物

未发现随葬品。

七、M437

位于发掘区的西北部，T2134南部、T2034北部，东邻M436，西邻M434。方向50°。开口于第5层下，向下打破生土，开口距地表深1.9米（图一七；图版六，1）。

（一）墓葬形制

该墓平面呈长方形，竖穴土坑墓。口略大于底，墓口东西长3.47米，南北宽2.14米；墓底东西长3.23米，南北宽1.87米，墓底距墓口深2.44米。内填黄褐色花土，土质松软。四壁较规整，壁面粗糙，斜壁，平底。

葬具为一椁一棺，木质，已朽，仅存朽痕。椁平面呈“Ⅱ”形，东、西两端宽，中间窄，东西长2.64米，南北宽0.82～1.4米，残高0.54米，椁板厚0.06米。南、北两侧椁壁均向内侧挤压变形。椁内有一棺，棺平面呈梯形，东西长1.9米，南北宽0.46～0.74米，残高0.3米，棺板厚约0.05米。

棺内有人骨一具，头向东北，面向东南，仰身直肢，保存较好。

（二）出土器物

随葬品置于墓室北部棺椁之间和棺内人骨腰部，共出土器物12件，其中陶器11件、铜器1件。墓室北部棺椁之间有陶鼎1件、陶豆2件、陶壶2件、陶盘1件、陶匜1件、陶三足罐1件、陶罐1件、陶小口壶2件，棺内人骨腰部有铜带钩1件。

1. 陶器

陶鼎　1件。M437：8，泥质灰陶，轮模合制。有盖，母口，弧壁，顶微隆，分布三个卧羊形纽。器身子口，敛口，圆唇，上腹部有两个对称的长方形附耳，两耳上端外撇，有长方形穿，浅直腹，圜底，下附三蹄形足。盖面饰三组纹饰，每组纹饰下皆饰两周凹弦纹，盖顶正中为团花纹，第二组为一周竖向压印水波纹，第三组为一周三角纹，器身腹部饰两周凹弦纹。器表施一层灰陶衣。口径17、腹径19.7、高20.9、壁厚0.5～1.7厘米，盖径18.8、高6.2、壁厚0.62厘米（图一八，1；图版五一，4）。

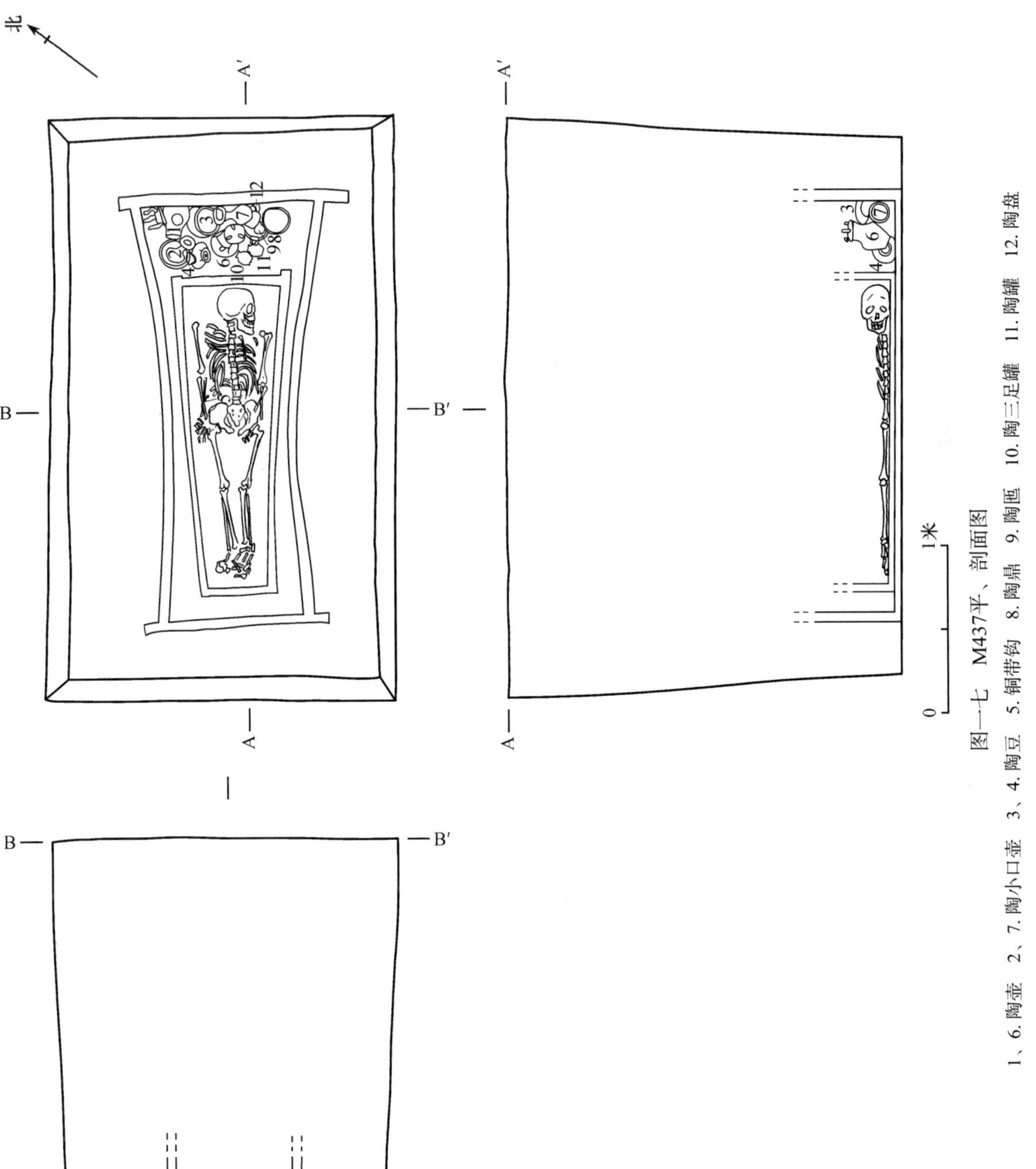

图一七　M437平、剖面图

1、6. 陶壶　2、7. 陶小口壶　3、4. 陶豆　5. 铜带钩　8. 陶鼎　9. 陶匜　10. 陶三足罐　11. 陶罐　12. 陶盘

陶豆　2件。M437：3，泥质灰陶，轮制。盖残缺。器身子口，敛口，圆唇，弧腹斜收，细长柄，座残。柄部饰竹节状纹。器表施一层灰陶衣。口径16.4、腹径18.2、残高25.8、壁厚0.4～3.4厘米（图一八，5）。M437：4，泥质灰陶，轮制。有盖，母口，呈覆钵形，顶部有平面呈圆形的喇叭形捉手，柄较短。器身子口，敛口，圆唇，弧腹斜收，细长柄，喇叭形座。捉手顶面饰一周凹弦纹，盖面饰一周凸棱纹，器身上腹部饰三周凸棱纹，柄部饰竹节状纹。器表施一层灰陶衣。口径18、腹径19.2、圈足径11.8、高26.9、壁厚0.4～3厘米，盖径19.2、捉手径10.2、高10.7、壁厚0.2～3.4厘米（图一八，3；图版五一，5）。

陶壶　2件。M437：1，泥质灰陶，轮模合制。有盖，子口，呈覆钵形，盖舌内折，顶隆起，盖缘等距分布三个简化立鸟形纽。器身母口，侈口，方唇，束颈，溜肩，肩部贴附两个对称的兽首形耳，弧腹内收，圜底，矮圈足，足墙外撇。颈部至腹中部共刻划六组纹饰，后五组纹饰下皆饰三周凹弦纹，自上而下第一组为一周动物纹，第二组为一周三角纹，第三组

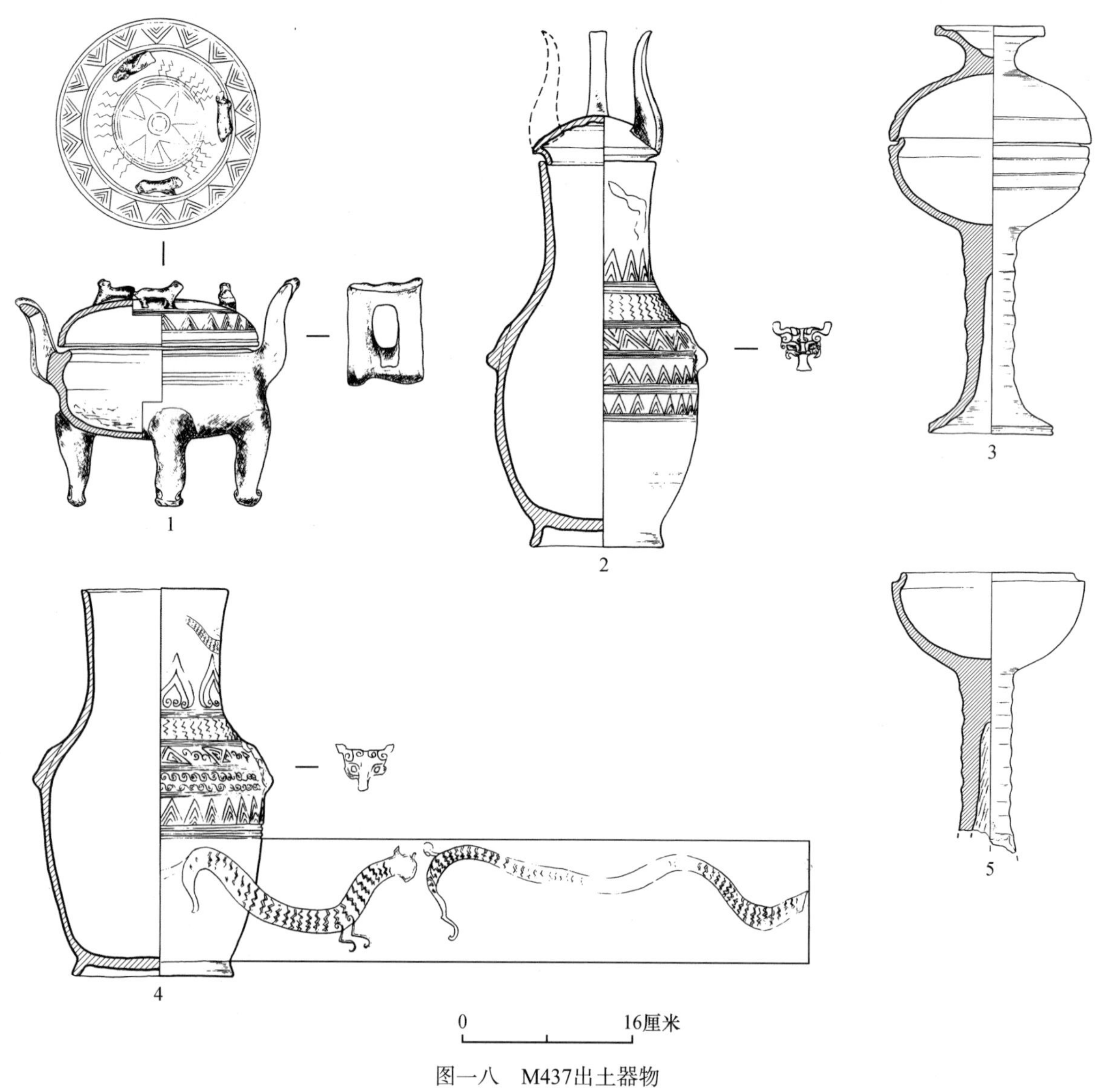

图一八　M437出土器物

1. 陶鼎（M437：8）　2、4. 陶壶（M437：1、M437：6）　3、5. 陶豆（M437：4、M437：3）

为一周竖向水波纹，第四组为一周折线三角组合纹，第五、六组均为一周三角纹。器表施一层灰陶衣。口径11.1、腹径19.5、圈足径12.9、高35.4、壁厚0.6～1.2厘米，盖径9.2、高12.3、壁厚0.3～0.6厘米（图一八，2；图版五二，1）。M437：6，泥质灰陶，轮模合制。盖残缺。器身母口，侈口，方唇，束颈，溜肩，肩部贴附两个对称的兽首形耳，弧腹内收，圜底，矮圈足，足墙外撇。颈部至下腹部共刻划七组纹饰，二至六组纹饰下皆饰三周凹弦纹，自上而下第一组为一周动物纹饰，第二组为一周凤尾纹，第三组为一周竖向水波纹，第四组为一周折线三角外附卷云纹，第五组为两周卷云纹，第六组为一周三角纹，第七组为一周双驰虎纹。器表施一层灰陶衣。口径14、腹径21.3、圈足径15.2、高35.7、壁厚0.4～2.9厘米（图一八，4；图版五二，2）。

陶盘 1件。M437：12，无法修复，器形不可辨。

陶匜 1件。M437：9，泥质灰陶，轮模合制。口部呈椭圆形，敛口，圆唇，深弧腹微折，下腹斜收，附槽状流，流口较短，微上扬，尾部无鋬，平底略凹。口沿下方有两周凹弦纹。长13.4、宽9.4、高7.6、流长4、壁厚0.6～1.88厘米（图一九，3；图版五二，5）。

陶三足罐 1件。M437：10，泥质灰陶，轮制。侈口，方唇，短颈，圆肩，斜弧腹，三角形平底，附三外撇乳突状足。肩部饰两周凹弦纹。器身有数道轮旋痕，近底处有明显刀削痕。口径6.6、腹径10.9、底径7.4、高11.6、壁厚1～5.28厘米（图一九，6；图版五二，6）。

陶罐 1件。M437：11，泥质灰陶，轮制。侈口，尖唇，短束颈，溜肩，深弧腹，下腹内收，平底。肩部饰两周凹弦纹。器身有数道轮旋痕。口径7.2、腹径10.9、底径7.4、高11.3、壁厚0.7～4.04厘米（图一九，4；图版五三，1）。

陶小口壶 2件。M437：2，泥质灰陶，轮制。有盖，母口，直壁，平顶。器身子口，侈口，圆唇，短颈，斜弧腹，细柄，喇叭形座。器身有数道轮旋痕。口径3.2、腹径12.1、圈足径9.4、高19.9、壁厚0.46厘米，盖径9.3、腹径9.5、高5.2、壁厚0.61厘米（图一九，1；图版五二，3）。M437：7，泥质灰陶，轮制。有盖，母口，直壁，平顶。器身子口，侈口，圆

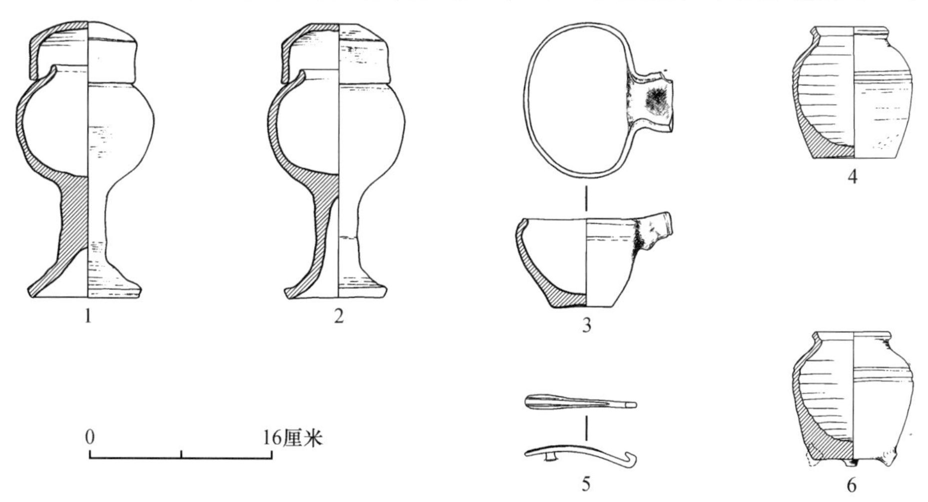

图一九 M437出土器物

1、2. 陶小口壶（M437：2、M437：7） 3. 陶匜（M437：9） 4. 陶罐（M437：11） 5. 铜带钩（M437：5） 6. 陶三足罐（M437：10）

唇，短颈，斜弧腹，细柄，喇叭形座。器身有数道轮旋痕。口径6.8、腹径12.2、圈足径8.4、高23.7、壁厚0.4～3.2厘米，盖径9.7、腹径9.3、顶径4、高5.2、壁厚0.61厘米（图一九，2；图版五二，4）。

2. 铜器

铜带钩　1件。M437：5，模制。体较细长，钩作鸭首形，长颈，颈断面呈长方形，颈正面至尾部中间凸起两道较高的棱脊，形成正面为三道弧形的凹槽，平背，圆尾，腹背置一圆形纽，纽面较小。长9.9、宽0.5～1.5、厚0.3～1.05、颈径0.8、纽径1厘米（图一九，5；图版五一，6）。

八、M440

位于发掘区的西北部，T2235西南部，西南邻M368，东南邻M640。方向60°。开口于第4层下，向下打破生土，开口距地表深1.97米（图二〇；图版六，2）。

（一）墓葬形制

该墓平面呈长方形，竖穴土坑墓。口略大于底，墓口东西长3.41米，南北宽2.18米；墓底东西长3.16米，南北宽2米，墓底距墓口深1.87米。内填花土，土质松软。四壁较规整，壁面粗糙，斜壁，平底。

葬具为一椁双棺，木质，已朽，仅存朽痕。椁平面呈“Ⅱ”形，东西长2.75米，南北宽1.27～1.88米，残高0.3米，椁板厚约0.06米。南侧椁壁向内侧挤压变形。椁内有双棺，棺平面均呈梯形。南棺东西长2.12米，南北宽0.52～0.69米，残高0.3米，棺板厚0.06米。北棺东西长2.12米，南北宽0.5～0.64米，残高0.2米，棺板厚0.06米。

南棺内有人骨一具，头向东北，面向不详，仰身直肢，保存一般。北棺内仅存少量人骨，头向、面向、葬式均不详。

（二）出土器物

随葬品置于墓室东部棺椁之间，共出土陶器9件。其中陶鼎1件、陶豆2件、陶壶2件、陶盘1件、陶匜1件、陶小口罐2件（图版三五，1）。

陶鼎　1件。M440：8，泥质灰陶，轮模合制。有盖，母口，呈覆钵形，顶隆起，等距分布三个“∩”形穿孔纽。器身子口，敛口，方唇，上腹部有两个对称的长方形附耳，两耳上端外撇，有长方形穿，圜底，下附三蹄形足。盖面饰四组纹饰，每组纹饰间用两周凹弦纹隔开，

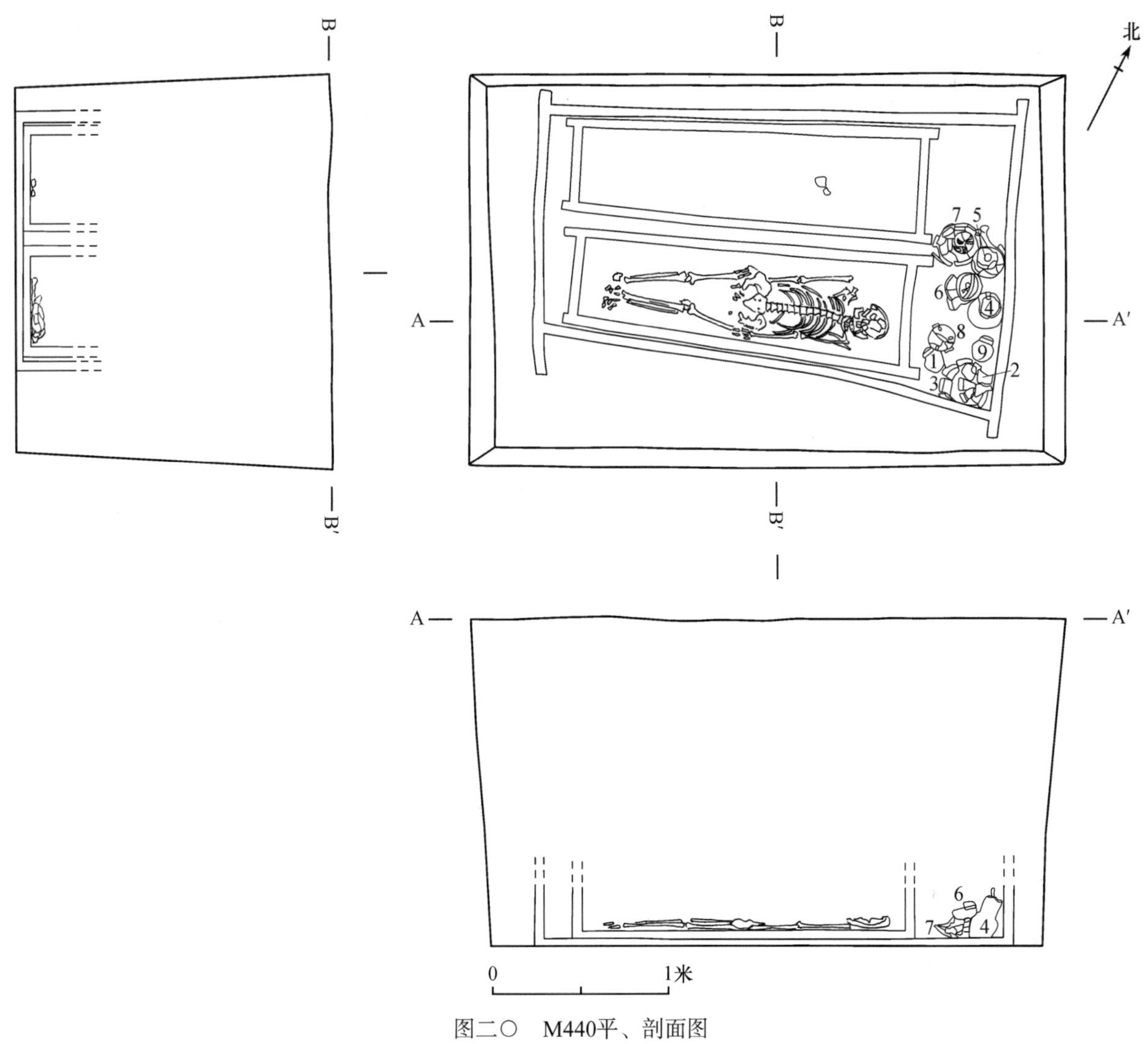

图二〇　M440平、剖面图

1、9. 陶小口罐　2. 陶匜　3. 陶盘　4、7. 陶壶　5、6. 陶豆　8. 陶鼎

盖顶正中为篦点团花纹，第二组为一周篦点团花与“8”形篦点组合纹，第三组为一周双行菱格内填篦点纹，第四组为一周三角内填水波纹，器身腹部饰一周篦点团花纹。器表施一层灰陶衣。口径14.2、腹径17.2、高17.8、壁厚0.6～1.4厘米，盖径15.9、高4.8、壁厚0.4～0.6厘米（图二一，1；图版五三，2）。

陶豆　2件。M440：5，泥质灰陶，轮制。有盖，母口，呈覆钵形，顶部有平面呈圆形的喇叭形捉手，柄较短。器身子口，敛口，圆唇，弧腹斜收，细长柄、中空，喇叭形座。捉手顶面饰两周压印水波纹，柄部饰三组凹弦纹，每组三周。器身有数道轮旋痕，器表施一层灰陶衣。口径15.6、腹径16.7、圈足径15.6、高26.8、壁厚0.4～2厘米，盖径17.5、捉手径13.2、高11、壁厚0.4～1.4厘米（图二二，5；图版五三，3）。M440：6，泥质灰陶，轮制。有盖，母口，呈覆钵形，顶部有平面呈圆形的喇叭形捉手，柄较短。器身子口，敛口，圆唇，弧腹斜收，细长柄、中空，喇叭形座。捉手顶面饰两周压印水波纹，柄部饰三组凹弦纹，每组三

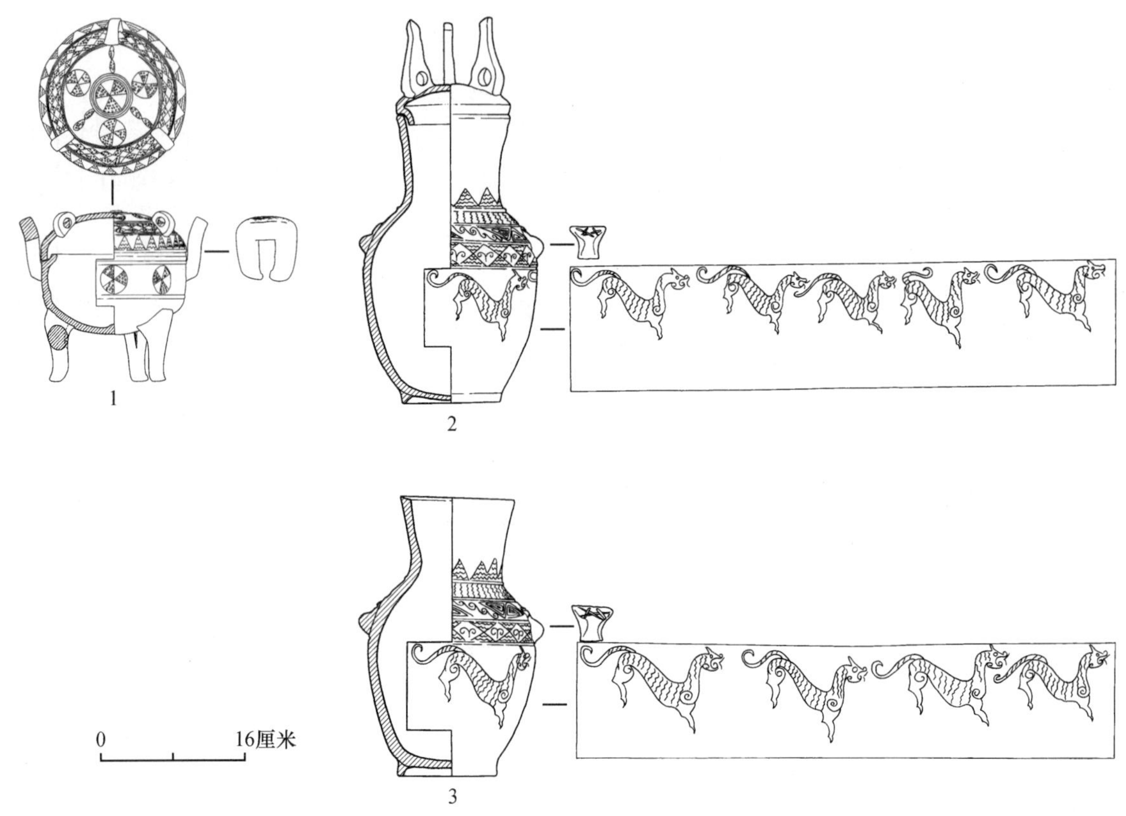

图二一　M440出土器物

1. 陶鼎（M440：8）　2、3. 陶壶（M440：7、M440：4）

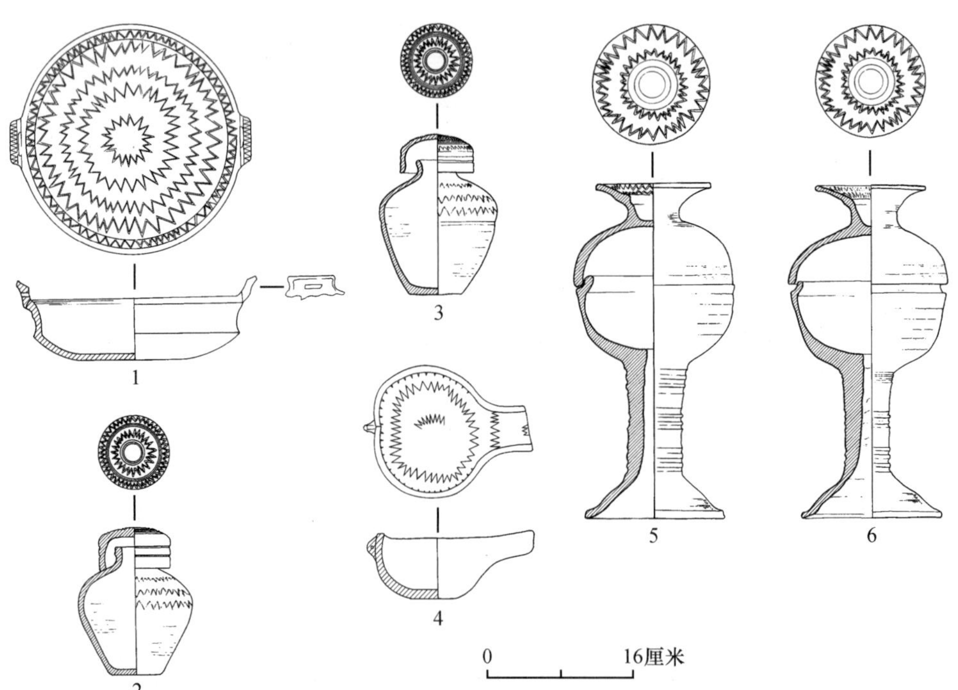

图二二　M440出土器物

1. 陶盘（M440：3）　2、3. 陶小口罐（M440：1、M440：9）　4. 陶匜（M440：2）　5、6. 陶豆（M440：5、M440：6）

周。器身有数道轮旋痕，器表施一层灰陶衣。口径15.8、腹径17.1、圈足径15.4、高25.4、壁厚0.5～3厘米，盖径17.5、捉手径12.2、高10.7、壁厚0.5～3厘米（图二二，6；图版五三，4）。

陶壶　2件。M440：4，泥质灰陶，轮模合制。盖残缺。器身母口，侈口，方唇，束颈，圆肩，肩部贴附两个对称的简化兽首形耳，弧腹内收，圜底，矮圈足。颈部至下腹部共刻划五组纹饰，各组纹饰间用一周凹弦纹隔开，自上而下第一组为一周三角内填水波纹，第二组为一周竖向水波纹，第三组为一周折线三角外附卷云纹，第四组为一周菱格，内填卷草纹外附水波纹，第五组为一周四驰虎纹。器表施一层灰陶衣。口径12.4、腹径10.1、圈足径11.1、高31.3、壁厚0.8～1.4厘米（图二一，3；图版五三，5）。M440：7，泥质灰陶，轮模合制。有盖，子口，盖舌内折，盖身略外撇，顶隆起，等距分布三个简化立鸟形纽。器身母口，侈口，方唇，束颈，圆肩，肩部贴附两个对称的简化兽首形耳，弧腹内收，圜底，矮圈足。肩部至下腹部共刻划五组纹饰，各组纹饰间用一周凹弦纹隔开，自上而下第一组为一周三角内填水波纹，第二组为一周竖向水波纹，第三组为一周折线三角外附卷云纹，第四组为一周菱格，内填卷草纹外附水波纹，第五组为一周五驰虎纹。器表施一层灰陶衣。口径12.8、腹径10.4、圈足径11.4、高30、壁厚0.4～1厘米，盖径9.8、高11.8、壁厚0.4～1厘米（图二一，2；图版五三，6）。

陶盘　1件。M440：3，泥质灰陶，轮模合制。敞口，折沿上扬，方唇，唇边有两个对称的长方形附耳，有长方形细穿，折腹，上腹近直，下腹斜收，平底。沿面有一周凹弦纹，耳至盘心压印六周水波纹，外腹壁中部有一周折棱。器表施一层灰陶衣。口径23.4、腹径21.6、底径12.8、高8.5、壁厚0.7厘米（图二二，1；图版五四，1）。

陶匜　1件。M440：2，泥质灰陶，轮模合制。口部呈椭圆形，敛口，方唇，弧腹内收，附槽状流，流口上扬，尾部有简化兽形鋬，鋬上部有尖状凸起，平底。内壁及流口有压印水波纹。长15.7、宽15.5、高5.1、底径9、流长3.7、壁厚0.6厘米（图二二，4；图版五四，2）。

陶小口罐　2件。M440：1，泥质灰陶，轮制。有盖，母口，直壁，顶隆起。器身子口，侈口，方唇，短束颈，圆肩，斜腹内收，平底。盖顶部饰四周凹弦纹、两周压印水波纹，盖壁饰两周凹弦纹，器身肩部饰三周压印水波纹。器身有数道轮旋痕。口径4.3、腹径14.9、底径6.2、高14.7、壁厚0.4～0.6厘米，盖径7.8、腹径7.8、高4、壁厚0.6厘米（图二二，2；图版五四，3）。M440：9，泥质灰陶，轮制。有盖，母口，直壁，顶隆起。器身子口，侈口，圆唇，短束颈，圆肩，斜腹内收，平底。盖顶部饰五周凹弦纹、两周压印水波纹，盖壁饰两周凹弦纹，器身肩部饰三周压印水波纹，腹部饰两周凹弦纹。器身有数道轮旋痕。口径4.5、腹径13.1、底径5.8、高14.4、壁厚0.4～2.14厘米，盖径8.2、腹径8、高4.1、壁厚0.53厘米（图二二，3；图版五四，4）。

九、M443

位于发掘区的西北部，T2037东部，东邻M445，北部被M444打破。方向15°。开口于第4层下，向下打破生土，开口距地表深2.18米（图二三）。

（一）墓葬形制

该墓平面呈长方形，竖穴土坑墓。口略大于底，墓口南北长3.52米，东西宽2.15米；墓底南北长2.94米，东西宽1.83～1.95米，墓底距墓口深1.82米。内填花土，土质松软。四壁较规整，壁面粗糙，斜壁，平底。

葬具为一椁一棺，木质，已朽，仅存朽痕。椁平面呈“Ⅱ”形，南北长2.52米，东西宽

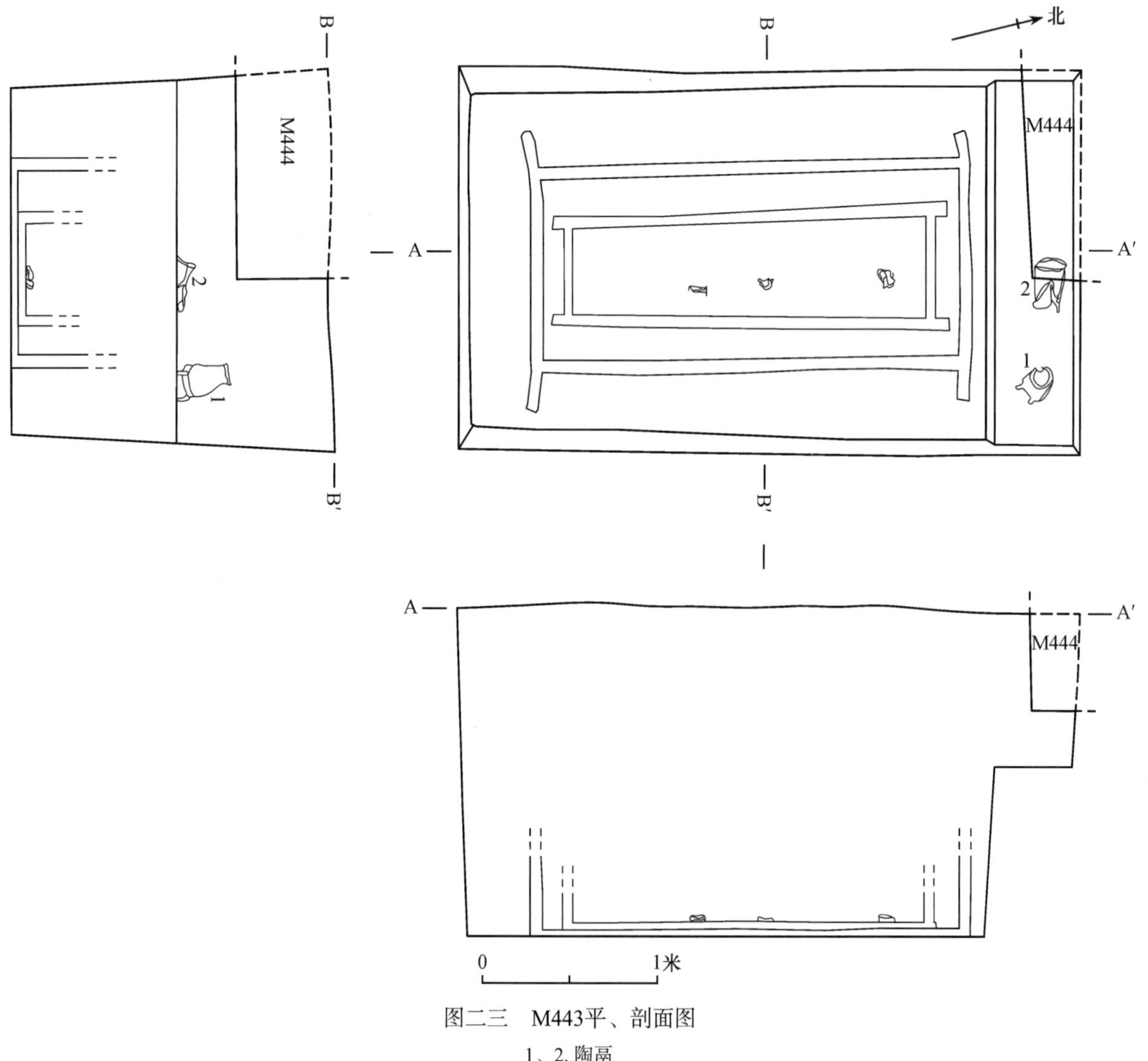

图二三　M443平、剖面图
1、2. 陶鬲

1.15～1.54米，残高0.43米，椁板厚0.04～0.06米。南侧椁壁向内侧挤压变形。椁内有一棺，棺平面呈梯形，南北长2.26米，东西宽0.6～0.7米，残高0.24米，棺板厚0.03～0.05米。

棺内仅存少量人骨，头向、面向、葬式均不详，保存差。

墓室北部生土二层台平面呈长方形，长2.01米，宽0.44米，高0.94米。

（二）出土器物

随葬品置于椁外北部二层台，共出土陶鬲2件。

陶鬲　2件。M443：1，夹砂红陶，腹壁模制，足为手制。敛口，折沿上扬，沿面略凹，圆唇，短束颈，溜肩，深腹呈筒状，底内凹，底附三个扁圆状柱足，略外撇。腹壁和底部饰细绳纹。内壁有按压痕迹。口径12.6、腹径14.8、底径12.4、高28.1、壁厚0.52～2厘米（图二四，1；图版五四，5）。M443：2，夹砂红陶，腹壁模制，足为手制。敛口，折沿上扬，沿面略凹，圆唇，短束颈，溜肩，深腹呈筒状，腹壁略弧，底内凹，底附三个扁圆状柱足。腹壁和底部饰细绳纹。内壁有按压痕迹。口径13.7、腹径16.6、底径12.8、高26.9、壁厚0.48厘米（图二四，2；图版五四，6）。

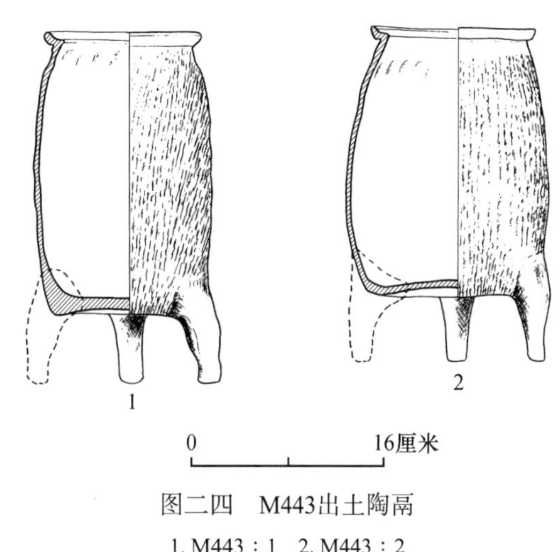

图二四　M443出土陶鬲
1. M443：1　2. M443：2

一〇、M445

位于发掘区的西北部，T2036西部，西邻M443，东北部打破M446。方向20°。开口于第4层下，向下打破生土，开口距地表深2米（图二五；图版六，3）。

（一）墓葬形制

该墓平面呈长方形，竖穴土坑墓。口略大于底，墓口南北长2.96米，东西宽1.78～1.85米；墓底南北长2.89米，东西宽1.65～1.75米，墓底距墓口深1.4米。内填花土，土质松软。四壁较规整，壁面粗糙，斜壁，平底。

葬具为单棺，木质，已朽，仅存朽痕。棺平面呈梯形，南北长2.28米，东西宽0.52～0.73米，残高0.6米，棺板厚0.06米。

棺内人骨仅存头骨及部分肢骨，头向东北，面向上，仰身直肢，保存差。

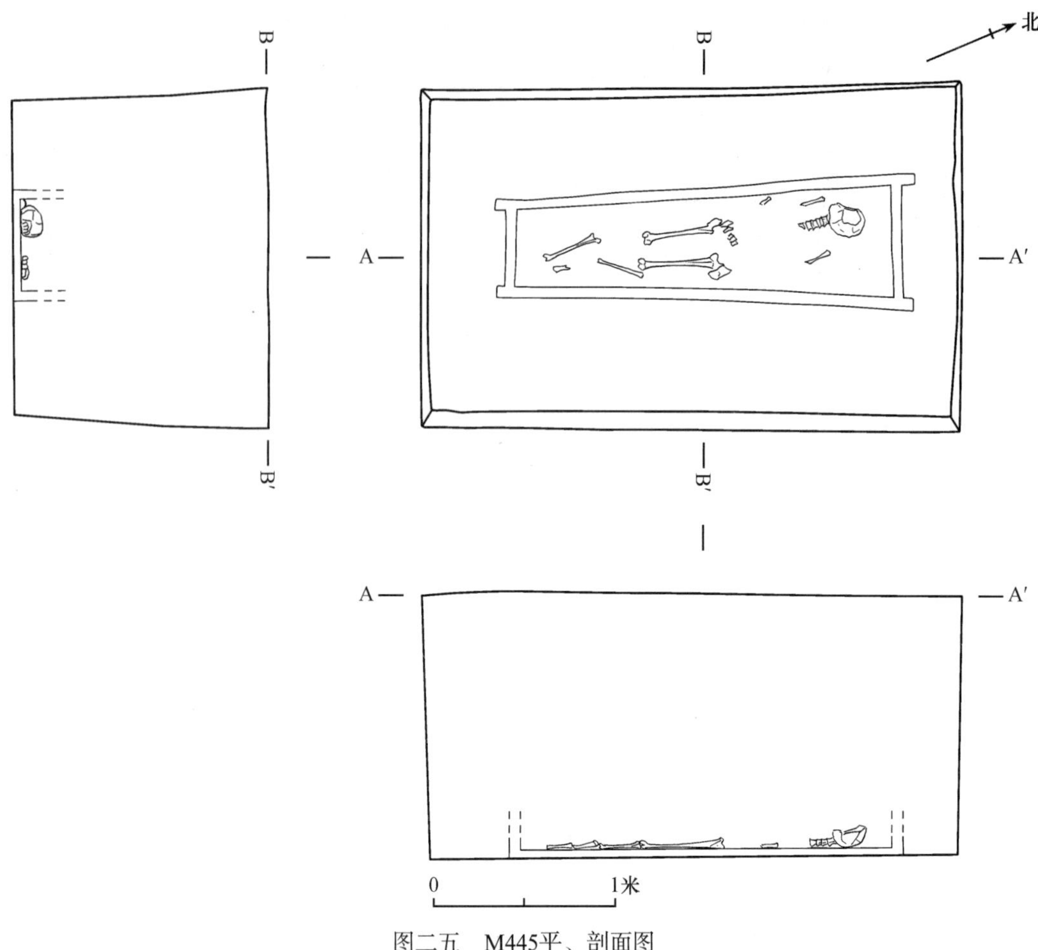

图二五　M445平、剖面图

（二）出土器物

未发现随葬品。

一一、M446

位于发掘区的西北部，T2036北部，北邻M638、M636，西南部被M445打破。方向40°。开口于第5层下，向下打破生土，开口距地表深2.27米（图二六）。

（一）墓葬形制

该墓平面呈长方形，竖穴土坑墓。口略大于底，墓口南北长3.37米，东西宽2.18米；墓底南北长3.16米，东西宽1.98米，墓底距墓口深2.13米。内填黄褐色花土，土质松软。四壁较规整，壁面粗糙，斜壁，平底。

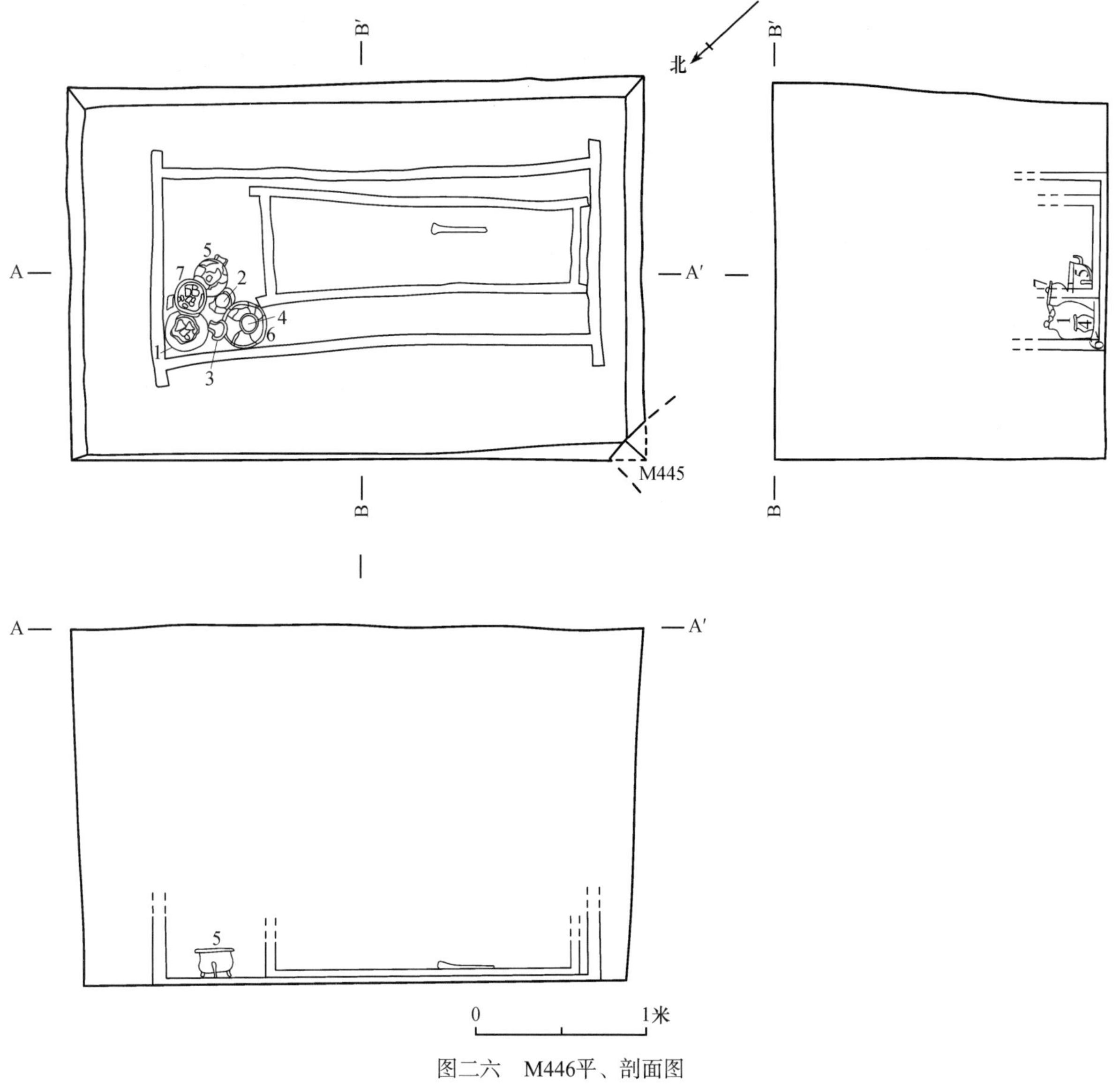

图二六　M446平、剖面图

1. 陶壶　2. 陶小口壶　3. 陶匜　4. 陶三足罐　5. 陶鼎　6. 陶盘　7. 陶豆

葬具为一椁一棺，木质，已朽，仅存朽痕。椁平面呈“Ⅱ”形，南、北两端宽，中间窄，南北长2.65米，东西宽1～1.33米，残高0.4米，椁板厚0.08米。东、西、南三侧椁壁均向内侧挤压变形。椁内有一棺，棺平面呈梯形，南北长1.97米，东西宽0.53～0.68米，残高0.25米，棺板厚0.06米。

棺内仅存一段人的肢骨，头向、面向、葬式均不详，保存差。

（二）出土器物

随葬品置于墓室北部棺椁之间。共出土陶器7件。其中陶鼎1件、陶豆1件、陶壶1件、陶盘1件、陶匜1件、陶三足罐1件、陶小口壶1件。

陶鼎　1件。M446：5，泥质灰陶，轮模合制。有盖，母口，呈覆钵形，顶隆起，顶中心有一个“∩”形纽。器身子口，直口，方唇，唇端略凹，上腹部有两个对称的长方形外撇附耳，有长方形穿，弧腹，圜底，下附三蹄形足。腹中部有一周折棱。口径14.6、腹径15.6、高16.7、壁厚0.8～1.9厘米，盖径16.2、高5.9、壁厚0.62厘米（图二七，1；图版五五，1）。

陶豆　1件。M446：7，泥质灰陶，轮制。盖残缺。器身子口，敛口，圆唇，腹钵形，细长柄，喇叭形座。柄部饰竹节状纹。器身有数道轮旋痕。口径17.2、腹径18.8、圈足径13.8、高32.1、壁厚0.45～3.4厘米（图二七，5；图版五五，2）。

陶壶　1件。M446：1，泥质灰陶，轮模合制。有盖，子口，盖舌内折，顶微隆，等距分布三个“∩”形纽。器身母口，侈口，方唇，束颈，溜肩，肩部贴附两个对称的兽首形耳，弧腹内收，平底内凹。盖面饰三周凹弦纹，肩至腹部饰四组凹弦纹，每组两周，腹部饰细绳纹，漫漶不清。口径12.7、腹径19.9、底径10.7、高29.1、壁厚0.8～2.6厘米，盖径9.8、高4、壁厚0.8～1.3厘米（图二七，4；图版五五，3）。

陶盘　1件。M446：6，泥质灰陶，轮制。侈口，折沿，圆唇，折腹，下腹斜收，圜底。沿面有一周凸棱纹，外腹壁中部有一周折棱。口径23.7、腹径25.9、高5.3、壁厚0.82厘米（图二七，6；图版五五，4）。

陶匜　1件。M446：3，泥质灰陶，轮模合制。口部呈椭圆形，敛口，方唇，折腹，下腹斜收，附槽状流，流口较短微上扬，尾部无鋬，平底。器身有数道轮旋痕。口长13.7、口宽

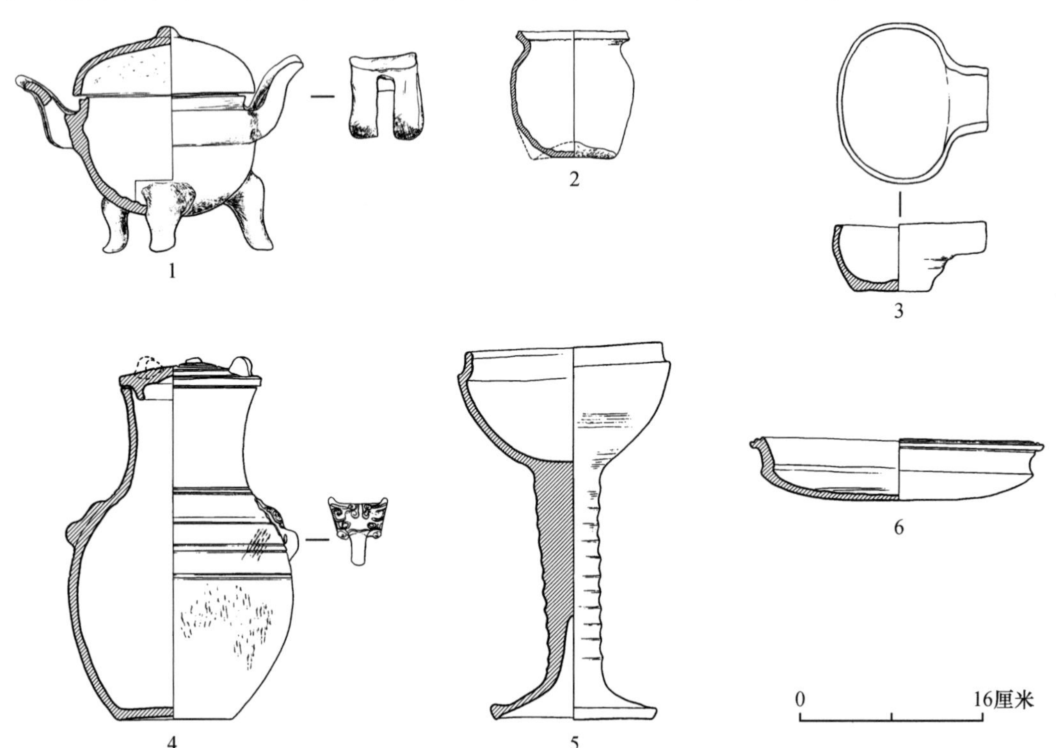

图二七　M446出土器物

1. 陶鼎（M446：5）　2. 陶三足罐（M446：4）　3. 陶匜（M446：3）　4. 陶壶（M446：1）　5. 陶豆（M446：7）　6. 陶盘（M446：6）

10、高6、流长3.4、壁厚0.6～1.2厘米（图二七，3；图版五五，5）。

陶三足罐　1件。M446：4，泥质灰陶，轮制。侈口，方唇，唇部有凹槽，短颈，溜肩，深弧腹，平底，下附刀削三角形足。器身有数道轮旋痕，近底处有明显刀削痕。口径9.5、腹径11、底径7、高11.1、壁厚0.61厘米（图二七，2；图版五五，6）。

陶小口壶　1件。M446：2，无法修复，器形不可辨。

一二、M448

位于发掘区的中部，T1631北部。方向30°。开口于第4层下，向下打破生土，开口距地表深1.77米（图二八）。

（一）墓葬形制

该墓平面呈长方形，竖穴土坑墓。口略大于底，墓口南北长3.31米，东西宽2.18米；墓底南北长3.25米，东西宽2.1米，墓底距墓口深2.13米。内填花土，土质松软。四壁较规整，壁面粗糙，斜壁，平底。

葬具为一椁一棺，木质，已朽，仅存朽痕。椁平面呈“Ⅱ”形，南、北两端宽，中间窄，南北长2.82米，东西宽0.97～1.51米，残高0.37米，椁板厚0.06米。东、西两侧椁壁均向内侧挤压变形。椁内有一棺，棺平面呈梯形，南北长1.92米，东西宽0.6～0.76米，残高0.36米，棺板厚0.04～0.06米。

棺内有人骨一具，头向东北，面向上，仰身直肢，保存一般。

（二）出土器物

随葬品置于墓室北部棺椁之间和棺内人骨腰部，共出土器物11件，其中陶器10件、铜器1件。墓室北部棺椁之间有陶鼎2件、陶豆2件、陶壶2件、陶盘1件、陶匜1件、陶小口罐1件、陶尊1件，棺内人骨腰部有铜带钩1件。

1. 陶器

陶鼎　2件。M448：2，无法修复，器形不可辨。M448：8，泥质灰陶，轮模合制。有盖，母口，顶隆起，顶中心有一个“∩”形纽。器身子口，敛口，圆唇，上腹部有两个对称的方形外撇附耳，有长方形穿，深直腹，圜底，下附三蹄形足。腹部饰两周凹弦纹。口径11.1、腹径13.4、高13.4、壁厚5.6厘米，盖径12.5、高2.2、壁厚5.15厘米（图二九，2；图版五六，1）。

陶豆　2件。M448：7、M448：9，无法修复，器形不可辨。

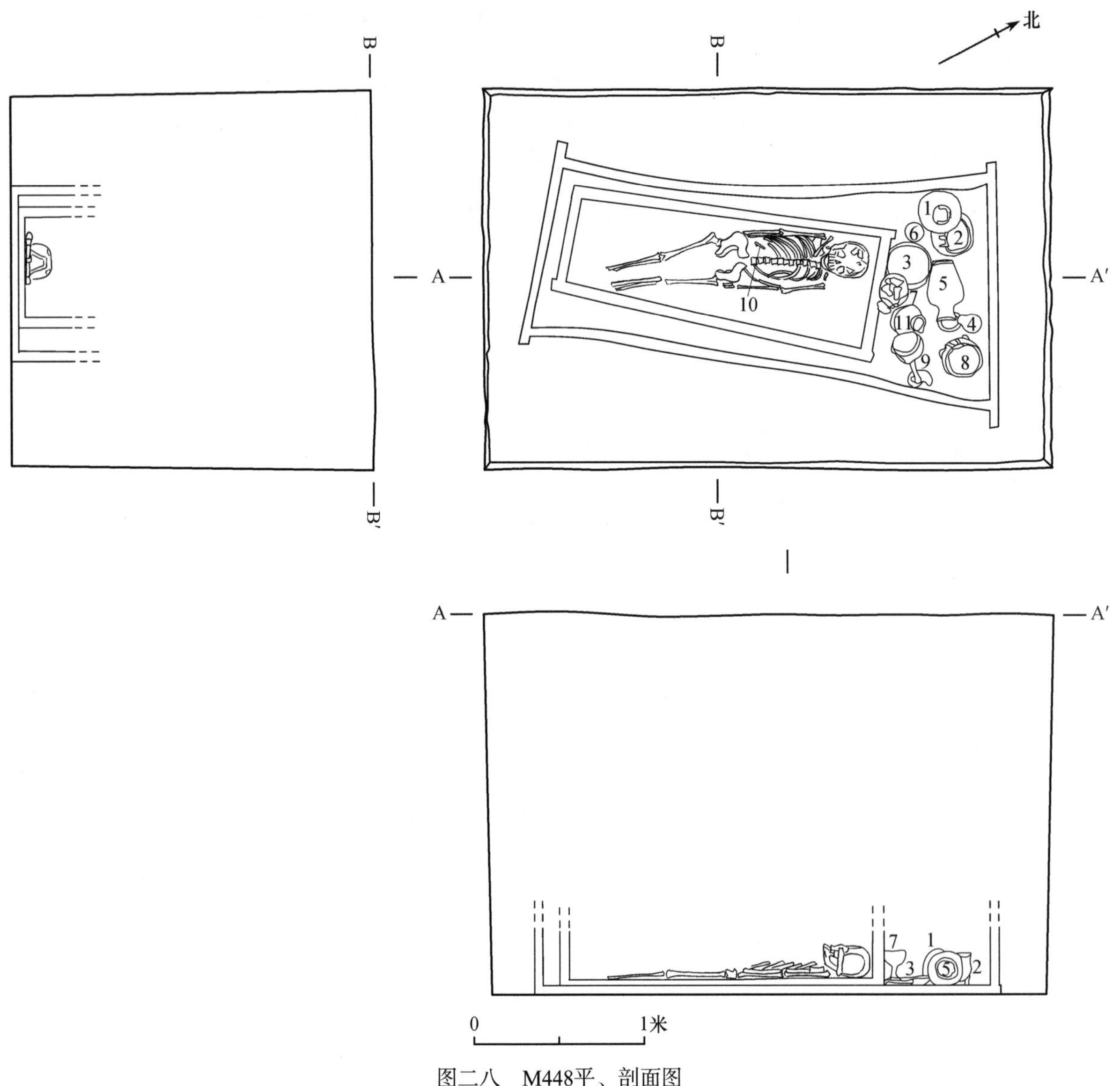

图二八　M448平、剖面图

1、5. 陶壶　2、8. 陶鼎　3. 陶盘　4. 陶匜　6. 陶小口罐　7、9. 陶豆　10. 铜带钩　11. 陶尊

陶壶　2件。M448：1，泥质红陶，轮制。盖残缺。器身侈口，方唇，束颈，圆肩，弧腹内收，圜底，圈足，足墙外撇。颈至上腹部饰四周凹弦纹。器表施一层灰陶衣。口径12.5、腹径21.2、圈足径11.9、高32、壁厚0.82～2.70厘米（图二九，5；图版五六，2）。M448：5，泥质红陶，轮制。有盖，无舌，直壁，顶隆起，等距分布三个圆环形活动纽，纽残，仅存嵌孔。器身侈口，方唇，束颈，圆肩，弧腹内收，圜底，圈足，足墙外撇。盖面饰三周凹弦纹，颈至腹部饰五周凹弦纹，腹部饰细绳纹。器表施一层灰陶衣。口径11.2、腹径20.7、圈足径12.7、高31.5、壁厚1.1～1.4厘米，盖径11.7、高3.4、壁厚0.7～1.2厘米（图二九，4；图版五六，3）。

陶盘　1件。M448：3，无法修复，器形不可辨。

陶匜　1件。M448：4，无法修复，器形不可辨。

陶小口罐　1件。M448：6，无法修复，器形不可辨。

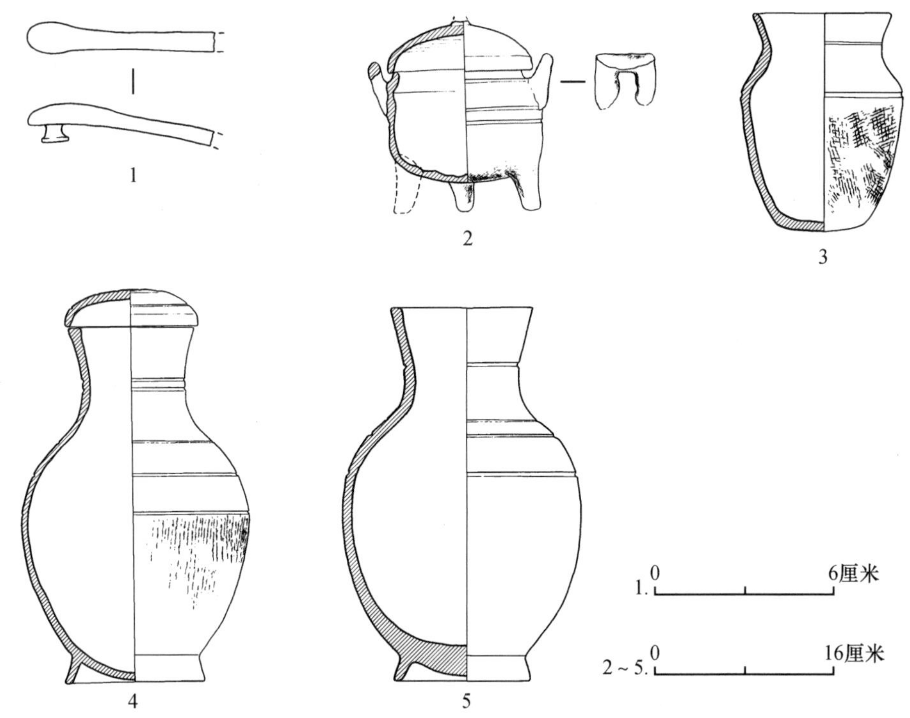

图二九　M448出土器物

1. 铜带钩（M448：10）　2. 陶鼎（M448：8）　3. 陶尊（M448：11）　4、5. 陶壶（M448：5、M448：1）

陶尊　1件。M448：11，泥质灰陶，轮模合制。侈口，圆唇，束颈，折肩，弧腹内收，圜底近平。颈部及折肩处饰一周凹弦纹，腹部至底部饰交错细绳纹。口径12.4、腹径14.6、高18.8、壁厚0.6厘米（图二九，3；图版五六，4）。

2. 铜器

铜带钩　1件。M448：10，模制。整体呈琵琶形，钩首残缺，颈断面呈长方形，扁圆腹，平背，圆尾，腹面置一圆形纽。残长6.2、残宽0.6～1.1、残厚0.15～0.65、颈径0.5、纽径0.9厘米（图二九，1；图版五六，5）。

一三、M449

位于发掘区的西北部。方向77°。开口于第4层下，向下打破生土，开口距地表深1.54米（图三〇）。

（一）墓葬形制

该墓平面呈长方形，竖穴土坑墓。口略大于底，墓口东西长1.85米，南北宽0.84米；墓底

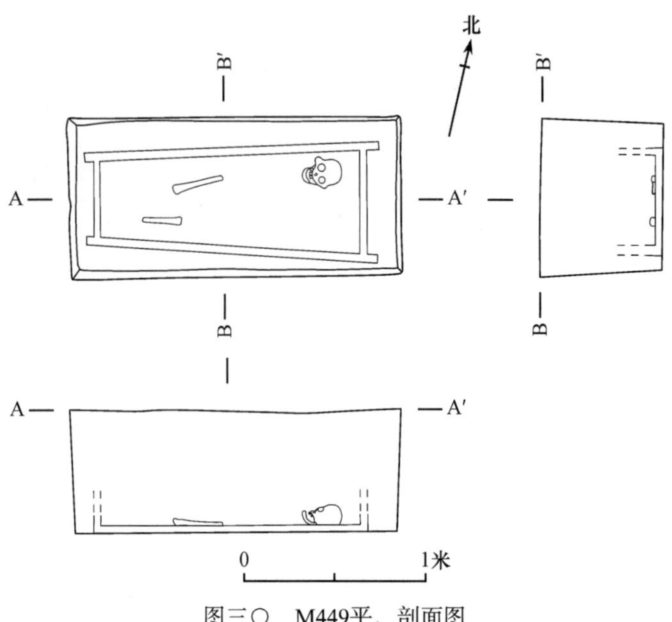

图三〇　M449平、剖面图

东西长1.76米，南北宽0.78米，墓底距墓口深0.66米。内填黄褐色沙土，土质松散，含沙。四壁较规整，壁面粗糙，斜壁，平底。

葬具为单棺，木质，已朽，仅存朽痕。棺平面呈梯形，南北长1.68米，东西宽0.4～0.64米，残高0.1米，棺板厚0.04米。

棺内人骨仅存部分头骨和两块肢骨，头向东北，面向上，葬式不详，保存差。

（二）出土器物

未发现随葬品。

一四、M451

位于发掘区的中部，T1731东南部，西邻M575，东北邻M648，南邻M448。方向40°。开口于第4层下，向下打破生土，开口距地表深1.5米（图三一）。

（一）墓葬形制

该墓平面呈长方形，竖穴土坑墓。口略大于底，墓口南北长2.62米，东西宽1.38～1.5米；墓底南北长2.53米，东西宽1.3～1.44米，墓底距墓口深1.4米。内填黄褐色花土，土质松软。四壁较规整，壁面粗糙，斜壁，平底。

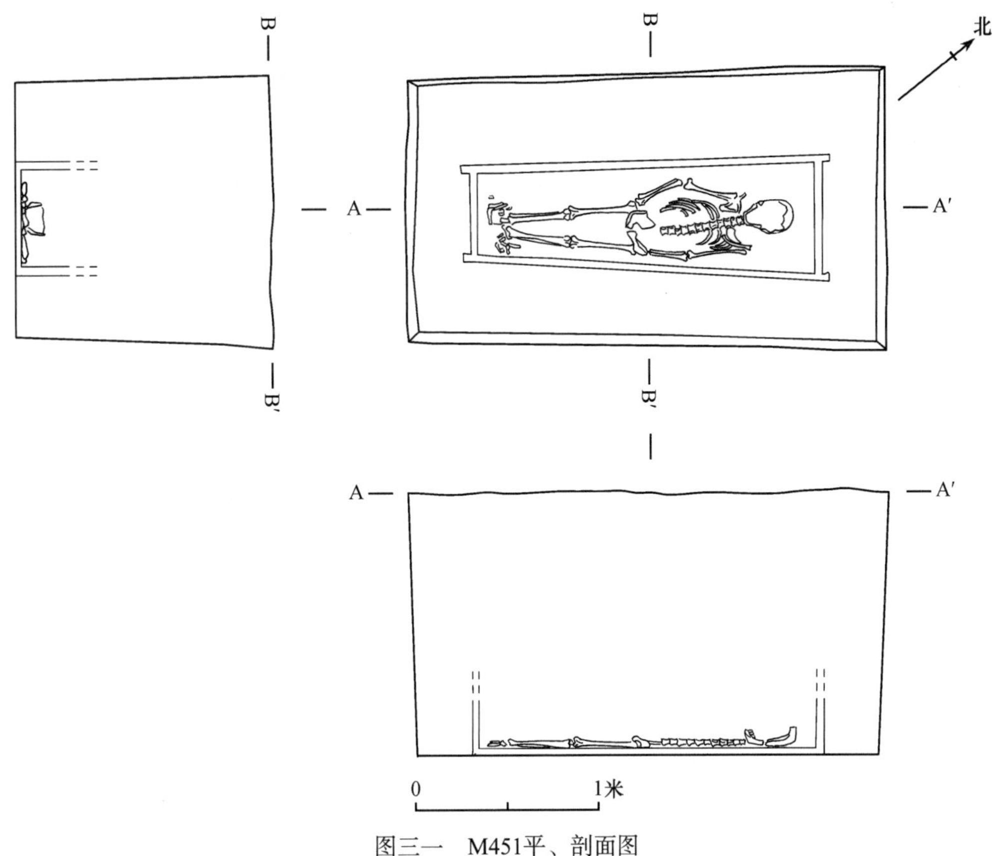

图三一　M451平、剖面图

葬具为单棺，木质，已朽，仅存朽痕。棺平面呈梯形，南北长2.01米，东西宽0.51～0.67米，残高0.4米，棺板厚0.05米。

棺内有人骨一具，头向东北，面向上，仰身直肢，保存一般。

（二）出土器物

未发现随葬品。

一五、M454

位于发掘区的北部，T1929中部偏东南，东邻M893，西邻M455，南邻M562。方向10°。开口于第4层下，向下打破生土，开口距地表深2.2米（图三二）。

（一）墓葬形制

该墓平面呈长方形，竖穴土坑墓。口略大于底，墓口南北长2.72米，东西宽1.36～1.43

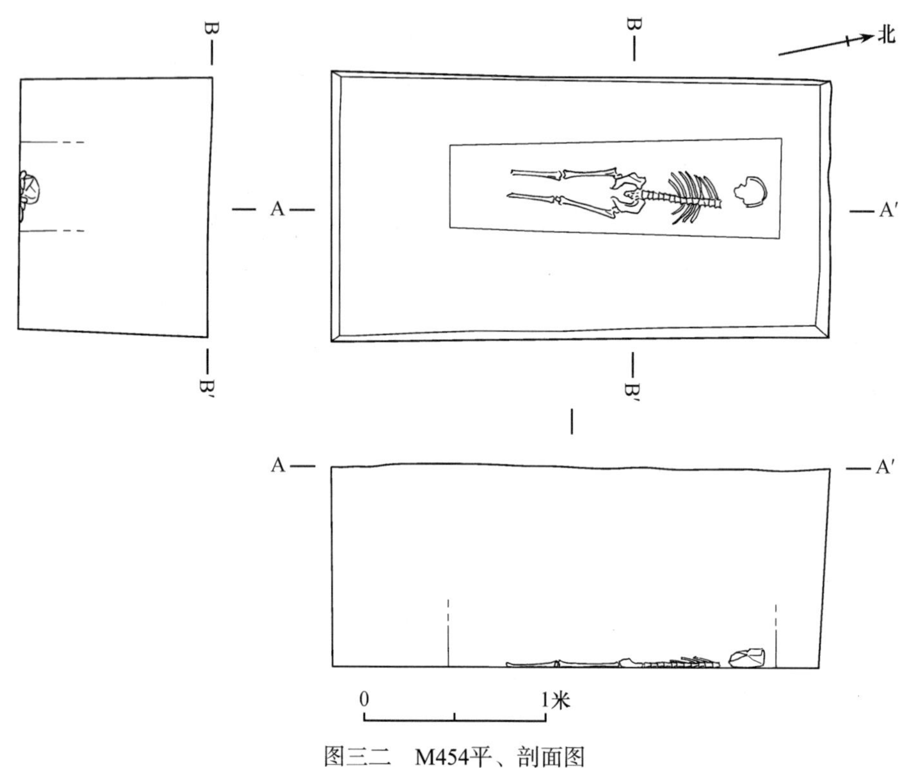

图三二　M454平、剖面图

米；墓底南北长2.62米，东西宽1.27～1.37米，墓底距墓口深1.06米。内填黄褐色花土，土质松软。四壁较规整，壁面粗糙，斜壁，平底。

葬具为单棺，木质，已朽，仅存朽痕。棺平面呈梯形，南北长1.8米，东西宽0.44～0.54米，残高0.12米。

棺内有人骨一具，头向北，面向不详，仰身直肢，保存较差。

（二）出土器物

未发现随葬品。

一六、M455

位于发掘区的中部，T1929中部偏西南，东邻M454。方向6°。开口于第4层下，向下打破生土，开口距地表深2.1米（图三三）。

（一）墓葬形制

该墓平面呈长方形，竖穴土坑墓。口略大于底，墓口南北长3.21米，东西宽1.57～1.62

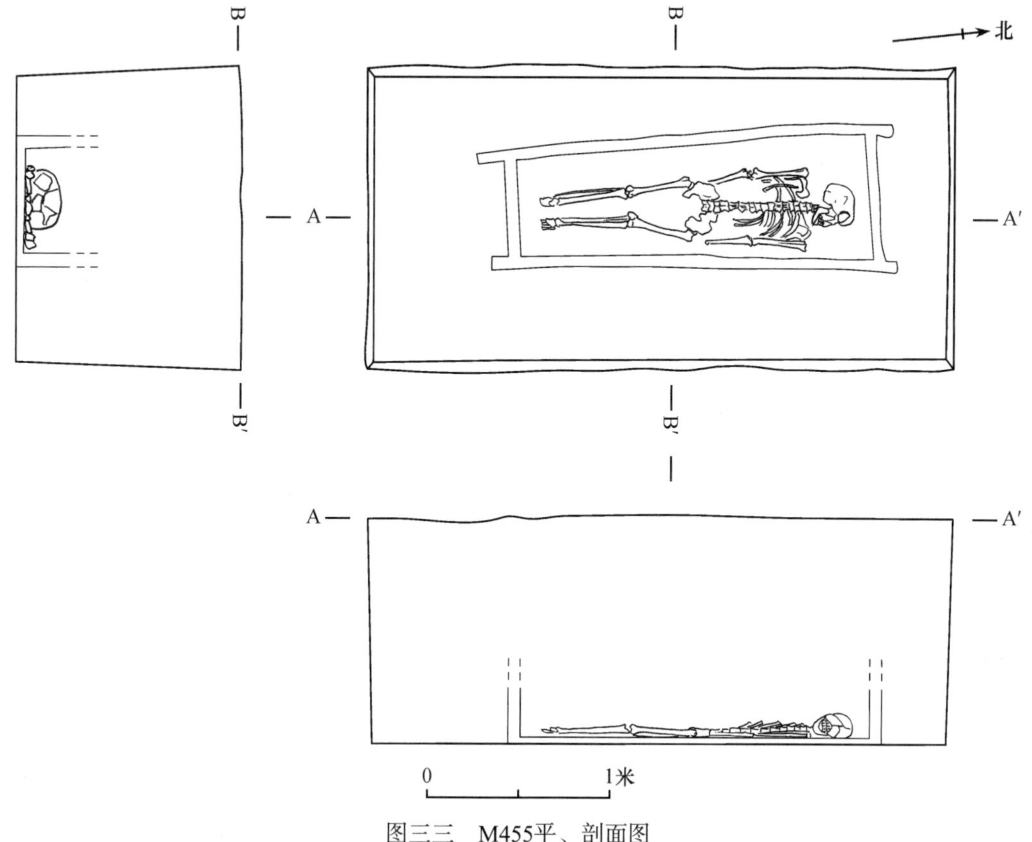

图三三　M455平、剖面图

米；墓底南北长3.15米，东西宽1.48～1.51米，墓底距墓口深1.17～1.23米。内填黄褐色花土，土质松散，含沙。四壁较规整，壁面粗糙，斜壁，平底。

葬具为单棺，木质，已朽，仅存朽痕。棺平面呈梯形，南北长1.92米，东西宽0.5～0.64米，残高0.3米，棺板厚0.06米。

棺内有人骨一具，头向北，面向东，仰身直肢，保存一般。

（二）出土器物

未发现随葬品。

一七、M526

位于发掘区中部，T1732西南部、T1632西北部、T1733东南部、T1633东北部，方向334°。开口于第2层下，向下打破生土，开口距地表深2.02米（图三四）。

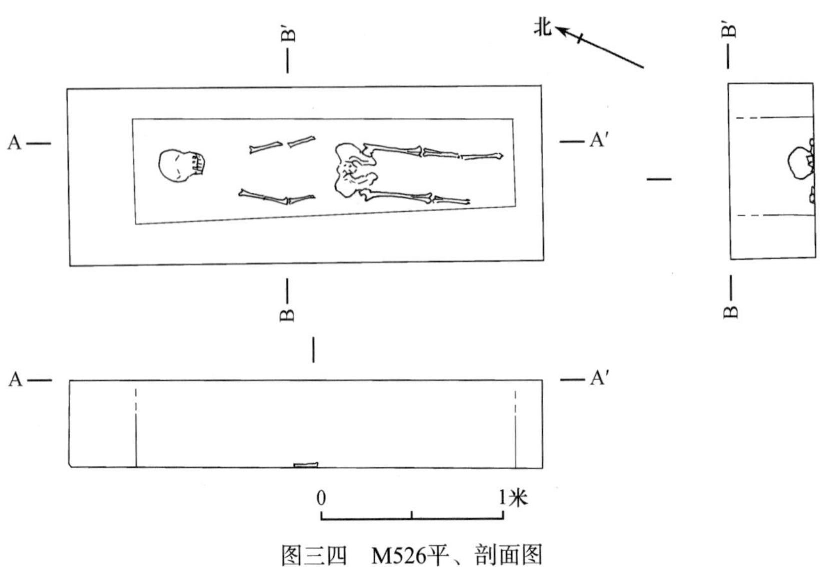

图三四　M526平、剖面图

（一）墓葬形制

该墓平面呈长方形，竖穴土坑墓。口底一致，南北长2.6米，东西宽0.92～0.94米，墓底距墓口深0.46米。内填灰褐色花土，土质松软。四壁较规整，壁面粗糙，直壁，平底。

葬具为单棺，木质，已朽，仅存朽痕。棺平面呈梯形，南北长2.09米，东西宽0.46～0.56米，残高0.28米。

棺内存人骨一具，头向北，面向上，仰身直肢，保存较差。

（二）出土器物

未发现随葬品。

一八、M529

位于发掘区的西北部，T2338东南部，方向10°。开口于第5层下，向下打破生土，开口距地表深1.9米（图三五；图版七，1）。

（一）墓葬形制

该墓平面呈长方形，竖穴土坑墓。口底一致，南北长2.46米，东西宽1.4米，墓底距墓口深0.5～0.55米。内填浅灰色花土，土质松散，含沙。四壁较规整，壁面粗糙，直壁，平底。

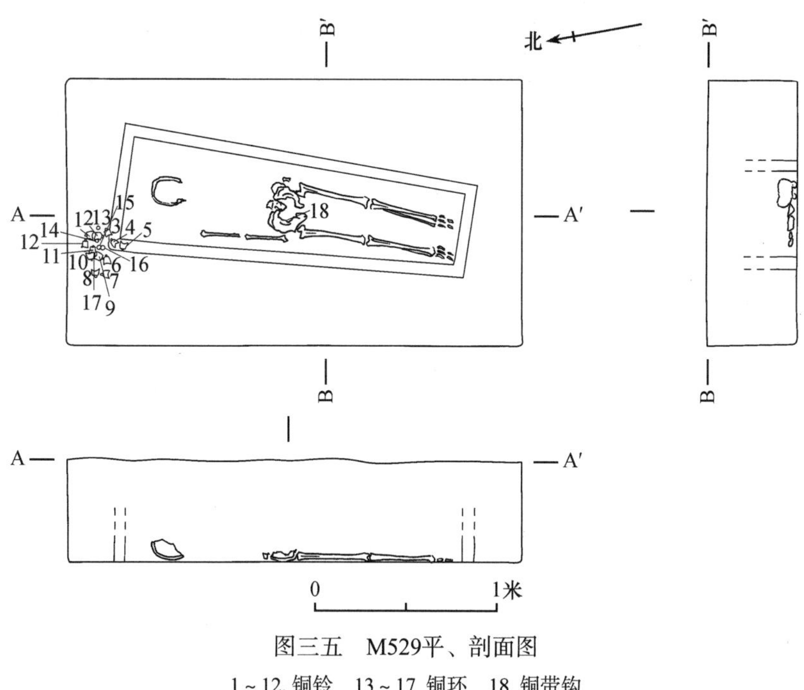

图三五　M529平、剖面图

1～12. 铜铃　13～17. 铜环　18. 铜带钩

葬具为单棺，木质，已朽，仅存朽痕。棺平面呈梯形，南北长1.94米，东西宽0.49～0.69米，残高0.14米，棺板厚0.08米。

棺内有人骨一具，头向北，面向上，仰身直肢，保存差。

（二）出土器物

随葬品置于棺外西北角和棺内人骨腰部，共出土铜器18件。其中棺外西北角出土铜铃12件、铜环5件，棺内人骨腰部出土铜带钩1件（图版七，3）。

铜铃　12件。M529：1，模制。铃桶略扁，铃口内凹呈弧形，平顶，顶上有半环状纽，纽下有一圆孔，铃舌残缺。铃身饰网格纹和乳钉纹，两侧图案相同。高4.8、顶口长3、顶口宽1.8、铃口长4.3、铃口宽2.2、壁厚0.15厘米（图三六，1；图版五六，6）。M529：2，模制。铃桶略扁，铃口内凹呈弧形，平顶，顶上有半环状纽，纽下有一圆孔，铃舌残缺。铃身饰网格纹和乳钉纹，两侧图案相同。高4.5、顶口长3、顶口宽2、铃口长4.2、铃口宽2.2、壁厚0.15厘米（图三六，2；图版五七，1）。M529：3，模制。铃桶略扁，铃口内凹呈弧形，平顶，顶上有半环状纽，纽下有一圆孔，铃舌残缺。铃身饰网格纹和乳钉纹，两侧图案相同。高4.8、顶口长3、顶口宽1.9、铃口长4.3、铃口宽2.2、壁厚0.15厘米（图三六，4；图版五七，2）。M529：4，模制。铃桶略扁，铃口内凹呈弧形，平顶，顶上有半环状纽，纽下有一圆孔，铃舌残缺。铃身饰网格纹和乳钉纹，两侧图案相同。高4.5、顶口长3、顶口宽1.8、铃口长4.3、铃口宽2、壁厚0.15厘米（图三六，5；图版五七，3）。M529：5，模制。铃桶略扁，铃口内凹呈弧形，平顶，顶上有半环状纽，纽下有一圆孔，铃舌残缺。铃身饰网格纹和乳钉纹，两

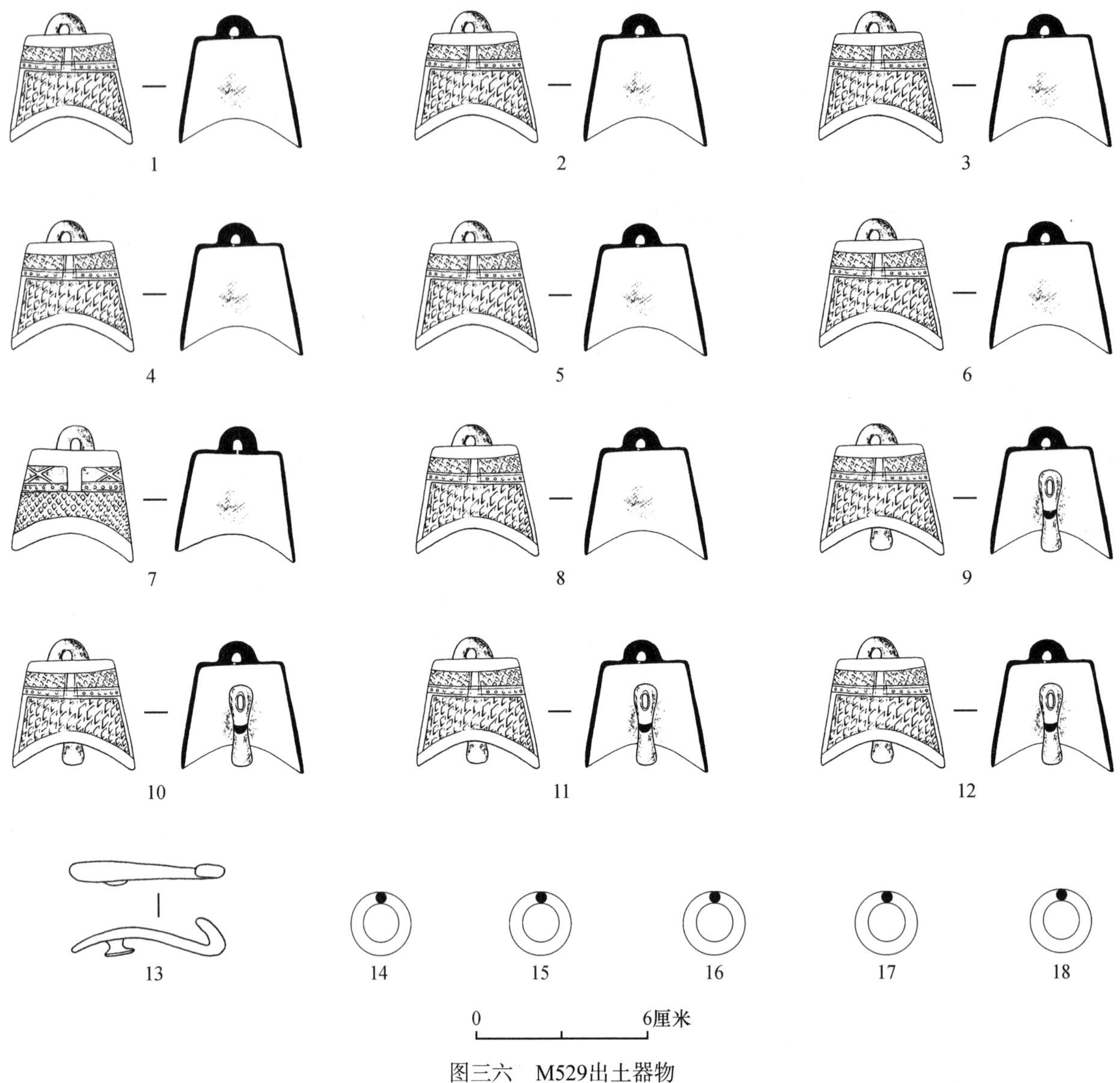

图三六　M529出土器物

1～12. 铜铃（M529：1、M529：2、M529：6、M529：3、M529：4、M529：5、M529：7、M529：8、M529：10、M529：9、M529：11、M529：12）　13. 铜带钩（M529：18）　14～18. 铜环（M529：17、M529：16、M529：15、M529：13、M529：14）

侧图案相同。高4.7、顶口长3、顶口宽1.9、铃口长4.3、铃口宽2.2、壁厚0.15厘米（图三六，6；图版五七，4）。M529：6，模制。铃桶略扁，铃口内凹呈弧形，平顶，顶上有半环状纽，纽下有一圆孔，铃舌残缺。铃身饰网格纹和乳钉纹，两侧图案相同。高4.6、顶口长3、顶口宽1.9、铃口长4.3、铃口宽2.2、壁厚0.15厘米（图三六，3；图版五七，5）。M529：7，模制。铃桶略扁，铃口内凹呈弧形，平顶，顶上有半环状纽，纽下有一圆孔，铃舌残缺。铃身饰网格纹和乳钉纹，两侧图案相同。高4.7、顶口长3、顶口宽1.8、铃口长4.2、铃口宽2.2、壁厚0.15厘米（图三六，7；图版五七，6）。M529：8，模制。铃桶略扁，铃口内凹呈弧形，平顶，顶上有半环状纽，纽下有一圆孔，铃舌残缺。铃身饰网格纹和乳钉纹，两侧图案相同。高

4.7、顶口长3、顶口宽2、铃口长4.2、铃口宽2.2、壁厚0.1厘米（图三六，8；图版五八，1）。M529：9，模制。铃桶略扁，铃口内凹呈弧形，平顶，顶上有半环状纽，纽下有一圆孔，孔下系舌，系皆朽断。铃身饰网格纹和乳钉纹，两侧图案相同。高4.5、顶口长3、顶口宽1.7、铃口长4.3、铃口宽2.1、壁厚0.15厘米（图三六，10；图版五八，2）。M529：10，模制。铃桶略扁，铃口内凹呈弧形，平顶，顶上有半环状纽，纽下有一圆孔，孔下系舌，系皆朽断。铃身饰网格纹和乳钉纹，两侧图案相同。高4.6、顶口长3、顶口宽1.9、铃口长4.3、铃口宽2.1、壁厚0.15厘米（图三六，9；图版五八，3）。M529：11，模制。铃桶略扁，铃口内凹呈弧形，平顶，顶上有半环状纽，纽下有一圆孔，孔下系舌，系皆朽断。铃身饰网格纹和乳钉纹，两侧图案相同。高4.6、顶口长3、顶口宽1.9、铃口长4.3、铃口宽2.1、壁厚0.15厘米（图三六，11；图版五八，4）。M529：12，模制。铃桶略扁，铃口内凹呈弧形，平顶，顶上有半环状纽，纽下有一圆孔，孔下系舌，系皆朽断。铃身饰网格纹和乳钉纹，两侧图案相同。高4.8、顶口长3、顶口宽1.9、铃口长4.2、铃口宽2.2、壁厚0.15厘米（图三六，12；图版五八，5）。

铜环　5件。M529：13，模制。圆形，横断面呈圆形。外径2.2、内径1.3、厚0.4厘米（图三六，17；图版五八，6）。M529：14，模制。圆形，横断面呈圆形。外径2.2、内径1.25、厚0.45厘米（图三六，18；图版五九，1）。M529：15，模制。圆形，横断面呈圆形。外径2.2、内径1.4、厚0.4厘米（图三六，16；图版五九，2）。M529：16，模制。圆形，横断面呈圆形。外径2.2、内径1.4、厚0.4厘米（图三六，15；图版五九，3）。M529：17，模制。圆形，横断面呈圆形。外径2.2、内径1.4、厚0.4厘米（图三六，14；图版五九，4）。

铜带钩　1件。M529：18，模制。整体细长，钩作鸭首形，长颈，颈断面呈长方形，扁圆腹，平背，尖圆尾，腹面置一椭圆形纽。长5.5、宽0.5～0.8、厚0.15～0.55、颈径0.5、纽径1.1厘米（图三六，13；图版五九，5）。

一九、M530

位于发掘区的西北部，T2436西部，东南邻M676。方向18°。开口于第5层下，向下打破生土，开口距地表深1.6米（图三七）。

（一）墓葬形制

该墓平面呈长方形，竖穴土坑墓。口底尺寸一致，南北长2.7米，东西宽1.3米，墓底距墓口深0.32米。内填花土，土质松散，含沙。四壁较规整，壁面粗糙，直壁，平底。

葬具为单棺，木质，已朽，仅存朽痕。棺平面呈梯形，南北长2米，东西宽0.62～0.78米，残高0.13米，棺板厚0.06米。

棺内有人骨一具，头向北，面向东，仰身直肢，保存一般。

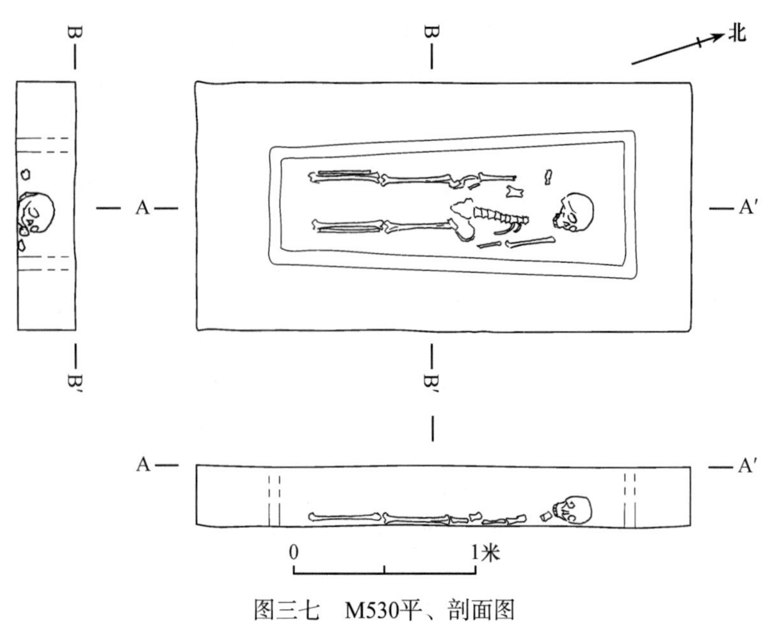

图三七　M530平、剖面图

（二）出土器物

未发现随葬品。

二〇、M532

位于发掘区的北部，T2532北部，东邻M537，西邻M534。方向10°。开口于第4层下，向下打破第5层及生土，开口距地表深1.62米（图三八；图版六，4）。

（一）墓葬形制

该墓平面呈长方形，竖穴土坑墓。口底尺寸一致，南北长3.04米，东西宽1.62～1.69米，墓底距墓口深1.08米。内填褐色土，土质松软。四壁较规整，壁面粗糙，直壁，平底。

葬具为单棺，木质，已朽，仅存朽痕。棺平面呈梯形，南北长2.03米，东西宽0.7～0.8米，残高0.28米，棺板厚0.05米。

棺内有人骨一具，头向北，面向西，仰身直肢，保存较差。

（二）出土器物

未发现随葬品。

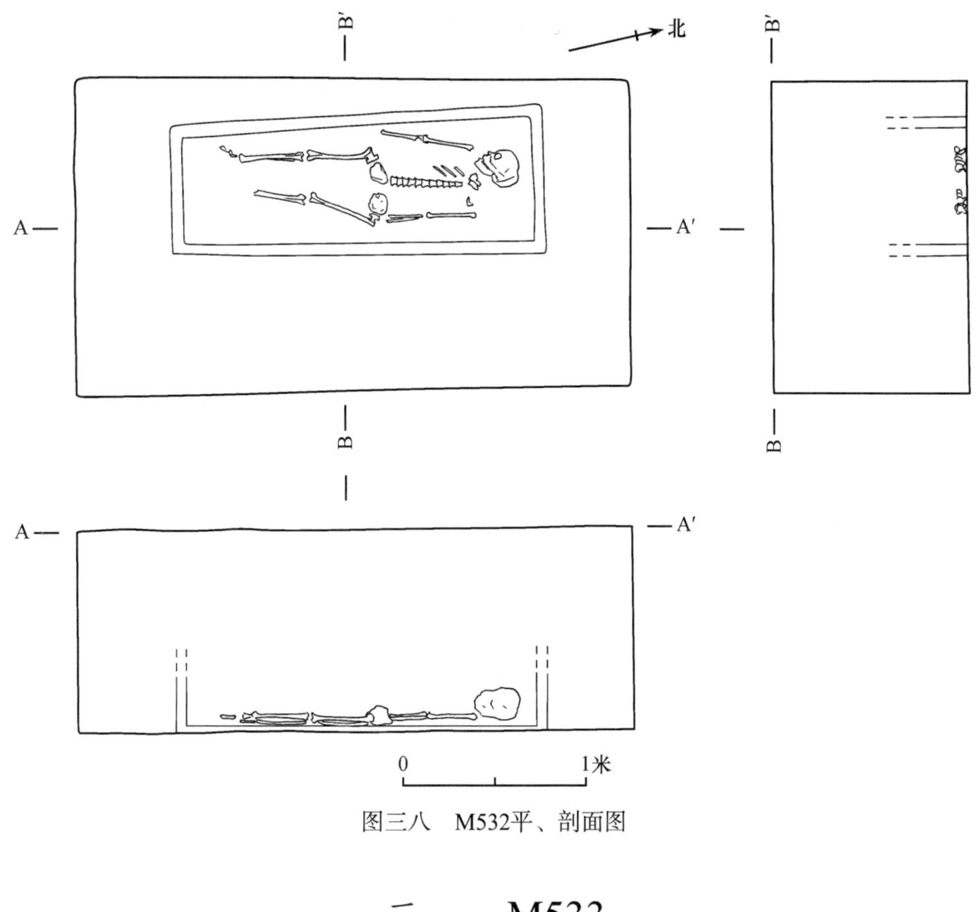

图三八　M532平、剖面图

二一、M533

位于发掘区中部，T1732西南部、T1632西北部，东北邻M591。方向26°。开口于第5层下，向下打破生土，开口距地表深1.9米（图三九；图版八，1）。

（一）墓葬形制

该墓平面呈长方形，竖穴土坑墓。口略大于底，墓口南北长2.9米，东西宽1.73米；墓底南北长2.79米，东西宽1.63米，墓底距墓口深1.7米。内填褐色土，土质松软。四壁较规整，壁面粗糙，斜壁，平底。

葬具为一椁一棺，木质，已朽，仅存朽痕。椁平面呈“Ⅱ”形，南北长2.54米，东西宽1.05～1.32米，残高0.3米，椁板厚0.04米。东侧椁壁向内侧挤压变形。椁内有一棺，棺平面呈梯形，南北长1.94米，东西宽0.6～0.76米，残高0.2米，棺板厚0.03～0.05米。

棺内有人骨一具，头向东北，面向西，仰身直肢，保存较好。

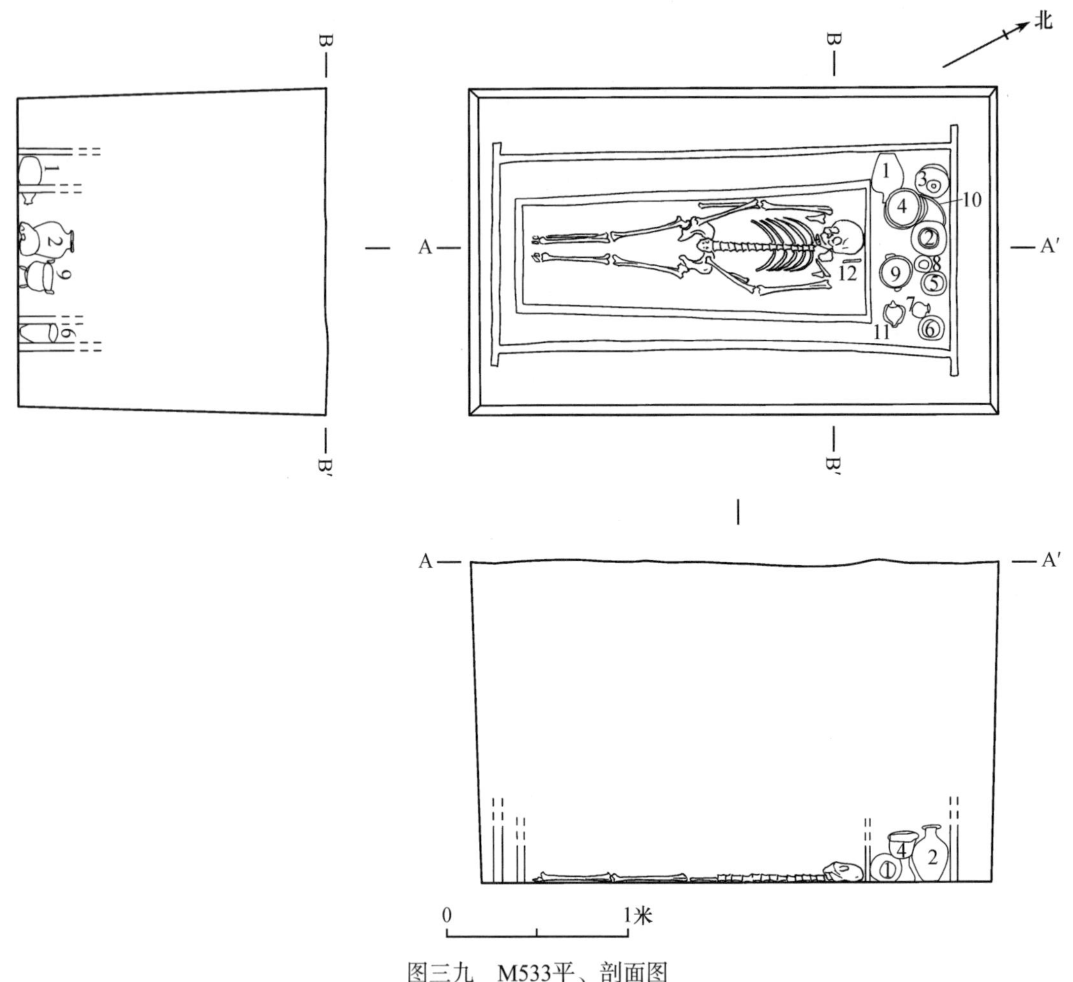

图三九　M533平、剖面图

1、2. 陶壶　3、4.陶豆　5 ~ 8. 陶罐　9. 陶鼎　10. 陶盘　11. 陶匜　12. 骨饰

（二）出土器物

随葬品置于墓室北部棺椁之间和棺内人骨头部，共出土器物12件，其中陶器11件、骨器1件。棺椁之间有陶鼎1件、陶豆2件、陶壶2件、陶盘1件、陶匜1件、陶罐4件，棺内人骨头部有骨饰1件（图版八，3；图版三五，2）。

1. 陶器

陶鼎　1件。M533：9，泥质灰陶，轮模合制。有盖，母口，顶隆起，等距分布三个圆环形活动纽，一环残缺，纽均嵌入圆孔中。器身子口，敛口，方唇，上腹部有两个对称的长方形外侈附耳，有长方形穿，直腹，圜底，下附三蹄形足。盖面饰三周凹弦纹，上腹部绳纹漫漶不清，腹中部饰一周凸棱纹，底部饰绳纹。口径13.9、腹径17.5、高22.2、壁厚0.7 ~ 1.1厘米，盖径16.4、高6、壁厚0.9 ~ 1.3厘米（图四〇，3；图版五九，6）。

陶豆　2件。M533：3，泥质灰陶，轮制。有盖，母口，呈覆钵形，顶部有平面呈圆形的喇叭形捉手，柄较短。器身子口，敛口，圆唇，深弧腹，上腹近直，下腹斜收，细长柄，喇叭形座。下腹部有两周凹弦纹。器身有数道轮旋痕。口径14.3、腹径16.8、圈足径14.7、高25、壁厚0.8～1.9厘米，盖径16.3、捉手径11.4、高10.8、壁厚1～1.3 厘米（图四一，5；图版六○，1）。M533：4，泥质灰陶，轮制。有盖，母口，呈覆钵形，顶部有平面呈圆形的喇叭形捉手，柄较短。器身子口，敛口，圆唇，深弧腹，上腹近直，下腹斜收，细长柄，喇叭形座。下腹部有两周凹弦纹。器身有数道轮旋痕。口径14.3、腹径17.1、圈足径13.6、高24.4、壁厚0.2～3.5厘米，盖径17.2、捉手径13.7、高9.9、壁厚0.6～4.2厘米（图四一，6；图版六○，2）。

陶壶　2件。M533：1，泥质红陶，轮模合制。有盖，顶隆起，等距分布三个圆环形活动纽，纽残，仅存嵌孔。器身侈口，方唇，束颈，溜肩，肩部贴附两个对称的桥形耳，一耳残缺，弧腹内收，圜底，圈足，足墙外撇。盖面饰三周凹弦纹，颈至腹部饰十一周凹弦纹，下腹部饰细绳纹，漫漶不清。器身有数道轮旋痕。器表施一层灰陶衣。口径11.6、腹径19.5、圈足径12、高31.6、壁厚0.7～1.1厘米，盖径12.4、残高3.8、壁厚0.4～1.4厘米（图四一，2；图版六○，3）。M533：2，泥质红陶，轮模合制。盖残缺。器身口微侈，方唇，束颈，溜肩，肩部双耳均残缺，弧腹内收，圜底，圈足残缺。颈至腹部饰七周凹弦纹。器身有数道轮旋痕。器表施一层灰陶衣。口径10.9、腹径19.7、残高33.4、壁厚0.9厘米（图四一，4；图版六○，4）。

陶盘　1件。M533：10，泥质灰陶，轮制。敞口，折沿，沿面有一周凹槽，方唇，弧腹，圜底。器身有数道轮旋痕。口径27.7、高5.2、壁厚0.56厘米（图四○，4；图版六○，5）。

陶匜　1件。M533：11，泥质灰陶，轮模合制。口部呈心形，敞口，方唇，弧腹内收，附槽状流，流口较短，尾部有环形鋬，平底。器身有数道轮旋痕。口长15.2、宽13.2、高6.8、流长2、壁厚0.39厘米（图四○，5；图版六○，6）。

陶罐　4件。M533：5，泥质红陶，轮制。侈口，圆唇，短束颈，溜肩，深弧腹，下腹内收，平底略凹。腹部有数周凹弦纹。器身有数道轮旋痕。口径10.7、腹径12.1、底径4.5、高14.3、壁厚0.81厘米（图四一，1；图版六一，1）。M533：6，泥质灰陶，轮制。侈口，圆唇，短束颈，溜肩，深弧腹，下腹内收，平底。腹部有数周凹弦纹。器身有数道轮旋痕。口径11.5、腹径12.9、底径6.8、高14.5、壁厚0.79厘米（图四一，3；图版六一，2）。M533：7，泥质灰陶，轮制。侈口，圆唇，束颈，圆鼓肩，浅弧腹，下腹内收，平底略凹。器身有数道轮旋痕。口径14.6、腹径18.8、底径10、高17.4、壁厚0.59～2.9厘米（图四○，1；图版六一，3）。M533：8，泥质灰陶，轮制。直口，方唇，短束颈，溜肩，扁鼓腹，平底略凹。器身有数道轮旋痕。口径13.8、腹径18.6、底径10.6、高15.2、壁厚0.41～1.65厘米（图四○，2；图版六一，4）。

2. 骨器

骨饰　1件。M533：12，手制。黄褐色，一端残断，整体呈圆柱形，断面呈圆形。直径1～1.1、长11.5厘米（图四○，6；图版六一，5）。

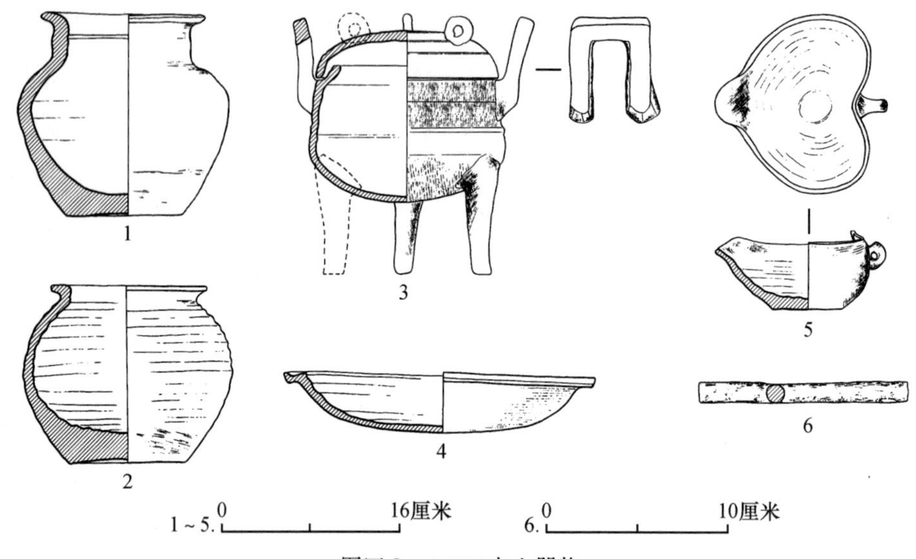

图四〇　M533出土器物

1、2. 陶罐（M533：7、M533：8）　3. 陶鼎（M533：9）　4. 陶盘（M533：10）　5. 陶匜（M533：11）　6. 骨饰（M533：12）

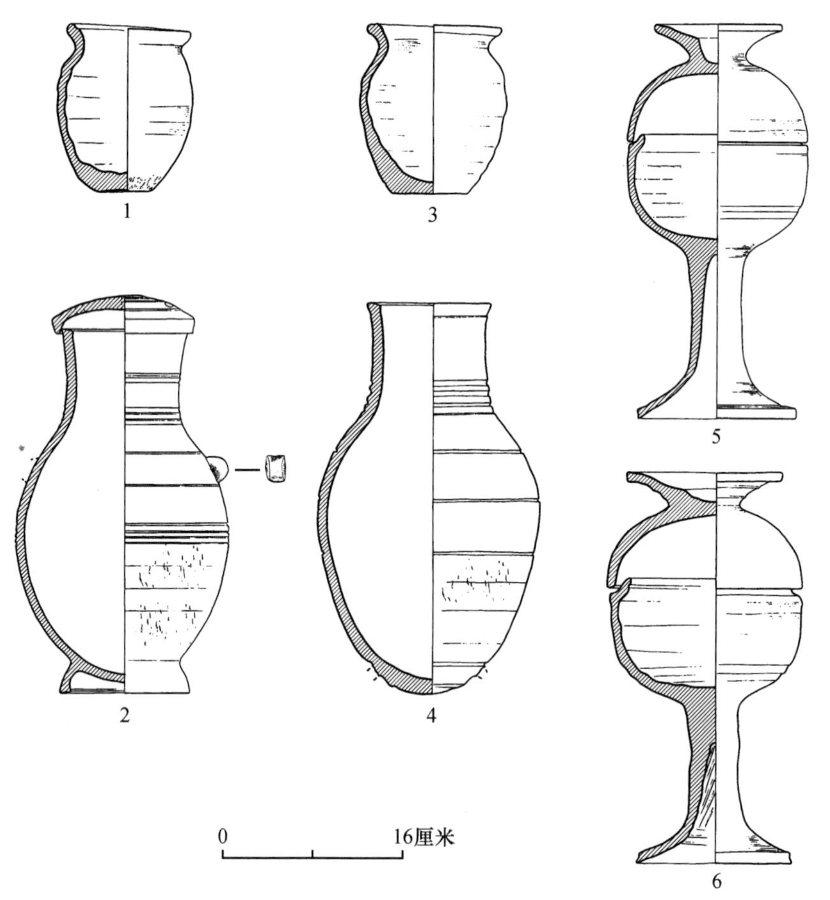

图四一　M533出土器物

1、3. 陶罐（M533：5、M533：6）　2、4. 陶壶（M533：1、M533：2）　5、6. 陶豆（M533：3、M533：4）

二二、M534

位于发掘区北部，T2532西北部，东邻M532。方向5°。开口于第4层下，向下打破第5层及生土，开口距地表深1.6米（图四二；图版七，2）。

（一）墓葬形制

该墓平面呈长方形，竖穴土坑墓。口底一致，南北长3.1米，东西宽1.36米，墓底距墓口深0.74米。内填褐色土，土质松软。四壁较规整，壁面粗糙，直壁，平底。

葬具为单棺，木质，已朽，仅存朽痕。棺平面呈梯形，南北长1.97米，东西宽0.5～0.67米，残高0.32米，棺板厚约0.04米。

棺内有人骨一具，头向北，面向不详，仰身直肢，保存较差。

（二）出土器物

未发现随葬品。

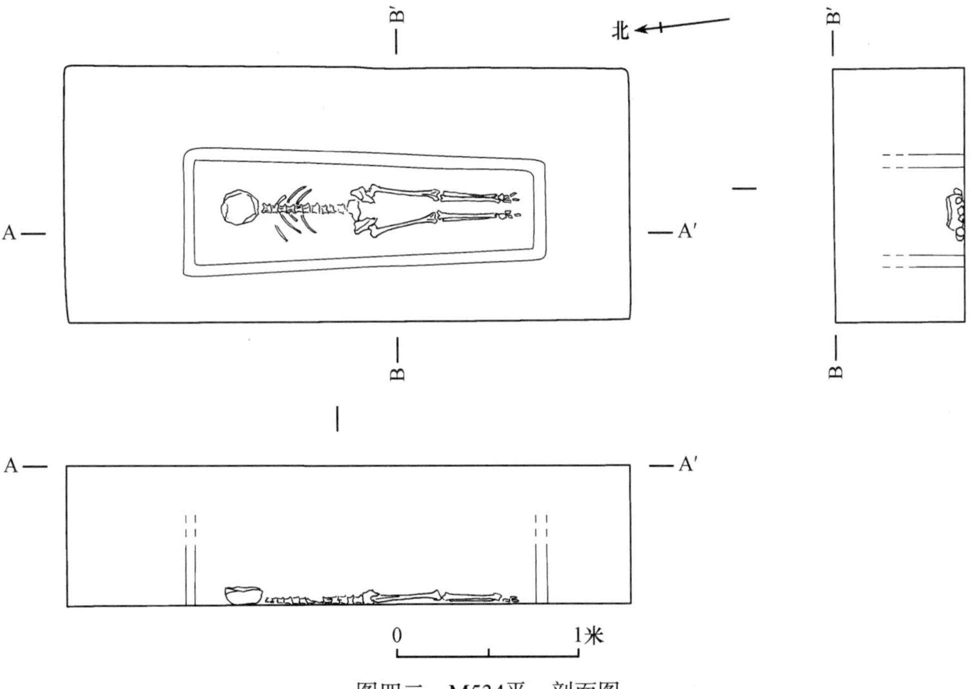

图四二　M534平、剖面图

二三、M537

位于发掘区的北部，T2532中部偏东北，东部被M536打破，西邻M532。方向5°。开口于第5层下，向下打破生土，开口距地表深1.2米（图四三）。

（一）墓葬形制

该墓平面呈梯形，竖穴土坑墓。口略大于底，墓口南北长2.9米，东西宽1.7～1.8米，北壁东西长略大于南壁；墓底南北长2.76米，东西宽1.58～1.68米，墓底距墓口深1.12米。内填浅褐色花土，土质较硬，含沙。四壁较规整，壁面粗糙，斜壁，平底。

葬具为单棺，木质，已朽，仅存朽痕。棺平面呈梯形，南北长1.99米，东西宽0.56～0.76米，残高0.38米，棺板厚约0.06米。

棺内有人骨一具，头向北，面向西，仰身直肢，保存一般。

墓室北部设壁龛，平面呈长方形，距墓底0.82米，长0.52米，进深0.48米，高0.3米。

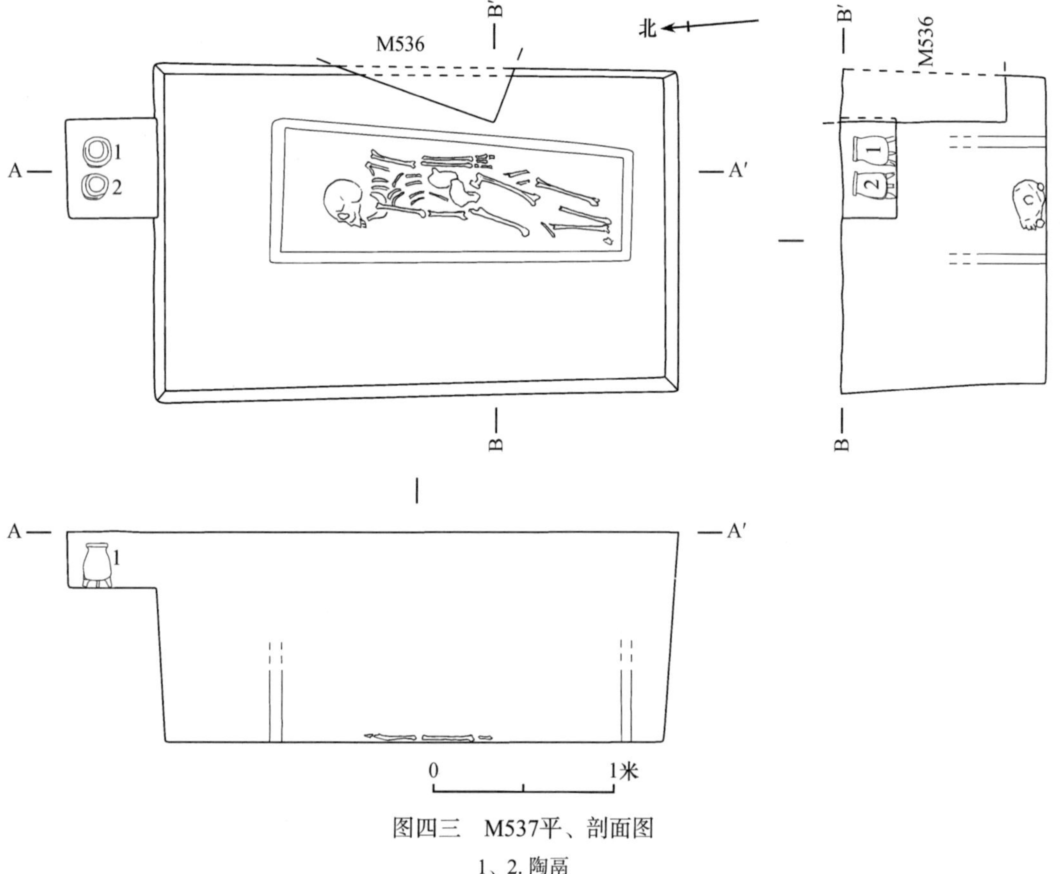

图四三　M537平、剖面图

1、2. 陶鬲

（二）出土器物

随葬品置于北部壁龛内，共出土陶鬲2件。

陶鬲　2件。M537：1，泥质红陶，轮模合制。近直口，折沿上扬，方唇，唇端有凹槽，短颈，深弧腹，平底，底附三个扁圆状柱足，略外撇。器身有数道轮旋痕，下腹部有两周凹弦纹。口径12.2、腹径15.2、底径13、高24.1、壁厚0.37～0.81厘米（图四四，1；图版六一，6）。M537：2，泥质红陶，轮模合制。近直口，平折沿，方唇，唇端有凹槽，短颈，深弧腹，平底，底附三个扁圆状柱足，略外撇。器身有数道轮旋痕，下腹部有三周凹弦纹。口径12.4、腹径15.3、底径12.8、高24、壁厚0.6～0.9厘米（图四四，2；图版六二，1）。

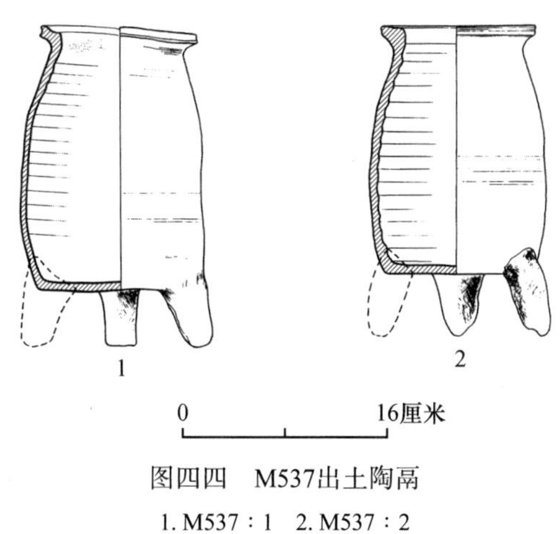

图四四　M537出土陶鬲
1. M537：1　2. M537：2

二四、M541

位于发掘区的北部，T2431东部，东邻M698，西邻M675。方向28°。开口于第5层下，向下打破生土，开口距地表深1.2米（图四五）。

（一）墓葬形制

该墓平面呈梯形，竖穴土坑墓。口底尺寸一致，南北长2.82米，东西宽1.13～1.3米，墓底距墓口深1米。内填花土，土质松软。四壁较规整，壁面粗糙，直壁，平底。

葬具为单棺，木质，已朽，仅存朽痕。棺平面呈梯形，南北长1.81米，东西宽0.44～0.6米，残高0.24米，棺板厚约0.06米。

棺内有人骨一具，头向东北，面向上，仰身直肢，保存较差。

墓室北部有生土二层台，平面呈长方形，长1.3米，宽0.42米，高0.78米。

（二）出土器物

随葬品置于北部二层台，共出土陶鬲2件。

陶鬲　2件。M541：1，夹砂红陶，腹壁模制，足为手制。敛口，折沿上扬，沿面略凹，

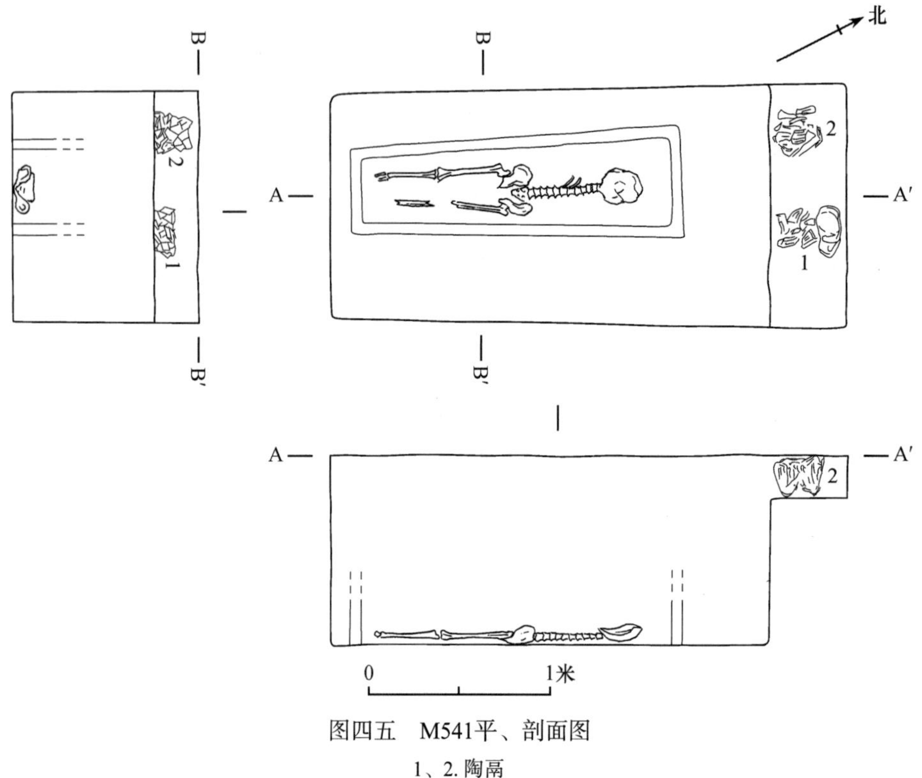

图四五　M541平、剖面图
1、2. 陶鬲

方唇，短束颈，溜肩，深腹呈筒状，腹壁略弧，平底内凹，底附三个扁圆状柱足，略外撇。腹壁和底部饰细绳纹。内壁有按压痕迹。口径13.8、腹径17.7、底径14、高26.2、壁厚0.41～0.62厘米（图四六，1；图版六二，2）。M541：2，夹砂红陶，腹壁模制，足为手制。敛口，折沿上扬，方唇，短束颈，溜肩，深腹呈筒状，腹壁略弧，平底内凹，底附三个扁圆状柱足，略外撇。腹壁和底部饰细绳纹。内壁有按压痕迹。口径12.2、腹径17.1、底径14、高26.9、壁厚0.39～0.61厘米（图四六，2；图版六二，3）。

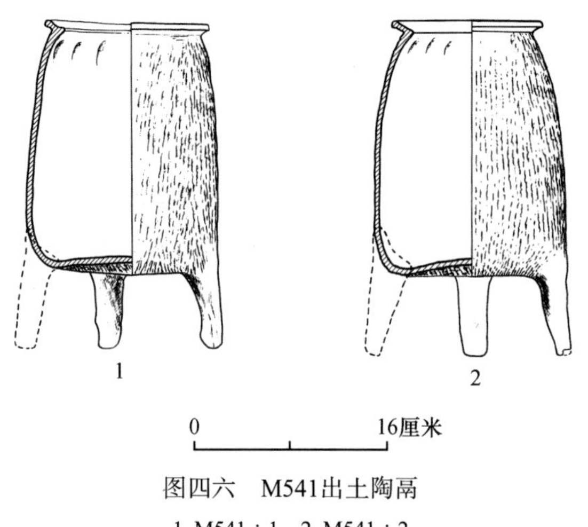

图四六　M541出土陶鬲
1. M541：1　2. M541：2

二五、M544

位于发掘区的北部，T2429南部，西邻M698。方向40°。开口于第4层下，向下打破生土，开口距地表深1.1米（图四七）。

（一）墓葬形制

该墓平面呈长方形，竖穴土坑墓。口底一致，南北长2.18米，东西宽0.9米，墓底距墓口深1.08米。内填黄褐色花土，土质松软。四壁较规整，壁面粗糙，直壁，平底。

葬具为单棺，木质，已朽，仅存朽痕。棺平面呈梯形，南北长1.85米，东西宽0.44～0.57米，残高0.26米，棺板厚约0.06米。

棺内人骨仅存头骨及部分肢骨，头向东北，面向西，仰身直肢，保存较差。

（二）出土器物

未发现随葬品。

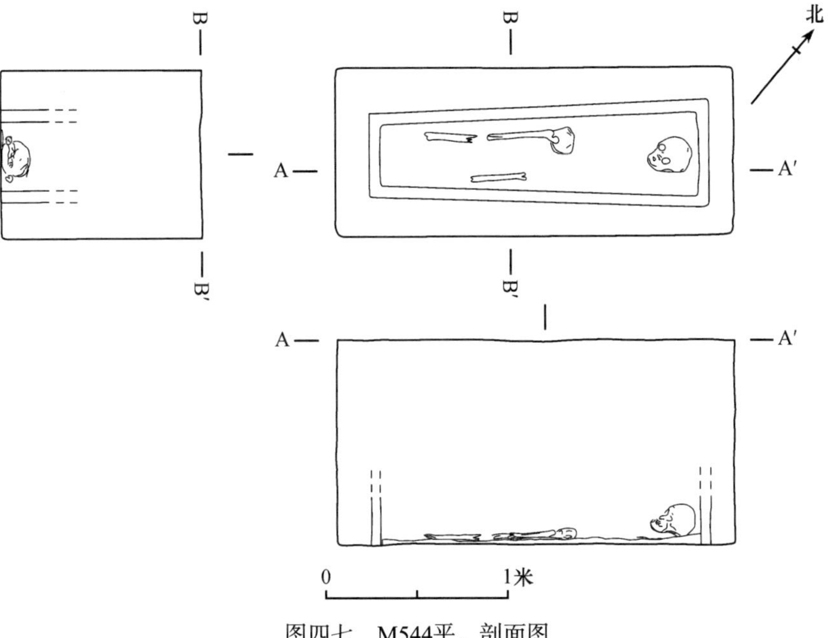

图四七　M544平、剖面图

二六、M545

位于发掘区的北部，T2529西南部、T2429西北部，南邻M544。方向40°。开口于第5层下，向下打破生土，开口距地表深1.05米（图四八）。

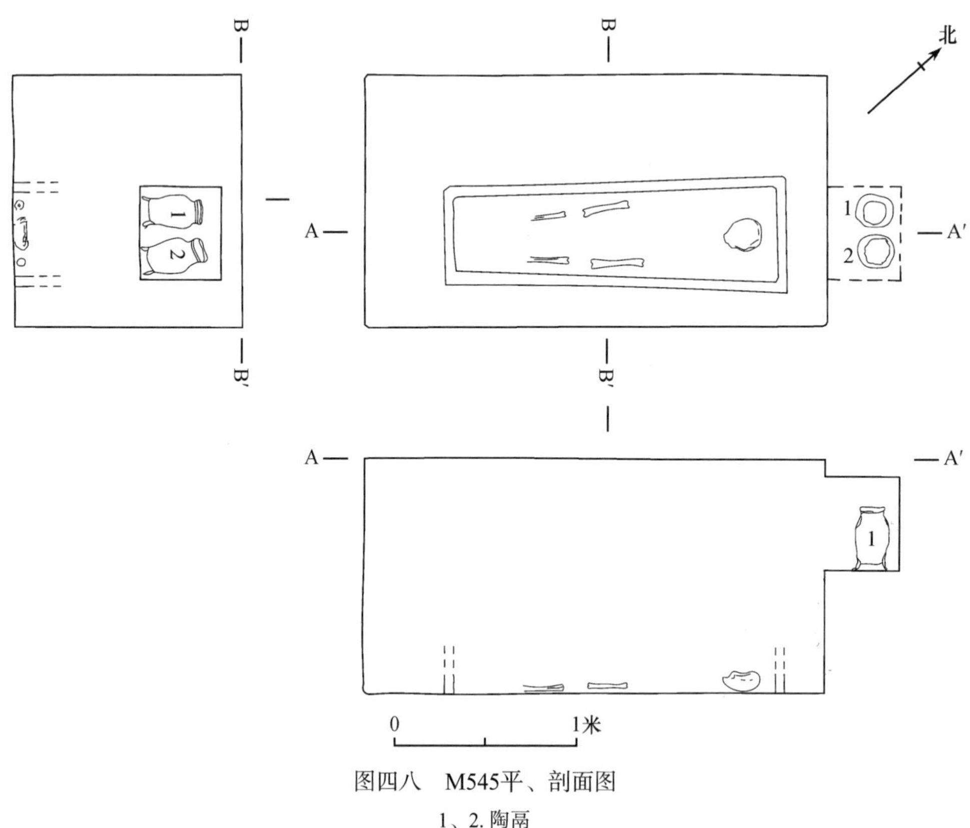

图四八　M545平、剖面图

1、2. 陶鬲

（一）墓葬形制

该墓平面呈长方形，竖穴土坑墓。口底尺寸一致，南北长2.53米，东西宽1.32米，墓底距墓口深1.25米。内填花土，土质松软。四壁较规整，壁面粗糙，直壁，平底。

葬具为单棺，木质，已朽，仅存朽痕。棺平面呈梯形，南北长1.86米，东西宽0.5～0.6米，残高0.1米，棺板厚约0.05米。

棺内有人骨一具，头向东北，面向不详，仰身直肢，保存较差。

墓室北壁设壁龛，平面呈长方形，距墓底0.65米，长0.5米，进深0.4米，高0.5米。

（二）出土器物

随葬品置于北部壁龛内，共出土陶鬲2件。

陶鬲 2件。M545：1，夹砂红陶，腹壁模制，足为手制。敛口，折沿上扬，方唇，短束颈，溜肩，深弧腹呈筒状，平底，底附三个扁圆状柱足，略外撇。腹壁和底部饰细绳纹。内壁有按压痕迹。口径13.4、腹径16.4、底径12.8、高25.7、壁厚0.41～0.65厘米（图四九，1；图版六二，4）。M545：2，夹砂红陶，腹壁模制，足为手制。微敛口，折沿，方唇，短束颈，溜肩，深弧腹呈筒状，圜底，底附三个扁圆状柱足，略外撇。腹壁和底部饰细绳纹。内壁有按压痕迹。口径13.4、腹径16.5、底径11.2、高25.3、壁厚0.39～0.61厘米（图四九，2；图版六二，5）。

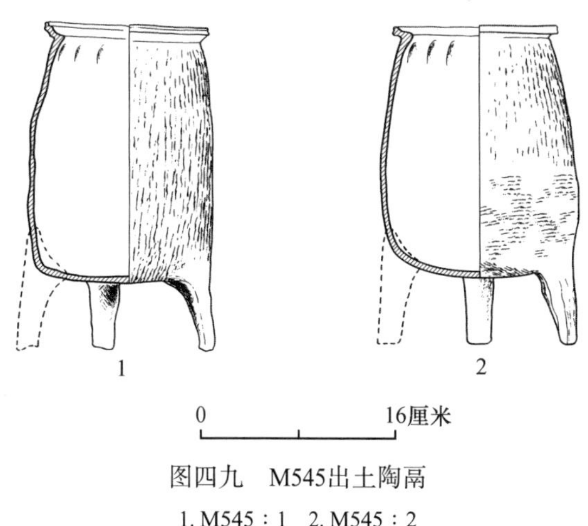

图四九　M545出土陶鬲
1. M545：1　2. M545：2

二七、M547

位于发掘区北部，T2332西南部，西邻M660。方向355°。开口于第5层下，向下打破生土，开口距地表深1.3米（图五〇）。

（一）墓葬形制

该墓平面呈长方形，竖穴土坑墓。口底尺寸一致，南北长2.8米，东西宽1.4米，墓底距墓口深1.5米。内填黄褐色花土，土质松软。四壁较规整，壁面粗糙，直壁，平底。

葬具为单棺，木质，已朽，仅存朽痕。棺平面呈梯形，南北长2.12米，东西宽0.62～0.81米，残高0.3米，棺板厚约0.06米。

棺内有人骨一具，头向北，面向西，仰身直肢，保存一般。

（二）出土器物

未发现随葬品。

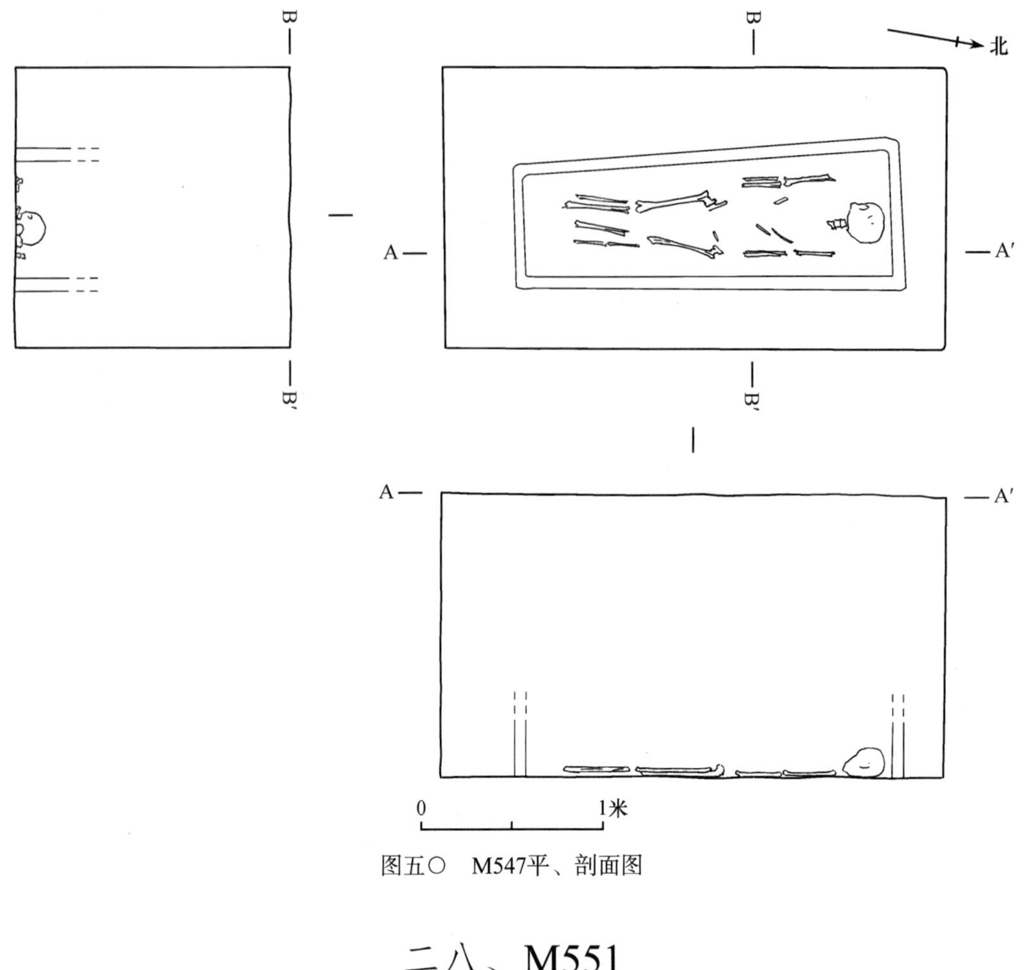

图五〇　M547平、剖面图

二八、M551

位于发掘区北部，T2029东部、T2028西部，北邻M554。方向15°。开口于第4层下，向下打破第5层及生土，开口距地表深1米（图五一）。

（一）墓葬形制

该墓平面呈长方形，竖穴土坑墓。口底尺寸一致，南北长2.8米，东西宽1.2米，墓底距墓口深1.8米。内填褐色土，土质松软。四壁较规整，壁面粗糙，直壁，平底。

葬具为单棺，木质，已朽，仅存朽痕。棺平面呈梯形，南北长2.04米，东西宽0.66～0.7米，残高0.14米，棺板厚约0.04米。

棺内有人骨一具，头向北，面向西，仰身直肢，保存一般。

（二）出土器物

未发现随葬品。

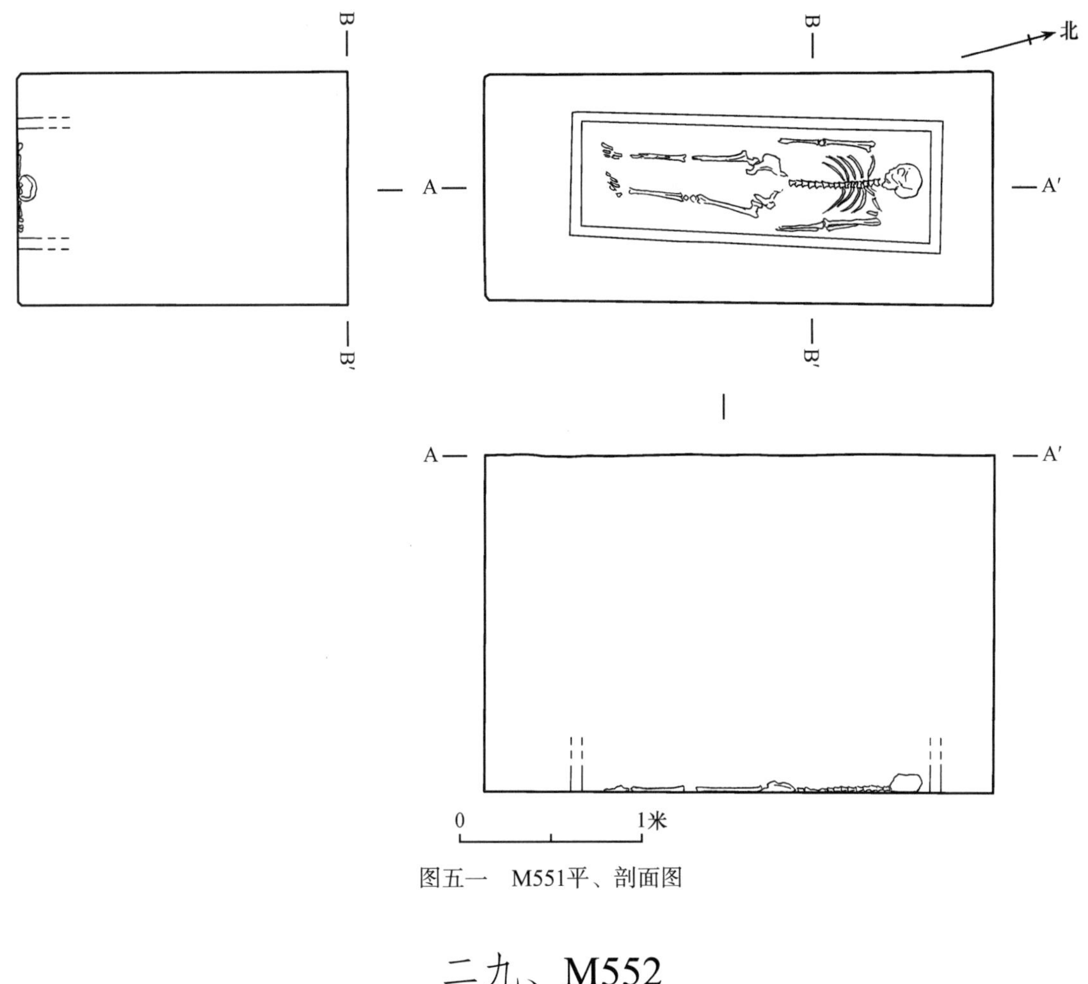

图五一　M551平、剖面图

二九、M552

位于发掘区的北部，T2230西北部，南邻M553。方向30°。开口于第5层下，向下打破生土，开口距地表深1.3米（图五二）。

（一）墓葬形制

该墓平面呈长方形，竖穴土坑墓。口略大于底，墓口南北长2.67米，东西宽1.4米；墓底南北长2.51米，东西宽1.28米，墓底距墓口深2.26米。内填花土，土质较松散。四壁较规整，壁面粗糙，斜壁，平底。

葬具为单棺，木质，已朽，仅存朽痕。棺平面呈梯形，南北长1.97米，东西宽0.55～0.75米，残高0.16米，棺板厚约0.06米。

棺内人骨仅存部分肢骨，保存较差，头向、面向、葬式均不详。

墓室北壁中部设壁龛，平面呈长方形，距墓室底0.52米，长0.4米，进深0.24米，高0.4米。

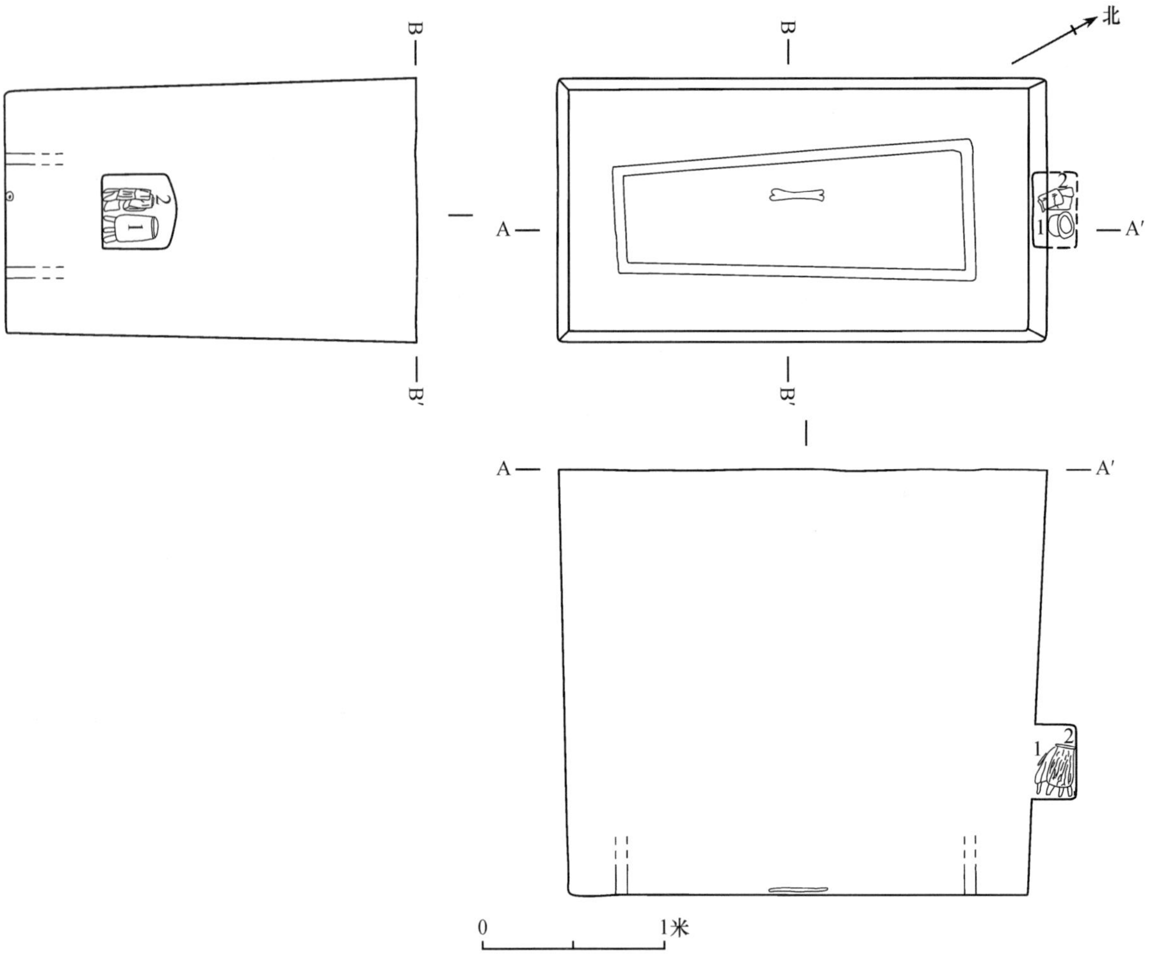

图五二　M552平、剖面图
1、2. 陶鬲

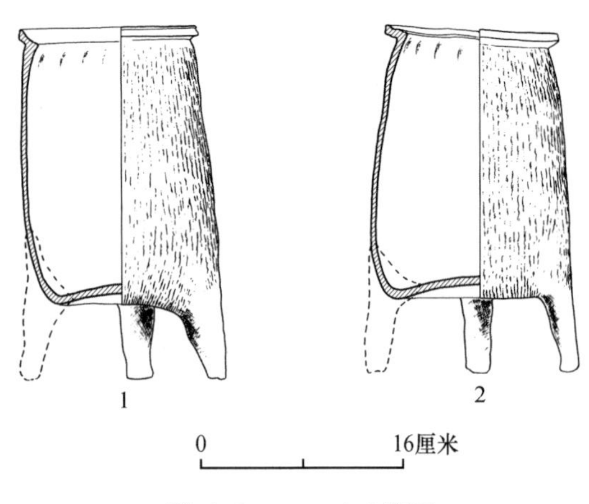

图五三　M552出土陶鬲
1. M552：1　2. M552：2

（二）出土器物

随葬品置于北部壁龛内，共出土陶鬲2件。

陶鬲　2件。M552：1，夹砂红陶，腹壁模制，足为手制。敛口，折沿上扬，方唇，唇部略凹，短束颈，深腹呈筒状，腹壁略弧，底内凹，底附三个扁圆状柱足，略外撇。腹壁和底部饰细绳纹。内壁有按压痕迹。口径13.9、腹径16.3、底径8.6、高26.8、壁厚0.41～0.79厘米（图五三，1；图版六二，6）。M552：2，夹砂红陶，腹壁模制，足为手制。敛口，折沿，方唇，短束颈，深腹呈筒状，底内凹，底附三个扁圆状柱足，略外撇。沿面有凹槽，腹壁和底部饰细绳纹。内壁有按压痕迹。口径13.8、腹径17.3、底径10.4、高26.1、壁厚0.38～0.62厘米（图五三，2；图版六三，1）。

三〇、M553

位于发掘区的北部，T2230西南部，北邻M552，东邻M664。方向38°。开口于第5层下，向下打破生土，开口距地表深1.3米（图五四）。

（一）墓葬形制

该墓平面呈近长方形，竖穴土坑墓。口底尺寸一致，南北长2.62米，东西宽1.11米，北壁东西长略大于南壁，墓底距墓口深1.26米。内填花土，土质松软。四壁较规整，壁面粗糙，直壁，平底。

葬具为单棺，木质，已朽，仅存朽痕。棺平面呈梯形，南北长2.02米，东西宽0.54～0.6米，残高0.09米，棺板厚0.04米。

棺内有人骨一具，头向东北，面向不详，仰身直肢，保存较差。

（二）出土器物

未发现随葬品。

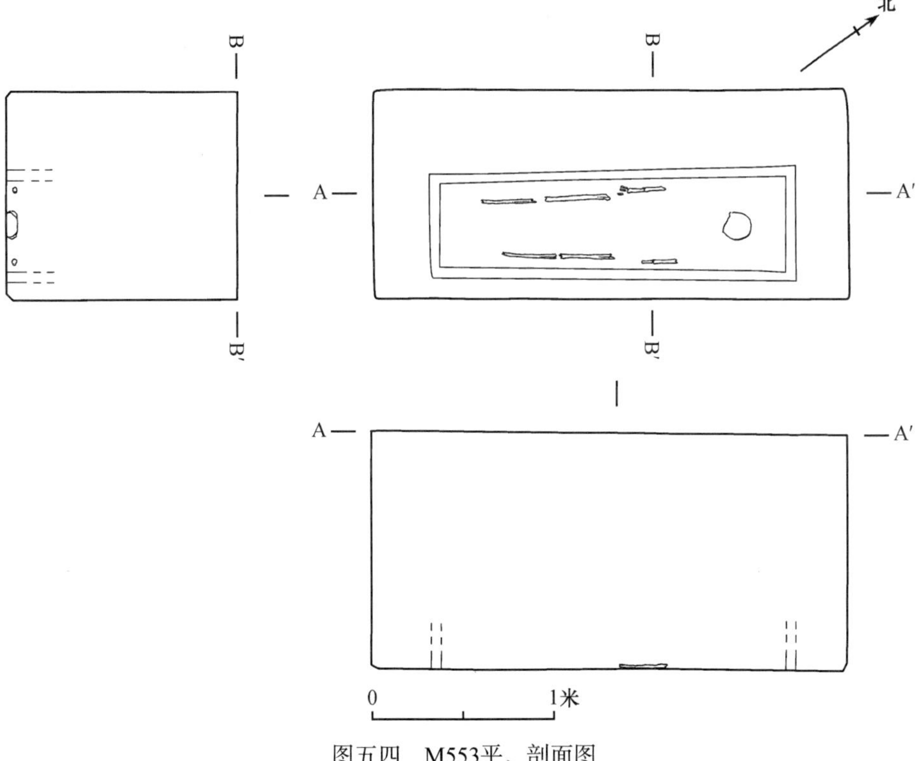

图五四 M553平、剖面图

三一、M554

位于发掘区的北部，T2129东部、T2128西部，西邻M555，南邻M551。方向35°。开口于第4层下，向下打破生土，开口距地表深1.4米（图五五）。

（一）墓葬形制

该墓平面呈长方形，竖穴土坑墓。口底尺寸一致，南北长2.32米，东西宽0.88米，墓底距墓口深0.6米。内填黄褐色花土，土质较松散。四壁较规整，壁面粗糙，直壁，平底。

葬具为单棺，木质，已朽，仅存朽痕。棺平面呈梯形，南北长1.98米，东西宽0.53～0.64米，残高0.11米，棺板厚0.04～0.07米。

棺内有人骨一具，头向东北，面向上，仰身直肢，保存一般。

（二）出土器物

未发现随葬品。

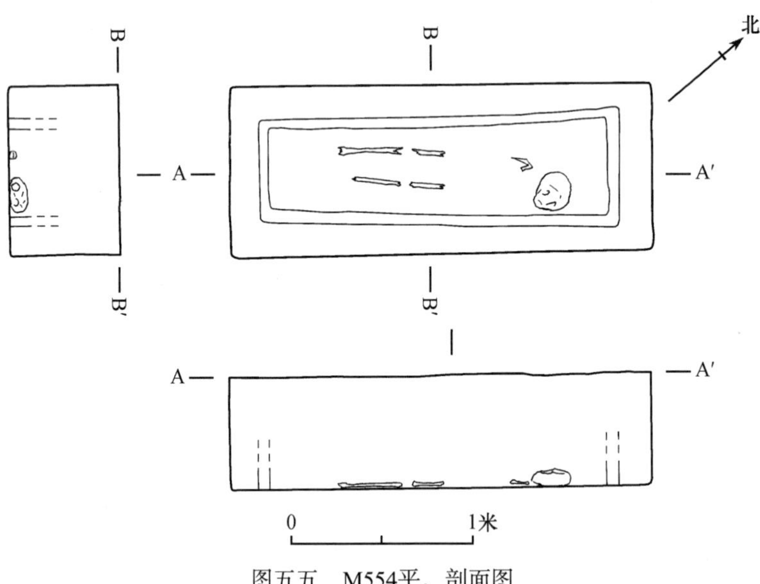

图五五　M554平、剖面图

三二、M555

位于发掘区的北部，T2129中部偏东北，东邻M554。方向35°。开口于第5层下，向下打破生土，开口距地表深1.4米（图五六）。

（一）墓葬形制

该墓平面呈长方形，竖穴土坑墓。口略大于底，墓口南北长2.81米，东西宽1.45米；墓底南北长2.36米，东西宽1.23～1.3米，墓底距墓口深1.3米。内填花土，土质较松散。四壁较规整，壁面粗糙，斜壁，平底。

葬具为单棺，木质，已朽，仅存朽痕。棺平面呈梯形，南北长2米，东西宽0.53～0.68米，残高0.18米，棺板厚约0.06米。

棺内有人骨一具，头向东北，面向西北，葬式不详，保存较差。

墓室北部有生土二层台，平面呈长方形，长1.45米，宽0.3米，高0.58米。

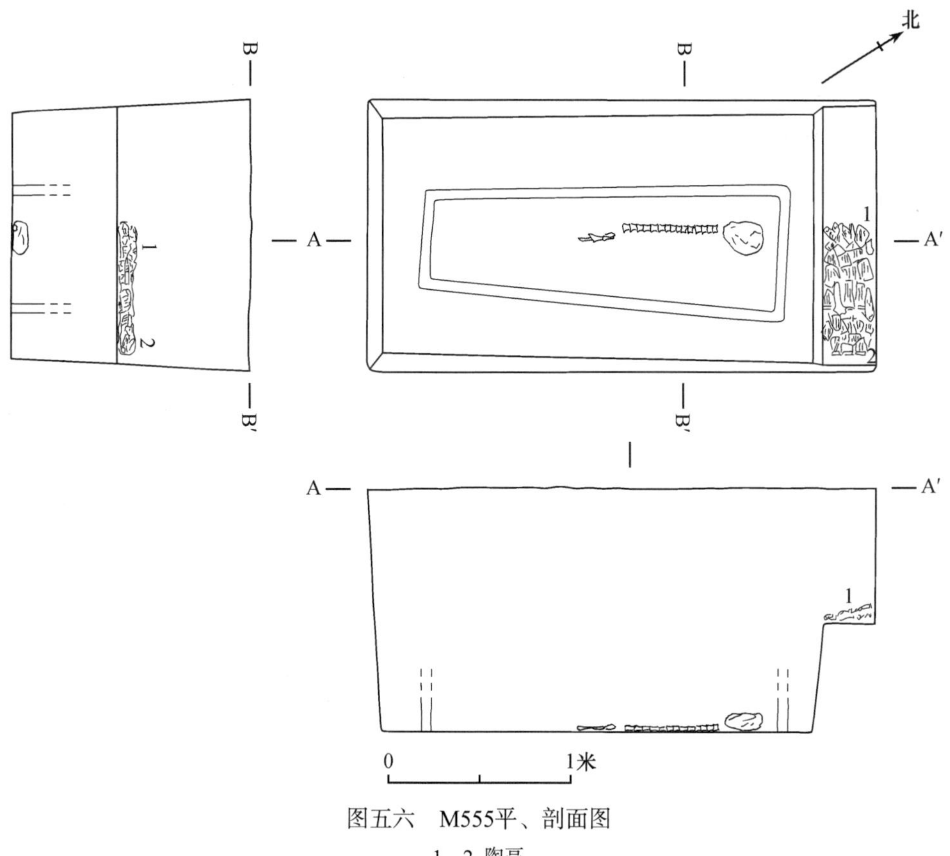

图五六　M555平、剖面图

1、2. 陶鬲

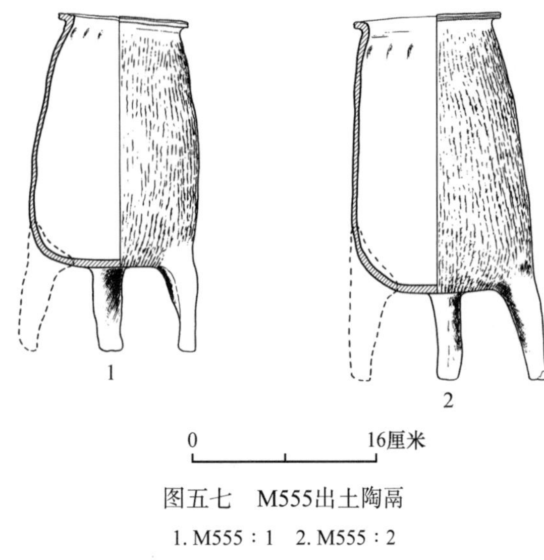

图五七　M555出土陶鬲

1. M555：1　2. M555：2

（二）出土器物

随葬品置于北部二层台，共出土陶鬲2件。

陶鬲　2件。M555：1，夹砂红陶，腹壁模制，足为手制。敛口，平沿，方唇，唇端略凹，短束颈，深斜腹呈筒状，腹壁略弧，平底，底附三个扁圆状柱足，略外撇。腹壁和底部饰中绳纹。内壁有按压痕迹。口径11.4、腹径15.9、高28.3、壁厚0.39～0.78厘米（图五七，1；图版六三，2）。M555：2，夹砂红陶，腹壁模制，足为手制。敛口，平沿，方唇，唇端略凹，短束颈，深斜腹呈筒状，腹壁略弧，平底，底附三个扁圆状柱足，略外撇。腹壁和底部饰中绳纹。内壁有按压痕迹。口径13.2、腹径17.9、高31.2、壁厚0.39～0.82厘米（图五七，2；图版六三，3）。

三三、M556

位于发掘区的北部，T2432东南部、T2332东北部，北邻M675。方向26°。开口于第4层下，向下打破第5层及生土，开口距地表深1.22米（图五八）。

（一）墓葬形制

该墓平面呈长方形，竖穴土坑墓。口底尺寸一致，南北长2.3米，东西宽0.92米，墓底距墓口深1.78米。内填褐色花土，土质松软。四壁较规整，壁面粗糙，直壁，平底。

葬具为单棺，木质，已朽，仅存朽痕。棺平面呈梯形，南北长1.7米，东西宽0.5～0.6米，残高0.2米，棺板厚约0.04米。

棺内有人骨一具，头向东北，面向东南，仰身屈肢，保存一般。

（二）出土器物

随葬品置于棺外东北角，共出土铁锛1件。

铁锛　1件。M556：1，无法修复，器形不可辨。

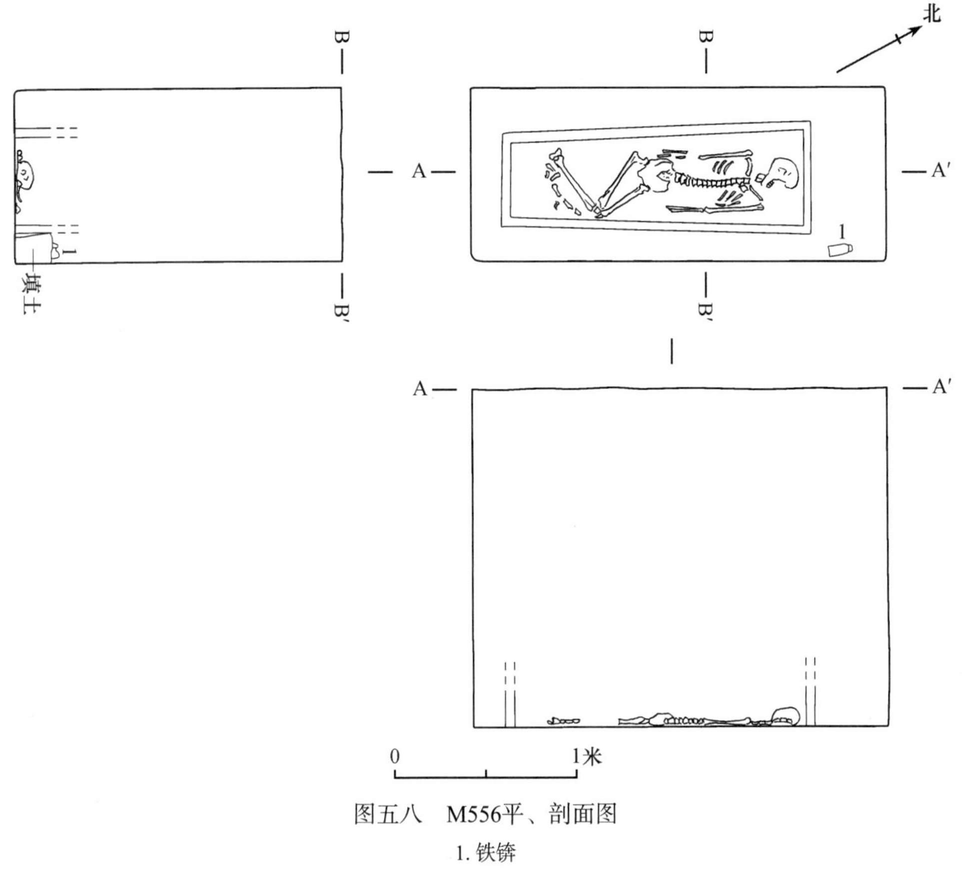

图五八　M556平、剖面图
1. 铁锛

三四、M557

位于发掘区的北部，T2129西北部，西邻M664，东邻M555。方向40°。开口于第5层下，向下打破生土，开口距地表深1.51米（图五九）。

（一）墓葬形制

该墓平面呈长方形，竖穴土坑墓。口略大于底，墓口南北长2.6米，东西宽1.83米；墓底南北长2.32米，东西宽1.58米，墓底距墓口深2.19米。内填花土，土质松软。四壁较规整，壁面粗糙，斜壁，平底。

葬具为单棺，木质，已朽，仅存朽痕。棺平面呈梯形，南北长1.9米，东西宽0.54～0.7米，残高0.3米，棺板厚约0.05米。

棺内有人骨一具，头向东北，面向上，仰身直肢，保存一般。

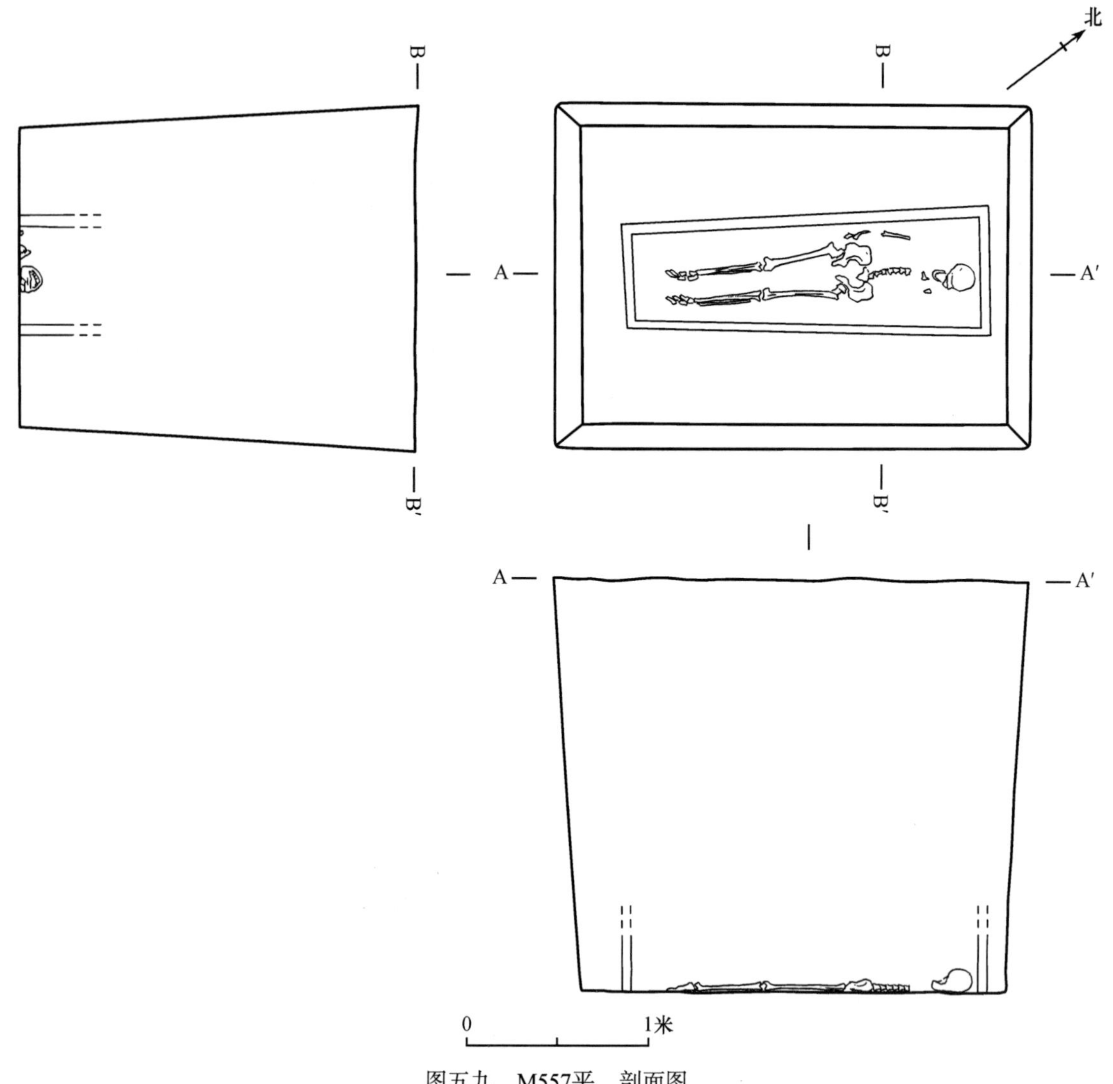

图五九　M557平、剖面图

（二）出土器物

未发现随葬品。

三五、M559

位于发掘区的北部，T2433东南部，西南部被晚期墓葬M497打破，东邻M567。方向10°。开口于第4层下，向下打破生土，开口距地表深1.11米（图六○）。

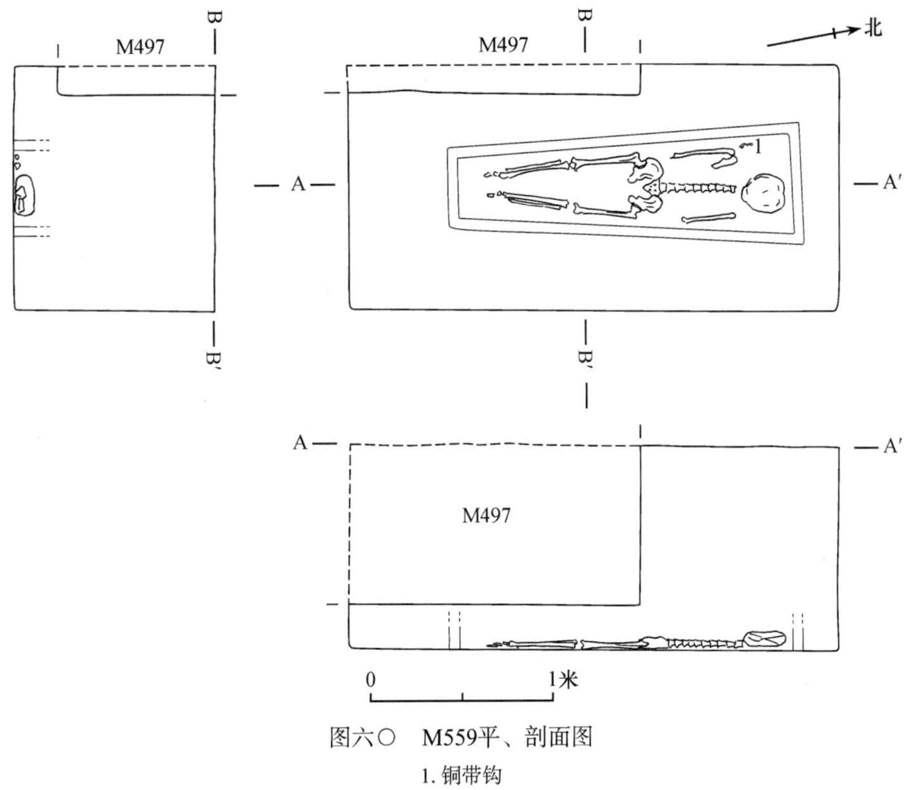

图六〇 M559平、剖面图
1. 铜带钩

（一）墓葬形制

该墓平面呈长方形，竖穴土坑墓。口底尺寸一致，南北长2.7米，东西宽1.31米，墓底距墓口深1.09米。内填花土，土质松软。四壁较规整，壁面粗糙，直壁，平底。

葬具为单棺，木质，已朽，仅存朽痕。棺平面呈梯形，南北长1.94米，东西宽0.42～0.63米，残高0.12米，棺板厚约0.04米。

棺内有人骨一具，头向北，面向不详，仰身直肢，保存较差。

（二）出土器物

随葬品置于棺内人骨头部，共出土铜带钩1件。

铜带钩 1件。M559：1，模制。整体呈琵琶形，钩残缺，断面呈方形，颈断面呈长方形，扁圆腹，平背，尾残缺，尾背置一纽，纽残缺。残长3.9、残宽0.5～1、残厚0.5～0.6、颈径0.6厘米（图六一；图版六三，4）。

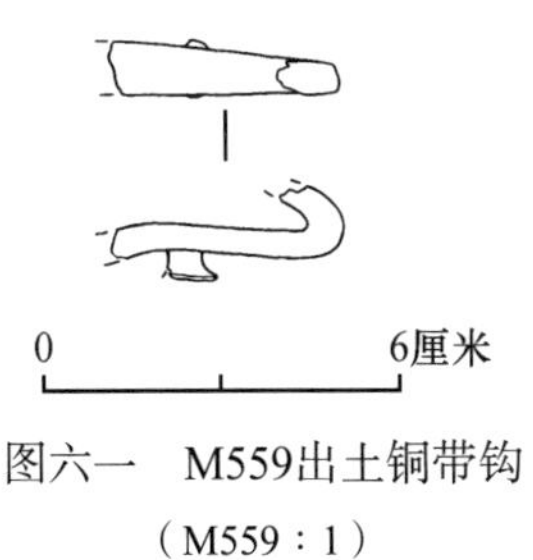

图六一 M559出土铜带钩（M559：1）

三六、M561

位于发掘区的中部，T1829东北部，东邻M571。方向5°。开口于第5层下，向下打破生土，开口距地表深1.5米（图六二）。

（一）墓葬形制

该墓平面呈长方形，竖穴土坑墓。口底尺寸一致，南北长2.38米，东西宽1米，墓底距墓口深1.56米。内填黄褐色花土，土质松软。四壁较规整，壁面粗糙，直壁，平底。

葬具为单棺，木质，已朽，仅存朽痕。棺平面呈梯形，南北长1.9米，东西宽0.53～0.65米，残高0.34米，棺板厚约0.04米。

棺内有人骨一具，头向北，面向西，仰身直肢，保存较好。

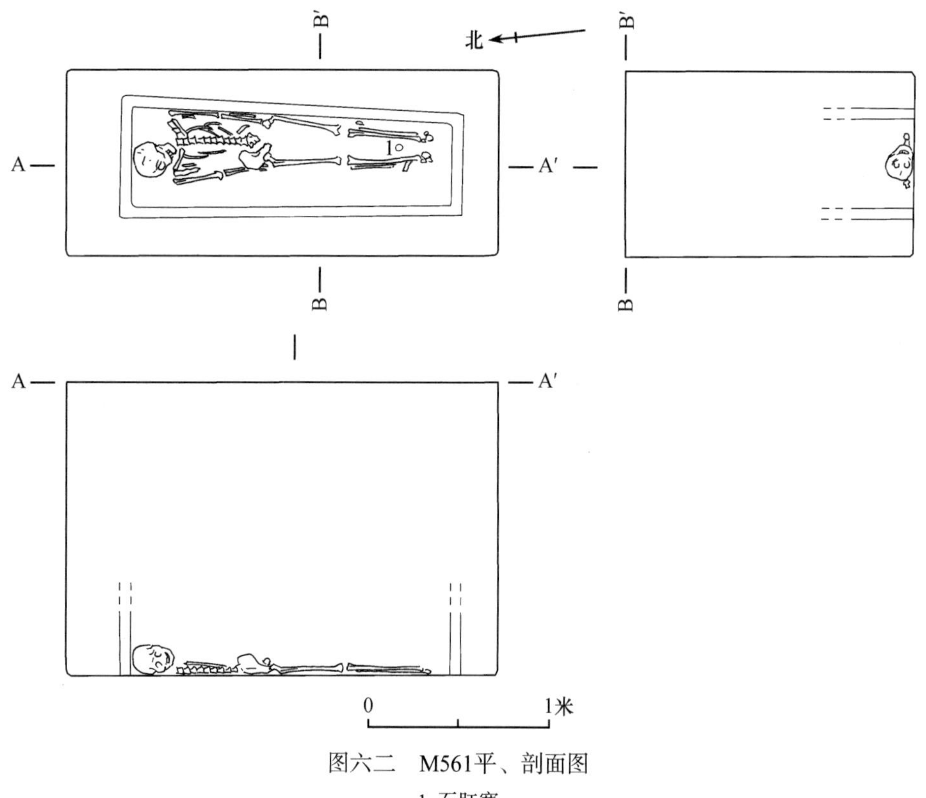

图六二　M561平、剖面图

1. 石肛塞

（二）出土器物

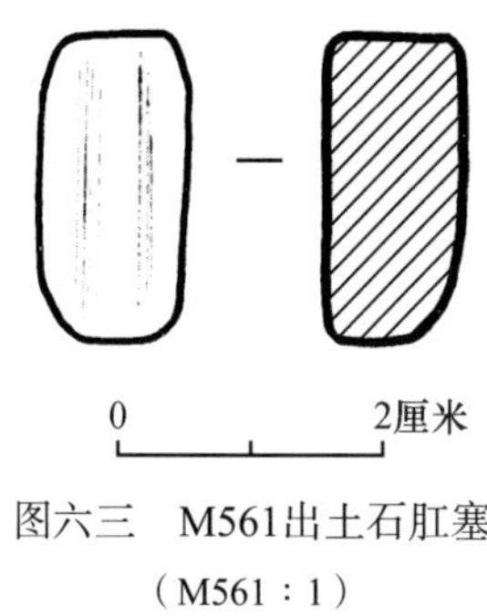

图六三　M561出土石肛塞（M561：1）

随葬品置于棺内人骨腿部，共出土石肛塞1件。

石肛塞　M561：1，手制。石质，紫色，柱状，横断面近圆形，柱身有刮削痕迹。长2.4、直径0.8～1厘米（图六三；图版六四，1）。

三七、M562

位于发掘区的中部，T1829北部。方向340°。开口于第5层下，向下打破生土，开口距地表深1.6米（图六四）。

（一）墓葬形制

该墓平面呈长方形，竖穴土坑墓。口底尺寸一致，南北长2.6米，东西宽1米，墓底距墓口深1.8米。内填黄褐色花土，土质松软。四壁较规整，壁面粗糙，直壁，平底。

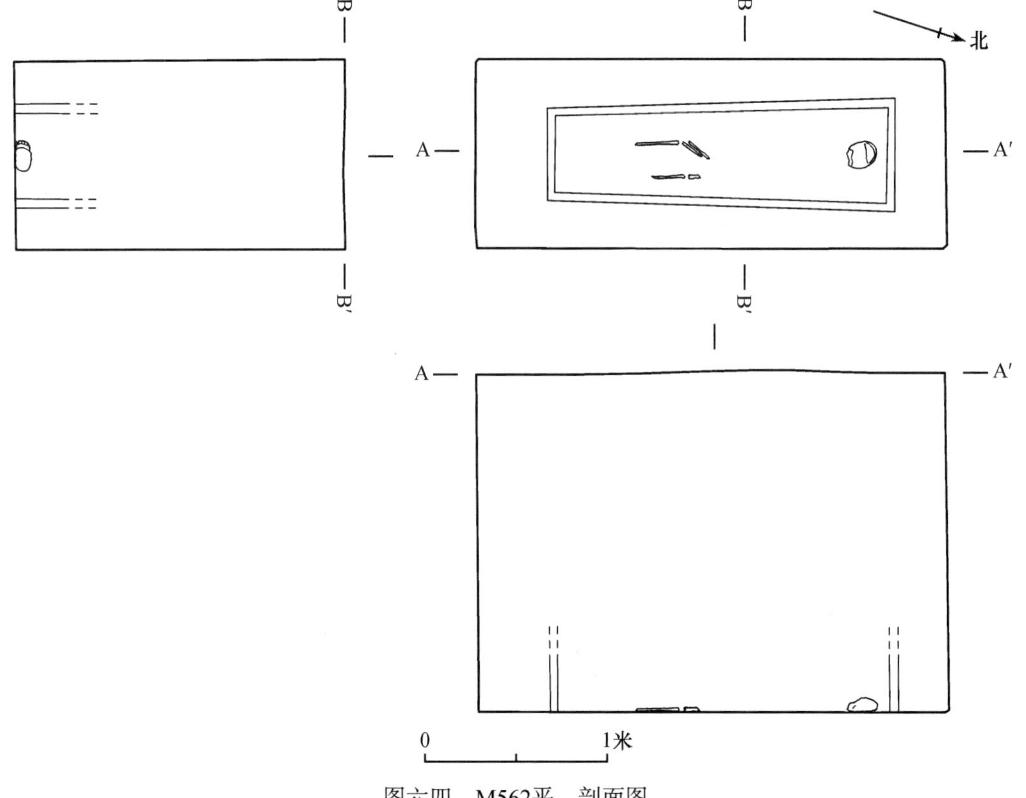

图六四　M562平、剖面图

葬具为单棺，木质，已朽，仅存朽痕。棺平面呈梯形，南北长1.92米，东西宽0.5～0.6米，残高0.3米，棺板厚约0.04米。

棺内人骨仅存半个头骨及两根残肢骨，头向北，面向、葬式均不详，保存差。

（二）出土器物

未发现随葬品。

三八、M563

位于发掘区的北部，T2534东南部、T2434东北部、T2433西北部、T2533西南部，东邻M564。方向350°。开口于第4层下，向下打破生土，开口距地表深1.2米（图六五）。

（一）墓葬形制

该墓平面呈长方形，竖穴土坑墓。口底尺寸一致，南北长3.15米，东西宽2.08米，墓底距墓口深2.3米。内填黄褐色花土，土质松软。四壁较规整，壁面粗糙，直壁，平底。

葬具为一椁一棺，木质，已朽，仅存朽痕。椁平面呈长方形，南北长2.25米，东西宽1.07米，残高0.44米，椁板厚0.06米。椁内有一棺，棺平面呈梯形，南北长1.92米，东西宽0.44～0.73米，残高0.44米，棺板厚0.03～0.06米。

棺内有人骨一具，头向北，面向、葬式不详，保存较差。

墓室北壁设壁龛，平面呈长方形，距墓底1.88米，长0.5米，进深0.3米，高0.4米。

（二）出土器物

随葬品置于北部壁龛和棺内人骨腰部，共出土陶器2件、玉器1件。其中壁龛有陶鬲2件，棺内人骨腰部有玉璧1件。

1. 陶器

陶鬲　2件。M563：2，夹砂红陶，腹壁模制，足为手制。敛口，折沿上扬，方唇，短束颈，深腹呈筒状，平底内凹，底附三个扁圆状柱足，略外撇。沿面有凹槽，腹壁和底部饰细绳纹。内壁有按压痕迹。口径14.1、腹径15.9、底径13.2、高25.8、壁厚0.4～2.2厘米（图六六，1；图版六四，2）。M563：3，夹砂红陶，腹壁模制，足为手制。敛口，折沿上扬，方唇，短束颈，深腹呈筒状，平底内凹，底附三个扁圆状柱足，略外撇。腹壁和底部饰细绳纹。内

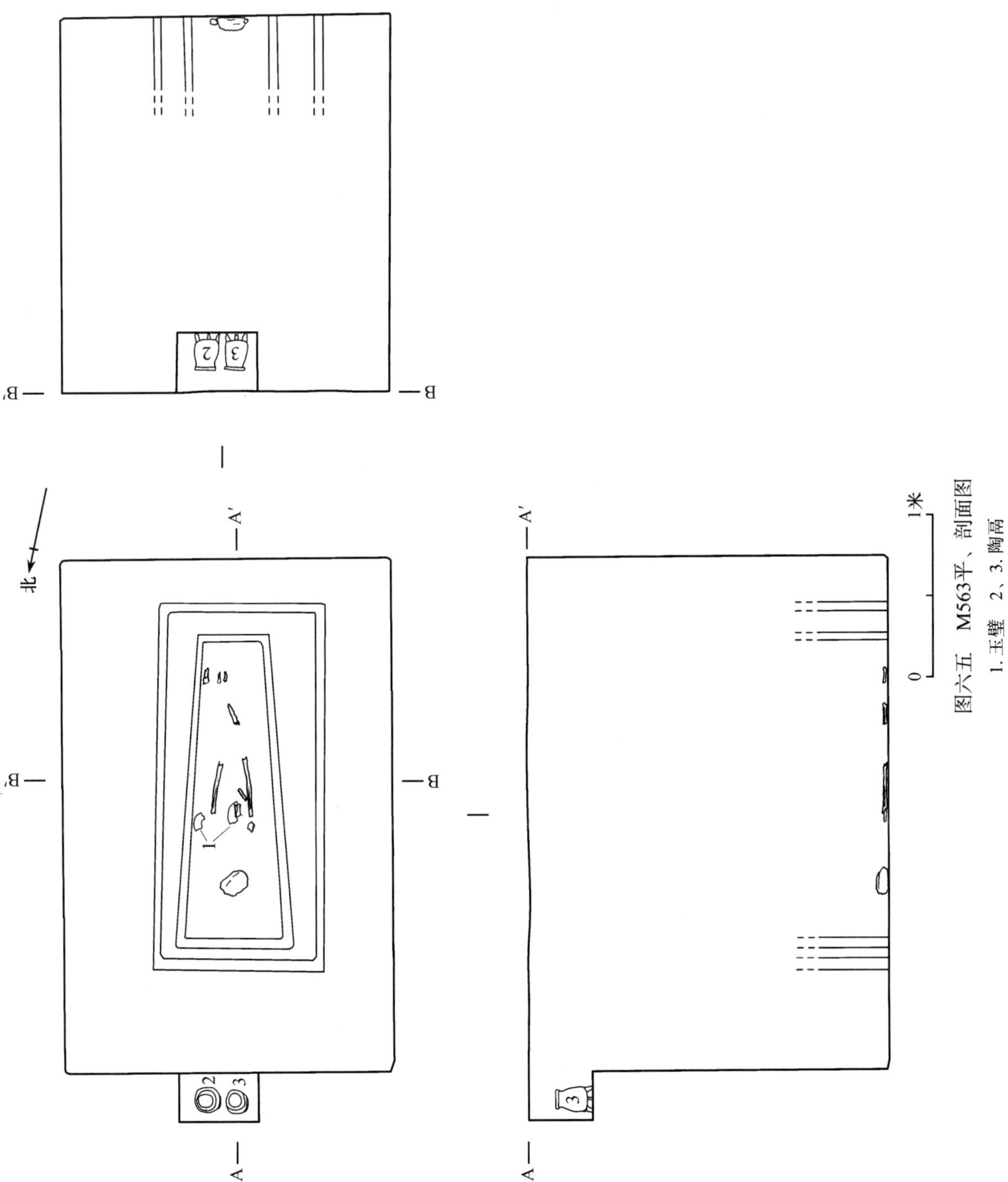

图六五 M563平、剖面图
1. 玉璧 2、3. 陶鬲

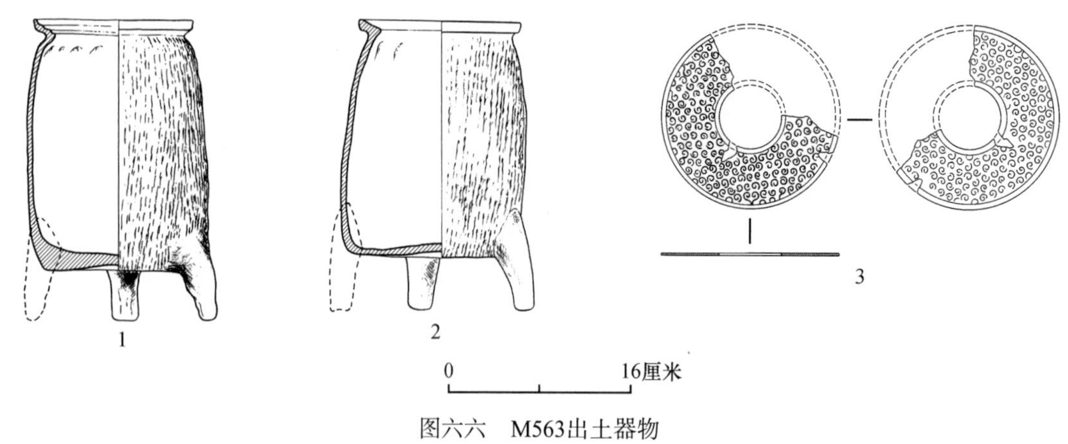

图六六　M563出土器物

1、2. 陶鬲（M563：2、M563：3）　3. 玉璧（M563：1）

壁有按压痕迹。口径14.7、腹径17.2、底径13、高26.2、壁厚0.7～1.35厘米（图六六，2；图版六四，3）。

2. 玉器

玉璧　1件。M563：1，手制，减地平雕，阴线刻。通体绿色，间有黄、白色斑。部分已残损。玉璧正、背面内、外圈各雕一周弦纹，正面浅浮雕涡纹，背面线刻涡纹。直径15.1、厚0.2厘米（图六六，3；图版六三，5、6）。

三九、M564

位于发掘区的北部，T2533西南部，西邻M563。方向3°。开口于第4层下，向下打破生土，开口距地表深1.21米（图六七）。

（一）墓葬形制

该墓平面呈长方形，竖穴土坑墓。口底尺寸一致，南北长2.98米，东西宽1.84～1.94米，墓底距墓口深1.75米。内填黄褐色花土，土质松软。四壁较规整，壁面粗糙，直壁，平底。

葬具为一椁一棺，木质，已朽，仅存朽痕。椁平面呈"Ⅱ"形，南北长2.61米，东西宽1.12～1.47米，残高0.3米，椁板厚0.06米。椁内有一棺，棺平面呈梯形，南北长2.15米，东西宽0.5～0.73米，残高0.3米，棺板厚0.05米。

棺内未发现人骨，头向、面向、葬式均不详。

墓室北壁设壁龛，平面呈长方形，距墓底1.45米，长0.34米，进深0.22米，高0.3米。

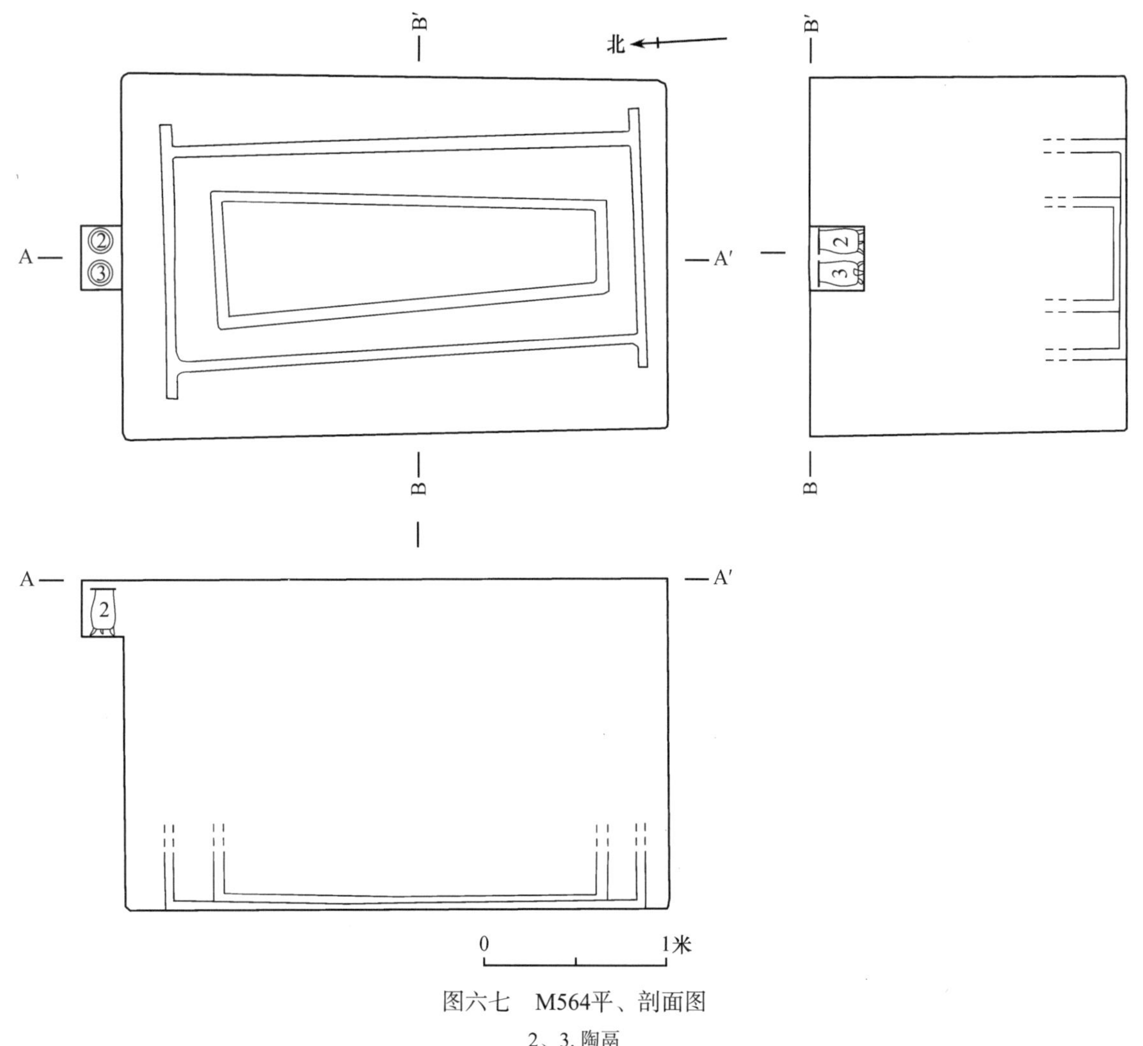

图六七　M564平、剖面图
2、3. 陶鬲

（二）出土器物

随葬品置于北部壁龛和墓椁东北角填土中，其中壁龛有陶鬲2件，墓椁东北角填土中有玉璜1件（图版三六，1）。

1. 陶器

陶鬲　2件。M564：2，夹砂红陶，轮模合制。敛口，方唇，唇端有凹槽，折沿上扬，短束颈，深弧腹，平底，底附三个扁圆状柱足，足外撇。器身有数道轮旋痕。口径13.4、腹径14.8、底径10.4、高23、壁厚0.4～1.4厘米（图六八，1；图版六四，5）。M564：3，夹砂红陶，轮模合制。敛口，方唇，唇端有凹槽，折沿上扬，短束颈，深弧腹，平底，底附三个扁圆状柱足，足外撇。器身有数道轮旋痕。口径13、腹径15.2、底径10.9、高22.7、壁厚0.5～1厘米（图六八，2；图版六四，6）。

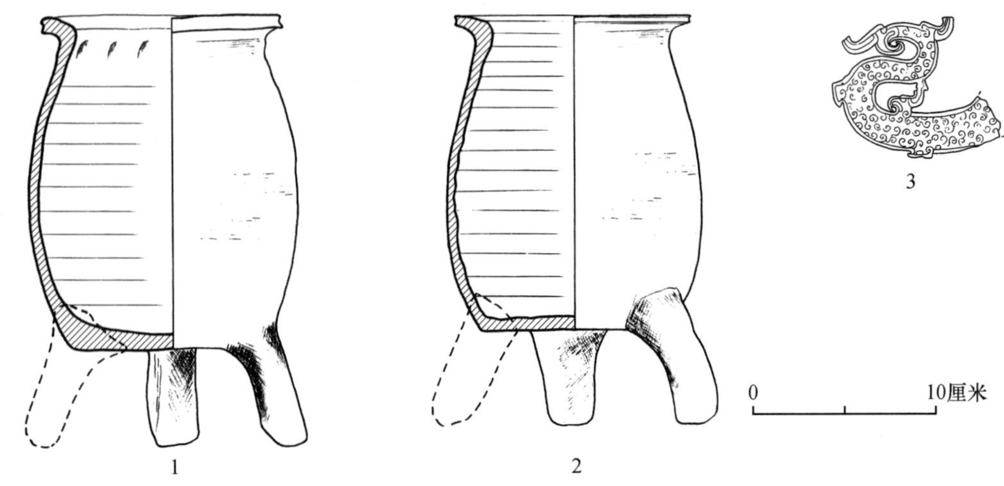

图六八　M564出土器物

1、2. 陶鬲（M564：2、M564：3）　3. 玉璜（M564：1）

2. 玉器

玉璜　1件。M564：1，磨制。黄绿色，间有白斑，有褐色沁斑，通体磨光。器形呈扁平龙形，龙首残缺，仅存龙尾部分，龙身上部和右部各有一圆形穿孔，龙尾外侧有一未穿透的圆形穿孔。双面减地浅浮雕谷纹。残长8.7、残宽7.5、厚0.43～0.5厘米（图六八，3；图版六四，4）。

四〇、M565

位于发掘区的北部，T1829南部，西邻M700。方向355°。开口于第5层下，向下打破生土，开口距地表深1.6米（图六九）。

（一）墓葬形制

该墓平面呈长方形，竖穴土坑墓。口底一致，南北长2.5米，东西宽1.23米，墓底距墓口深1.6米。内填花土，土质松软。四壁较规整，壁面粗糙，直壁，平底。

葬具为单棺，木质，已朽，仅存朽痕。棺平面呈梯形，南北长2米，东西宽0.6～0.7米，残高0.18米，棺板厚约0.04米。

棺内有人骨一具，头向北，面向西，仰身直肢，保存较差。

（二）出土器物

未发现随葬品。

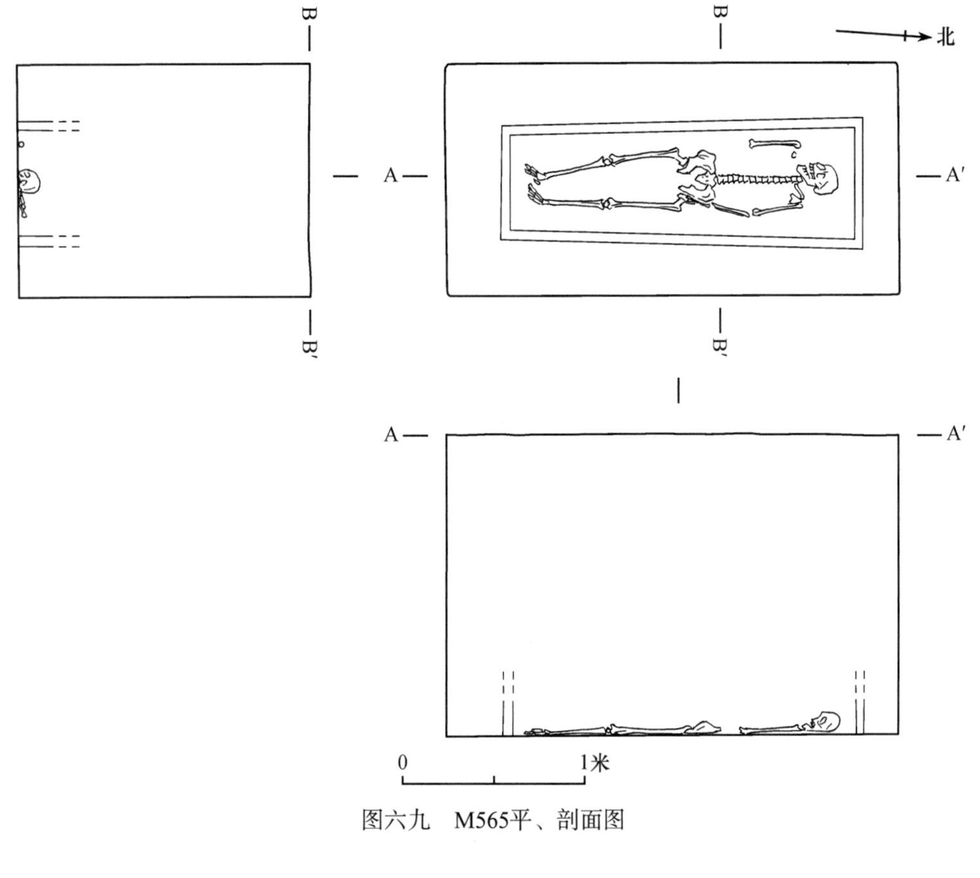

图六九　M565平、剖面图

四一、M567

位于发掘区的北部，T2433东部，南部被晚期墓葬M560打破，西邻M559。方向340°。开口于第4层下，向下打破生土，开口距地表深1.52米（图七〇）。

（一）墓葬形制

该墓为竖穴土坑墓。墓室已破坏。口底尺寸一致，南北残长0.96～1.15米，东西宽0.58～0.6米，墓底距墓口深0.42米。

未发现葬具。

现存人骨一具，头向北，面向西，葬式不详，保存较差。

（二）出土器物

未发现随葬品。

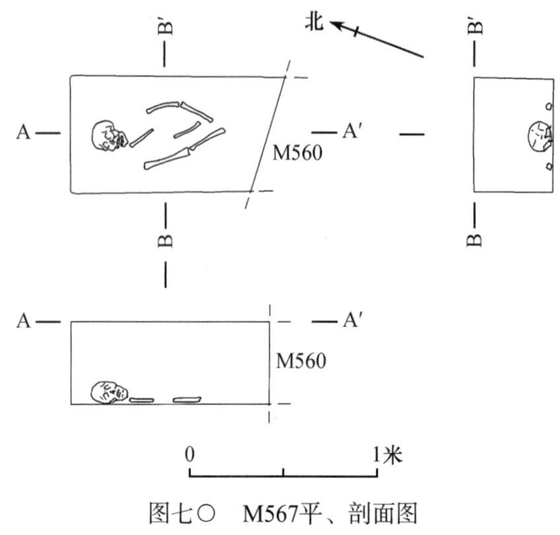

图七〇　M567平、剖面图

四二、M571

位于发掘区的北部，T1828中部，东部被晚期墓葬M570打破，西部被晚期墓葬M569打破，西邻M561，北邻M893。方向20°。开口于第5层下，向下打破生土，开口距地表深1.42米（图七一）。

（一）墓葬形制

该墓平面呈长方形，竖穴土坑墓。口略大于底，墓口南北长3.11米，东西宽1.6米；墓底南北长2.87米，东西宽1.47米，墓底距墓口深1.98米。内填浅灰色花土，土质松软。四壁较规整，壁面粗糙，斜壁，平底。

葬具为一椁一棺，木质，已朽，仅存朽痕。椁平面呈“Ⅱ”形，南北长2.15～2.44米，东西宽0.88～1.36米，残高0.4米，椁板厚0.04～0.09米。南、北两侧椁壁均向内侧挤压变形。椁内有一棺，棺平面呈梯形，南北长1.94米，东西宽0.55～0.62米，残高0.24米，棺板厚0.04～0.06米。

棺内有人骨一具，头向东北，面向上，仰身直肢，保存较好。

墓室北壁设壁龛，平面呈长方形，距墓室底1.08米，长0.4米，进深0.2米，高0.39米。

（二）出土器物

随葬品置于北部壁龛内，共出土陶鬲2件。

陶鬲　2件。M571∶1，夹砂红陶，腹壁模制，足为手制。敛口，折沿上扬，方唇，短束颈，深斜腹呈筒状，平底内凹，底附三个扁圆状柱足，略外撇。腹壁和底部饰细绳纹。内壁

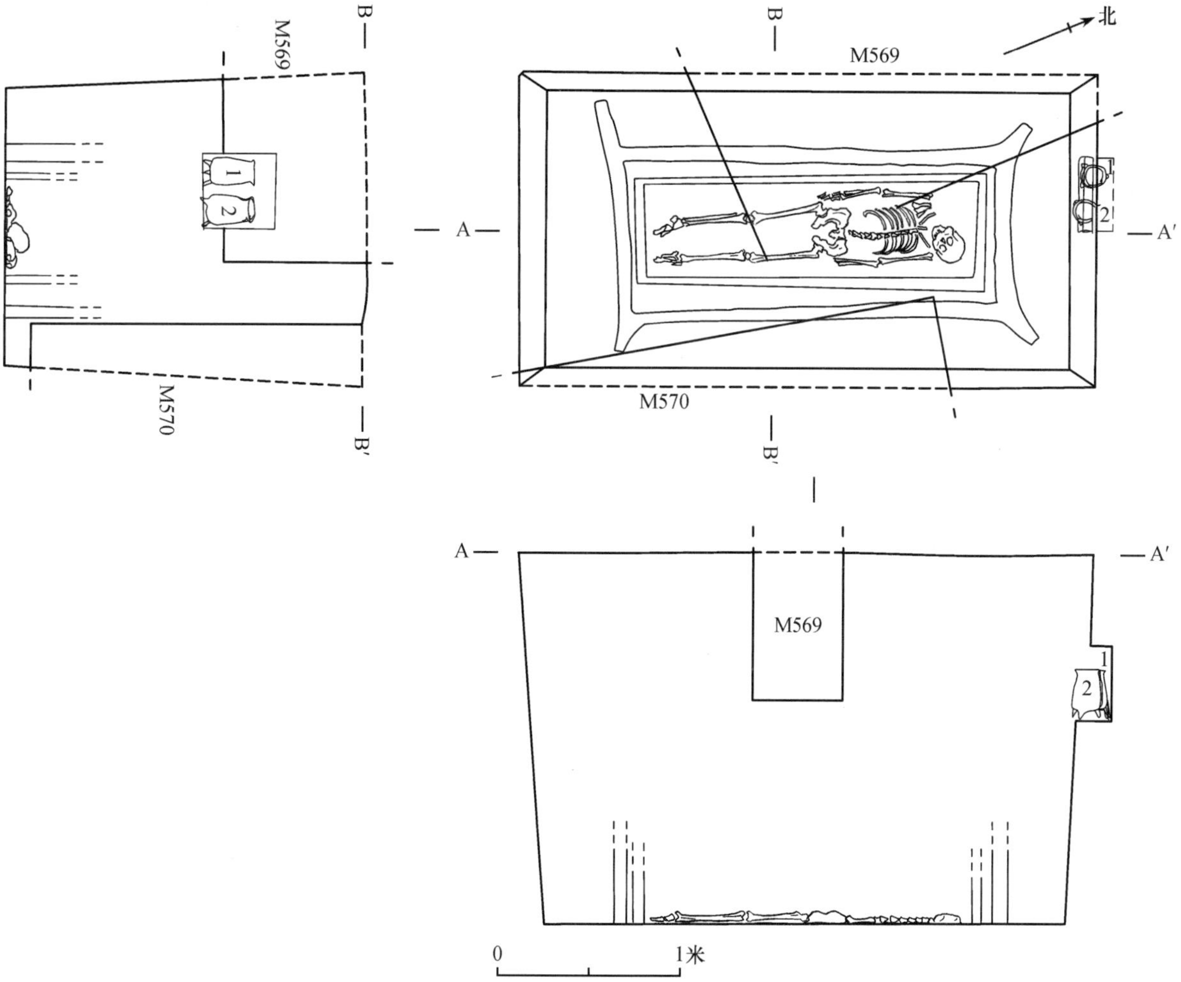

图七一　M571平、剖面图
1、2. 陶鬲

有按压痕迹。口径13.5、腹径18、底径12.7、高25.4、壁厚0.6～2.9厘米（图七二，1；图版六五，1）。M571：2，夹砂红陶，腹壁模制，足为手制。敛口，折沿上扬，方唇，短束颈，深斜腹呈筒状，平底内凹，底附三个扁圆状柱足，略外撇。腹壁和底部饰细绳纹。内壁有按压痕迹。口径15.2、腹径18.9、底径12.8、高27、壁厚0.4～1.4厘米（图七二，2；图版六五，2）。

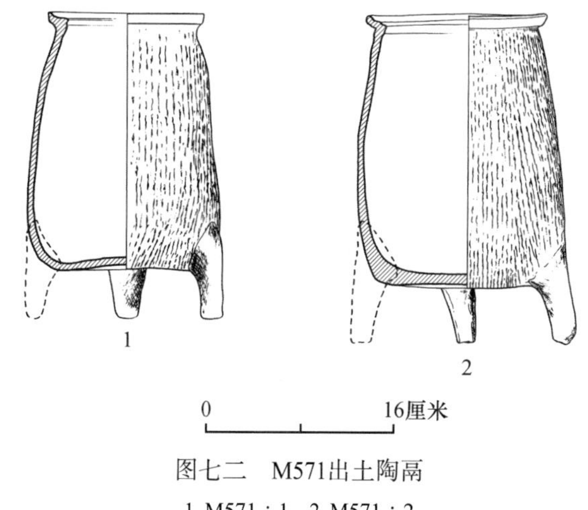

图七二　M571出土陶鬲
1. M571：1　2. M571：2

四三、M572

位于发掘区的中部，T1632东南部，西邻M574，东邻M713。方向32°。开口于第5层下，向下打破生土，开口距地表深1.88米（图七三）。

（一）墓葬形制

该墓平面呈长方形，竖穴土坑墓。口底尺寸一致，南北长3.4米，东西宽2.28米，墓底距墓口深1.96米。内填褐色花土，土质松软，含沙。四壁较规整，壁面粗糙，直壁，平底。

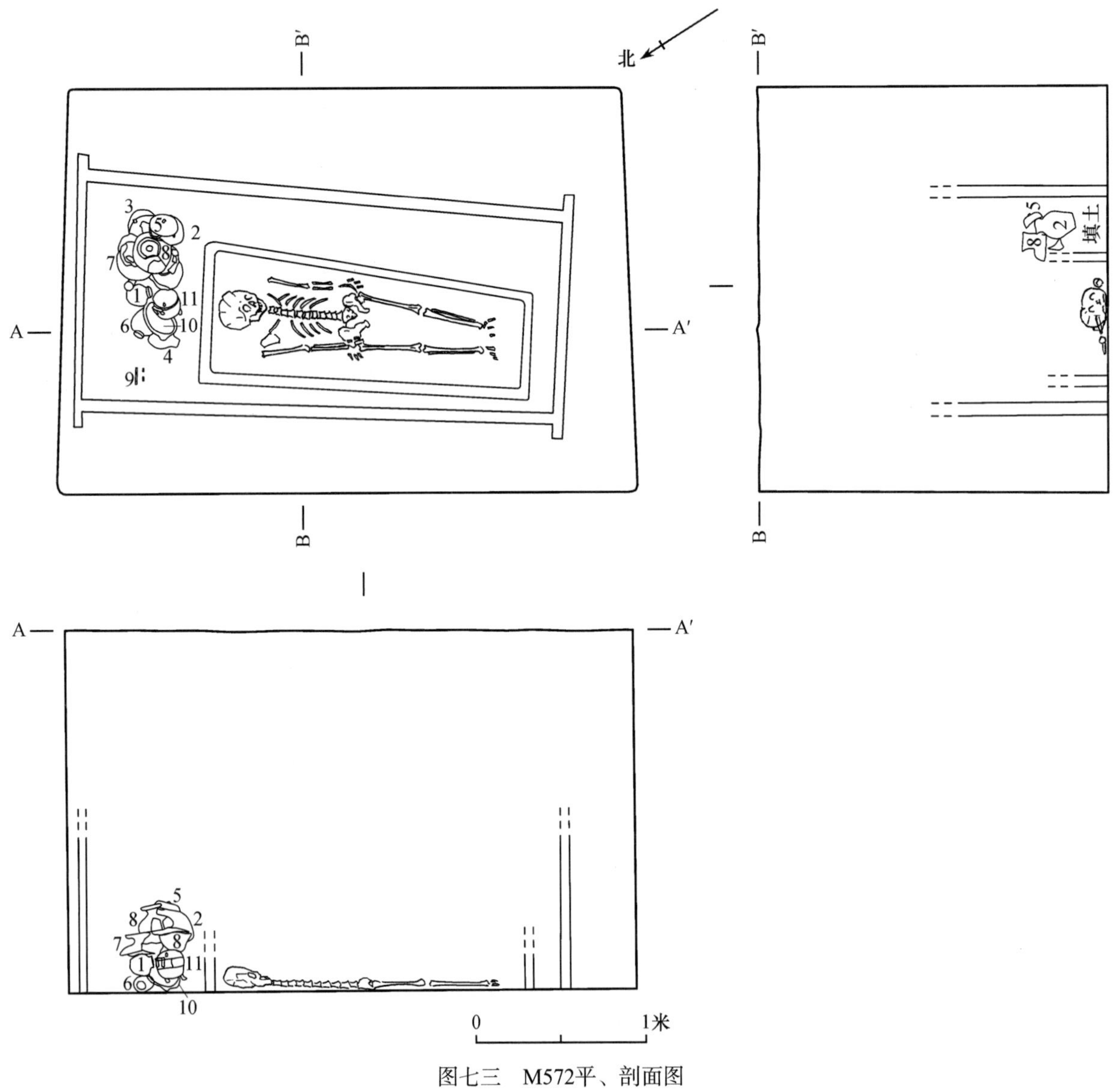

图七三　M572平、剖面图

1、6. 陶小口罐　2、3. 陶壶　4. 陶匜　5、11. 陶鼎　7、8. 陶豆　9. 骨饰　10. 陶盘

葬具为一椁一棺，木质，已朽，仅存朽痕。椁平面呈“Ⅱ”形，南北长2.9米，东西宽1.21～1.54米，残高0.87米，椁板厚0.04～0.06米。椁内有一棺，棺平面呈梯形，南北长1.95米，东西宽0.6～0.8米，残高0.2米，棺板厚0.03～0.05米。

棺内存人骨一具，头向东北，面向上，仰身直肢，保存较好。

（二）出土器物

随葬品置于墓室北部棺椁之间，共出土器物11件，其中陶器10件、骨器1件。陶器有陶鼎2件、陶豆2件、陶壶2件、陶盘1件、陶匜1件、陶小口罐2件，骨器有骨饰1件。

1. 陶器

陶鼎　2件。M572：5，泥质灰陶，轮模合制。仅余盖，母口，圆形，顶隆起，有一“∩”形纽。内壁有轮旋痕。盖径13.8、高4.8、壁厚0.6厘米（图七四，3）。M572：11，无法修复，器形不可辨。

陶豆　2件。M572：7，泥质灰陶，轮制。盖残缺。器身子口，敛口，方唇，弧折腹，细长柄，喇叭形座。器身有数道轮旋痕。口径15、腹径16.4、圈足径13.4、高25.3、壁厚0.4～1.8厘米（图七四，9；图版六五，3）。M572：8，泥质灰陶，轮制。器身残缺，仅存盖，母口，呈覆钵形，顶部有平面呈圆形的喇叭形捉手，柄较短。盖径17、腹径12.6、捉手11.6、高9.6、壁厚0.5～3厘米（图七四，2）。

陶壶　2件。M572：2，无法修复，器形不可辨。M572：3，泥质灰陶，轮模合制。有盖，子口，呈覆钵形，盖舌内折，顶隆起，等距分布三个矩尺状纽，两纽残。器身母口，侈口，圆唇，束颈，圆肩，肩部贴附两个对称的简化兽首形耳，弧腹内收，平底，矮圈足。肩部饰三周凹弦纹。口径10.9、腹径16.4、圈足径9.1、高23.6、壁厚0.6～2厘米，盖径8.2、高4.8、壁厚1.25～1.52厘米（图七四，7；图版六五，4）。

陶盘　1件。M572：10，泥质灰陶，轮模合制。敞口，折沿上扬，方唇，唇边有两个对称的长方形外撇附耳，浅弧腹，腹外壁中部有一周折棱，圜底近平。口径20.9、腹径20、宽21.8、高4.2、壁厚0.7～1.1厘米（图七四，1；图版六六，1）。

陶匜　1件。M572：4，无法修复，器形不可辨。

陶小口罐　2件。M572：1，泥质灰陶，轮制。有盖，母口，圆形，弧壁，顶隆起。器身子口，微敛口，圆唇，短束颈，圆肩，斜弧腹内收，平底内凹。器身有数道轮旋痕。口径5.2、腹径12.3、底径6.1、高13.5、壁厚0.61厘米，盖径7.6、腹径7.4、高4.3、壁厚0.59厘米（图七四，6；图版六五，5）。M572：6，泥质灰陶，轮制。有盖，母口，圆形，弧壁，顶隆起。器身子口，敛口，圆唇，短束颈，圆肩，斜弧腹内收，平底。器身有数道轮旋痕。口径5.4、腹径12.5、底径5.8、高13.8、壁厚0.9～1.2厘米，盖径7.5、腹径7.3、高4、壁厚0.7厘米（图七四，8；图版六五，6）。

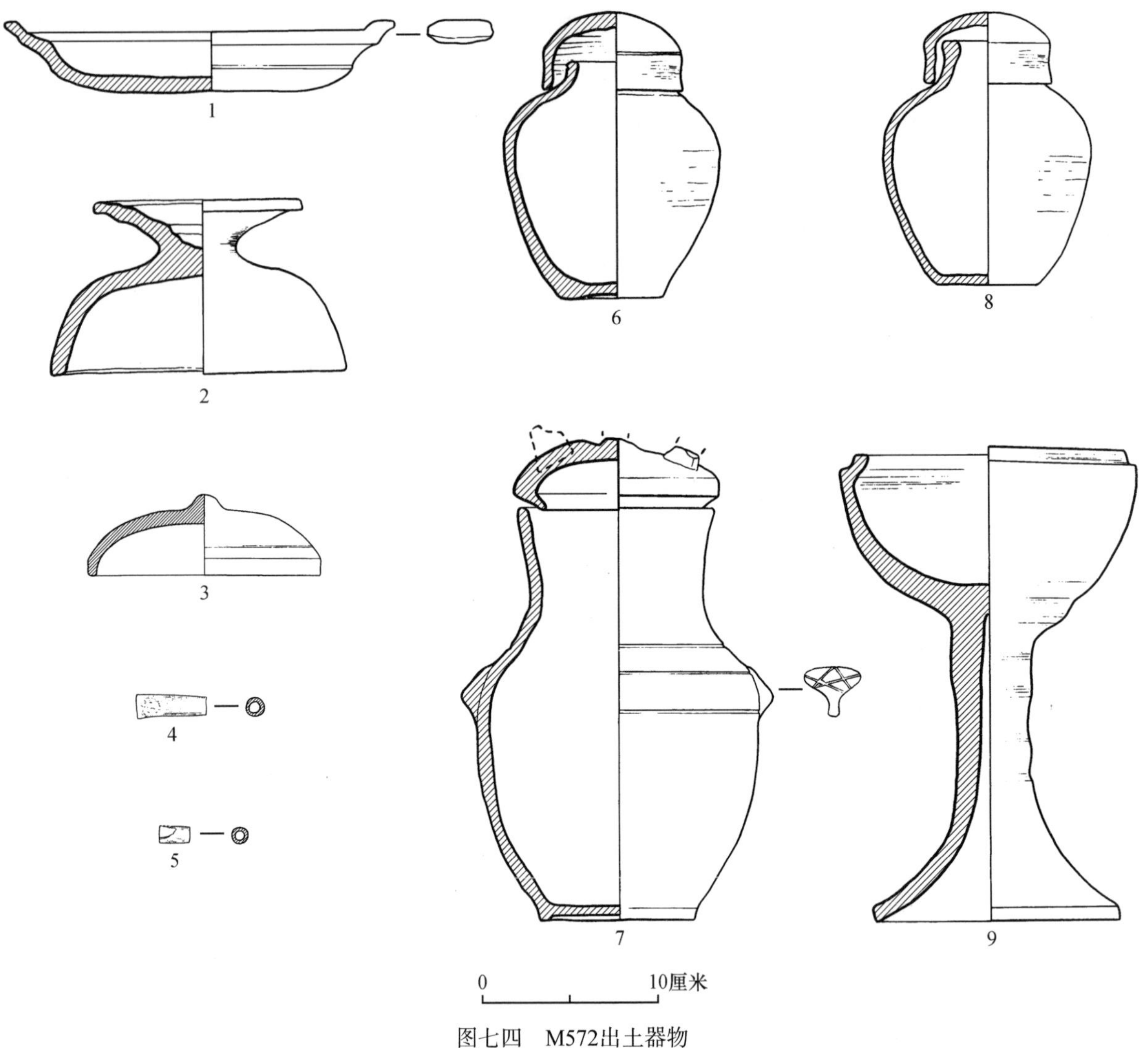

图七四　M572出土器物

1. 陶盘（M572：10）　2、9. 陶豆（M572：8、M572：7）　3. 陶鼎（M572：5）　4、5. 骨饰（M572：9-1、M572：9-2）　6、8. 小口罐（M572：1、M572：6）　7. 陶壶（M572：3）

2. 骨器

骨饰　1件。M572：9，手制。黄白色，圆柱形，一端稍细，中空，横断面呈圆形。残存两段。M572：9-1，外径1～1.4、内径0.6～0.7、壁厚0.15～0.2、残长4.1厘米（图七四，4）。M572：9-2，外径0.9～1、内径0.5～0.6、壁厚0.15～0.2、残长1.8厘米（图七四，5；图版六六，2）。

四四、M574

位于发掘区的中部，T1632西南部，东邻M572。方向35°。开口于第5层下，向下打破生土，开口距地表深1.74米（图七五；图版八，2）。

（一）墓葬形制

该墓平面呈长方形，竖穴土坑墓。口底尺寸一致，南北长3.2米，东西宽2.28米，墓底距墓口深1.96米。内填褐色花土，土质松软。四壁较规整，壁面粗糙，直壁，平底。

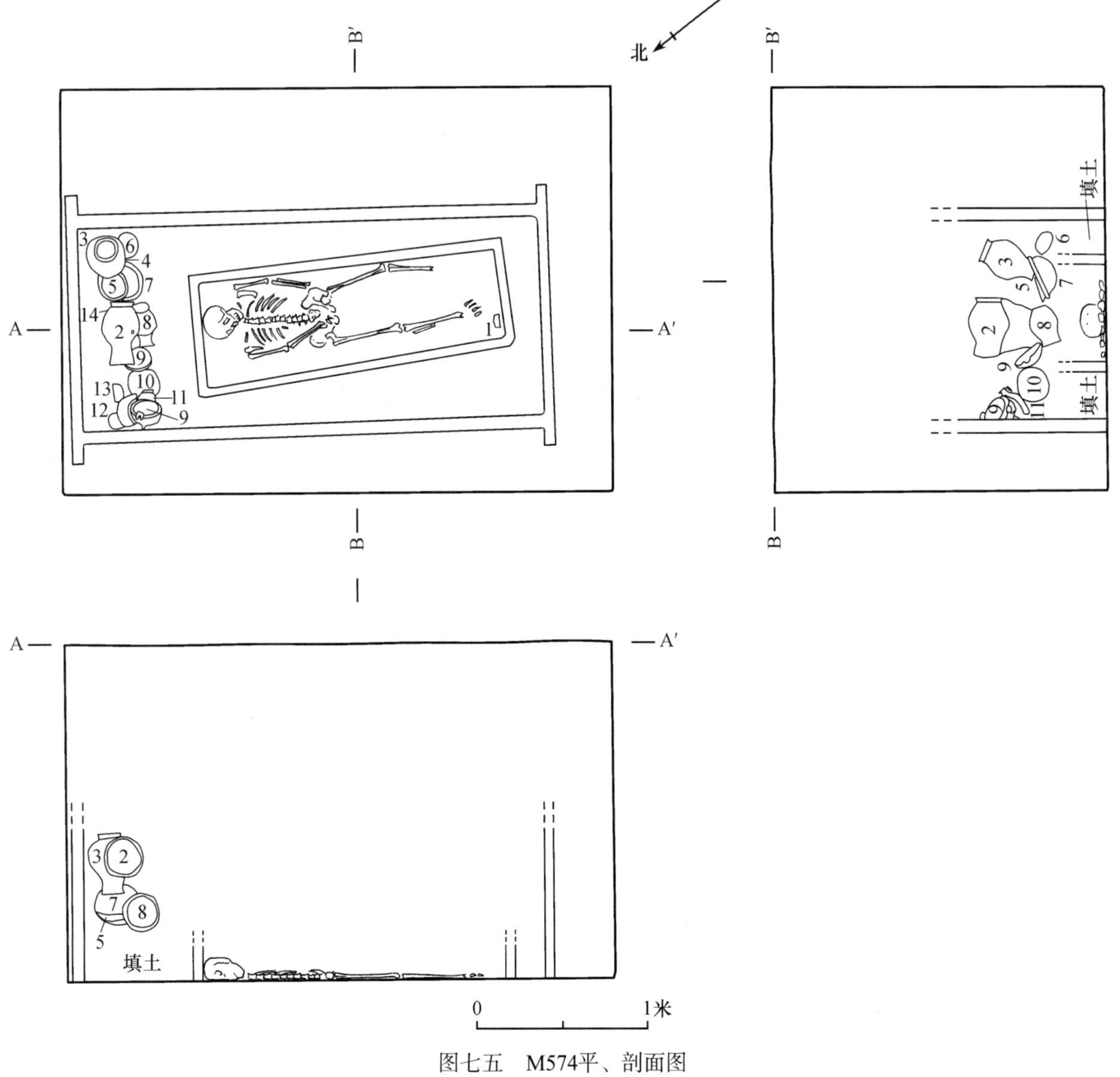

图七五　M574平、剖面图

1. 石块　2、3. 陶壶　4、14. 骨器　5. 陶匜　6、13. 陶小口壶　7. 陶盘　8. 陶尊　9、10. 陶鼎　11、12. 陶豆

葬具为一椁一棺，木质，已朽，仅存朽痕。椁平面呈“Ⅱ”形，南北长2.8米，东西宽1.27～1.51米，残高0.86米，椁板厚0.05～0.07米。椁内有一棺，棺平面呈梯形，南北长1.84米，东西宽0.6～0.72米，残高0.17米，棺板厚0.05米。

棺内存人骨一具，头向东北，面向东南，仰身直肢，保存一般。

（二）出土器物

随葬品置于墓室北部棺椁之间和棺内人骨脚部，共出土器物14件，其中陶器11件、石块1件、骨器2件。墓室北部棺椁之间有陶鼎2件、陶豆2件、陶壶2件、陶盘1件、陶匜1件、陶小口壶2件、陶尊1件、骨饰2件，棺内人骨脚部有石块1件（图版八，4；图版三六，2）。

1. 陶器

陶鼎　2件。M574：9，泥质灰陶，轮模合制。有盖，母口，呈覆钵形，顶隆起，等距分布三个圆环形活动纽，纽皆残，仅存嵌孔。器身子口，近直口，圆唇，上腹部有两个对称的长方形附耳，有长方形穿，深腹，上腹近直，下腹内收，圜底，下附三蹄形足。盖面饰两组凹弦纹，每组三周，腹部有一周凸棱纹和两周凹弦纹。口径18.6、腹径21.4、高19.7、壁厚0.34～0.45厘米，盖径19.8、高6.5、壁厚0.6厘米（图七六，1；图版六六，3）。M574：10，泥质灰陶，轮模合制。有盖，母口，呈覆钵形，顶隆起，等距分布三个圆环形活动纽，纽皆残，仅存嵌孔。器身子口，近直口，圆唇，上腹部有两个对称的长方形附耳，有长方形穿，深腹，上腹直，下腹内收，圜底，下附三蹄形足。盖面饰两组凹弦纹，每组三周，腹部有一周凸棱纹和一周凹弦纹。口径16、腹径18.8、高20、壁厚0.4～1厘米，盖径18.4、高5.2、壁厚0.6厘米（图七六，5；图版六六，4）。

陶豆　2件。M574：11，泥质灰陶，轮制。有盖，母口，呈覆钵形，顶隆起，盖面等距分布三个圆环形活动纽，纽均嵌入圆孔中。器身子口，敛口，圆唇，上腹近直，下腹斜收，细长柄，喇叭形座。盖面饰两组凹弦纹，每组三周，腹部饰三周凹弦纹。器身有数道轮旋痕。口径15.5、腹径18.2、圈足径14.9、高24.5、壁厚0.4～1.4厘米，盖径19.8、高6.1、壁厚0.6厘米（图七六，2；图版六六，5）。M574：12，泥质灰陶，轮制。有盖，母口，呈覆钵形，顶隆起，盖面等距分布三个圆环形活动纽，纽均嵌入圆孔中。器身子口，敛口，圆唇，上腹近直，下腹斜收，细长柄，喇叭形座。盖面饰两组凹弦纹，每组三周，腹部饰三周凹弦纹。器身有数道轮旋痕。口径15.6、腹径18.8、圈足径14.8、高23.3、壁厚0.4～0.7厘米，盖径17.7、高7.2、壁厚0.6厘米（图七六，6；图版六六，6）。

陶壶　2件。M574：2，泥质灰陶，轮模合制。有盖，子口，呈覆钵形，盖舌内折，顶隆起，等距分布三个圆环形活动纽，两环残缺，纽均嵌入圆孔中。器身母口，侈口，方唇，束颈，圆肩，肩部贴附两个对称的兽首形耳，鼓腹，圜底，圈足，足墙外撇。盖面饰三周凹弦纹，颈部至上腹部饰四组凹弦纹，每组三周。器身有数道轮旋痕。口径13.7、腹径24、圈

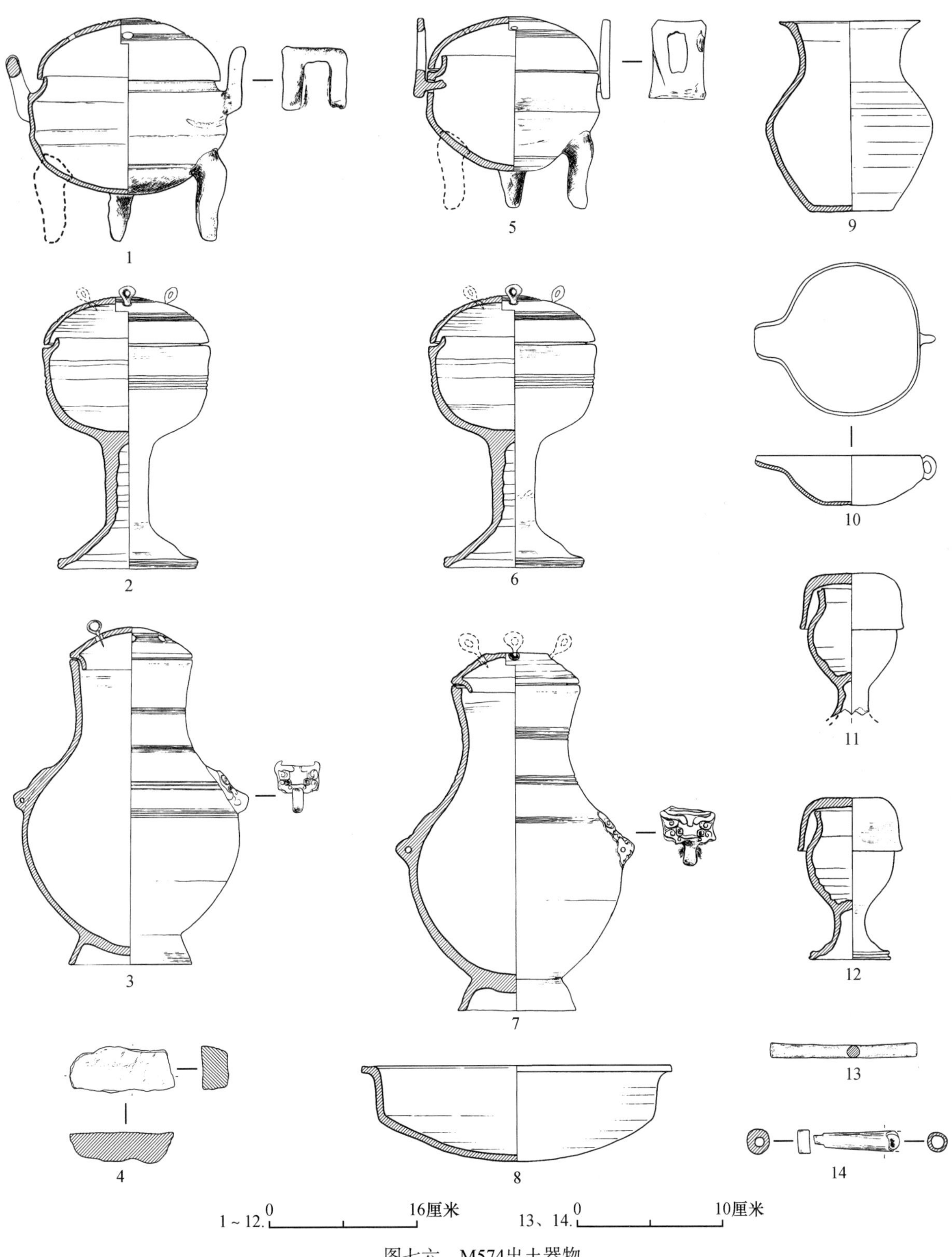

图七六　M574出土器物

1、5. 陶鼎（M574：9、M574：10）　2、6. 陶豆（M574：11、M574：12）　3、7. 陶壶（M574：2、M574：3）　4. 石块（M574：1）　8. 陶盘（M574：7）　9. 陶尊（M574：8）　10. 陶匜（M574：5）　11、12. 小口壶（M574：6、M574：13）　13、14. 骨饰（M574：4、M574：14）

足径13.8、高33.2、壁厚0.9～3.5厘米，盖径10.5、高5.7、壁厚0.5～1厘米（图七六，3；图版六七，1）。M574：3，泥质灰陶，轮模合制。有盖，子口，呈覆钵形，盖舌内折，平顶，上等距分布三个圆环形活动纽，纽残，仅存嵌孔。器身母口，侈口，方唇，束颈，圆肩，肩部贴附两个对称的兽首形耳，鼓腹，圜底，圈足，足墙外撇。颈部至肩部饰三组凹弦纹，每组三周。器身有数道轮旋痕。口径14.1、腹径23.2、圈足径12.7、高34.5、壁厚0.6～2.1厘米，盖径10、高5.5、壁厚0.39厘米（图七六，7；图版六七，2）。

陶盘　1件。M574：7，泥质灰陶，轮制。敞口，平沿，方唇，折腹，上腹近直，下腹斜收，圜底。器身有数道轮旋痕。口径31、宽34.2、腹径30.8、高9.5、壁厚0.7厘米（图七六，8；图版六七，3）。

陶匜　1件。M574：5，泥质灰陶，轮模合制。口部近圆形，敞口，圆唇，弧腹内收，附槽状流，流口较短微上扬，尾部有环形鋬，平底。长17、宽16.7、底径7、高6.4、流长3、壁厚0.4厘米（图七六，10；图版六七，4）。

陶小口壶　2件。M574：6，泥质红陶，轮制。有盖，母口，弧壁，平顶。器身子口，侈口，方唇，短颈，斜弧腹，细柄，柄较短，座残缺。器身有数道轮旋痕。口径7.6、腹径9.8、残高15.6、壁厚0.37～0.96厘米，盖径11.5、顶径6.4、高5.9、壁厚0.4～1厘米（图七六，11）。M574：13，泥质红陶，轮制。有盖，母口，弧壁，平顶。器身子口，侈口，方唇，短颈，斜弧腹，细柄，柄较短，喇叭形座。器身有数道轮旋痕。口径8.4、腹径9.7、圈足径9、高15.7、壁厚0.39～0.98厘米，盖径11.6、顶径6.2、高5.7、壁厚0.4～1厘米（图七六，12；图版六七，5）。

陶尊　1件。M574：8，泥质灰陶，轮制。侈口，宽沿外折，尖圆唇，束颈，折肩下垂，弧腹内收，平底。器身有数道轮旋痕。口径16、腹径18.8、底径9.2、高20.8、壁厚0.8～2.2厘米（图七六，9；图版六七，6）。

2. 石块

石块　1件。M574：1，磨制。泥质粉砂岩，白色，有红、褐色花纹。残断，扁长条形。残长11.3、宽0.4～3.1、厚2.1～2.8厘米（图七六，4；图版六八，1）。

3. 骨器

骨饰　2件。M574：4，手制。表面为黑色。圆柱形，断面呈圆形。表面抛光，两端磨平。直径1～1.1、长11.2厘米（图七六，13；图版六八，2）。M574：14，手制。黄白色。榫卯式组合器，一圆锥形榫嵌入矮圆柱形中空的卯形器中。榫形器外径1.5、内径0.9、残长5.9、宽0.6～1.4厘米，卯形器外径1.7、内径0.6、厚0.8厘米（图七六，14；图版六八，3）。

四五、M575

位于发掘区的中部，T1731西南部、T1631西北部，东北邻M451。方向30°。开口于第4层下，向下打破生土，开口距地表深1.6米（图七七）。

（一）墓葬形制

该墓平面呈近长方形，竖穴土坑墓。口底尺寸一致，南北长2.61米，东西宽1.24～1.3米，北壁东西长略大于南壁，墓底距墓口深2.1米。内填花土，土质松软。四壁较规整，壁面粗糙，直壁，平底。

葬具为单棺，已朽，仅存朽痕。棺平面呈梯形，南北长1.92米，东西宽0.44～0.67米，残高0.3米，棺板厚约0.04米。

棺北侧为头箱，仅存板痕，平面呈长方形。东西长1.01米，南北宽0.42～0.45米，残高0.3米，板厚约0.04米。

棺内有人骨一具，头向东北，面向东南，仰身直肢，保存较差。

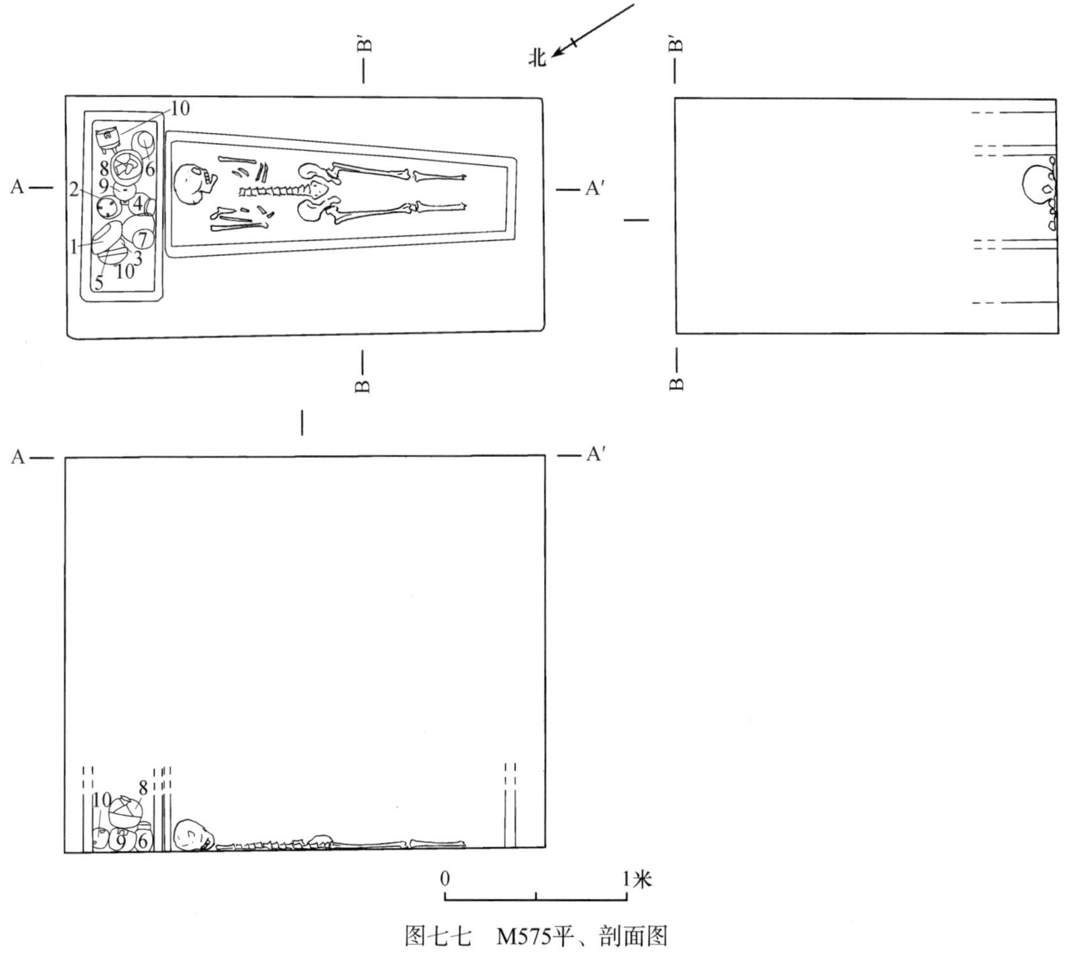

图七七 M575平、剖面图

1. 陶盘 2、3. 陶壶 4、6. 陶小口罐 5. 陶匜 7、8. 陶豆 9、10. 陶鼎

（二）出土器物

随葬品置于头箱，共出土陶器10件。其中陶鼎2件、陶豆2件、陶壶2件、陶盘1件、陶匜1件、陶小口罐2件。

陶鼎　2件。M575：9，泥质灰陶，轮模合制。有盖，母口，顶隆起，顶部中心有一个“∩”形纽。器身子口，敛口，圆唇，上腹部有两个对称的方形外撇附耳，有长方形穿，深直腹，圜底，下附三蹄形足。腹部饰三周凹弦纹。器表施一层灰陶衣。口径9.6、腹径12.2、高11.4、壁厚0.6～2厘米，盖径11.7、高4.9、壁厚0.5～2厘米（图七八，1；图版六八，4）。M575：10，泥质灰陶，轮模合制。有盖，母口，顶隆起，顶部中心有一个“∩”形纽。器身子口，敛口，圆唇，上腹部有两个对称的方形外撇附耳，有长方形穿，深直腹，圜底，下附三蹄形足。腹部饰三周凹弦纹。器表施一层灰陶衣。口径10.2、腹径11.3、高12.3、壁厚0.7厘米，盖径12.1、高5.6、壁厚0.7厘米（图七八，4；图版六八，5）。

陶豆　2件。M575：7，泥质灰陶，轮制。有盖，母口，呈覆钵形，顶部有平面呈圆形的喇叭形捉手。器身子口，敛口，圆唇，弧折腹，细长柄，喇叭形座。柄部有五周凹弦纹，器身有数道轮旋痕，器表施一层灰陶衣。口径15.5、腹径17.2、圈足径13.6、高25.3、壁厚0.7～1.4厘米，盖径16.8、捉手径12、高11.9、壁厚0.4～1.1厘米（图七八，10；图版六八，6）。M575：8，泥质灰陶，轮制。有盖，母口，呈覆钵形，捉手残缺。器身子口，敛口，圆唇，弧折腹，细长柄，喇叭形座。器身有数道轮旋痕。口径14.4、腹径15.1、圈足径10.8、高19.1、壁厚0.6～1.8厘米，盖径15.4、残高5.5、壁厚0.4～1.2厘米（图七八，9；图版六九，1）。

陶壶　2件。M575：2，泥质灰陶，轮模合制。有盖，子口，呈覆钵形，盖舌内折，顶隆起，等距分布三个矩尺状纽。器身母口，侈口，方唇，束颈，圆肩，肩部贴附两个对称的简化兽首形耳，弧腹内收，圜底近平。肩至腹部饰五周凹弦纹。器表施一层灰陶衣。口径10.5、腹径14.6、高21.1、壁厚0.81～1.1厘米，盖径8、高4.1、壁厚0.8厘米（图七八，6；图版六九，2）。M575：3，泥质灰陶，轮模合制。有盖，子口，呈覆钵形，盖舌内折，顶隆起，等距分布三个矩尺状纽。器身母口，侈口，方唇，束颈，圆肩，肩部贴附两个对称的简化兽首形耳，弧腹内收，圜底近平。肩至腹部饰六周凹弦纹，下腹部饰细绳纹。器表施一层灰陶衣。口径10.5、腹径14.5、高22.6、壁厚0.85～2.1厘米，盖径7.8、高4.7、壁厚0.6～0.9厘米（图七八，3；图版六九，3）。

陶盘　1件。M575：1，泥质灰陶，轮制。敞口，折沿上扬，圆唇，折腹，下腹斜收，平底。器身有数道轮旋痕。口径24.3、腹径20.6、底径12.4、高5.1、壁厚0.6～1.1厘米（图七八，7；图版六九，4）。

陶匜　1件。M575：5，泥质灰陶，轮模合制。口部呈桃形，微敛口，方唇，弧腹内收，附槽状流，流口较短微上扬，尾部有半圆形鋬，圜底近平。长11.8、宽11.6、高6、流长2、壁厚0.65～1.25厘米（图七八，2；图版六九，5）。

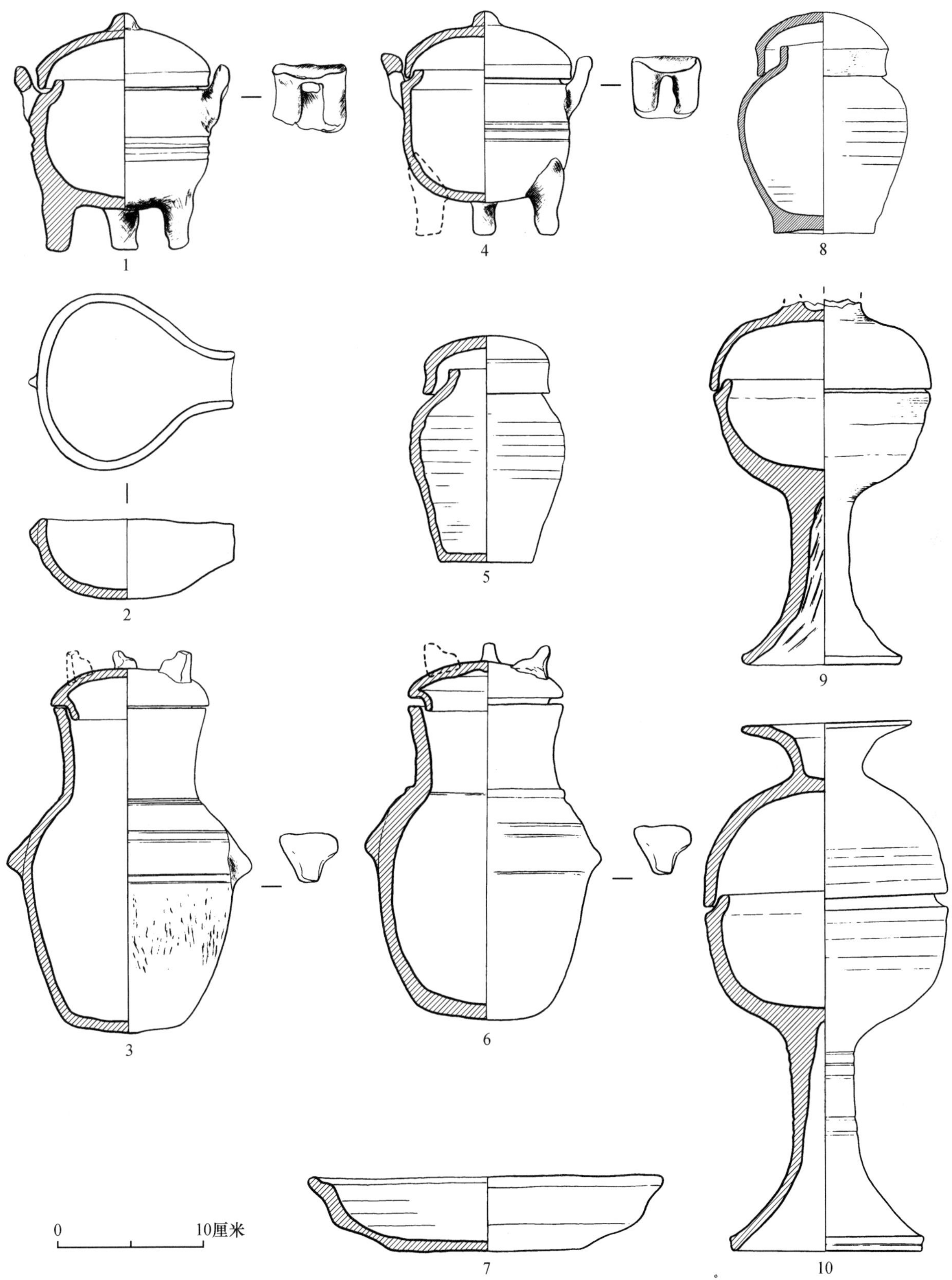

图七八 M575出土器物

1、4. 陶鼎（M575：9、M575：10） 2. 陶匜（M575：5） 3、6. 陶壶（M575：3、M575：2） 5、8. 陶小口罐（M575：4、M575：6） 7. 陶盘（M575：1） 9、10. 陶豆（M575：8、M575：7）

陶小口罐　2件。M575：4，泥质灰陶，轮制。有盖，母口，弧壁，顶隆起。器身子口，敛口，方唇，短束颈，圆肩，斜腹内收，平底。器身有数道轮旋痕。口径5.1、腹径11.5、底径6.5、高13.4、壁厚0.7厘米，盖径8.8、高4.1、壁厚0.9～1.1厘米（图七八，5；图版六九，6）。M575：6，泥质灰陶，轮制。有盖，母口，弧壁，顶隆起。器身子口，近直口，方唇，短束颈，圆肩，斜弧腹内收，平底略凹。器身有数道轮旋痕。口径6、腹径11.8、底径7、高12.8、壁厚0.4～0.9厘米，盖径9、高4.3、壁厚0.3～0.6厘米（图七八，8；图版七〇，1）。

四六、M580

位于发掘区的中部，T1532西北部，东邻M581。方向30°。开口于第5层下，向下打破生土，开口距地表深1.99米（图七九；图版九，1）。

（一）墓葬形制

该墓平面呈长方形，竖穴土坑墓。口略大于底，墓口南北长3.3米，东西宽2.13米；墓底南北长3.09米，东西宽1.96米，墓底距墓口深2.41米。内填黄褐色花土，土质松软。四壁较规整，壁面粗糙，斜壁，平底。

葬具为一椁一棺，木质，已朽，仅存朽痕。椁平面呈“Ⅱ”形，南北长2.92米，东西宽1.52～1.81米，残高0.7米，椁板厚0.08米。东、西两侧椁壁均向内侧挤压变形。椁内有一棺，棺平面呈长方形，南北长1.94米，东西宽0.64米，残高0.3米，棺板厚0.06米。

棺内有人骨一具，头向东北，面向上，仰身直肢，保存较好。

（二）出土器物

随葬品置于墓室北部棺椁之间，共出土陶器8件。其中陶鼎2件、陶豆2件、陶壶2件、陶小口罐2件。

陶鼎　2件。M580：1，泥质灰陶，轮模合制。仅余盖，母口，圆形，顶隆起，顶部中心有一个“∩”形纽。器表施一层灰陶衣。盖径14.4、高5.7、壁厚1厘米（图八〇，7）。M580：2，泥质灰陶，轮模合制。盖残缺。器身子口，敛口，圆唇，上腹部有两个对称的长方形外撇附耳，有长方形穿，直腹，圜底，下附三蹄形足。腹部饰三周凹弦纹。口径12.3、腹径14.3、高14.4、壁厚0.8厘米（图八〇，5；图版七〇，2）。

陶豆　2件。M580：4，泥质灰陶，轮制。有盖，母口，呈覆钵形，顶部有平面呈圆形的喇叭形捉手，柄较短。器身子口，敛口，方唇，弧折腹，细长柄，喇叭形座。器身有数道轮旋痕。口径15.4、腹径17、圈足径13.8、高21.4、壁厚0.7～1.4厘米，盖径16.7、捉手径10.7、高

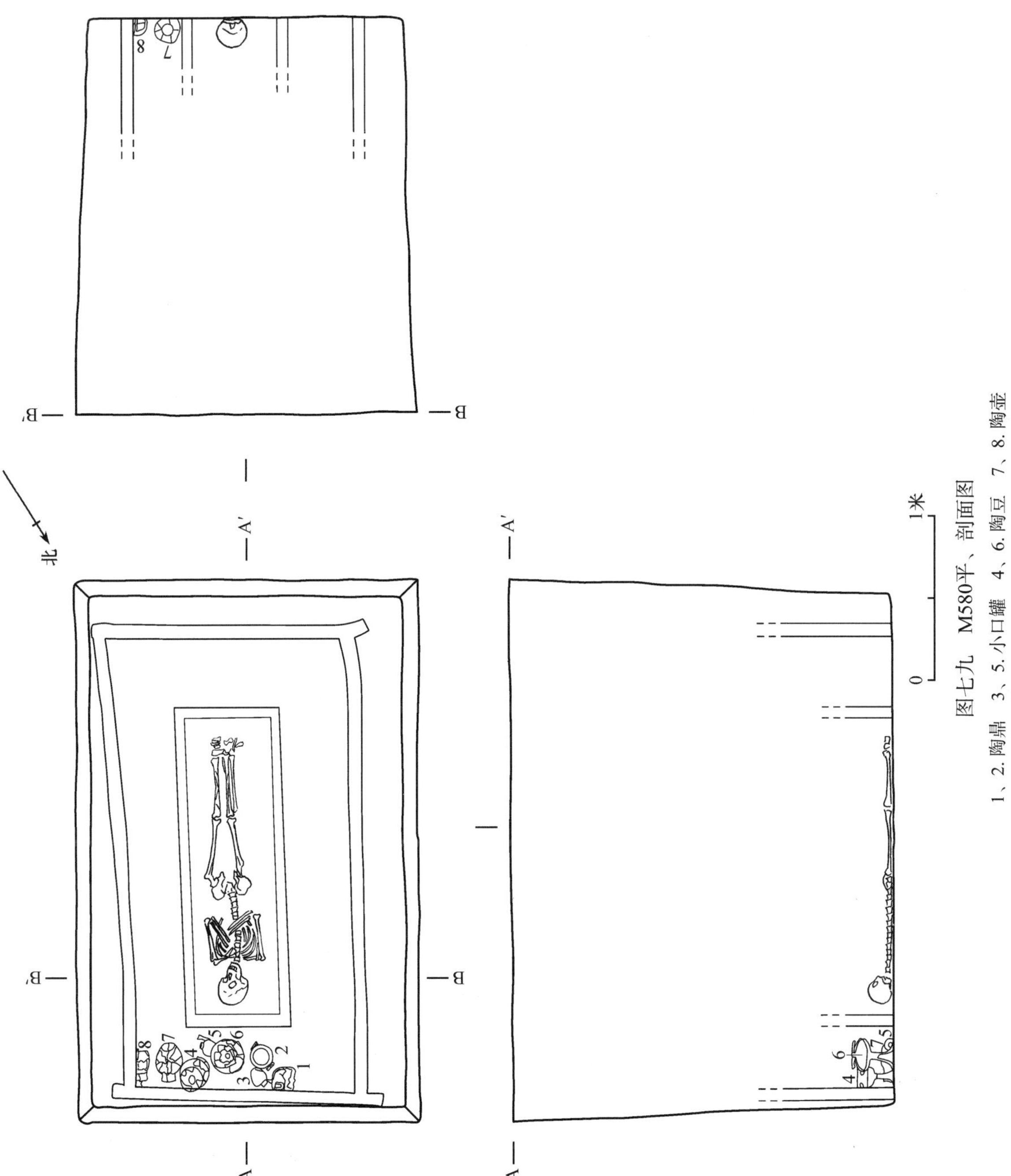

图七九　M580平、剖面图
1、2. 陶鼎　3、5. 小口罐　4、6. 陶豆　7、8. 陶壶

9.2、壁厚0.75～2.9厘米（图八〇，8；图版七〇，3）。M580：6，泥质灰陶，轮制。有盖，母口，呈覆钵形，顶部有平面呈圆形的喇叭形捉手，柄较短。器身子口，敛口，圆唇，弧折腹，细长柄，喇叭形座。器身有数道轮旋痕。口径15.6、腹径17、圈足径13.5、高22、壁厚0.6～3.6厘米，盖径18、捉手径12.6、高12、壁厚0.4～2.8厘米（图八〇，2；图版七〇，4）。

陶壶　2件。M580：7，泥质灰陶，轮模合制。盖残缺。器身母口，侈口，圆唇，束颈，圆肩，肩部贴附两个对称的简化兽首形耳，弧腹内收，平底内凹，矮圈足。颈至腹部刻划三组纹饰，各组纹饰下皆饰一周凹弦纹，自上而下第一组为一周三角内填水波纹，第二组为一周竖向水波纹，第三组为一周折线三角组合纹，下腹部饰绳纹，漫漶不清。口径11.6、腹径15.1、圈足径8.8、高25、壁厚0.7～1厘米（图八〇，1；图版七〇，5）。M580：8，泥质灰陶，轮模合制。盖残缺。器身母口，侈口，方唇，束颈，圆肩，肩部贴附两个对称的简化兽首形耳，弧腹内收，平底，矮圈足。颈至肩部刻划三组纹饰，各组纹饰下皆饰一周凹弦纹，自上而下第一组为一周三角内填水波纹，第二组为一周竖向水波纹，第三组为一周折线三角组合纹；腹部饰一周凹弦纹，下饰绳纹，漫漶不清。口径11.4、腹径17、圈足径8.5、高23.7、壁厚1.1～2.6厘米（图八〇，3；图版七〇，6）。

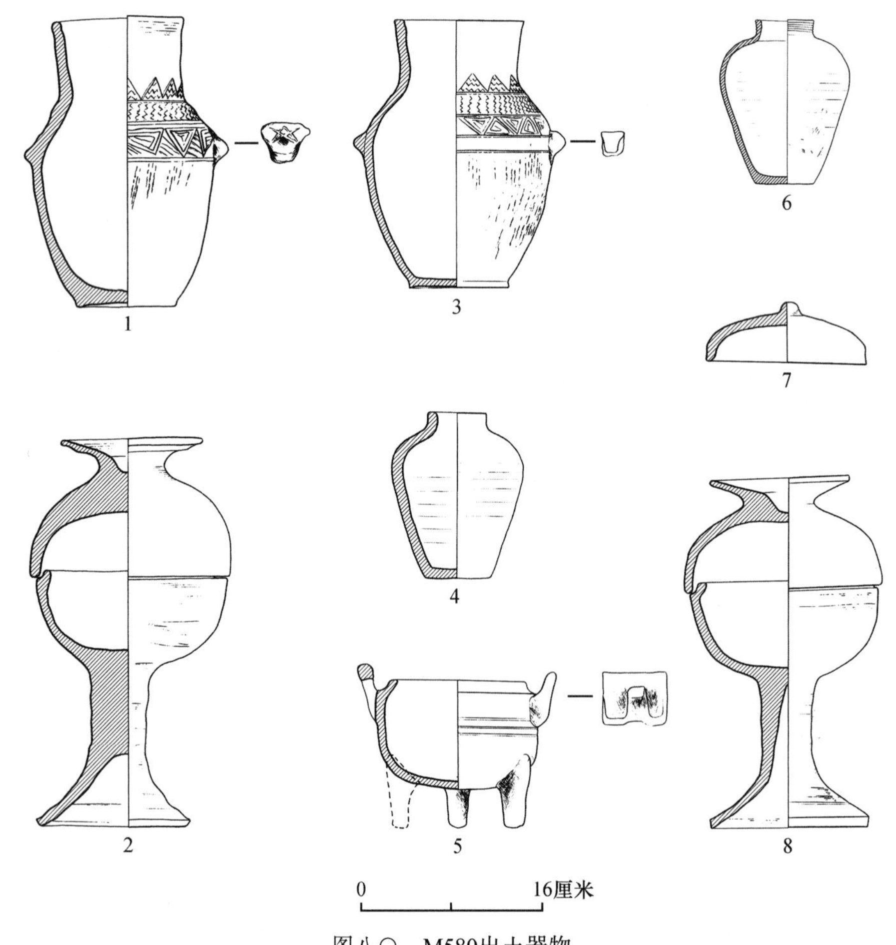

图八〇　M580出土器物

1、3. 陶壶（M580：7、M580：8）　2、8. 陶豆（M580：6、M580：4）　4、6. 陶小口罐（M580：3、M580：5）
5、7. 陶鼎（M580：2、M580：1）

陶小口罐　2件。M580：3，泥质灰陶，轮制。盖残缺。器身子口，近直口，圆唇，短束颈，圆肩，斜腹内收，平底。器身有数道轮旋痕。口径5.4、腹径12.2、底径6.2、高14.6、壁厚0.8～1.1厘米（图八〇，4；图版七一，1）。M580：5，泥质灰陶，轮制。盖残缺。器身子口，近直口，圆唇，短束颈，圆肩，斜腹内收，平底。器身有数道轮旋痕。口径5.2、腹径11.5、底径5.1、高14.1、壁厚0.4～1厘米（图八〇，6；图版七一，2）。

四七、M581

位于发掘区的中部，T1532中部，西邻M580，南邻M616。方向30°。开口于第5层下，向下打破生土，开口距地表深1.85米（图八一；图版九，2）。

（一）墓葬形制

该墓平面呈长方形，竖穴土坑墓。口略大于底，墓口南北长3.99米，东西宽2.48～2.52米；墓底南北长3.38米，东西宽2.16～2.18米，墓底距墓口深2.25米。内填花土，土质松软。四壁较规整，壁面粗糙，斜壁，平底。

葬具为一椁一棺，木质，已朽，仅存朽痕。椁平面呈“Ⅱ”形，南北长3.06米，东西宽1.13～1.69米，残高0.5米，椁板厚0.04～0.08米。南、北两侧椁壁均向内侧挤压变形，东侧向外侧挤压变形。椁内北部有一道隔板，将椁室分为两部分。北部为头箱，平面呈长方形，东西长1.38米，南北宽0.73米，残高0.5米，板厚约0.06米。椁内南部有一棺，棺平面呈梯形，南北长1.82米，东西宽0.55～0.64米，残高0.15米，棺板厚0.03～0.05米。

棺内存人骨一具，头向东北，面向、葬式不详，保存较差。

（二）出土器物

随葬品置于头箱，共出土陶器11件。其中陶鼎1件、陶豆2件、陶壶2件、陶盘1件、陶匜1件、陶鬲2件、陶小口壶2件（图版九，3；图版三七，1）。

陶鼎　1件。M581：5，泥质红陶，轮模合制。有盖，母口，呈覆钵形，顶部隆起，等距分布三个“∩”形纽。器身子口，敛口，方唇，上腹部有两个对称的长方形附耳，有长方形穿，直腹，圜底，下附三蹄形足。盖面饰五周凹弦纹，腹部饰三周凹弦纹，膝部饰兽面纹。器表厚施一层灰陶衣。口径19.5、腹径24、高25、壁厚1～2.5厘米，盖径22.3、高6.7、壁厚0.8～1厘米（图八二，1；图版七一，3）。

陶豆　2件。M581：6，泥质灰陶，轮制。有盖，母口，呈覆钵形，盖较浅，顶部有平面呈圆形的喇叭形捉手，柄较长。器身子口，敛口，圆唇，弧折腹，细长柄，喇叭形座。捉手顶

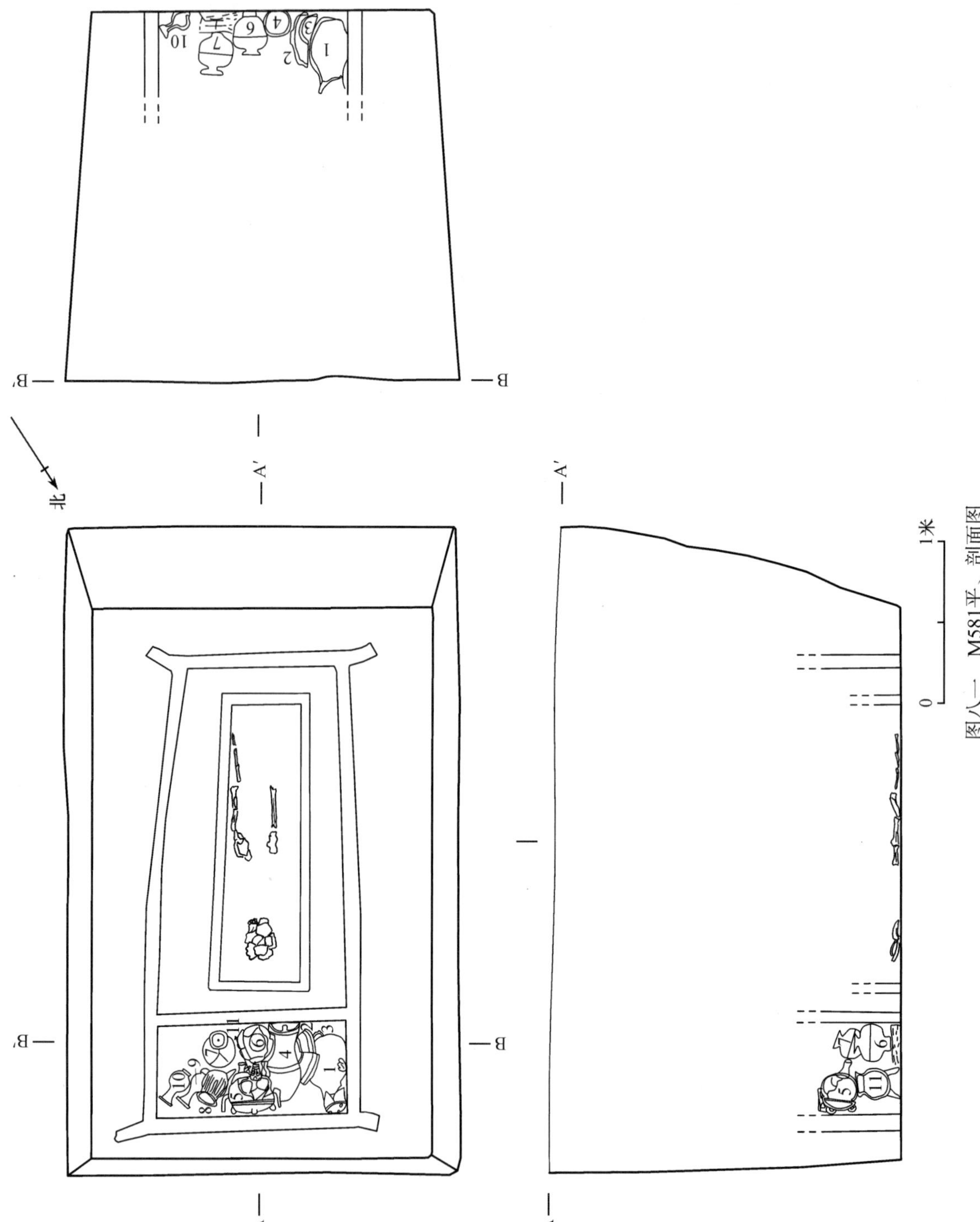

图八一　M581平、剖面图

1、4. 陶壶　2. 陶盘　3. 陶匜　5. 陶鼎　6、7. 陶豆　8、11. 陶鬲　9、10. 陶小口壶

面和器身饰四周凹弦纹，柄部饰竹节状纹。器身有数道轮旋痕。口径15.7、腹径19.3、圈足径13.4、高29.2、壁厚0.4～3.6厘米，盖径19.7、捉手径12、高11.2、壁厚0.5～2.6厘米（图八二，10；图版七一，4）。M581：7，泥质灰陶，轮制。有盖，母口，呈覆钵形，盖较浅，顶部有平面呈圆形的喇叭形捉手，柄较长。器身子口，敛口，圆唇，弧折腹，细长柄，喇叭形座。捉手顶面饰四周凹弦纹，盖面和器身上腹部饰三周凹弦纹，柄部饰竹节状纹。器身有数道轮旋痕。口径16.4、腹径18.4、圈足径11.8、高27.6、壁厚0.8～1.2厘米，盖径18.5、捉手径11.4、高11.1、壁厚0.8～3.4厘米（图八二，11；图版七一，5）。

陶壶　2件。M581：1，泥质红陶，轮模合制。有盖，子口，圆形，盖舌内折，顶隆起，等距分布三个“∩”形纽。器身母口，侈口，方唇，高束颈，圆肩，肩部贴附两个对称的兽首形耳，鼓腹，下腹弧收，圜底，矮圈足，足墙外撇。盖面饰三组凹弦纹，每组两周，肩至腹部饰四周凹弦纹。器身有数道轮旋痕，器表施一层灰陶衣。口径14.8、腹径26.9、圈足径17.1、高44.3、壁厚0.79～2.4厘米，盖径12、高4.8、壁厚0.4～0.8厘米（图八二，2；图版七二，1）。M581：4，泥质红陶，轮模合制。有盖，子口，圆形，盖舌内折，顶隆起，等距分布三个“∩”形纽。器身母口，侈口，方唇，高束颈，圆肩，肩部贴附两个对称的兽首形耳，鼓腹，下腹弧收，圜底，矮圈足，足墙外撇。盖面饰三组凹弦纹，每组两周，肩至腹部饰四周凹弦纹。器身有数道轮旋痕，器表厚施一层灰陶衣。口径15.2、腹径26、圈足径15.6、高44.2、壁厚0.88厘米，盖径12、高5.2、壁厚0.84厘米（图八二，3；图版七二，2）。

陶盘　1件。M581：2，泥质灰陶，轮制。敞口，折沿上扬，方唇，折腹，上腹近直，下腹斜收，圈足。沿面及唇端均有一周凹弦纹，外腹壁中部有一周折棱。器身有数道轮旋痕。口径30.7、腹径26.2、圈足径13.1、高9.2、壁厚0.9～1.5厘米（图八二，8；图版七一，6）。

陶匜　1件。M581：3，泥质灰陶，轮模合制。口部呈椭圆形，敛口，方唇，弧腹内收，附槽状流，流口上扬，尾部有环形鋬，平底。长20.5、宽17、底径9.2～12.4、高9.8、流长6.5、壁厚0.6厘米（图八二，9；图版七二，3）。

陶鬲　2件。M581：8，夹砂红陶，腹壁模制，足为手制。敛口，平沿，方唇，唇端略凹，短束颈，溜肩，深弧腹，圜底，底附三个锥形实足，略外撇。腹壁和底部饰细绳纹，肩部有一戳印“[illegible]”图案。内壁有按压痕迹。口径13.7、腹径16.7、高23.1、壁厚0.5～0.9厘米（图八二，6；图版七二，4）。M581：11，夹砂红陶，腹壁模制，足为手制。敛口，平沿，方唇，唇端略凹，短束颈，溜肩，深弧腹，圜底，底附三个锥形实足，略外撇。腹壁和底部饰细绳纹。内壁有按压痕迹。口径13、腹径17.1、高24.5、壁厚0.4～0.95厘米（图八二，7；图版七二，5）。

陶小口壶　2件。M581：9，泥质灰陶，轮制。盖残缺。器身子口，敛口，方唇，短颈，溜肩，垂腹，细柄，喇叭形座。器身有数道轮旋痕。口径4.4、腹径11.9、圈足径9.7、高21.1、壁厚0.8～2厘米（图八二，5；图版七二，6）。M581：10，泥质灰陶，轮制。敛口，方唇，短颈，溜肩，垂腹，细柄，喇叭形座。器身有数道轮旋痕。口径4.6、腹径12.6、圈足径9.8、高21.5、壁厚0.8～1.45厘米（图八二，4；图版七三，1）。

图八二　M581出土器物

1. 陶鼎（M581∶5）　2、3. 陶壶（M581∶1、M581∶4）　4、5. 陶小口壶（M581∶10、M581∶9）　6、7. 陶鬲（M581∶8、M581∶11）　8. 陶盘（M581∶2）　9. 陶匜（M581∶3）　10、11. 陶豆（M581∶6、M581∶7）

四八、M586

位于发掘区的中部，T1630西南部、T1530西北部，东邻M705，西邻M710。方向10°。开口于第5层下，向下打破生土，开口距地表深2.45米（图八三）。

（一）墓葬形制

该墓平面呈长方形，竖穴土坑墓。口底一致，南北长2.66米，东西宽1.04米，墓底距墓口深1.55米。内填灰褐色花土，土质松软。四壁较规整，壁面粗糙，直壁，平底。

葬具为单棺，木质，已朽，仅存朽痕。棺平面呈梯形，南北长2.09米，东西宽0.54～0.6米，残高0.22米，棺板厚0.03～0.05米。

棺内有人骨一具，头向北，面向西，仰身直肢，保存一般。

（二）出土器物

未发现随葬品。

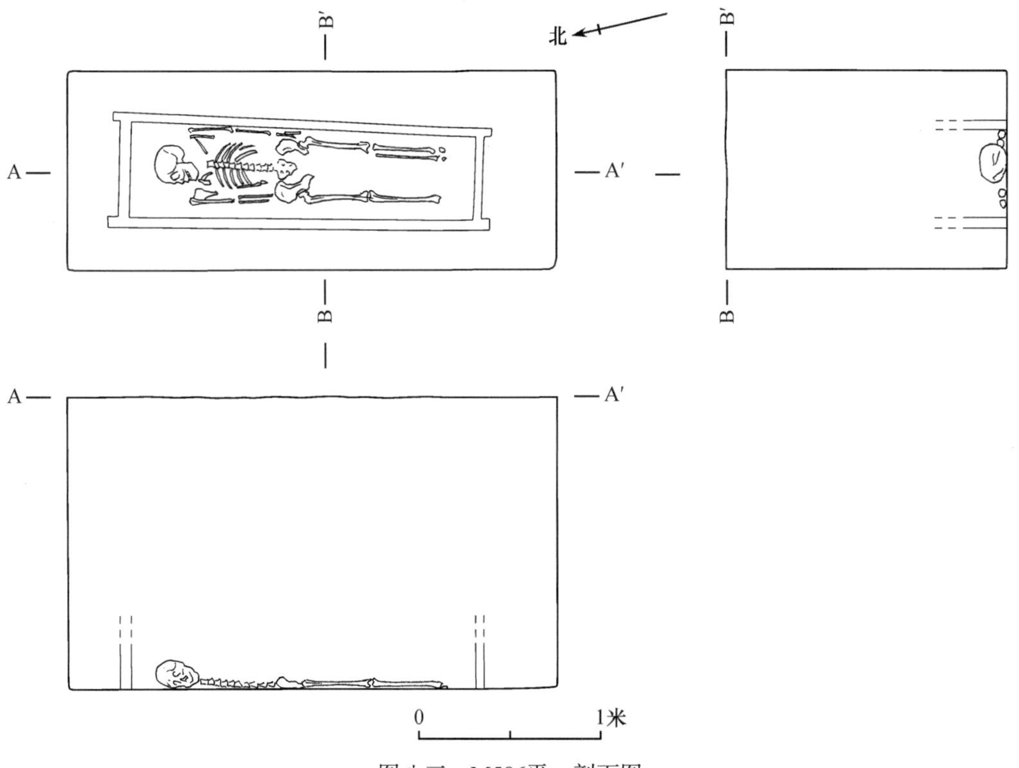

图八三　M586平、剖面图

四九、M587

位于发掘区的西部，T1934中部偏南，东邻M588。方向50°。开口于第5层下，向下打破生土，开口距地表深1.9米（图八四；图版一〇，1）。

（一）墓葬形制

该墓平面呈长方形，竖穴土坑墓。口略大于底，墓口东西长3.02米，南北宽1.8米；墓底东西长2.83米，南北宽1.59米，墓底距墓口深1.7米。内填灰褐色花土，土质松软。四壁较规整，壁面粗糙，斜壁，平底。

葬具为单棺，木质，已朽，仅存朽痕。棺平面呈梯形，东西长2.08米，南北宽0.67～0.75米，残高0.2米，棺板厚0.02～0.05米。

棺内有人骨一具，头向东北，面向不详，仰身直肢，保存较差。

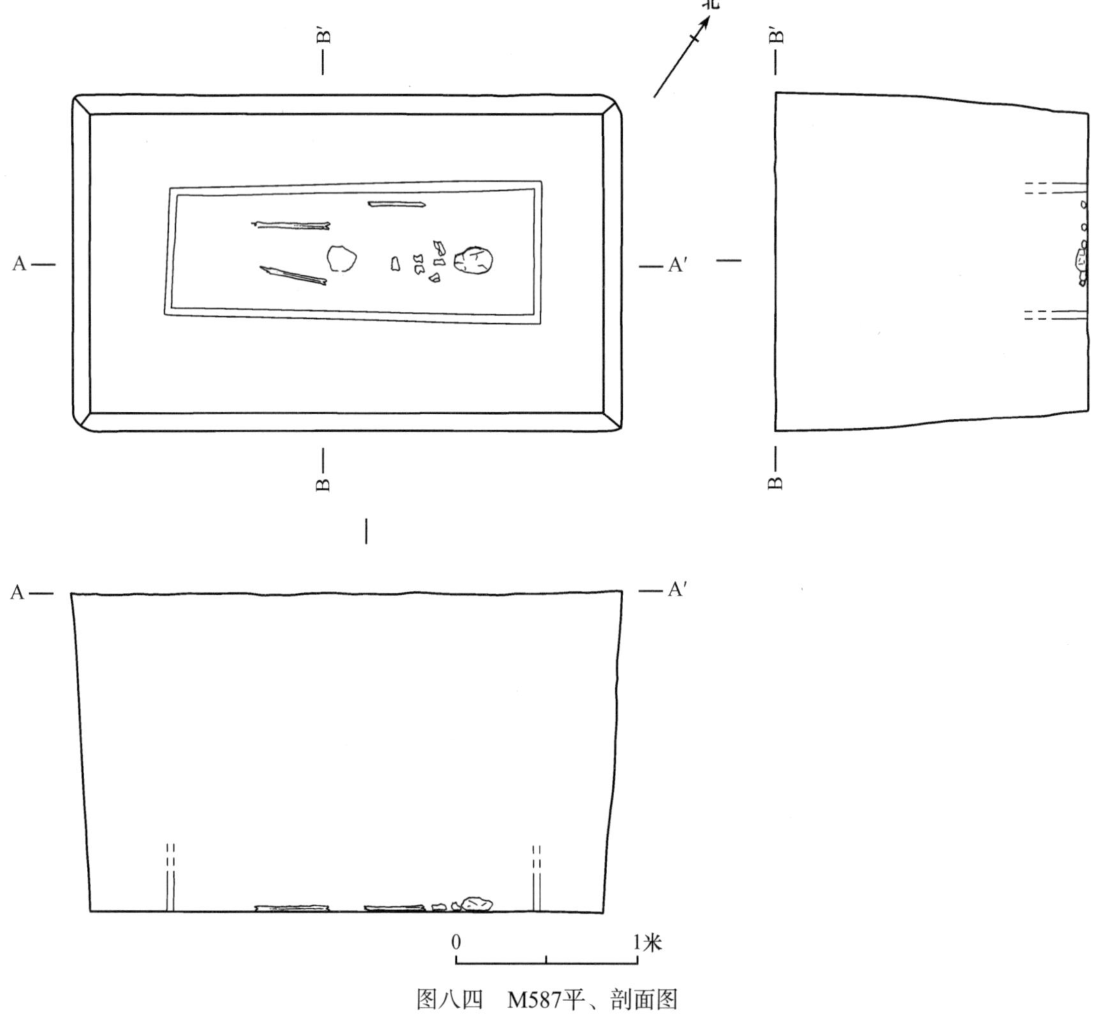

图八四　M587平、剖面图

（二）出土器物

未发现随葬品。

五〇、M588

位于发掘区的西部，T1934东南部，西邻M587，南邻M670。方向45°。开口于第5层下，向下打破生土，开口距地表深1.7米（图八五）。

（一）墓葬形制

该墓平面呈长方形，竖穴土坑墓。口底一致，南北长3.28米，东西宽1.98～2.1米，墓底距墓口深1.5米。内填花土，土质松软。四壁较规整，壁面粗糙，直壁，平底。

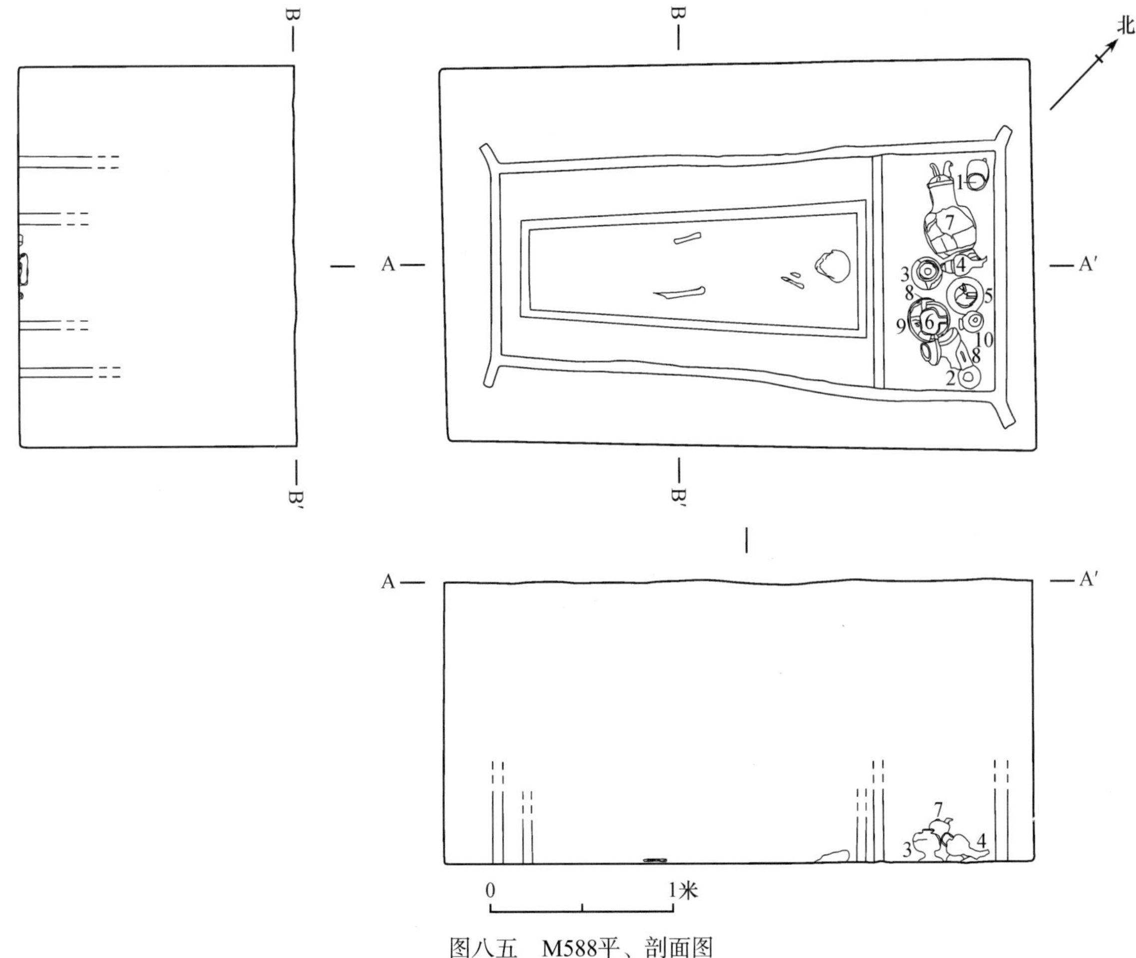

图八五　M588平、剖面图

1. 陶鬲　2、3. 陶豆　4、10. 陶小口壶　5、7. 陶壶　6. 陶匜　8. 陶鼎　9. 陶盘

葬具为一椁一棺，木质，已朽，仅存朽痕。椁平面呈“II”形，南北长2.93米，东西宽1.08～1.61米，残高0.4米，椁板厚约0.05米。四侧椁壁均向内侧挤压变形。椁内北部有一道隔板，将椁室分为两部分。北部为头箱，平面呈长方形，东西长1.35～1.41米，南北宽0.74米，残高0.38米，板厚约0.06米。椁内南部有一棺，棺平面呈梯形，南北长1.9米，东西宽0.51～0.73米，残高0.24米，棺板厚0.05米。

棺内人骨仅存头骨及部分肢骨，头向东北，面向、葬式不详，保存较差。

（二）出土器物

随葬品置于头箱，共出土陶器10件。其中陶鼎1件、陶豆2件、陶壶2件、陶盘1件、陶匜1件、陶鬲1件、陶小口壶2件。

陶鼎　1件。M588：8，泥质红陶，轮模合制。有盖，母口，呈覆钵形，顶隆起，等距分布三个“∩”形穿孔纽。器身子口，敛口，方唇，上腹部有两个对称的长方形附耳，有长方形穿，弧腹，圜底，下附三细高蹄形足。盖壁饰一周凹弦纹，器身腹部饰两周凹弦纹。口径17.8、腹径19.7、高27、壁厚1～2.2厘米，盖径20、高7.3、壁厚0.5～0.9厘米（图八六，1；图版七三，2）。

陶豆　2件。M588：2，泥质灰陶，轮制。有盖，母口，呈覆钵形，顶部有平面呈圆形的喇叭形捉手，柄较短。器身子口，敛口，圆唇，弧腹斜收，细长柄，喇叭形座。捉手顶面饰一周凹弦纹，盖面和器身腹部皆饰两周凸棱纹，柄部饰三组凹弦纹，每周三组。器身有数道轮旋痕。口径15.9、腹径18.5、圈足径14.3、高25.5、壁厚0.7～1.7厘米，盖径18、捉手径11.8、高9.8、壁厚0.5～2.9厘米（图八六，6；图版七三，3）。M588：3，泥质灰陶，轮制。有盖，母口，呈覆钵形，顶部有平面呈圆形的喇叭形捉手，柄较短。器身子口，敛口，圆唇，弧腹斜收，细长柄，底座残。捉手顶面饰一周凹弦纹，盖面和器身腹部皆饰两周凸棱纹，柄部饰三组凹弦纹，每组三周。器身有数道轮旋痕。口径15.4、腹径18.1、残高21.1、壁厚0.62厘米，盖径18.1、捉手径11.6、高9.5、壁厚0.76厘米（图八六，9；图版七三，4）。

陶壶　2件。M588：5，泥质灰陶，轮模合制。有盖，子口，圆形，盖舌内折，近直壁，顶隆起，等距分布三个曲形纽。器身母口，侈口，方唇，高束颈，圆肩，肩部贴附两个对称的兽首形耳，弧腹内收，平底，喇叭状高圈足。肩至下腹部饰六组凹弦纹，每组两周，圈足有两周凸棱纹。器身有数道轮旋痕。口径13.6、腹径23.4、圈足径16.7、高41.8、壁厚0.81厘米，盖径10.4、高8.8、壁厚0.8厘米（图八六，2；图版七三，5）。M588：7，泥质灰陶，轮模合制。有盖，子口，圆形，盖舌内折，直壁，顶隆起，等距分布三个曲形纽。器身母口，侈口，方唇，高束颈，圆肩，肩部贴附两个对称的兽首形耳，弧腹内收，平底，喇叭状高圈足。肩至下腹部饰六组凹弦纹，每组两周，圈足有两周凸棱纹。器身有数道轮旋痕。口径13.6、腹径23.6、圈足径16.4、高41.8、壁厚0.84厘米，盖径10.4、高8.8、壁厚0.86厘米（图八六，4；图版七三，6）。

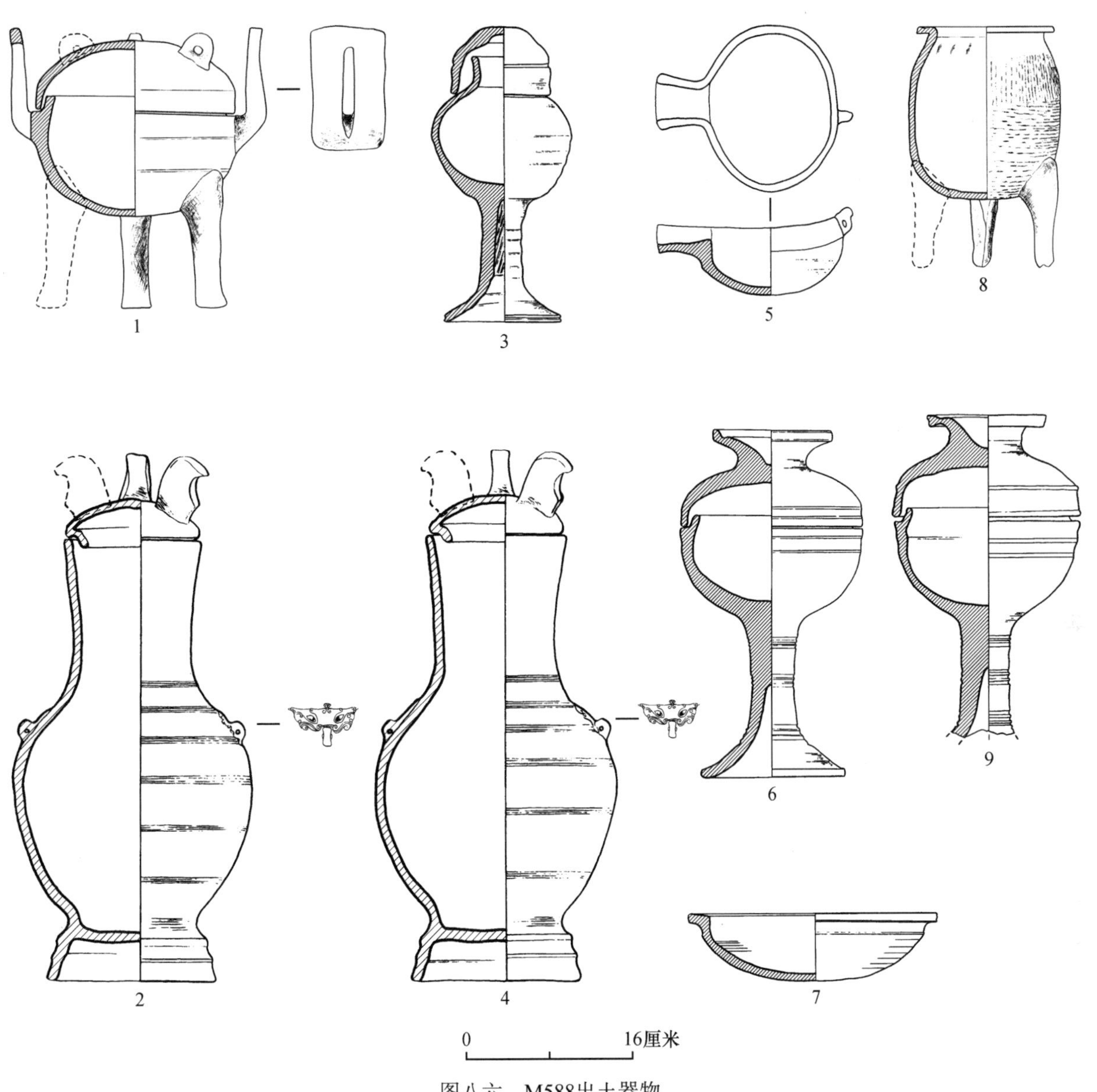

图八六　M588出土器物

1. 陶鼎（M588：8）　2、4. 陶壶（M588：5、M588：7）　3. 陶小口壶（M588：4）　5. 陶匜（M588：6）　6、9. 陶豆（M588：2、M588：3）　7. 陶盘（M588：9）　8. 陶鬲（M588：1）

陶盘　1件。M588：9，泥质灰陶，轮制。敞口，折沿上扬，方唇，弧腹内收，圜底。沿面有两周凹弦纹，上腹有一周折棱。器身有数道轮旋痕。口径24.9、腹径22.3、高6.6、壁厚0.9～1.1厘米（图八六，7；图版七四，1）。

陶匜　1件。M588：6，泥质灰陶，轮模合制。口部呈椭圆形，敞口，圆唇，上腹近直，下腹弧收，附槽状流，微上扬，尾部有简化的兽形錾，圜底。器身有数道轮旋痕。口长16.3、口宽14.3、高8.3、流长5.6、壁厚0.8～2.1厘米（图八六，5；图版七四，2）。

陶鬲　1件。M588：1，夹砂红陶，腹壁模制，足为手制。近直口，平沿，方唇，唇端略凹，短束颈，溜肩，深弧腹，圜底，底附三个锥形实足，略外撇。腹壁和底部饰细绳纹。内壁有按压痕迹。口径13.5、腹径15.3、高23.5、壁厚0.4～0.9厘米（图八六，8；图版七四，3）。

陶小口壶　2件。M588：4，泥质灰陶，轮制。有盖，母口，近直壁，平顶。器身子口，侈口，圆唇，短颈，斜弧腹，细柄，喇叭形座。盖壁有一周凹弦纹。器身有数道轮旋痕。口径5.3、腹径12.5、圈足径11.2、高24.9、壁厚0.6～3.7厘米，盖径9.6、腹径9.6、高6.5、壁厚0.64厘米（图八六，3；图版七四，4）。M588：10，无法修复，器形不可辨。

五一、M589

位于发掘区的中部，T1732东部、T1731西部，北邻M634，南邻M575。方向44°。开口于第5层下，向下打破生土，开口距地表深1.5米（图八七）。

（一）墓葬形制

该墓平面呈长方形，竖穴土坑墓。口底尺寸一致，南北长2.41米，东西宽1.2米，墓底距墓口深1.02米。内填花土，土质松软。四壁较规整，壁面粗糙，直壁，平底。

葬具为单棺，木质，已朽，仅存朽痕。棺平面呈梯形，南北长1.8米，东西宽0.53～0.68米，残高0.12米，棺板厚约0.04米。

棺内有人骨一具，头向东北，面向不详，仰身直肢，保存较差。

墓室北壁设壁龛，平面呈长方形，距墓室底0.52米，长0.5米，进深0.4米，高0.4米。

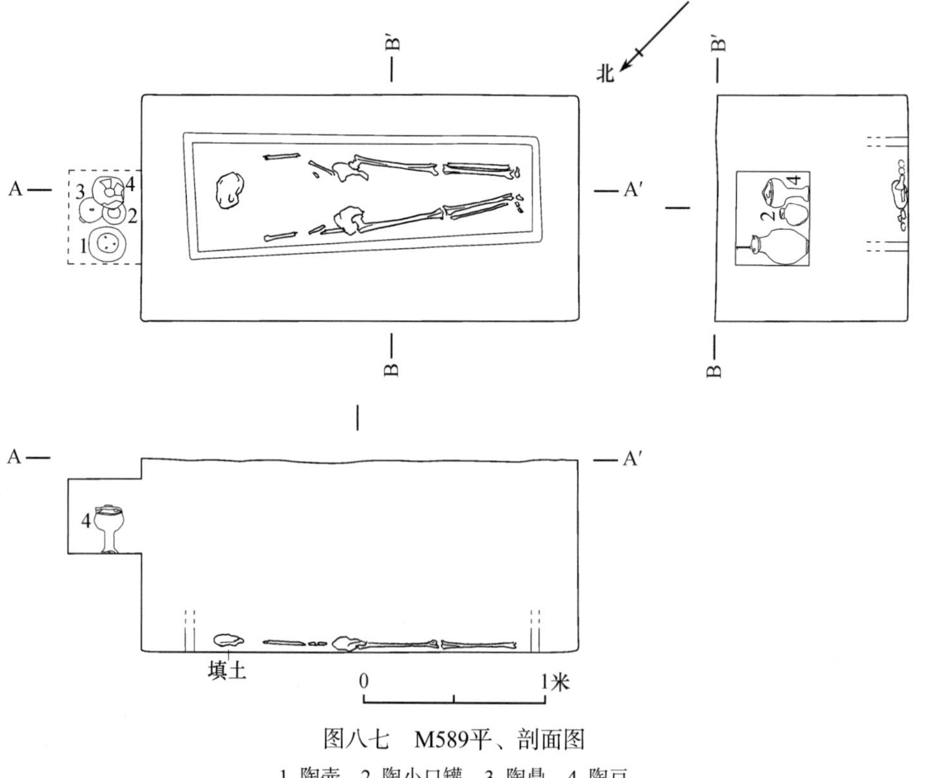

图八七　M589平、剖面图

1. 陶壶　2. 陶小口罐　3. 陶鼎　4. 陶豆

（二）出土器物

随葬品置于北部壁龛内，共出土陶器4件。其中陶鼎1件、陶豆1件、陶壶1件、陶小口罐1件（图版三七，2）。

陶鼎　1件。M589：3，泥质灰陶，轮模合制。有盖，母口，顶隆起，中心有一个“∩”形纽。器身子口，敛口，圆唇，上腹部有两个对称的方形外撇附耳，有长方形穿，深直腹，圜底，下附三蹄形足。腹部饰三周凹弦纹。器表施一层灰陶衣。口径12.2、腹径14.2、高15.4、壁厚0.4～0.9厘米，盖径14.2、高7.1、壁厚0.4～0.85厘米（图八八，2；图版七四，5）。

陶豆　1件。M589：4，泥质灰陶，轮制。有盖，母口，呈覆钵形，顶部有平面呈圆形的喇叭形捉手，柄较短。器身子口，敛口，方唇，弧折腹，细长柄，喇叭形座。器身有数道轮旋痕，器表施一层灰陶衣。口径14.4、腹径16.2、圈足径12.7、高22.4、壁厚0.5～1.2厘米，盖径16.7、捉手径9.8、高9.1、壁厚0.7～2厘米（图八八，4；图版七四，6）。

陶壶　1件。M589：1，泥质灰陶，轮模合制。有盖，子口，呈覆钵形，盖舌内折，顶隆起，等距分布三个矩尺状纽。器身母口，侈口，方唇，束颈，圆肩，肩部贴附两个对称的简化兽首形耳，弧腹内收，底内凹，矮圈足。颈至腹部刻划三组纹饰，各组纹饰下皆饰一周凹弦纹，自上而下第一组为一周三角内填水波纹，第二组为一周竖向水波纹，第三组为一周折线三角组合纹。器表施一层灰陶衣。口径11.3、腹径16.5、圈足径8.5、高23.2、壁厚0.7～2.4厘米，盖径8.6、高4.9、壁厚0.3～1.3厘米（图八八，3；图版七五，1）。

陶小口罐　1件。M589：2，泥质灰陶，轮制。有盖，母口，弧壁，顶隆起。器身子口，近直口，圆唇，短束颈，圆肩，斜腹内收，平底。器身有数道轮旋痕。口径4.9、腹径12.3、底径5.7、高14.2、壁厚0.7厘米，盖径8.1、高4.2、壁厚0.7厘米（图八八，1；图版七五，2）。

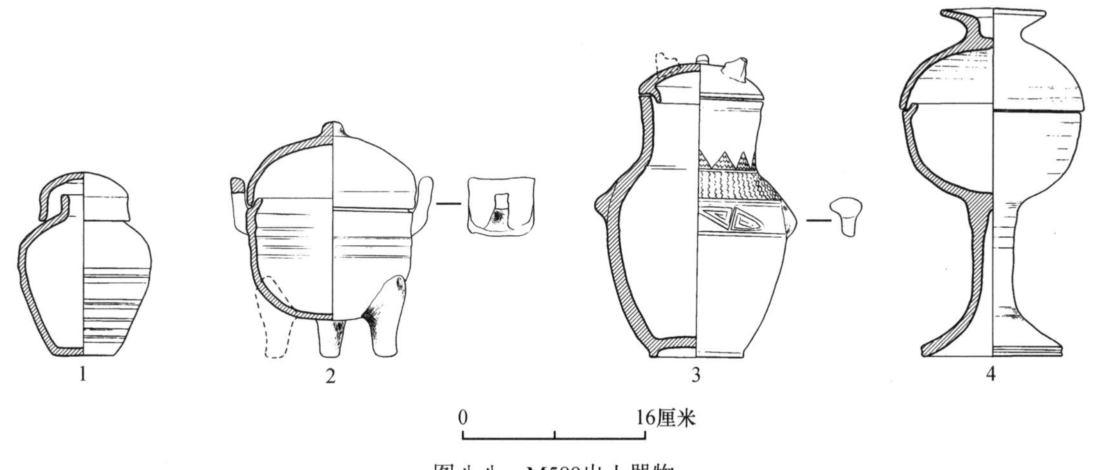

图八八　M589出土器物

1. 陶小口罐（M589：2）　2. 陶鼎（M589：3）　3. 陶壶（M589：1）　4. 陶豆（M589：4）

五二、M590

位于发掘区的中部，T1831东南部、T1731东北部，东邻M700。方向40°。开口于第6层下，向下打破生土，开口距地表深1.52米（图八九）。

（一）墓葬形制

该墓平面呈长方形，竖穴土坑墓。口底尺寸一致，南北长3.2米，东西宽2.16米，墓底距墓口深2.3米。内填灰褐色花土，土质松软。四壁较规整，壁面粗糙，直壁，平底。

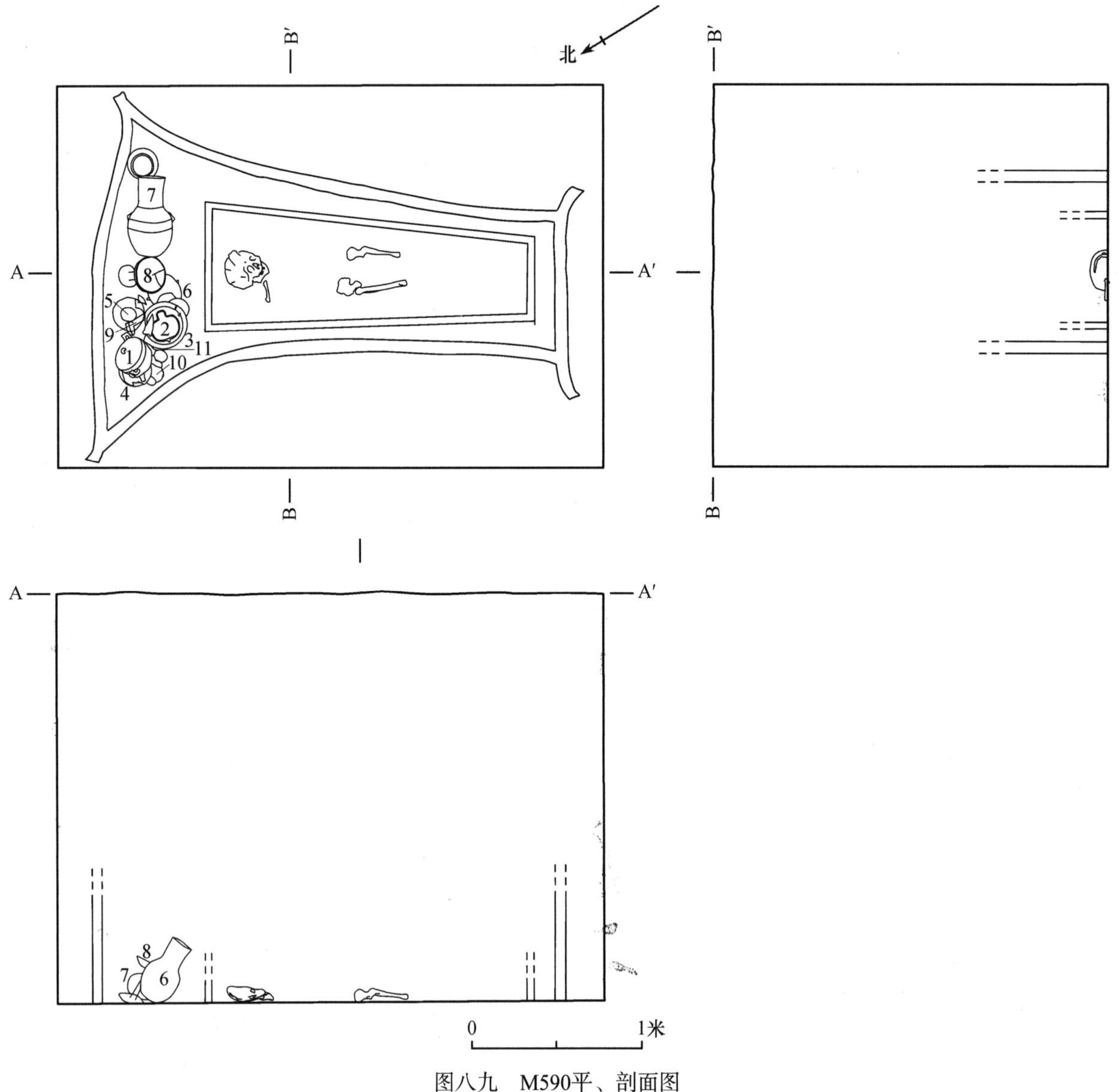

图八九　M590平、剖面图

1. 陶鼎　2. 陶匜　3. 陶盘　4、5. 陶豆　6、7. 陶壶　8、9. 陶浅盘豆　10、11. 陶小口壶

葬具为一椁一棺，木质，已朽，仅存朽痕。椁平面呈“Ⅱ”形，南、北两端宽，中间窄，南北长2.89米，东西宽0.83～2.1米，残高0.61米，椁板厚0.06米。四侧椁壁均向内侧挤压变形。椁内有一棺，棺平面呈梯形，南北长1.94米，东西宽0.48～0.74米，残高0.16米，棺板厚0.04米。

棺内人骨仅存头骨及部分肢骨，头向东北，面向上，葬式不详，保存较差。

（二）出土器物

随葬品置于墓室北部棺椁之间，共出土陶器11件。其中陶鼎1件、陶豆2件、陶壶2件、陶盘1件、陶匜1件、陶浅盘豆2件、陶小口壶2件（图版三八，1）。

陶鼎　1件。M590：1，泥质灰陶，轮模合制。有盖，母口，呈覆钵形，顶隆起，中心有一个“∩”形穿孔纽。器身子口，直口，圆唇，上腹部有两个对称的长方形外侈附耳，有长方形穿，深弧腹，圜底，下附三蹄形足。器身腹部饰一周凸棱纹。器身有数道轮旋痕。口径16.3、腹径18.5、高22.4、壁厚1.1～2.5厘米，盖径19.4、高7.2、壁厚0.7厘米（图九〇，4；图版七五，3）。

陶豆　2件。M590：4，泥质灰陶，轮制。有盖，母口，呈覆钵形，盖腹较浅，顶部有平面呈圆形的喇叭形捉手，柄较长。器身子口，微敛口，圆唇，深弧腹斜收，细长柄，喇叭形座。腹部饰一周凸棱纹，柄部饰数周凹弦纹。器身有数道轮旋痕。口径16.3、腹径18.8、圈足径15、高31.2、壁厚0.5～2.3厘米，盖径19.2、捉手径9.8、高9.9、壁厚0.8～1.4厘米（图九〇，5；图版七五，4）。M590：5，泥质灰陶，轮制。有盖，母口，呈覆钵形，盖腹较浅，顶部有平面呈圆形的喇叭形捉手，柄较长。器身子口，微敛口，圆唇，深弧腹斜收，细长柄，喇叭形座。腹部饰一周凸棱纹，柄部饰数周凹弦纹。器身有数道轮旋痕。口径16.7、腹径19.9、圈足径15.8、高32.4、壁厚0.81厘米，盖径19.6、捉手径10、高9.6、壁厚0.67厘米（图九〇，3；图版七五，5）。

陶壶　2件。M590：6，泥质灰陶，轮模合制。有盖，子口，盖舌内折，顶微隆，中心有一“∩”形穿孔纽。器身母口，侈口，方唇，束颈，溜肩，肩部贴附两个对称的兽首形耳，弧腹内收，圜底，矮圈足，足墙外撇。肩至腹部饰四组凹弦纹，每组两周。器身有数道轮旋痕。口径12.8、腹径20.8、圈足径14.3、高36、壁厚0.79厘米，盖径9.6、高5.4、壁厚0.8厘米（图九〇，2；图版七六，1）。M590：7，泥质灰陶，轮模合制。盖残缺。器身母口，侈口，方唇，束颈，溜肩，肩部贴附两个对称的兽首形耳，鼓腹，下腹弧收，圜底，足残。肩至腹部饰四组凹弦纹，每组两周。器身有数道轮旋痕。口径12.4、腹径22.2、残高35.6、壁厚0.3～1.1厘米（图九〇，1；图版七六，2）。

陶盘　1件。M590：3，泥质灰陶，轮制。敞口，折沿上扬，方唇，弧腹内收，圜底。沿面有两周凹弦纹，唇端有一周凹槽，腹外壁中部有一周凸棱纹。器身有数道轮旋痕。口径26.4、腹径22、高8.8、壁厚0.7～1.2厘米（图九一，6；图版七五，6）。

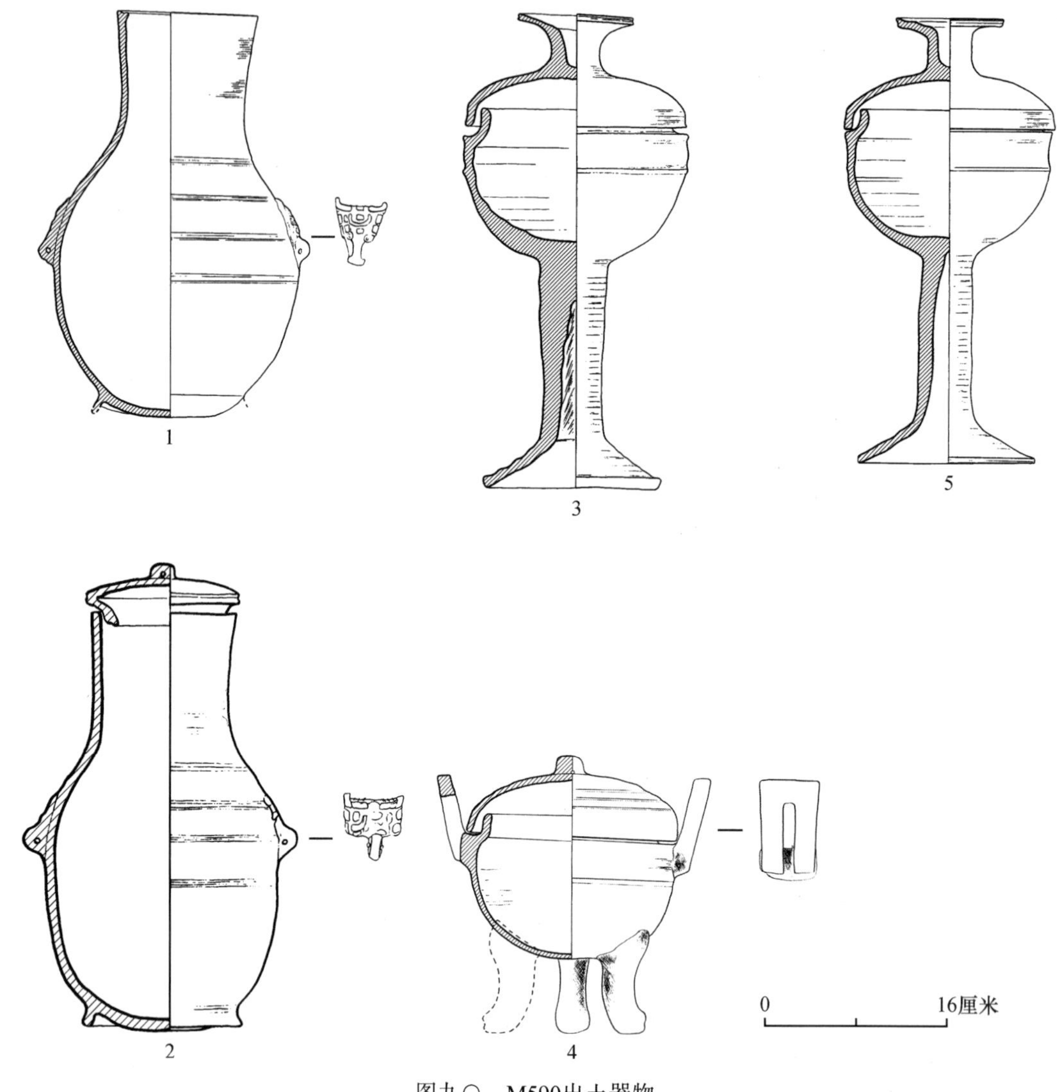

图九〇　M590出土器物

1、2. 陶壶（M590：7、M590：6）　3、5. 陶豆（M590：5、M590：4）　4. 陶鼎（M590：1）

陶匜　1件。M590：2，泥质灰陶，轮模合制。口部呈椭圆形，敛口，圆唇，上腹近直，下腹弧收，附槽状流，流口较短上扬，尾部有简化兽形鋬，圜底近平。器身有数道轮旋痕。口长17.3、口宽14.8、高8、流长3.9、壁厚0.52～1厘米（图九一，3；图版七六，3）。

陶浅盘豆　2件。M590：8，泥质灰陶，轮制。敞口，圆唇，浅腹斜收，细长柄，喇叭形座。器身有数道轮旋痕。口径17、腹径17、圈足径11.1、高24.2、壁厚0.5～2.3厘米（图九一，5；图版七六，4）。M590：9，泥质灰陶，轮制。敞口，圆唇，浅腹斜收，细长柄，喇叭形座。器身有数道轮旋痕。口径16、腹径15.9、圈足径10.3、高24.6、壁厚0.41厘米（图九一，4；图版七六，5）。

陶小口壶　2件。M590：10，泥质灰陶，轮制。有盖，母口，斜壁，中部有一周折棱，平顶。器身子口，近直口，方唇，短颈，斜弧腹，细柄，柄较短，喇叭形座。器身有数道轮旋痕。口径6.6、腹径12.2、圈足径9.5、高21.6、壁厚0.65厘米，盖径10.4、腹径9.8、顶径4.2、

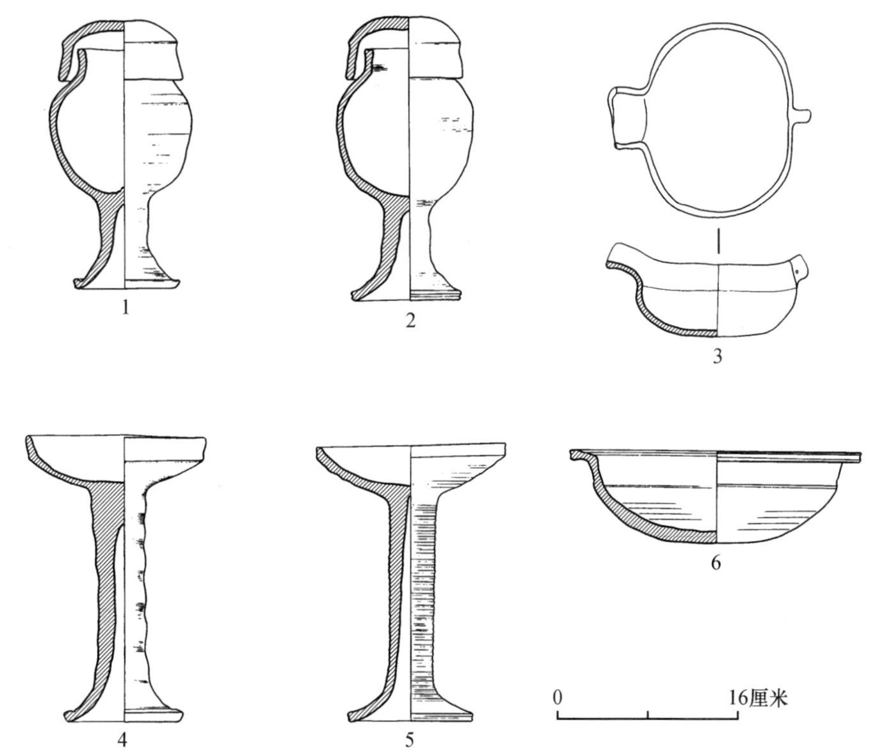

图九一　M590出土器物

1、2. 陶小口壶（M590：11、M590：10）　3. 陶匜（M590：2）　4、5. 陶浅盘豆（M590：9、M590：8）　6. 陶盘（M590：3）

高5.3、壁厚0.71厘米（图九一，2；图版七六，6）。M590：11，泥质灰陶，轮制。有盖，母口，斜壁，中部有一周折棱，平顶。器身子口，敞口，圆唇，短颈，斜弧腹，细柄，柄较短，喇叭形座。器身有数道轮旋痕。口径7.7、腹径12.5、圈足径9.4、高20.6、壁厚0.4～3厘米，盖径9、腹径10.3、圈足径4.3、高5、壁厚0.8～1厘米（图九一，1；图版七七，1）。

五三、M591

位于发掘区的中部，T1732东南部，东邻M575。方向35°。开口于第5层下，向下打破生土，开口距地表深1.3米（图九二）。

（一）墓葬形制

该墓平面呈长方形，竖穴土坑墓。口底尺寸一致，南北长2.12米，东西宽1.14米，墓底距墓口深1.05米。内填花土，土质松软。四壁较规整，壁面粗糙，直壁，平底。

葬具为单棺，木质，已朽，仅存朽痕。棺平面呈梯形，南北长1.9米，东西宽0.4～0.72米，残高0.21米，棺板厚约0.04米。

棺内存人骨一具，头向东北，面向上，仰身直肢，保存一般。

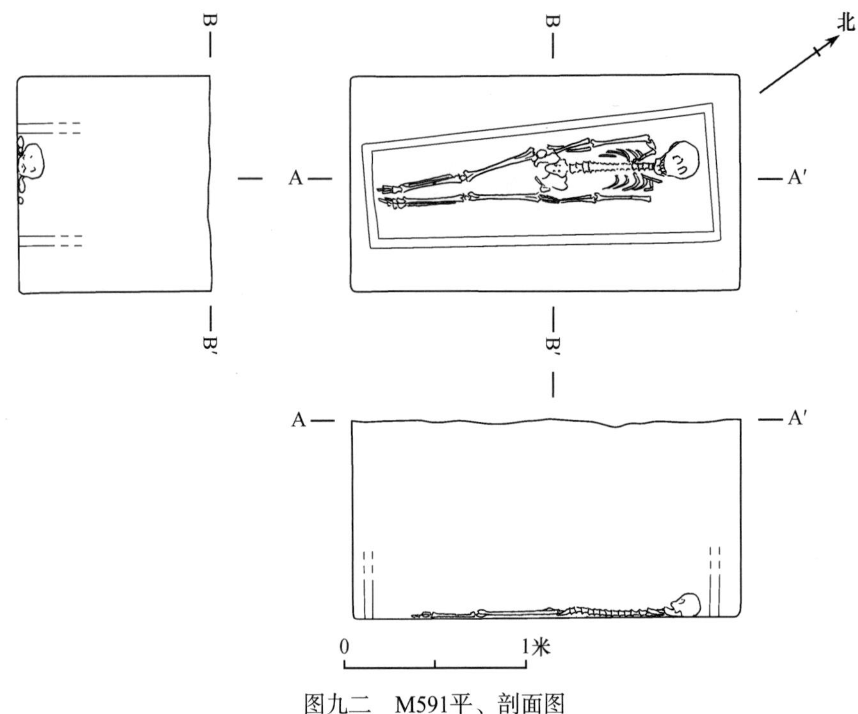

图九二　M591平、剖面图

（二）出土器物

未发现随葬品。

五四、M592

位于发掘区的中部，T1631中部偏北。方向30°。开口于第5层下，向下打破生土，开口距地表深1.54米（图九三；图版一〇，2）。

（一）墓葬形制

该墓平面呈长方形，竖穴土坑墓。口底尺寸一致，南北长2.41米，东西宽1米，墓底距墓口深0.66米。内填花土，土质松软。四壁较规整，壁面粗糙，直壁，平底。

葬具为单棺，木质，已朽，仅存朽痕。棺平面呈梯形，南北长1.92米，东西宽0.5～0.66米，残高0.11米，棺板厚0.04～0.06米。

棺内有人骨一具，头向东北，面向西北，仰身直肢，保存一般。

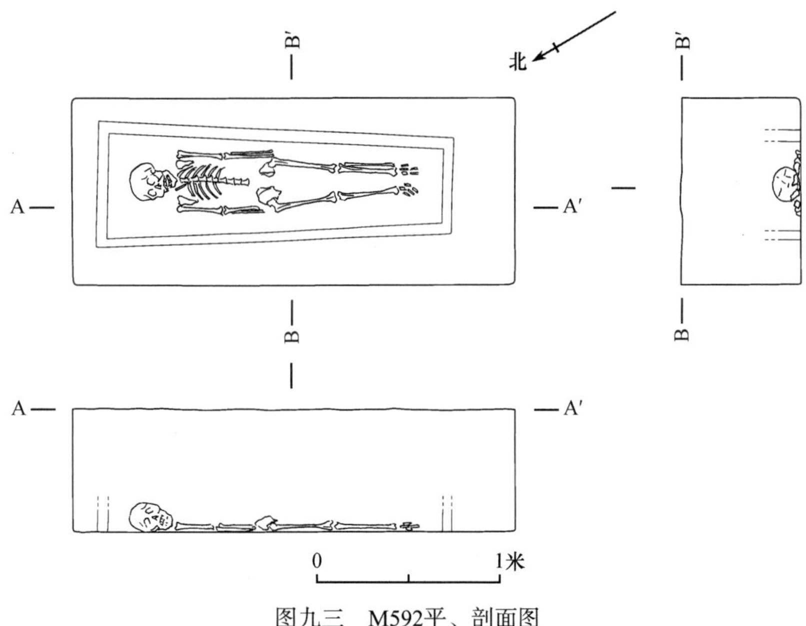

图九三　M592平、剖面图

（二）出土器物

未发现随葬品。

五五、M593

位于发掘区的北部，T2030西南部，东邻M599，北邻M596。方向7°。开口于第5层下，向下打破生土，开口距地表深1.7米（图九四）。

（一）墓葬形制

该墓平面呈长方形，竖穴土坑墓。口底一致，南北长2.46米，东西宽1.37米，墓底距墓口深1.4米。内填灰褐色花土，土质松软。四壁较规整，壁面粗糙，直壁，平底。

葬具为单棺，木质，已朽，仅存朽痕。棺平面呈梯形，南北长1.95米，东西宽0.44～0.65米，残高0.2米，棺板厚约0.05米。

棺内人骨仅存部分肢骨，头向、面向、葬式均不详，保存差。

（二）出土器物

未发现随葬品。

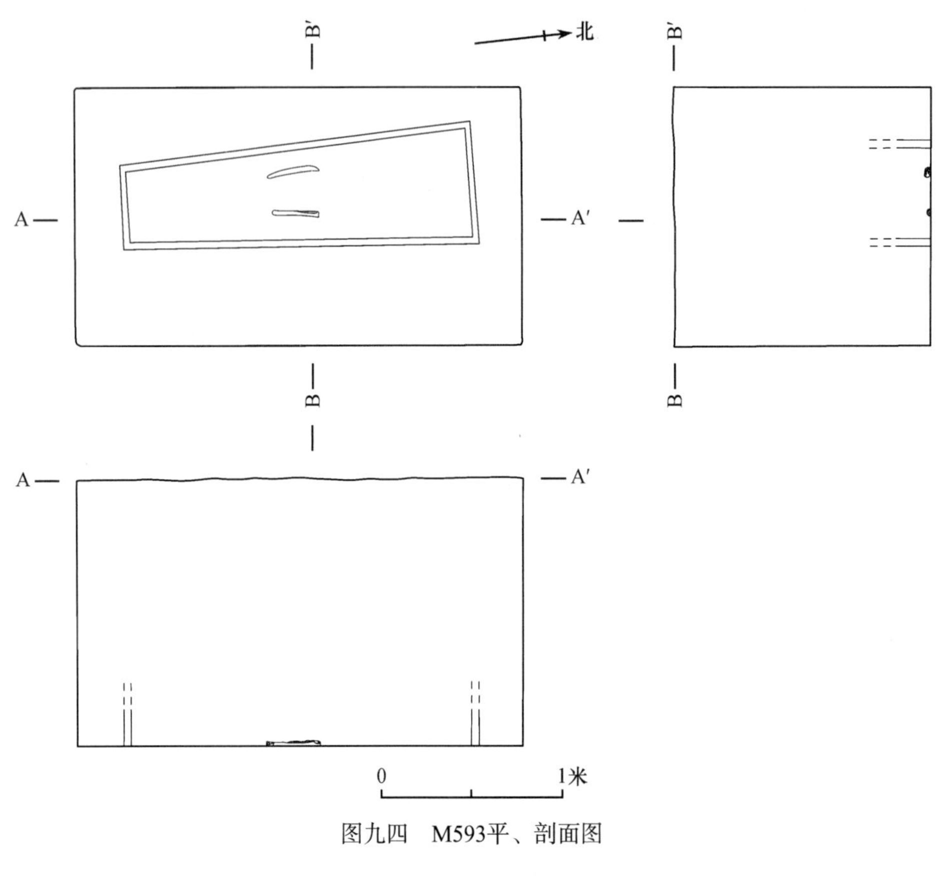

图九四　M593平、剖面图

五六、M596

位于发掘区的北部，T2031东北部、T2131东南部，南邻M593。方向5°。开口于第5层下，向下打破生土，开口距地表深1.76米（图九五）。

（一）墓葬形制

该墓平面呈长方形，竖穴土坑墓。口略大于底，墓口南北长2.8米，东西宽1.68米；墓底南北长2.6米，东西宽1.5米，墓底距墓口深1.7米。内填花土，土质松软。四壁较规整，壁面粗糙，斜壁，平底。

葬具为单棺，木质，已朽，仅存朽痕。棺平面呈梯形，南北长1.94米，东西宽0.48～0.68米，残高0.14米，棺板厚约0.05米。

棺内人骨仅存部分肢骨，头向、面向、葬式均不详，保存差。

墓室北壁上部设壁龛，平面呈长方形，距墓室底1米，长0.56米，进深0.34米，高0.4米。

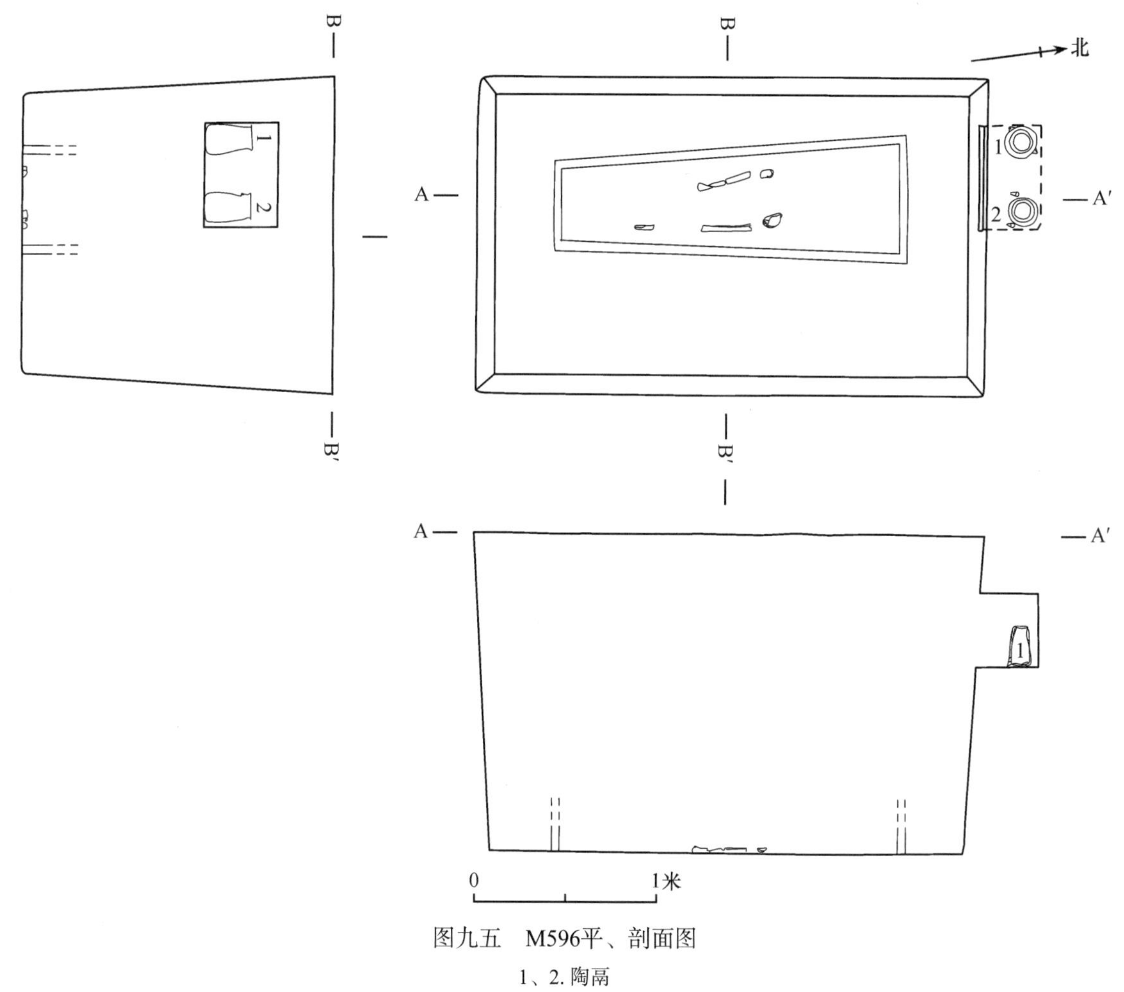

图九五　M596平、剖面图
1、2. 陶鬲

（二）出土器物

随葬品置于北部壁龛内，共出土陶鬲2件。

陶鬲　2件。M596：1，夹砂红陶，腹壁模制，足为手制。敛口，折沿上扬，方唇，短束颈，深腹呈筒状，平底，底附三个扁圆状柱足，略外撇。沿面有凹槽，腹壁和底部饰细绳纹。内壁有按压痕迹。口径13.9、腹径17.4、底径10、高25.2、壁厚0.37～0.71厘米（图九六，1；图版七七，2）。M596：2，夹砂红陶，腹壁模制，足为手制。敛口，折沿上扬，方唇，短束颈，深腹呈筒状，底内凹，底附三个扁圆状柱足，略外撇。腹壁和底部饰细绳纹。内壁有按压痕迹。口径14.9、腹径17.4、底径12.8、高25.3、壁厚0.39～0.68厘米（图九六，2；图版七七，3）。

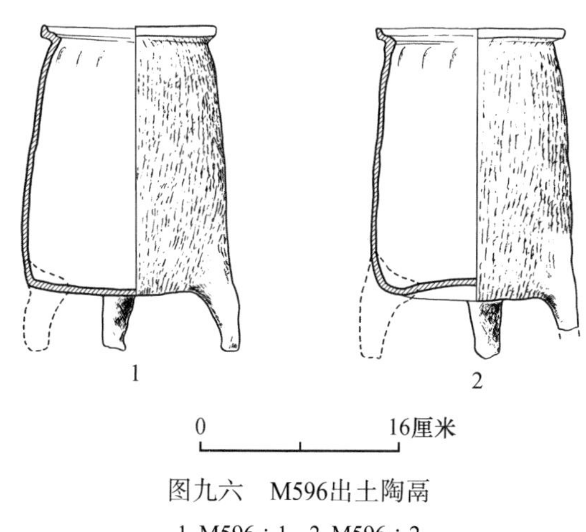

图九六　M596出土陶鬲
1. M596：1　2. M596：2

五七、M599

位于发掘区的北部，T2030东南部、T1930东北部，西邻M593。方向2°。开口于第5层下，向下打破生土，开口距地表深1.9米（图九七）。

（一）墓葬形制

该墓平面呈长方形，竖穴土坑墓。口底一致，南北长3.13米，东西宽1.6米，墓底距墓口深1.6米。内填灰褐色花土，土质松散，含沙。四壁较规整，壁面粗糙，直壁，平底。

葬具为单棺，木质，已朽，仅存朽痕。棺平面呈梯形，南北长2.08米，东西宽0.6～0.71米，残高0.15米，棺板厚约0.06米。

棺内有人骨一具，头向北，面向上，仰身直肢，保存较好。

（二）出土器物

未发现随葬品。

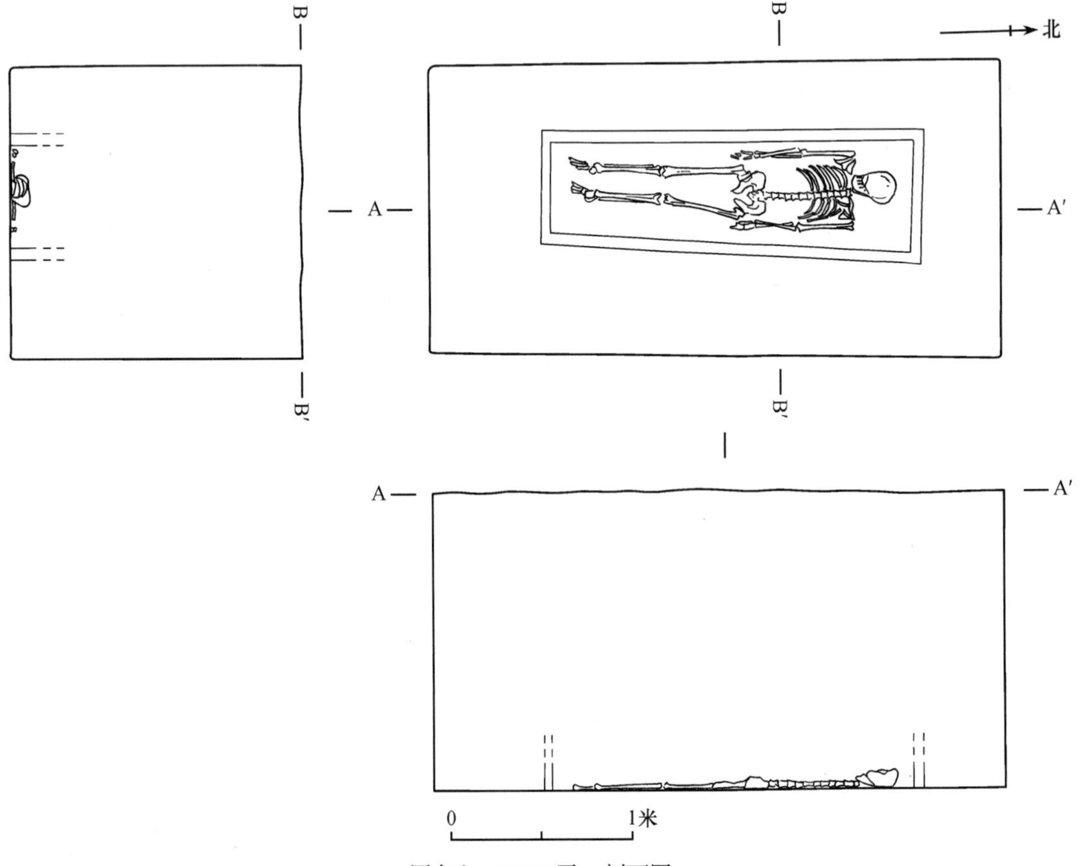

图九七　M599平、剖面图

五八、M601

位于发掘区西北部，T1933东南部、T1932西南部，西邻M602。方向20°。开口于第5层下，向下打破生土，开口距地表深1.8米（图九八）。

（一）墓葬形制

该墓平面呈长方形，竖穴土坑墓。口略大于底，墓口南北长2.6米，东西宽1.71米；墓底南北长2.4米，东西宽1.5米，墓底距墓口深1.6米。内填花土，土质松软。四壁较规整，壁面粗糙，斜壁，平底。

葬具为单棺，木质，已朽，仅存朽痕。棺平面呈梯形，南北长2.02米，东西宽0.55～0.71米，残高0.2米，棺板厚约0.04米。

棺内有人骨一具，头向东北，面向东，仰身直肢，保存较差。

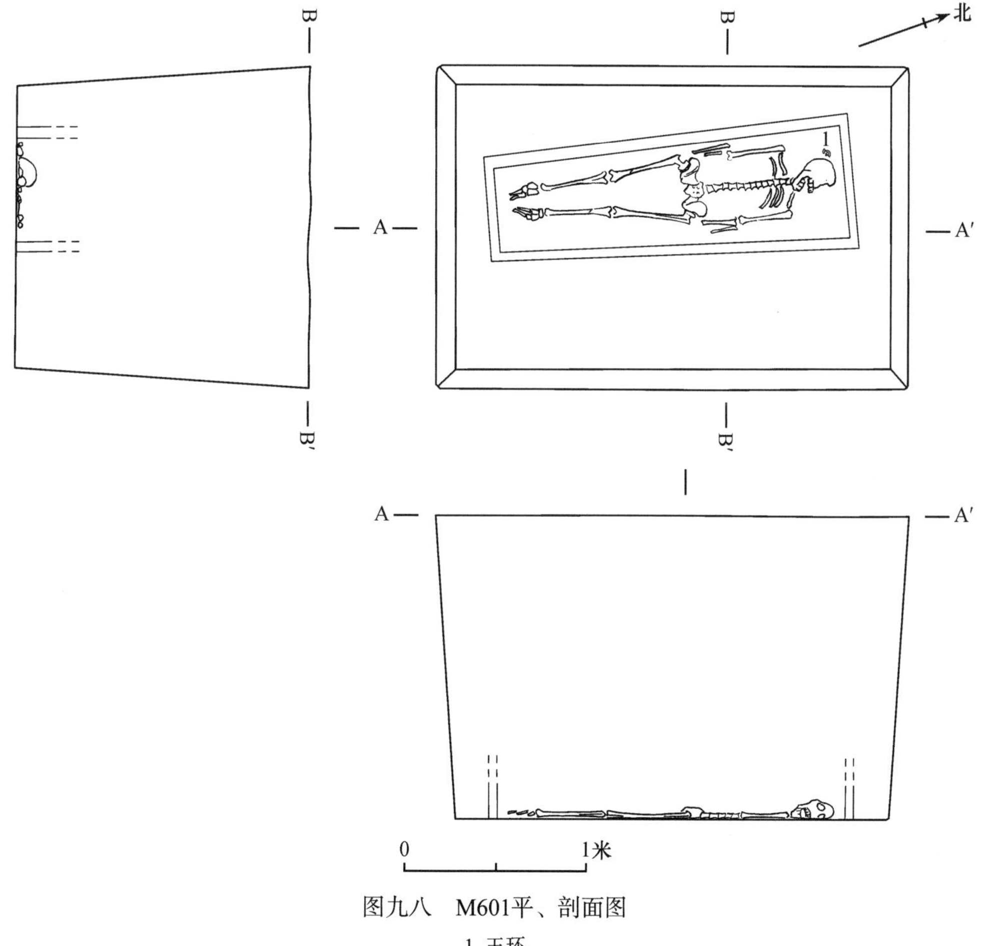

图九八　M601平、剖面图

1. 玉环

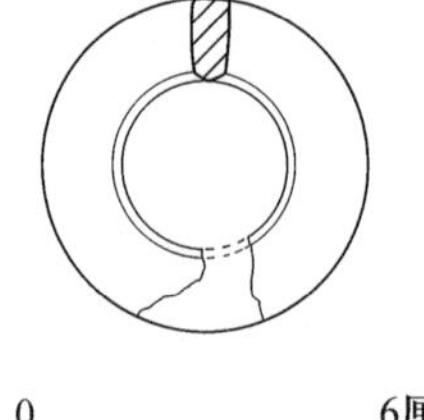

图九九　M601出土玉环
（M601：1）

（二）出土器物

随葬品置于棺内人骨头部，共出土玉环1件。

玉环　1件。M601：1，手制。半透明玉料，光润平滑，白色，微黄。圆形，环肉横断面呈长方形。外径5.4、内径2.2、厚0.6厘米（图九九；图版七七，4）。

五九、M602

位于发掘区西北部，T1933中部偏北。方向36°。开口于第5层下，向下打破生土，开口距地表深1.8米（图一〇〇）。

（一）墓葬形制

该墓平面呈长方形，竖穴土坑墓。口略大于底，墓口南北长2.1米，东西宽0.95米；墓底南北长1.84米，东西宽0.77米，墓底距墓口深1.6米。内填花土，土质松软。四壁较规整，壁面粗糙，斜壁，平底。

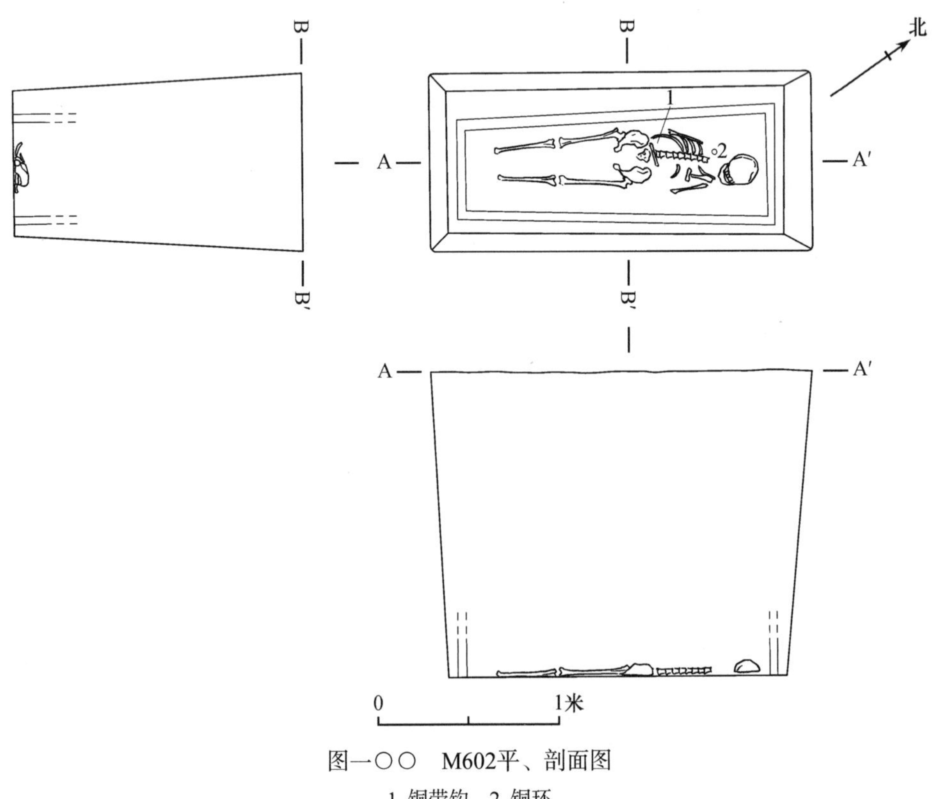

图一〇〇　M602平、剖面图
1. 铜带钩　2. 铜环

葬具为单棺，木质，已朽，仅存朽痕。棺平面呈梯形，南北长1.73米，东西宽0.52～0.64米，残高0.2米，棺板厚0.04～0.06米。

棺内存人骨一具，头向东北，面向上，仰身直肢，保存较差。

（二）出土器物

随葬品置于棺内人骨头部和腰部，共出土铜器2件。其中头部有铜环1件，腰部有铜带钩1件。

铜带钩　1件。M602：1，模制。钩作龙首形，长颈，颈断面呈长方形，扁平腹，平背，断面呈长方形，宽平尾，腹面置一圆形纽，纽柱较短。颈至尾部饰几何纹和卷草纹。带身残留少量布纹。长11.8、宽0.5～1.3、厚0.2～1、颈径0.8、纽径1.1厘米（图一〇一，1；图版七七，5、6）。

铜环　1件。M602：2，模制。圆形，横断面呈圆形。外径2.6、内径2、厚0.3厘米（图一〇一，2；图版七八，1）。

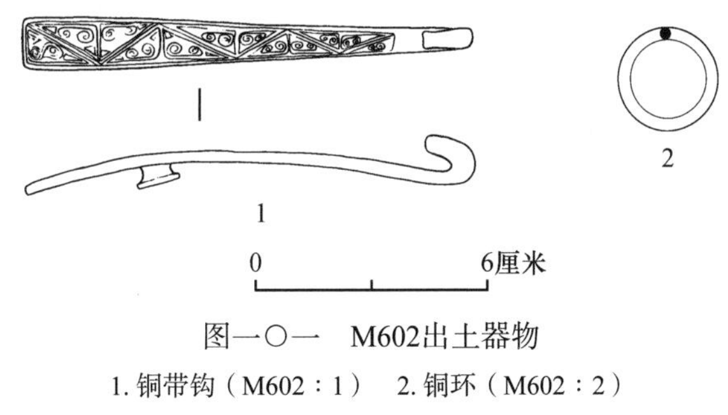

图一〇一　M602出土器物

1. 铜带钩（M602：1）　2. 铜环（M602：2）

六〇、M603

位于发掘区的西北部，T2033东部，西南邻M609。方向47°。开口于第5层下，向下打破生土，开口距地表深1.9米（图一〇二）。

（一）墓葬形制

该墓平面呈长方形，竖穴土坑墓。口底尺寸一致，东西长2.98米，南北宽1.7米，墓底距墓口深1.9米。内填黄褐色花土，土质松软。四壁较规整，壁面粗糙，直壁，平底。

葬具为一椁一棺，木质，已朽，仅存朽痕。椁平面呈“Ⅱ”形，东西长2.54米，南北宽1.02～1.26米，残高0.3米，椁板厚0.05米。东、西两侧椁壁均向内侧挤压变形。椁内有一棺，棺平面呈梯形，东西长1.92米，南北宽0.54～0.6米，残高0.15米，棺板厚0.04米。

棺内存人骨一具，头向东北，面向西北，仰身直肢，保存较差，东侧被扰乱。

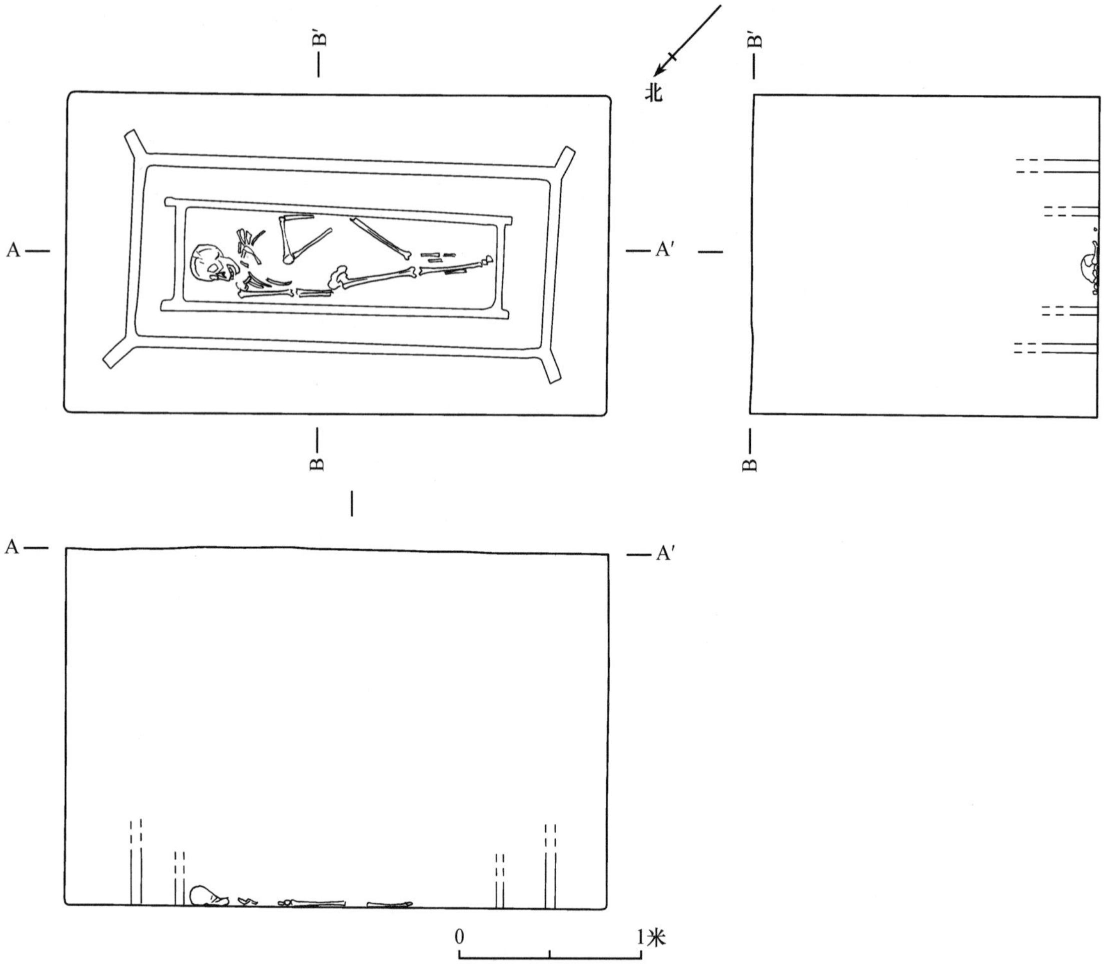

图一〇二　M603平、剖面图

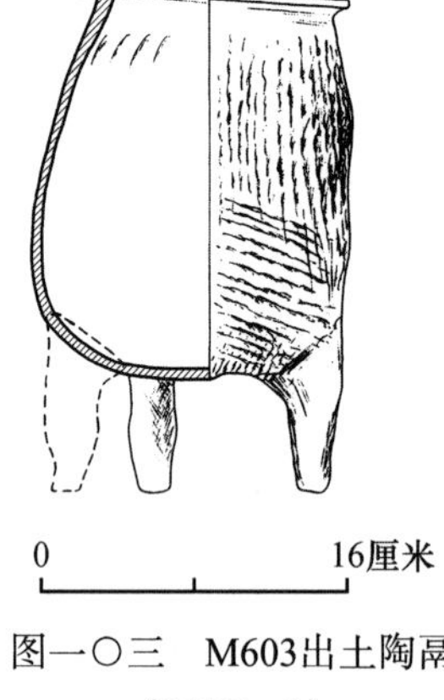

图一〇三　M603出土陶鬲
（M603：1）

（二）出土器物

随葬品置于墓室内填土中，出土陶鬲1件。

陶鬲　1件。M603：1，夹砂红陶，腹壁模制，足为手制。敛口，平沿，方唇，短束颈，溜肩，深弧腹，圜底，底附三个锥形实足，略外撇。腹壁和底部饰细绳纹。内壁有按压痕迹。口径13.8、腹径16.9、高25.7、壁厚0.64厘米（图一〇三；图版七八，2）。

六一、M604

位于发掘区的西北部，T2033西南部，东邻M609。方向42°。开口于第5层下，向下打破生土，开口距地表深2米（图一〇四）。

（一）墓葬形制

该墓平面呈长方形，竖穴土坑墓。口底尺寸一致，南北长2.84米，东西宽1.7米，墓底距墓口深1.6米。内填黄褐色花土，土质松软。四壁较规整，壁面粗糙，直壁，平底。

葬具为单棺，木质，已朽，仅存朽痕。棺平面呈梯形，南北长2米，东西宽0.5～0.72米，残高0.3米，棺板厚约0.05米。

棺内有人骨一具，头向东北，面向西北，仰身直肢，保存一般。

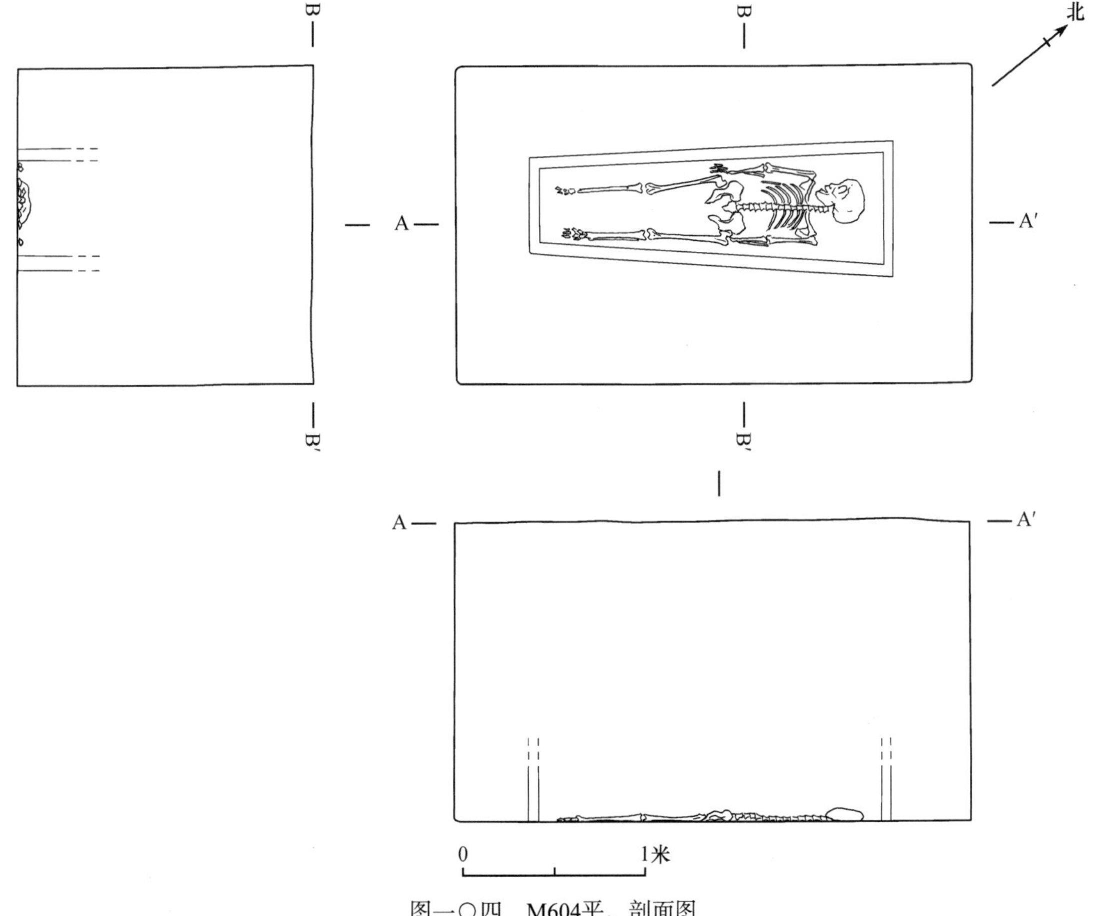

图一〇四　M604平、剖面图

（二）出土器物

未发现随葬品。

六二、M607

位于发掘区的北部，T2230东北部、T2229西北部，西邻M718，西部被晚期墓葬M606打破。方向24°。开口于第5层下，向下打破生土，开口距地表深2米（图一〇五）。

（一）墓葬形制

该墓平面呈长方形，竖穴土坑墓。口略大于底，墓口南北长2.84米，东西宽1.64米；墓底

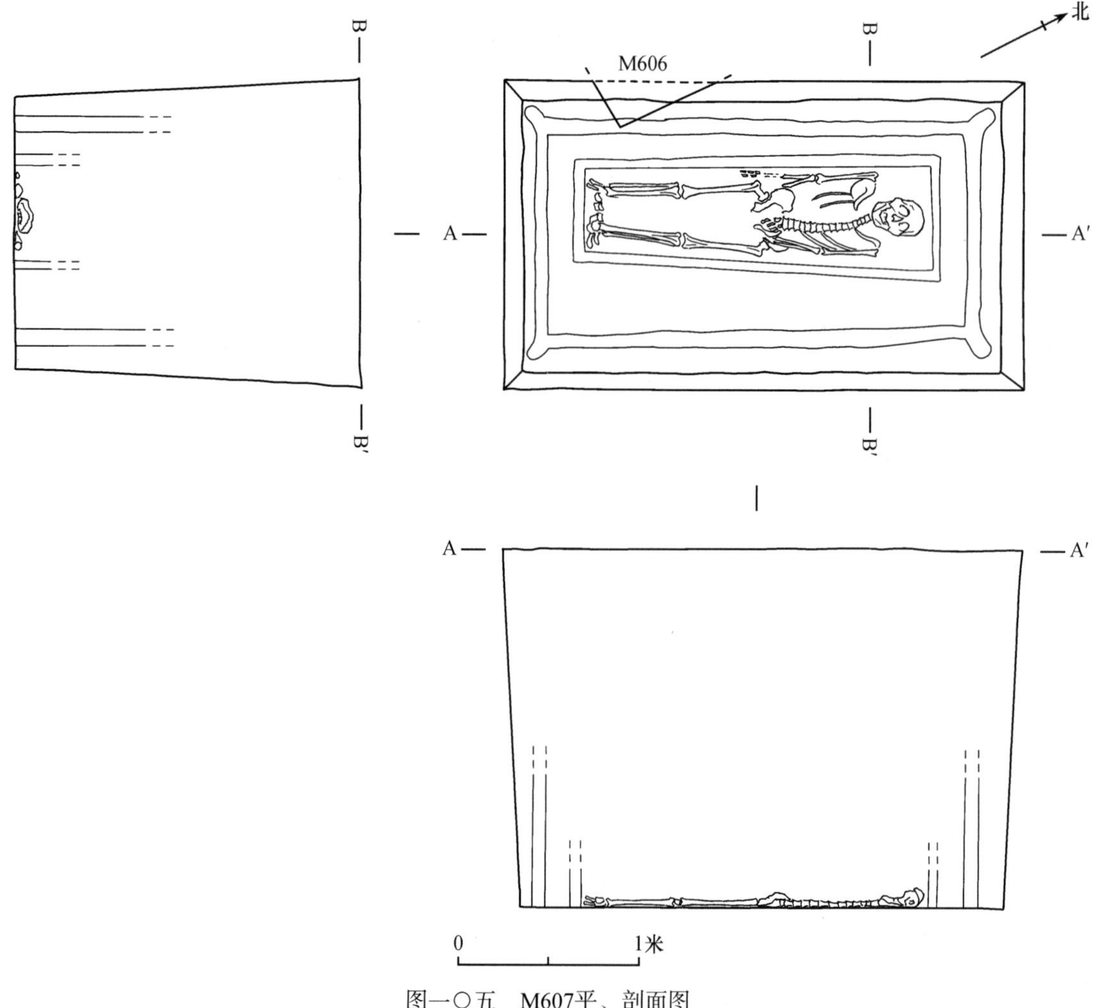

图一〇五　M607平、剖面图

南北长2.62米，东西宽1.44米，墓底距墓口深1.9米。内填花土，土质松软。四壁较规整，壁面粗糙，斜壁，平底。

葬具为一椁一棺，木质，已朽，仅存朽痕。椁平面呈“Ⅱ”形，南北长2.53米，东西宽1.14～1.34米，残高0.7米，椁板厚0.08米。南、北两侧椁壁均向内侧挤压变形。椁内有一棺，棺平面呈梯形，南北长1.99米，东西宽0.54～0.67米，残高0.2米，棺板厚0.04～0.06米。

棺内有人骨一具，头向东北，面向上，仰身直肢，保存较好。

（二）出土器物

未发现随葬品。

六三、M608

位于发掘区的北部，T2231东北部，东邻M552，西南部被晚期墓葬M405打破。方向12°。开口于第5层下，向下打破生土，开口距地表深1.22米（图一〇六；图版一〇，3）。

（一）墓葬形制

该墓平面呈长方形，竖穴土坑墓。口略大于底，墓口南北长2.8米，东西宽1.6米；墓底南北长2.47米，东西宽1.28米，墓底距墓口深2.22米。内填花土，土质松软。四壁较规整，壁面粗糙，斜壁，平底。

葬具为单棺，木质，已朽，仅存朽痕。棺平面呈梯形，南北长1.84米，东西宽0.53～0.63米，残高0.21米，棺板厚0.02～0.05米。

棺内存人骨一具，头向北，面向上，仰身直肢，保存一般。

墓室北壁设壁龛，平面呈长方形，弧顶，距墓底0.82米，长0.4米，进深0.3米，高0.5米。

（二）出土器物

随葬品置于北部壁龛内，共出土陶鬲2件（图版三八，2）。

陶鬲　2件。M608：1，夹砂红陶，腹壁模制，足为手制。敛口，折沿微上扬，方唇，短束颈，深斜腹呈筒状，底内凹，底附三个扁圆状柱足，略外撇。沿面及唇端有凹槽，腹壁和底部饰细绳纹。内壁有按压痕迹。口径14.1、腹径16.7、底径14、高27.6、壁厚0.61厘米（图一〇七，1；图版七八，3）。M608：2，夹砂红陶，腹壁模制，足为手制。敛口，折沿微上扬，方唇，短束颈，深斜腹呈筒状，底内凹，底附三个扁圆状柱足，略外撇。沿面及唇端有凹槽，腹壁和底部饰细绳纹。内壁有按压痕迹。口径14.3、腹径16.6、底径12.4、高27.2、壁厚0.56厘米（图一〇七，2；图版七八，4）。

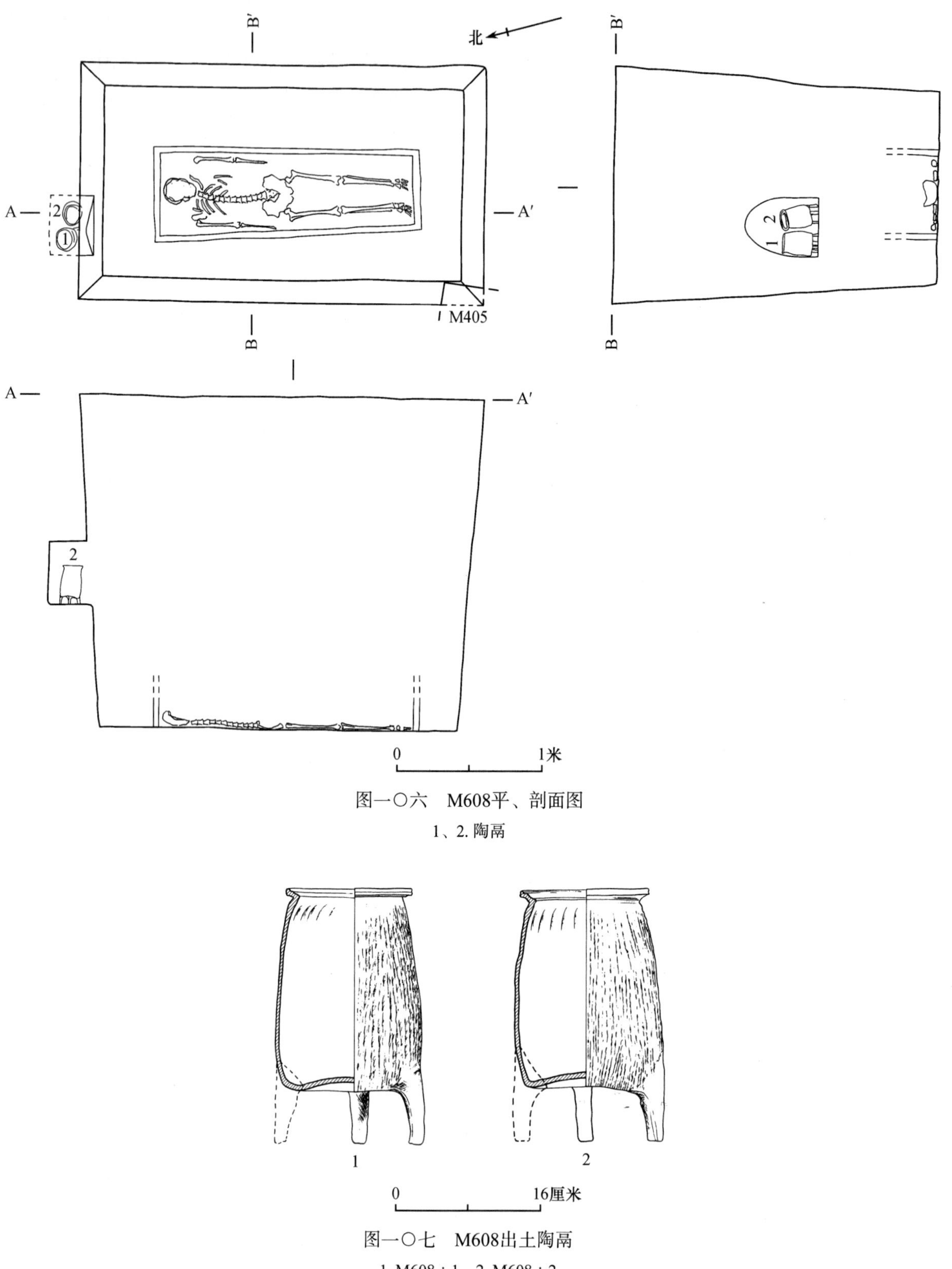

图一〇六　M608平、剖面图

1、2. 陶鬲

图一〇七　M608出土陶鬲

1. M608：1　2. M608：2

六四、M609

位于发掘区的西北部，T2033西南部、T1933西北部，北邻M603，西邻M604，南邻M602。方向35°。开口于第5层下，向下打破生土，开口距地表深2.2米（图一〇八）。

（一）墓葬形制

该墓平面呈长方形，竖穴土坑墓。口底尺寸一致，南北长2.12米，东西宽1米，墓底距墓口深1.6米。内填深褐色花土，土质松软。四壁较规整，壁面粗糙，斜壁，平底。

葬具为单棺，木质，已朽，仅存朽痕。棺平面呈梯形，南北长1.84米，东西宽0.5～0.57米，残高0.2米，棺板厚约0.05米。

棺内人骨仅存部分肢骨，头向、面向、葬式均不详，保存差。

（二）出土器物

随葬品置于棺内人骨腰部，共出土铜器1件、玉器2件。其中有铜带钩1件、玛瑙环1件、玛瑙珠1件。

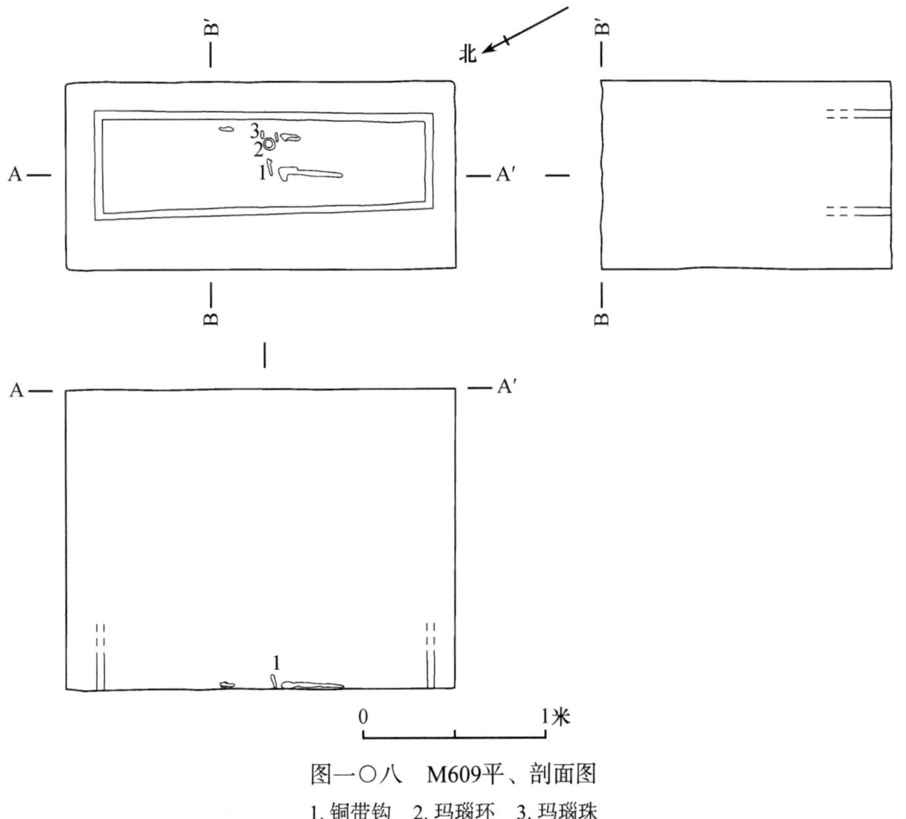

图一〇八　M609平、剖面图

1. 铜带钩　2. 玛瑙环　3. 玛瑙珠

1. 铜器

铜带钩　1件。M609：1，模制。整体呈琵琶形，钩作龙首形，长颈，颈断面呈长方形，扁圆腹，平背，宽圆尾，腹面置一椭圆形纽。腹部和尾部饰如意纹和几何纹，部分纹饰锈蚀不清。长10.1、宽0.4～1.7、厚0.52～0.75、颈径0.8、纽径1.2厘米（图一〇九，2；图版七八，5、6）。

2. 其他

玛瑙环　1件。M609：2，磨制。米白色，玉质透亮，一侧有白色疤痕。纵剖面呈不规整的菱形。内侧及外缘有打磨痕迹。外径4、内径2.4、厚0.1～0.7厘米（图一〇九，3；图版七九，1）。

玛瑙珠　1件。M609：3，磨制。大体呈红色，原石花色较杂，外壁打磨光滑。球形，中部有一穿孔。内径0.4、外径1.5、厚1.4厘米（图一〇九，1；图版七九，2）。

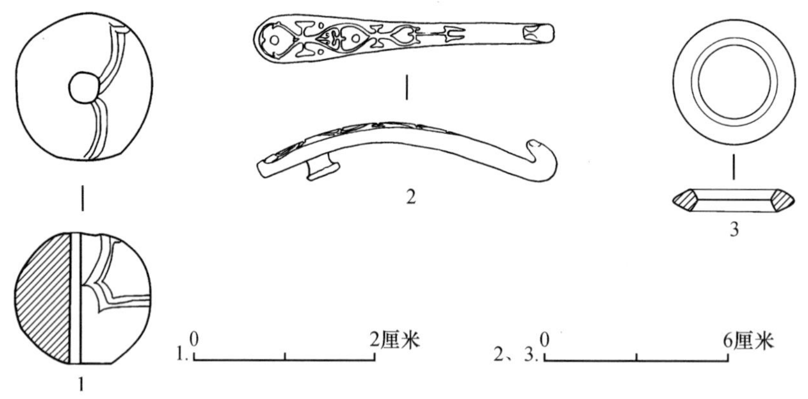

图一〇九　M609出土器物

1. 玛瑙珠（M609：3）　2. 铜带钩（M609：1）　3. 玛瑙环（M609：2）

六五、M613

位于发掘区的中部，T1532东北部，南邻M581，东邻M672。方向35°。开口于第5层下，向下打破生土，开口距地表深1.72米（图一一〇）。

（一）墓葬形制

该墓平面呈长方形，竖穴土坑墓。口底一致，南北长2.26米，东西宽1.2米，墓底距墓口深1.4米。内填灰褐色花土，土质较松软。四壁较规整，壁面粗糙，直壁平底。

葬具为单棺，木质，已朽，仅存朽痕。棺平面呈梯形，南北长1.94米，东西宽0.53～0.64

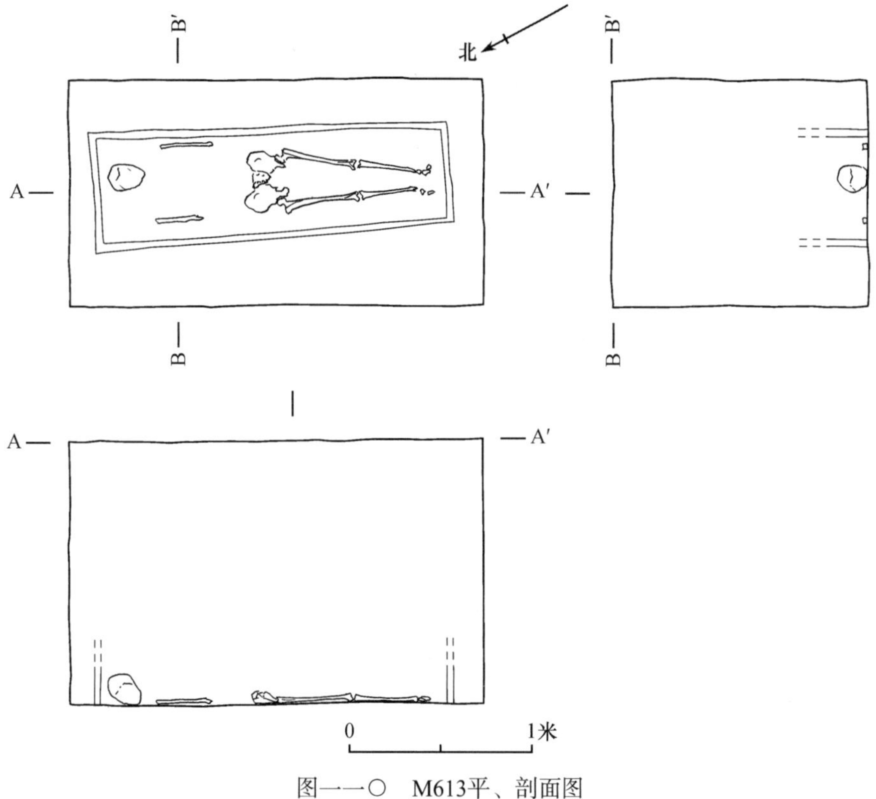

图一一〇 M613平、剖面图

米，残高0.22米，棺板厚0.04～0.06米。

棺内有人骨一具，头向东北，面向不详，仰身直肢，保存较差。

（二）出土器物

未发现随葬品。

六六、M615

位于发掘区西北部，T1933西部，西邻M588。方向56°。开口于第6层下，向下打破生土，开口距地表深2.5米（图一一一）。

（一）墓葬形制

该墓平面呈梯形，竖穴土坑墓。口略大于底，墓口东西长2.57米，南北宽1.4～1.5米，西壁南北长略大于东壁；墓底东西长2.57米，南北宽1.27～1.43米，墓底距墓口深1.3米。内填花土，土质松软。四壁较规整，壁面粗糙，斜壁，平底。

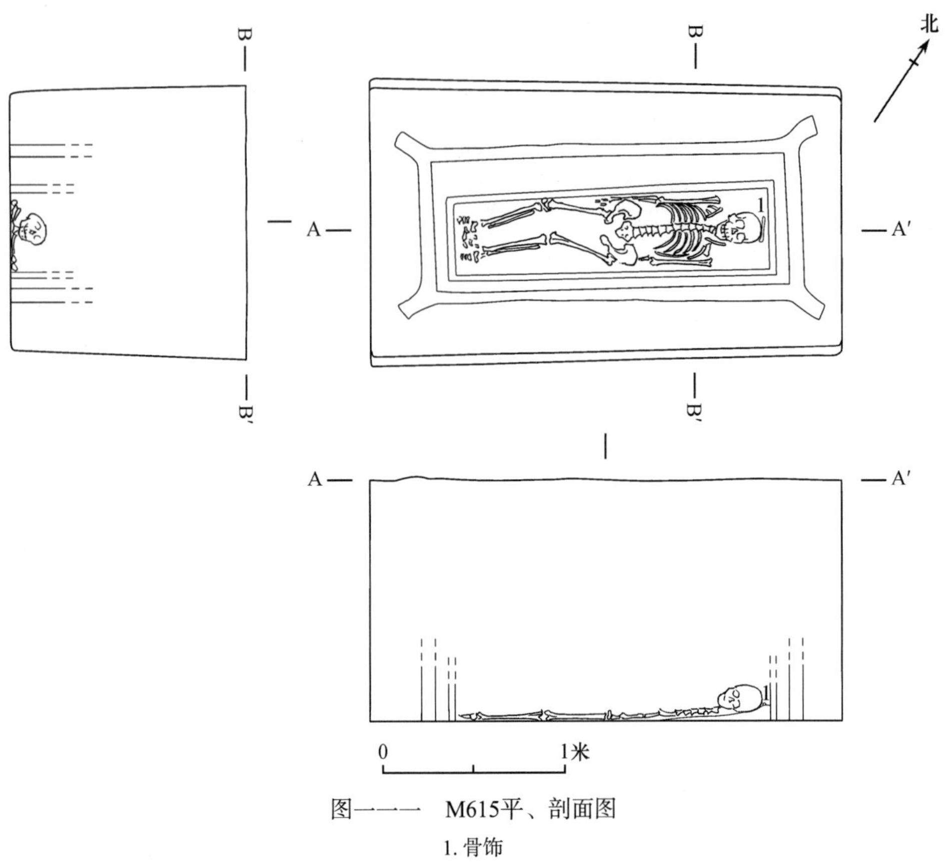

图一一一　M615平、剖面图
1. 骨饰

葬具为一椁一棺，木质，已朽，仅存朽痕。椁平面呈“Ⅱ”形，东西长2.3米，南北宽0.82～1.08米，残高0.3米，椁板厚0.08米。南、北两侧椁壁均向内侧挤压变形。椁内有一棺，棺平面呈梯形，东西长1.8米，南北宽0.44～0.5米，残高0.2米，棺板厚0.04米。

棺内有人骨一具，头向东北，面向上，仰身屈肢，保存较好。

（二）出土器物

随葬品置于棺内人骨头部，共出土骨饰1件。

骨饰　1件。M615：1，手制。黄白色。整体呈圆柱形，断面呈圆形。直径1～1.1、长12.3厘米（图一一二；图版七九，3）。

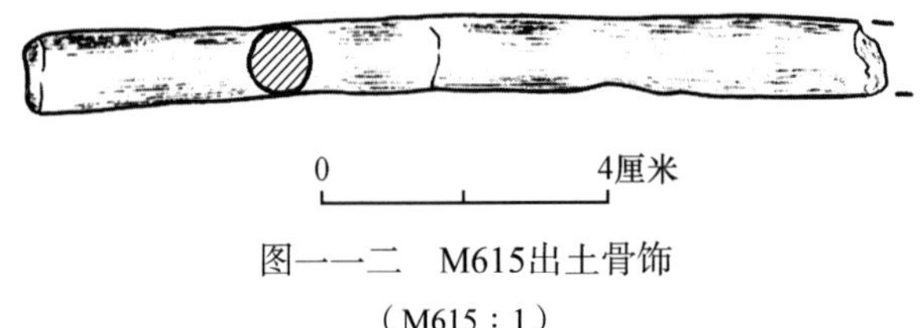

图一一二　M615出土骨饰
（M615：1）

六七、M616

位于发掘区中部，T1532南部，北邻M581，南邻M654。方向22°。开口于第5层下，向下打破生土，开口距地表深2.2米（图一一三）。

（一）墓葬形制

该墓平面呈长方形，竖穴土坑墓。口略大于底，墓口南北长2.68米，东西宽1.52米；墓底南北长2.6米，东西宽1.42米，墓底距墓口深1.8米。内填花土，土质松软。四壁较规整，壁面粗糙，斜壁，平底。

葬具为一椁一棺，木质，已朽，仅存朽痕。椁平面呈“Ⅱ”形，南北长2.31米，东西宽0.94～1.17米，残高0.4米，椁板厚0.06米。西、北两侧椁壁均向内侧挤压变形。椁内有一棺，棺平面呈梯形，南北长1.87米，东西宽0.46～0.6米，残高0.15米，棺板厚0.05米。

棺内有人骨一具，头向东北，面向上，仰身直肢，保存较好。

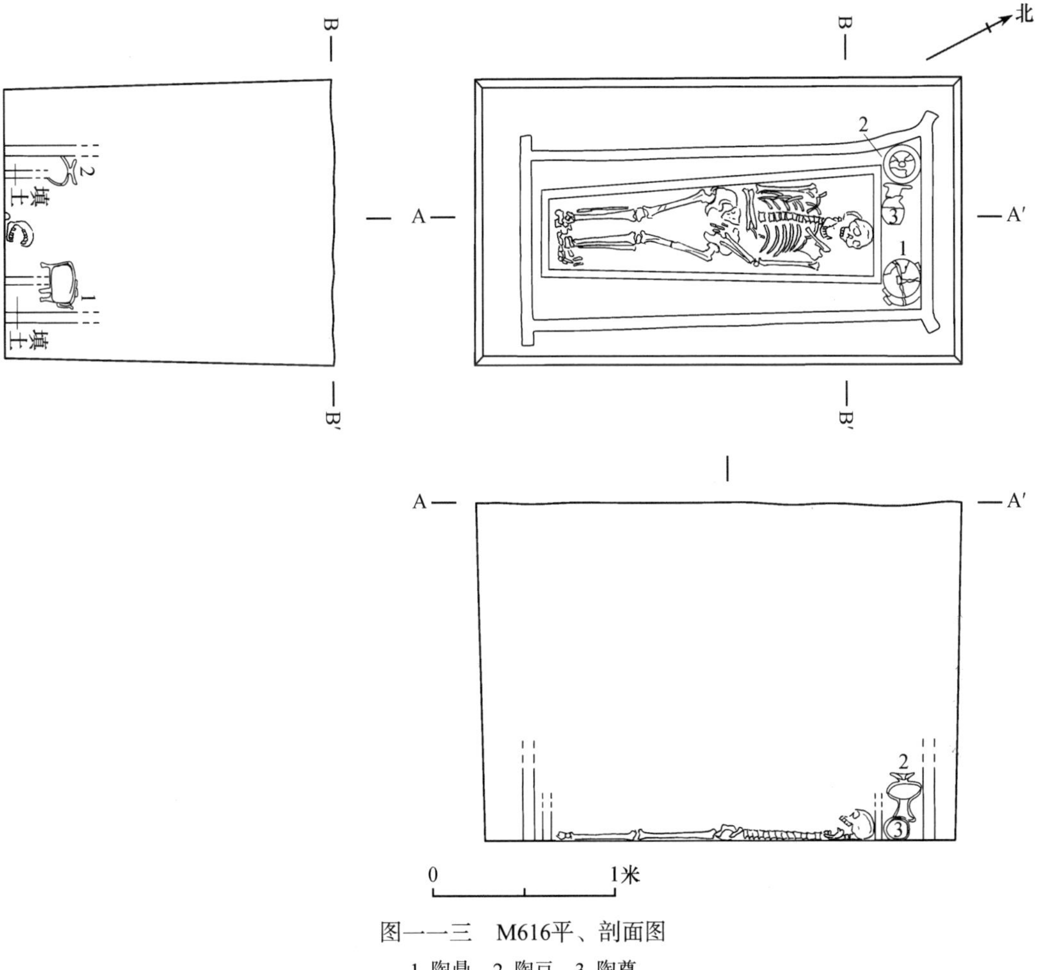

图一一三　M616平、剖面图

1. 陶鼎　2. 陶豆　3. 陶尊

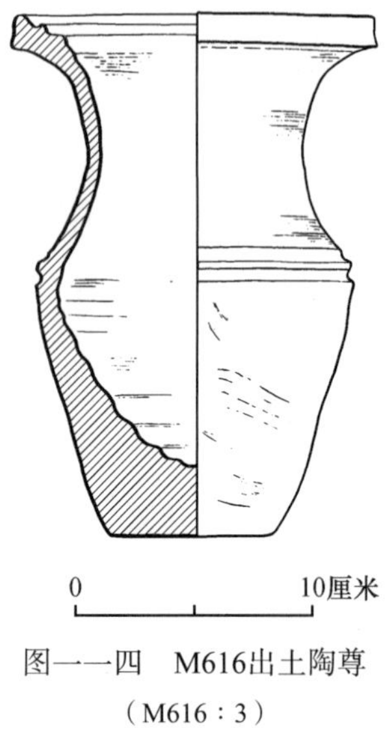

图一一四　M616出土陶尊
（M616：3）

（二）出土器物

随葬品置于墓室北部棺椁之间，共出土陶器3件。其中陶鼎1件、陶豆1件、陶尊1件。

陶鼎　1件。M616：1，无法修复，器形不可辨。

陶豆　1件。M616：2，无法修复，器形不可辨。

陶尊　1件。M616：3，泥质红陶，轮制。敞口，宽沿外折，方唇，高束颈，折肩，弧腹斜收，平底。唇端及沿面有一周凹弦纹，折肩处有两周凹弦纹。器身有数道轮旋痕，器表厚施一层灰陶衣。口径15.5、腹径13.3、底径6.8、高21.7、壁厚0.5～3.8厘米（图一一四；图版七九，4）。

六八、M617

位于发掘区的中部，T1532东南部，西邻M616，东南部打破M732。方向30°。开口于第5层下，向下打破生土，开口距地表深1.8米（图一一五）。

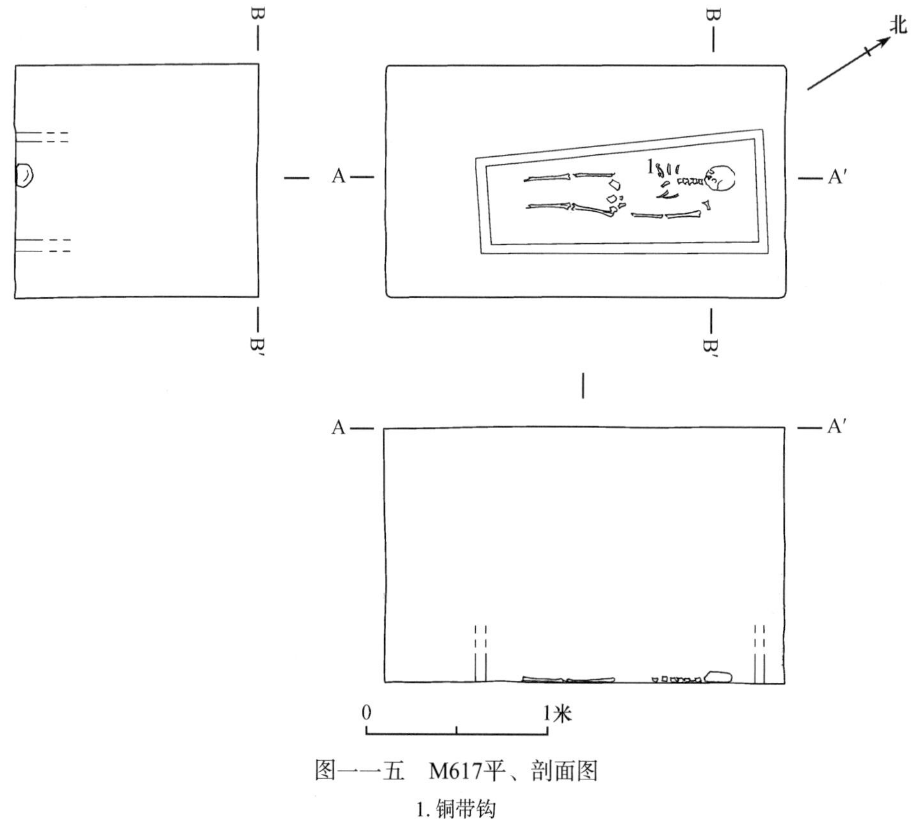

图一一五　M617平、剖面图
1. 铜带钩

（一）墓葬形制

该墓平面呈长方形，竖穴土坑墓。口底尺寸一致，南北长2.2米，东西宽1.23米，墓底距墓口深1.36米。内填花土，土质松软。四壁较规整，壁面粗糙，直壁，平底。

葬具为单棺，木质，已朽，仅存朽痕。棺平面呈梯形，南北长1.56米，东西宽0.5～0.65米，残高0.15米，棺板厚约0.06米。

棺内有人骨一具，头向东北，面向不详，仰身直肢，保存较差。

（二）出土器物

随葬品置于棺内人骨胸部，出土铜带钩1件。

铜带钩　1件。M617：1，模制。整体呈琵琶形，钩作鸭首形，颈断面呈长方形，平腹，平背，宽圆尾，尾背置一圆形纽。腹部和尾部饰涡纹，锈蚀不清。长4.4、宽0.3～1、厚0.1～0.4、颈径0.6、纽径1厘米（图一一六；图版七九，5）。

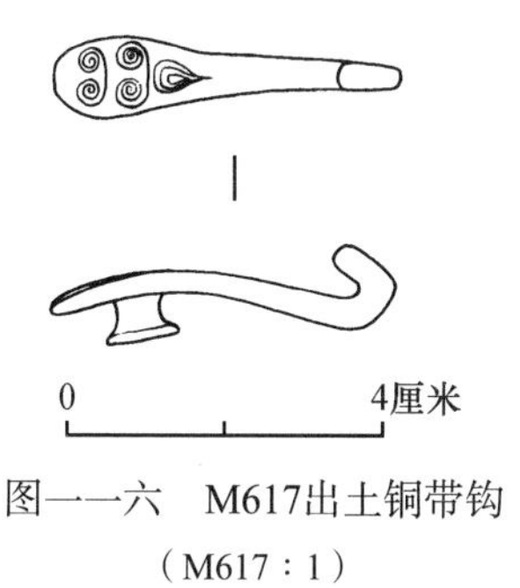

图一一六　M617出土铜带钩（M617：1）

六九、M620

位于发掘区的西北部，T1934东北部、T2034东南部，南邻M587。方向40°。开口于第5层下，向下打破生土，开口距地表深1.9米（图一一七；图版一〇，4）。

（一）墓葬形制

该墓平面呈长方形，竖穴土坑墓。口略大于底，墓口南北长3.34米，东西宽2.1米；墓底南北长3.22米，东西宽1.95米，墓底距墓口深1.4米。内填花土，土质松软。四壁较规整，壁面粗糙，斜壁，平底。墓室内有地震产生的裂痕。

葬具为一椁一棺，木质，已朽，仅存朽痕。椁平面呈近“Ⅱ”形，南北长3.13米，东西宽1.14～1.41米，残高0.11米，椁板厚0.1～0.3米。四侧椁壁均严重挤压变形。椁内有一棺，棺平面呈梯形，南北长1.78米，东西宽0.6～0.74米，残高0.1米，棺板厚0.03～0.05米。

棺内有人骨一具，头向东北，面向不详，仰身直肢，保存较差。

墓室北壁设壁龛，平面呈长方形，距墓底0.2米，长0.6米，进深0.2米，高0.6米。

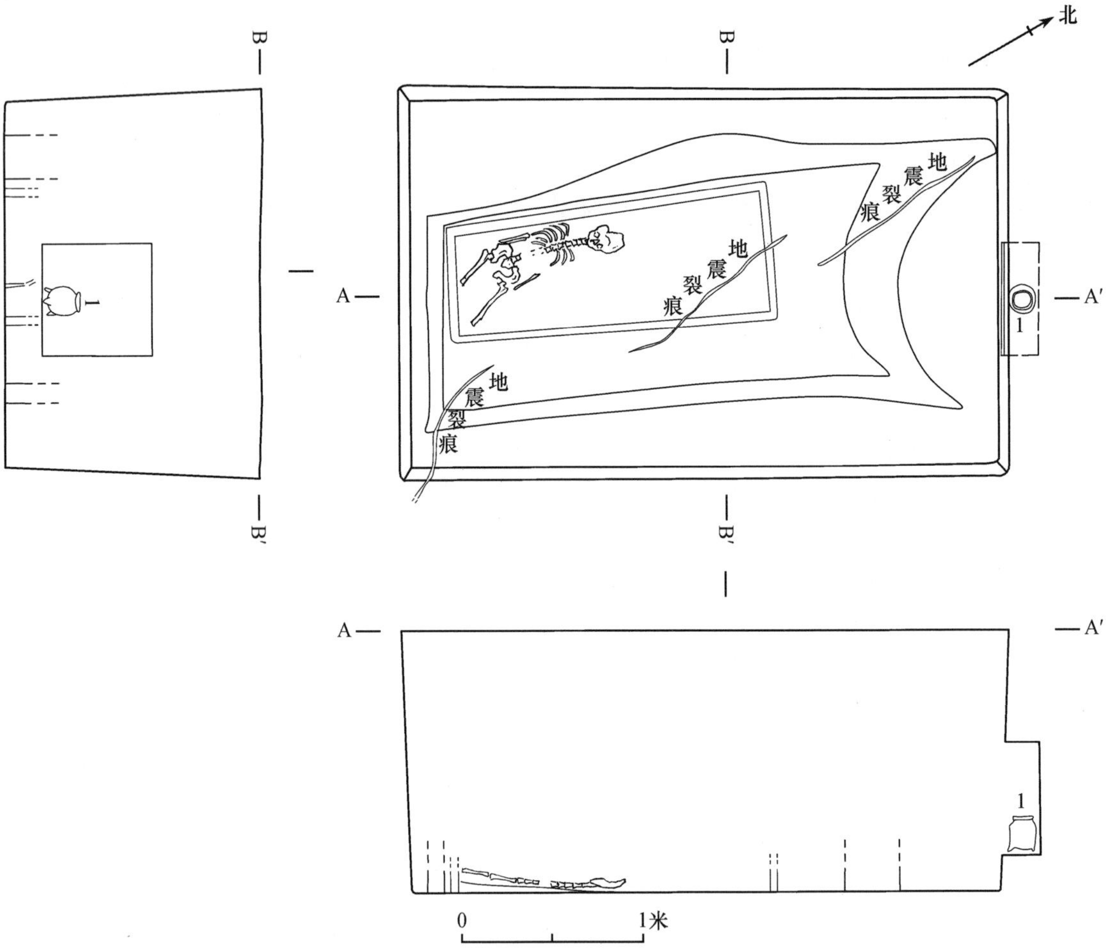

图一一七　M620平、剖面图
1. 陶鬲

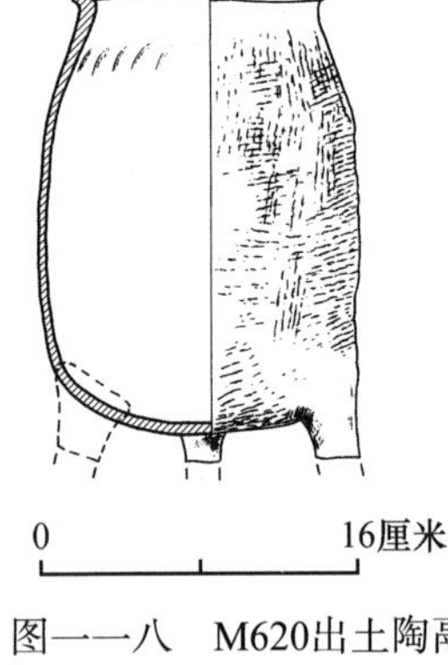
图一一八　M620出土陶鬲
（M620：1）

（二）出土器物

随葬品置于北部壁龛内，出土陶鬲1件。

陶鬲　1件。M620：1，夹砂红陶，腹壁模制，足为手制。敛口，平沿，圆唇，短束颈，溜肩，深弧腹，圜底，底附三足，足皆残。腹壁和底部饰细绳纹。内壁有按压痕迹。口径12.8、腹径16.2、残高23.2、壁厚0.68厘米（图一一八；图版七九，6）。

七〇、M621

位于发掘区的西北部，T1934西北部，东邻M620，南邻M587。方向45°。开口于第5层下，向下打破生土，开口距地表深1.9米（图一一九）。

（一）墓葬形制

该墓平面呈长方形，竖穴土坑墓。口略大于底，墓口南北长2.53米，东西宽1.1米；墓底南北长2.44米，东西宽0.99米，墓底距墓口深1.7米。内填花土，土质松软。四壁较规整，壁面粗糙，斜壁，平底。

葬具为单棺，木质，已朽，仅存朽痕。棺平面呈梯形，南北长1.93米，东西宽0.61～0.65米，残高0.2米，棺板厚约0.06米。

棺内有人骨一具，头向东北，面向上，仰身直肢，保存一般。

（二）出土器物

未发现随葬品。

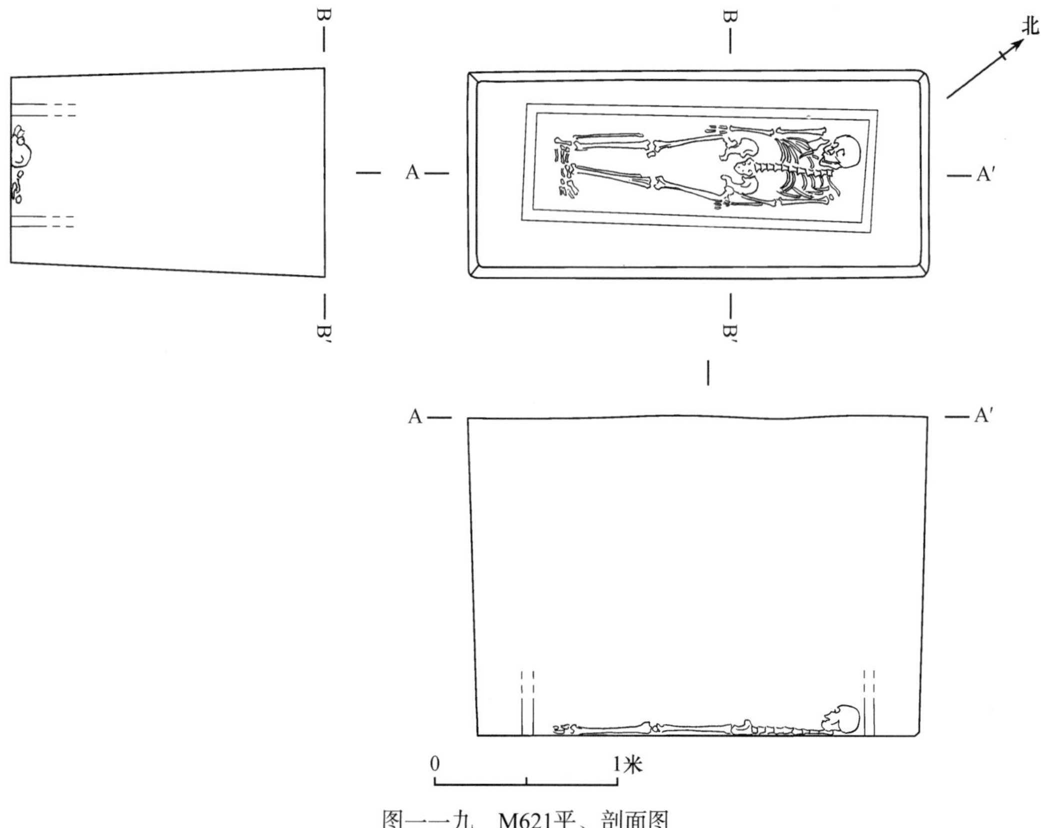

图一一九　M621平、剖面图

七一、M622

位于发掘区的西北部，T2237南部、T2137北部，东邻M623。方向8°。开口于第5层下，向下打破生土，开口距地表深2.02米（图一二〇）。

（一）墓葬形制

该墓平面呈长方形，竖穴土坑墓。口底尺寸一致，南北长3.52米，东西宽2.2米，墓底距墓口深1.28米。内填花土，土质松软。四壁较规整，壁面粗糙，直壁，平底。

葬具为一椁一棺，木质，已朽，仅存朽痕。椁平面呈“Ⅱ”形，南北长3.02米，东西宽1.5～1.9米，残高0.3米，椁板厚0.09米。南、北两侧椁壁均向内侧挤压变形。椁内有一棺，棺平面呈梯形，南北长1.96米，东西宽0.5～0.68米，残高0.18米，棺板厚0.03米。

棺内人骨仅存头骨及部分下肢骨，头向北，面向、葬式均不详，保存较差。

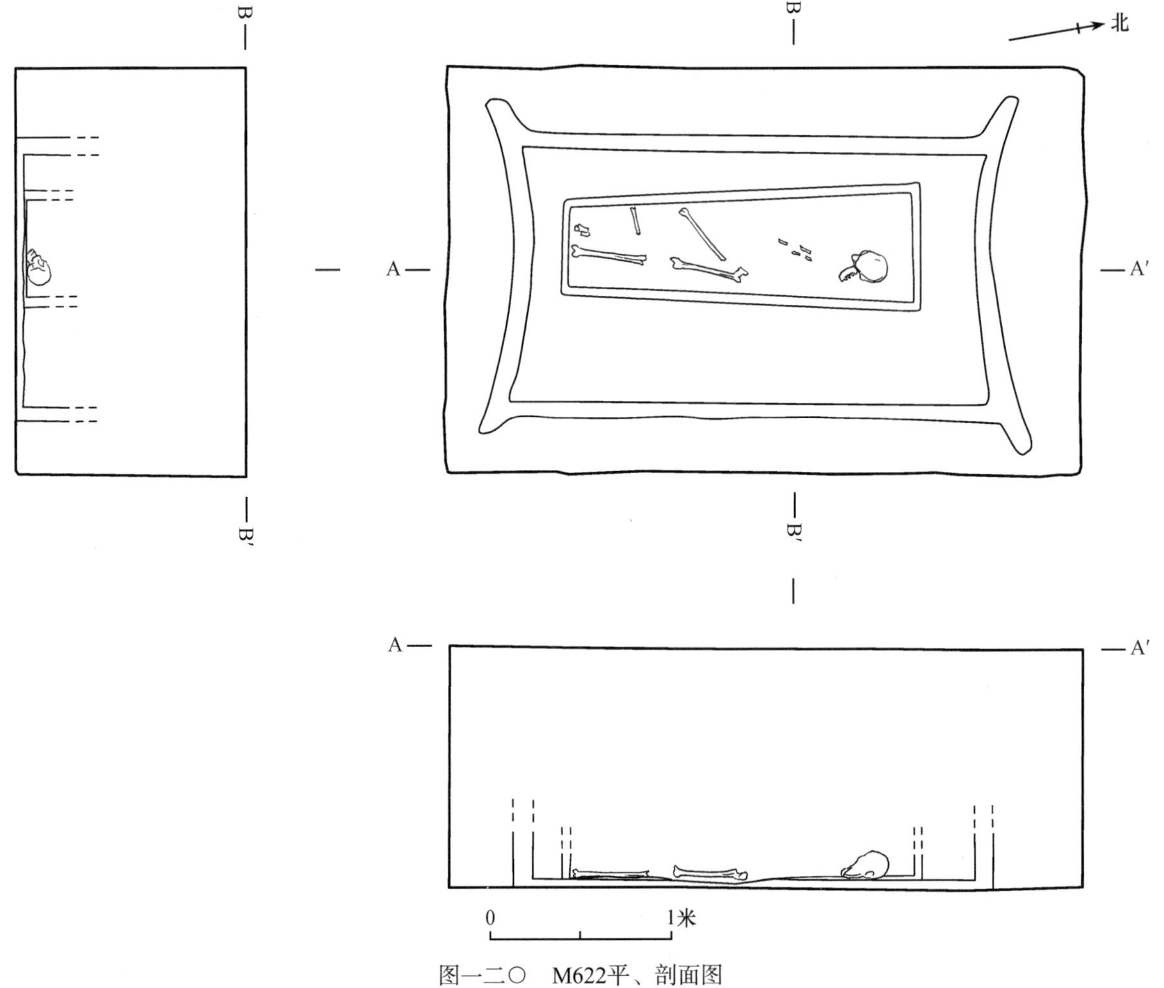

图一二〇　M622平、剖面图

（二）出土器物

未发现随葬品。

七二、M623

位于发掘区的西北部，T2237东南部、T2137东北部，东北部被晚期墓葬M624打破，西邻M622，东邻M625。方向8°。开口于第5层下，向下打破生土，开口距地表深1.91米（图一二一）。

（一）墓葬形制

该墓平面呈长方形，竖穴土坑墓。口底尺寸一致，南北长2.94米，东西宽1.9米，墓底距墓口深1.09米。内填黄褐色花土，土质松软。四壁较规整，壁面粗糙，直壁，平底。

葬具为一椁一棺，木质，已朽，仅存朽痕。椁平面呈“Ⅱ”形，南北长2.3米，东西宽

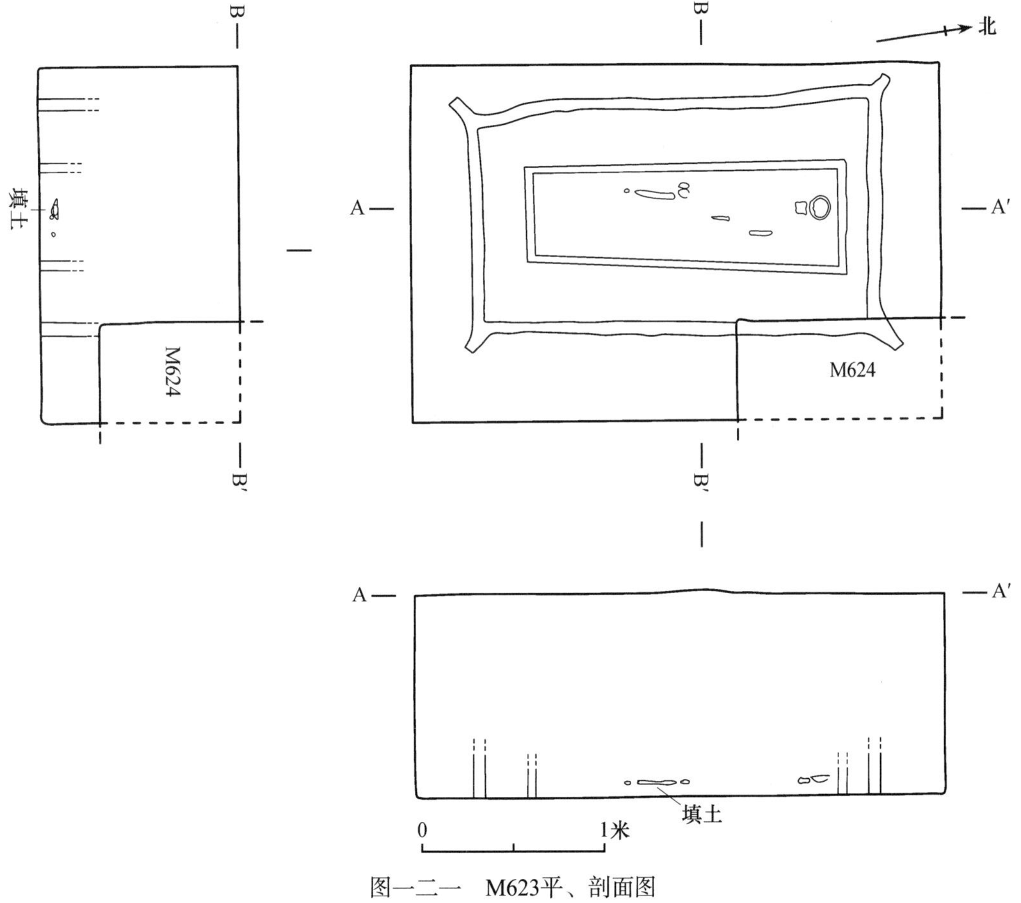

图一二一　M623平、剖面图

1.16～1.46米，残高0.27米，椁板厚0.06米。南、北、西三侧椁壁均向内侧挤压变形。椁内有一棺，棺平面呈梯形，南北长1.76米，东西宽0.5～0.6米，残高0.14米，棺板厚0.03米。

棺内人骨仅存部分头骨及肢骨，头向北，面向、葬式均不详，保存差。

（二）出土器物

未发现随葬品。

七三、M625

位于发掘区的西北部，T2237东南部、T2236西南部、T2136西北部、T2137东北部，西部被晚期墓葬M624打破，东部被M626打破。方向43°。开口于第5层下，向下打破生土，开口距地表深1.9米（图一二二）。

（一）墓葬形制

该墓平面呈梯形，竖穴土坑墓。口底尺寸一致，南北长2.52米，东西宽1.12～1.24米，墓底距墓口深1米。内填黄褐色花土，土质松软。四壁较规整，壁面粗糙，直壁，平底。

墓室内未发现棺椁。

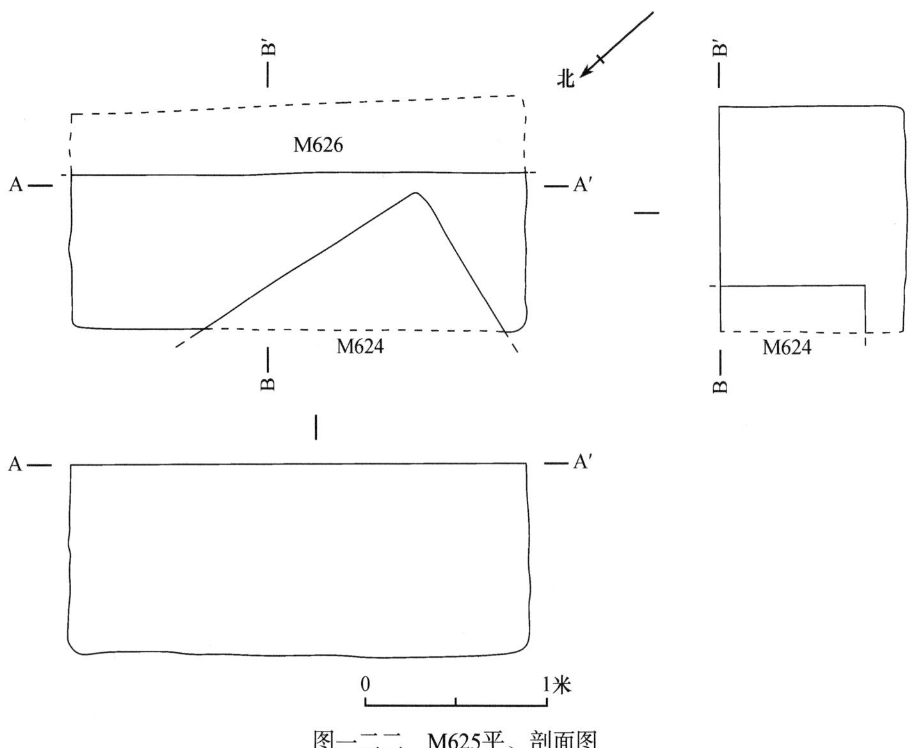

图一二二　M625平、剖面图

（二）出土器物

未发现随葬品。

七四、M626

位于发掘区的西北部，T2236西南部、T2136西北部、T2137东北部、T2237东南部，西邻M625，东邻M369。方向30°。开口于第5层下，向下打破生土，开口距地表深2.2米（图一二三）。

（一）墓葬形制

该墓平面呈长方形，竖穴土坑墓。口底一致，南北长3米，东西宽1.8米，墓底距墓口深1.4米。内填黄褐色花土，土质松软。四壁较规整，壁面粗糙，直壁，平底。

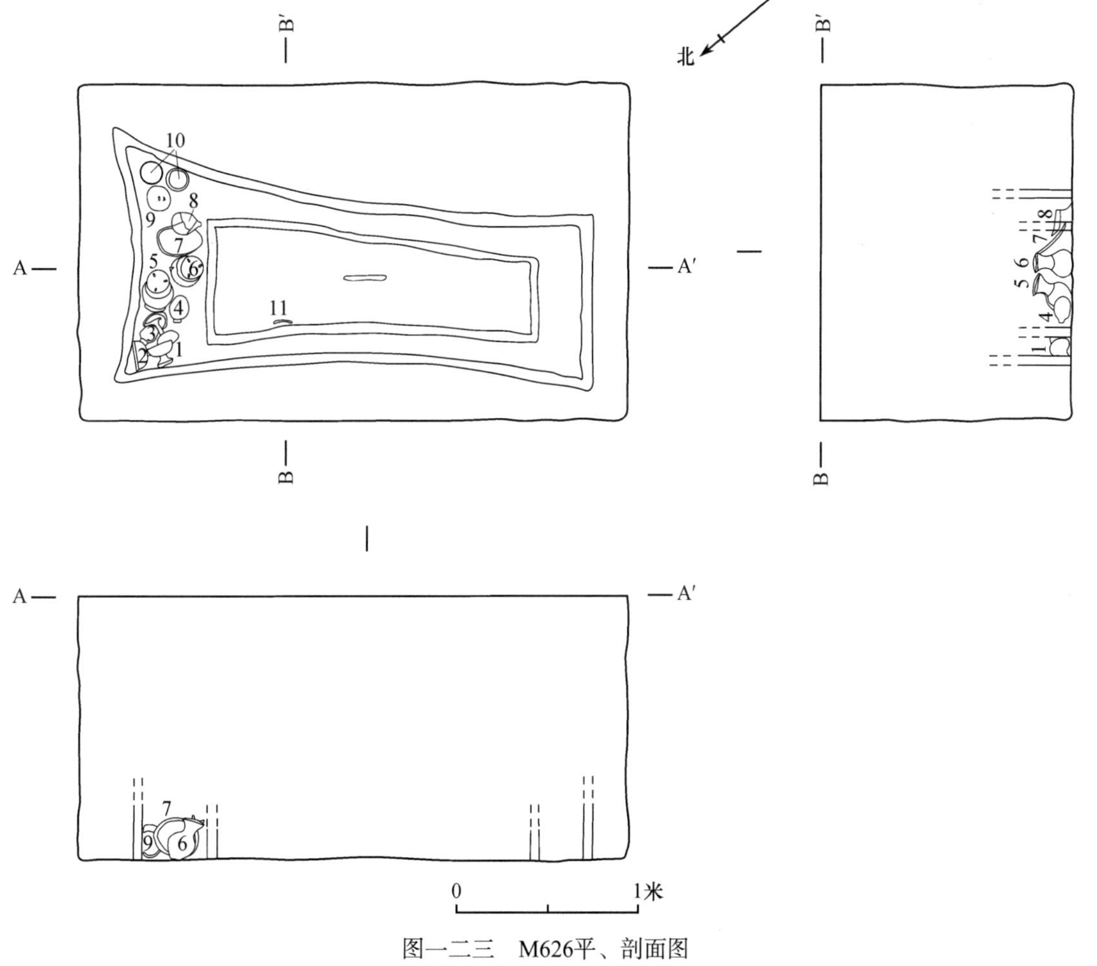

图一二三　M626平、剖面图

1、2. 陶豆　3、4. 陶小口罐　5、6. 陶壶　7. 陶盘　8. 陶匜　9、10. 陶鼎　11. 铜带钩

葬具为一椁一棺，木质，已朽，仅存朽痕。椁平面呈“Ⅱ”形，南、北两端宽，中间窄，南北长2.63米，东西宽0.82～1.34米，残高0.3米，椁板厚0.04～0.06米。东、西、北三侧椁壁均向内侧挤压变形。椁内有一棺，棺平面呈梯形，南北长1.81米，东西宽0.44～0.66米，残高0.16米，棺板厚0.02～0.04米。

棺内人骨仅存一段下肢骨，头向、面向、葬式均不详，保存差。

（二）出土器物

随葬品置于墓室北部棺椁之间和棺内人骨腰部，共出土器物11件，其中陶器10件，铜器1件。墓室北部棺椁之间有陶鼎2件、陶豆2件、陶壶2件、陶盘1件、陶匜1件、陶小口罐2件，棺内人骨腰部有铜带钩1件。

1. 陶器

陶鼎　2件。M626：9，泥质灰陶，轮模合制。有盖，母口，顶隆起，顶中心有一个“∩”形纽。器身子口，敛口，圆唇，上腹部有两个对称的方形外撇附耳，有长方形穿，深直腹，圜底，下附三蹄形足。腹部饰三周凹弦纹。器表施一层灰陶衣。口径10.6、腹径12.7、高14.1、壁厚0.4～1.2厘米，盖径12.8、高5、壁厚0.4～2厘米（图一二四，1；图版八〇，1）。M626：10，泥质灰陶，轮模合制。有盖，母口，顶隆起，顶中心有一个“∩”形纽。器身子口，敛口，圆唇，上腹部有两个对称的方形外撇附耳，有长方形穿，深直腹，圜底，下附三蹄形足。腹部饰三周凹弦纹。器表施一层灰陶衣。口径10.5、腹径12.9、高14.9、壁厚0.61厘米，盖径13.1、高5.3、壁厚0.62厘米（图一二四，2；图版八〇，2）。

陶豆　2件。M626：1，泥质灰陶，轮制。有盖，母口，呈覆钵形，顶部有平面呈圆形的喇叭形捉手，柄较短。器身子口，敛口，方唇，弧折腹，细柄，柄较短，中空，喇叭形座。器身有数道轮旋痕。口径14.9、腹径16.5、圈足径13.4、高21.9、壁厚0.58厘米，盖径16.9、捉手径12.2、高10.6、壁厚0.79厘米（图一二四，9；图版八〇，3）。M626：2，泥质灰陶，轮制。有盖，母口，呈覆钵形，顶部有平面呈圆形的喇叭形捉手，柄较短。器身子口，敛口，方唇，弧折腹，细柄，柄较短，中空，喇叭形座。器身有数道轮旋痕。口径14.8、腹径16.4、圈足径13.2、高21.8、壁厚0.5～1.6厘米，盖径15.7、捉手径11.6、高11、壁厚0.3～1.9厘米（图一二四，10；图版八〇，4）。

陶壶　2件。M626：5，泥质灰陶，轮模合制。有盖，子口，呈覆钵形，盖舌内折，顶隆起，等距分布三个矩尺状纽。器身母口，侈口，圆唇，束颈，圆肩，肩部贴附两个对称的简化兽首形耳，弧腹内收，圜底，矮圈足。颈至腹部刻划三组纹饰，各组纹饰下皆饰两周凹弦纹，自上而下第一组为一周三角内填水波纹，第二组为一周竖向水波纹，第三组为一周折线三角组合纹，腹中部至底部饰交错细绳纹。器表施一层灰陶衣。口径11.1、腹径16.2、圈足径8.2、高23.4、壁厚0.61厘米，盖径8、高4.2、壁厚0.61厘米（图一二四，5；图版八〇，5）。

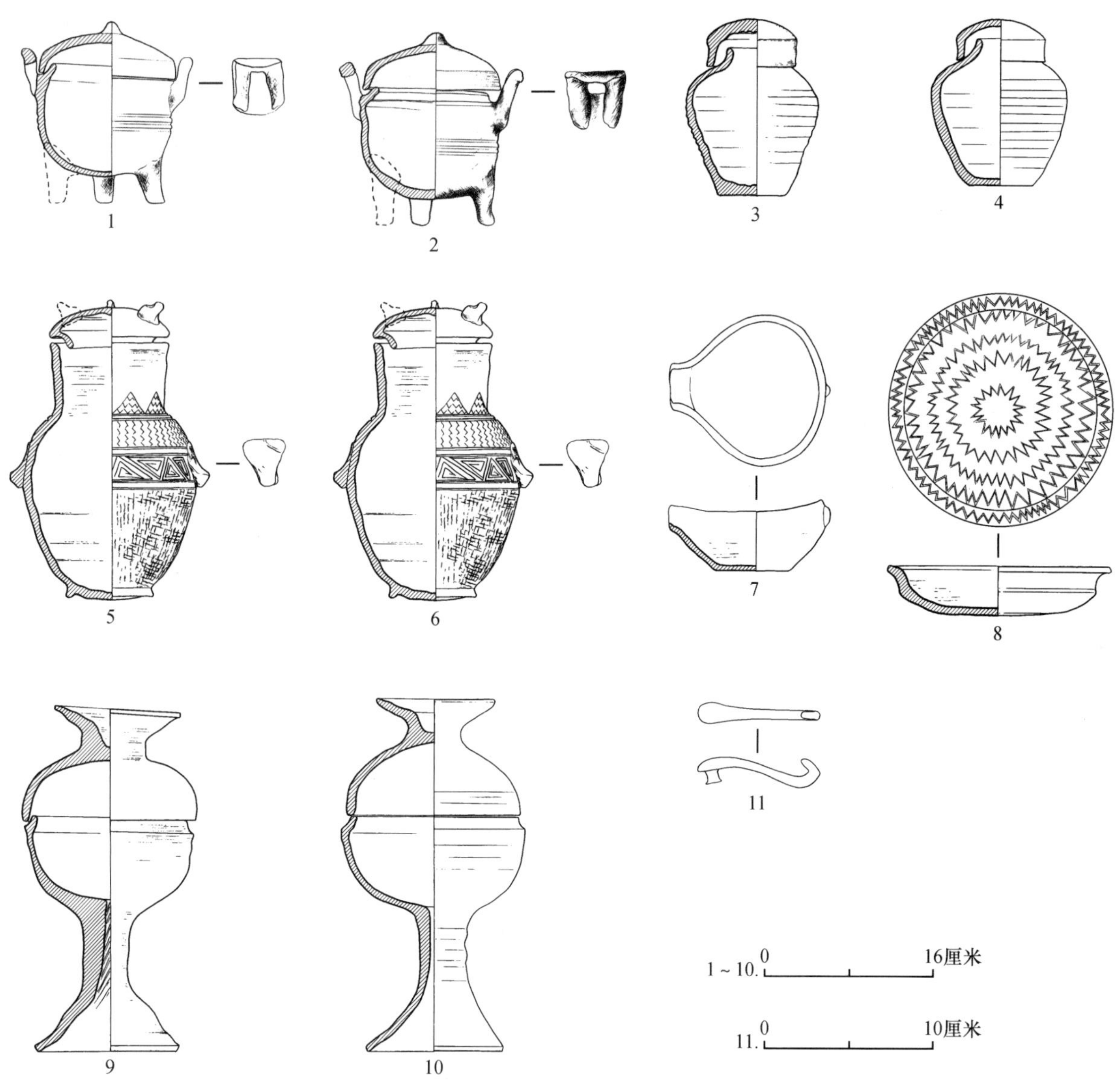

图一二四　M626出土器物

1、2. 陶鼎（M626：9、M626：10）　3、4. 陶小口罐（M626：3、M626：4）　5、6. 陶壶（M626：5、M626：6）　7. 陶匜（M626：8）　8. 陶盘（M626：7）　9、10. 陶豆（M626：1、M626：2）　11. 铜带钩（M626：11）

M626：6，泥质灰陶，轮模合制。有盖，子口，呈覆钵形，盖舌内折，顶隆起，等距分布三个矩尺状纽。器身母口，侈口，圆唇，束颈，圆肩，肩部贴附两个对称的简化兽首形耳，弧腹内收，圜底，矮圈足。颈至腹部刻划三组纹饰，各组纹饰下皆饰两周凹弦纹，自上而下第一组为一周三角内填水波纹，第二组为一周竖向水波纹，第三组为一周折线三角组合纹，腹中部至底部饰交错细绳纹。器表施一层灰陶衣。口径11.4、腹径17.6、圈足径9.3、高22.9、壁厚0.5～1.5厘米，盖径7.8、高4.2、壁厚0.7～1.2厘米（图一二四，6；图版八〇，6）。

陶盘　1件。M626：7，泥质灰陶，轮制。敞口，折沿上扬，方唇，折腹，上腹近直，下腹斜收，平底。内壁口沿至盘心压印五周水波纹。器身有数道轮旋痕，器表施一层灰陶衣。口径21.7、腹径18.5、底径12.2、高4.7、壁厚0.8厘米（图一二四，8；图版八一，1）。

陶匜　1件。M626：8，泥质灰陶，轮模合制。口部呈桃形，微敛口，方唇，弧腹斜收，附槽状流，流口较短，微上扬，尾部有半圆形鋬，平底。器身有数道轮旋痕。口长14、口宽13.4、底径7～7.7、高6.6、流长2.3、壁厚0.7～0.9厘米（图一二四，7；图版八一，2）。

陶小口罐　2件。M626：3，泥质灰陶，轮制。有盖，母口，弧壁，顶隆起。器身子口，微敛口，圆唇，短束颈，圆肩，斜腹内收，平底。器身有数道轮旋痕。口径5.6、腹径12.6、底径6.4、高13.4、壁厚0.56厘米，盖径8.4、腹径8.4、高4.3、壁厚0.58厘米（图一二四，3；图版八一，3）。M626：4，泥质灰陶，轮制。有盖，母口，弧壁，顶隆起。器身子口，微敛口，圆唇，短束颈，圆肩，斜弧腹内收，平底。器身有数道轮旋痕。口径4.8、腹径12.7、底径6.2、高13.5、壁厚0.7厘米，盖径8.4、腹径8.2、高4、壁厚0.6厘米（图一二四，4；图版八一，4）。

2. 铜器

铜带钩　1件。M626：11，模制。钩作鸭首形，长颈，颈断面呈长方形，腹隆起，平背，断面呈半圆形，圆尾，尾背置一圆形纽，纽柱较长。长7.3、宽0.5～1.3、厚0.2～0.65、颈径0.7、纽径1厘米（图一二四，11；图版八一，5）。

七五、M630

位于发掘区的西北部，T1735中部偏南，东南邻M736。方向19°。开口于第6层下，向下打破生土，开口距地表深2.48米（图一二五；图版一一，1）。

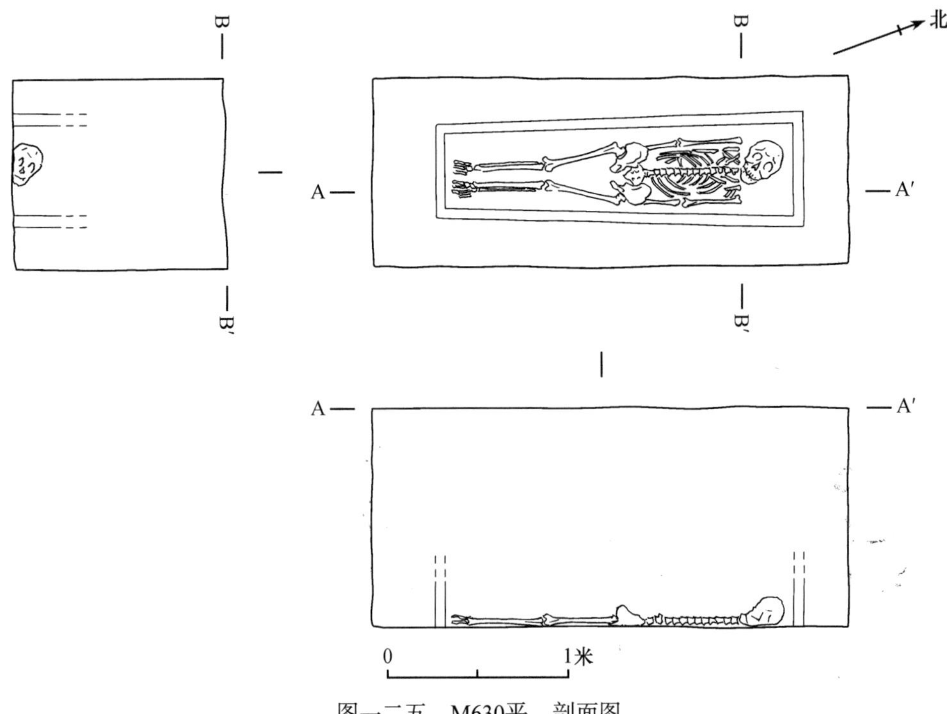

图一二五　M630平、剖面图

（一）墓葬形制

该墓平面呈长方形，竖穴土坑墓。口底尺寸一致，南北长2.6米，东西宽1米，墓底距墓口深1.17米。内填灰褐色花土，土质松散，含沙。四壁较规整，壁面粗糙，直壁，平底。

葬具为单棺，木质，已朽，仅存朽痕。棺平面呈梯形，南北长1.9米，东西宽0.49～0.61米，残高0.25米，棺板厚约0.05米。

棺内有人骨一具，头向北，面向上，仰身直肢，保存较好。

（二）出土器物

未发现随葬品。

七六、M634

位于发掘区的中部，T1732东北部、T1731西北部、T1831西南部、T1832东南部，南邻M589。方向22°。开口于第5层下，向下打破生土，开口距地表深1.4米（图一二六）。

（一）墓葬形制

该墓平面呈长方形，竖穴土坑墓。口略大于底，墓口南北长3.42米，东西宽1.96米；墓底南北长3.17米，东西宽1.69～1.77米，墓底距墓口深1.5米。内填花土，土质松软。四壁较规整，壁面粗糙，斜壁，平底。

葬具为一椁一棺，木质，已朽，仅存朽痕。椁平面呈“Ⅱ”形，南、北两端宽，中间窄，南北长2.84米，东西宽0.95～1.7米，残高0.3米，椁板厚0.03～0.06米。四侧椁壁均向内侧挤压变形。椁内有一棺，棺平面呈梯形，南北长1.93米，东西宽0.48～0.6米，残高0.24米，棺板厚0.02～0.04米。

棺内人骨仅存头骨和部分肢骨，头向东北，面向、葬式均不详，保存差。

（二）出土器物

随葬品置于墓室北部棺椁之间，共出土陶器11件。其中陶鼎1件、陶豆2件、陶壶2件、陶盘1件、陶匜1件、陶三足罐2件、陶小口壶2件（图版三九，1）。

陶鼎　1件。M634：5，泥质红陶，轮模合制。有盖，母口，呈覆钵形，顶隆起，顶中心

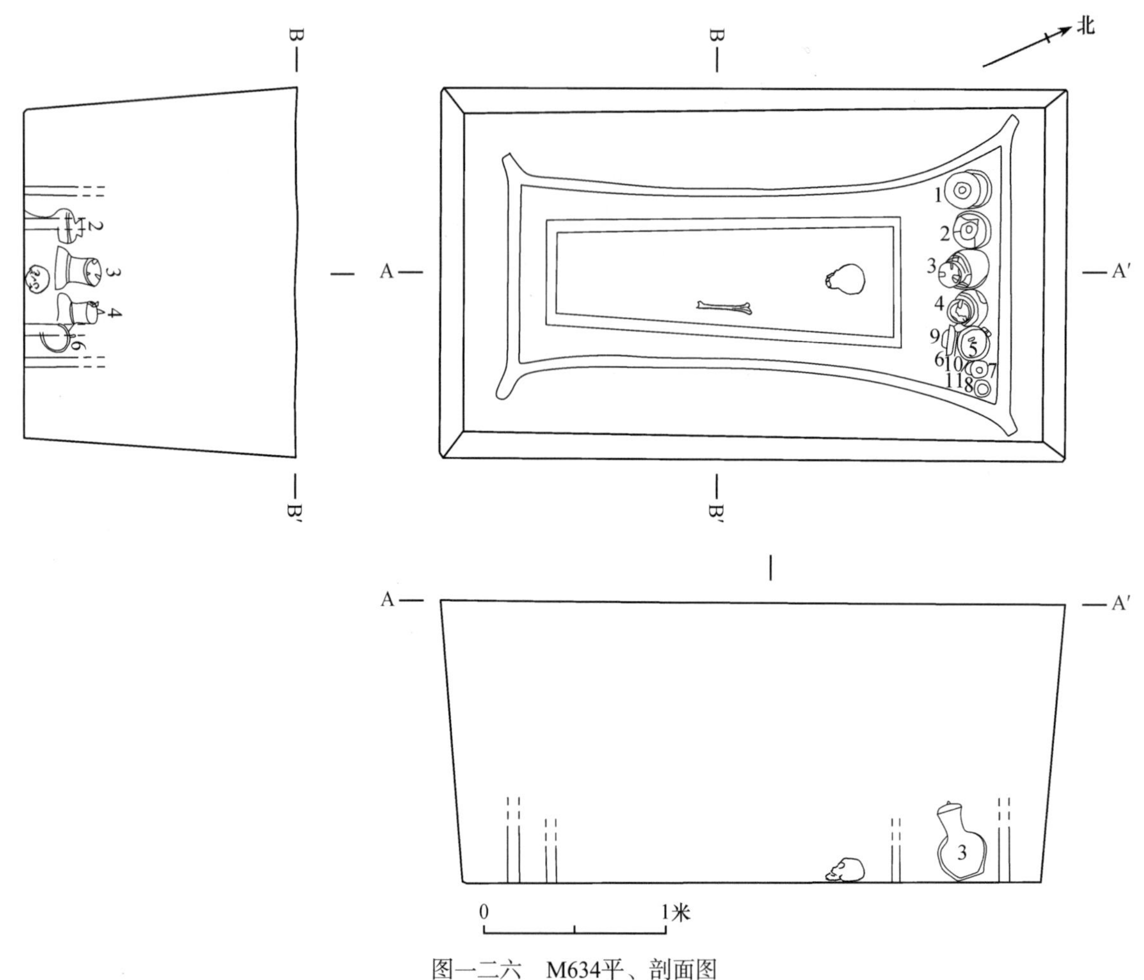

图一二六　M634平、剖面图

1、2. 陶豆　3、4. 陶壶　5. 陶鼎　6. 陶盘　7、8. 陶小口壶　9. 陶匜　10、11. 陶三足罐

有一个“∩”形纽。器身子口，近直口，方唇，上腹部有两个对称的长方形附耳，有长方形穿，弧腹，圜底，下附三细高蹄形足。腹部饰三周凹弦纹。器表厚施一层灰陶衣。口径17.4、腹径17.3、高21.2、壁厚0.8厘米，盖径19.2、高7、壁厚0.6～2.6厘米（图一二七，1；图版八一，6）。

陶豆　2件。M634：1，泥质灰陶，轮制。有盖，母口，呈覆钵形，较浅，顶部有平面呈圆形的喇叭形捉手，柄较长。器身子口，近直口，圆唇，深斜弧腹，下腹略鼓，细长柄，喇叭形座。器身腹部饰三周凸棱纹，柄部饰竹节状纹。器身有数道轮旋痕。口径16.2、腹径19.4、圈足径14.6、高27.3、壁厚0.81厘米，盖径18.6、捉手径10.2、高10.8、壁厚0.48厘米（图一二七，11；图版八二，1）。M634：2，泥质灰陶，轮制。有盖，母口，呈覆钵形，较浅，顶部有平面呈圆形的喇叭形捉手，柄较长。器身子口，近直口，圆唇，深弧腹，上腹近直，下腹斜收，细长柄，喇叭形座。捉手顶面和器身腹部均饰三周凸棱纹，盖面饰两周凹弦纹，柄部饰竹节状纹。器身有数道轮旋痕。口径15.8、腹径18.6、圈足径13.5、高26.2、壁厚0.5～2.55厘米，盖径18.1、捉手径13.1、高10.7、壁厚0.4～2.6厘米（图一二七，8；图版八二，2）。

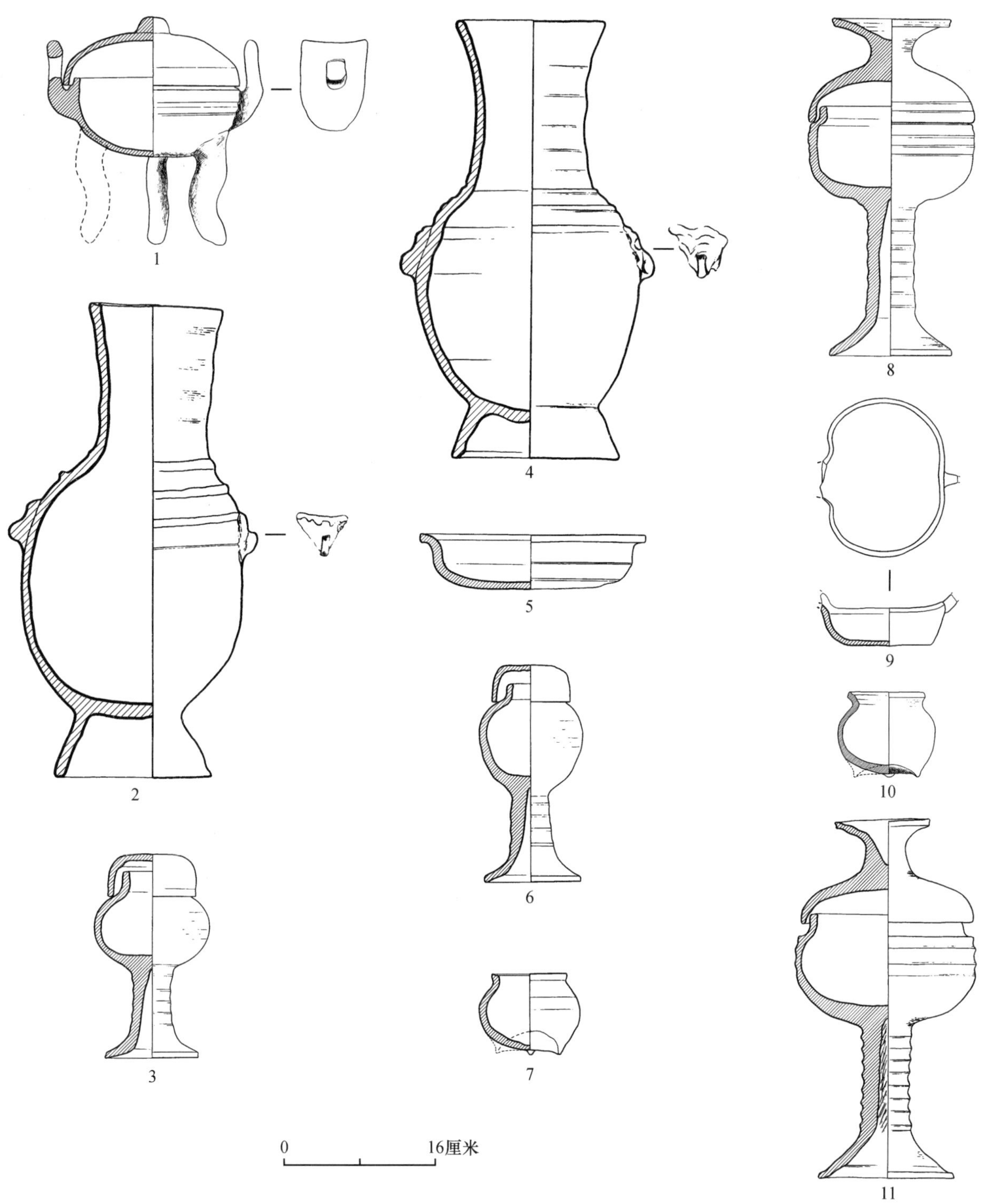

图一二七 M634出土器物

1. 陶鼎（M634：5） 2、4. 陶壶（M634：4、M634：3） 3、6. 陶小口壶（M634：8、M634：7） 5. 陶盘（M634：6）
7、10. 陶三足罐（M634：11、M634：10） 8、11. 陶豆（M634：2、M634：1） 9. 陶匜（M634：9）

陶壶　2件。M634：3，泥质灰陶，轮模合制。盖残缺。器身母口，敞口，方唇，高束颈，圆肩，肩部贴附两个对称的兽首形耳，鼓腹，圜底，高圈足，足墙外撇。肩部饰三周凸棱纹。器身有数道轮旋痕。口径15.4、腹径23.6、圈足径17.8、高45.2、壁厚0.8厘米（图一二七，4；图版八二，3）。M634：4，泥质灰陶，轮模合制。盖残缺。器身母口，敞口，方唇，高束颈，圆肩，肩部贴附两个对称的兽首形耳，鼓腹，圜底，高圈足，足墙外撇。肩部饰三周凸棱纹。器身有数道轮旋痕。口径16、腹径24、圈足径17.2、高49.2、壁厚0.36～1.2厘米（图一二七，2；图版八二，4）。

陶盘　1件。M634：6，泥质灰陶，轮制。敞口，折沿上扬，方唇，折腹，上腹近直，下腹弧收，圜底近平。外腹壁有两周凸棱纹，器身有数道轮旋痕。口径24.5、腹径21.9、高5.7、壁厚0.7厘米（图一二七，5；图版八二，5）。

陶匜　1件。M634：9，泥质灰陶，轮模合制。口部呈椭圆形，敞口，圆唇，弧腹斜收，流残，尾部有梯形鋬，平底。口长17、口宽14.3、高5.5、壁厚0.5厘米（图一二七，9；图版八二，6）。

陶三足罐　2件。M634：10，泥质灰陶，轮制。侈口，方唇，唇部有凹槽，短颈，圆肩，浅鼓腹，圜底，下附三乳突状足。器身有数道轮旋痕，近底处有明显刀削痕。口径7.9、腹径10.6、高8.6、壁厚0.56厘米（图一二七，10；图版八三，1）。M634：11，泥质灰陶，轮制。侈口，方唇，唇部有凹槽，短颈，圆肩，浅鼓腹，圜底，下附三乳突状足。器身有数道轮旋痕，近底处有明显刀削痕。口径7.7、腹径10.7、高8.3、壁厚0.8厘米（图一二七，7；图版八三，2）。

陶小口壶　2件。M634：7，泥质灰陶，轮制。有盖，母口，近直壁，平顶。器身子口，近直口，圆唇，短颈，斜弧腹，细柄，喇叭形座。柄部饰竹节状纹。器身有数道轮旋痕。口径5.3、腹径11.4、底径10.5、高21.4、壁厚0.8～2厘米，盖径8.5、高4.1、壁厚0.5厘米（图一二七，6；图版八三，3）。M634：8，泥质灰陶，轮制。有盖，母口，近直壁，平顶。器身子口，近直口，方唇，短颈，斜弧腹，细柄，喇叭形座。柄部饰竹节状纹。器身有数道轮旋痕。口径6.3、腹径12.3、底径10.2、高19.8、壁厚0.6～2厘米，盖径9.4、高5、壁厚0.5～1厘米（图一二七，3；图版八三，4）。

七七、M636

位于发掘区的西北部，T2136东南部，东北邻M432，西邻M638，南邻M446。方向35°。开口于第6层下，向下打破生土，开口距地表深1.6米（图一二八；图版一一，2）。

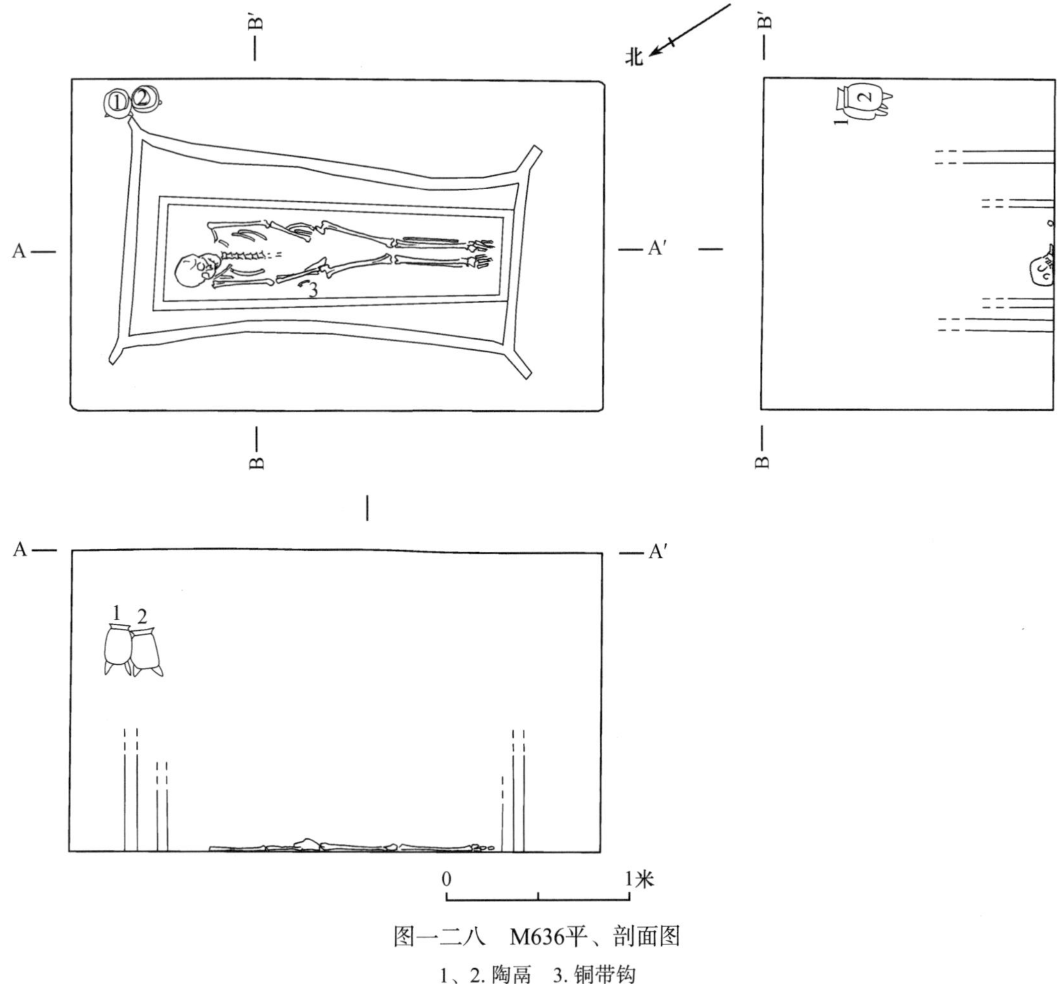

图一二八　M636平、剖面图
1、2. 陶鬲　3. 铜带钩

（一）墓葬形制

该墓平面呈长方形，竖穴土坑墓。口底尺寸一致，南北长2.9米，东西宽1.76米，墓底距墓口深1.6米。内填花土，土质松软。四壁较规整，壁面粗糙，直壁，平底。

葬具为一椁一棺，木质，已朽，仅存朽痕。椁平面呈“Ⅱ”形，南、北两端宽，中间窄，南北长2.3米，东西宽0.88～1.32米，残高0.5米，椁板厚0.06米。四侧椁壁均向内侧挤压变形。椁内有一棺，棺平面呈梯形，南北长1.93米，东西宽0.48～0.6米，残高0.24米，棺板厚0.04米。

棺内有人骨一具，头向东北，面向上，仰身直肢，保存较好。

（二）出土器物

随葬品置于椁外东北角填土中和棺内人骨腰部，共出土器物3件，其中陶器2件、铜器1件。填土中有陶鬲2件，高出墓底0.9米，棺内人骨腰部有铜带钩1件（图版三九，2）。

1. 陶器

陶鬲　2件。M636：1，夹砂红陶，腹壁模制，足为手制。敛口，折沿微上扬，方唇，短束颈，溜肩，深弧腹，圜底，底附三个锥形实足，略外撇。腹壁和底部饰细绳纹。内壁有按压痕迹。口径11.3、腹径15.6、高26.3、壁厚0.36～0.59厘米（图一二九，1；图版八三，5）。M636：2，夹砂红陶，腹壁模制，足为手制。敛口，折沿微上扬，方唇，短束颈，溜肩，深弧腹，圜底，底附三个锥形实足，略外撇。腹壁和底部饰细绳纹。内壁有按压痕迹。口径13.6、腹径17.2、高26.2、壁厚0.38～0.61厘米（图一二九，2；图版八三，6）。

2. 铜器

铜带钩　1件。M636：3，模制。整体较细长，钩作鸭首形，长颈，颈断面呈长方形，正面颈至尾部中间凸起两道较高的棱脊，形成正面三道弧形凹槽，平背，圆尾，腹背置一圆形纽。长8.9、宽0.4～1.3、厚0.2～0.5、颈径0.6、纽径1.1厘米（图一二九，3；图版八四，1）。

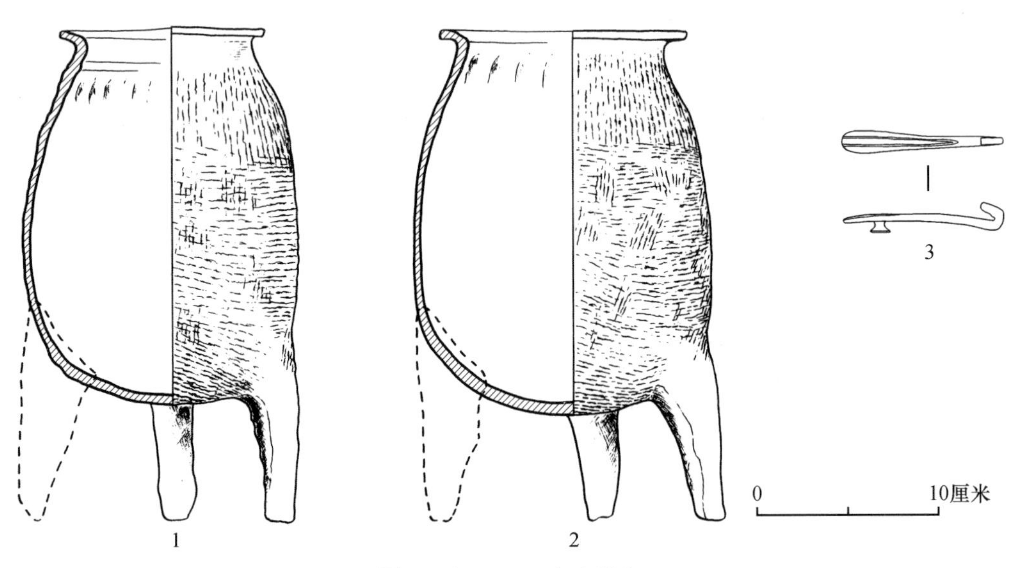

图一二九　M636出土器物

1、2. 陶鬲（M636：1、M636：2）　3. 铜带钩（M636：3）

七八、M638

位于发掘区的西北部，T2136南部，东邻M636。方向35°。开口于第5层下，向下打破第6层及生土，开口距地表深1.7米（图一三〇）。

（一）墓葬形制

该墓平面呈长方形，竖穴土坑墓。口底尺寸一致，南北长2.3米，东西宽0.9米，墓底距墓口深0.5米。内填褐色花土，土质松软。四壁较规整，壁面粗糙，直壁，平底。

葬具为单棺，木质，已朽，仅存朽痕。棺平面呈梯形，南北长2.03米，东西宽0.6～0.68米，残高0.09米，棺板厚0.02～0.05米。

棺内有人骨一具，头向东北，面向西北，仰身直肢，保存一般。

（二）出土器物

未发现随葬品。

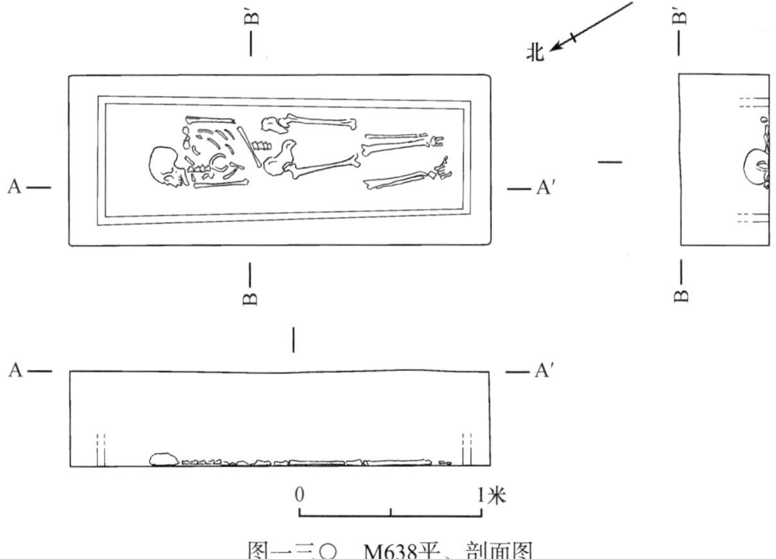

图一三〇　M638平、剖面图

七九、M640

位于发掘区的西北部，T2135中部，西南部被M432打破。方向10°。开口于第5层下，向下打破第6层及生土，开口距地表深2.65米（图一三一）。

（一）墓葬形制

该墓平面呈长方形，竖穴土坑墓。口底尺寸一致，南北残长1.43～2.44米，东西宽1.12米，墓底距墓口深0.95米。内填褐色花土，土质松软。四壁较规整，壁面粗糙，直壁，平底。

葬具为单棺，木质，已朽，仅存朽痕。棺平面呈梯形，南北残长1.5～1.92米，东西宽0.56～0.65米，残高0.2米，棺板厚约0.05米。

棺内有人骨一具，头向北，面向上，仰身直肢，保存较好。

（二）出土器物

未发现随葬品。

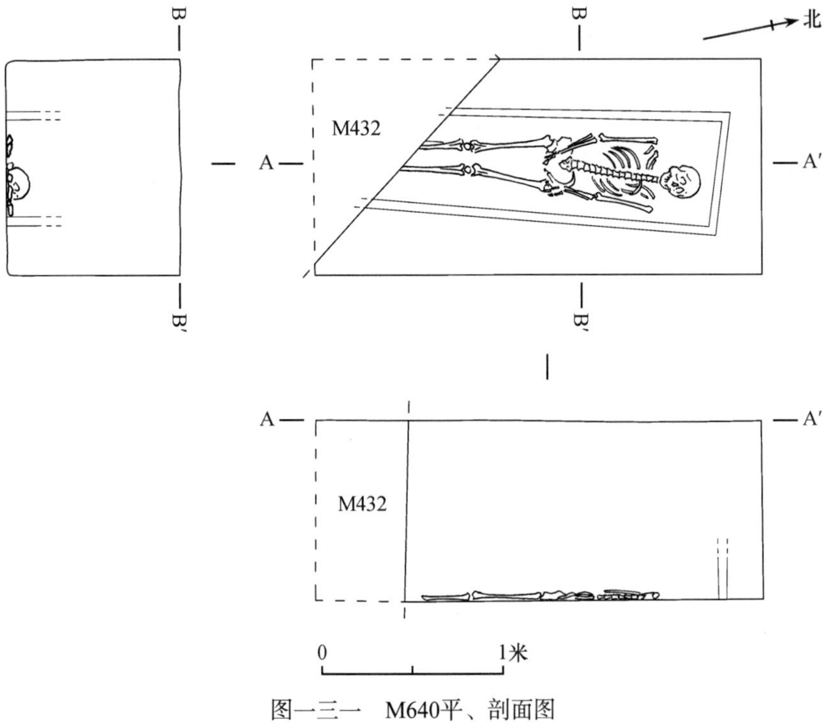

图一三一　M640平、剖面图

八〇、M641

位于发掘区的东南部。方向30°。开口于第5层下，向下打破生土，开口距地表深1.1米（图一三二；图版一一，3）。

（一）墓葬形制

该墓平面呈长方形，竖穴土坑墓。口底尺寸一致，南北长2.6米，东西宽1.11～1.2米，墓底距墓口深2.1米。内填花土，土质松软。四壁较规整，壁面粗糙，直壁，平底。

葬具为单棺，木质，已朽，仅存朽痕。棺平面呈梯形，南北长1.93米，东西宽0.54～0.66米，残高0.2米，棺板厚约0.06米。

棺内有人骨一具，头向东北，面向东南，仰身直肢，保存较差。

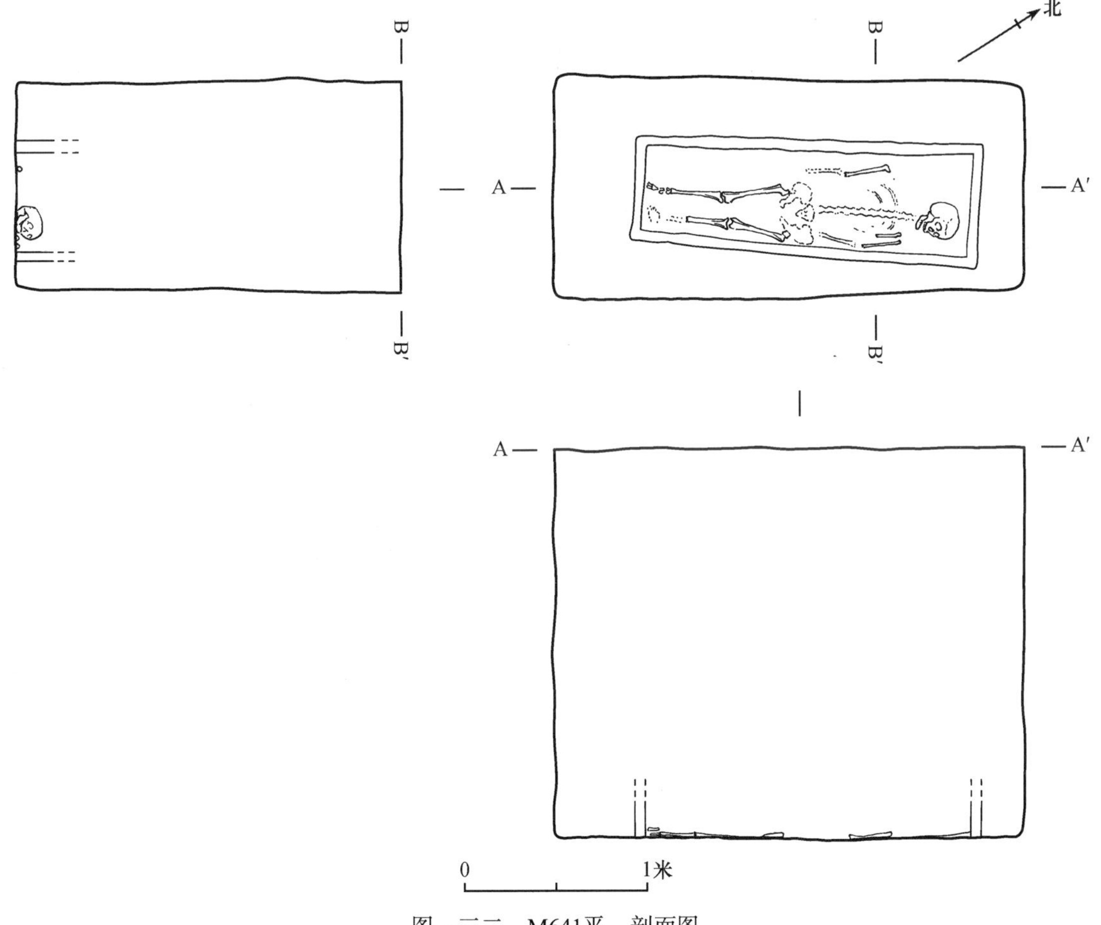

图一三二　M641平、剖面图

（二）出土器物

未发现随葬品。

八一、M646

位于发掘区的中部，T1733南部。方向3°。开口于第5层下，向下打破生土，开口距地表深1.6米（图一三三；图版一一，4）。

（一）墓葬形制

该墓平面呈长方形，竖穴土坑墓。口底尺寸一致，南北长2.4米，东西宽1.1米，墓底距墓口深2.1米。内填花土，土质松软。四壁较规整，壁面粗糙，直壁，平底。

葬具为单棺，木质，已朽，仅存朽痕。棺平面呈梯形，南北长2.1米，东西宽0.55～0.6米，残高0.16米，棺板厚约0.04米。

棺内存人骨一具，头向北，面向东，仰身直肢，保存较好。

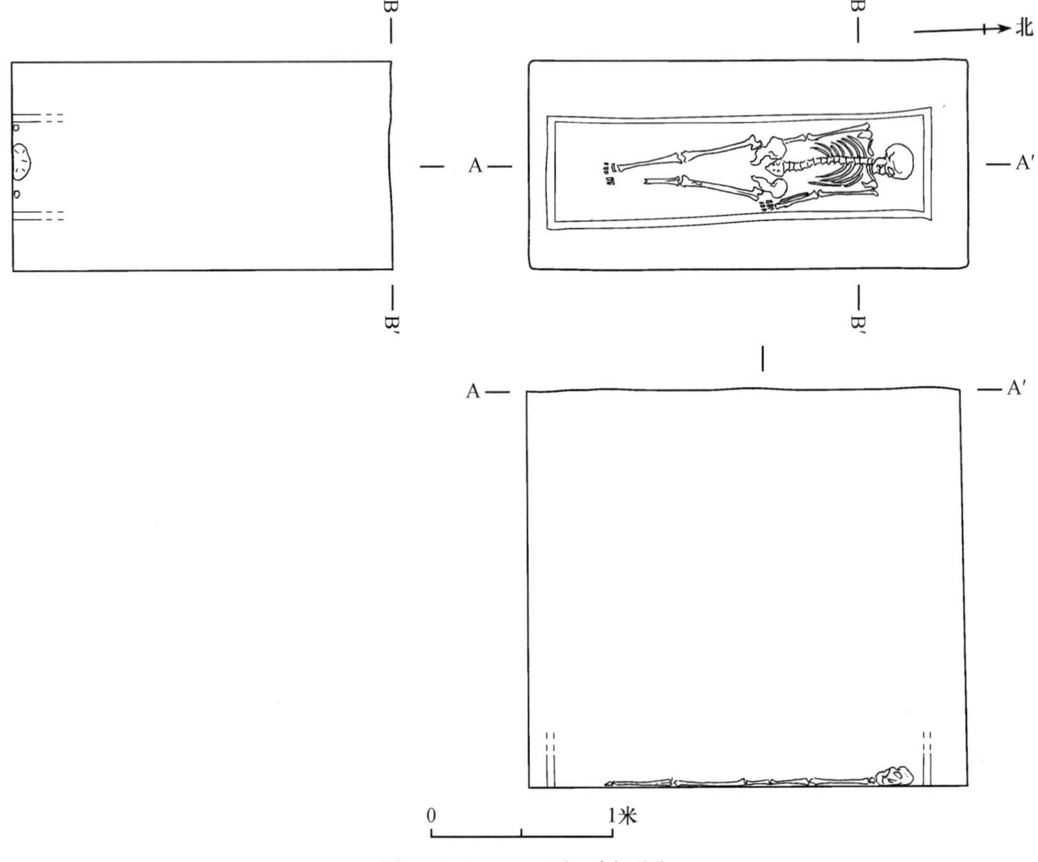

图一三三　M646平、剖面图

（二）出土器物

未发现随葬品。

八二、M648

位于发掘区中部，T1731东部、T1730西部，南邻M708，北邻M700。方向26°。开口于第6层下，向下打破生土，开口距地表深1.88米（图一三四）。

（一）墓葬形制

该墓平面呈长方形，竖穴土坑墓。口略大于底，墓口南北长3.35米，东西宽1.97米；墓底南北长2.94米，东西宽1.6米，墓底距墓口深2.32米。内填花土，土质松软。四壁较规整，壁面粗糙，斜壁，平底。

葬具为一椁一棺，木质，已朽，仅存朽痕。椁平面呈“Ⅱ”形，南、北两端宽，中间窄，南北长2.84米，东西宽0.86～1.54米，残高0.4米，椁板厚0.06～0.1米。四侧椁壁均向内侧挤压变形。椁内有一棺，棺平面呈梯形，南北长1.87米，东西宽0.56～0.6米，残高0.2米，棺板厚0.04米。

棺内有人骨一具，头向东北，面向上，仰身屈肢，保存一般。

（二）出土器物

随葬品置于墓室北部棺椁之间，共出土陶器8件。其中陶鼎1件、陶豆2件、陶壶2件、陶盘1件、陶三足罐1件、陶小口壶1件。

陶鼎　1件。M648：4，无法修复，器形不可辨。

陶豆　2件。M648：7，无法修复，器形不可辨。M648：8，无法修复，器形不可辨。

陶壶　2件。M648：1，泥质灰陶，轮模合制。有盖，子口，盖舌内折，顶微隆，等距分布三个“∩”穿孔纽。器身母口，侈口，方唇，束颈，圆肩，肩部贴附两个对称的兽首形耳，弧腹内收，圜底，矮圈足。肩至腹部饰五组凹弦纹，每组两周。口径16.1、腹径21.5、圈足径13.7、高33、壁厚0.58厘米，盖径12.3、高4.9、壁厚0.59厘米（图一三五，1；图版八四，2）。M648：2，泥质灰陶，轮模合制。有盖，子口，盖舌内折，顶微隆，等距分布三个“∩”形穿孔纽。器身母口，侈口，方唇，束颈，圆肩，肩部贴附两个对称兽首形耳，弧腹内收，圜底，矮圈足。肩至腹部饰四组凹弦纹，每组两周。口径14、腹径22.2、圈足径14.1、高

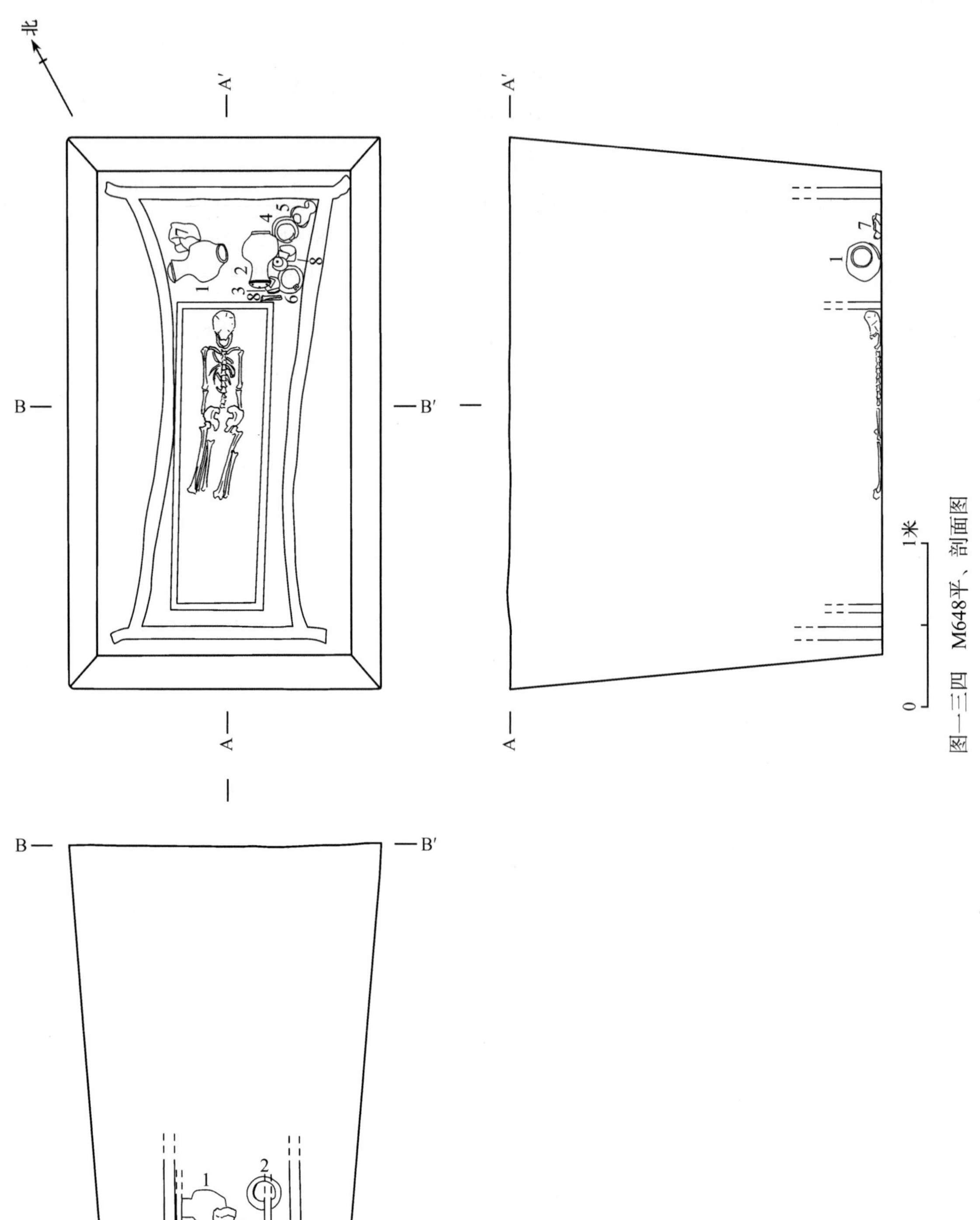

图一三四　M648平、剖面图

1、2. 陶壶　3. 陶三足罐　4. 陶鼎　5. 陶小口壶　6. 陶盘　7、8. 陶豆

33.2、壁厚0.62厘米，盖径10.7、高4.7、壁厚0.6厘米（图一三五，2；图版八四，3）。

陶盘 1件。M648：6，无法修复，器形不可辨。

陶三足罐 1件。M648：3，泥质红陶，轮制。敞口，方唇，唇端有凹槽，短颈，溜肩，浅鼓腹，平底平面呈三角形，下附三乳突状足。口内压印一周水波纹。器身有数道轮旋痕，近底处有明显刀削痕。口径8.5、腹径11.8、底径4.6、高11.4、壁厚0.32厘米（图一三五，3；图版八四，4）。

陶小口壶 1件。M648：5，泥质灰陶，轮制。盖残缺。器身子口，近直口，方唇，短颈，圆肩，弧腹内收，细柄，柄较短，喇叭形座。器身有数道轮旋痕。口径7、腹径13.2、圈足径9.4、高20.4、壁厚0.58厘米（图一三五，4；图版八四，5）。

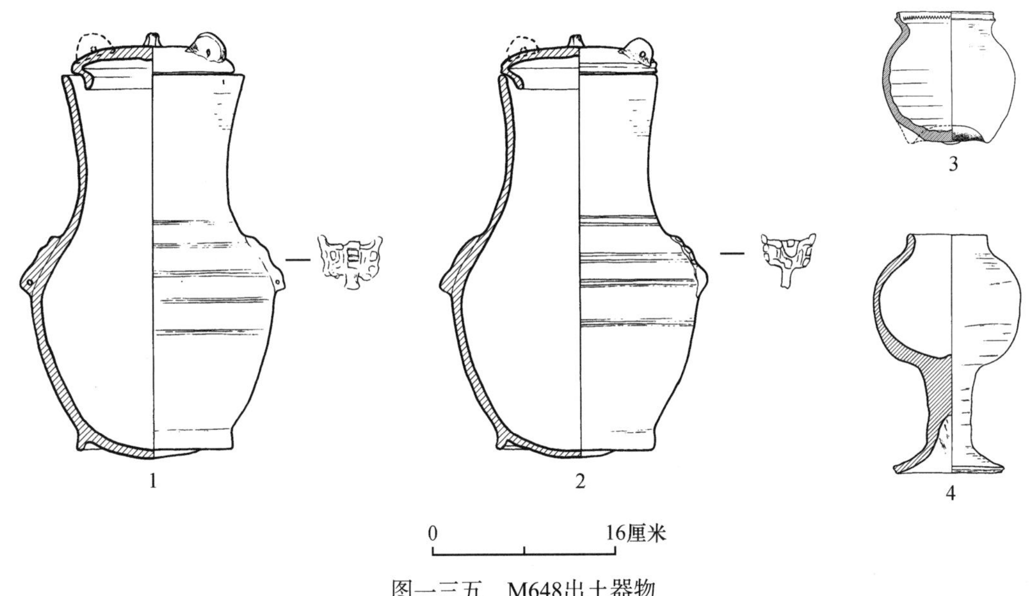

图一三五 M648出土器物

1、2. 陶壶（M648：1、M648：2） 3. 陶三足罐（M648：3） 4. 陶小口壶（M648：5）

八三、M649

位于发掘区中部，T1633中部偏北，西北部被M665打破。方向25°。开口于第5层下，向下打破第6层及生土，开口距地表深1.6米（图一三六）。

（一）墓葬形制

该墓平面呈长方形，竖穴土坑墓。口略大于底，墓口南北长3.2米，东西宽1.93米；墓底南北长3.2米，东西宽1.83米，墓底距墓口深2.2米。内填花土，土质松软。四壁较规整，壁面粗糙，斜壁，平底。

葬具为一椁一棺，木质，已朽，仅存朽痕。椁平面呈“Ⅱ”形，南北长2.28米，东西宽

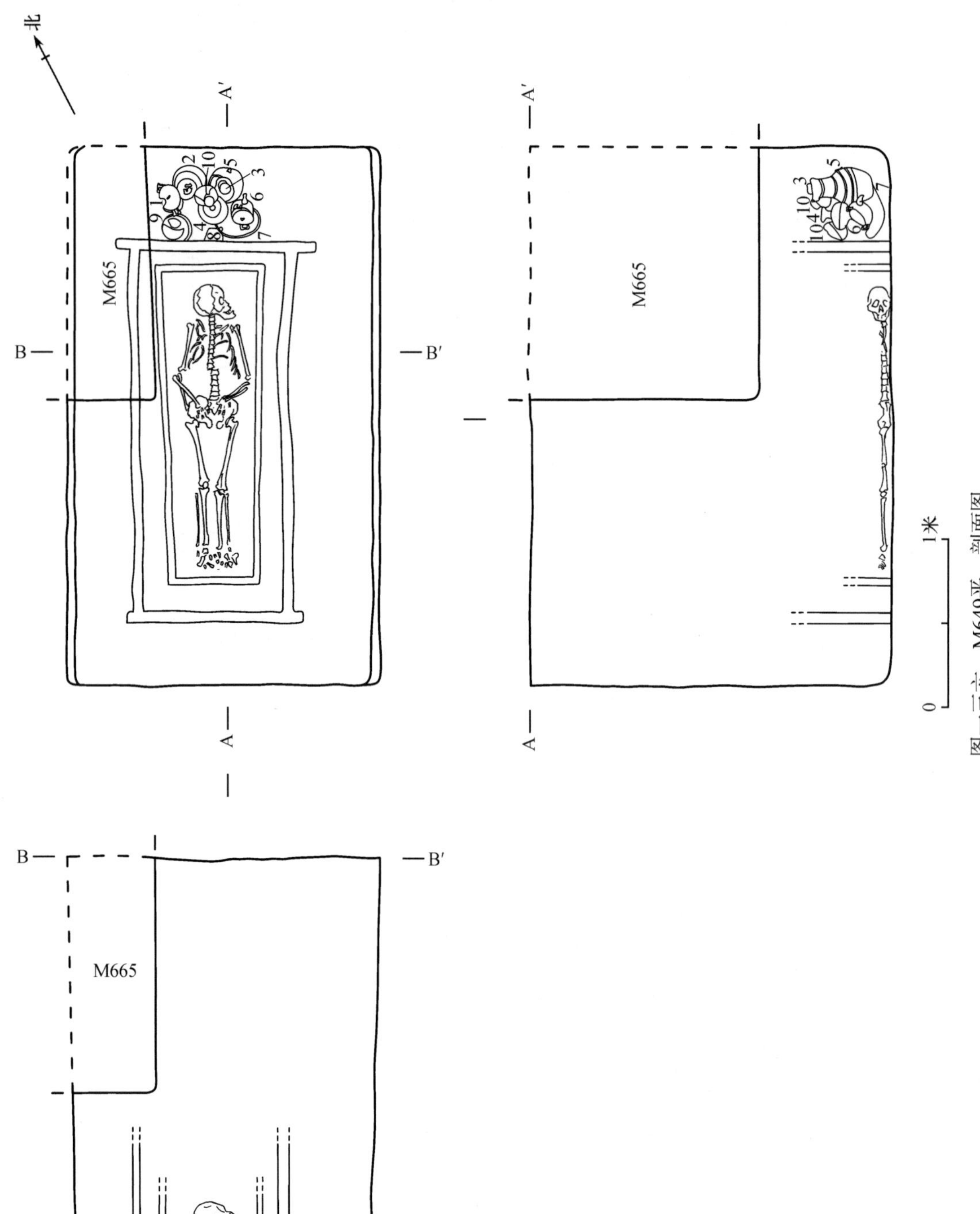

图一三六　M649平、剖面图

1、6. 陶鼎　2、5. 陶壶　3、10. 陶小口罐　4、9. 陶豆　7. 陶盘　8. 陶匜

1.08～1.22米，残高0.5米，椁板厚0.06米。东侧椁壁向内侧挤压变形。椁内有一棺，棺平面呈梯形，南北长1.9米，东西宽0.55～0.67米，残高0.2米，棺板厚0.04米。

棺内存人骨一具，头向东北，面向东，仰身直肢，保存较好。

（二）出土器物

随葬品置于椁外人骨头部，共出土陶器10件。其中陶鼎2件、陶豆2件、陶壶2件、陶盘1件、陶匜1件、陶小口罐2件。

陶鼎　2件。M649：1，无法修复，器形不可辨。M649：6，无法修复，器形不可辨。

陶豆　2件。M649：4，泥质灰陶，轮制。仅存豆盖，呈覆钵形，较浅，顶部有平面呈圆形的喇叭形捉手，柄较长。捉手顶面和盖面均饰三周凸棱纹。器身有数道轮旋痕。盖径17.4、捉手径12.3、高10、壁厚0.78厘米（图一三七，1）。M649：9，泥质灰陶，轮制。仅存豆盖，呈覆钵形，较浅，顶部有平面呈圆形的喇叭形捉手，柄较长。捉手顶面和盖面均饰三周凸棱纹。器身有数道轮旋痕。盖径17.4、捉手径12.3、高10.5、壁厚0.5～2.5厘米（图一三七，4）。

陶壶　2件。M649：2，泥质红陶，轮模合制。侈口，方唇，束颈，溜肩，肩部贴附两个对称的兽首形耳，弧腹内收，平底。肩至腹部饰四组凹弦纹，每组两周，下腹部饰细绳纹，漫漶不清。口径12.7、腹径19.8、底径10.6、高29.7、壁厚0.6～2.4厘米（图一三七，2；图版八四，6）。M649：5，泥质灰陶，轮模合制。侈口，方唇，束颈，溜肩，肩部贴附两个对称的兽首形耳，弧腹内收，平底。肩至腹部饰四组凹弦纹，每组两周，下腹部饰细绳纹，漫漶不清。口径11.2、腹径19.4、底径9.9、高29.4、壁厚0.57厘米（图一三七，5；图版八五，1）。

陶盘　1件。M649：7，泥质红陶，轮制。敞口，折沿，圆唇，折腹，圜底。沿面有一周凸棱纹，外腹壁中部有一周折棱。器身有数道轮旋痕。口径26.4、腹径22.8、高6.4、壁厚0.8～1.5厘米（图一三七，3；图版八五，2）。

陶匜　1件。M649：8，泥质灰陶，轮模合制。口部呈椭圆形，敛口，方唇，深腹，上腹近直，下腹斜收，附槽状流，流口较短上扬，尾部有简化兽形鋬，平底。口长13.7、口宽11.8、底径6.2～7.2、高7.8、流长3.4、壁厚0.7～1.2厘米（图一三七，6；图版八五，3）。

陶小口罐　2件。M649：3，泥质灰陶，轮制。仅余盖，弧壁，顶隆起。唇端饰一周凹弦纹。盖径6.5、腹径7.3、高5、壁厚0.6厘米（图一三七，7）。M649：10，泥质灰陶，轮制。仅余盖，弧壁，顶隆起。唇端饰一周凹弦纹。盖径7.2、腹径7.8、高4.2、壁厚0.6厘米（图一三七，8）。

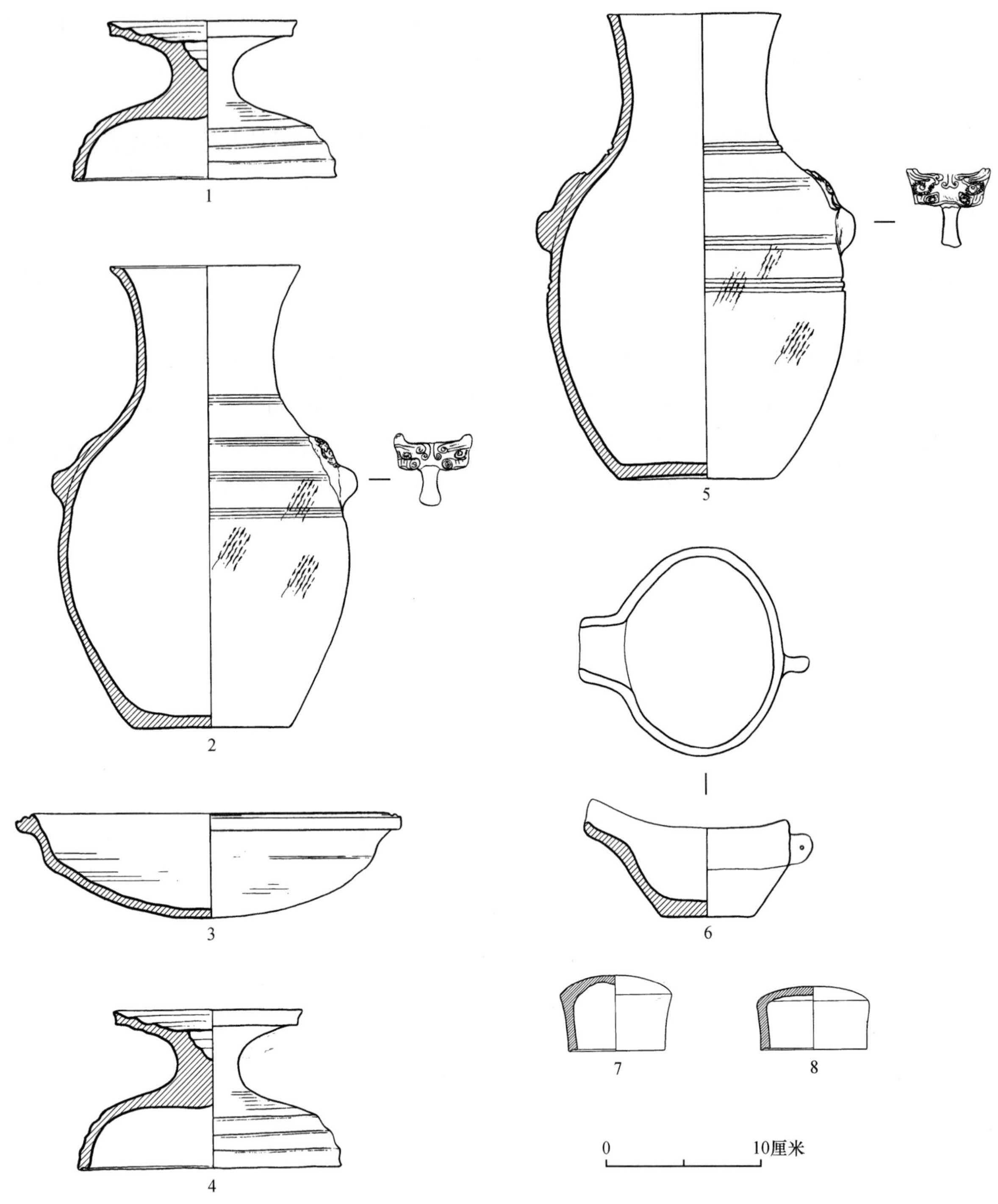

图一三七　M649出土器物

1、4. 陶豆盖（M649：4、M649：9）　2、5. 陶壶（M649：2、M649：5）　3. 陶盘（M649：7）　6. 陶匜（M649：8）　7、8. 陶小口罐盖（M649：3、M649：10）

八四、M653

位于发掘区的中部，T1432西北部，北邻M616，东邻M654。方向5°。开口于第5层下，向下打破生土，开口距地表深1.8米（图一三八；图版一二，1）。

（一）墓葬形制

该墓平面呈长方形，竖穴土坑墓。口底尺寸一致，南北长2.14米，东西宽0.8米，墓底距墓口深0.84米。内填深褐色花土，土质较硬。四壁较规整，壁面粗糙，直壁，平底。

葬具为单棺，木质，已朽，仅存朽痕。棺平面呈梯形，南北长1.87米，东西宽0.47～0.57米，残高0.14米，棺板厚0.06米。

棺内有人骨一具，头向北，面向东，仰身直肢，保存较好。

（二）出土器物

未发现随葬品。

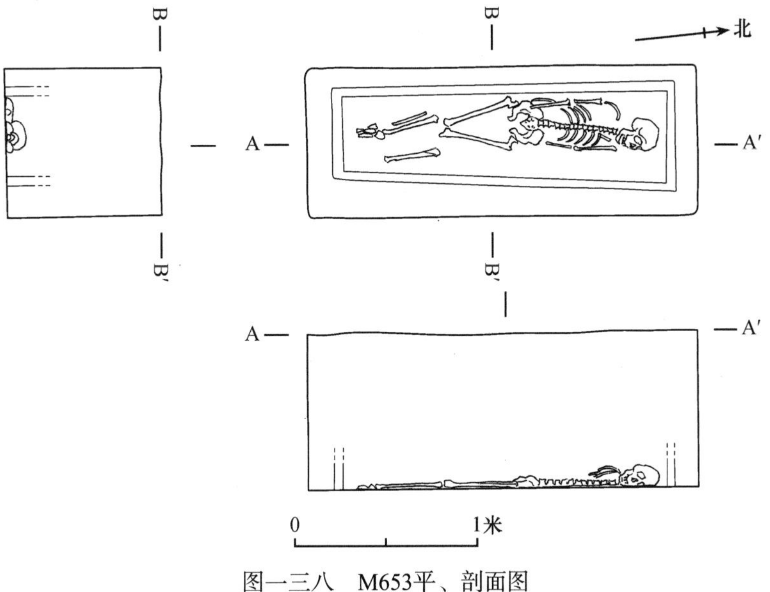

图一三八　M653平、剖面图

八五、M654

位于发掘区的中部，T1432北部，西邻M653，东邻M655。方向30°。开口于第5层下，向下打破生土，开口距地表深1.8米（图一三九）。

（一）墓葬形制

该墓平面呈长方形，竖穴土坑墓。口略大于底，墓口南北长2.54米，东西宽1米；墓底南北长2.32米，东西宽0.8米，墓底距墓口深1.66米。内填深褐色花土，土质较硬。四壁较规整，壁面粗糙，斜壁，平底。

葬具为单棺，木质，已朽，仅存朽痕。棺平面呈梯形，南北长1.99米，东西宽0.5～0.6米，残高0.3米，棺板厚0.03～0.06米。

棺内有人骨一具，头向东北，面向上，仰身直肢，保存较好。

（二）出土器物

未发现随葬品。

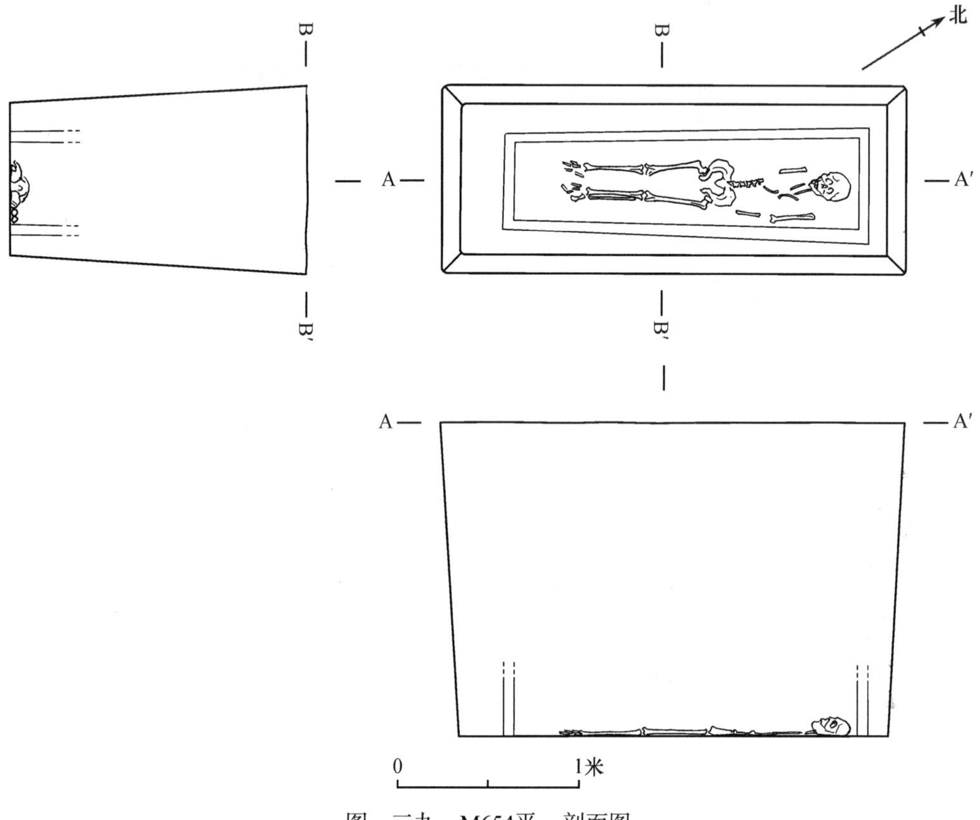

图一三九　M654平、剖面图

八六、M655

位于发掘区的南部，T1432北部、T1532南部，西邻M654，北邻M617，南邻M657。方向205°。开口于第5层下，向下打破生土，开口距地表深2.2米（图一四〇；图版一二，2）。

（一）墓葬形制

该墓平面呈长方形，竖穴土坑墓。口底尺寸一致，南北长2米，东西宽0.88米，墓底距墓口深1.1米。内填花土，土质松软。四壁较规整，壁面粗糙，直壁，平底。

葬具为单棺，木质，已朽，仅存朽痕。棺平面呈梯形，南北长1.8米，东西宽0.47～0.58米，残高0.2米，棺板厚0.04～0.06米。

棺内有人骨一具，头向南，面向不详，仰身直肢，保存较差。

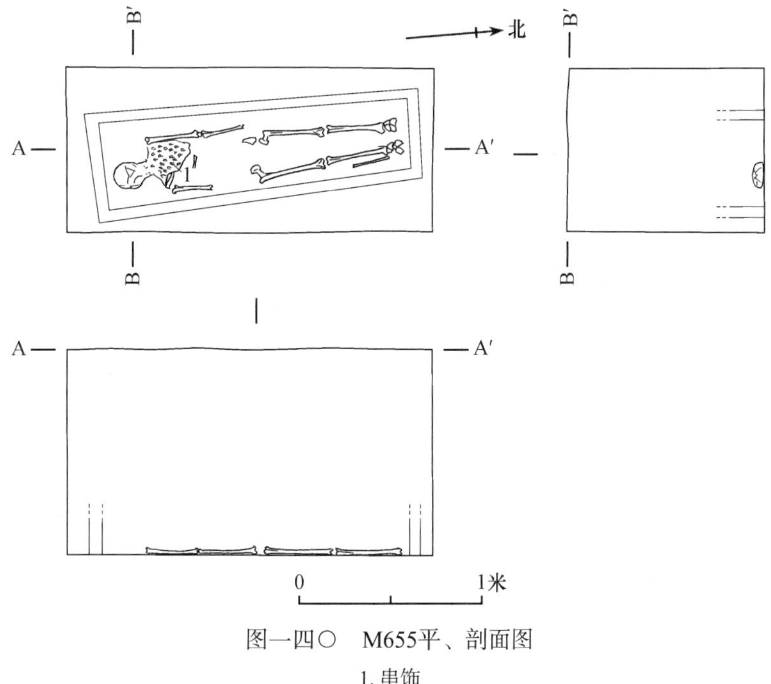

图一四〇　M655平、剖面图
1. 串饰

（二）出土器物

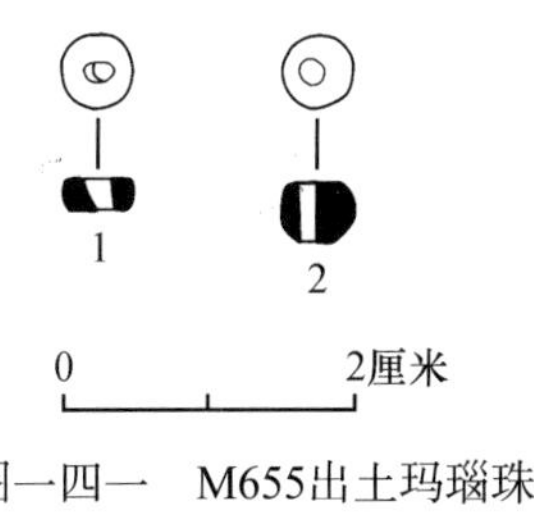

图一四一　M655出土玛瑙珠
1. M655：1-1　2. M655：1-2

随葬品置于棺内人骨胸部，共出土串饰1组（图版一二，3）。

串饰　1组，共230余粒，由玛瑙珠、绿色料珠、白色料管组成。标本M655：1-1，玛瑙珠。磨制，一侧有疤坑。橙红色，外壁打磨光滑。整体呈圆柱状，近中部有一穿孔，纵剖面呈长方形。外径0.5、内径0.1～0.2、厚0.2厘米（图一四一，1；图版八五，4左）。标本M655：1-2，玛瑙珠。磨制，一侧有疤坑。棕色，外壁打磨光滑。近中部有一穿孔，纵剖面呈近长方形。外径0.6、内径0.2、厚0.4厘米（图一四一，2；图版八五，4右）。

八七、M657

位于发掘区的中部，T1432东部，西邻M654，东邻M735，南邻M658。方向25°。开口于第5层下，向下打破生土，开口距地表深2米（图一四二）。

（一）墓葬形制

该墓平面呈长方形，竖穴土坑墓。口底一致，南北长3.14米，东西宽1.68米，墓底距墓口深1.5米。内填深褐色花土，土质较硬。四壁较规整，壁面粗糙，直壁，平底。

葬具为一椁一棺，木质，已朽，仅存朽痕。椁平面呈“Ⅱ”形，南、北两端宽，中间窄，南北长2.41米，东西宽0.72～1.14米，残高0.22米，椁板厚0.08米。四侧椁壁均向内侧挤压变

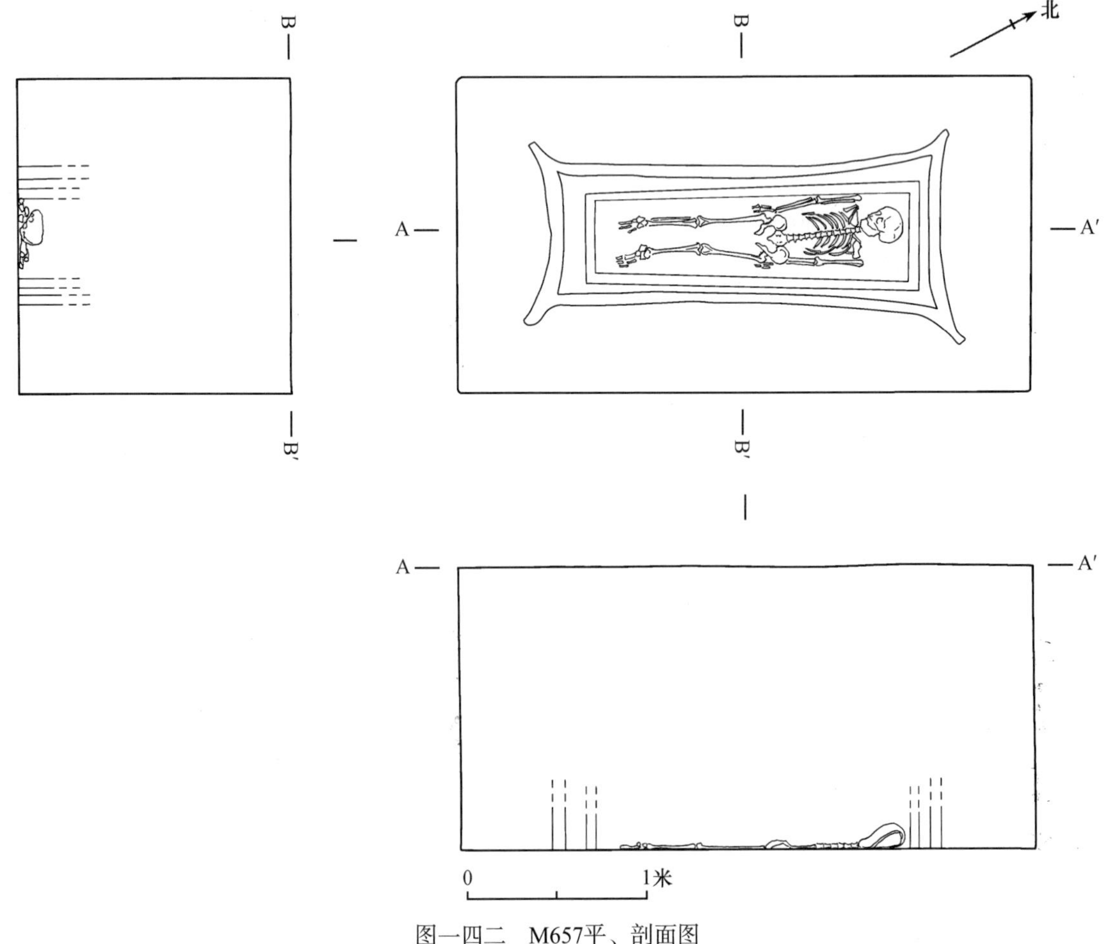

图一四二　M657平、剖面图

形。椁内有一棺，棺平面呈梯形，南北长1.82米，东西宽0.47～0.57米，残高0.2米，棺板厚0.06米。

棺内有人骨一具，头向东北，面向西北，仰身直肢，保存较好。

（二）出土器物

未发现随葬品。

八八、M658

位于发掘区中部，T1432南部、T1332北部，北邻M657，南邻M849，东部被晚期墓葬M793打破。方向20°。开口于第5层下，向下打破生土，开口距地表深2.19米（图一四三）。

（一）墓葬形制

该墓平面呈长方形，竖穴土坑墓。口略大于底，墓口南北长4.1米，东西宽2.65米；墓底南北长3.69米，东西宽2.23米，墓底距墓口深2.61米。内填褐色花土，土质较硬。四壁较规整，壁面粗糙，斜壁，平底。

葬具为一椁一棺，木质，已朽，仅存朽痕。椁平面呈“Ⅱ”形，南北长3.22米，东西宽1.2～1.69米，残高0.6米，椁板厚0.04米。南、北两侧椁壁均向内侧挤压变形。椁内有一棺，棺平面呈梯形，南北长2.1米，东西宽0.75～0.91米，残高0.3米，棺板厚0.04米。

棺内存人骨一具，头向东北，面向上，仰身直肢，保存差。

（二）出土器物

随葬品置于墓室北部棺椁之间，共出土陶器10件。其中陶鼎1件、陶豆2件、陶壶2件、陶盘1件、陶匜1件、陶小口壶3件。

陶鼎　1件。M658：2，泥质灰陶，轮模合制。盖残缺。器身子口，敛口，圆唇，上腹部有两个对称的长方形附耳，有长方形穿，弧腹，圜底，下附三蹄形足。上腹部饰两周凸棱纹，其间刻划两周卷云纹和一周菱格内填篦点纹，下腹部饰一周三角内填水波纹，膝部饰兽面纹。口径16.6、腹径20、高18.6、壁厚0.78厘米（图一四四，5；图版八五，5）。

陶豆　2件。M658：4，泥质灰陶，轮制。盖残缺。器身子口，敛口，圆唇，浅斜弧腹，细长柄，喇叭形座。下腹部及柄部有数道轮旋痕。口径16.4、腹径18.4、圈足径13.9、高31.1、壁厚0.58厘米（图一四四，8；图版八五，6）。M658：10，泥质灰陶，轮制。仅存豆盖，呈覆

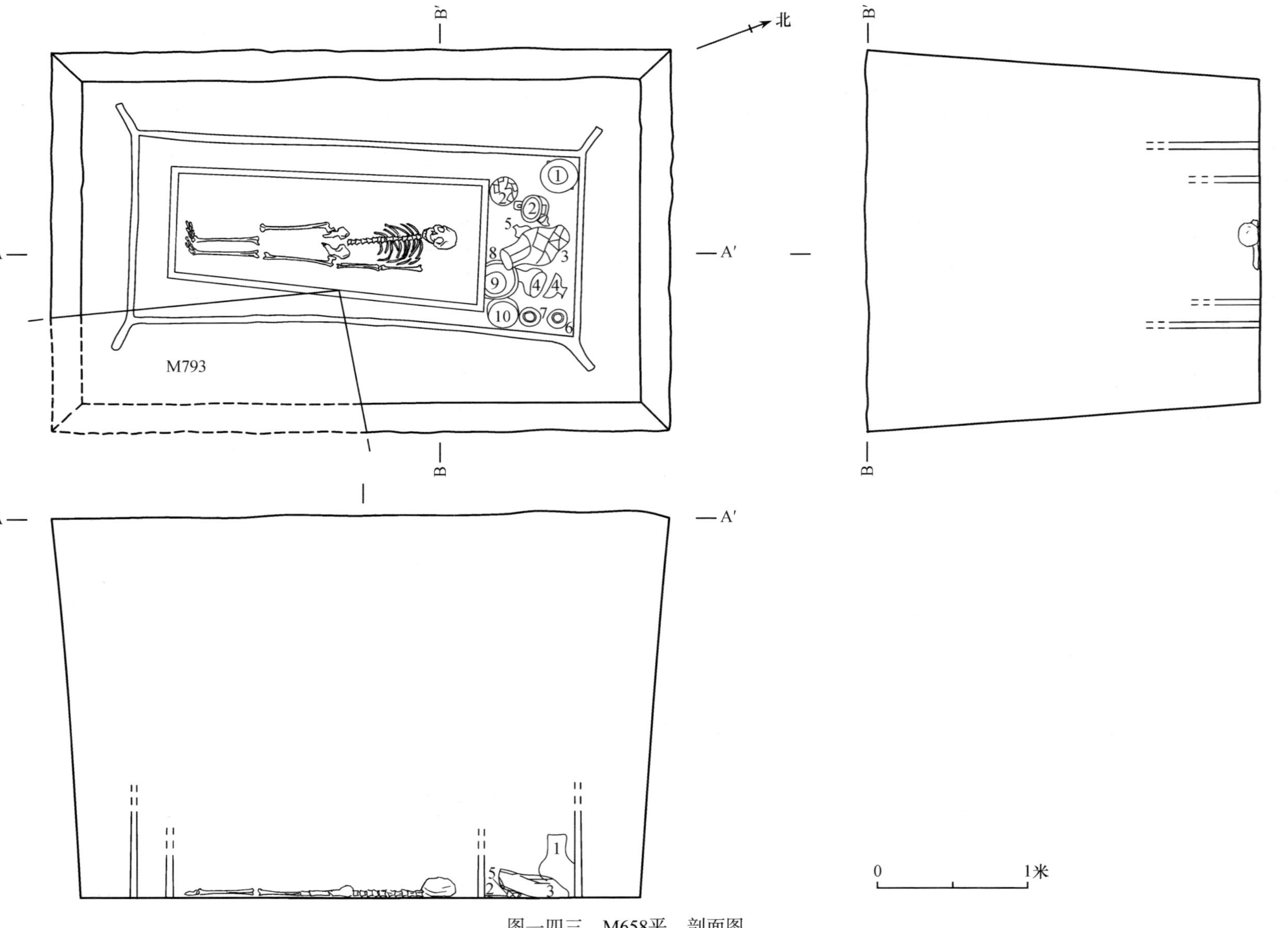

图一四三　M658平、剖面图

1、3. 陶壶　2. 陶鼎　4、10. 陶豆　5～7. 陶小口壶　8. 陶盘　9. 陶匜

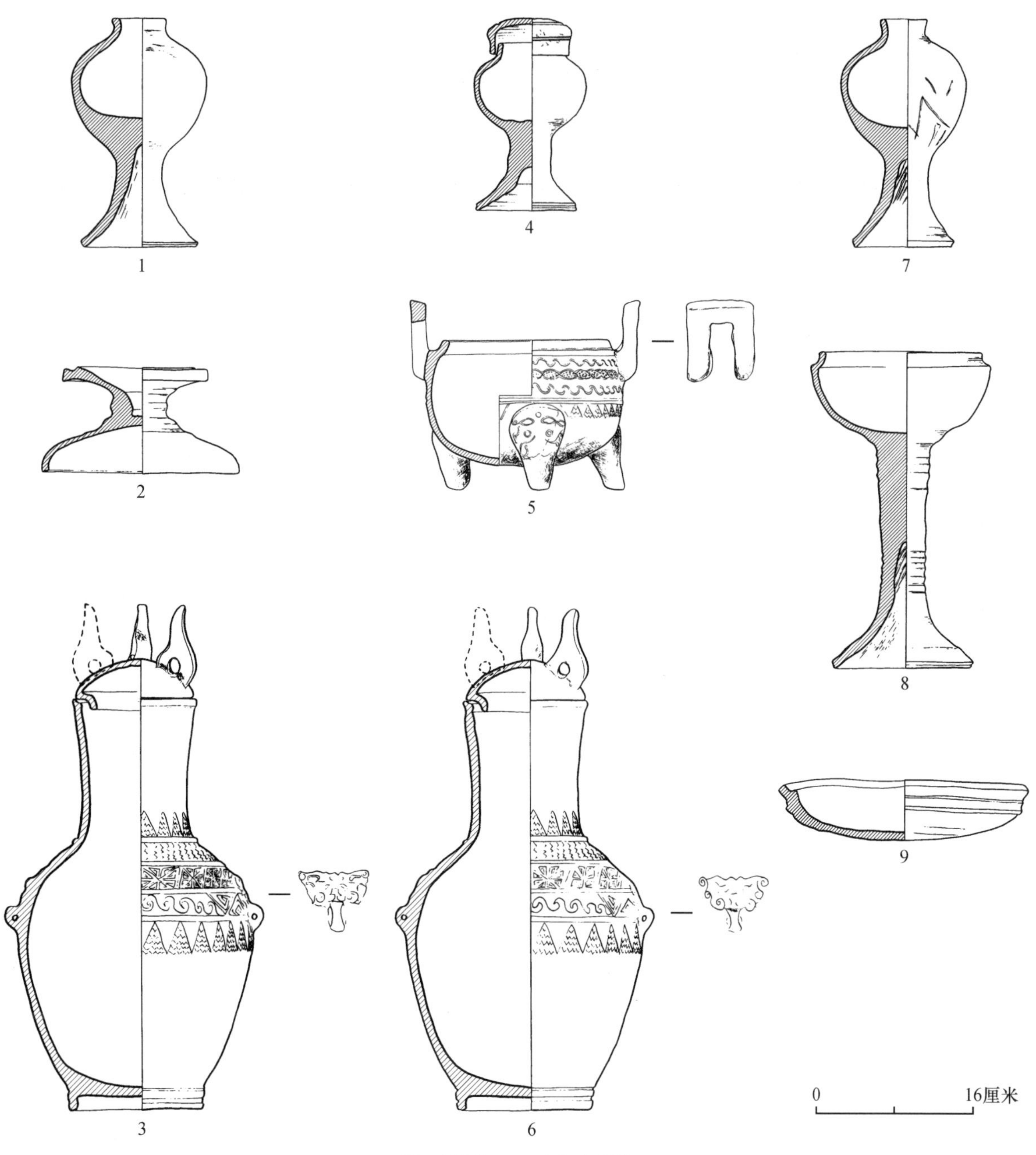

图一四四 M658出土器物

1、4、7. 陶小口壶（M658：7、M658：6、M658：5） 2、8. 陶豆（M658：10、M658：4） 3、6. 陶壶（M658：3、M658：1） 5. 陶鼎（M658：2） 9. 陶盘（M658：8）

钵形，较浅，顶部有平面呈圆形的喇叭形捉手，柄较长。捉手顶面和柄部皆饰一周凸棱纹。器身有数道轮旋痕。盖径19.9、捉手径14.6、高10.4、壁厚0.6～1.8厘米（图一四四，2）。

陶壶 2件。M658：1，泥质灰陶，轮模合制。有盖，子口，呈覆钵形，盖舌内折，顶隆起，等距分布三个简化立鸟形纽。器身母口，侈口，方唇，高束颈，圆肩，肩部贴附两个对称的兽首形耳，弧腹内收，圜底近平，圈足。颈至腹部共刻划五组纹饰，各组纹饰间皆用一周凸棱纹隔开，自上而下第一组为一周三角内填水波纹，第二组为一周竖向水波纹，第三组为四方连续组合折线三角纹，第四组为一周折线三角纹外附卷云纹，第五组为一周三角内填水波纹，圈足饰两周凹弦纹。口径12.6、腹径23.3、圈足径13.5、高40.2、壁厚0.9厘米，盖径9、高10.2、壁厚0.6厘米（图一四四，6；图版八六，1）。M658：3，泥质灰陶，轮模合制。有盖，子口，呈覆钵形，盖舌内折，顶隆起，等距分布三个简化立鸟形纽。器身母口，侈口，方唇，高束颈，圆肩，肩部贴附两个对称的兽首形耳，弧腹内收，圜底近平，圈足。颈至腹部共刻划五组纹饰，各组纹饰间皆用一周凸棱纹隔开，自上而下第一组为一周三角内填水波纹，第二组为一周竖向水波纹，第三组为四方连续组合折线三角纹，第四组为一周折线三角纹外附卷云纹，第五组为一周三角内填水波纹，圈足饰两周凹弦纹。口径12.6、腹径24、圈足径13.4、高40.2、壁厚0.9厘米，盖径9、高10.2、壁厚0.6厘米（图一四四，3；图版八六，2）。

陶盘　1件。M658：8，泥质灰陶，轮制。敞口，折沿上扬，方唇，折腹，圜底。上腹部有两周凸棱纹。器身有数道轮旋痕。口径25.6、腹径24、高6、壁厚0.8～1.8厘米（图一四四，9；图版八六，3）。

陶匜　1件。M658：9，无法修复，器形不可辨。

陶小口壶　3件。M658：5，泥质灰陶，轮制。盖残缺。器身子口，侈口，圆唇，短颈，斜弧腹，细柄，喇叭形座。器身有数道轮旋痕。口径4.7、腹径12.7、圈足径10.4、高22.2、壁厚0.6厘米（图一四四，7；图版八六，4）。M658：6，泥质灰陶，轮制。有盖，母口，近直壁，顶微隆。器身子口，近直口，方唇，短颈，斜弧腹，细柄，柄较短，喇叭形座。盖顶和盖壁皆饰两周凹弦纹。器身有数道轮旋痕。口径6.8、腹径11.4、圈足径10.2、高16.4、壁厚0.4～2厘米，盖径8、高3.6、壁厚0.4～0.7厘米（图一四四，4；图版八六，5）。M658：7，泥质灰陶，轮制。盖残缺。侈口，圆唇，短颈，斜弧腹，细柄，喇叭形座。器身有数道轮旋痕。口径5.5、腹径13.8、圈足径11.9、高22.4、壁厚0.6～5.8厘米（图一四四，1；图版八六，6）。

八九、M659

位于发掘区的北部，T2233西北部，东北部打破M660，南邻M661。方向17°。开口于第5层下，向下打破生土，开口距地表深2.02米（图一四五）。

（一）墓葬形制

该墓平面呈长方形，竖穴土坑墓。口底尺寸一致，南北长2.6米，东西宽1.01米，墓底距墓口深0.78米。内填灰褐色花土，土质松软、含沙。四壁较规整，壁面粗糙，直壁，平底。

葬具为单棺，木质，已朽，仅存朽痕。棺平面呈梯形，南北长2米，东西宽0.55～0.62米，残高0.25米，棺板厚0.03～0.05米。

棺内有人骨一具，头向北，面向上，仰身直肢，保存一般。

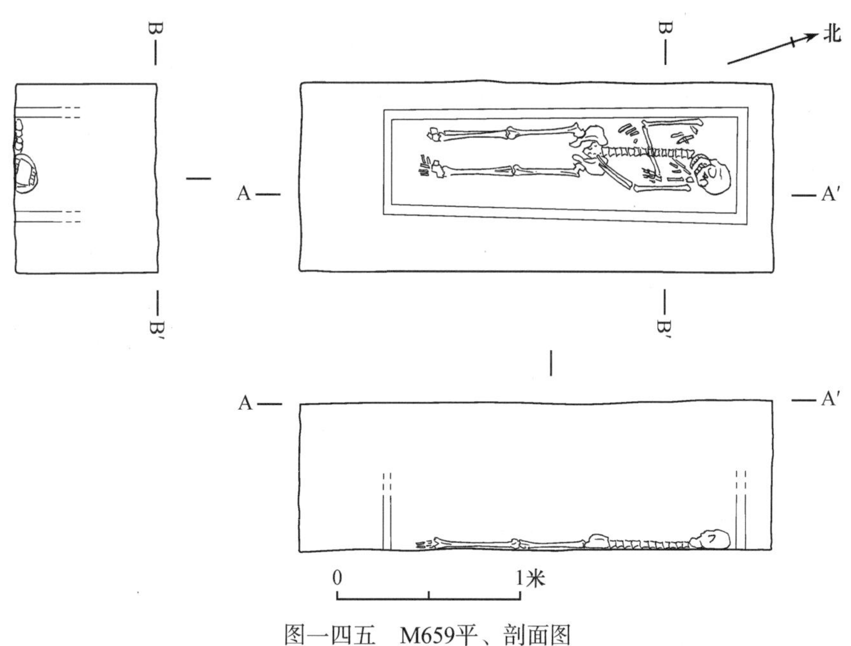

图一四五　M659平、剖面图

（二）出土器物

未发现随葬品。

九〇、M660

位于发掘区的北部，T2233北部、T2333南部，东部被晚期墓葬M585打破，西南部被M659打破。方向5°。开口于第5层下，向下打破生土，开口距地表深1.88米（图一四六）。

（一）墓葬形制

该墓平面呈长方形，竖穴土坑墓。口略大于底，墓口南北长3.1米，东西宽2.13米；墓底南北长2.8米，东西宽1.8米，墓底距墓口深2.02米。内填黄褐色花土，土质松软，含沙。四壁较规整，壁面粗糙，斜壁，平底。

葬具为一椁一棺，木质，已朽，仅存朽痕。椁平面呈“Ⅱ”形，南北长2.44米，东西宽0.98～1.34米，残高0.3米，椁板厚0.06米。南、北两侧椁壁均向内侧挤压变形。椁内有一棺，棺平面呈梯形，南北长2.09米，东西宽0.71～0.77米，残高0.3米，棺板厚0.05米。

棺内有人骨一具，头向北，面向东，仰身直肢，保存一般。

墓室北壁中部设壁龛，平面呈长方形，因打破沙层，壁龛已塌落，距墓底0.9米，长0.5米，进深0.26米，高约0.39米。

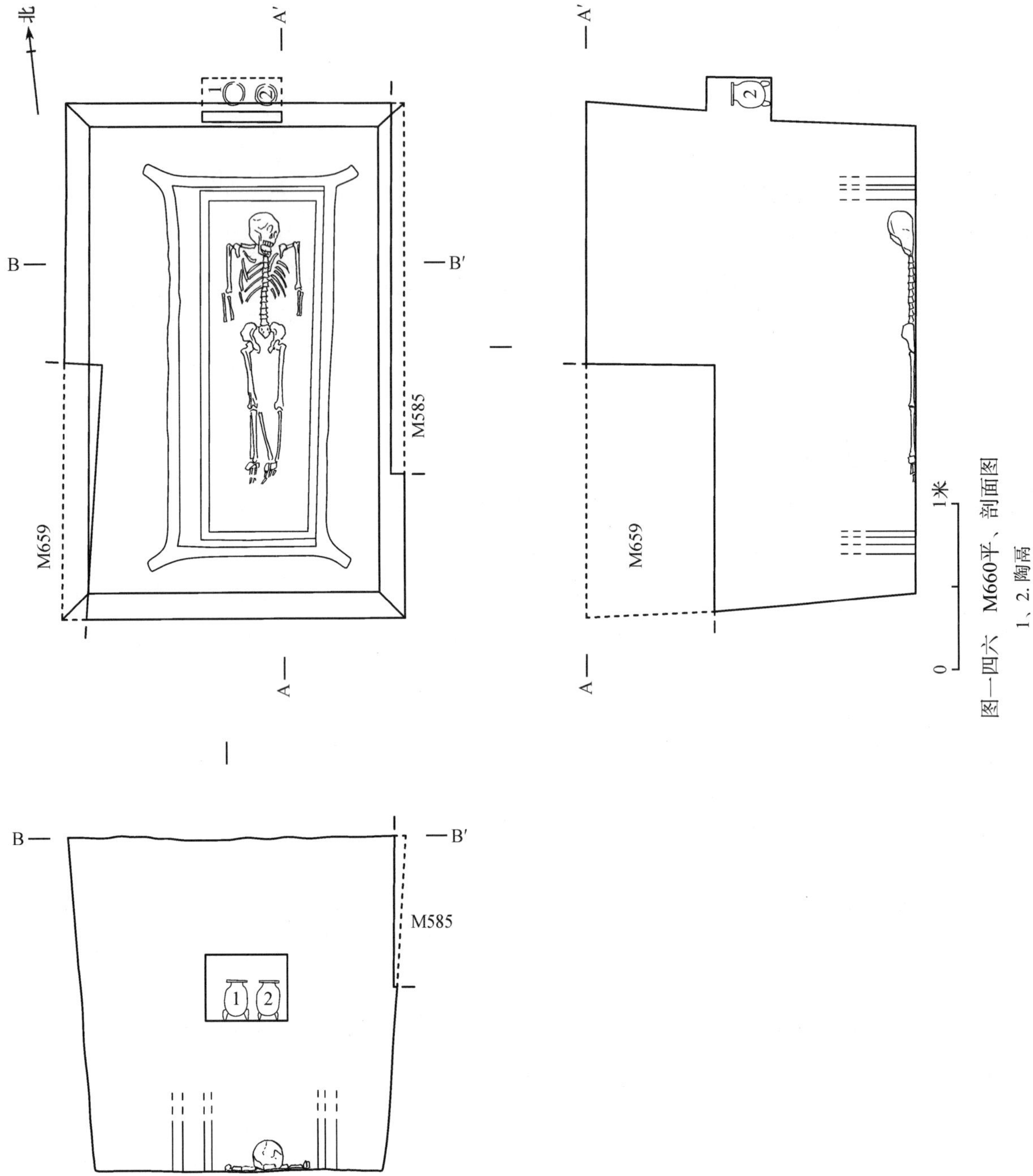

图一四六　M660平、剖面图
1、2. 陶鬲

（二）出土器物

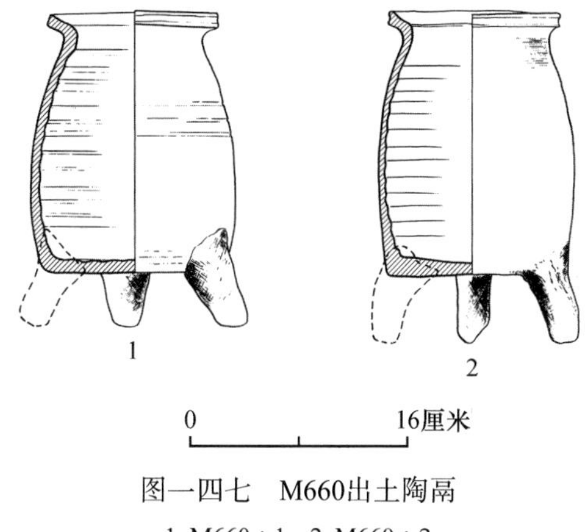

图一四七　M660出土陶鬲
1. M660：1　2. M660：2

随葬品置于北部壁龛内，共出土陶鬲2件（图版四〇，1）。

陶鬲　2件。M660：1，泥质红陶，轮模合制。近直口，折沿上扬，方唇，唇端有凹槽，短颈，深弧腹，平底，底附三个扁圆状柱足，足外撇。腹部有三周凹弦纹，器身有数道轮旋痕。口径12.2、腹径14.6、底径12.6、高23.1、壁厚1.2厘米（图一四七，1；图版八七，1）。M660：2，泥质红陶，轮模合制。近直口，折沿上扬，方唇，唇端有凹槽，短颈，深弧腹，平底，底附三个扁圆状柱足，足外撇。器身有数道轮旋痕。口径12.6、腹径15.2、底径12.4、高23.5、壁厚0.4～1.8厘米（图一四七，2；图版八七，2）。

九一、M661

位于发掘区的北部，T2233南部，北邻M659、M660。方向30°。开口于第5层下，向下打破生土，开口距地表深2米（图一四八）。

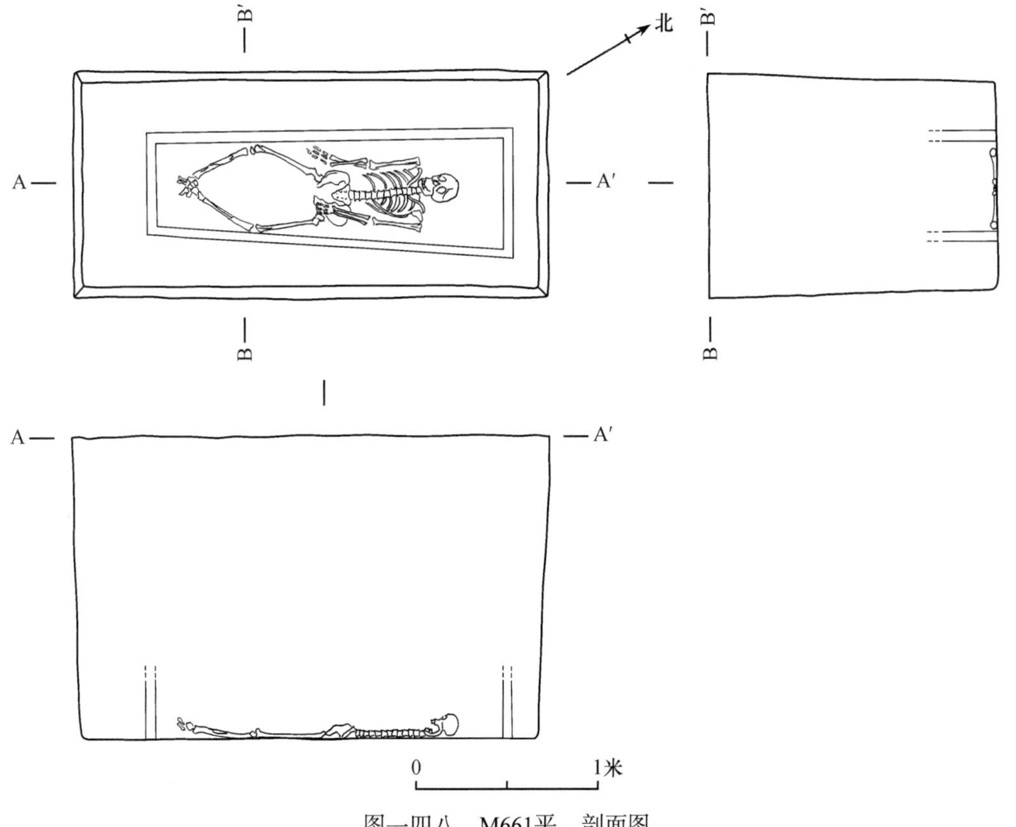

图一四八　M661平、剖面图

（一）墓葬形制

该墓平面呈长方形，竖穴土坑墓。口略大于底，墓口南北长2.6米，东西宽1.2米；墓底南北长2.5米，东西宽1.1米，墓底距墓口深1.6米。内填灰褐色花土，土质松软。四壁较规整，壁面粗糙，斜壁，平底。

葬具为单棺，木质，已朽，仅存朽痕。棺平面呈梯形，南北长2米，东西宽0.54～0.7米，残高0.3米，棺板厚0.05米。

棺内有人骨一具，头向东北，面向西北，仰身屈肢，保存较好。

（二）出土器物

未发现随葬品。

九二、M663

位于发掘区的西北部，T1833的东南部。方向23°。开口于第5层下，向下打破第6层及生土，开口距地表深1.78米（图一四九）。

（一）墓葬形制

该墓平面呈长方形，竖穴土坑墓。口底尺寸一致，南北长2.3米，东西宽0.7米，墓底距墓口深1.32米。内填花土，土质松软。四壁较规整，壁面粗糙，直壁，平底。

葬具为单棺，木质，已朽，仅存朽痕。棺平面呈梯形，南北长1.9米，东西宽0.45～0.52米，残高0.2米，棺板厚0.03～0.04米。

棺内有人骨一具，头向东北，面向上，仰身直肢，保存一般。

（二）出土器物

未发现随葬品。

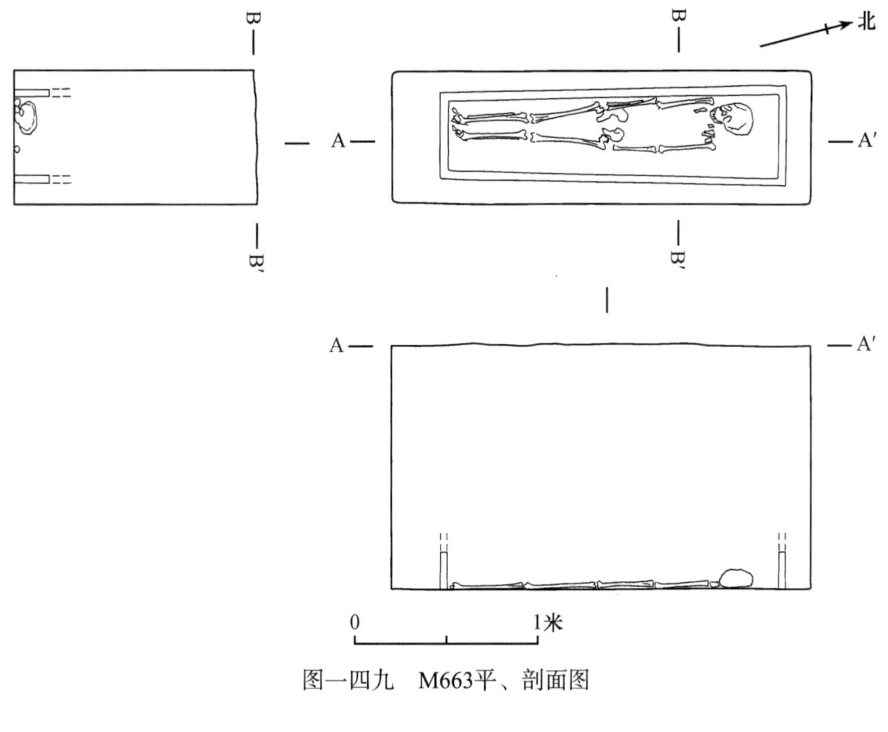

图一四九　M663平、剖面图

九三、M664

位于发掘区的北部，T2130东北部、T2230东南部，西邻M553，东邻M557。方向12°。开口于第5层下，向下打破生土，开口距地表深1.6米（图一五〇）。

（一）墓葬形制

该墓平面呈长方形，竖穴土坑墓。口略大于底，墓口南北长3.22米，东西宽2米；墓底南北长2.94米，东西宽1.79米，墓底距墓口深2.8米。内填浅黄褐花土，土质松软。四壁较规整，壁面粗糙，斜壁，平底。

葬具为一椁一棺，木质，已朽，仅存朽痕。椁平面呈"Ⅱ"形，南北长2.3米，东西宽0.86～1.3米，残高0.44米，椁板厚0.04～0.06米。椁内有一棺，棺平面呈梯形，南北长2米，东西宽0.5～0.66米，残高0.22米，棺板厚0.03～0.04米。

棺内人骨仅存头骨，头向北，面向上，葬式不详，保存差。嘴内含有玉片1件。

墓室北壁中部设壁龛，平面呈长方形，直壁，弧顶，距墓底0.99米，长0.64米，进深0.28米，高0.6米。

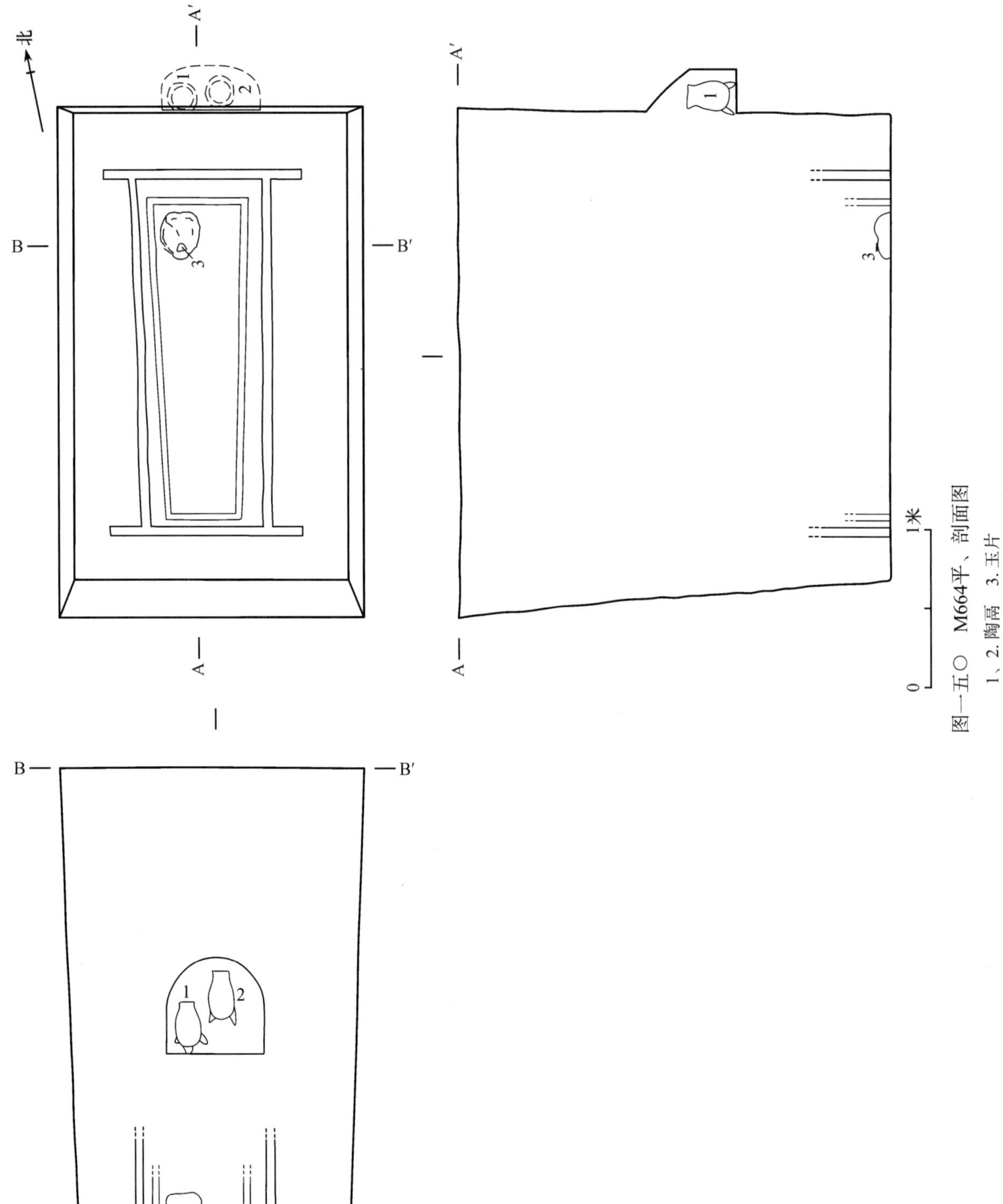

图一五〇　M664平、剖面图
1、2. 陶鬲　3. 玉片

（二）出土器物

随葬品置于北部壁龛内和棺内人骨头部，共出土陶器2件、玉器1件。其中北部壁龛内有陶鬲2件，棺内人骨头部有玉片1件。

1. 陶器

陶鬲　2件。M664：1，泥质红陶，轮模合制。近直口，折沿上扬，方唇，唇端有凹槽，短颈，深弧腹，平底，底附三个扁圆状柱足，足外撇。腹部饰三周凹弦纹。器身有数道轮旋痕。口径12.6、腹径15.3、底径9.2、高25.6、壁厚0.4～1.5厘米（图一五一，1；图版八七，3）。M664：2，泥质红陶，轮模合制。近直口，折沿上扬，方唇，短颈，深弧腹，平底，底附三个扁圆状柱足，足外撇。器身有数道轮旋痕。口径13.2、腹径15.2、底径12.8、高25.3、壁厚0.9～1.1厘米（图一五一，2；图版八七，4）。

2. 玉器

玉片　1件。M664：3，手制。浅绿色，间有黄褐色斑。残存七道弧形刻划纹。残长0.6～2.9、残宽2.4、厚0.39厘米（图一五一，3；图版八七，5）。

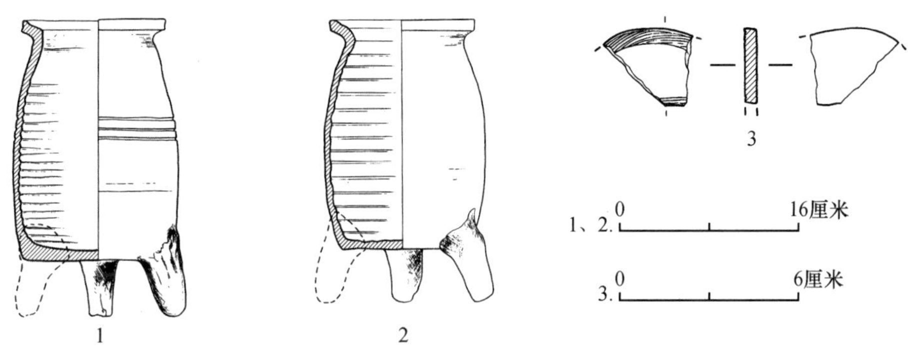

图一五一　M664出土器物

1、2. 陶鬲（M664：1、M664：2）　3. 玉片（M664：3）

九四、M665

位于发掘区的中部，T1633北部，西南部打破M673，东南部打破M649。方向25°。开口于第5层下，向下打破第6层及生土，开口距地表深1.8米（图一五二）。

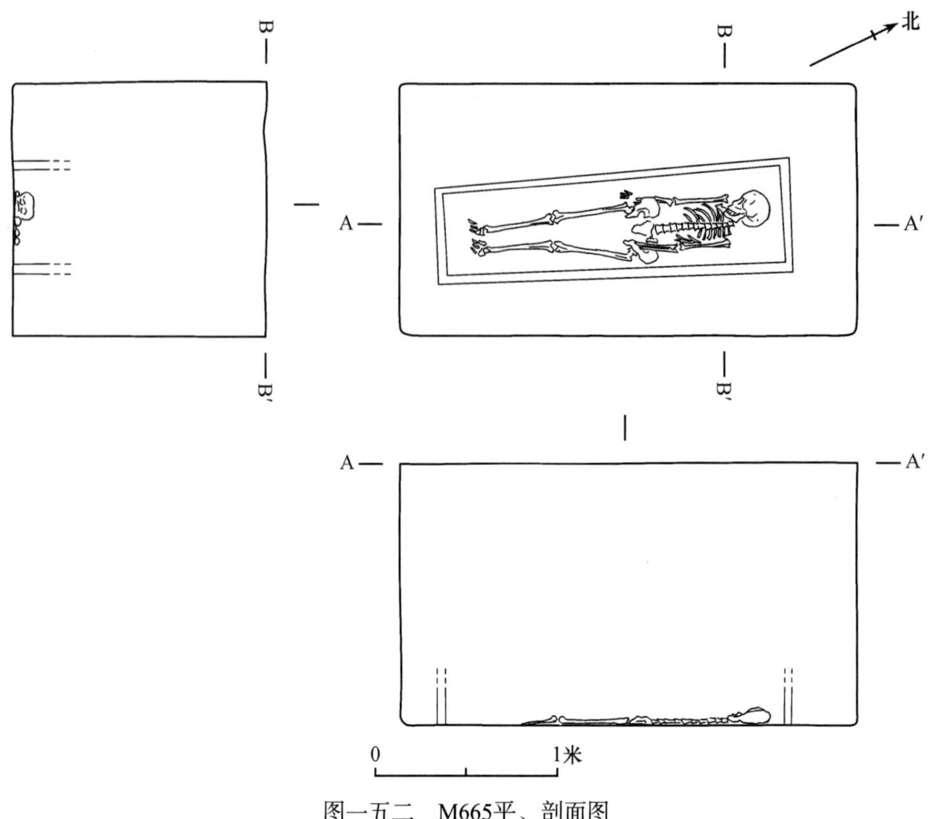

图一五二　M665平、剖面图

（一）墓葬形制

该墓平面呈长方形，竖穴土坑墓。口底尺寸一致，南北长2.5米，东西宽1.3米，墓底距墓口深1.4米。内填花土，土质松软。四壁较规整，壁面粗糙，直壁，平底。

葬具为单棺，木质，已朽，仅存朽痕。棺平面呈梯形，南北长1.93米，东西宽0.5～0.6米，残高0.19米，棺板厚0.03～0.05米。

棺内有人骨一具，头向东北，面向西北，仰身直肢，保存较好。

（二）出土器物

未发现随葬品。

九五、M668

位于发掘区的中部，T1633西南部、T1533西北部，东邻M669。方向5°。开口于第5层下，向下打破第6层及生土，开口距地表深2.1米（图一五三）。

（一）墓葬形制

该墓平面呈长方形，竖穴土坑墓。口略大于底，墓口南北长2.9米，东西宽1.3米；墓底南北长2.8米，东西宽1.24米，墓底距墓口深1.6米。内填花土，土质松软。四壁较规整，壁面粗糙，斜壁，平底。

葬具为单棺，木质，已朽，仅存朽痕。棺平面呈梯形，南北长1.94米，东西宽0.52～0.68米，残高0.2米，棺板厚0.05米。

棺内有人骨一具，头向北，面向上，仰身直肢，保存一般。

（二）出土器物

未发现随葬品。

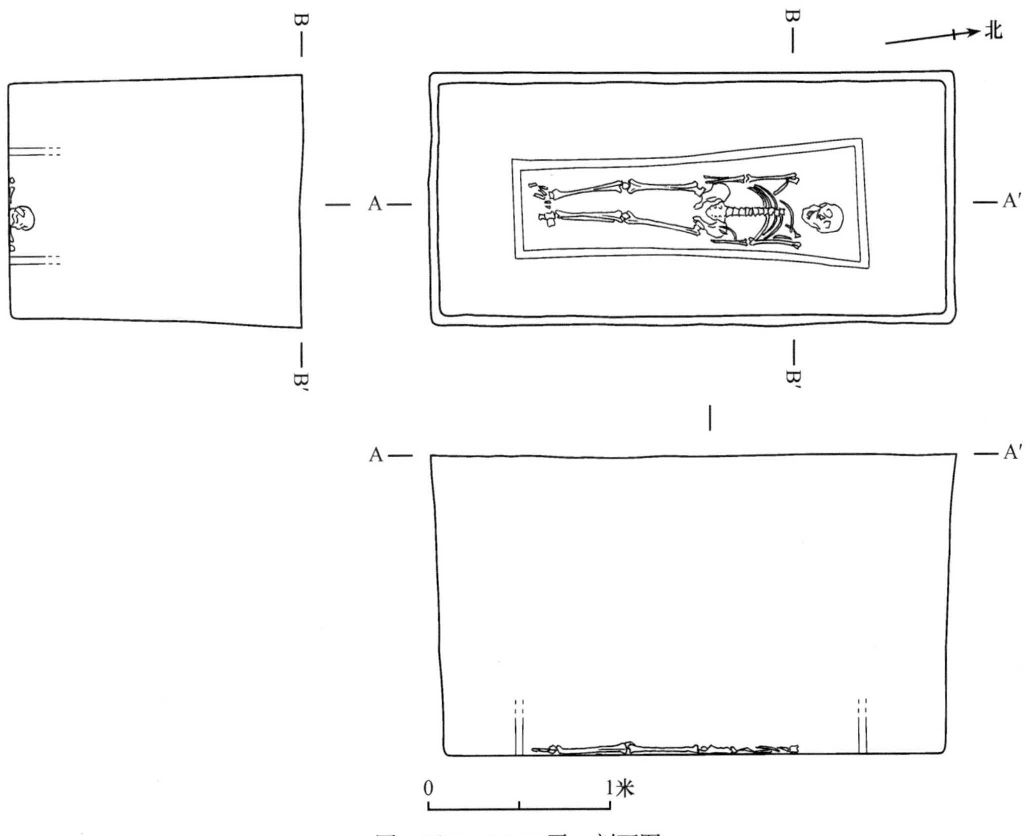

图一五三　M668平、剖面图

九六、M669

位于发掘区的中部，T1633东南部、T1533东北部，方向5°。开口第5层下，向下打破第6层及生土，开口距地表深1.99米（图一五四；图版一三，1）。

（一）墓葬形制

该墓平面呈近长方形，竖穴土坑墓。口略大于底，墓口南北长3.1米，东西宽1.9～2米；墓底南北长3.1米，东西宽1.93米，墓底距墓口深2.21米。内填花土，土质松软。四壁较规整，壁面粗糙，直壁，平底。

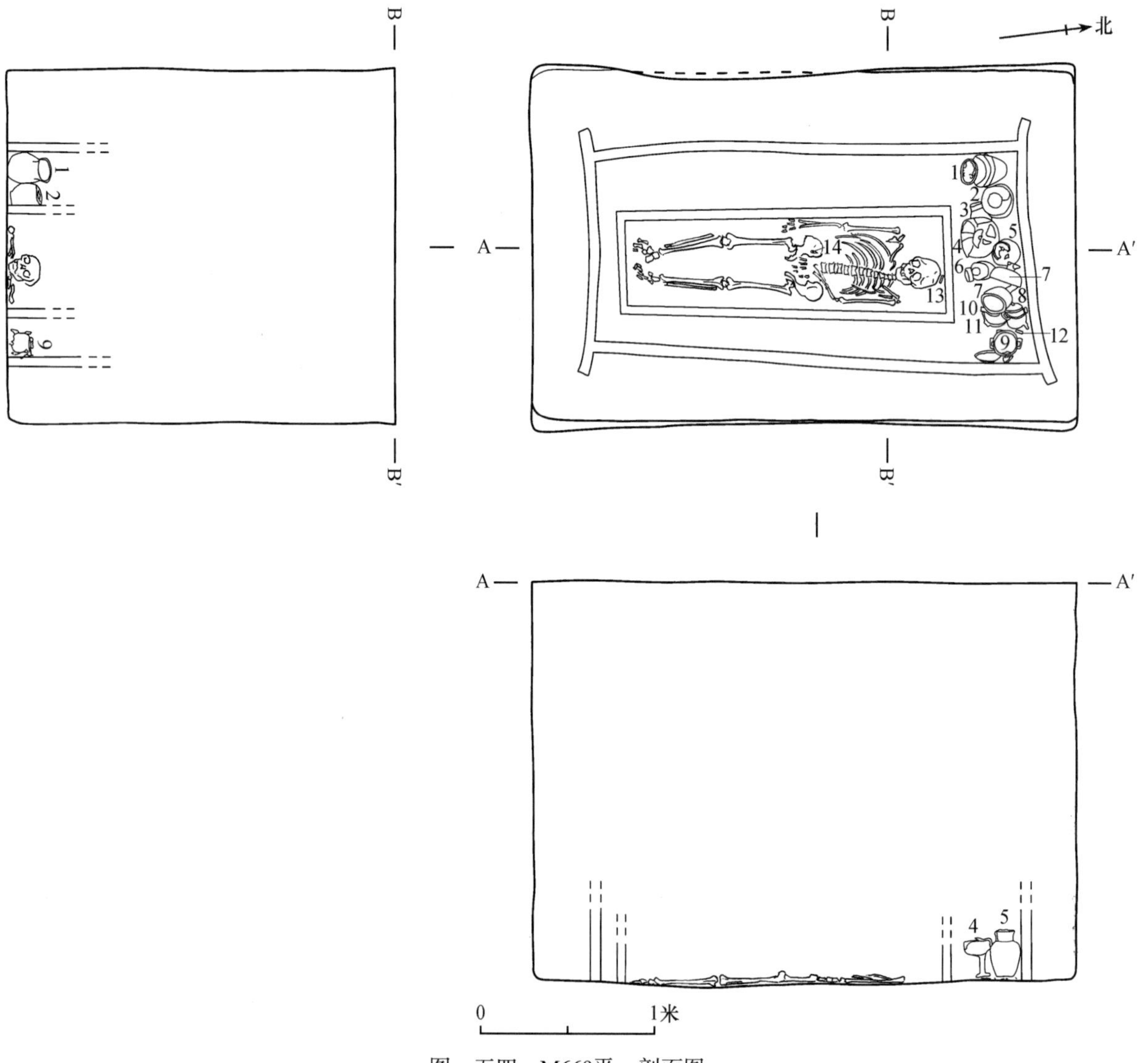

图一五四　M669平、剖面图

1、5. 陶壶　2. 陶尊　3、6. 陶小口罐　4、7. 陶豆　8、9. 陶鼎　10. 陶匜　11. 陶盘　12、13. 骨饰　14. 铜带钩

葬具为一椁一棺，木质，已朽，仅存朽痕。椁平面呈“Ⅱ”形，南北长2.71米，东西宽1.1～1.47米，残高0.44米，椁板厚0.06米。南、北两侧椁壁均向内侧挤压变形，西侧椁壁向外侧挤压变形。椁内有一棺，棺平面呈梯形，南北长1.88米，东西宽0.56～0.64米，残高0.24米，棺板厚0.05米。

棺内有人骨一具，头向北，面向上，仰身直肢，保存较好。

（二）出土器物

随葬品置于墓室北部棺椁之间、棺内人骨头部和腰部，共出土器物14件，其中陶器11件、铜器1件、骨器2件。墓室北部棺椁之间有陶鼎2件、陶豆2件、陶壶2件、陶盘1件、陶匜1件、陶小口罐2件、陶尊1件、骨饰1件，棺内人骨头部有骨饰1件，棺内人骨腰部有铜带钩1件（图版一三，3）。

1. 陶器

陶鼎　2件。M669：8，泥质红陶，轮模合制。有盖，母口，顶隆起，顶中心有一个“∩”形穿孔纽。器身子口，敛口，圆唇，上腹部有两个对称的方形外撇附耳，有长方形穿，深直腹，圜底，下附三蹄形足。腹部饰三周凹弦纹，口沿处饰一周凹弦纹。器身有数道轮旋痕，器表施一层灰陶衣。口径10.6、腹径14.8、高15.8、壁厚0.8厘米，盖径12.6、高5.1、壁厚0.86厘米（图一五五，1；图版八八，1）。M669：9，泥质红陶，轮模合制。有盖，母口，顶隆起，顶中心有一个“∩”形穿孔纽。器身子口，敛口，圆唇，上腹部有两个对称的方形外撇附耳，有长方形穿，深直腹，圜底，下附三蹄形足。腹部饰三周凹弦纹，口沿处饰一周凹弦纹。器身有数道轮旋痕，器表施一层灰陶衣。口径14.7、腹径15、高15.4、壁厚0.61厘米，盖径14.1、高5.5、壁厚0.58厘米（图一五五，5；图版八八，2）。

陶豆　2件。M669：4，泥质红陶，轮制。有盖，母口，呈覆钵形，顶部有平面呈圆形的喇叭形捉手，柄较短。器身子口，敛口，圆唇，弧折腹，细长柄，喇叭形座。器身有数道轮旋痕，器表厚施一层灰陶衣。口径15.8、腹径17.6、圈足径13.9、高25.5、壁厚0.61厘米，盖径17.7、捉手径14、高10.7、壁厚0.6厘米（图一五五，7；图版八八，3）。M669：7，泥质红陶，轮制。有盖，母口，呈覆钵形，顶部有平面呈圆形的喇叭形捉手，柄较短。器身子口，敛口，圆唇，弧折腹，细长柄，喇叭形座。器身有数道轮旋痕，器表厚施一层灰陶衣。口径14.3、腹径16.7、圈足径13.9、高24.1、壁厚0.72厘米，盖径16.8、捉手径11.7、高9.7、壁厚0.82厘米（图一五五，2；图版八八，4）。

陶壶　2件。M669：1，泥质红陶，轮模合制。盖残缺。侈口，圆唇，束颈，圆肩，肩部贴附两个对称的简化兽首形耳，弧腹内收，平底，矮圈足。颈部饰一周凹弦纹，肩至腹部饰三组凹弦纹，每组两周，上腹部饰细绳纹，漫漶不清。器表施一层灰陶衣。口径11.3、腹径18.2、圈足径10.6、高26.2、壁厚0.98厘米（图一五五，3；图版八八，5）。M669：5，泥质红

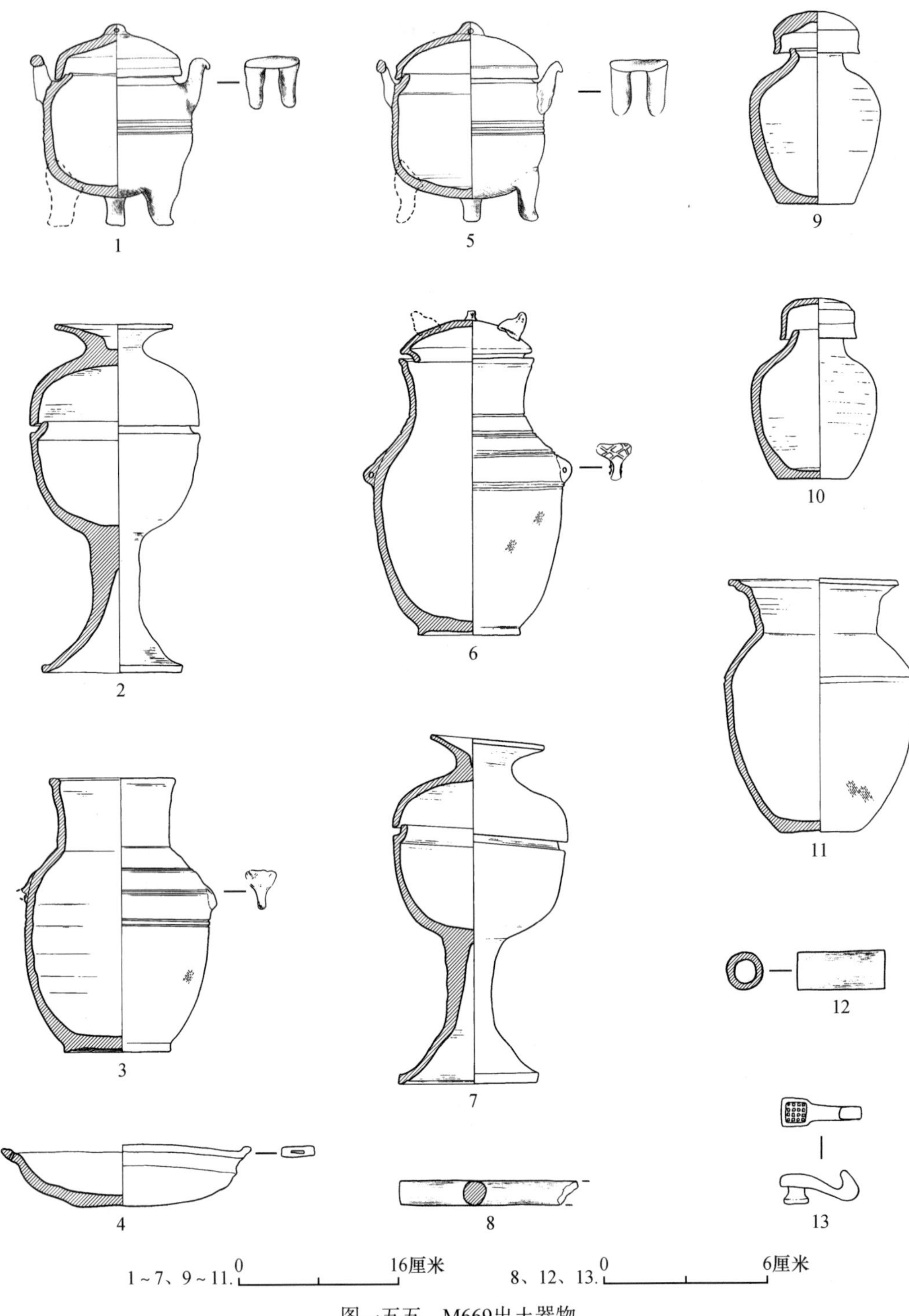

图一五五　M669出土器物

1、5. 陶鼎（M669：8、M669：9）　2、7. 陶豆（M669：7、M669：4）　3、6. 陶壶（M669：1、M669：5）　4. 陶盘（M669：11）　8、12. 骨饰（M669：13、M669：12）　9、10. 陶小口罐（M669：6、M669：3）　11. 陶尊（M669：2）　13. 铜带钩（M669：14）

陶，轮模合制。有盖，子口，盖舌内折，顶隆起，等距分布三个矩尺状纽。器身母口，侈口，圆唇，束颈，圆肩，肩部贴附两个对称的简化兽首形耳，弧腹内收，圜底，矮圈足。颈部饰一周凹弦纹，肩至腹部饰三组凹弦纹，每组两周，上腹部饰细绳纹，漫漶不清。器表厚施一层灰陶衣。口径13.3、腹径17.8、圈足径10、高26.3、壁厚0.58厘米，盖径10.2、高4.4、壁厚0.61厘米（图一五五，6；图版八八，6）。

陶盘　1件。M669：11，泥质红陶，轮模合制。敞口，折沿微上扬，方唇，唇边有两对称长方形外撇附耳，有长方形细穿，折腹，上腹近直，下腹斜收，圜底近平。器表厚施一层灰陶衣。口径25.2、腹径22、高5.9、壁厚0.79厘米（图一五五，4；图版八九，3）。

陶匜　1件。M669：10，无法修复，器形不可辨。

陶小口罐　2件。M669：3，泥质红陶，轮制。有盖，母口，弧壁，顶隆起。器身子口，敛口，方唇，短束颈，圆肩，斜弧腹内收，平底。器身有数道轮旋痕，器表厚施一层灰陶衣。口径5.5、腹径12.3、底径6.5、高14.2、壁厚0.57厘米，盖径7.1、腹径7.5、高3.9、壁厚0.41厘米（图一五五，10；图版八九，1）。M669：6，泥质红陶，轮制。有盖，母口，弧壁，顶隆起。器身子口，侈口，圆唇，短束颈，圆肩，斜弧腹内收，平底。器身有数道轮旋痕，器表厚施一层灰陶衣。口径5、腹径12.9、底径7.6、高14.8、壁厚0.58厘米，盖径8.4、腹径8.4、高3.9、壁厚0.52厘米（图一五五，9；图版八九，2）。

陶尊　1件。M669：2，泥质红陶，轮制和手制。敞口，宽沿外折，方唇，束颈，折肩，斜弧腹内收，平底。折肩处有一周凹弦纹，下腹部饰漫漶不清的细绳纹。器表施一层灰陶衣。口径16.6、腹径18.9、底径7.3、高24.3、壁厚0.51厘米（图一五五，11；图版八七，6）。

2. 铜器

铜带钩　1件。M669：14，模制。钩作鸭首形，短颈，颈断面呈长方形，宽平尾，背置一椭圆形纽。腹部和尾部饰四行四列排列方点纹。长2.9、宽0.5～1、厚0.25～0.75、颈径0.6、纽径0.9厘米（图一五五，13；图版八九，4）。

3. 骨器

骨饰　2件。M669：12，手制。黄白色，表面抛光，两端磨平。圆柱形，管状，断面呈圆形。外径1.4、内径0.9、厚0.2～0.3、长3.2厘米（图一五五，12；图版八九，5）。M669：13，手制。黄褐色。圆柱形，断面呈圆形。直径0.9、长6.6厘米（图一五五，8；图版八九，6）。

九七、M670

位于发掘区的西北部，T1834北部，北邻M588。方向4°。开口于第5层下，向下打破第6层及生土，开口距地表深2.14米（图一五六）。

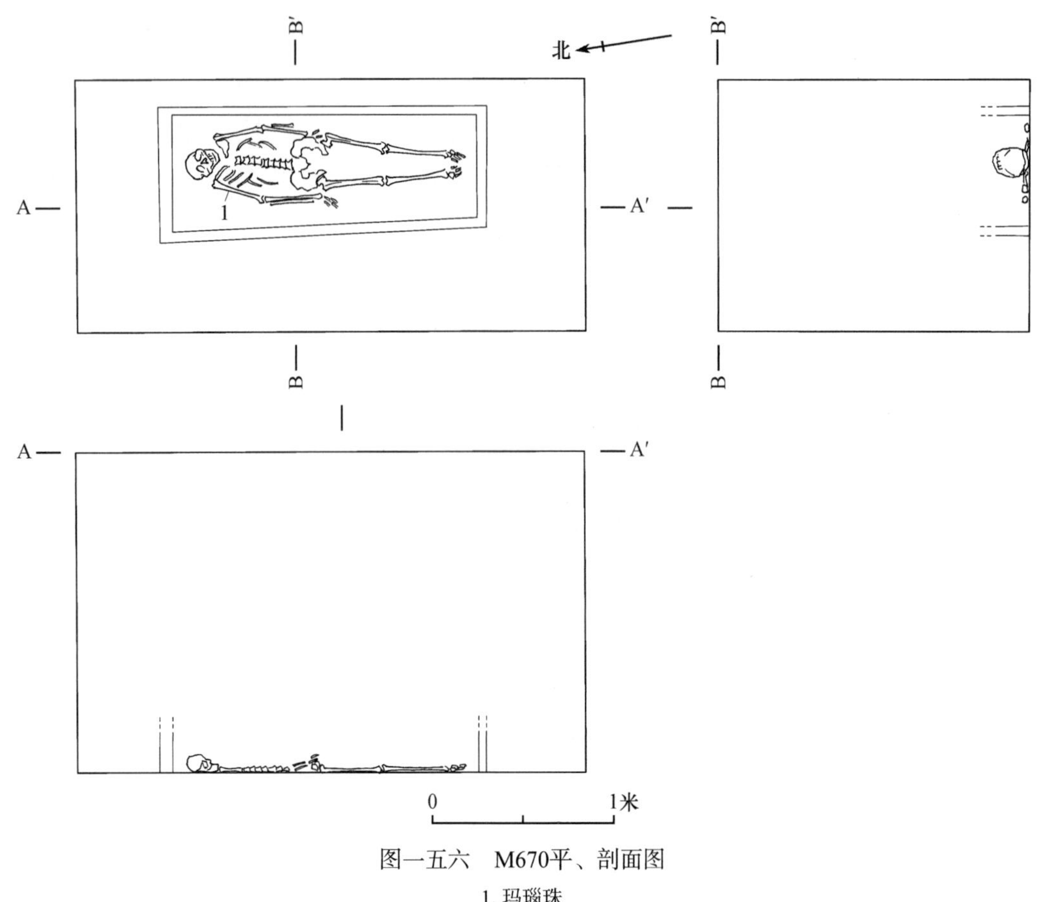

图一五六　M670平、剖面图
1. 玛瑙珠

（一）墓葬形制

该墓平面呈长方形，竖穴土坑墓。口底尺寸一致，南北长2.8米，东西宽1.33米，墓底距墓口深1.7米。内填褐色花土，土质较软，含沙。四壁较规整，壁面粗糙，直壁，平底。

葬具为单棺，木质，已朽，仅存朽痕。棺平面呈梯形，南北长1.81米，东西宽0.64～0.72米，残高0.2米，棺板厚0.03～0.06米。

棺内有人骨一具，头向北，面向上，仰身直肢，保存一般。

（二）出土器物

0　2厘米

图一五七　M670出土玛瑙珠
（M670：1）

随葬品置于棺内人骨胸部，共出土玛瑙珠1件。

玛瑙珠　1件。M670：1，磨制。红色，打磨光滑。圆柱状，中部有沙漏形穿孔。横剖面呈同心圆状，环肉纵剖面呈长方形。侧面有一道裂痕和多道疤坑。外径0.8、内径0.4、厚0.6厘米（图一五七；图版九〇，1）。

九八、M671

位于发掘区的东南部，西邻M944。方向38°。开口于第4层下，向下打破第5层及生土，开口距地表深1.2米（图一五八）。

（一）墓葬形制

该墓平面呈长方形，竖穴土坑墓。口底尺寸一致，南北长2.5米，东西宽1.03米，墓底距墓口深2米。内填花土，土质较疏松。四壁较规整，壁面粗糙，直壁，平底。

葬具为单棺，木质，已朽，仅存朽痕。棺平面呈梯形，南北长2米，东西宽0.54～0.72米，残高0.2米，棺板厚0.05米。

棺内有人骨一具，头向东北，面向西北，仰身直肢，保存一般。

（二）出土器物

未发现随葬品。

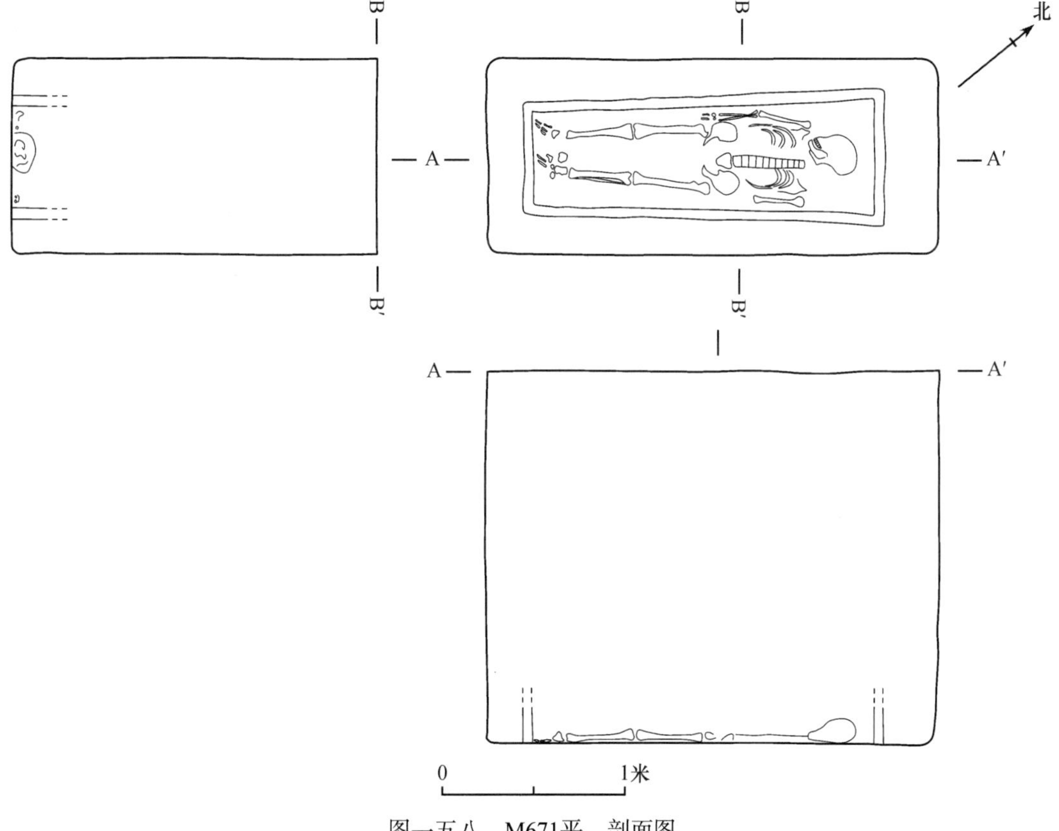

图一五八　M671平、剖面图

九九、M672

位于发掘区的中部，T1531西部，西邻M581、M613。方向23°。开口于第5层下，向下打破生土，开口距地表深1.8米（图一五九；图版一三，2）。

（一）墓葬形制

该墓平面呈长方形，竖穴土坑墓。口略大于底，墓口南北长3米，东西宽2.04米；墓底南北长2.8米，东西宽1.83米，墓底距墓口深2.4米。内填灰褐色花土，土质松软，含沙。四壁较规整，壁面粗糙，斜壁，平底。

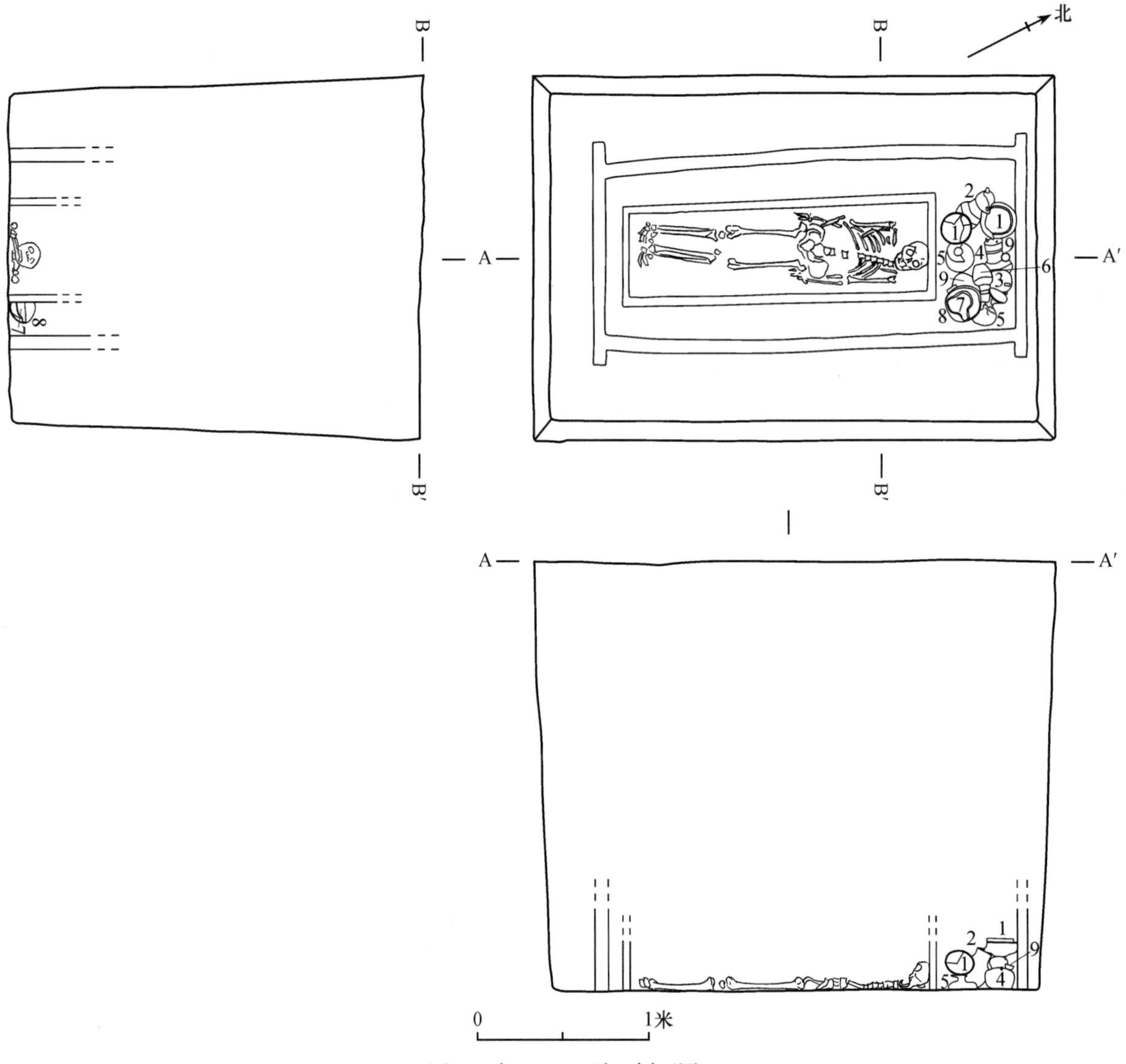

图一五九　M672平、剖面图

1、5. 陶豆　2、4. 陶壶　3. 陶鼎　6、9. 陶小口罐　7. 陶匜　8. 陶盘

葬具为一椁一棺，木质，已朽，仅存朽痕。椁平面呈“Ⅱ”形，南、北两端窄，中间宽，南北长2.48米，东西宽1.03～1.24米，残高0.44米，椁板厚0.05米。东、西两侧椁壁均向外侧挤压变形。椁内有一棺，棺平面呈梯形，南北长1.8米，东西宽0.54～0.6米，残高0.28米，棺板厚0.04米。

棺内存人骨一具，头向东北，面向上，仰身直肢，保存较好。

（二）出土器物

随葬品置于墓室北部棺椁之间，共出土陶器9件。其中陶鼎1件、陶豆2件、陶壶2件，陶盘1件、陶匜1件、陶小口罐2件（图版一三，4）。

陶鼎　1件。M672：3，泥质灰陶，轮模合制。有盖，母口，呈覆钵形，顶隆起，等距分布三个“∩”形穿孔纽。器身子口，敛口，方唇，上腹部有两个对称的长方形外撇附耳，有长方形穿，直腹，圜底，下附三蹄形足。盖面饰三组纹饰，每组纹饰间用两周凹弦纹隔开，盖顶正中为篦点团花纹，第二组为一周篦点团花与“8”字篦点组合纹，第三组为一周菱格内填篦点与卷云组合纹，器身腹部饰两周卷云纹和两周凹弦纹。器表厚施一层灰陶衣。口径12.3、腹径13.4、高14.2、壁厚0.9～1.5厘米，盖径14.6、高5、壁厚0.7～1厘米（图一六〇，2；图版九〇，2）。

陶豆　2件。M672：1，泥质红陶，轮制。盖残缺。器身敛口，圆唇，弧折腹，细柄，柄较短，喇叭形座。器身有数道轮旋痕，器表施一层灰陶衣。口径15.8、腹径17.5、圈足径11.2、高21.1、壁厚0.43厘米（图一六〇，7；图版九〇，3）。M672：5，泥质红陶，轮制。有盖，母口，呈覆钵形，顶部有平面呈圆形的喇叭形捉手，柄较短。器身子口，敛口，圆唇，弧折腹，细柄，柄较短，喇叭形座。器身有数道轮旋痕，器表施一层灰陶衣。口径15.2、腹径16.7、圈足径11.7、高20.7、壁厚0.56厘米，盖径16.7、捉手径12.8、高9.2、壁厚0.61厘米（图一六〇，9；图版九〇，4）。

陶壶　2件。M672：2，泥质灰陶，轮模合制。有盖，子口，呈覆钵形，盖舌内折，顶隆起，等距分布三个矩尺状纽。器身母口，侈口，圆唇，束颈，圆肩，肩部贴附两个对称的简化兽首形耳，弧腹内收，平底内凹，矮圈足。盖面饰卷云纹，颈至腹部刻划三组纹饰，各组纹饰下皆饰两周凹弦纹，自上而下第一组为一周三角内填水波纹，第二组为一周竖向水波纹，第三组为一周折线三角纹外附卷云纹。器表厚施一层灰陶衣。口径11.6、腹径16、圈足径9.8、高23.5、壁厚0.6～2.5厘米，盖径8.5、高5.4、壁厚0.5～1.5厘米（图一六〇，6；图版九〇，5）。M672：4，泥质灰陶，轮模合制。盖残缺。器身侈口，方唇，束颈，圆肩，肩部贴附两个对称的简化兽首形耳，弧腹内收，圜底近平，矮圈足。颈至腹部刻划三组纹饰，各组纹饰下皆饰两周凹弦纹，自上而下第一组为一周三角内填水波纹，第二组为一周竖向水波纹，第三组为一周折线三角纹外附卷云纹。器表厚施一层灰陶衣。口径13.3、腹径16.7、圈足径10.6、高23.5、壁厚0.65厘米（图一六〇，4；图版九〇，6）。

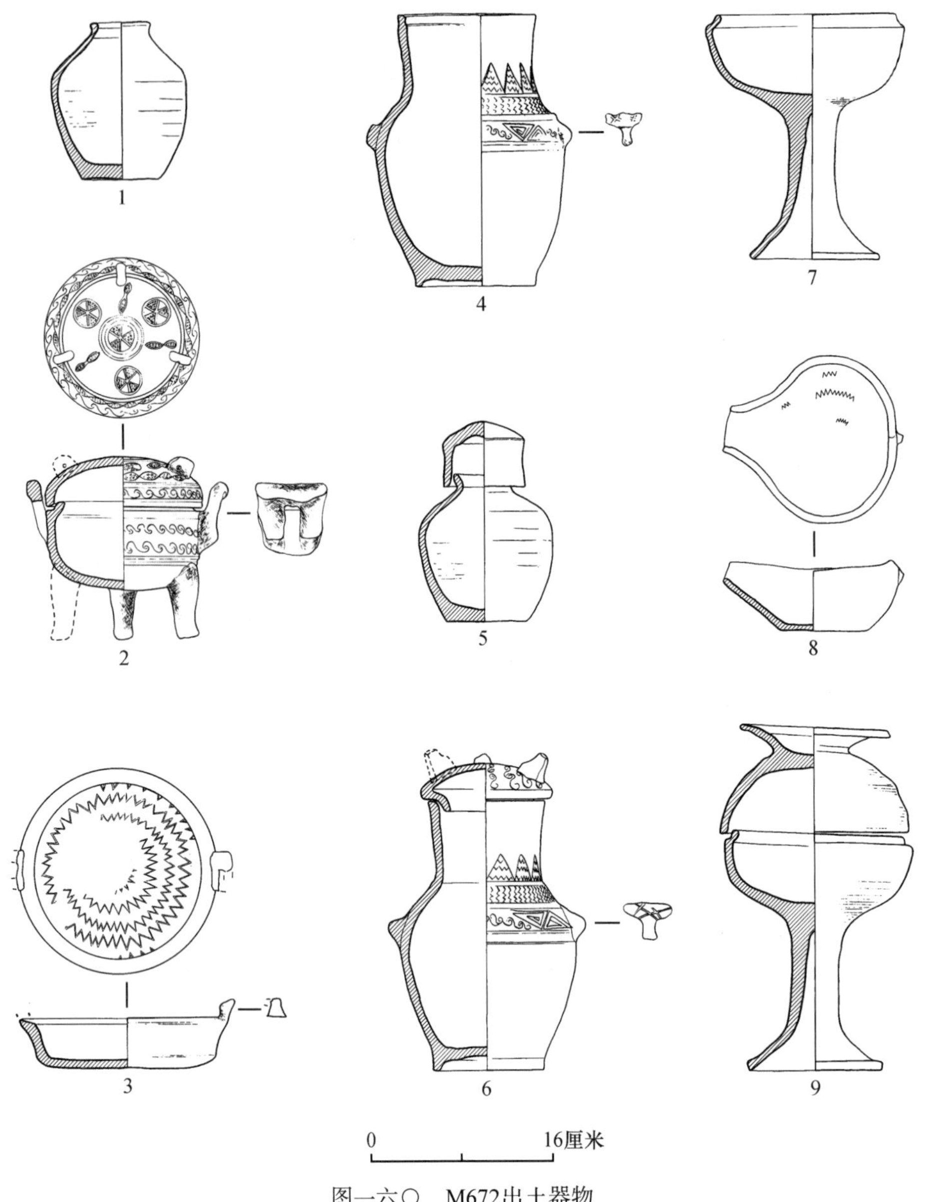

图一六〇　M672出土器物

1、5. 陶小口罐（M672：9、M672：6）　2. 陶鼎（M672：3）　3. 陶盘（M672：8）　4、6. 陶壶（M672：4、M672：2）　7、9. 陶豆（M672：1、M672：5）　8. 陶匜（M672：7）

陶盘　1件。M672：8，泥质红陶，轮制。敞口，折沿上扬，方唇，唇边有两个对称的附耳，一耳仅剩少部分，一耳残缺，折腹，上腹近直，下腹斜收，平底。内壁口沿至盘心压印五周水波纹。器表施一层灰陶衣。口径19.2、残宽20.1、腹径16.4、底径12.4、高5.1、壁厚0.4厘米（图一六〇，3；图版九一，1）。

陶匜　1件。M672：7，泥质灰陶，轮模合制。口部呈桃形，敞口，圆唇，弧腹内收，附槽状流，流口较短上扬，尾部有半圆形鋬，鋬上部有尖状凸起，平底。内壁有几处压印水波纹，模糊不清。器表厚施一层灰陶衣。长14.2、宽10.8、高6.2、流长5.2、壁厚0.43厘米（图一六〇，8；图版九一，2）。

陶小口罐　2件。M672：6，泥质灰陶，轮制。有盖，母口，弧壁，顶隆起。器身子口，侈口，圆唇，短束颈，圆肩，斜弧腹内收，平底。器身有数道轮旋痕，器表厚施一层灰陶衣。口径4.5、腹径12、底径7、高12.7、壁厚0.4厘米，盖径7.7、腹径7.5、高5.2、壁厚0.61厘米（图一六〇，5；图版九一，3）。M672：9，泥质灰陶，轮制。盖残缺。器身微敛口，圆唇，短束颈，圆肩，斜弧腹内收，平底略凹。器身有数道轮旋痕，器表厚施一层灰陶衣。口径4.7、腹径12、底径6.8、高13.5、壁厚0.4～2厘米（图一六〇，1；图版九一，4）。

一〇〇、M673

位于发掘区的中部，T1633的西北部，东北部被M665打破。方向35°。开口于第5层下，向下打破第6层及生土，开口距地表深1.59米（图一六一）。

（一）墓葬形制

该墓平面呈长方形，竖穴土坑墓。口底尺寸一致，南北长2.7米，东西宽1.34米，墓底距墓

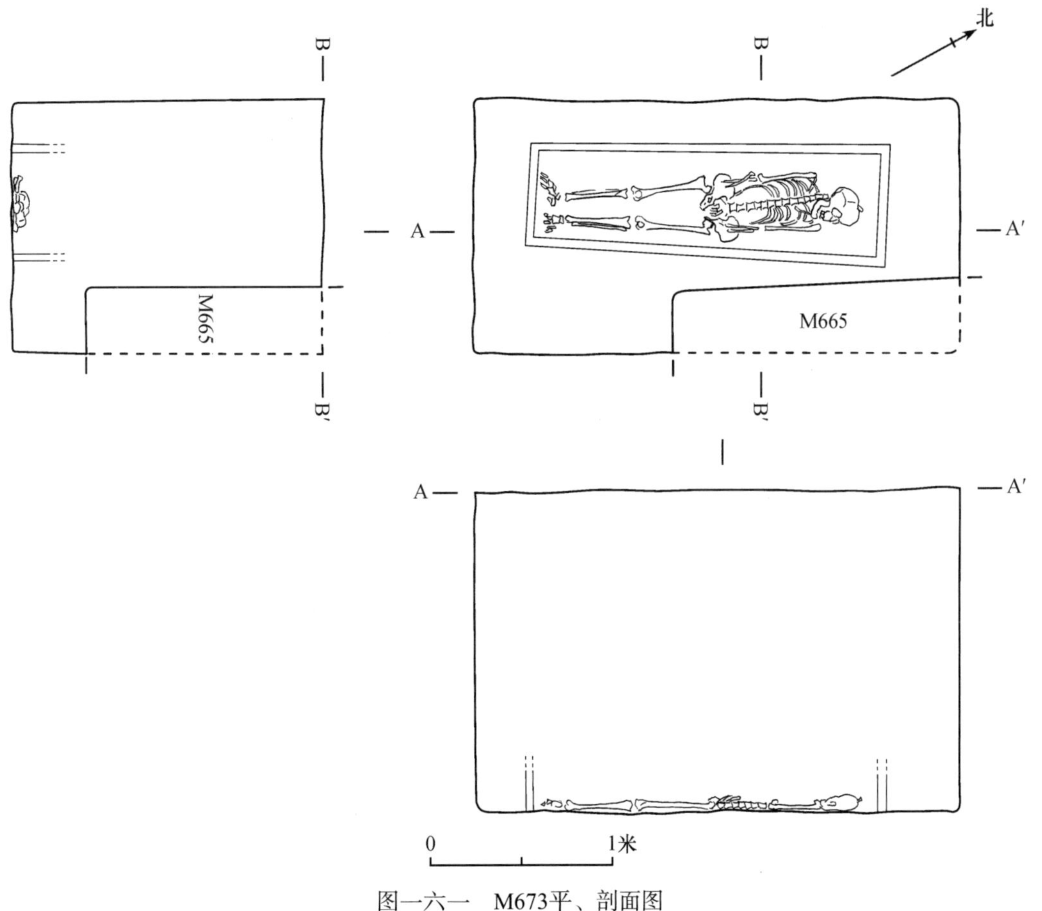

图一六一　M673平、剖面图

口深1.71米。内填花土，土质松软。四壁较规整，壁面粗糙，直壁，平底。

葬具为单棺，木质，已朽，仅存朽痕。棺平面呈梯形，南北长1.98米，东西宽0.51～0.65米，残高0.2米，棺板厚0.05米。

棺内有人骨一具，头向东北，面向东南，仰身直肢，保存较好。

（二）出土器物

未发现随葬品。

一〇一、M674

位于发掘区的北部，T2331西部。方向18°。开口于第4层下，向下打破生土，开口距地表深1.1米（图一六二）。

（一）墓葬形制

该墓平面呈长方形，竖穴土坑墓。口底尺寸一致，南北长2.6米，东西宽1米，墓底距墓口深1.5米。内填花土，土质较疏松。四壁较规整，壁面粗糙，直壁，平底。

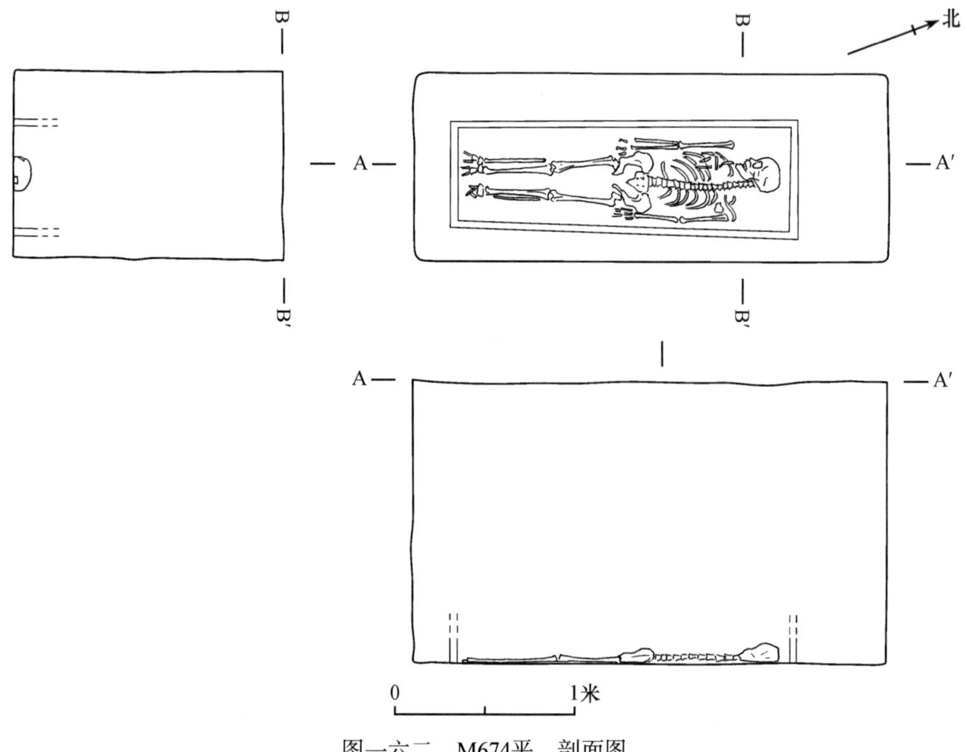

图一六二　M674平、剖面图

葬具为单棺，木质，已朽，仅存朽痕。棺平面呈梯形，南北长1.9米，东西宽0.56～0.63米，残高0.15米，棺板厚0.03～0.04米。

棺内有人骨一具，头向北，面向西，仰身直肢，保存较好。

（二）出土器物

未发现随葬品。

一〇二、M675

位于发掘区的北部，T2431西部、T2432东部，东邻M541。方向15°。开口于第5层下，向下打破生土，开口距地表深1.6米（图一六三）。

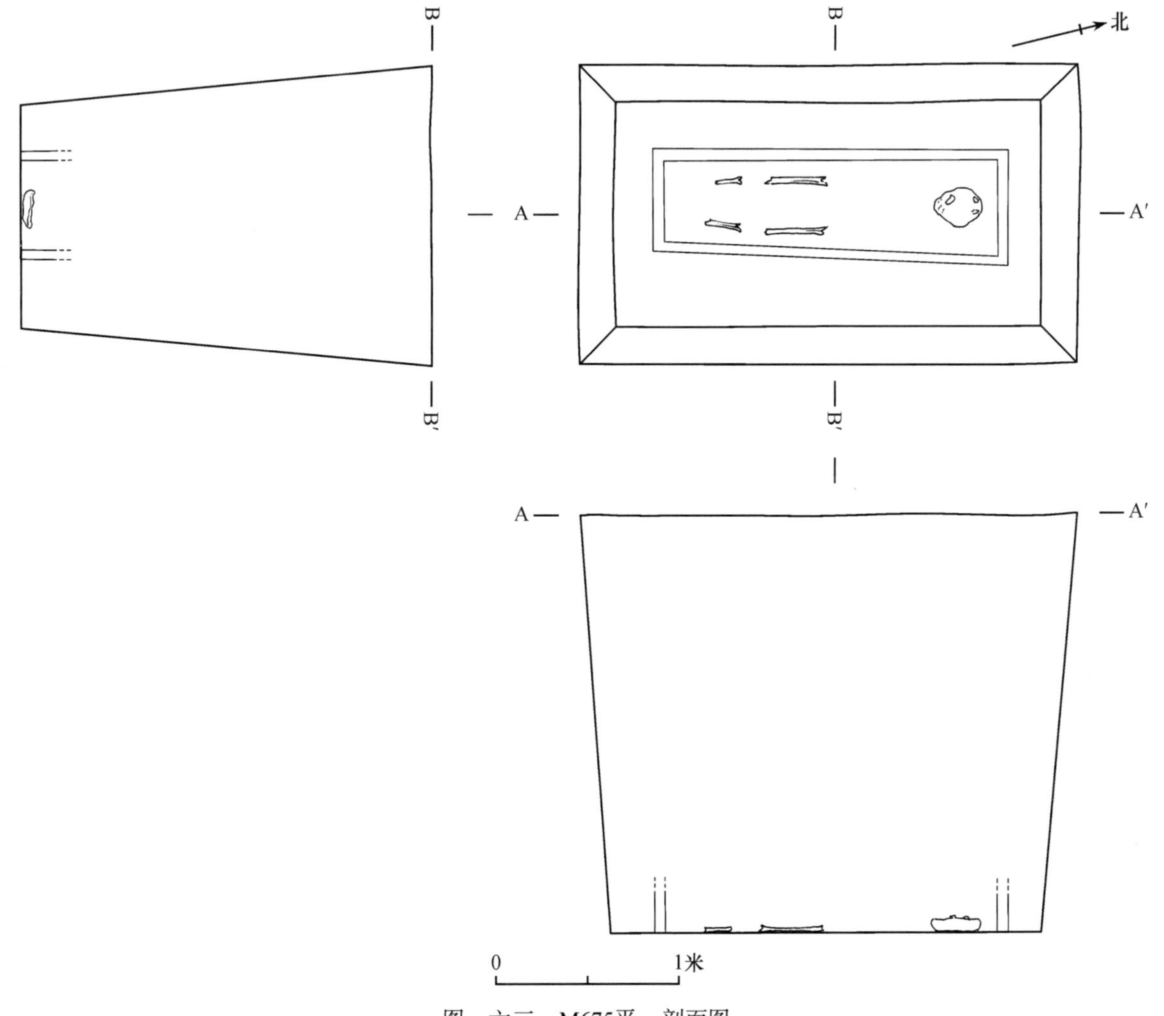

图一六三　M675平、剖面图

（一）墓葬形制

该墓平面呈长方形，竖穴土坑墓。口略大于底，墓口南北长2.75米，东西宽1.6米；墓底南北长2.36米，东西宽1.2米，墓底距墓口深2.24米。内填花土，土质较硬。四壁较规整，壁面粗糙，斜壁，平底。

葬具为单棺，木质，已朽，仅存朽痕。棺平面呈梯形，南北长1.96米，东西宽0.54～0.61米，残高0.2米，棺板厚0.06米。

棺内人骨仅存头骨及部分下肢骨，头向北，面向不详，仰身直肢，保存差。

（二）出土器物

未发现随葬品。

一〇三、M676

位于发掘区的西北部，T2336东北部，东邻M678。方向23°。开口于第6层下，向下打破生土，开口距地表深2.33～2.85米（图一六四；图版一四，1）。

（一）墓葬形制

该墓平面呈长方形，竖穴土坑墓。口略大于底，墓口南北长3.33米，东西宽1.97米；墓底南北长2.94米，东西宽1.5米，墓底距墓口深1.95～2.47米。内填花土，土质松软。四壁较规整，壁面粗糙，斜壁，平底。

葬具为一椁一棺，木质，已朽，仅存朽痕。椁平面呈“Ⅱ”形，南、北两端宽，中间窄，南北长2.82米，东西宽0.82～1.36米，残高0.36米，椁板厚0.07米。四侧椁壁均向内侧挤压变形。椁内有一棺，棺平面呈梯形，南北长1.9米，东西宽0.42～0.6米，残高0.15米，棺板厚0.03～0.06米。

棺内存人骨一具，头向东北，面向上，仰身直肢，保存较差。

（二）出土器物

随葬品置于墓室北部棺椁之间，共出土陶器11件。其中陶鼎2件、陶豆2件、陶壶2件、陶盘1件、陶匜1件、陶小口罐2件、陶尊1件（图版一四，3）。

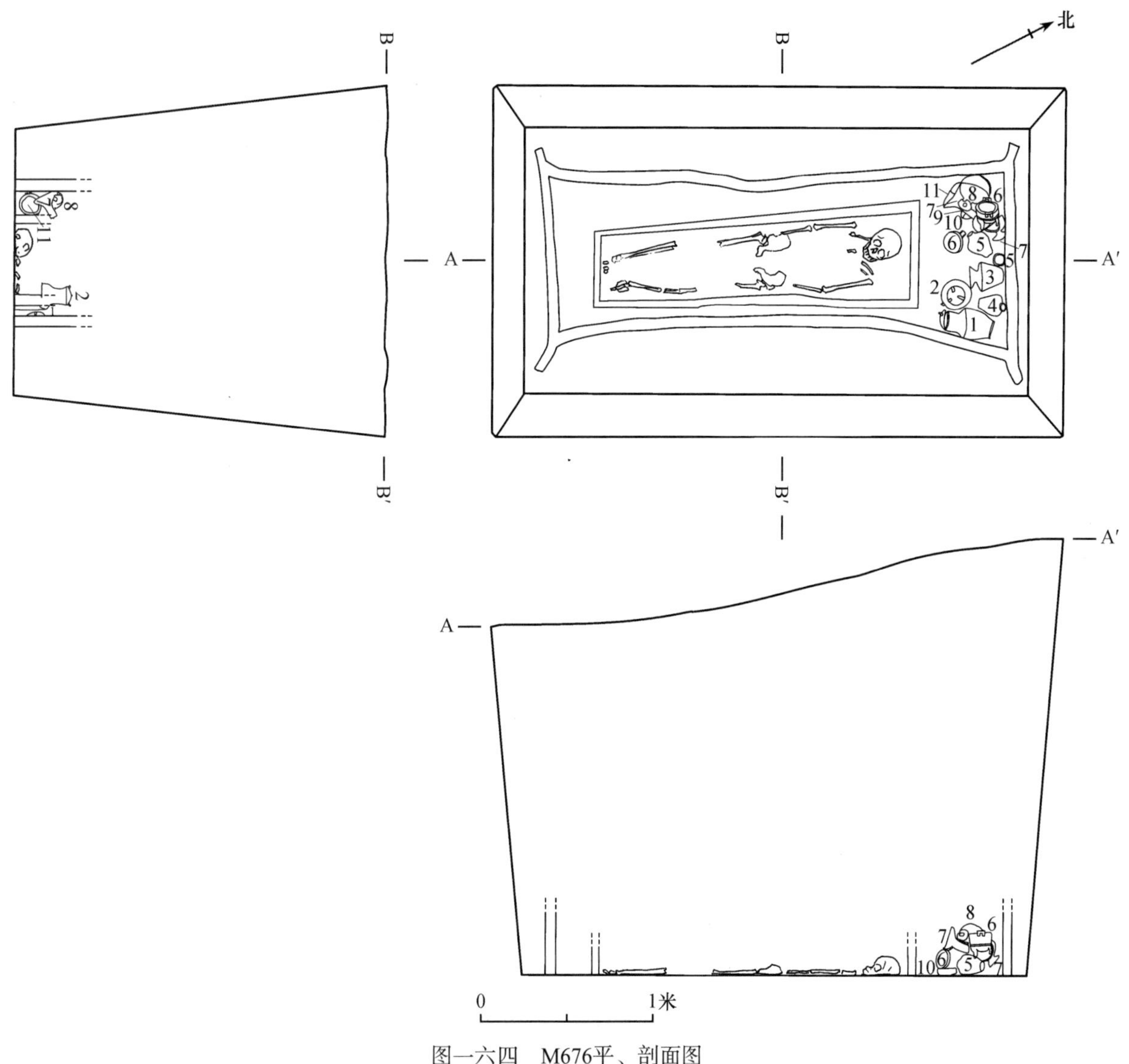

图一六四　M676平、剖面图

1、2. 陶壶　3. 陶尊　4、5. 陶小口罐　6、11. 陶鼎　7、8. 陶豆　9. 陶盘　10. 陶匜

陶鼎　2件。M676：6，泥质灰陶，轮模合制。有盖，母口，顶隆起，中心有一个“∩”形纽。器身子口，敛口，圆唇，上腹部有两个对称的方形外撇附耳，耳中有长方形穿，深直腹，圜底，下附三蹄形足。腹部饰三周凹弦纹。口径10.6、腹径12.6、高14.7、壁厚0.58厘米，盖径12.9、高5.8、壁厚0.61厘米（图一六五，1；图版九一，5）。M676：11，无法修复，器形不可辨。

陶豆　2件。M676：7，无法修复，器形不可辨。M676：8，泥质灰陶，轮制。有盖，母口，呈覆钵形，顶部有平面呈圆形的喇叭形捉手。器身子口，微敛口，圆唇，弧折腹，细长柄，喇叭形座。器身有数道轮旋痕。口径15.4、腹径16.5、圈足径13、高23.6、壁厚0.58厘米，盖径16.9、捉手径11.2、高11.1、壁厚0.66厘米（图一六五，6；图版九一，6）。

陶壶　2件。M676：1，泥质灰陶，轮模合制。盖残缺。器身侈口，方唇，束颈，圆肩，

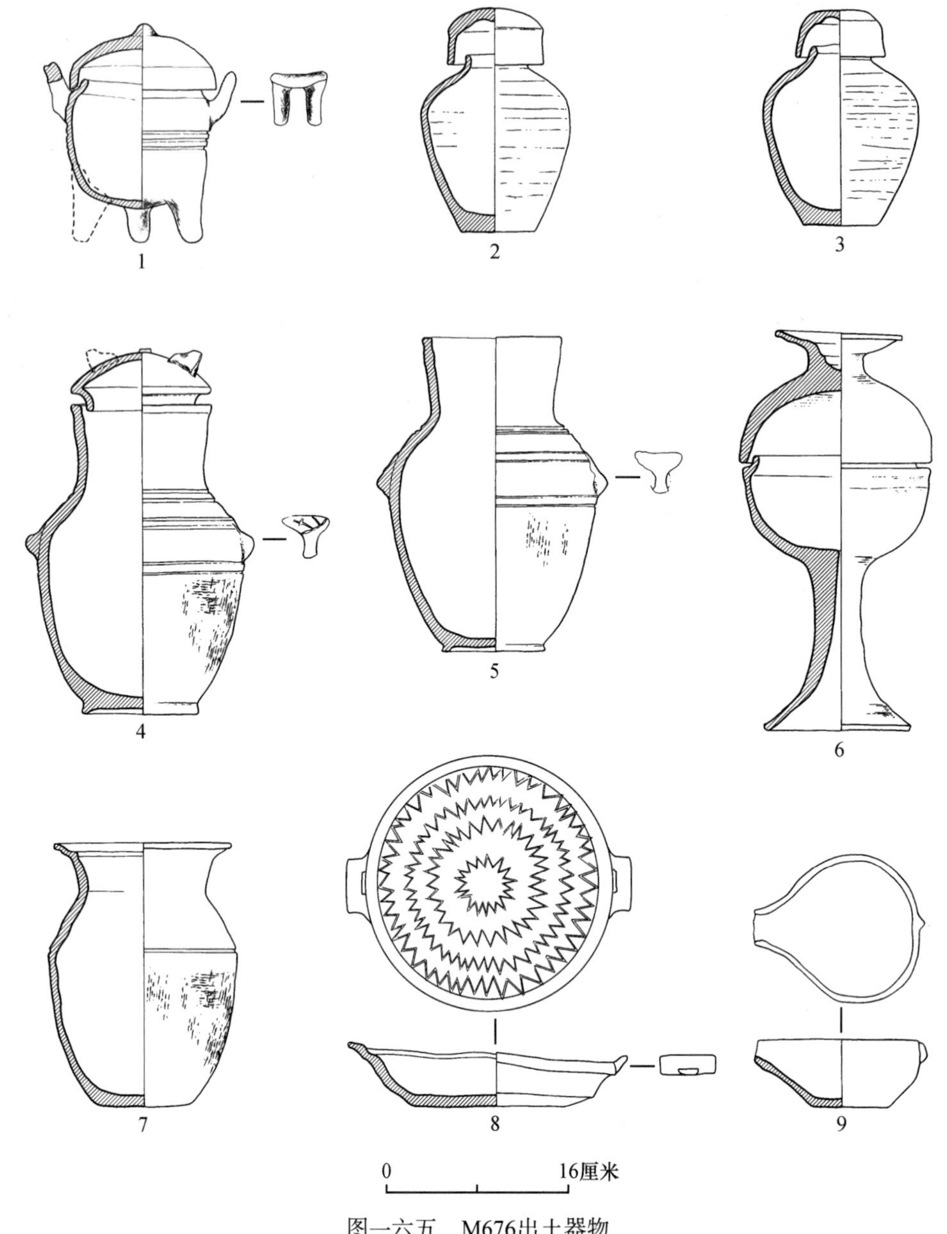

图一六五　M676出土器物

1. 陶鼎（M676：6）　2、3. 陶小口罐（M676：4、M676：5）　4、5. 陶壶（M676：2、M676：1）　6. 陶豆（M676：8）　7. 陶尊（M676：3）　8. 陶盘（M676：9）　9. 陶匜（M676：10）

肩部贴附两个对称的简化兽首形耳，弧腹内收，圜底，矮圈足。肩至腹部饰三组凹弦纹，每组两周，下腹部饰细绳纹，漫漶不清。口径12.3、腹径18.4、圈足径9.2、高27.1、壁厚0.78厘米（图一六五，5；图版九二，1）。M676：2，泥质灰陶，轮模合制。有盖，子口，呈覆钵形，盖舌内折，顶隆起，等距分布三个矩尺状纽。器身母口，侈口，方唇，束颈，圆肩，肩部贴附两个对称的简化兽首形耳，弧腹内收，圜底，矮圈足。肩至腹部饰三组凹弦纹，每组两周，下腹部饰细绳纹，漫漶不清。口径13.4、腹径18.4、圈足径10.1、高26.6、壁厚0.82厘米，盖径8.3、高5.2、壁厚0.54厘米（图一六五，4；图版九二，2）。

陶盘　1件。M676：9，泥质灰陶，轮模合制。敞口，折沿上扬，方唇，唇边有两个对称的长方形附耳，有长方形细穿，折腹，下腹斜收，平底。内壁压印四周水波纹。口径25、腹径18.8、底径13、高4.6、壁厚0.42厘米（图一六五，8；图版九二，3）。

陶匜　1件。M676：10，泥质灰陶，轮模合制。口部呈桃形，近直口，方唇，弧腹内收，附槽状流，流口较短，尾部有半圆形鋬，平底。口长12.6、口宽10.2、高5.9、流长5.2、壁厚0.6厘米（图一六五，9；图版九二，4）。

陶小口罐　2件。M676：4，泥质灰陶，轮制。有盖，母口，弧壁，顶隆起。器身子口，直口，圆唇，短束颈，圆肩，斜腹内收，平底。器身有数道轮旋痕。口径4.8、腹径13.2、底径6.5、高15.2、壁厚0.41厘米，盖径8.4、腹径8.4、高4.2、壁厚0.58厘米（图一六五，2；图版九二，5）。M676：5，泥质灰陶，轮制。有盖，母口，弧壁，顶隆起。器身子口，侈口，圆唇，短束颈，圆肩，斜弧腹内收，平底。器身有数道轮旋痕。口径5、腹径13.7、底径6.5、高15.2、壁厚0.47厘米，盖径7.8、腹径7.6、高4.2、壁厚0.36厘米（图一六五，3；图版九二，6）。

陶尊　1件。M676：3，泥质灰陶，轮模合制。侈口，宽沿外折，方唇，束颈，折肩，斜弧腹内收，平底。沿面及折肩处有一周凹弦纹，腹部饰交错细绳纹。口径14.9、腹径16.7、底径7.4、高22.6、壁厚0.59厘米（图一六五，7；图版九三，1）。

一〇四、M677

位于发掘区的中部，T1533南部、T1433北部，东邻M653。方向3°。开口于第5层下，向下打破第6层及生土，开口距地表深3.08米（图一六六；图版一四，2）。

（一）墓葬形制

该墓平面呈长方形，竖穴土坑墓。口略大于底，墓口南北长3.24米，东西宽1.75米；墓底南北长3.02米，东西宽1.55米，墓底距墓口深1.32米。内填花土，土质较硬。四壁较规整，壁面粗糙，斜壁，平底。

葬具为一椁一棺，木质，已朽，仅存朽痕。椁平面呈“Ⅱ”形，南北长2.46米，东西宽0.94～1.36米，残高0.25米，椁板厚0.03～0.09米。四侧椁壁均向内侧挤压变形。椁内有一棺，棺平面呈梯形，南北长1.9米，东西宽0.47～0.6米，残高0.15米，棺板厚0.03米。

棺内有人骨一具，头向北，面向不详，仰身直肢，保存差。

（二）出土器物

未发现随葬品。

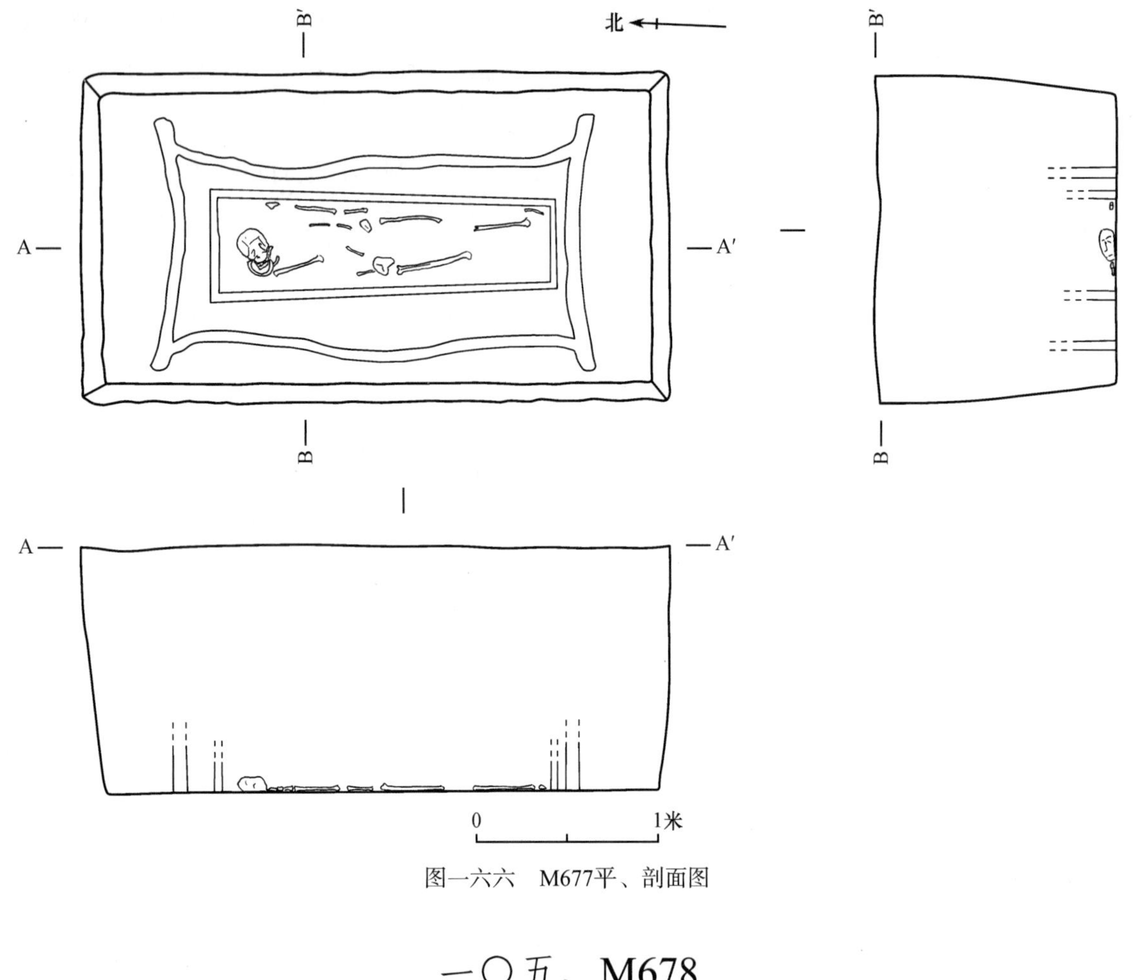

图一六六　M677平、剖面图

一〇五、M678

位于发掘区的北部，T2334西北部、T2434西南部，西邻M676。方向18°。开口于第6层下，向下打破生土，开口距地表深2.9米（图一六七；图版一五，1）。

（一）墓葬形制

该墓平面呈长方形，竖穴土坑墓。口略大于底，墓口南北长2.53米，东西宽1.47米；墓底南北长2.33米，东西宽1.27米，墓底距墓口深1.2米。内填棕褐色花土，土质较硬。四壁较规整，壁面粗糙，斜壁，平底。

葬具为单棺，木质，已朽，仅存朽痕。棺平面呈梯形，南北长1.88米，东西宽0.5～0.6米，残高0.2米，棺板厚约0.05米。

棺内有人骨一具，头向北，面向东，仰身直肢，保存一般。

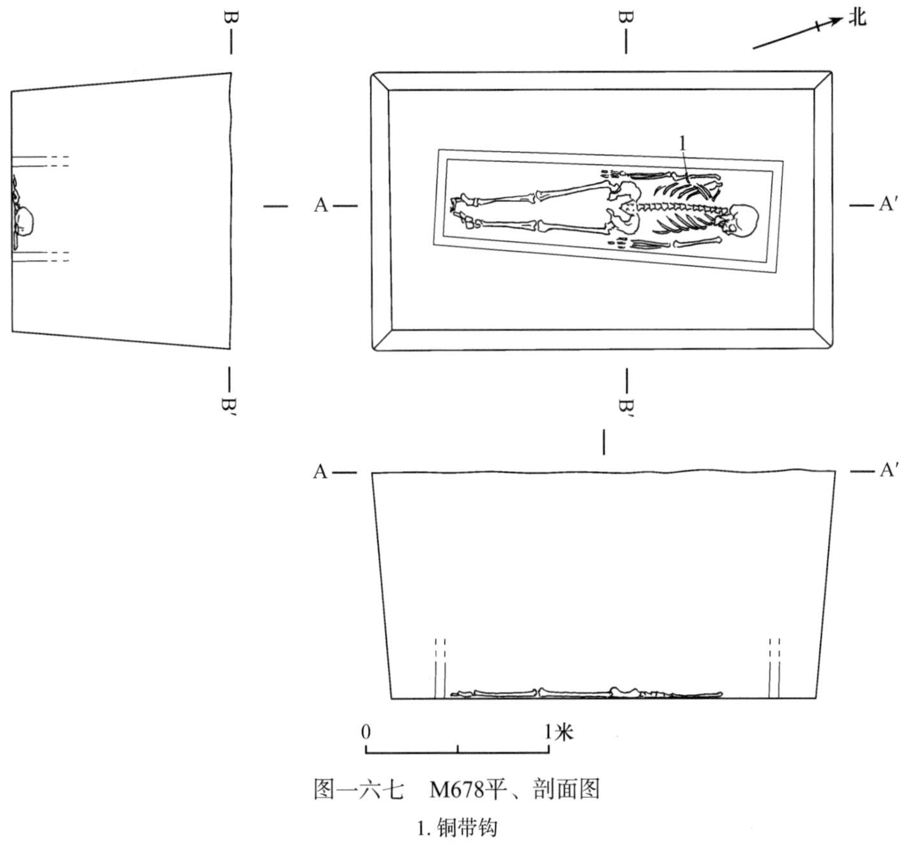

图一六七　M678平、剖面图
1. 铜带钩

（二）出土器物

随葬品置于棺内人骨胸部，共出土铜带钩1件。

铜带钩　1件。M678：1，模制。钩首断面呈方形，短颈，颈断面呈长方形，腹隆起，平背，断面呈梯形，尖尾，尾背置一圆形纽。长4.2、宽0.3～1、厚0.2～0.65、颈径0.7、纽径1.1厘米（图一六八；图版九三，2）。

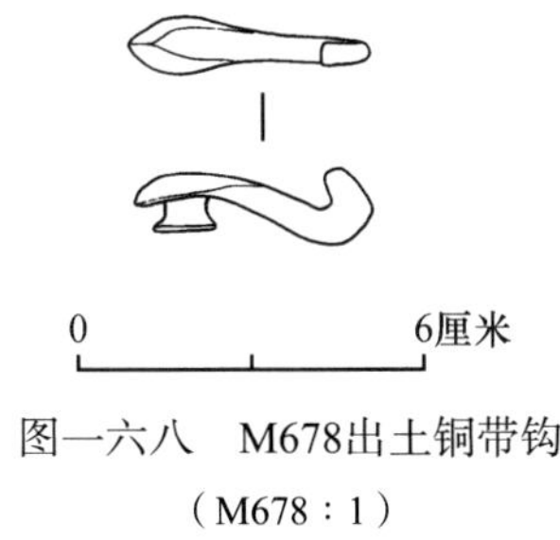

图一六八　M678出土铜带钩
（M678：1）

一〇六、M680

位于发掘区的西北部，T2035西南部、T2036东南部，北邻M686，南邻M739。方向155°。开口于第4层下，向下打破第5层、第6层及生土，开口距地表深2米（图一六九）。

（一）墓葬形制

该墓平面呈梯形，竖穴土坑墓。口底一致，南北长2.4米，东西宽1.4～1.64米，墓底距墓口深0.7米。内填褐色花土，土质松软。四壁较规整，壁面粗糙，直壁，平底。

葬具为双棺，木质，已朽，仅存朽痕。棺平面均呈梯形。东棺南北长1.8米，东西宽0.5～0.63米，残高0.12米，棺板厚0.02～0.04米。西棺南北长1.83米，东西宽0.5～0.66米，残高0.12米，棺板厚0.03～0.05米。

东棺内仅存少量人骨，头向、面向、葬式均不详，保存差。西棺内仅存头骨及少量骨块，头向、面向、葬式均不详，保存差。

（二）出土器物

未发现随葬品。

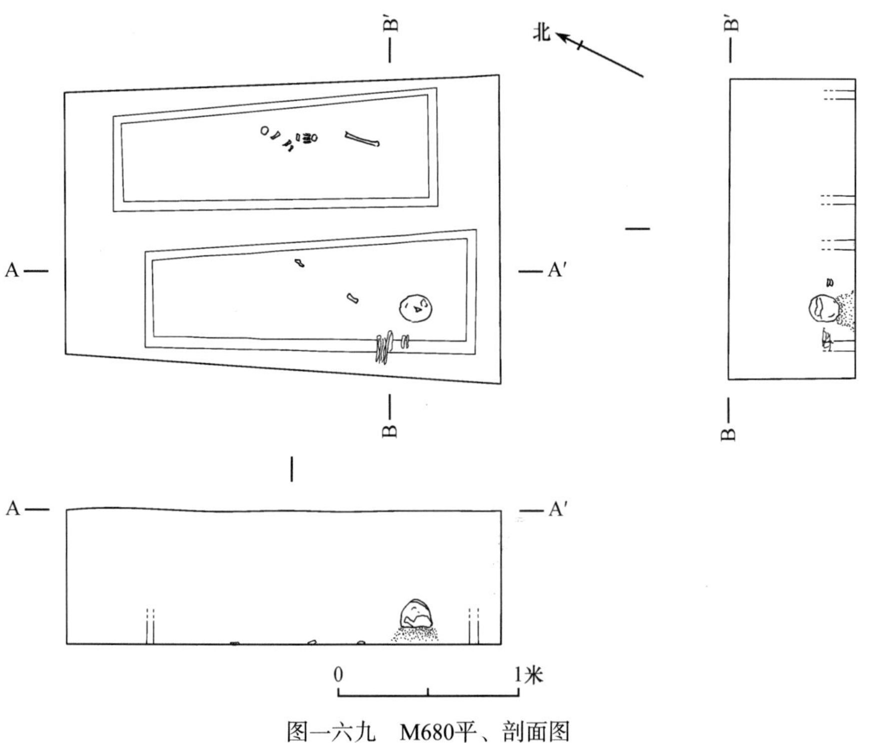

图一六九　M680平、剖面图

一〇七、M681

位于发掘区的西北部，T2035东南部，西邻M686，南邻M720。方向22°。开口于第5层下，向下打破第6层及生土，开口距地表深2.44米（图一七〇；图版一五，2）。

（一）墓葬形制

该墓平面呈长方形，竖穴土坑墓。口底尺寸一致，南北长2.52米，东西宽0.84米，墓底距墓口深0.7米。内填褐色花土，土质松软。四壁较规整，壁面粗糙，直壁，平底。

葬具为单棺，木质，已朽，仅存朽痕。棺平面呈梯形，南北长1.91米，东西宽0.62～0.73米，残高0.14米，棺板厚0.02～0.06米。

棺内有人骨一具，头向东北，面向东南，仰身直肢，保存较好。

（二）出土器物

未发现随葬品。

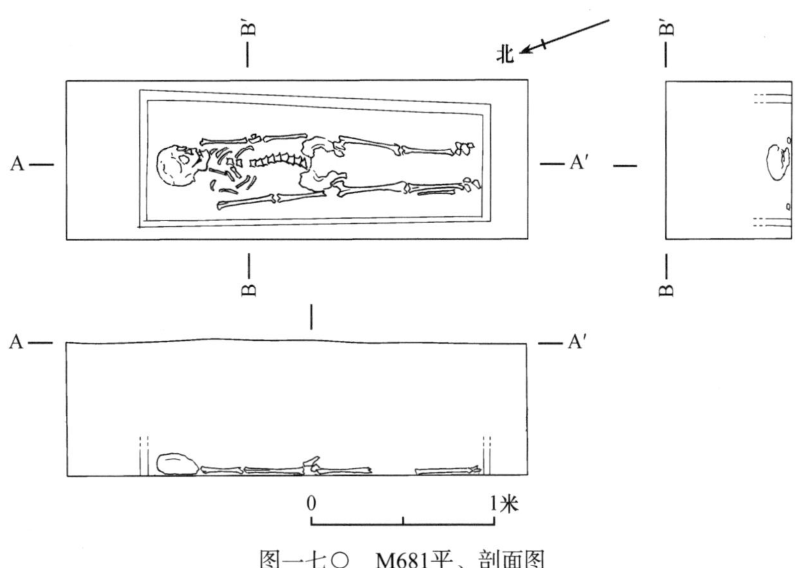

图一七〇 M681平、剖面图

一〇八、M682

位于发掘区的中部，T1530东南部，西邻M683，东邻M696，北邻M685。方向18°。开口于第4层下，向下打破生土，开口距地表深1.1米（图一七一；图版一五，3）。

（一）墓葬形制

该墓平面呈长方形，竖穴土坑墓。口略大于底，墓口南北长2.4米，东西宽1.06米；墓底南北长2.11米，东西宽0.85米，墓底距墓口深1米。内填灰色花土，土质松散、含沙。四壁较规整，壁面粗糙，斜壁，平底。

葬具为单棺，木质，已朽，仅存朽痕。棺平面呈梯形，南北长1.83米，东西宽0.41～0.58米，残高0.14米，棺板厚0.04～0.06米。

棺内有人骨一具，头向北，面向上，仰身直肢，保存一般。

（二）出土器物

随葬品置于棺内人骨头部，共出土陶器3件。其中陶尊1件、陶三足罐1件、陶罐1件（图版四〇，2）。

陶三足罐　1件。M682：2，泥质灰陶，轮制。侈口，平沿上扬，圆唇，短颈，溜肩，深

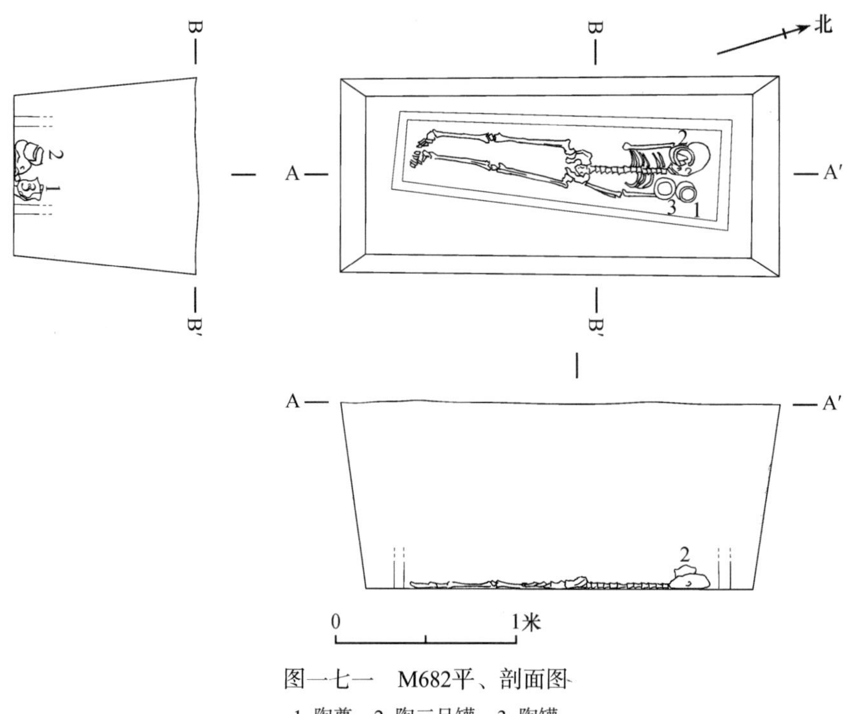

图一七一　M682平、剖面图
1. 陶尊　2. 陶三足罐　3. 陶罐

弧腹，平底，下附三乳突状足。器身有数道轮旋痕，近底处有明显刀削痕。口径12.9、腹径12.5、底径3.6、高12.1、壁厚0.62～1.9厘米（图一七二，2；图版九三，3）。

陶罐　1件。M682：3，泥质灰陶，轮制。侈口，方唇，短束颈，溜肩，深弧腹，下腹内收，平底。器身有数道轮旋痕。口径9.8、腹径10.1、底径5.5、高12.1、壁厚0.98～2.9厘米（图一七二，1；图版九三，4）。

陶尊　1件。M682：1，泥质灰陶，轮制。侈口，口沿外撇，方唇，束颈，折肩，斜弧腹，底近平。沿面有一周凹弦纹。器身有数道轮旋痕。口径11.8、腹径11.4、底径7.5、高12.8、壁厚0.43～1.3厘米（图一七二，3；图版九三，5）。

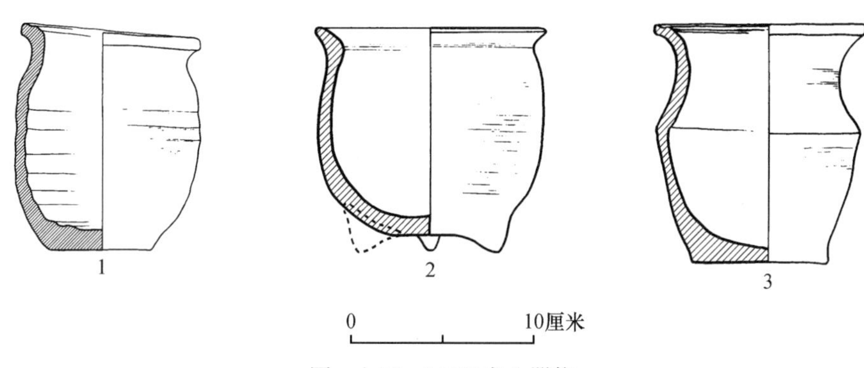

图一七二　M682出土器物

1. 陶罐（M682：3）　2. 陶三足罐（M682：2）　3. 陶尊（M682：1）

一〇九、M683

位于发掘区的中部，T1530南部，东邻M682。方向30°。开口于第5层下，向下打破生土，开口距地表深1.25米（图一七三；图版一五，4）。

（一）墓葬形制

该墓平面呈长方形，竖穴土坑墓。口略大于底，墓口南北长2.44米，东西宽1.3米；墓底南北长2.13米，东西宽0.99米，墓底距墓口深1.55米。内填黄褐色花土，土质松软。四壁较规整，壁面粗糙，斜壁，平底。

葬具为单棺，木质，已朽，仅存朽痕。棺平面呈梯形，南北长1.68米，东西宽0.44～0.58米，残高0.22米，棺板厚0.04～0.05米。

棺内有人骨一具，头向东北，面向上，仰身屈肢，保存较差。

（二）出土器物

未发现随葬品。

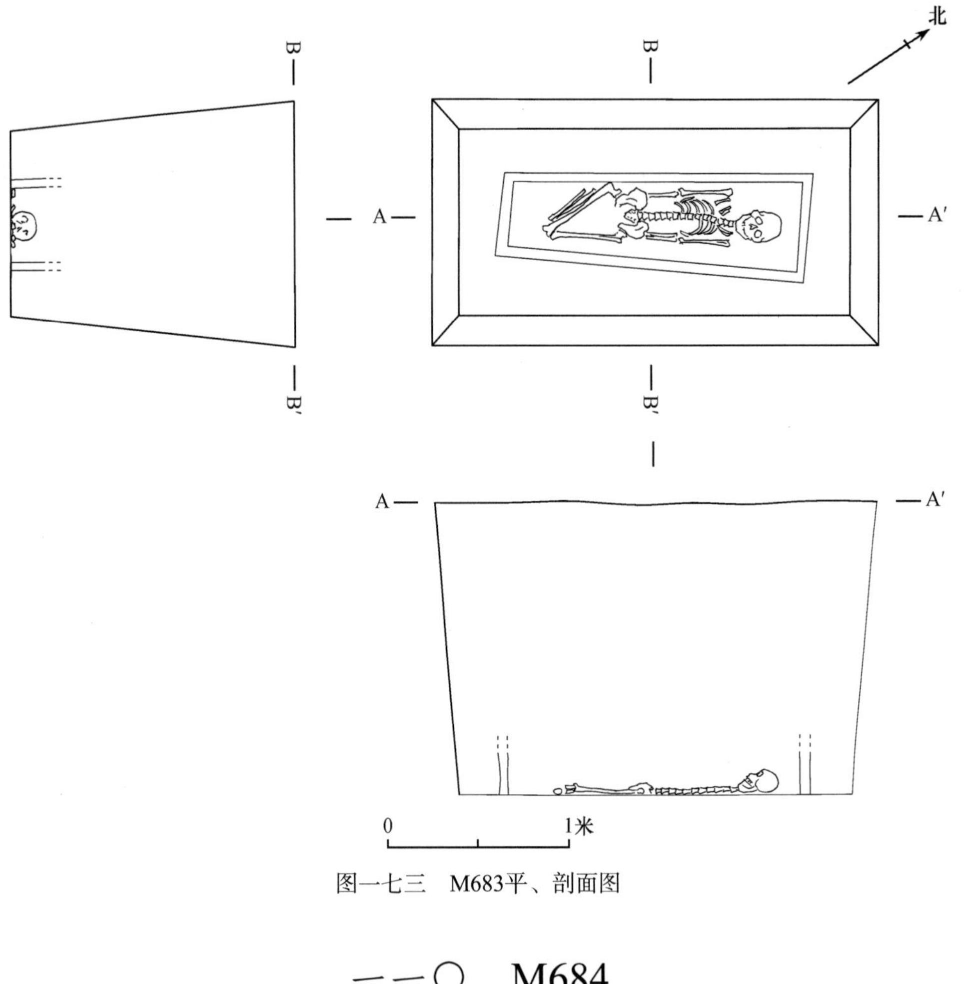

图一七三　M683平、剖面图

一一〇、M684

位于发掘区的中部，T1530北部，西邻M705，东邻M685、M706，南邻M683。方向23°。开口于第5层下，向下打破生土，开口距地表深1.3米（图一七四；图版一六，1）。

（一）墓葬形制

该墓平面呈长方形，竖穴土坑墓。口底尺寸一致，南北长1.9米，东西宽1.04米，墓底距墓口深0.8米。内填浅灰色花土，土质松软，含沙。四壁较规整，壁面粗糙，直壁，平底。

葬具为单棺，木质，已朽，仅存朽痕。棺平面呈梯形，南北长1.36米，东西宽0.45～0.52米，残高0.28米，棺板厚0.04～0.06米。

棺内有人骨一具，头向东北，面向东南，仰身直肢，保存一般。

（二）出土器物

未发现随葬品。

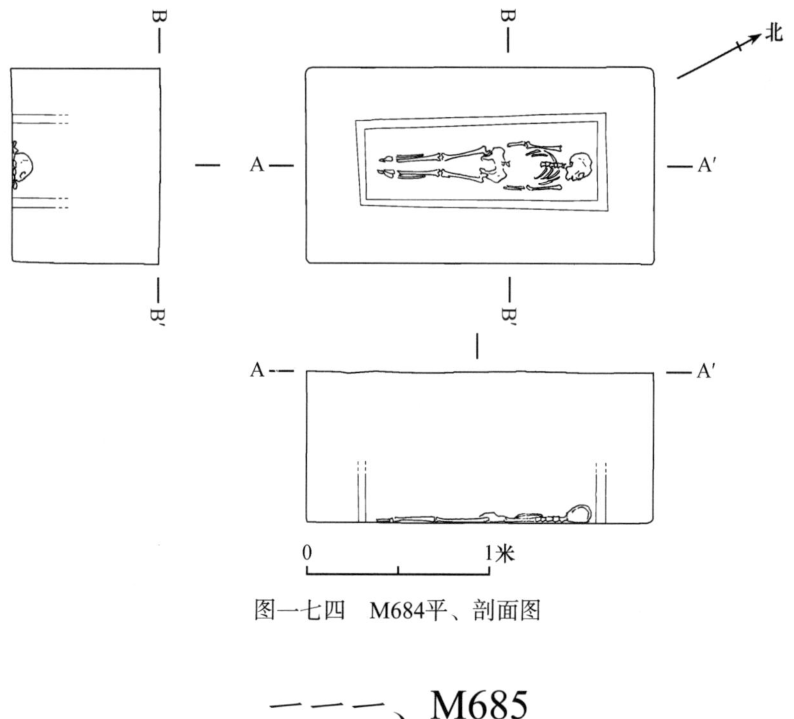

图一七四　M684平、剖面图

一一一、M685

位于发掘区的中部，T1530东北部，西部被晚期墓葬M758打破，西邻M684，北邻M706。方向25°。开口于第5层下，向下打破生土，开口距地表深1.2米（图一七五）。

（一）墓葬形制

该墓平面呈长方形，竖穴土坑墓。口略大于底，墓口南北长3.14米，东西宽1.59米；墓底南北长2.9米，东西宽1.34米，墓底距墓口深2.1米。内填黄褐色花土，土质疏松，含沙。四壁较规整，壁面粗糙，斜壁，平底。

葬具为一椁一棺，木质，已朽，仅存朽痕。椁平面呈“Ⅱ”形，南、北两端宽，中间窄，南北长2.73米，东西宽0.7～1.23米，残高0.26米，椁板厚约0.06米。四侧椁壁均向内侧挤压变形。椁内有一棺，棺平面呈梯形，南北长1.87米，东西宽0.48～0.6米，残高0.26米，棺板厚约0.05米。

棺内有人骨一具，头向东北，面向上，仰身直肢，保存差。

（二）出土器物

随葬品置于棺内人骨胸部，共出土石片1组3件。

石片　1组3件。形制相似。M685：1-1，手制。灰色。已残断，呈长方形。表面磨制平滑。残长7、宽1.7、厚0.25厘米（图一七六；图版九三，6）。

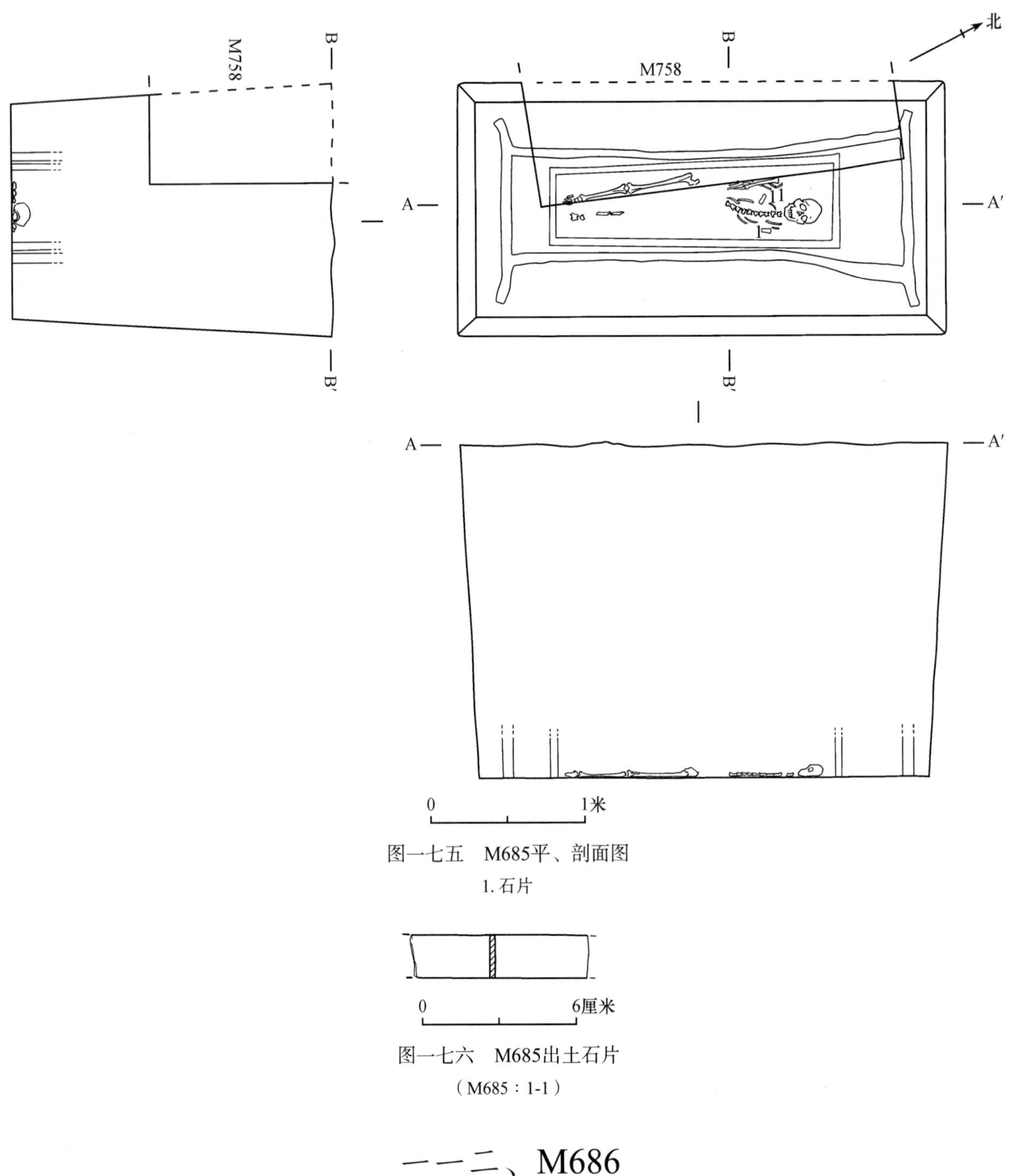

图一七五　M685平、剖面图

1. 石片

图一七六　M685出土石片

（M685：1-1）

一一二、M686

位于发掘区的西北部，T2035的西南部，东邻M681，南邻M680。方向38°。开口于第6层下，向下打破生土，开口距地表深2.4米（图一七七；图版一六，2）。

（一）墓葬形制

该墓平面呈长方形，竖穴土坑墓。口底尺寸一致，南北长3.12米，东西宽1.9米，墓底距墓

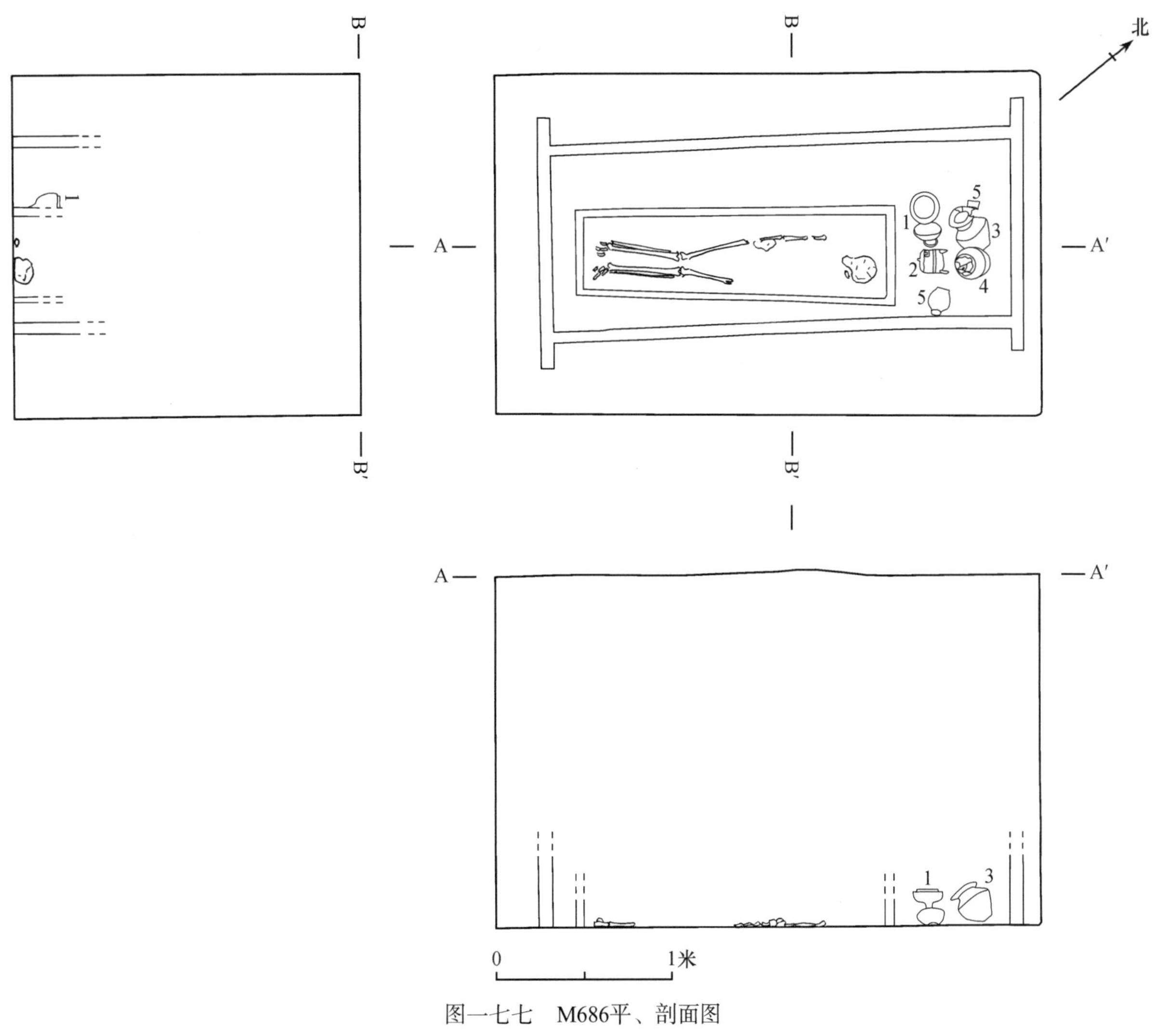

图一七七　M686平、剖面图

1. 陶豆　2. 陶鼎　3. 陶尊　4. 陶壶　5. 陶小口罐

口深1.98米。内填褐色花土，土质松软。四壁较规整，壁面粗糙，直壁，平底。

葬具为一椁一棺，木质，已朽，仅存朽痕。椁平面呈“Ⅱ”形，南北长2.77米，东西宽1.09～1.39米，残高0.4米，椁板厚0.05～0.07米。椁内有一棺，棺平面呈梯形，南北长1.82米，东西宽0.46～0.55米，残高0.15米，棺板厚0.03～0.05米。

棺内有人骨一具，头向东北，面向不详，仰身直肢，保存较差。

（二）出土器物

随葬品置于墓室北部棺椁之间，共出土陶器5件。其中陶鼎1件、陶豆1件、陶壶1件、陶小口罐1件、陶尊1件（图版一六，3；图版四一，1）。

陶鼎　1件。M686：2，泥质红陶，轮模合制。有盖，母口，顶隆起，顶中心有一个“∩”形纽。器身子口，敛口，圆唇，上腹部有两个对称的长方形外撇附耳，有长方形穿，深直腹，圜底，下附三蹄形足。腹部饰三周凹弦纹。器表施一层灰陶衣。口径10.8、腹径13、高14.5、壁厚5.95厘米，盖径12.7、高4.9、壁厚5.1厘米（图一七八，1；图版九四，1）。

陶豆　1件。M686：1，泥质红陶，轮制。有盖，母口，呈覆钵形，顶部有平面呈圆形的喇叭形捉手，柄较短。器身子口，敛口，圆唇，弧折腹，细长柄，喇叭形座。器身有数道轮旋痕，器表施一层灰陶衣。口径14.3、腹径16.1、圈足径12.9、高23.5、壁厚0.45厘米，盖径15.9、捉手径12.8、高8.9、壁厚0.51厘米（图一七八，3；图版九四，2）。

陶壶　1件。M686：4，泥质红陶，轮模合制。有盖，子口，呈覆钵形，盖舌内折，顶隆起，等距分布三个矩尺状纽。器身母口，侈口，方唇，束颈，圆肩，肩部贴附两个对称的简化兽首形耳，弧腹，圜底，矮圈足。肩至腹部饰三周凹弦纹，上腹部饰细绳纹，漫漶不清。器表施一层灰陶衣。口径12.4、腹径16.2、圈足径8.8、高23.5、壁厚0.58厘米，盖径9.8、高4.7、壁厚0.59厘米（图一七八，5；图版九四，3）。

陶小口罐　1件。M686：5，泥质红陶，轮制。有盖，母口，弧壁，顶隆起。器身子口，敞口，方唇，短束颈，圆肩，斜弧腹内收，平底。器身有数道轮旋痕，器表施一层灰陶衣。口径5.3、腹径11.8、底径6.4、高14.4、壁厚0.61 ~ 1.5厘米，盖径7.2、腹径7.2、高3.9、壁厚0.8厘米（图一七八，2；图版九四，4）。

陶尊　1件。M686：3，泥质红陶，轮制和手制。侈口，宽沿外折，方唇，束颈，折肩，斜弧腹内收，圜底近平。唇端及折肩处均有一周凹弦纹，折肩处及上腹部饰漫漶不清的细绳纹。器表施一层灰陶衣。口径15.5、腹径17.4、高22.1、壁厚0.42厘米（图一七八，4；图版九四，5）。

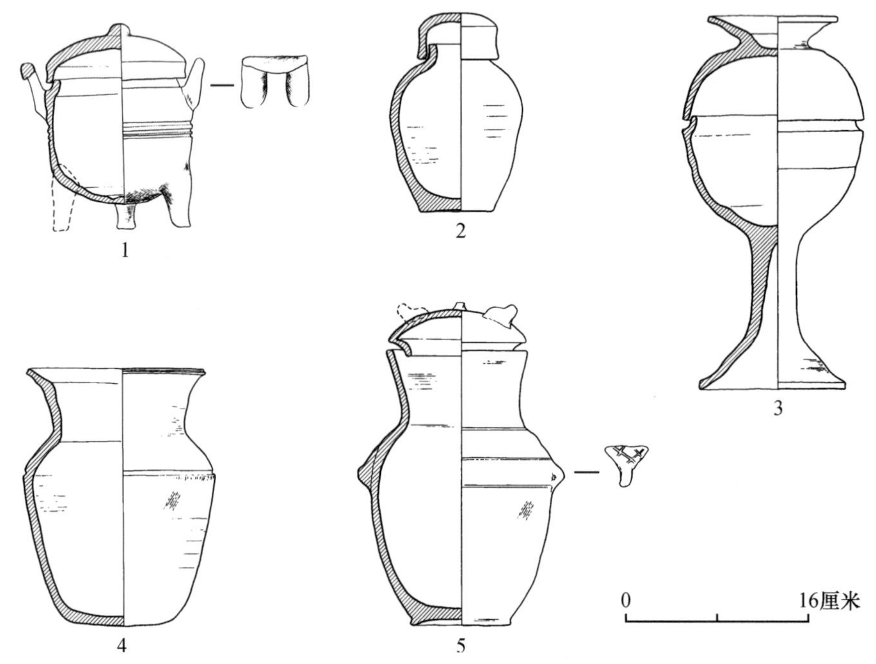

图一七八　M686出土器物

1. 陶鼎（M686：2）　2. 陶小口罐（M686：5）　3. 陶豆（M686：1）　4. 陶尊（M686：3）　5. 陶壶（M686：4）

一一三、M687

位于发掘区的西北部，T1836的东北部，西邻M701。方向19°。开口于第6层下，向下打破生土，开口距地表深2.4米（图一七九）。

（一）墓葬形制

该墓平面呈长方形，竖穴土坑墓。口底尺寸一致，南北长2.8米，东西宽1.6米，墓底距墓口深0.9米。内填黄褐色花土，土质松散，含沙。四壁较规整，壁面粗糙，直壁，平底。

葬具为单棺，木质，已朽，仅存朽痕。棺平面呈梯形，南北长2.13米，东西宽0.73～0.82米，残高0.19米，棺板厚约0.06米。

棺内有人骨一具，头向北，面向不详，仰身直肢，保存一般。

（二）出土器物

未发现随葬品。

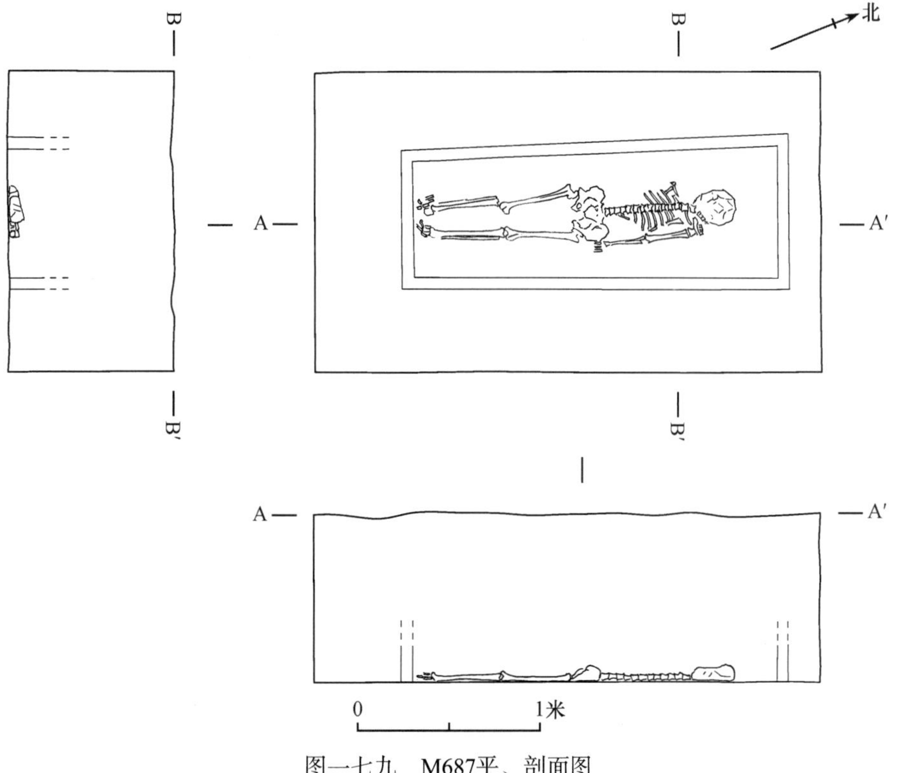

图一七九 M687平、剖面图

一一四、M688

位于发掘区的西北部，T1935的西北部，西邻M739，东南部打破M689。方向21°。开口于第4层下，向下打破第5、6层及生土，开口距地表深1.9米（图一八〇）。

（一）墓葬形制

该墓平面呈长方形，竖穴土坑墓。口底尺寸一致，南北长2.2米，东西宽0.85米，墓底距墓口深0.4米。内填花土，土质较硬。四壁较规整，壁面粗糙，直壁，平底。

葬具为单棺，木质，已朽，仅存朽痕。棺平面呈梯形，南北长1.9米，东西宽0.48～0.6米，残高0.1米，棺板厚0.04米。

棺内有人骨一具，头向东北，面向上，仰身直肢，保存一般。

（二）出土器物

未发现随葬品。

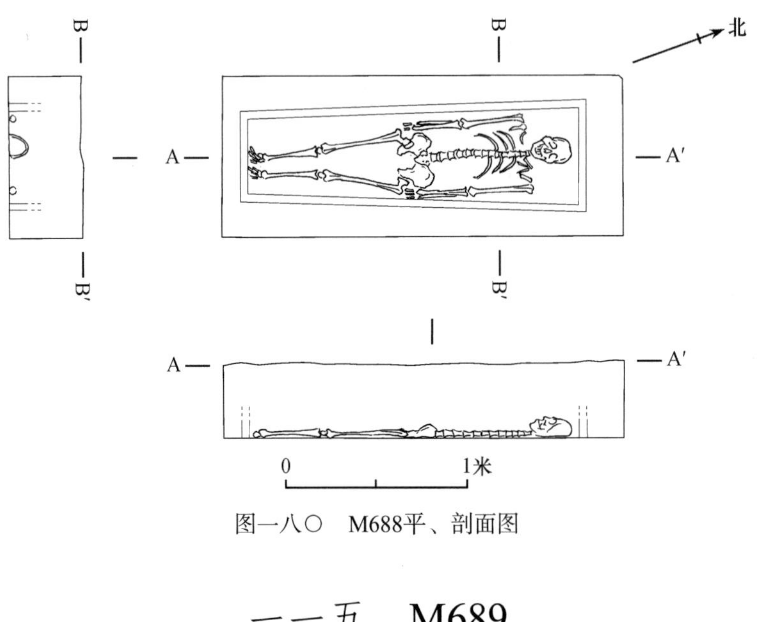

图一八〇　M688平、剖面图

一一五、M689

位于发掘区的西北部，T1935的西部，西部被M688打破，东邻M690，北邻M720，南邻M687。方向50°。开口于第5层下，向下打破第6层及生土，开口距地表深2.17米（图一八一；图版一七，1）。

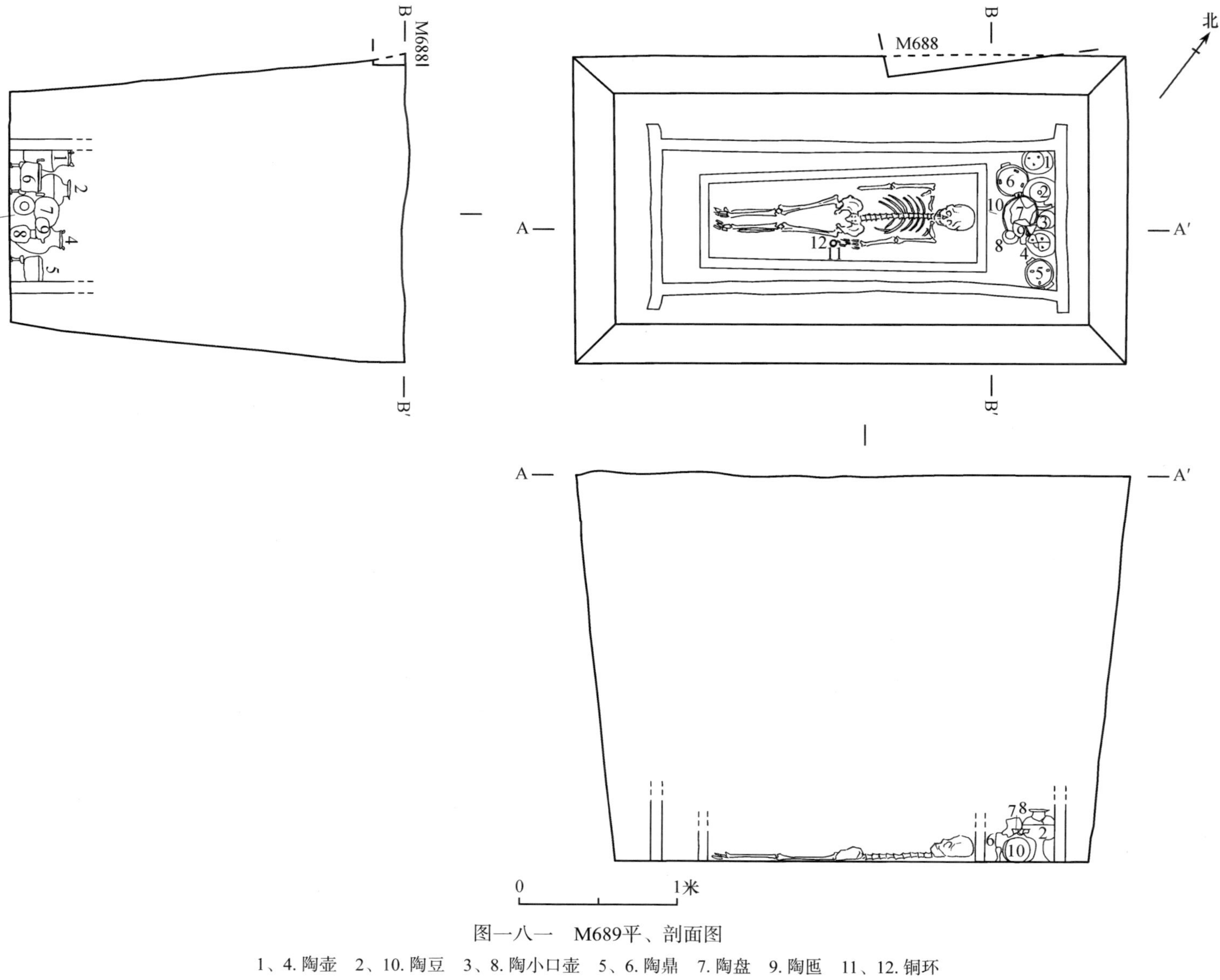

图一八一　M689平、剖面图

1、4. 陶壶　2、10. 陶豆　3、8. 陶小口壶　5、6. 陶鼎　7. 陶盘　9. 陶匜　11、12. 铜环

（一）墓葬形制

该墓平面呈长方形，竖穴土坑墓。口略大于底，墓口东西长3.5米，南北宽2米；墓底东西长3米，南北宽1.5米，墓底距墓口深2.53米。内填灰褐色花土，土质松散，含沙。四壁较规整，壁面粗糙，斜壁，平底。

葬具为一椁一棺，木质，已朽，仅存朽痕。椁平面呈“Ⅱ”形，东西长2.65米，南北宽0.96～1.22米，残高0.4米，椁板厚0.08米。四侧椁壁均向内侧挤压变形。椁内有一棺，棺平面呈梯形，东西长1.81米，南北宽0.6～0.7米，残高0.2米，棺板厚0.06米。

棺内有人骨一具，头向东北，面向上，仰身直肢，保存较好。

（二）出土器物

随葬品置于墓室东部棺椁之间和棺内人骨腰部，共出土器物12件。其中陶器10件、铜器2件。墓室东部棺椁之间有陶鼎2件、陶豆2件、陶壶2件、陶盘1件、陶匜1件、陶小口壶2件，棺内人骨腰部有铜环2件（图版四一，2）。

1. 陶器

陶鼎　2件。M689：5，泥质红陶，轮模合制。有盖，母口，顶隆起，等距分布三个“∩”形纽。器身子口，敛口，圆唇，上腹部有两个对称的长方形外撇附耳，有长方形穿，深直腹，圜底，下附三蹄形足。腹部饰一周凹弦纹，膝部附兽面纹，上腹部近耳侧有“△”符号。器表厚施一层灰陶衣。口径15.8、腹径18.8、高19.9、壁厚0.8～1.7厘米，盖径18.1、高4.4、壁厚0.6～0.9厘米（图一八二，1；图版九四，6）。M689：6，泥质红陶，轮模合制。有盖，母口，顶隆起，顶中心有一个“∩”形纽。器身子口，敛口，圆唇，上腹部有两个对称的长方形附耳，有长方形穿，筒腹，圜底，下附三蹄形足。腹部饰两周凹弦纹。器表厚施一层灰陶衣。口径14.3、腹径16.5、高19.9、壁厚0.8～1.5厘米，盖径16.6、高5.7、壁厚0.5～2.3厘米（图一八二，2；图版九五，1）。

陶豆　2件。M689：2，泥质灰陶，轮制。有盖，母口，呈覆钵形，顶部有平面呈圆形的喇叭形捉手，柄较短。器身子口，近直口，圆唇，深弧腹斜收，细长柄，喇叭形座。器身下腹部有刻画符号“[illegible]”，柄部饰竹节状纹。器身有数道轮旋痕，器表施一层灰陶衣。口径17.8、腹径19.4、圈足径11.8、高27.2、壁厚0.61厘米，盖径19.4、捉手径12.3、高10.8、壁厚0.59厘米（图一八二，5；图版九五，2）。M689：10，泥质灰陶，轮制。有盖，母口，呈覆钵形，顶部有平面呈圆形的喇叭形捉手，柄较短。器身子口，近直口，圆唇，深弧腹斜收，细长柄，喇叭形座。器身下腹部有刻画符号“[illegible]”，柄部饰竹节状纹。器身有数道轮旋痕，器表施一层灰陶衣。口径16.2、腹径18.4、圈足径12.7、高27.5、壁厚0.8～2厘米，盖径18.5、捉手径

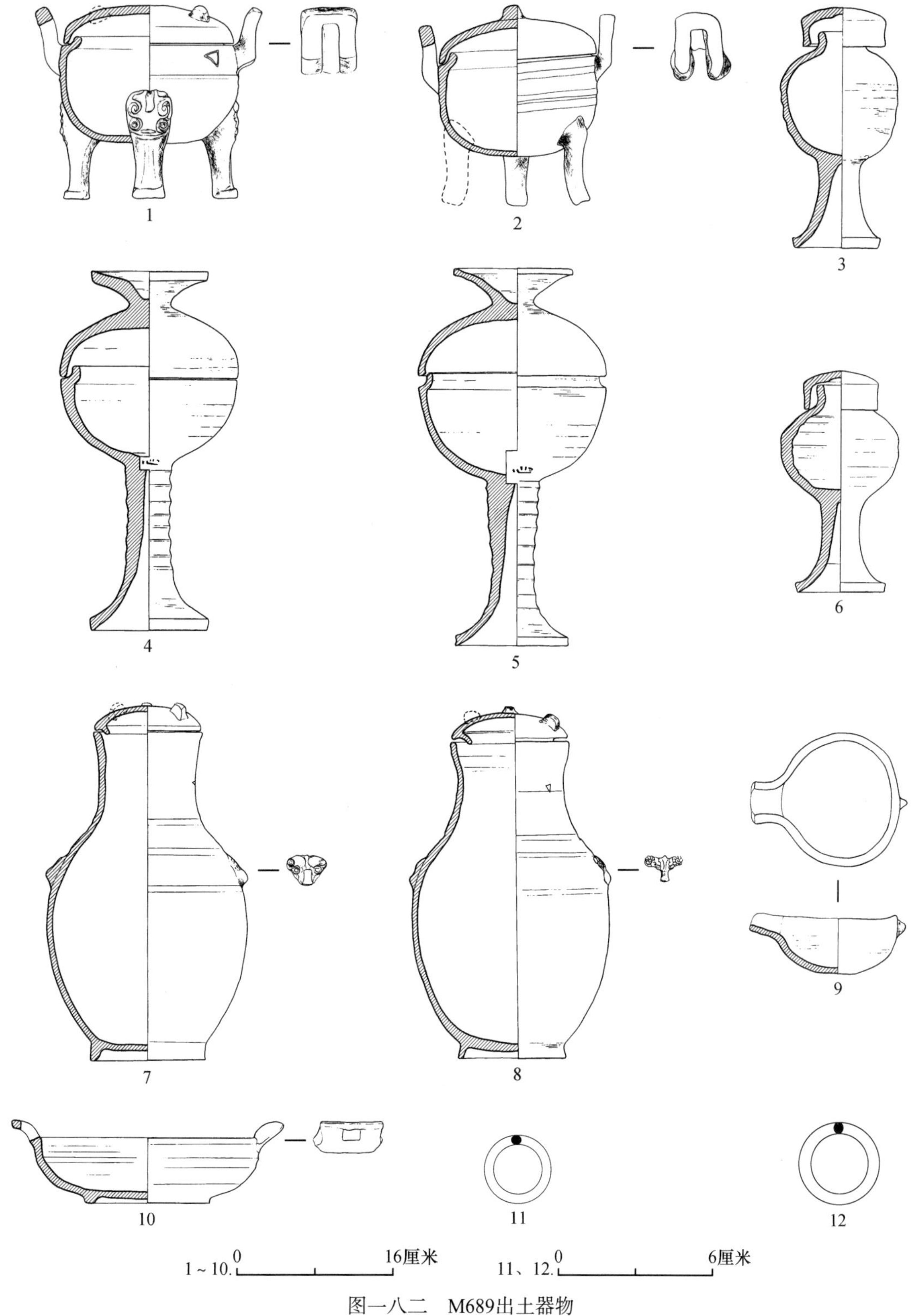

图一八二　M689出土器物

1、2. 陶鼎（M689：5、M689：6）　3、6. 陶小口壶（M689：8、M689：3）　4、5. 陶豆（M689：10、M689：2）　7、8. 陶壶（M689：1、M689：4）　9. 陶匜（M689：9）　10. 陶盘（M689：7）　11、12. 铜环（M689：11、M689：12）

12.5、高10.4、壁厚0.7～1.9厘米（图一八二，4；图版九五，3）。

陶壶　2件。M689：1，泥质红陶，轮模合制。有盖，子口，呈覆钵形，盖舌内折，顶隆起，等距分布三个“∩”形纽。器身母口，侈口，圆唇，束颈，溜肩，肩部贴附两个对称的兽首形耳，弧腹内收，圜底，矮圈足。颈部有“△”符号，肩至上腹部饰三周凹弦纹。器表厚施一层灰陶衣。口径11.6、腹径21.2、圈足径12、高33.3、壁厚0.6～2.4厘米，盖径8.7、高3.4、壁厚0.4～1.4厘米（图一八二，7；图版九五，4）。M689：4，泥质红陶，轮模合制。有盖，子口，呈覆钵形，盖舌内折，顶隆起，等距分布三个“∩”形纽。器身母口，侈口，圆唇，束颈，溜肩，肩部贴附两个对称的兽首形耳，弧腹内收，圜底，矮圈足。颈部有“△”符号，肩至上腹部饰三周凹弦纹。器表厚施一层灰陶衣。口径12.2、腹径20.4、圈足径11.1、高31.8、壁厚0.59厘米，盖径10、高3.3、壁厚0.43厘米（图一八二，8；图版九五，5）。

陶盘　1件。M689：7，泥质灰陶，轮模合制。敞口，折沿上扬，方唇，唇边有两个对称的长方形外撇附耳，有长方形穿，上腹近直，下腹斜收，矮圈足。外腹壁中部有一周较浅折棱。器身有数道轮旋痕。口径24.4、宽29、底径12.7、高9.1、壁厚0.6～1.3厘米（图一八二，10；图版九五，6）。

陶匜　1件。M689：9，泥质灰陶，轮模合制。口部呈椭圆形，敞口，方唇，弧腹内收，附槽状流，流口较短微上扬，尾部有半圆形鋬，平底。器身有数道轮旋痕。长13.9、宽13、底径4、高6.2、流长3.4、壁厚0.6厘米（图一八二，9；图版九六，1）。

陶小口壶　2件。M689：3，泥质灰陶，轮制。有盖，母口，直壁，顶微隆。器身子口，侈口，圆唇，短颈，斜弧腹，细柄，喇叭形座。腹部饰两周凹弦纹。器身有数道轮旋痕。口径5.3、腹径12.3、圈足径9.4、高20.7、壁厚0.5～1.7厘米，盖径7.6、腹径8、高4.2、壁厚0.6～1.2厘米（图一八二，6；图版九六，2）。M689：8，泥质灰陶，轮制。有盖，母口，近直壁，顶微隆。器身子口，侈口，圆唇，短颈，斜弧腹，细柄，喇叭形座。腹部饰三周凹弦纹。器身有数道轮旋痕。口径4.9、腹径12.2、圈足径8.7、高21.6、壁厚0.61～1.8厘米，盖径8.5、腹径8.6、高1.9、壁厚0.5～1厘米（图一八二，3；图版九六，3）。

2. 铜器

铜环　2件。M689：11，模制。圆形，横断面呈圆形。外径2.6、内径1.9、厚0.35厘米（图一八二，11；图版九六，4）。M689：12，模制。圆形，横断面呈圆形。外径3.1、内径2.3、厚0.4厘米（图一八二，12；图版九六，5）。

一一六、M690

位于发掘区的西北部，T1935南部、T1835北部，西邻M689。方向44°。开口于第5层下，向下打破生土，开口距地表深1.4米（图一八三）。

（一）墓葬形制

该墓平面呈长方形，竖穴土坑墓。口略大于底，墓口南北长2.7米，东西宽1.37米；墓底南北长2.63米，东西宽1.27米，墓底距墓口深1.6米。内填花土，土质略硬，包含少许石子。四壁较规整，壁面粗糙，斜壁，平底。

葬具为一椁一棺，木质，已朽，仅存朽痕。椁平面呈“Ⅱ”形，南北长2.28米，东西宽0.56～0.72米，残高0.41米，椁板厚0.03～0.05米。南、北、西侧椁壁均向内侧挤压变形，东侧椁壁向外侧挤压变形。椁内有一棺，棺平面呈梯形，南北长1.8米，东西宽0.43米，残高0.13米，棺板厚0.04米。

棺内有人骨一具，头向东北，面向西北，仰身直肢，保存较差。

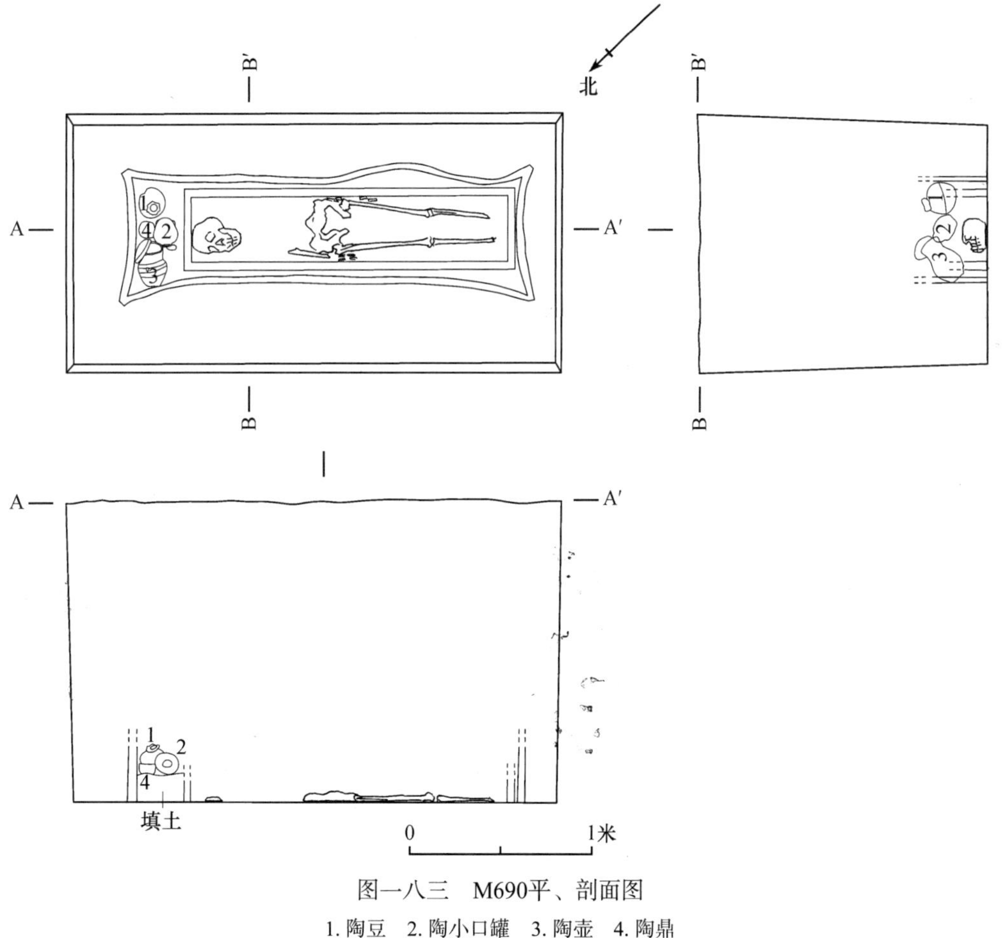

图一八三　M690平、剖面图

1. 陶豆　2. 陶小口罐　3. 陶壶　4. 陶鼎

（二）出土器物

随葬品置于墓室北部棺椁之间，共出土陶器4件。其中陶鼎1件、陶豆1件、陶壶1件、陶小口罐1件。

陶鼎　1件。M690∶4，泥质灰陶，轮模合制。有盖，母口，顶隆起，顶中心有一个“∩”形纽。器身子口，敛口，圆唇，上腹部有两个对称的方形外撇附耳，有长方形穿，深直腹，圜底，下附三蹄形足。腹部饰三周凹弦纹。口径10.4、腹径12.4、高14.4、壁厚0.9～1.6厘米，盖径12.4、腹径12、高5.3、壁厚0.5～1厘米（图一八四，1；图版九六，6）。

陶豆　1件。M690∶1，泥质灰陶，轮制。有盖，呈覆钵形，捉手边缘残。盖内壁有纺织物残留。器身子口，敛口，圆唇，弧折腹，细柄，柄较短、中空，喇叭形座。器身有数道轮旋痕。口径13.2、腹径15、圈足径11.3、高19.5、壁厚0.7～2厘米，盖径15、高9.7、壁厚0.7～1.6厘米（图一八四，3；图版九七，1）。

陶壶　1件。M690∶3，泥质灰陶，轮模合制。有盖，子口，呈覆钵形，盖舌内折，顶隆起，等距分布三个矩尺状纽。器身母口，侈口，方唇，束颈，圆肩，肩部贴附两个对称的桥形耳，弧腹内收，平底。肩至腹部饰四周凹弦纹，腹中部至近底部饰交错细绳纹。口径10.8、腹径16.7、底径8.3、高21.8、壁厚1～1.9厘米，盖径7.6、宽11.3、高5.1、壁厚0.4～0.6厘米（图一八四，2；图版九七，2）。

陶小口罐　1件。M690∶2，泥质灰陶，轮制。有盖，母口，弧壁，平顶。器身子口，敛口，方唇，短束颈，圆肩，斜弧腹内收，平底。器身有数道轮旋痕。口径4.8、腹径12.2、底径4.9～5.2、高14、壁厚0.6厘米，盖径7.4、腹径7.2、高8.8、壁厚0.6厘米（图一八四，4；图版九七，3）。

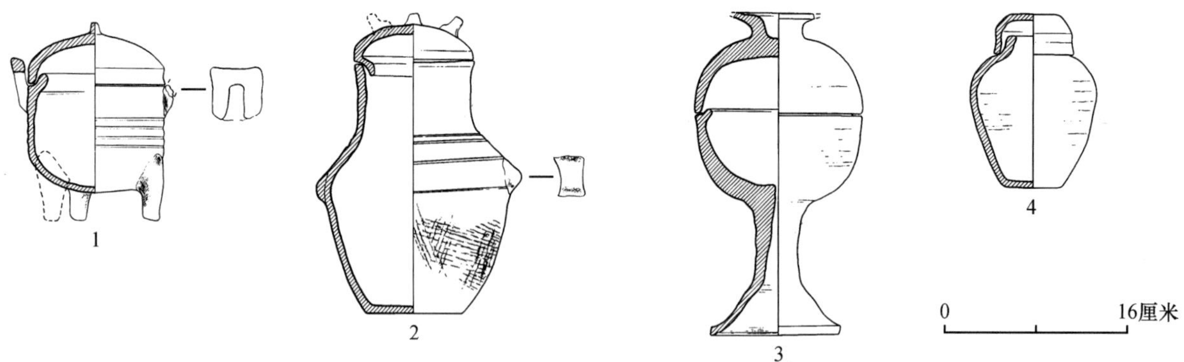

图一八四　M690出土器物

1. 陶鼎（M690∶4）　2. 陶壶（M690∶3）　3. 陶豆（M690∶1）　4. 陶小口罐（M690∶2）

一一七、M692

位于发掘区的中部，T1529中部，西邻M685，南邻M693。方向34°。开口于第4层下，向下打破生土，开口距地表深1.34米（图一八五；图版一七，2）。

（一）墓葬形制

该墓平面呈长方形，竖穴土坑墓。口略大于底，墓口南北长2.3米，东西宽0.96米；墓底南北长2.1米，东西宽0.8米，墓底距墓口深1.3米。内填浅灰色花土，土质松散，含沙。四壁较规整，壁面粗糙，斜壁，平底。

葬具为单棺，木质，已朽，仅存朽痕。棺平面呈梯形，南北长1.94米，东西宽0.48～0.58米，残高0.2米，棺板厚0.04～0.06米。

棺内有人骨一具，头向东北，面向西北，仰身直肢，保存较好。

（二）出土器物

未发现随葬品。

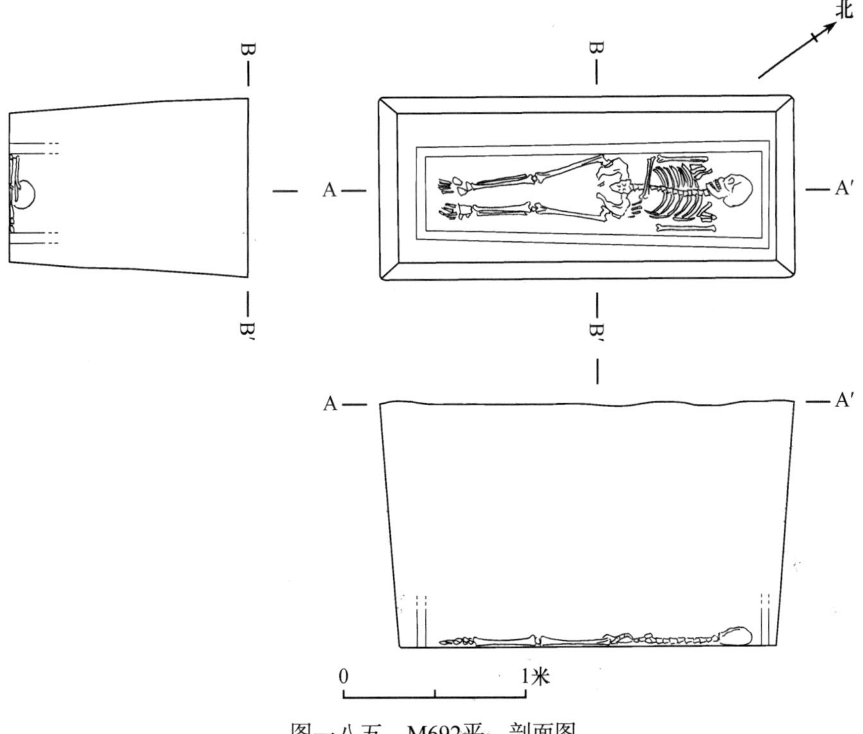

图一八五　M692平、剖面图

一一八、M693

位于发掘区的中部，T1529东南部，东邻M747，北邻M692。方向45°。开口于第5层下，向下打破生土，开口距地表深1米（图一八六）。

（一）墓葬形制

该墓平面呈长方形，竖穴土坑墓。口底尺寸一致，南北长1.86米，东西宽0.9米，墓底距墓口深0.6米。内填浅灰色花土，土质松散，含沙。四壁较规整，壁面粗糙，直壁，平底。

葬具为单棺，木质，已朽，仅存朽痕。棺平面呈梯形，南北长1.52米，东西宽0.5～0.6米，残高0.13米，棺板厚约0.05米。

棺内有人骨一具，头向东北，面向东南，仰身直肢，保存较好。

（二）出土器物

未发现随葬品。

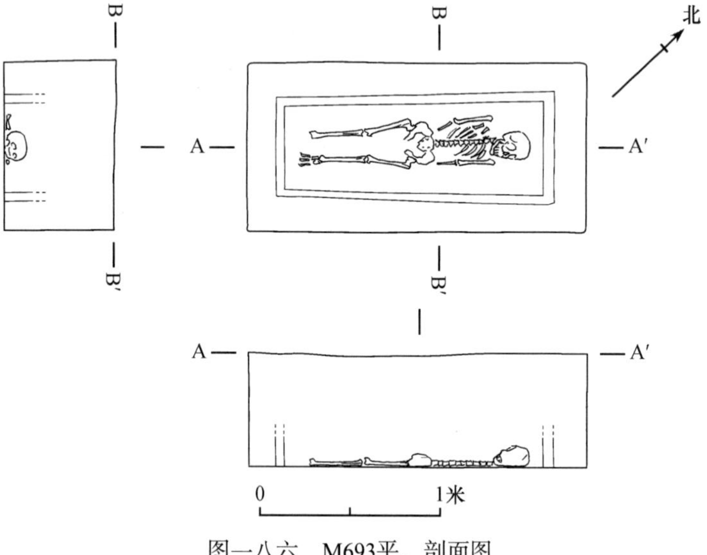

图一八六　M693平、剖面图

一一九、M696

位于发掘区的中部，T1529西南部、T1530东南部，西邻M682，东邻M693，南邻M746。方向46°。开口于第4层下，向下打破生土，开口距地表深1.4米（图一八七；图版一七，3）。

（一）墓葬形制

该墓平面呈长方形，竖穴土坑墓。口底一致，东西长2.2米，南北宽0.8米，墓底距墓口深1.4米。内填花土，土质松散，含沙。四壁较规整，壁面粗糙，直壁，平底。

葬具为单棺，木质，已朽，仅存朽痕。棺平面呈梯形，东西长1.79米，南北宽0.52～0.62米，残高0.2米，棺板厚0.06米。

棺内有人骨一具，头向东北，面向西北，仰身直肢，保存较好。

（二）出土器物

未发现随葬品。

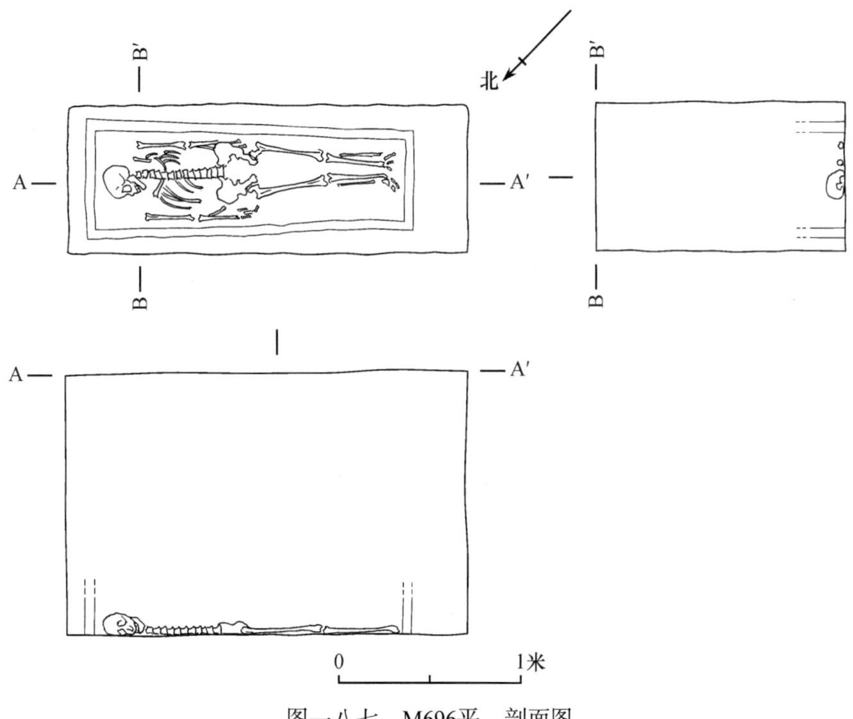

图一八七　M696平、剖面图

一二〇、M698

位于发掘区的北部，T2430东南部，东邻M544，西邻M541。方向43°。开口于第4层下，向下打破生土，开口距地表深1.5米（图一八八）。

（一）墓葬形制

该墓平面呈长方形，竖穴土坑墓。口底尺寸一致，南北长2.3米，东西宽0.84米，墓底距墓口深1.3米。内填花土，土质松散，含沙。四壁较规整，壁面粗糙，直壁，平底。

葬具为单棺，木质，已朽，仅存朽痕。棺平面呈梯形，南北长1.7米，东西宽0.5～0.56米，残高0.12米，棺板厚0.03～0.06米。

棺内有人骨一具，头向东北，面向、葬式不详，保存差。

（二）出土器物

未发现随葬品。

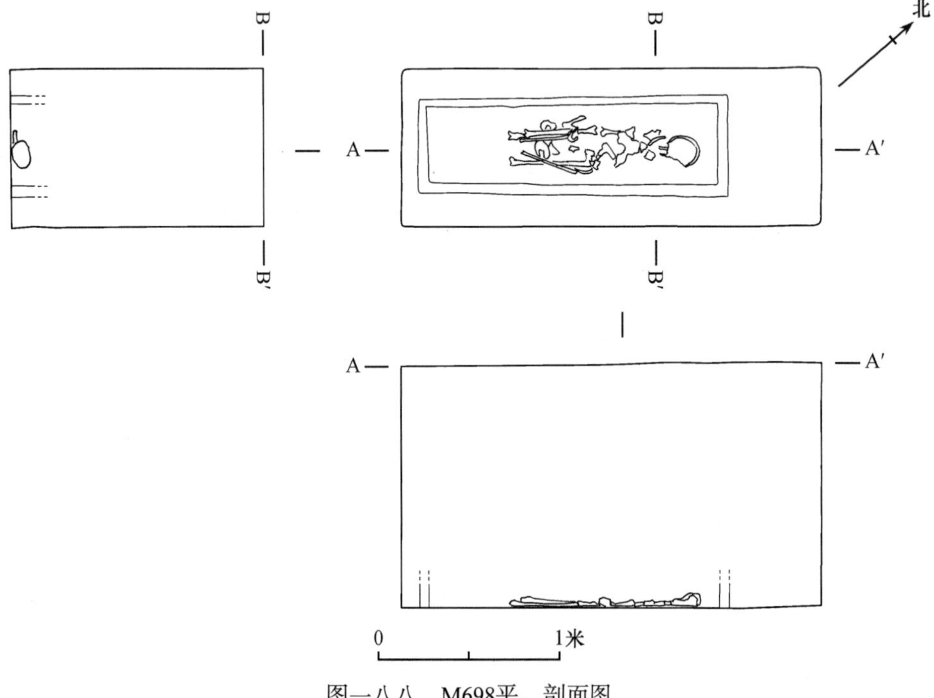

图一八八　M698平、剖面图

一二一、M700

位于发掘区的中部，T1830南部，东邻M565，西邻M590。方向45°。开口于第5层下，向下打破生土，开口距地表深1.49米（图一八九）。

（一）墓葬形制

该墓平面呈长方形，竖穴土坑墓。口略大于底，墓口南北长3.04米，东西宽1.92米；墓底南北长2.63米，东西宽1.55米，墓底距墓口深2.27米。内填深褐色花土，土质较硬。四壁较规

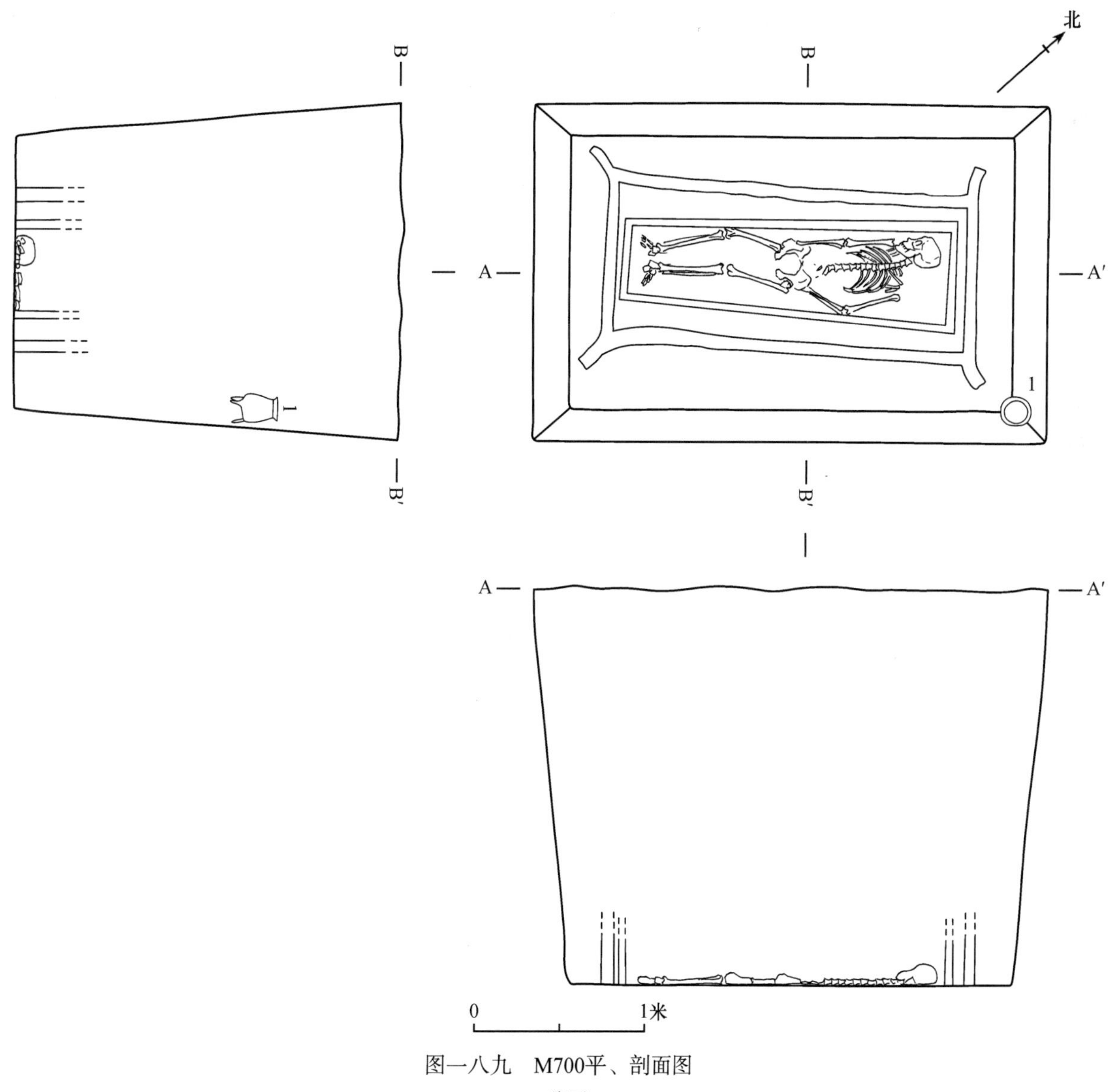

图一八九　M700平、剖面图

1. 陶鬲

整，壁面粗糙，斜壁，平底。

葬具为一椁一棺，木质，已朽，仅存朽痕。椁平面呈“Ⅱ”形，南北长2.32米，东西宽0.94～1.27米，残高0.3米，椁板厚0.06米。四侧椁壁均向内侧挤压变形。椁内有一棺，棺平面呈梯形，南北长1.98米，东西宽0.46～0.64米，残高0.26米，棺板厚0.02～0.04米。

棺内有人骨一具，头向东北，面向西北，仰身屈肢，保存较好。

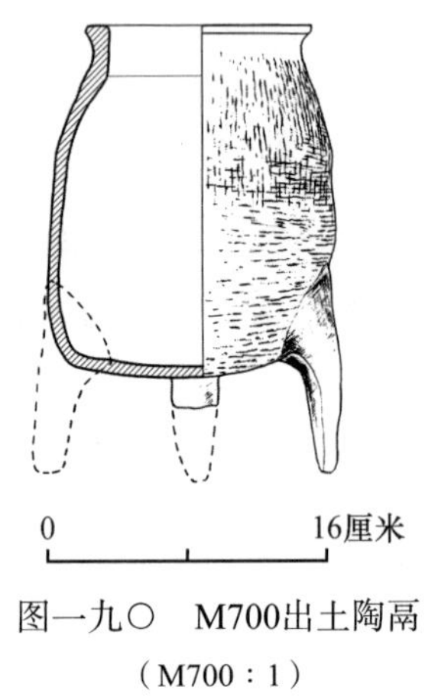

图一九〇　M700出土陶鬲（M700：1）

（二）出土器物

随葬品出土于墓室东北角填土中，出土陶鬲1件，高出墓底1.26米。

陶鬲　1件。M700：1，夹砂红陶，腹壁模制，足为手制。近直口，平沿，圆唇，短束颈，溜肩，深弧腹，圜底，底附三个锥形实足，略外撇。腹壁和底部饰中绳纹。内壁有按压痕迹。口径12.6、腹径15.7、高26.2、壁厚1厘米（图一九〇；图版九七，4）。

一二二、M701

位于发掘区的西北部，T1836中部，东邻M687。方向352°。开口于第6层下，向下打破生土，开口距地表深2.4米（图一九一；图版一七，4）。

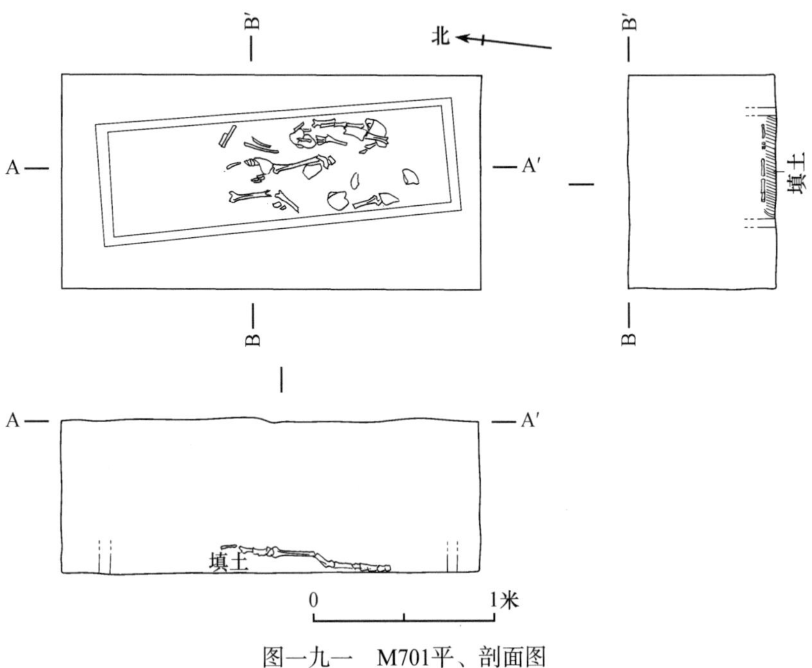

图一九一　M701平、剖面图

（一）墓葬形制

该墓平面呈长方形，竖穴土坑墓。口底尺寸一致，南北长2.31米，东西宽1.13米，墓底距墓口深0.8米。内填黄褐色花土，土质松散，含沙。四壁较规整，壁面粗糙，直壁，平底。

葬具为单棺，木质，已朽，仅存朽痕。棺平面呈梯形，南北长1.98米，东西宽0.55～0.6米，残高0.1米，棺板厚0.03～0.05米。

棺内有人骨一具，头向、面向、葬式均不详，保存差。

（二）出土器物

未发现随葬品。

一二三、M702

位于发掘区的中部，T1630西北部，东邻M703，西邻M709。方向33°。开口于第5层下，向下打破生土，开口距地表深1.5米（图一九二；图版一八，1）。

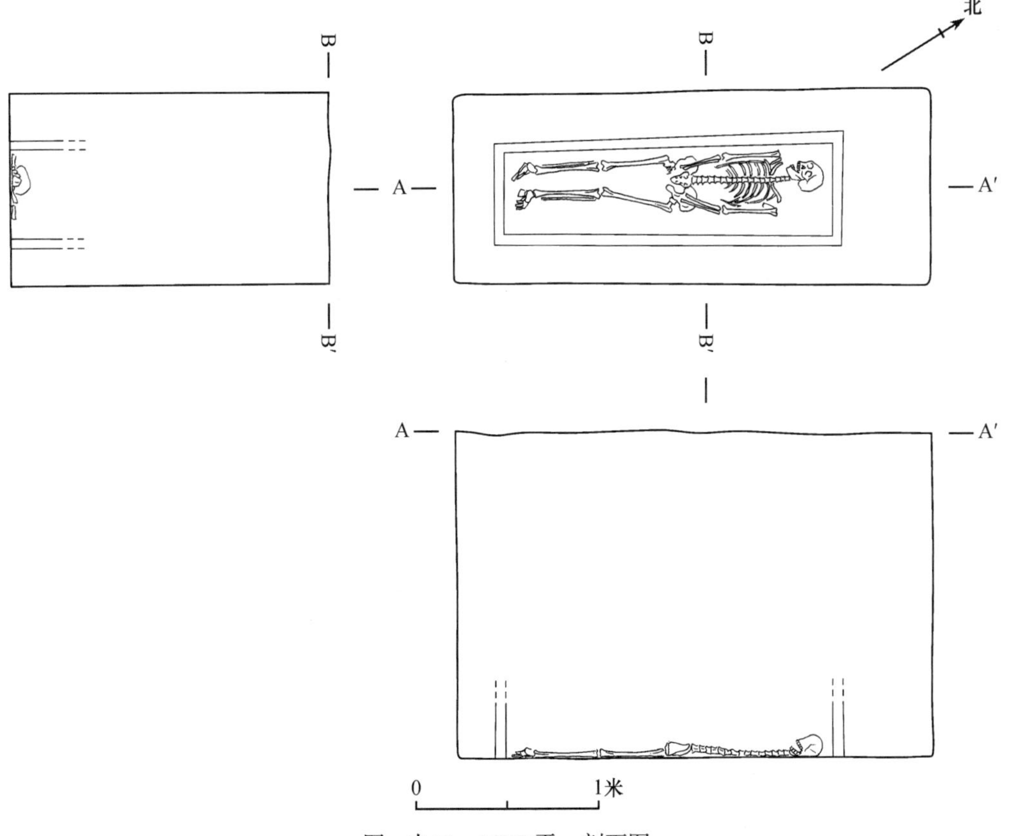

图一九二 M702平、剖面图

（一）墓葬形制

该墓平面呈长方形，竖穴土坑墓。口底一致，南北长2.63米，东西宽1.04米，墓底距墓口深1.74米。内填深褐色花土，土质较硬。四壁较规整，壁面粗糙，直壁，平底。

葬具为单棺，木质，已朽，仅存朽痕。棺平面呈梯形，南北长1.92米，东西宽0.53～0.6米，残高0.3米，棺板厚0.04～0.06米。

棺内有人骨一具，头向东北，面向西北，仰身直肢，保存较好。

（二）出土器物

未发现随葬品。

一二四、M703

位于发掘区的中部，T1630中部，西邻M702，东邻M704。方向32°。开口于第5层下，向下打破生土，开口距地表深1.48米（图一九三）。

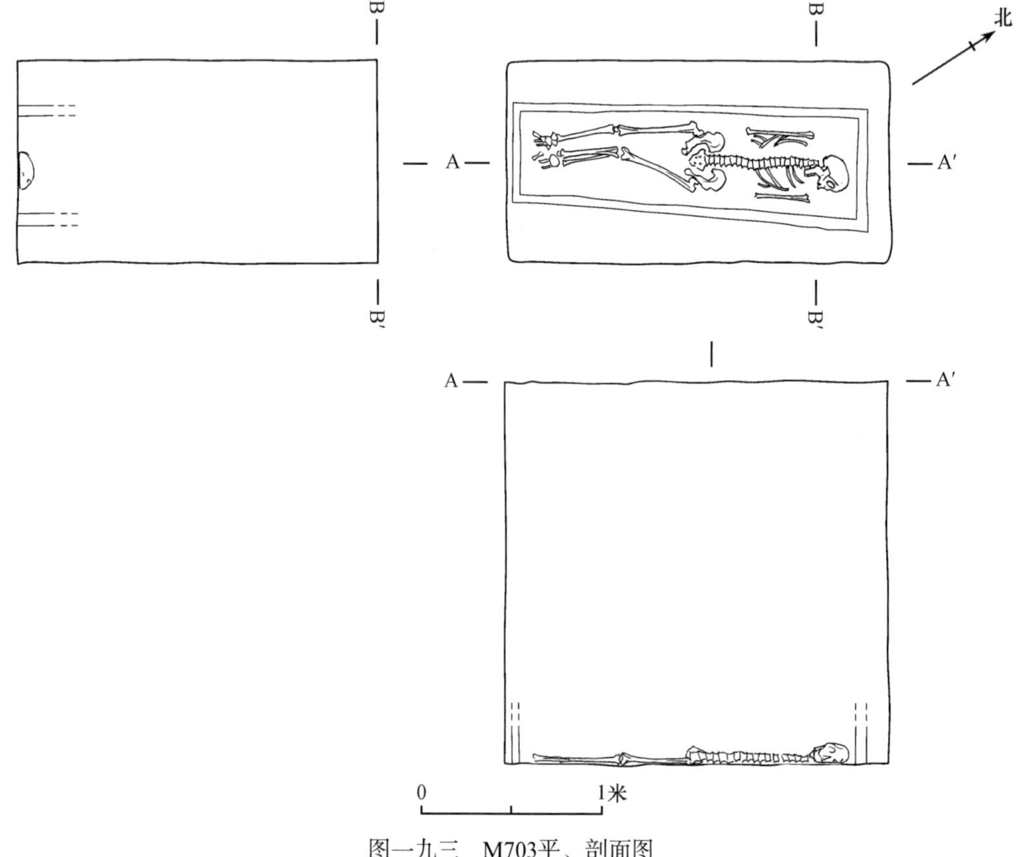

图一九三　M703平、剖面图

（一）墓葬形制

该墓平面呈长方形，竖穴土坑墓。口底尺寸一致，南北长2.1米，东西宽1.08米，墓底距墓口深2.02米。内填花土，土质松软。四壁较规整，壁面粗糙，直壁，平底。

葬具为单棺，木质，已朽，仅存朽痕。棺平面呈梯形，南北长1.93米，东西宽0.52～0.64米，残高0.2米，棺板厚0.03～0.06米。

棺内有人骨一具，头向东北，面向东南，仰身屈肢，保存较好。

（二）出土器物

未发现随葬品。

一二五、M704

位于发掘区的中部，T1630东部，西邻M703，东邻M765，南邻M706。方向23°。开口于第6层下，向下打破生土，开口距地表深1.5米（图一九四）。

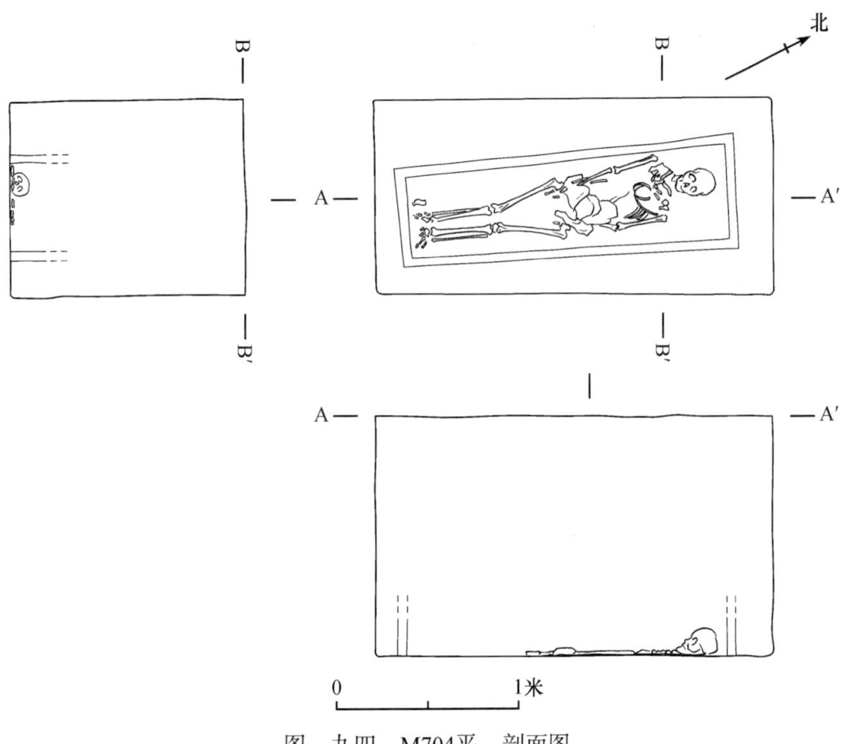

图一九四　M704平、剖面图

（一）墓葬形制

该墓平面呈长方形，竖穴土坑墓。口底尺寸一致，南北长2.2米，东西宽1.04米，墓底距墓口深1.28米。内填花土，土质较硬。四壁较规整，壁面粗糙，直壁，平底。

葬具为单棺，木质，已朽，仅存朽痕。棺平面呈梯形，南北长1.86米，东西宽0.52～0.61米，残高0.2米，棺板厚0.06米。

棺内有人骨一具，头向东北，面向上，仰身直肢，保存较好。

（二）出土器物

未发现随葬品。

一二六、M705

位于发掘区的中部，T1630西南部、T1530西北部，西部被晚期墓葬M760打破。方向30°。开口于第4层下，向下打破生土，开口距地表深1.19米（图一九五）。

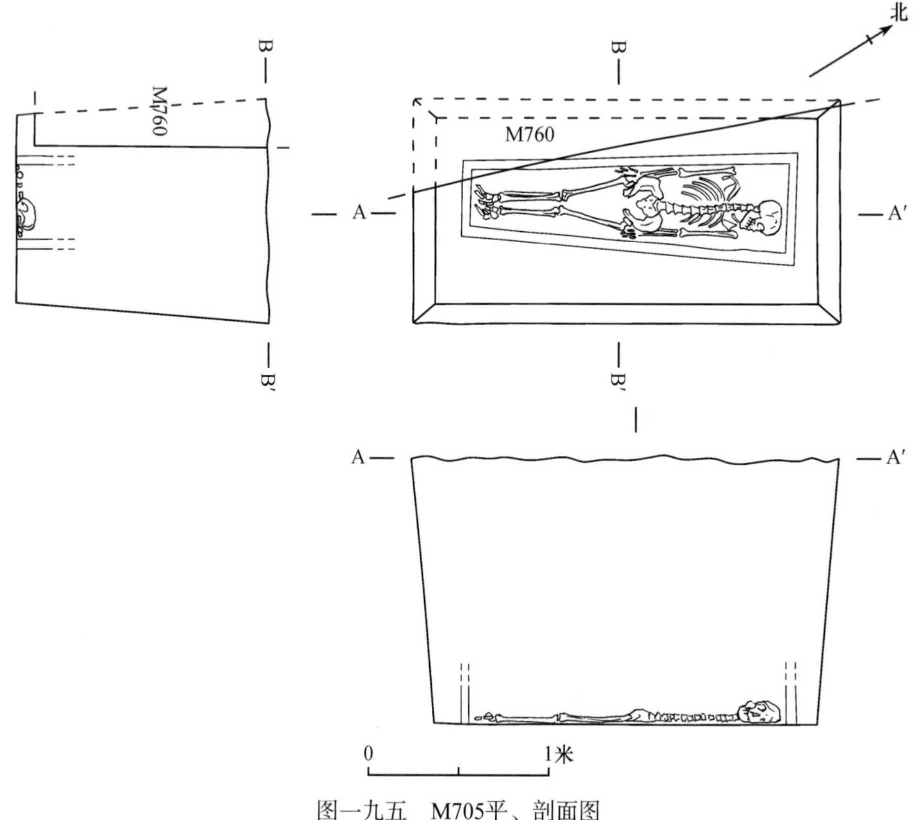

图一九五　M705平、剖面图

（一）墓葬形制

该墓平面呈长方形，竖穴土坑墓。口略大于底，墓口南北长2.33米，东西宽1.2米；墓底南北长2.1米，东西宽0.98米，墓底距墓口深1.41米。内填花土，土质松软。四壁较规整，壁面粗糙，斜壁，平底。

葬具为单棺，木质，已朽，仅存朽痕。棺平面呈梯形，南北长1.82米，东西宽0.4～0.6米，残高0.2米，棺板厚0.05米。

棺内有人骨一具，头向东北，面向东南，仰身直肢，保存较差。

（二）出土器物

未发现随葬品。

一二七、M706

位于发掘区的中部，T1630东南部、T1629西南部、T1530东北部，西邻M684，南邻M685。方向35°。开口于第5层下，被M618、M619打破，向下打破生土，开口距地表深1.61米（图一九六；图版一八，2）。

（一）墓葬形制

该墓平面呈长方形，竖穴土坑墓。口略大于底，墓口南北长3.22米，东西宽1.8米；墓底南北长2.92米，东西宽1.5米，墓底距墓口深2.09米。内填花土，土质松软。四壁较规整，壁面粗糙，斜壁，平底。

葬具为一椁一棺，木质，已朽，仅存朽痕。椁平面呈“Ⅱ”形，南、北两端宽，中间窄，南北长2.84米，东西宽0.88～1.33米，残高0.3米，椁板厚0.05～0.07米。东、西、南三侧椁壁均向内侧挤压变形。椁内有一棺，棺平面呈梯形，南北长1.97米，东西宽0.42～0.63米，残高0.15米，棺板厚0.03～0.05米。

棺内有人骨一具，头向东北，面向上，仰身直肢，保存较好。

（二）出土器物

随葬品置于墓室北部棺椁之间，共出土陶器8件。其中陶鼎2件、陶豆2件、陶壶2件、陶盘

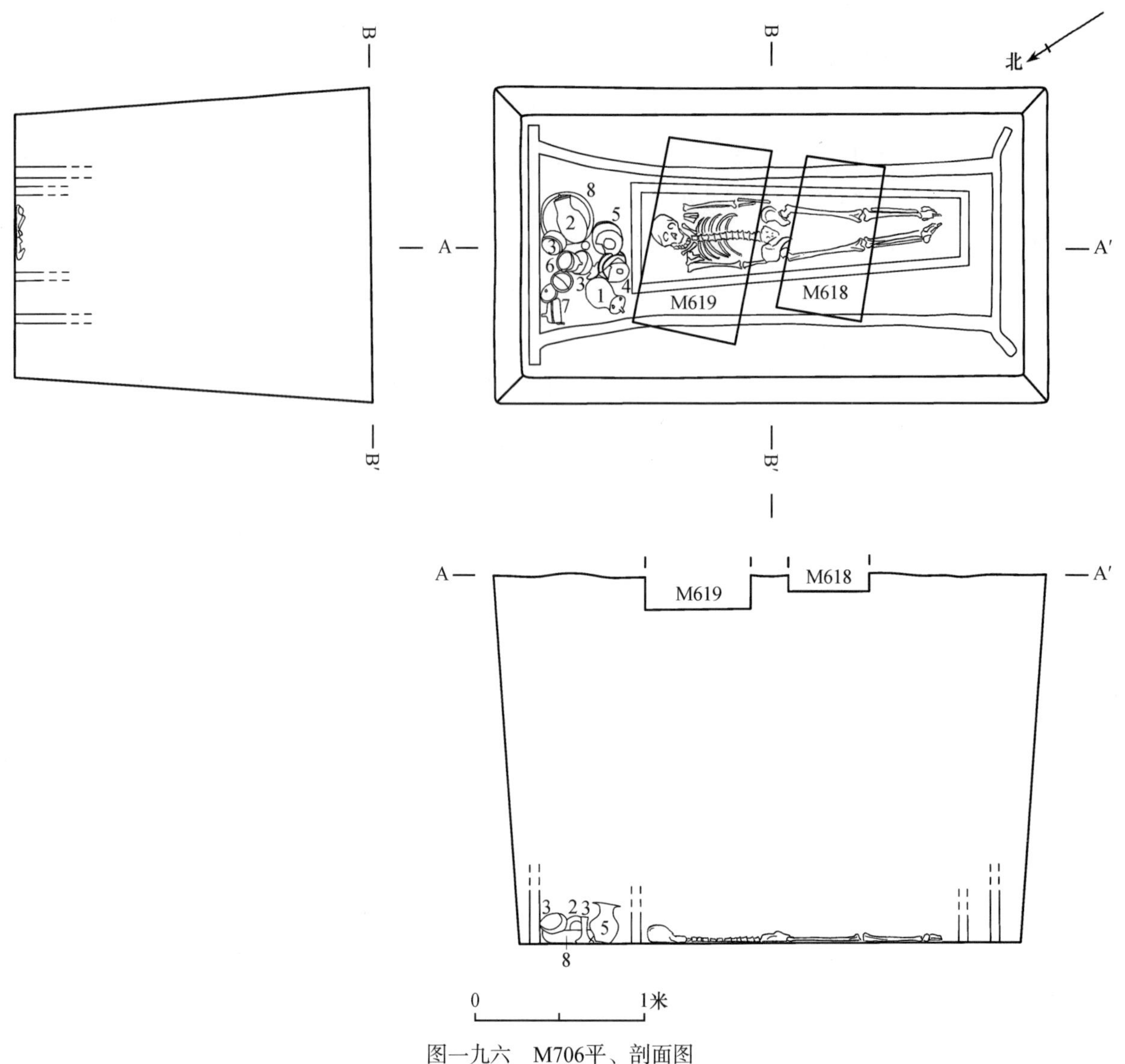

图一九六　M706平、剖面图
1、2. 陶壶　3、4. 陶豆　5. 陶尊　6、7. 陶鼎　8. 陶盘

1件、陶尊1件。

陶鼎　2件。M706：6，泥质灰陶，轮模合制。有盖，母口，顶隆起，顶中心有一个“∩”形纽。器身子口，敛口，圆唇，上腹部有两个对称的方形外撇附耳，有长方形穿，深直腹，圜底，下附三蹄形足。腹部饰三周凹弦纹。口径11.2、腹径12.7、高14.9、壁厚0.6～1.6厘米，盖径12.9、高5.8、壁厚0.6～1厘米（图一九七，1；图版九七，5）。M706：7，泥质红陶，轮模合制。有盖，母口，顶隆起，顶中心有一个“∩”形纽。器身子口，敛口，圆唇，上腹部有两个对称的方形外撇附耳，有长方形穿，深直腹，圜底，下附三蹄形足。腹部饰三周凹弦纹。器表厚施一层灰陶衣。口径10.9、腹径13、高13.5、壁厚1.1～1.5厘米，盖径13.3、高5.5、壁厚0.6～1厘米（图一九七，2；图版九七，6）。

陶豆　2件。M706：3，泥质灰陶，轮制。有盖，母口，呈覆钵形，顶部有平面呈圆形的喇叭形捉手，柄较短。器身子口，敛口，圆唇，弧折腹，细柄，柄较短，喇叭形座。器身有数道轮旋痕。口径13.3、腹径15.5、圈足径10.8、高19.6、壁厚0.6～1.5厘米，盖径15.4、捉手径11.3、高9.4、壁厚0.5～2.7厘米（图一九七，3；图版九八，1）。M706：4，泥质灰陶，轮制。有盖，母口，呈覆钵形，顶部有平面呈圆形的喇叭形捉手，柄较短。器身子口，敛口，圆唇，弧折腹，细柄，柄较短，喇叭形座。器身有数道轮旋痕。口径13.4、腹径14.9、圈足径11.5、高20.3、壁厚0.59～1.9厘米，盖径15.1、捉手径11.6、高8.7、壁厚0.4～1.8厘米（图一九七，4；图版九八，2）。

陶壶　2件。M706：1，泥质红陶，轮模合制。有盖，子口，呈覆钵形，盖舌内折，顶隆起，等距分布三个矩尺状纽。器身母口，侈口，方唇，束颈，圆肩，肩部贴附两个对称的简化兽首形耳，弧腹内收，圜底近平。肩部饰三周凹弦纹，腹部和底部饰细绳纹。器表厚施一层灰陶衣。口径11.2、腹径14.5、高24、壁厚0.8～1.5厘米，盖径9.8、高4.2、壁厚0.5～1厘米（图一九七，5；图版九八，3）。M706：2，泥质红陶，轮模合制。有盖，盖子口，呈覆钵形，盖舌内折，顶隆起，等距分布三个矩尺状纽。器身母口，侈口，方唇，束颈，圆肩，肩部贴附两个对称的简化兽首形耳，弧腹内收，圜底近平。肩部饰三周凹弦纹，腹部和底部饰细绳纹。器表厚施一层灰陶衣。口径10.6、腹径14.7、底径5.8、高23.8、壁厚0.57厘米，盖径8.8、高3.2、壁厚0.53厘米（图一九七，6；图版九八，4）。

陶盘　1件。M706：8，泥质灰陶，轮制。敞口，平沿，圆唇，弧腹内收，圜底近平。器身有数道轮旋痕。口径32.2、高8.3、壁厚0.62～1.2厘米（图一九七，8；图版九八，5）。

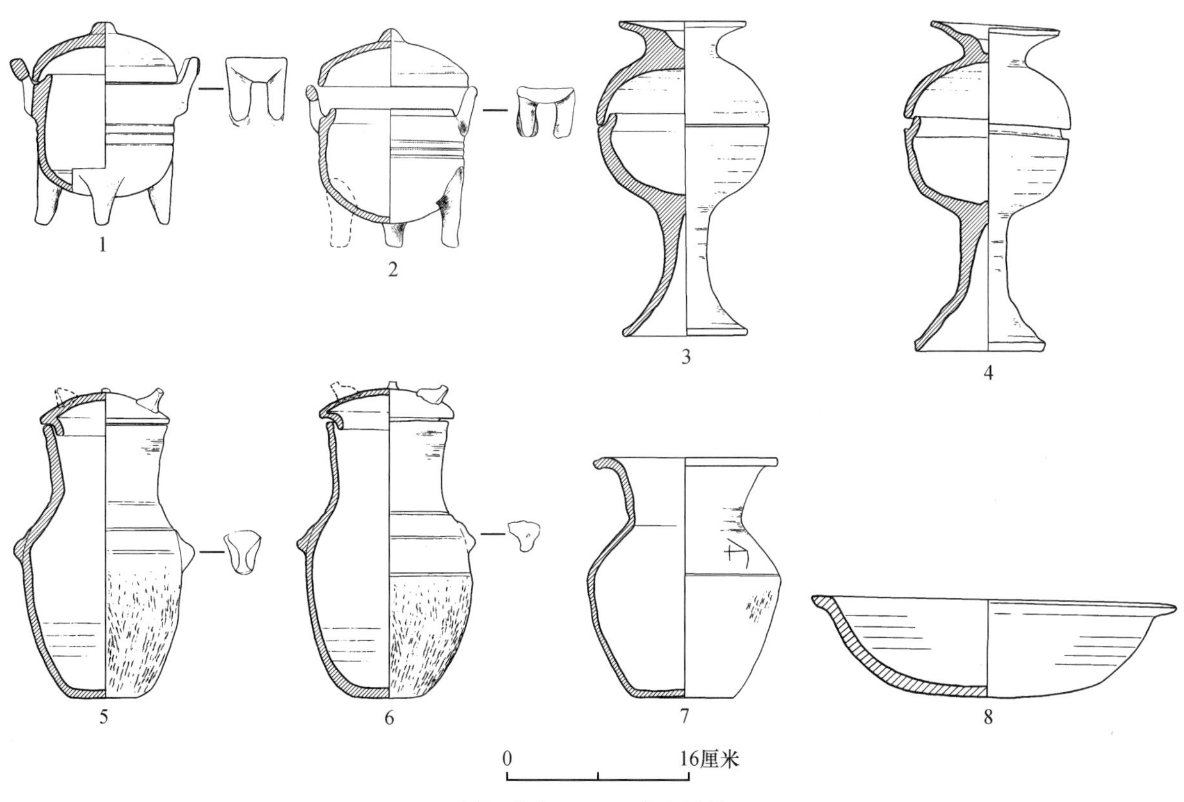

图一九七　M706出土器物

1、2. 陶鼎（M706：6、M706：7）　3、4. 陶豆（M706：3、M706：4）　5、6. 陶壶（M706：1、M706：2）
7. 陶尊（M706：5）　8. 陶盘（M706：8）

陶尊　1件。M706：5，泥质灰陶，轮制和手制。敞口，宽沿外折，圆唇，束颈，折肩下垂，斜弧腹内收，平底内凹。折肩处有一周凹弦纹，腹部饰漫漶不清的细绳纹；肩部刻划“[符号]”形符号。颈部有明显轮旋痕。口径16.8、腹径17.5、底径9、高21.1、壁厚0.9厘米（图一九七，7；图版九八，6）。

一二八、M707

位于发掘区的中部，T1428西南部，西邻M752，北邻M744，南邻M753。方向124°。开口于第4层下，向下打破生土，开口距地表深1.3米（图一九八）。

（一）墓葬形制

该墓平面呈长方形，竖穴土坑墓。口底尺寸一致，墓室东部被现代坑扰乱，东西残长1.03米，南北宽0.95米，墓底距墓口深0.5米。内填浅灰褐色花土，土质较硬。四壁较规整，壁面粗糙，直壁，平底。

葬具为单棺，木质，已朽，仅存朽痕。棺平面呈梯形，东西残长0.91米，南北宽0.52～0.61米，残高0.12米，棺板厚0.06米。

棺内有人骨一具，头向东南，面向不详，仰身直肢，保存较差。

（二）出土器物

未发现随葬品。

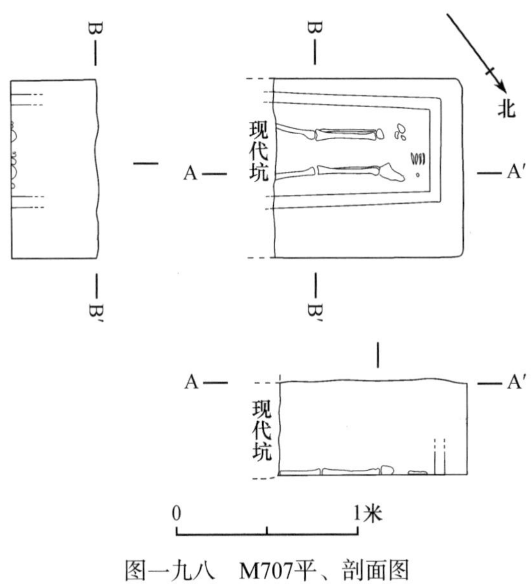

图一九八　M707平、剖面图

一二九、M708

位于发掘区的中部，T1631东北部，东邻M709，东北部被晚期墓葬M647打破。方向28°。开口于第5层下，向下打破生土，开口距地表深1.5米（图一九九）。

（一）墓葬形制

该墓平面呈长方形，竖穴土坑墓。口略大于底，墓口南北长3米，东西宽2.03米；墓底南北长2.8米，东西宽1.83米，墓底距墓口深1.9米。内填浅灰褐色花土，土质较硬。四壁较规整，壁面粗糙，斜壁，平底。

葬具为一椁一棺，木质，已朽，仅存朽痕。椁平面呈“Ⅱ”形，南、北两端宽，中间窄，

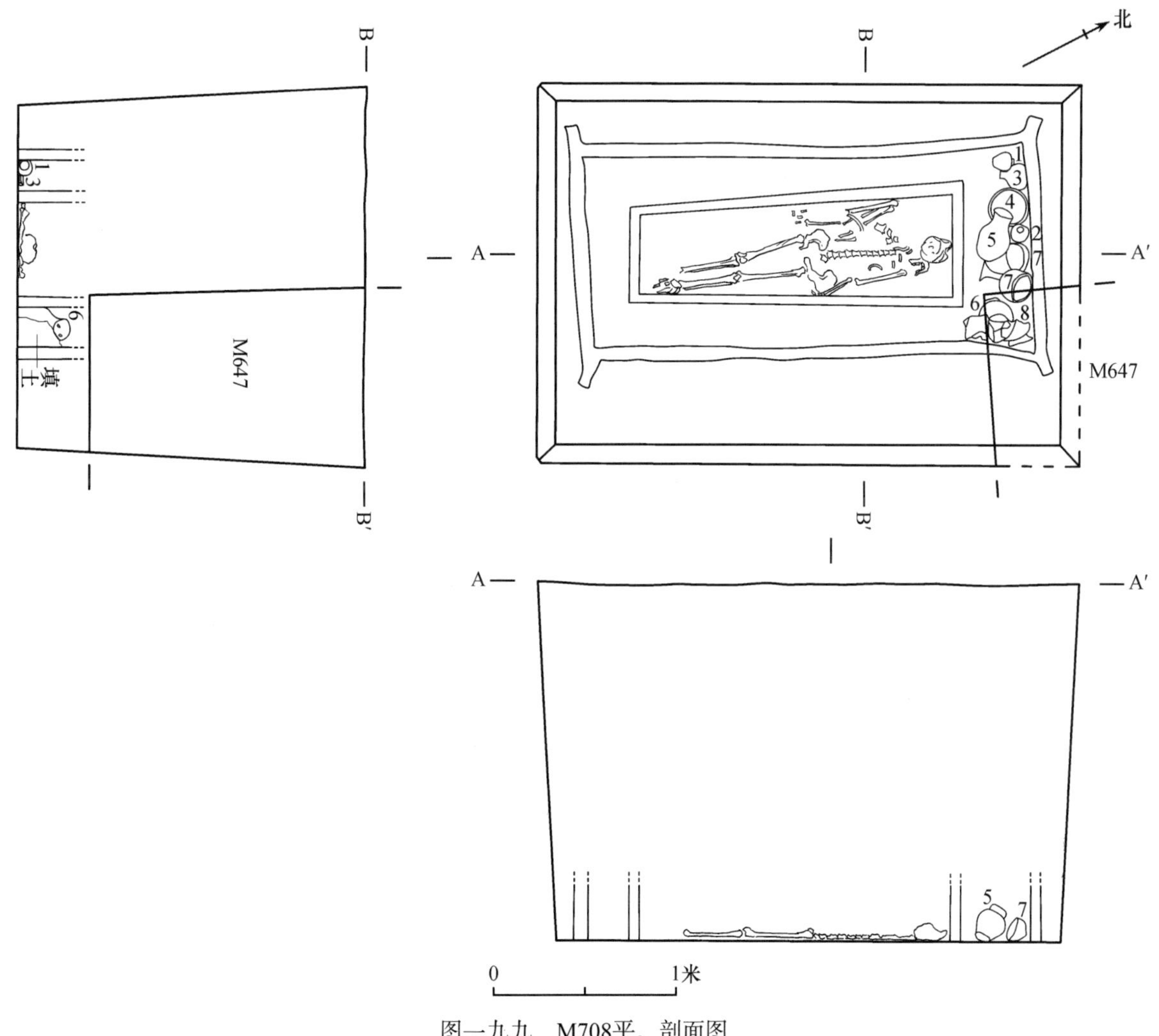

图一九九　M708平、剖面图

1、2. 陶小口罐　3. 陶匜　4. 陶盘　5、6. 陶壶　7、8. 陶豆

南北长2.62米，东西宽1.14～1.4米，残高0.3米，椁板厚0.05～0.06米。四侧椁壁均向内侧挤压变形。椁内有一棺，棺平面呈梯形，南北长1.86米，东西宽0.5～0.68米，残高0.3米，棺板厚0.02～0.06米。

棺内有人骨一具，头向东北，面向不详，仰身直肢，保存较差。

（二）出土器物

随葬品置于墓葬北部棺椁之间，共出土陶器8件。其中陶豆2件、陶壶2件、陶盘1件、陶匜1件、陶小口罐2件。

陶豆　2件。M708：7，无法修复，器形不可辨。M708：8，无法修复，器形不可辨。

陶壶　2件。M708：5，泥质红陶，轮模合制。有盖，子口，呈覆钵形，盖舌内折，顶隆起，等距分布三个矩尺状纽，纽皆残。器身母口，口微侈，方唇，束颈，圆肩，肩部贴附两个对称的简化兽首形耳，弧腹内收，圜底，圈足。颈部至腹部共刻划四组纹饰，各组纹饰间用一周凸棱纹隔开，自上而下第一组为一周三角内填水波纹，第二组为一周竖向水波纹，第三组为一周折线三角纹外附卷云纹，第四组为一周卷云纹。器表施一层灰陶衣。口径10.9、腹径19.2、圈足径10.6、高27.6、壁厚0.73厘米，盖径9、高4.5、壁厚0.56厘米（图二〇〇，4；图版九九，1）。M708：6，泥质红陶，轮模合制。有盖，子口，呈覆钵形，盖舌内折，顶隆起，等距分布三个矩尺状纽。器身母口，口微侈，方唇，束颈，圆肩，肩部贴附两个对称的简化兽首形耳，弧腹内收，圜底，圈足。颈部至腹部共刻划四组纹饰，各组纹饰间用一周凸棱纹

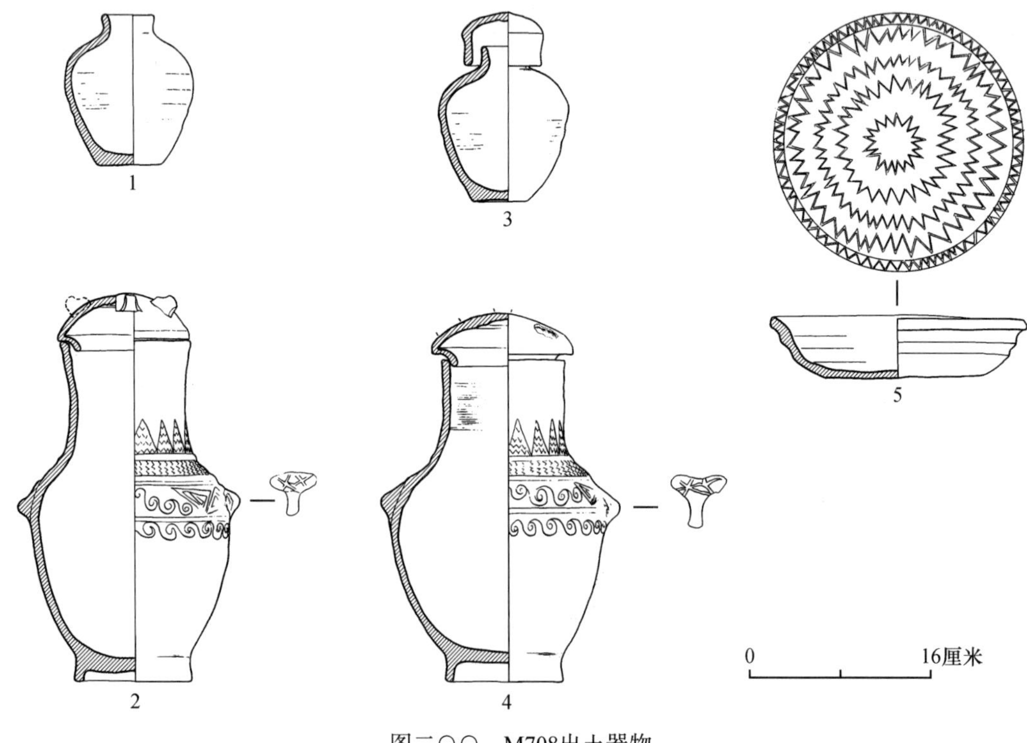

图二〇〇　M708出土器物

1、3. 陶小口罐（M708：1、M708：2）　2、4. 陶壶（M708：6、M708：5）　5. 陶盘（M708：4）

隔开，自上而下第一组为一周三角内填水波纹，第二组为一周竖向水波纹，第三组为一周折线三角纹外附卷云纹，第四组为一周卷云纹。器表施一层灰陶衣。口径11.6、腹径18、圈足径10.5、高29.2、壁厚0.79厘米，盖径9、高4.9、壁厚0.52厘米（图二〇〇，2；图版九九，2）。

陶盘　1件。M708：4，泥质红陶，轮制。敞口，折沿上扬，方唇，折腹，上腹近直，下腹斜收，平底，内壁底微凸。内壁口沿至盘心饰五周水波纹。器身有数道轮旋痕。口径22.8、底径13、高5.4、壁厚0.8厘米（图二〇〇，5；图版九九，3）。

陶匜　1件。M708：3，无法修复，器形不可辨。

陶小口罐　2件。M708：1，泥质灰陶，轮制。盖残缺。器身侈口，圆唇，短束颈，圆肩，斜弧腹内收，平底。器身有数道轮旋痕。口径4.6、腹径11.6、底径5.6、高12.8、壁厚0.42～1.3厘米（图二〇〇，1；图版九九，4）。M708：2，泥质红陶，轮制。有盖，母口，圆形，弧壁，顶部隆起。器身子口，侈口，圆唇，短束颈，圆肩，斜弧腹内收，平底内凹。器身有数道轮旋痕。口径4、腹径11.7、底径4.7、高13.3、壁厚0.57～1.1厘米，盖径6.9、腹径7.3、高4.6、壁厚0.4～1厘米（图二〇〇，3；图版九九，5）。

一三〇、M709

位于发掘区的中部，T1630西北部、T1631东北部，东邻M702，西邻M708，北部被晚期墓葬M647打破。方向45°。开口于第5层下，向下打破生土，开口距地表深1.3米（图二〇一）。

（一）墓葬形制

该墓平面呈长方形，竖穴土坑墓。口略大于底，墓口南北长2.8米，东西宽2.24米；墓底南北长2.68米，东西宽2.03米，墓底距墓口深1.5米。内填灰褐色花土，土质松软。四壁较规整，壁面粗糙，斜壁，平底。

葬具为单棺，木质，已朽，仅存朽痕。棺平面呈梯形，南北长2.1米，东西宽0.58～0.78米，残高0.2米，棺板厚约0.05米。

棺内有人骨一具，头向东北，面向上，仰身直肢，保存较差。

（二）出土器物

随葬品置于棺外西北角和棺内人骨腰部，共出土陶器1件、铜器1件。棺外西北角有陶鬲1件，棺内人骨腰部有铜带钩1件。

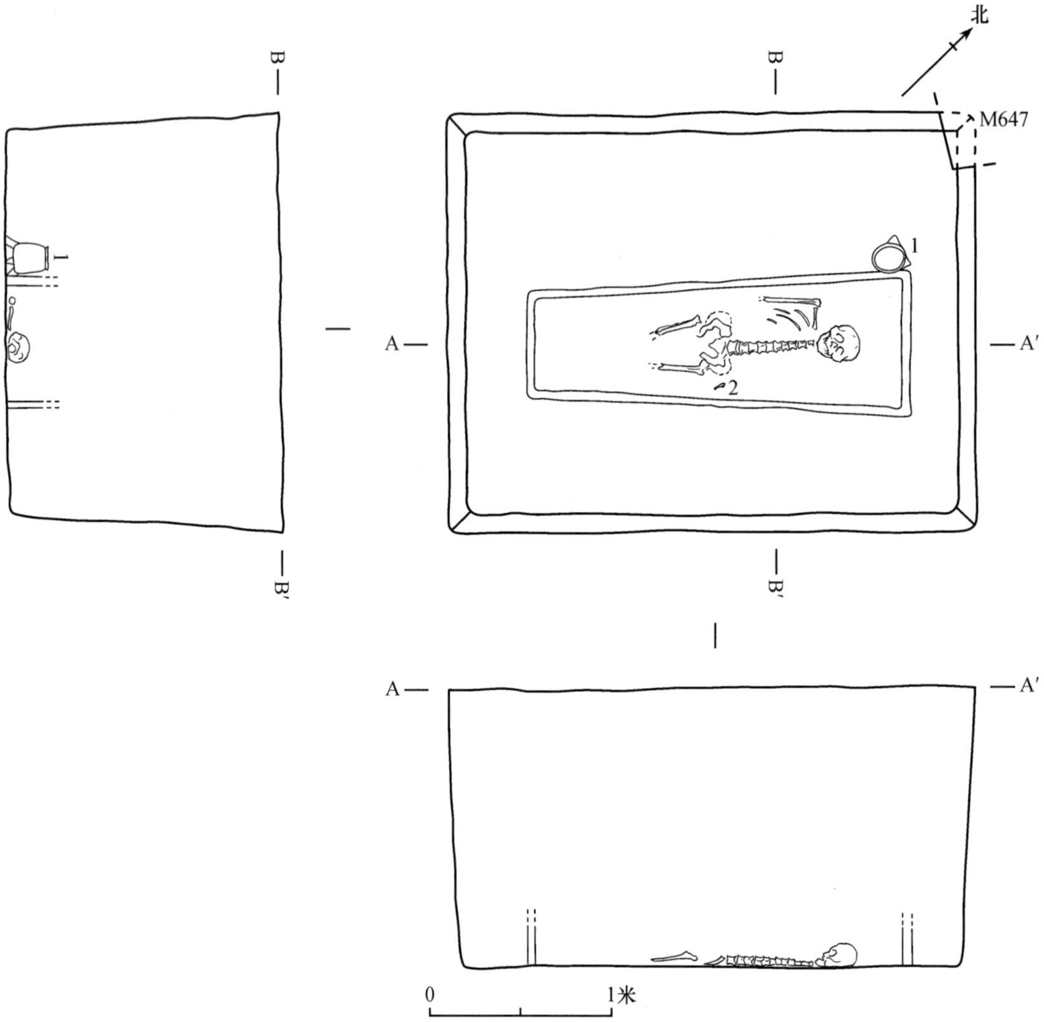

图二〇一　M709平、剖面图
1. 陶鬲　2. 铜带钩

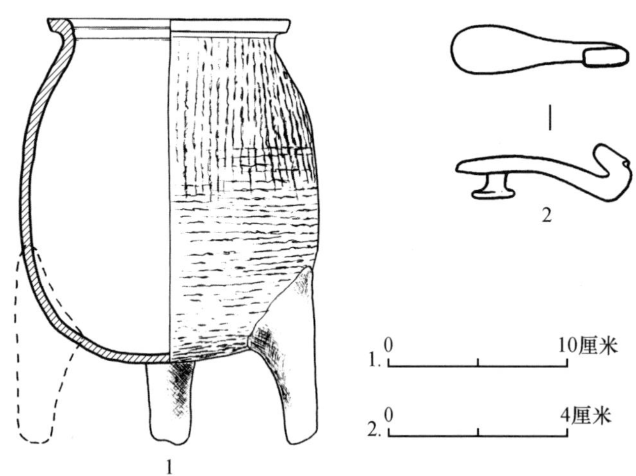

图二〇二　M709出土器物
1. 陶鬲（M709：1）　2. 铜带钩（M709：2）

1. 陶器

陶鬲　1件。M709：1，夹砂红陶，腹壁模制，足为手制。侈口，平沿，方唇，唇端略凹，短束颈，溜肩，深弧腹，圜底，底附三个锥形实足，略外撇。腹壁和底部饰中绳纹。内壁有按压痕迹。口径13.7、腹径16.9、高24.1、壁厚1厘米（图二〇二，1；图版九九，6）。

2. 铜器

铜带钩　1件。M709：2，模制。整体呈琵琶形，钩作鸭首形，短颈，颈断面呈长方形，扁圆腹，平背，宽圆尾，腹面置一圆形纽，部分锈蚀。纹饰锈蚀不清。长3.9、宽0.4～1、厚0.15～0.5、颈径0.4、纽径1厘米（图二〇二，2；图版一〇〇，1）。

一三一、M710

位于发掘区的中部，T1631东南部、T1630西南部，南部被晚期墓葬M711打破，东部被晚期墓葬M760打破。方向30°。开口于第5层下，向下打破生土，开口距地表深1.39米（图二〇三）。

（一）墓葬形制

该墓平面呈长方形，竖穴土坑墓。口略大于底，墓口南北长3.58米，东西宽2.52米；墓底南北长3.38米，东西宽2.28米，墓底距墓口深1.71米。内填灰褐色花土，土质较硬。四壁较规整，壁面粗糙，斜壁，平底。

葬具为一椁一棺，木质，已朽，仅存朽痕。椁平面呈"Ⅱ"形，南北长2.75米，东西宽1.24～1.72米，残高0.17米，椁板厚0.03～0.05米。椁内有一棺，棺平面呈梯形，南北长2米，东西宽0.57～0.64米，残高0.12米，棺板厚0.03～0.05米。

棺内有人骨一具，头向东北，面向西北，仰身直肢，保存较差。

（二）出土器物

随葬品置于墓葬北部棺椁之间，共出土陶器8件。其中陶鼎2件、陶豆2件、陶壶2件、陶罐2件。

陶鼎　2件。M710：1，泥质灰陶，轮模合制。有盖，母口，顶隆起，顶中心纽残缺。器身子口，敛口，圆唇，上腹部有两个对称的长方形外撇附耳，有长方形穿，深直腹，圜底，下附三蹄形足。腹部饰三周凹弦纹。口径11.6、腹径13.2、高14.3、壁厚0.54～0.82厘米，盖径13.2、高4.8、壁厚0.3～0.8厘米（图二〇四，1；图版一〇〇，2）。M710：2，泥质灰陶，轮模合制。有盖，母口，顶隆起，顶中心有一个"∩"形纽。器身子口，敛口，圆唇，上腹部有两个对称的长方形外撇附耳，有长方形穿，深直腹，圜底，下附三蹄形足。腹部饰三周凹弦纹。口径10.2、腹径12.6、高15.4、壁厚0.59～1.1厘米，盖径13.5、高5.2、壁厚0.3～0.8厘米

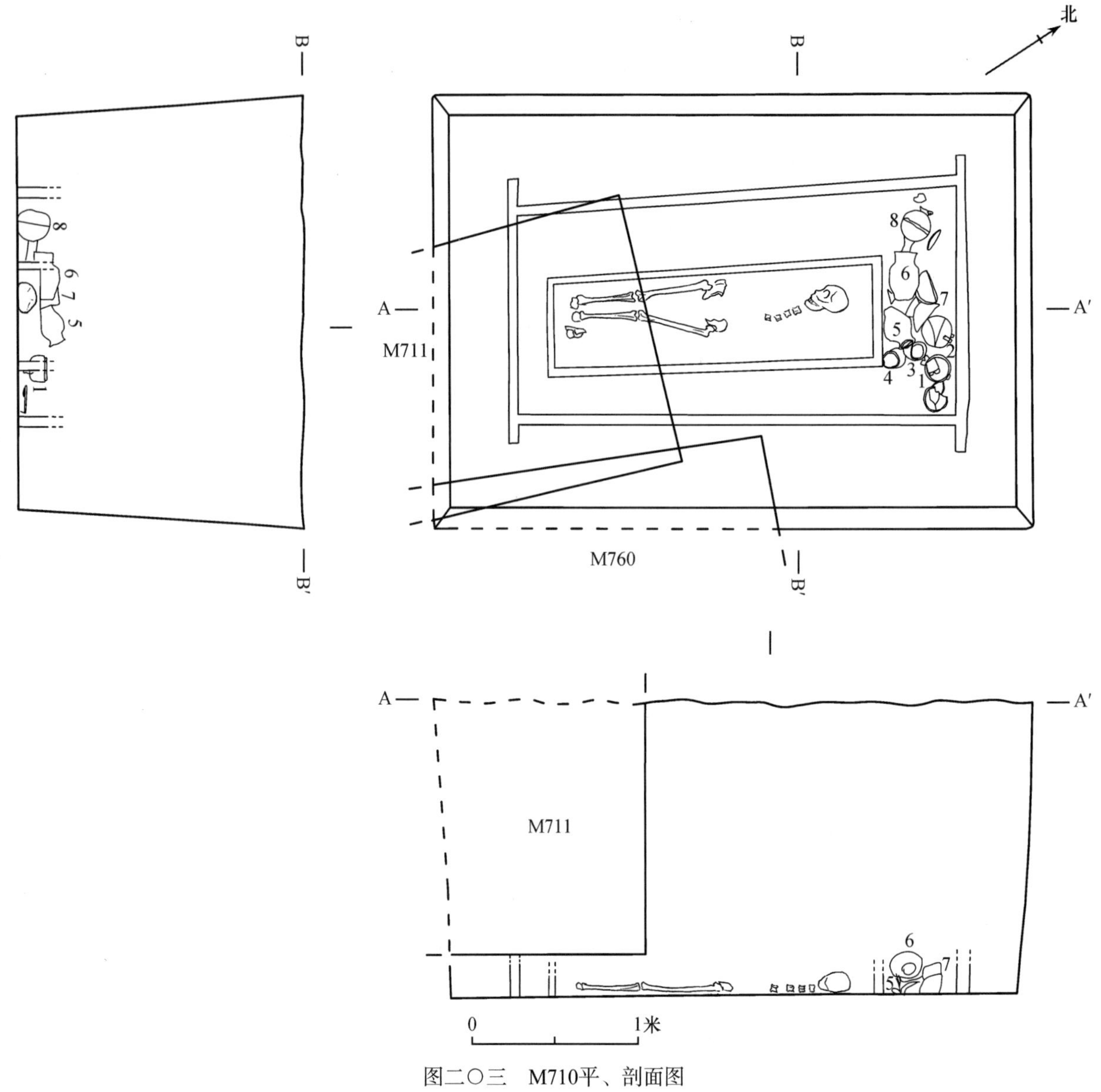

图二〇三　M710平、剖面图
1、2. 陶鼎　3、4. 陶罐　5、6. 陶壶　7、8. 陶豆

（图二〇四，2；图版一〇〇，3）。

陶豆　2件。M710∶7，泥质灰陶，轮制。盖残缺。器身敛口，圆唇，弧折腹，细柄，柄较短、中空，喇叭形座。器身有数道轮旋痕。口径14.5、腹径16.6、圈足径13.1、高20.4～21.4、壁厚0.59～2.1厘米（图二〇四，3；图版一〇〇，4）。M710∶8，泥质灰陶，轮制。有盖，母口，呈覆钵形，顶部有平面呈圆形的喇叭形捉手，柄较短。器身子口，敛口，圆唇，弧折腹，细柄，柄较短，喇叭形座。器身有数道轮旋痕。口径14.8、腹径17.2、圈足径18.3～20.1、高21.3、壁厚0.7～1.5厘米，盖径17.1、捉手径12.4、高9.6、壁厚0.6～2.5厘米（图二〇四，6；图版一〇〇，5）。

陶壶　2件。M710∶5，泥质灰陶，轮模合制。有盖，子口，呈覆钵形，盖舌内折，顶隆

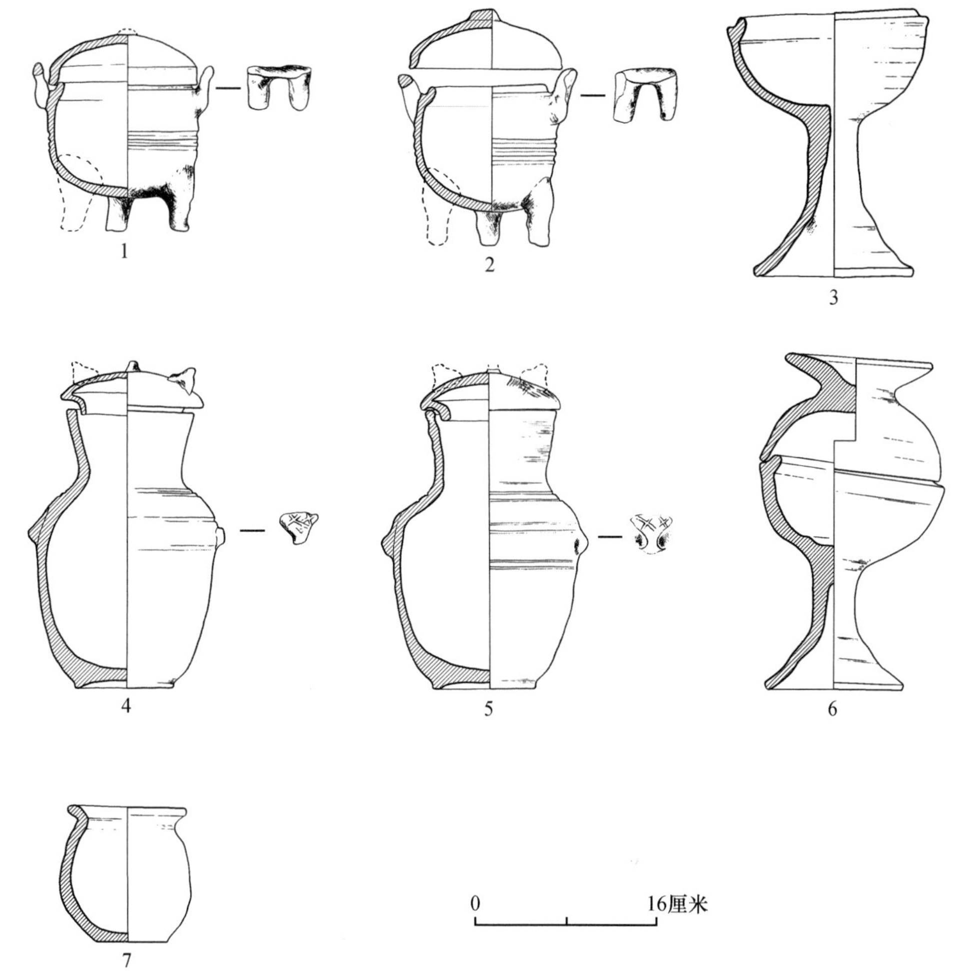

图二〇四　M710出土器物

1、2. 陶鼎（M710：1、M710：2）　3、6. 陶豆（M710：7、M710：8）　4、5. 陶壶（M710：6、M710：5）
7. 陶罐（M710：4）

起，等距分布三个矩尺状纽，两纽残缺。器身母口，侈口，方唇，束颈，圆肩，肩部贴附两个对称的简化兽首形耳，弧腹内收，圜底，矮圈足。肩至腹部饰三组、每组两周的凹弦纹。口径11.5、腹径16.4、圈足径9.1、高23.9、壁厚0.59～1.5厘米，盖径9、高4.2、壁厚0.5～1厘米（图二〇四，5；图版一〇一，1）。M710：6，泥质灰陶，轮模合制。有盖，子口，呈覆钵形，盖舌内折，顶隆起，等距分布三个矩尺状纽。器身母口，侈口，方唇，束颈，圆肩，肩部贴附两个对称的简化兽首形耳，弧腹内收，圜底，矮圈足。肩部饰四周凹弦纹。口径11.2、腹径15.6、圈足径8.6、高23.8、壁厚0.79～1.9厘米，盖径8、高4.3、壁厚0.5～1.2厘米（图二〇四，4；图版一〇一，2）。

陶罐　2件。M710：3，无法修复，器形不可辨。M710：4，泥质红陶，轮制。侈口，圆唇，短束颈，溜肩，深弧腹，下腹内收，平底。器身有数道轮旋痕。口径10.8、腹径12、底径6.5、高11.9、壁厚0.95厘米（图二〇四，7；图版一〇〇，6）。

一三二、M712

位于发掘区的中部，T1631南部、T1531北部，西邻M713。方向20°。开口于第4层下，向下打破生土，开口距地表深1.2米（图二〇五）。

（一）墓葬形制

该墓平面呈长方形，竖穴土坑墓。口略大于底，墓口南北长2.44米，东西宽1.24米；墓底南北长2.23米，东西宽1.03米，墓底距墓口深2米。内填灰褐色花土，土质松软。四壁较规整，壁面粗糙，斜壁，平底。

葬具为单棺，木质，已朽，仅存朽痕。棺平面呈梯形，南北长1.88米，东西宽0.54～0.64米，残高0.14米，棺板厚约0.05米。

棺内有人骨一具，头向东北，面向西，仰身直肢，保存较好。

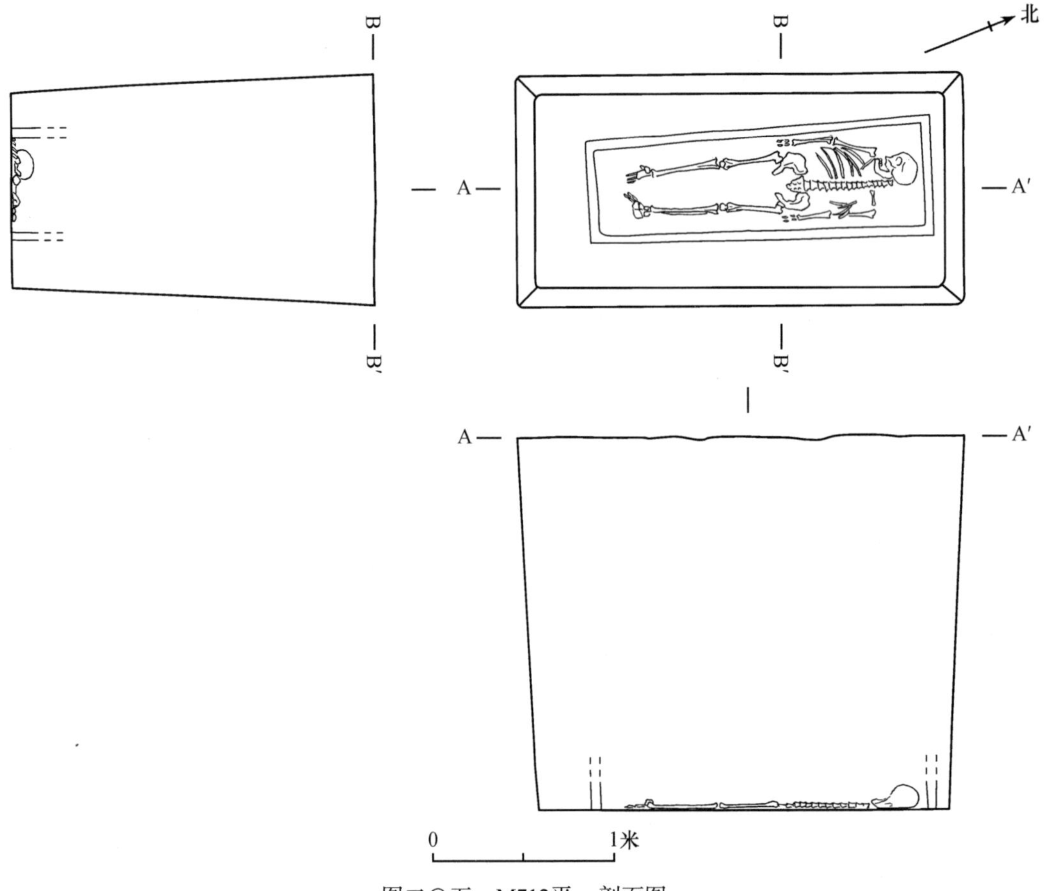

图二〇五　M712平、剖面图

（二）出土器物

未发现随葬品。

一三三、M713

位于发掘区的中部，T1631南部，东邻M712，西邻M572。方向26°。开口于第4层下，向下打破生土，开口距地表深1.5米（图二〇六；图版一八，3）。

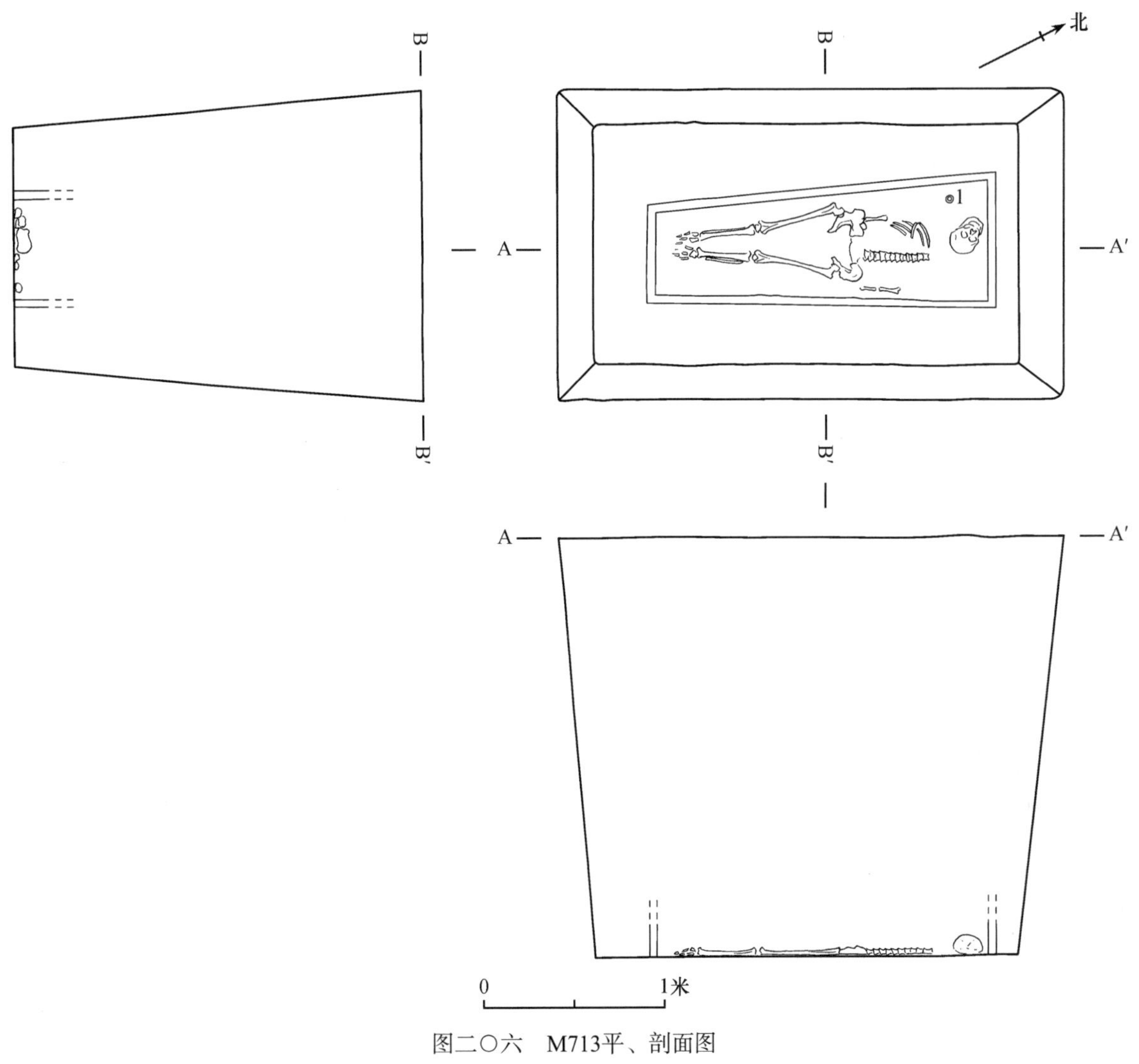

图二〇六　M713平、剖面图

1. 玉环

（一）墓葬形制

该墓平面呈长方形，竖穴土坑墓。口略大于底，墓口南北长2.82米，东西宽1.67米；墓底南北长2.37米，东西宽1.3米，墓底距墓口深2.25米。内填浅灰褐色花土，土质松软。四壁较规整，壁面粗糙，斜壁，平底。

葬具为单棺，木质，已朽，仅存朽痕。棺平面呈梯形，南北长1.95米，东西宽0.52～0.72米，残高0.17米，棺板厚约0.04米。

棺内有人骨一具，头向东北，面向上，仰身直肢，保存较差。

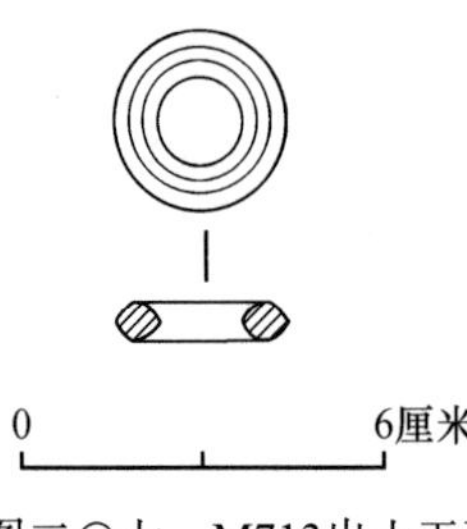

图二〇七　M713出土玉环（M713：1）

（二）出土器物

随葬品置于棺内人骨头部，出土玉环1件。

玉环　1件。M713：1，手制。半透明玉料，光润平滑，白色。圆形，横断面呈六边形。外径2.9、内径1.4、厚0.63～0.75厘米（图二〇七；图版一〇一，3）。

一三四、M715

位于发掘区的中部，T1431东部，西邻M734，南邻M716。方向30°。开口于第4层下，向下打破生土，开口距地表深1.3米（图二〇八；图版一八，4）。

（一）墓葬形制

该墓平面呈长方形，竖穴土坑墓。口底尺寸一致，南北长2.48米，东西宽1.06米，墓底距墓口深2.06米。内填浅灰褐色花土，土质松软。四壁较规整，壁面粗糙，直壁，平底。

葬具为单棺，木质，已朽，仅存朽痕。棺平面呈梯形，南北长2米，东西宽0.62～0.72米，残高0.16米，棺板厚0.04～0.06米。

棺内有人骨一具，头向东北，面向上，仰身直肢，保存较差。

（二）出土器物

未发现随葬品。

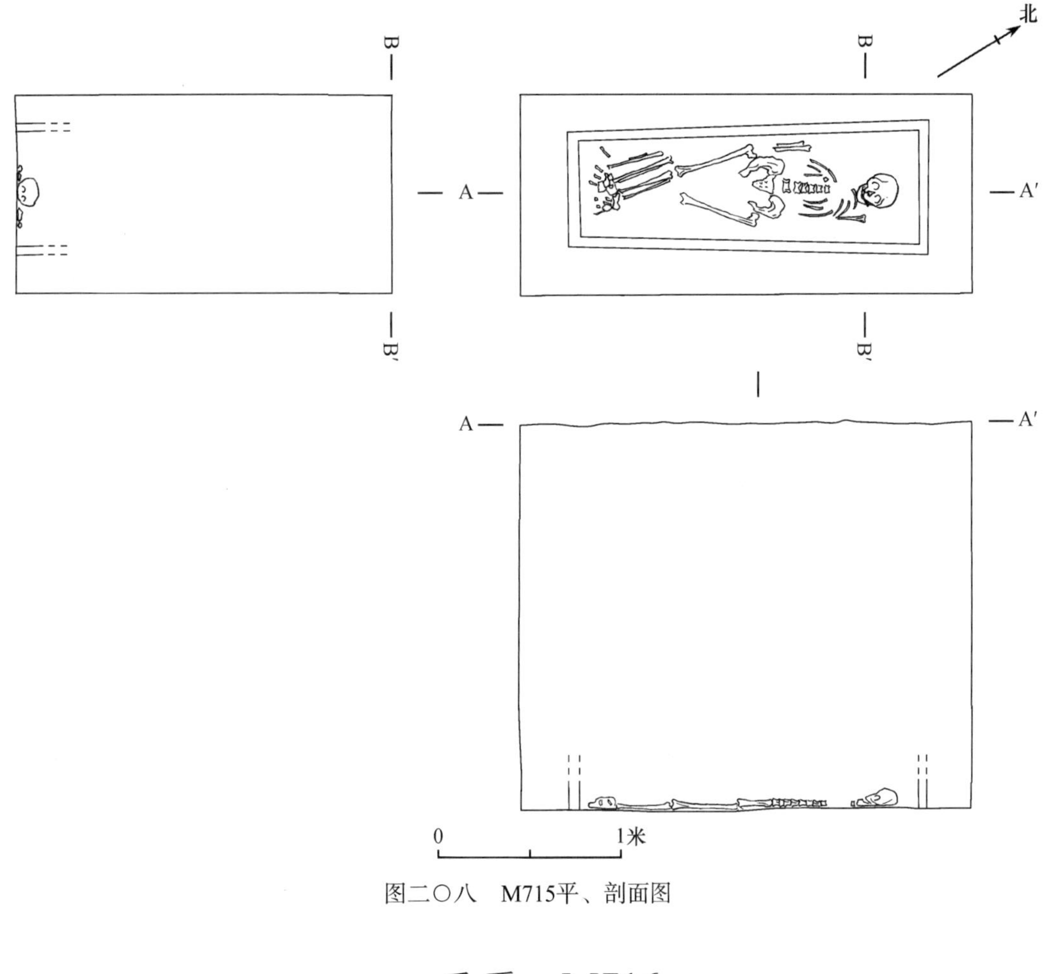

图二〇八　M715平、剖面图

一三五、M716

位于发掘区的中部，T1431东南部，东邻M722，北邻M715。方向35°。开口于第4层下，向下打破生土，开口距地表深1.3米（图二〇九；图版一九，1）。

（一）墓葬形制

该墓平面呈长方形，竖穴土坑墓。口底尺寸一致，南北长2.2米，东西宽0.99米，墓底距墓口深1.4米。内填浅灰褐色花土，土质松软。四壁较规整，壁面粗糙，直壁，平底。

葬具为单棺，木质，已朽，仅存朽痕。棺平面呈梯形，南北长1.88米，东西宽0.54～0.66米，残高0.16米，棺板厚0.04～0.06米。

棺内有人骨一具，头向东北，面向上，仰身直肢，保存较差。

（二）出土器物

未发现随葬品。

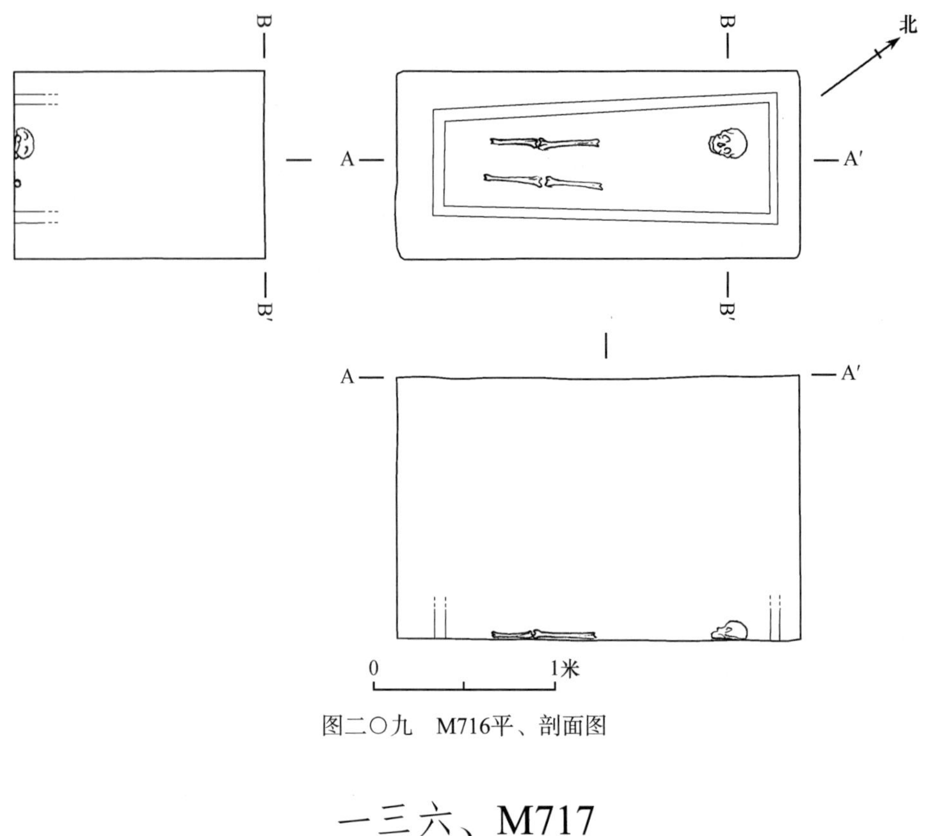

图二〇九　M716平、剖面图

一三六、M717

位于发掘区的中部，T1530西北部，北邻M705。方向35°。开口于第4层下，向下打破生土，开口距地表深1.5米（图二一〇；图版二〇，1）。

（一）墓葬形制

该墓平面呈长方形，竖穴土坑墓。口底尺寸一致，南北长2.48米，东西宽1.08米，墓底距墓口深1.56米。内填褐色花土，土质松散，含沙。四壁较规整，壁面粗糙，直壁，平底。

葬具为单棺，木质，已朽，仅存朽痕。棺平面呈梯形，南北长1.9米，东西宽0.52～0.64米，残高0.15米，棺板厚0.05～0.06米。

棺内有人骨一具，头向东北，面向上，仰身直肢，保存较好。

（二）出土器物

未发现随葬品。

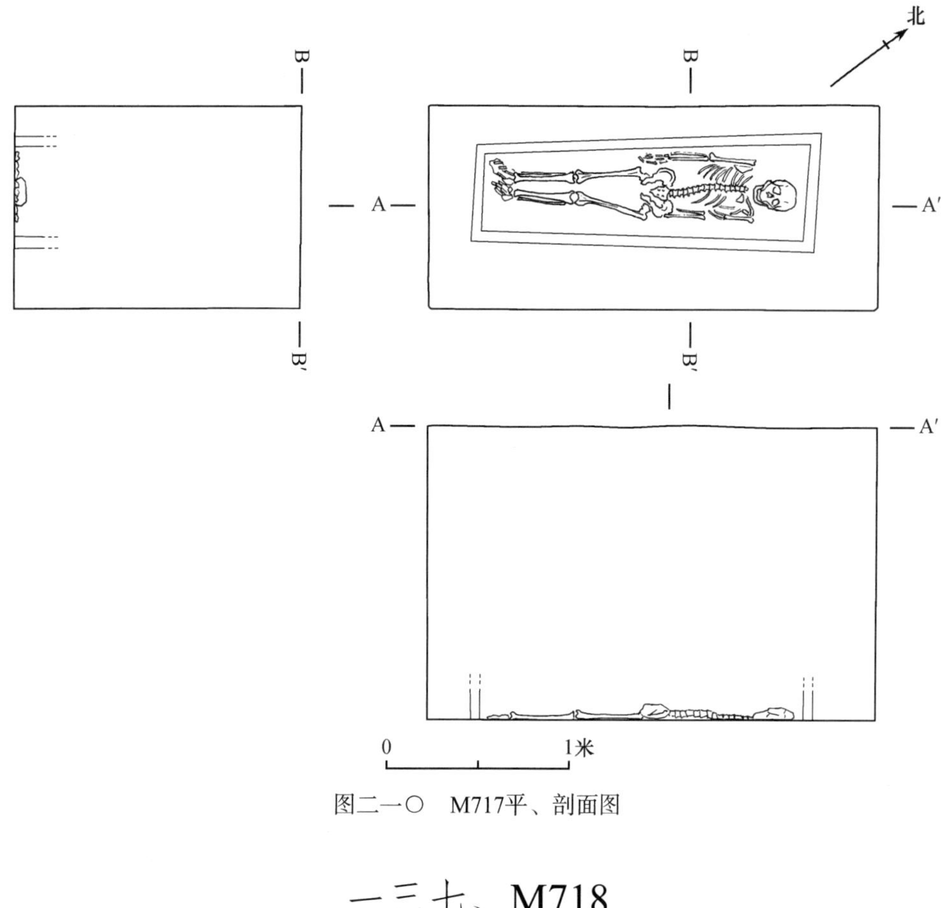

图二一〇 M717平、剖面图

一三七、M718

位于发掘区的北部，T2230东北部，西邻M552，南邻M664。方向25°。开口于第4层下，向下打破生土，开口距地表深3.1米（图二一一）。

（一）墓葬形制

该墓平面呈长方形，竖穴土坑墓。口底尺寸一致，南北长2.8米，东西宽1.73米，墓底距墓口深1.1米。内填浅灰褐色花土，土质松软。四壁较规整，壁面粗糙，直壁，平底。

葬具为单棺，木质，已朽，仅存朽痕。棺平面呈梯形，南北长2.07米，东西宽0.66～0.73米，残高0.2米，棺板厚约0.06米。

棺内有人骨一具，头向东北，面向不详，仰身直肢，保存较差。

（二）出土器物

未发现随葬品。

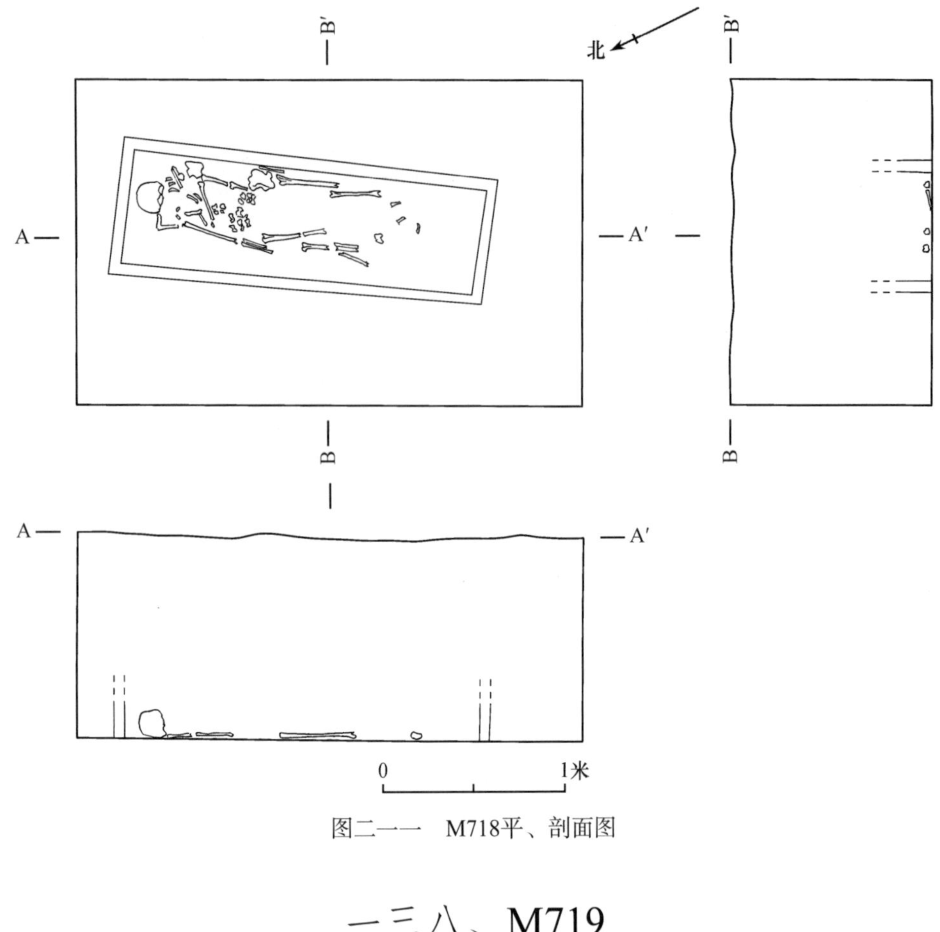

图二一一　M718平、剖面图

一三八、M719

位于发掘区的中部，T1431东北部，东邻M738，南邻M734。方向40°。开口于第4层下，向下打破生土，开口距地表深1.29米（图二一二）。

（一）墓葬形制

该墓平面呈长方形，竖穴土坑墓。口底尺寸一致，南北长2.6米，东西宽1.27米，墓底距墓口深1.21米。内填浅灰褐色花土，土质松软。四壁较规整，壁面粗糙，直壁，平底。

葬具为单棺，木质，已朽，仅存朽痕。棺平面呈梯形，南北长1.93米，东西宽0.52～0.62米，残高0.14米，棺板厚约0.06米。

棺内有人骨一具，头向东北，面向东南，仰身直肢，保存较好。

（二）出土器物

未发现随葬品。

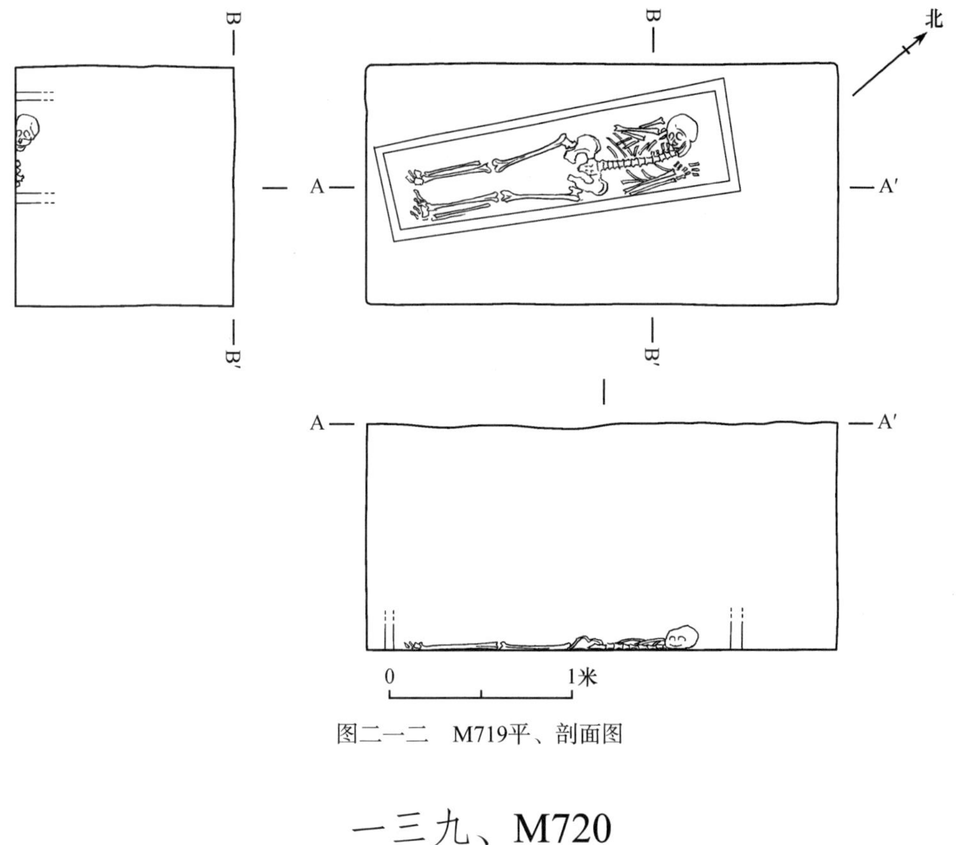

图二一二 M719平、剖面图

一三九、M720

位于发掘区的西北部，T2035东南部、T1935东北部，北邻M681。方向33°。开口于第5层下，向下打破生土，开口距地表深2米（图二一三；图版一九，2）。

（一）墓葬形制

该墓平面呈长方形，竖穴土坑墓。口底一致，南北长3.65米，东西宽2.2米，墓底距墓口深2.26米。内填灰褐色花土，土质松软。四壁较规整，壁面粗糙，直壁，平底。

葬具为一椁一棺，木质，已朽，仅存朽痕。椁平面呈“Ⅱ”形，南北长3.37米，东西宽1.46～1.81米，残高0.85米，椁板厚0.08米。椁内有一棺，棺平面呈梯形，南北长1.92米，东西宽0.6～0.7米，残高0.2米，棺板厚0.05米。

棺内有人骨一具，头向东北，面向不详，仰身直肢，保存一般。

（二）出土器物

随葬品置于墓葬北部棺椁之间和棺内人骨腰部，共出土器物12件。其中陶器11件、铜器1件。墓葬北部棺椁之间有陶鼎2件、陶豆2件、陶壶2件、陶盘1件、陶匜1件、陶小口罐2件、陶尊1件，棺内人骨腰部有铜带钩1件（图版一九，3；图版四二，1）。

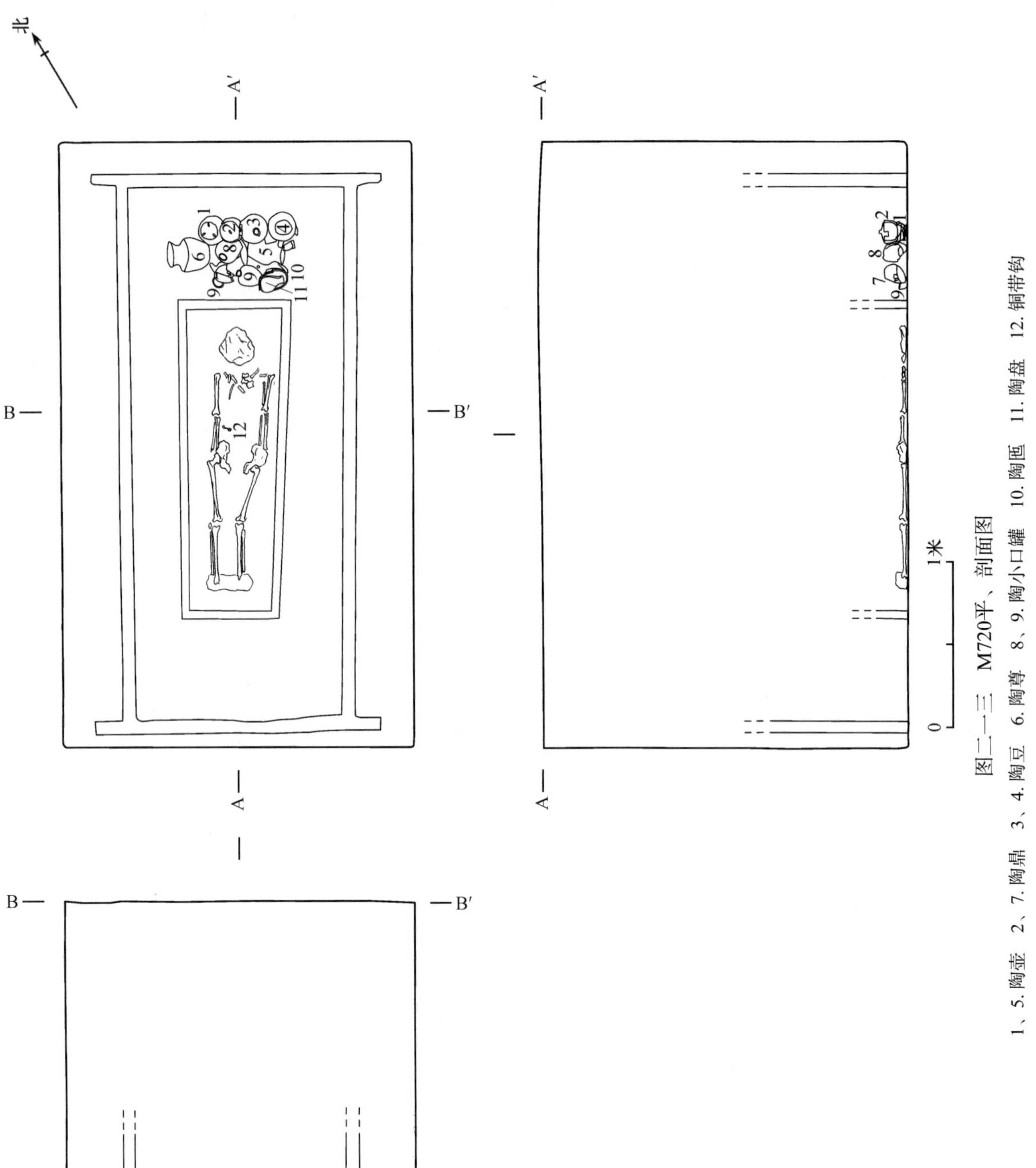

图二一三　M720平、剖面图

1、5. 陶壶　2、7. 陶鼎　3、4. 陶豆　6. 陶尊　8、9. 陶小口罐　10. 陶匜　11. 陶盘　12. 铜带钩

1. 陶器

陶鼎　2件。M720：2，泥质灰陶，轮模合制。有盖，母口，顶隆起，顶中心有一个“∩”形纽。器身子口，敛口，圆唇，上腹部有两个对称的长方形外撇附耳，有长方形穿，深直腹，圜底，下附三蹄形足。腹部饰三周凹弦纹。口径12.3、腹径14.2、高15.8、壁厚0.85~1.5厘米，盖径15、高5.7、壁厚0.65~0.8厘米（图二一四，7；图版一〇一，4）。M720：7，泥质灰陶，轮模合制。有盖，母口，顶隆起，顶中心有一个“∩”形纽。器身子口，敛口，圆唇，上腹部有两个对称的长方形外撇附耳，有长方形穿，深直腹，圜底，下附三蹄形足。腹部饰三周凹弦纹。口径12.4、腹径14.8、高16.5、壁厚0.58~0.87厘米，盖径14.3、高6.5、壁厚0.3~0.8厘米（图二一四，3；图版一〇一，5）。

陶豆　2件。M720：3，泥质灰陶，轮制。盖残缺。器身敛口，圆唇，弧折腹，细柄，柄较短，喇叭形座。器身有数道轮旋痕，器表施一层灰陶衣，大多已脱落。口径17.2、腹径19.3、圈足径14.3、高24.1、壁厚0.59~2.4厘米（图二一四，11；图版一〇一，6）。M720：4，泥质灰陶，轮制。有盖，母口，呈覆钵形，顶部捉手残缺。器身子口，敛口，方唇，弧折腹，细柄，柄较短，喇叭形座。底中部有一小圆孔，器身有数道轮旋痕，器表施一层灰陶衣，大多已脱落。口径15、腹径16.7、圈足径14、高24.4、壁厚0.7~1.3厘米，盖径16.7、残高12、壁厚0.5~2厘米（图二一四，8；图版一〇二，1）。

陶壶　2件。M720：1，泥质灰陶，轮模合制。有盖，子口，呈覆钵形，盖舌内折，顶隆起，等距分布三个矩尺状纽。器身母口，侈口，圆唇，束颈，圆肩，肩部贴附两个对称的简化兽首形耳，弧腹内收，底残。颈至肩部刻划两组纹饰，各组纹饰下皆饰一周凹弦纹，自上而下第一组为一周三角内填水波纹，第二组为一周竖向水波纹，腹中部饰两周凹弦纹。口径11.9、腹径18、高26.5、壁厚0.62~2.1厘米，盖径10.1、高5.1、壁厚0.61厘米（图二一四，9；图版一〇二，2）。M720：5，泥质灰陶，轮模合制。有盖，子口，呈覆钵形，盖舌内折，顶隆起，等距分布三个矩尺状纽。器身母口，侈口，圆唇，束颈，圆肩，肩部贴附两个对称的简化兽首形耳，弧腹内收，圜底，矮圈足。颈至肩部刻划三组纹饰，各组纹饰下皆饰一或两周凹弦纹，自上而下第一组为一周三角内填水波纹，第二组为一周竖向水波纹，第三组为一周折线三角组合纹，腹中部饰一周凹弦纹。口径11.9、腹径17.6、圈足径9.2、高26.6、壁厚0.62~2.1厘米，盖径10.8、高4.6、壁厚0.61厘米（图二一四，10；图版一〇二，3）。

陶盘　1件。M720：11，泥质红陶，轮模合制。敞口，折沿上扬，圆唇，唇边有两个对称的长方形外撇附耳，有长方形细穿，弧腹，腹中部软折，下腹弧收，矮圈足。外腹壁中部有一周较浅折棱。器表施一层灰陶衣。口径23、宽26.4、底径9.3、高6.3、壁厚0.4~1.2厘米（图二一四，4；图版一〇二，4）。

陶匜　1件。M720：10，泥质红陶，轮模合制。口部呈桃形，敞口，方圆唇，弧腹内收，附槽状流，流口较短微上扬，尾部有半圆形鋬，平底。器表施一层灰陶衣。口长14、口宽11.6、高5.4、流长4.6、壁厚0.63~0.99厘米（图二一四，6；图版一〇二，5）。

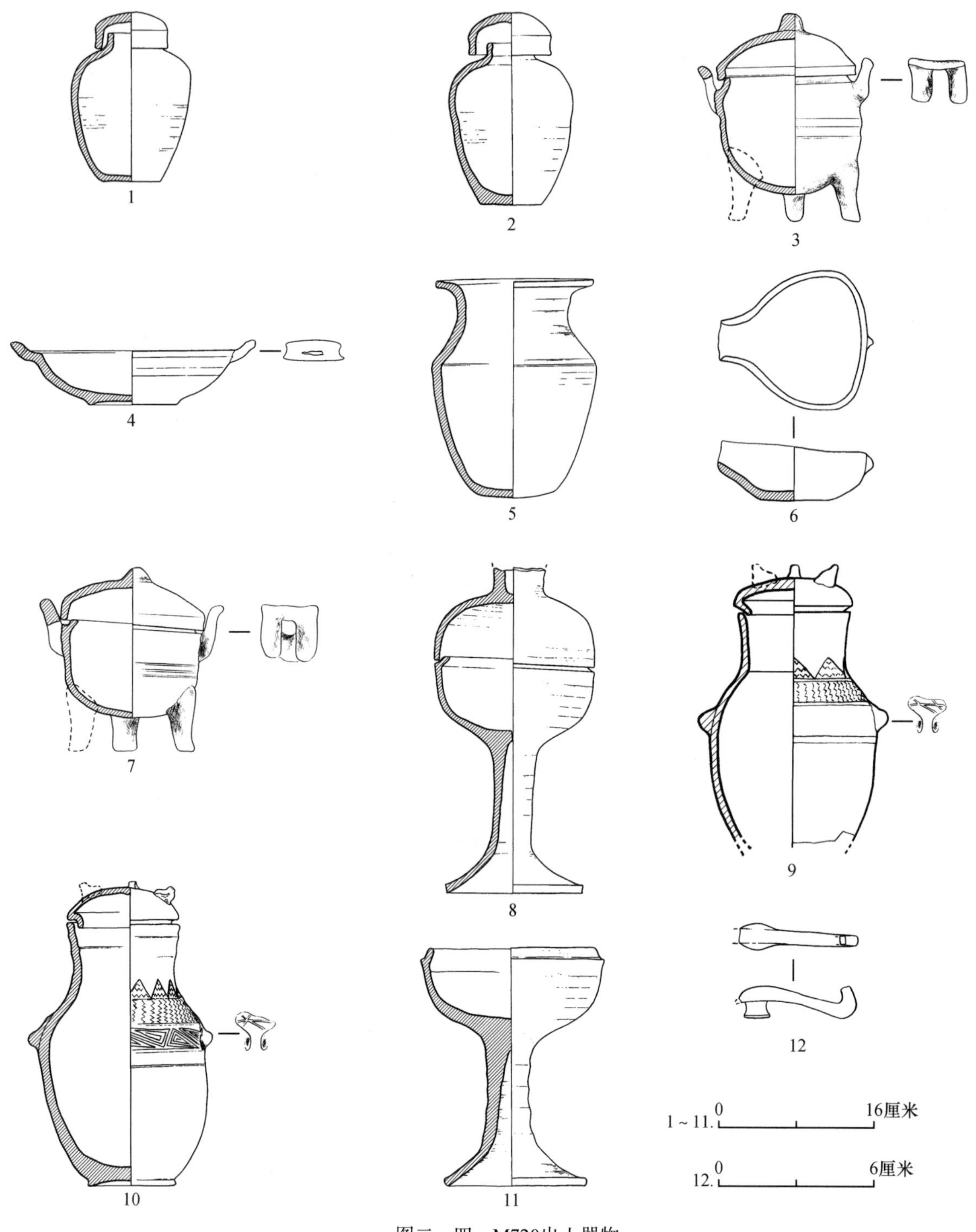

图二一四　M720出土器物

1、2. 陶小口罐（M720：9、M720：8）　3、7. 陶鼎（M720：7、M720：2）　4. 陶盘（M720：11）　5. 陶尊（M720：6）　6. 陶匜（M720：10）　8、11. 陶豆（M720：4、M720：3）　9、10. 陶壶（M720：1、M720：5）　12. 铜带钩（M720：12）

陶小口罐　2件。M720：8，泥质灰陶，轮制。有盖，母口，弧壁，顶隆起。器身子口，直口，圆唇，短束颈，圆肩，斜弧腹内收，平底。器身有数道轮旋痕。口径4.7、腹径12.9、底径6.2、高16.4、壁厚0.51～1.59厘米，盖径8.4、腹径8.4、高4.3、壁厚0.4～1厘米（图二一四，2；图版一〇三，1）。M720：9，泥质灰陶，轮制。有盖，母口，弧壁，顶隆起。器身子口，直口，圆唇，短束颈，圆肩，斜弧腹内收，平底。器身有数道轮旋痕。口径5、腹径12.4、底径6、高15.8、壁厚0.8厘米，盖径8、腹径7.6、高4.2、壁厚0.7～0.9厘米（图二一四，1；图版一〇三，2）。

陶尊　1件。M720：6，泥质灰陶，轮制。侈口，宽沿外折，方唇，束颈，折肩，斜弧腹内收，圜底近平。折肩处有一周凹弦纹，器身有数道轮旋痕。口径16.6、腹径17.9、高23.3、壁厚1.3厘米（图二一四，5；图版一〇二，6）。

2. 铜器

铜带钩　1件。M720：12，模制。钩作鸭首形，颈断面呈长方形，腹隆起，平背，断面呈梯形，尾较平，尾背置一圆形纽。残长4.6、宽0.4～1、厚0.2～0.6、颈径0.75、纽径1.1厘米（图二一四，12；图版一〇三，3）。

一四〇、M722

位于发掘区的中部，T1430西南部，东邻M737、M724，西邻M716。方向20°。开口于第4层下，向下打破生土，开口距地表深1.45米（图二一五）。

（一）墓葬形制

该墓平面呈长方形，竖穴土坑墓。口略大于底，墓口南北长3.32米，东西宽2.3米；墓底南北长2.92米，东西宽1.88米，墓底距墓口深2.35米。内填黄褐色花土，土质松软。四壁较规整，壁面粗糙，斜壁，平底。

葬具为一椁一棺，木质，已朽，仅存朽痕。椁平面呈“Ⅱ”形，南北长2.67米，东西宽1.32～1.73米，残高0.35米，椁板厚0.04～0.06米。南、北两侧椁壁均向内侧挤压变形。椁内有一棺，棺平面呈梯形，南北长1.89米，东西宽0.5～0.65米，残高0.18米，棺板厚0.04米。

棺内有人骨一具，头向东北，面向上，仰身直肢，保存一般。

（二）出土器物

未发现随葬品。

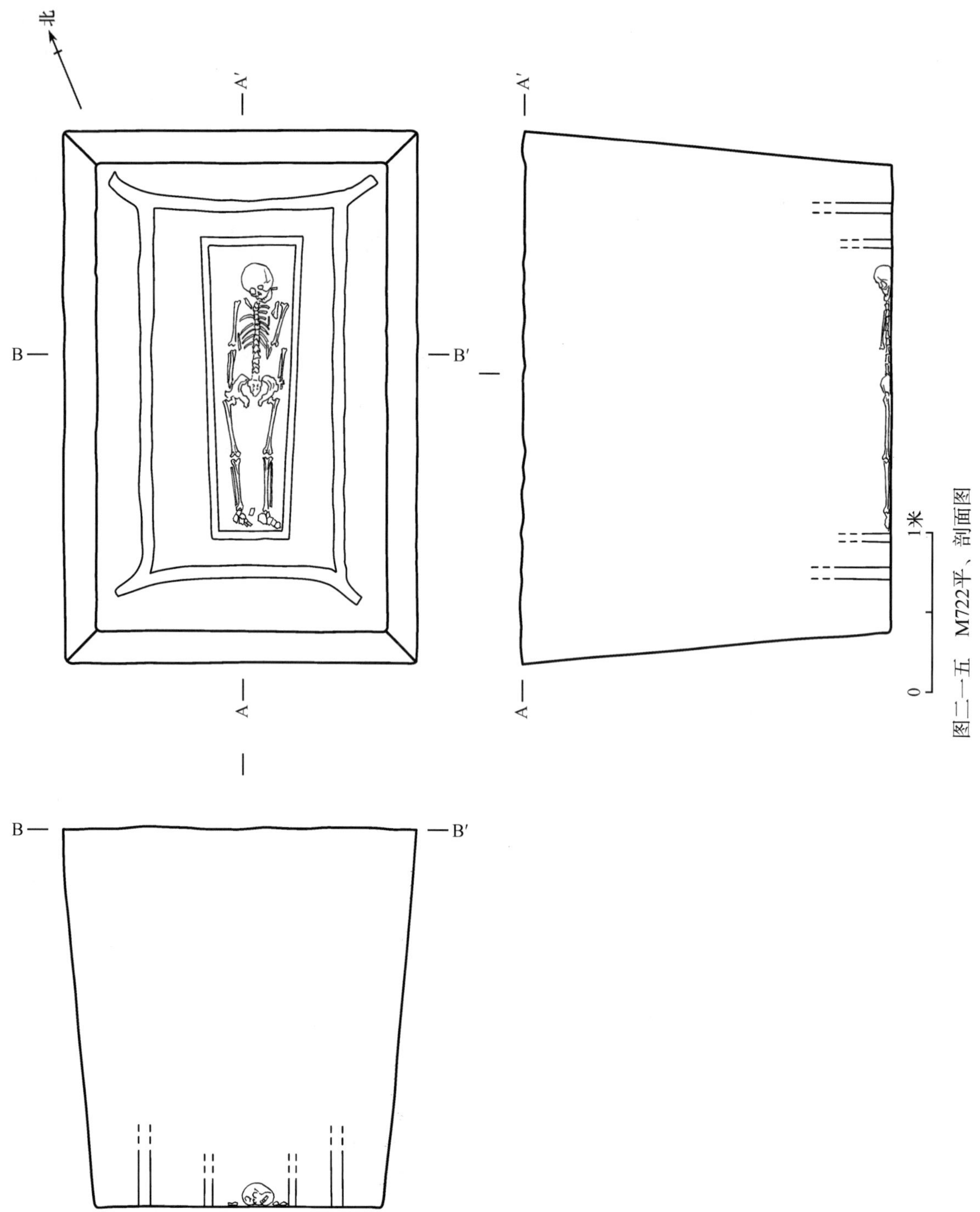

图二一五　M722平、剖面图

一四一、M724

位于发掘区的中部，T1430南部，西南部打破M737，东邻M725，北邻M727。方向38°。开口于第4层下，向下打破生土，开口距地表深1.37米（图二一六）。

（一）墓葬形制

该墓平面呈长方形，竖穴土坑墓。口底尺寸一致，南北长2.42米，东西宽1.2米，墓底距墓口深0.83米。内填黄褐色花土，土质松软。四壁较规整，壁面粗糙，直壁，平底。

葬具为单棺，木质，已朽，仅存朽痕。棺平面呈梯形，南北长1.76米，东西宽0.45～0.56米，残高0.09米，棺板厚约0.04米。

棺内人骨仅存盆骨及腿骨，头向东北，面向不详，仰身直肢，保存差。

（二）出土器物

未发现随葬品。

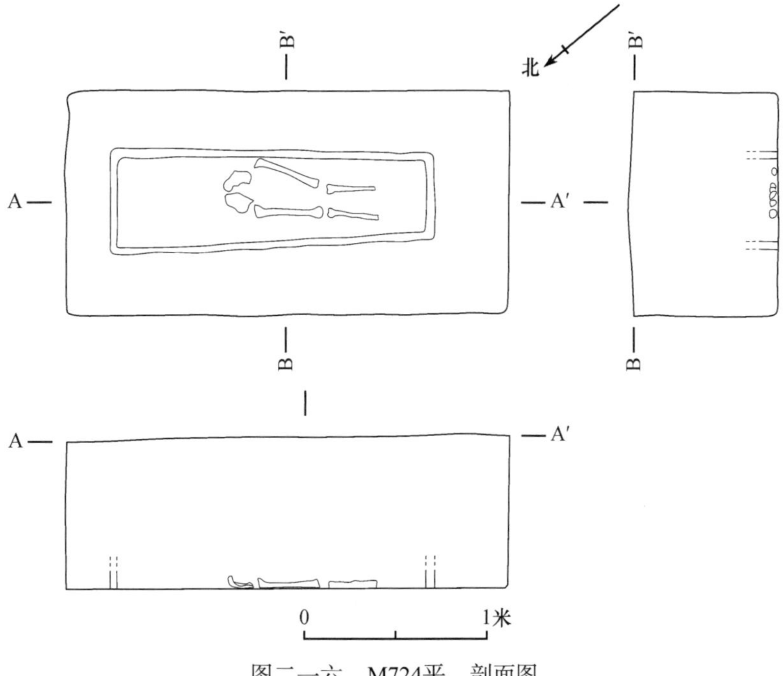

图二一六　M724平、剖面图

一四二、M725

位于发掘区的中部，T1330东北部、T1430东南部，西邻M724，南邻M780。方向35°。开口于第4层下，向下打破生土，开口距地表深1.69米（图二一七；图版二〇，2）。

（一）墓葬形制

该墓平面呈长方形，竖穴土坑墓。口底尺寸一致，南北长2.5米，东西宽1.33米，墓底距墓口深1.67米。内填花土，土质松软。四壁较规整，壁面粗糙，直壁，平底。

葬具为一椁一棺，木质，已朽，仅存朽痕。椁平面呈“Ⅱ”形，南北长2.08米，东西宽0.86～1.15米，残高0.25米，椁板厚0.04～0.06米。西侧椁壁向内侧挤压变形。椁内有一棺，棺平面呈梯形，南北长1.85米，东西宽0.6～0.62米，残高0.25米，棺板厚0.03～0.05米。

棺内有人骨一具，头向东北，面向西，仰身直肢，保存较好。

墓室东壁设壁龛，平面呈长方形，直壁，弧顶，距墓底0.81米，长0.6米，进深0.19米，高0.46米。

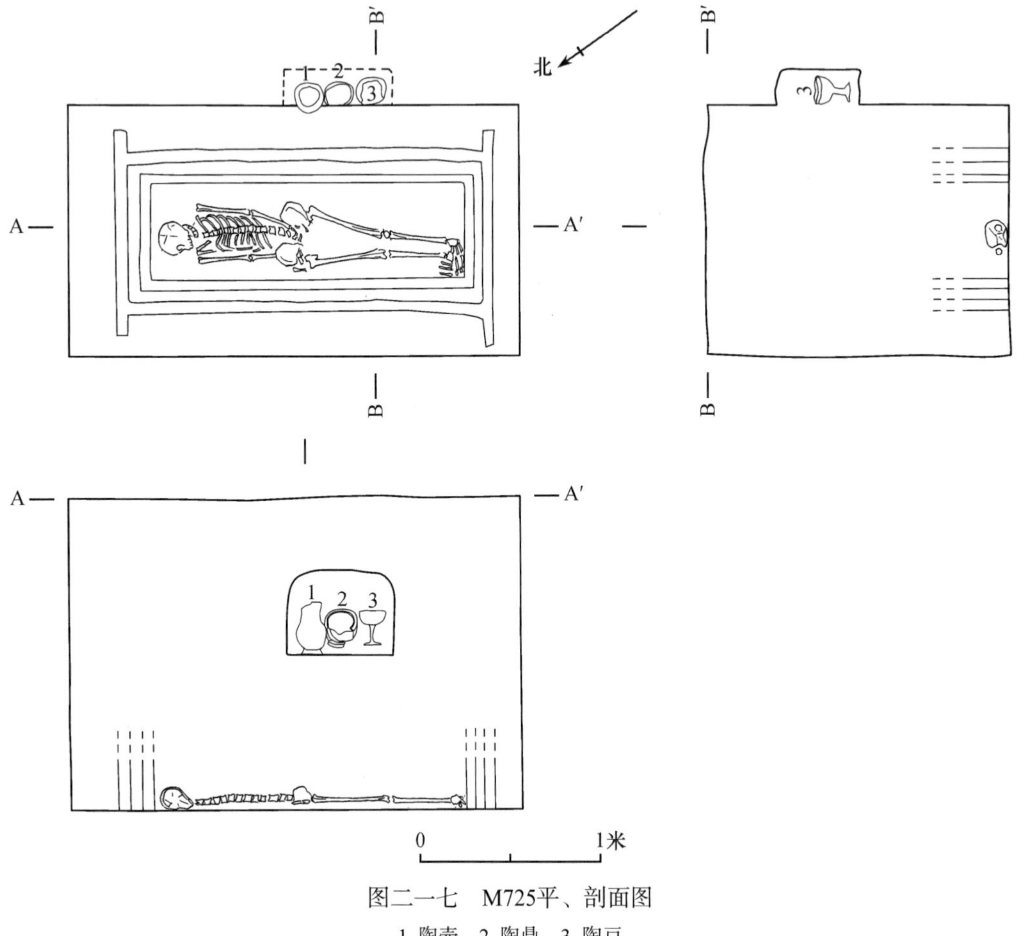

图二一七　M725平、剖面图

1. 陶壶　2. 陶鼎　3. 陶豆

（二）出土器物

随葬品置于壁龛内，共出土陶器3件。其中陶鼎1件、陶豆1件、陶壶1件（图版二〇，3）。

陶鼎　1件。M725：2，泥质红陶，轮模合制。有盖，母口，平顶。器身子口，敛口，圆唇，上腹部有两个对称的附耳，双耳皆残缺，筒腹，圜底，下附三蹄形足。腹部饰两周凹弦纹。器表施一层灰陶衣，大多已脱落。口径16.4、腹径17.8、高15.2、壁厚0.61厘米，盖径18.4、高3.9、壁厚0.58～0.67厘米（图二一八，2）。

陶豆　1件。M725：3，泥质红陶，轮制。盖残缺。器身敛口，圆唇，弧折腹，细柄，柄较短，喇叭形座。器身有数道轮旋痕，器表施一层灰陶衣，大多已脱落。口径12.7、腹径14.8、圈足径10、高19.2、壁厚0.4～0.6厘米（图二一八，1；图版一〇三，4）。

陶壶　1件。M725：1，无法修复，器形不可辨。

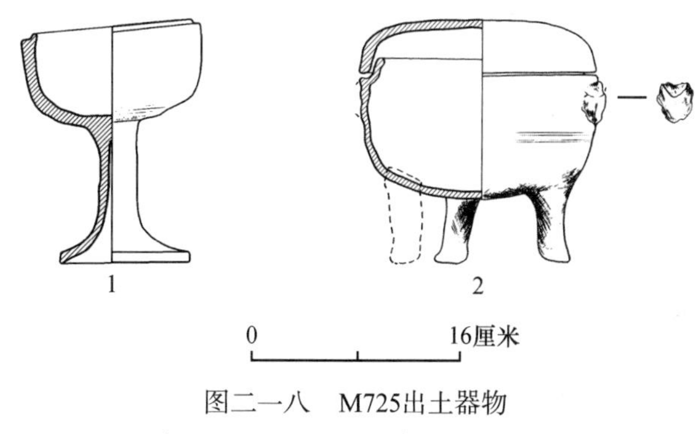

图二一八　M725出土器物
1. 陶豆（M725：3）　2. 陶鼎（M725：2）

一四三、M726

位于发掘区的中部，T1430东部，西北部打破M727，东邻M750，南邻M725。方向23°。开口于第4层下，向下打破生土，开口距地表深1.5米（图二一九）。

（一）墓葬形制

该墓平面呈长方形，竖穴土坑墓。口略大于底，墓口南北长2.12米，东西宽1.28米；墓底南北长1.92米，东西宽1.03米，墓底距墓口深0.7米。内填花土，土质松软。四壁较规整，壁面粗糙，斜壁，平底。

葬具为单棺，木质，已朽，仅存朽痕。棺平面呈梯形，南北长1.24米，东西宽0.44～0.5米，残高0.15米，棺板厚0.03～0.04米。

棺内人骨仅存头骨及部分下肢骨，头向东北，面向上，仰身直肢，保存差。

（二）出土器物

未发现随葬品。

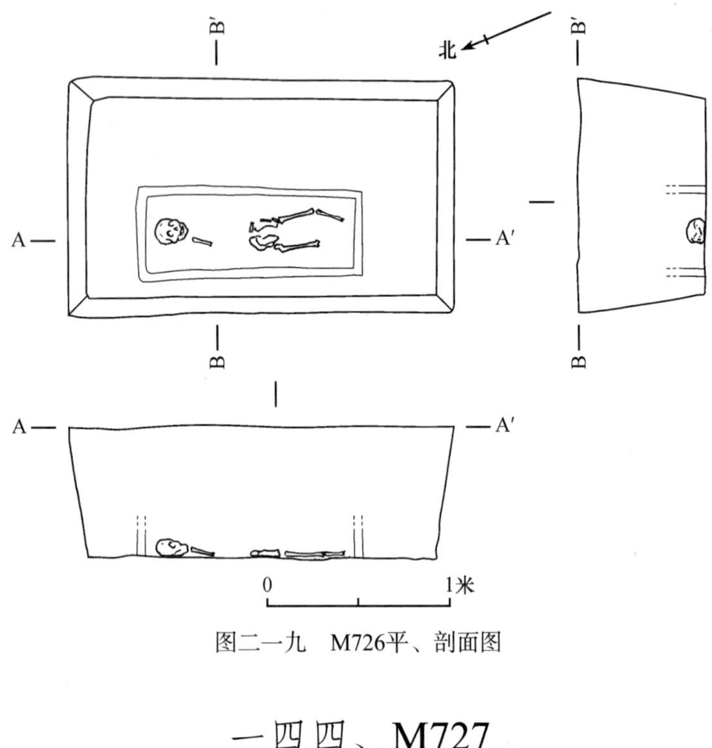

图二一九　M726平、剖面图

一四四、M727

位于发掘区的中部，T1430东部，东南部被M726打破，南邻M724。方向23°。开口于第5层下，向下打破生土，开口距地表深1.32米（图二二〇；图版二一，1）。

（一）墓葬形制

该墓平面呈长方形，竖穴土坑墓。口略大于底，墓口南北长2.52米，东西宽1.32米；墓底南北长2.2米，东西宽1.05米，墓底距墓口深2.18米。内填黄褐色花土，土质松软。四壁较规整，壁面粗糙，斜壁，平底。

葬具为单棺，木质，已朽，仅存朽痕。棺平面呈梯形，南北长1.84米，东西宽0.44～0.59米，残高0.16米，棺板厚约0.06米。

棺内有人骨一具，头向东北，面向上，仰身直肢，保存一般。

墓室北壁中部设壁龛，平面呈长方形，直壁，弧顶，距墓底0.24米，长0.32米，进深0.23米，高0.29米。

（二）出土器物

随葬品置于壁龛内，共出土陶器2件。其中陶鬲1件、陶罐1件（图版二一，3）。

陶鬲　1件。M727∶2，夹砂红陶，腹壁模制，足为手制。近直口，平沿，圆唇，短束

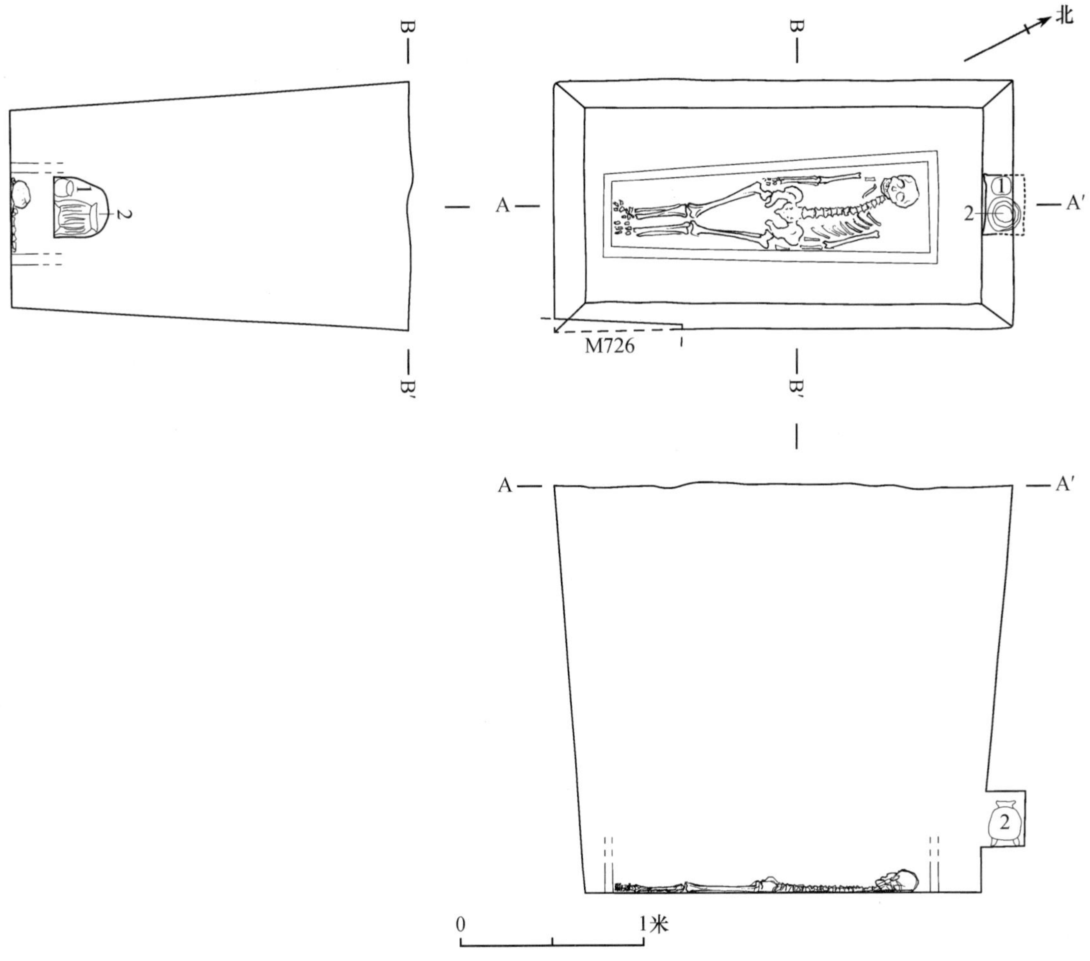

图二二〇　M727平、剖面图
1. 陶罐　2. 陶鬲

颈，溜肩，深弧腹，圜底，底附三个锥形实足，足皆残。腹壁和底部饰细绳纹。内壁有按压痕迹。口径14.2、腹径17.5、残高19.3～20、壁厚1厘米（图二二一，2；图版一〇三，5）。

陶罐　1件。M727：1，泥质灰陶，轮制。侈口，圆唇，短束颈，溜肩，浅弧腹，下腹内收，平底。口沿有一周凹弦纹。器身有数道轮旋痕，近底处有明显刀削痕。口径9.2、腹径11.4、底径6、高10.1、壁厚0.8厘米（图二二一，1；图版一〇三，6）。

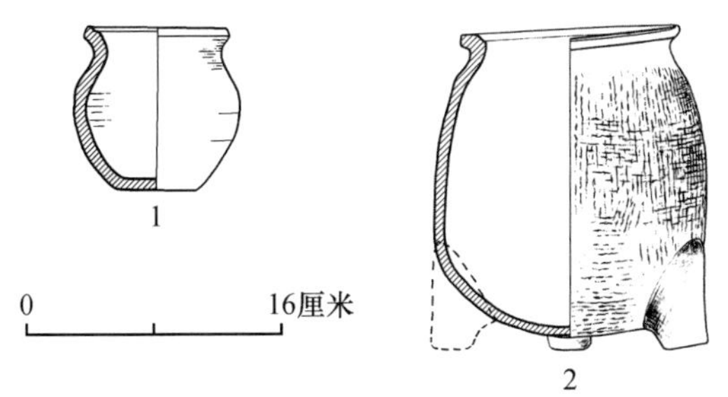

图二二一　M727出土器物
1. 陶罐（M727：1）　2. 陶鬲（M727：2）

一四五、M728

位于发掘区的东南部，东邻M729。方向50°。开口于第4层下，向下打破生土，开口距地表深1.7米（图二二二；图版二二，1）。

（一）墓葬形制

该墓平面呈长方形，竖穴土坑墓。口底一致，东西长2.48米，南北宽1.44米，墓底距墓口深2米。内填花土，土质松软。四壁较规整，壁面粗糙，直壁，平底。

葬具为单棺，木质，已朽，仅存朽痕。棺平面呈梯形，东西长1.92米，南北宽0.6～0.7米，残高0.23米，棺板厚0.04～0.05米。

棺内有人骨一具，头向东北，面向东南，仰身直肢，保存一般。

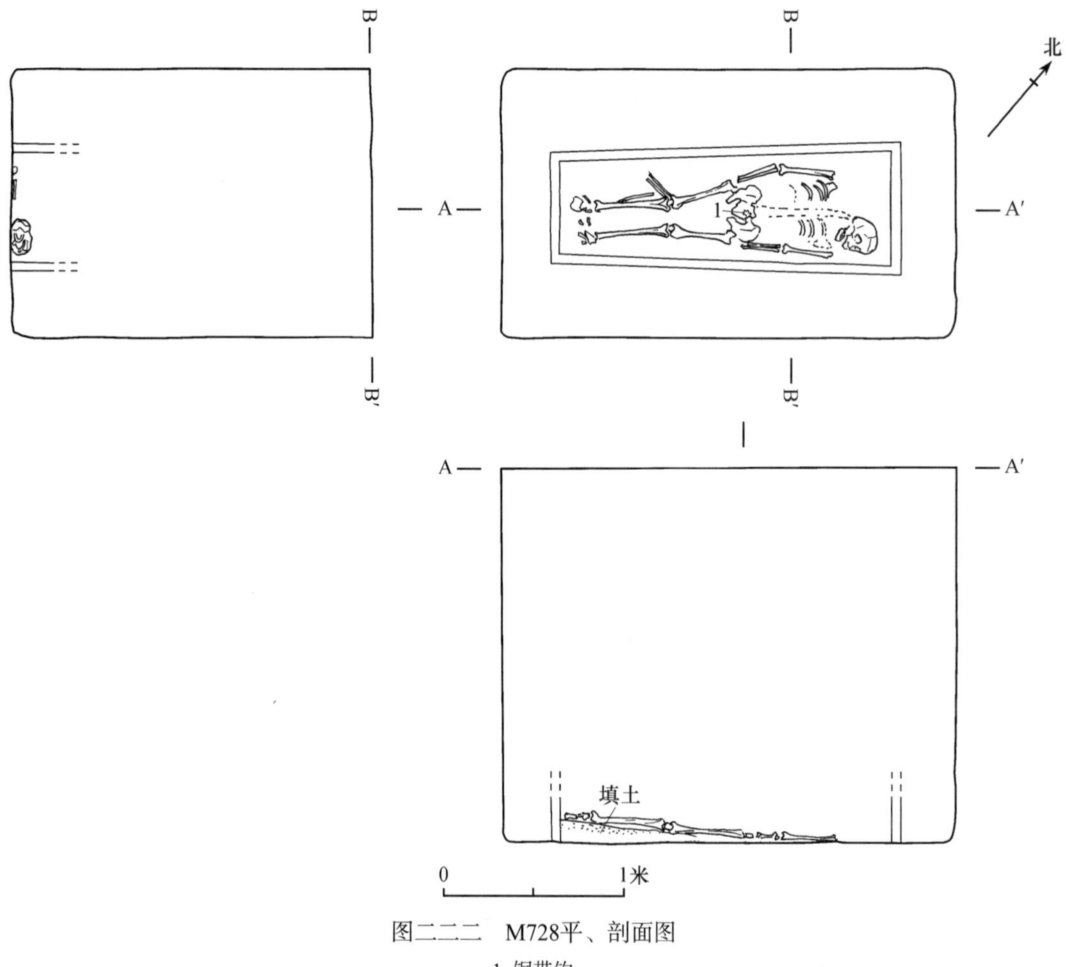

图二二二　M728平、剖面图

1. 铜带钩

（二）出土器物

随葬品置于棺内人骨腰部，共出土铜带钩1件（图版二二，3）。

铜带钩　1件。M728：1，模制。钩作鸭首形，短颈，颈断面呈长方形，腹隆起，呈龟形，腹背置一椭圆形纽。纹饰锈蚀不清，可见圆点纹。长6、宽0.5～2.3、厚0.1～0.6、颈径0.6、纽径1厘米（图二二三；图版一〇四，1）。

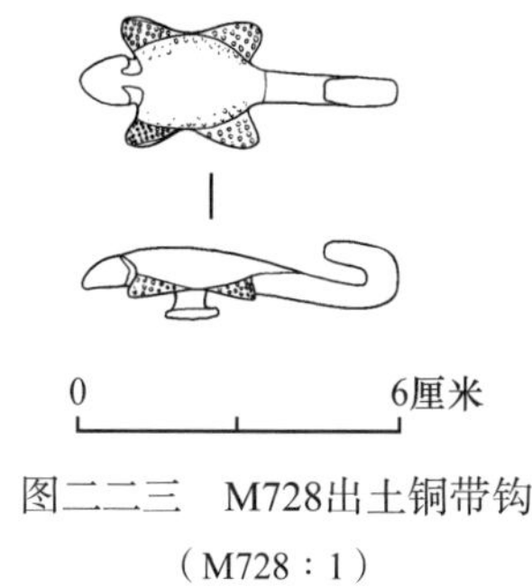

图二二三　M728出土铜带钩（M728：1）

一四六、M729

位于发掘区的东南部，西邻M728。方向46°。开口于第5层下，向下打破生土，开口距地表深2米（图二二四；图版二一，2）。

（一）墓葬形制

该墓平面呈长方形，竖穴土坑墓。口略大于底，墓口南北长2.61米，东西宽1.2米；墓底南北长2.42米，东西宽1米，墓底距墓口深1.4米。内填褐色花土，土质松软。四壁较规整，壁面粗糙，斜壁，平底。

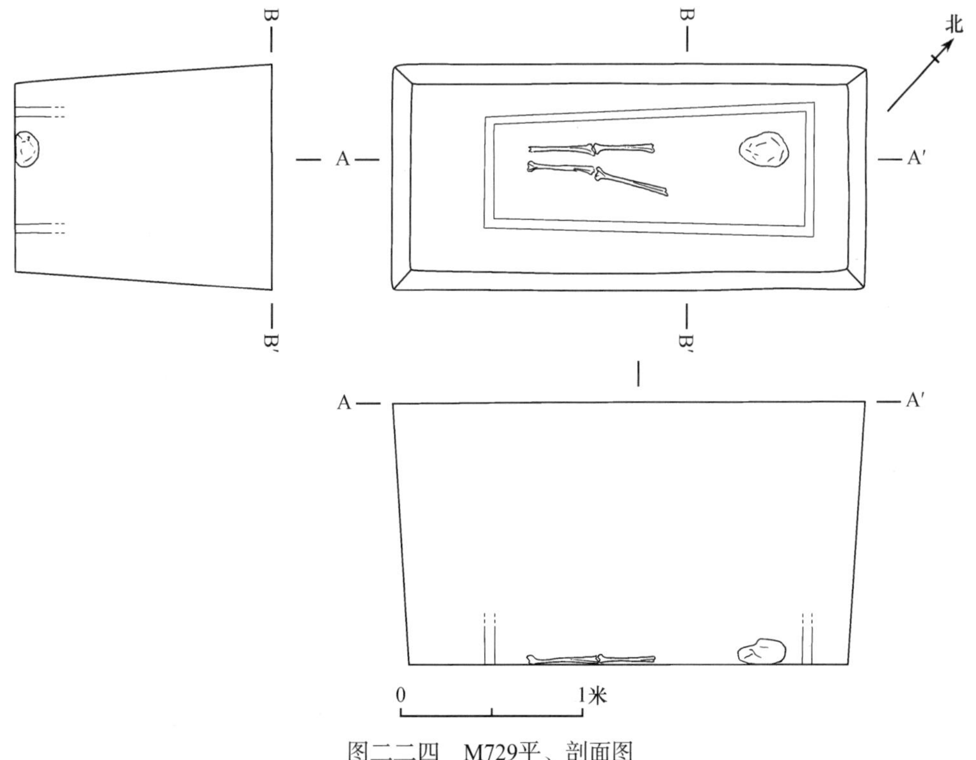

图二二四　M729平、剖面图

葬具为单棺，木质，已朽，仅存朽痕。棺平面呈梯形，南北长1.81米，东西宽0.58～0.71米，残高0.19米，棺板厚0.04～0.05米。

棺内有人骨一具，头向东北，面向上，仰身直肢，保存较差。

（二）出土器物

未发现随葬品。

一四七、M732

位于发掘区的中部，T1432东北部、T1532东南部、T1531西南部、T1431西北部，西部被M617打破，北邻M672。方向40°。开口于第5层下，向下打破生土，开口距地表深1.57米（图二二五）。

（一）墓葬形制

该墓平面呈长方形，竖穴土坑墓。口略大于底，墓口南北长3.4米，东西宽1.73米；墓底南北长2.98米，东西宽1.53米，墓底距墓口深2.53米。内填褐色花土，土质松软。四壁较规整，壁面粗糙，斜壁，平底。

葬具为一椁一棺，木质，已朽，仅存朽痕。椁平面呈“Ⅱ”形，南北长2.66米，东西宽0.73～1.34米，残高0.3米，椁板厚0.06米。东、西两侧椁壁均向内侧挤压变形。椁内有一棺，棺平面呈梯形，南北长1.91米，东西宽0.52～0.62米，残高0.3米，棺板厚0.05米。

棺内有人骨一具，头向东北，面向西北，仰身直肢，保存一般。

（二）出土器物

随葬品置于墓室北部棺椁之间，共出土陶器10件。其中陶鼎2件、陶豆2件、陶壶2件、陶盘1件、陶匜1件、陶小口罐2件（图版四二，2）。

陶鼎　2件。M732：1，泥质灰陶，轮模合制。有盖，母口，顶隆起，顶中心有一个“∩”形纽。器身子口，敛口，圆唇，上腹部有两个对称的长方形外撇附耳，有长方形穿，深直腹，圜底，下附三蹄形足。腹部饰三周凹弦纹。口径11、腹径13.2、高13.7、壁厚1～3.1厘米，盖径13.4、高5、壁厚0.6～0.8厘米（图二二六，1；图版一〇四，2）。M732：7，泥质灰陶，轮模合制。有盖，母口，顶隆起，顶中心有一个“∩”形纽。器身子口，敛口，圆唇，上腹部有两个对称的长方形外撇附耳，有长方形穿，一耳残缺，深直腹，圜底，下附三蹄形足。

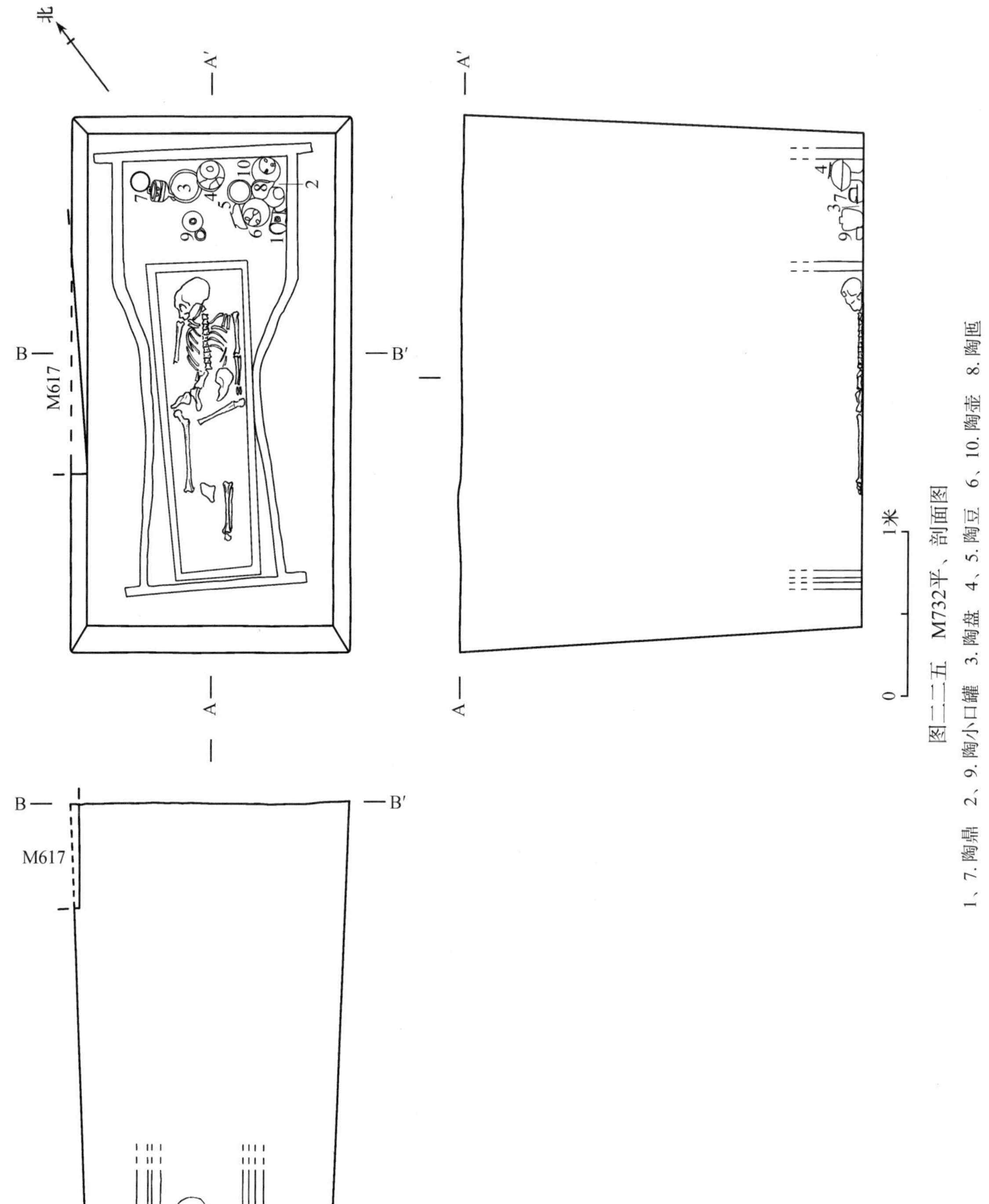

图二二五　M732平、剖面图

1、7. 陶鼎　2、9. 陶小口罐　3. 陶盘　4、5. 陶豆　6、10. 陶壶　8. 陶匜

腹部饰三周凹弦纹。口径10.6、腹径12.8、高13.4、壁厚0.56～1.4厘米，盖径13.2、高5.8、壁厚0.2～0.6厘米（图二二六，2）。

陶豆　2件。M732：4，泥质灰陶，轮制。有盖，母口，呈覆钵形，顶部有平面呈圆形的喇叭形捉手，柄较短。器身子口，敛口，方唇，弧折腹，细柄，柄较短，喇叭形座。器身有数道轮旋痕。口径14.2、腹径16、圈足径11.7、高22.1、壁厚0.6～1.8厘米，盖径16.3、捉手径11.5、高10.1、壁厚0.8～1.9厘米（图二二六，7；图版一〇四，3）。M732：5，泥质灰陶，轮制。有盖，母口，呈覆钵形，顶部有平面呈圆形的喇叭形捉手，柄较短。器身子口，敛口，圆唇，弧折腹，细柄，柄较短，喇叭形座。器身有数道轮旋痕。口径14.2、腹径16.2、捉手径11.9、高21.6、壁厚0.61～2.3厘米，盖径15.6、圈足径11.4、高8.1、壁厚0.4～2厘米（图二二六，8；图版一〇四，4）。

陶壶　2件。M732：6，泥质灰陶，轮模合制。有盖，子口，呈覆钵形，盖舌内折，顶隆

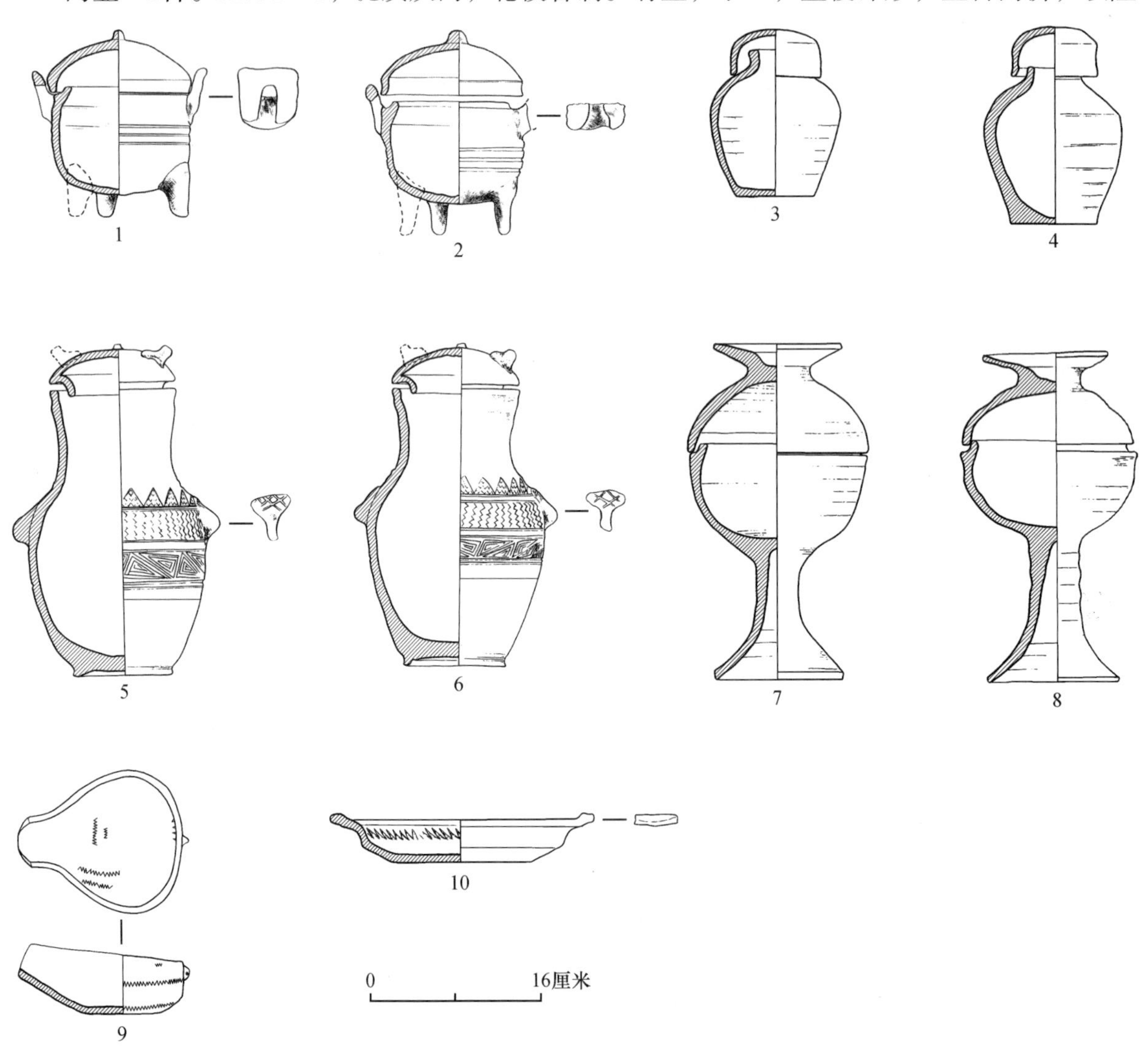

图二二六　M732出土器物

1、2. 陶鼎（M732：1、M732：7）　3、4. 陶小口罐（M732：2、M732：9）　5、6. 陶壶（M732：6、M732：10）　7、8. 陶豆（M732：4、M732：5）　9. 陶匜（M732：8）　10. 陶盘（M732：3）

起，等距分布三个矩尺状纽。器身母口，侈口，方唇，束颈，圆肩，肩部贴附两个对称的简化兽首形耳，弧腹内收，圜底，矮圈足。颈至腹部刻划三组纹饰，各组纹饰下皆饰两周凹弦纹，自上而下第一组为一周三角内填水波纹，第二组为一周竖向水波纹，第三组为一周折线三角组合纹，腹中部饰一周凹弦纹。口径11.6、腹径16.3、圈足径9.3、高25.5、壁厚0.76～2.1厘米，盖径9.4、高3.9、壁厚0.4～0.8厘米（图二二六，5；图版一〇四，5）。M732：10，泥质灰陶，轮模合制。有盖，子口，呈覆钵形，盖舌内折，顶隆起，等距分布三个矩尺状纽。器身母口，侈口，圆唇，束颈，圆肩，肩部贴附两个对称的简化兽首形耳，弧腹内收，圜底，矮圈足。颈至腹部刻划三组纹饰，各组纹饰下皆饰两周凹弦纹，自上而下第一组为一周三角内填水波纹，第二组为一周竖向水波纹，第三组为一周折线三角组合纹，腹中部饰一周凹弦纹。口径11.8、腹径16.7、圈足径9.5、高24.6、壁厚0.67～2.1厘米，盖径9.2、高4.5、壁厚0.3～0.7厘米（图二二六，6；图版一〇四，6）。

陶盘　1件。M732：3，泥质灰陶，轮模合制。敞口，折沿上扬，圆唇，唇边有两个对称的长方形外撇附耳，折腹，下腹斜收，平底。内壁口沿下方压印一周水波纹。口径25.2、腹径20.1、底径13.5、高4.6、壁厚0.8厘米（图二二六，10；图版一〇五，1）。

陶匜　1件。M732：8，泥质灰陶，轮模合制。口部呈桃形，微敛口，方唇，弧腹斜收，附槽状流，流口较短微上扬，尾部有简化的兽形鋬，平底。内外壁皆有压印水波纹，模糊不清。长13.1、宽12.3、高6.3、流长3、壁厚0.6厘米（图二二六，9；图版一〇五，2）。

陶小口罐　2件。M732：2，泥质灰陶，轮制。有盖，母口，弧壁，顶隆起。器身子口，侈口，方唇，短束颈，圆肩，斜腹内收，平底。器身有数道轮旋痕。口径4.9、腹径12.2、底径7.2、高13.5、壁厚0.9厘米，盖径8.1、腹径8.1、高4.3、壁厚0.5厘米（图二二六，3；图版一〇五，3）。M732：9，泥质灰陶，轮制。有盖，母口，弧壁，顶隆起。器身子口，直口，圆唇，短束颈，圆肩，斜弧腹内收，平底。器身有数道轮旋痕。口径5、腹径12.7、底径8、高14.1、壁厚0.61～1.6厘米，盖径7.9、腹径7.6、高4.5、壁厚0.61厘米（图二二六，4；图版一〇五，4）。

一四八、M734

位于发掘区的中部，T1431东部，西邻M735，北邻M719，东邻M715。方向8°。开口于第5层下，向下打破生土，开口距地表深1.4米（图二二七）。

（一）墓葬形制

该墓平面呈长方形，竖穴土坑墓。口底尺寸一致，南北长2.33米，东西宽0.98米，墓底距墓口深1.5米。内填花土，土质较硬，含沙。四壁较规整，壁面粗糙，直壁，平底。

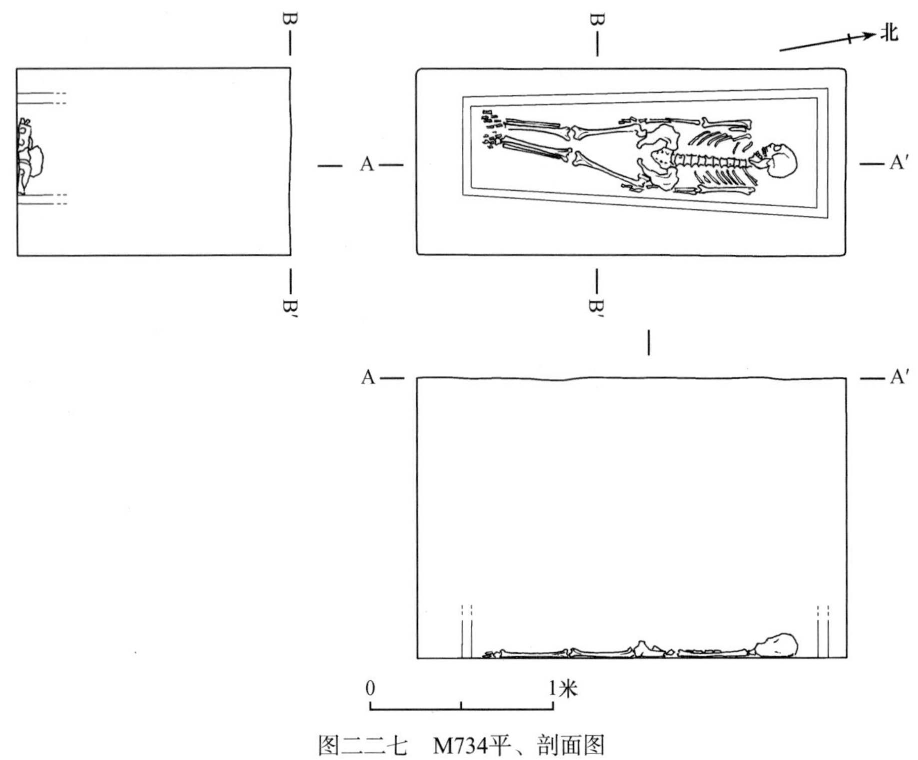

图二二七　M734平、剖面图

葬具为单棺，木质，已朽，仅存朽痕。棺平面呈梯形，南北长1.94米，东西宽0.54～0.7米，残高0.2米，棺板厚0.03～0.05米。

棺内有人骨一具，头向北，面向西，仰身直肢，保存较好。

（二）出土器物

未发现随葬品。

一四九、M735

位于发掘区的中部，T1431西部，东邻M734，南邻M792。方向14°。开口于第5层下，向下打破生土，开口距地表深1.2米（图二二八）。

（一）墓葬形制

该墓平面呈长方形，竖穴土坑墓。口底一致，南北长3.22米，东西宽1.7米，墓底距墓口深3米。内填花土，土质较硬，含沙。四壁较规整，壁面粗糙，直壁，平底。

葬具为一椁一棺，木质，已朽，仅存朽痕。椁平面呈“Ⅱ”形，南、北两端宽，中间窄，

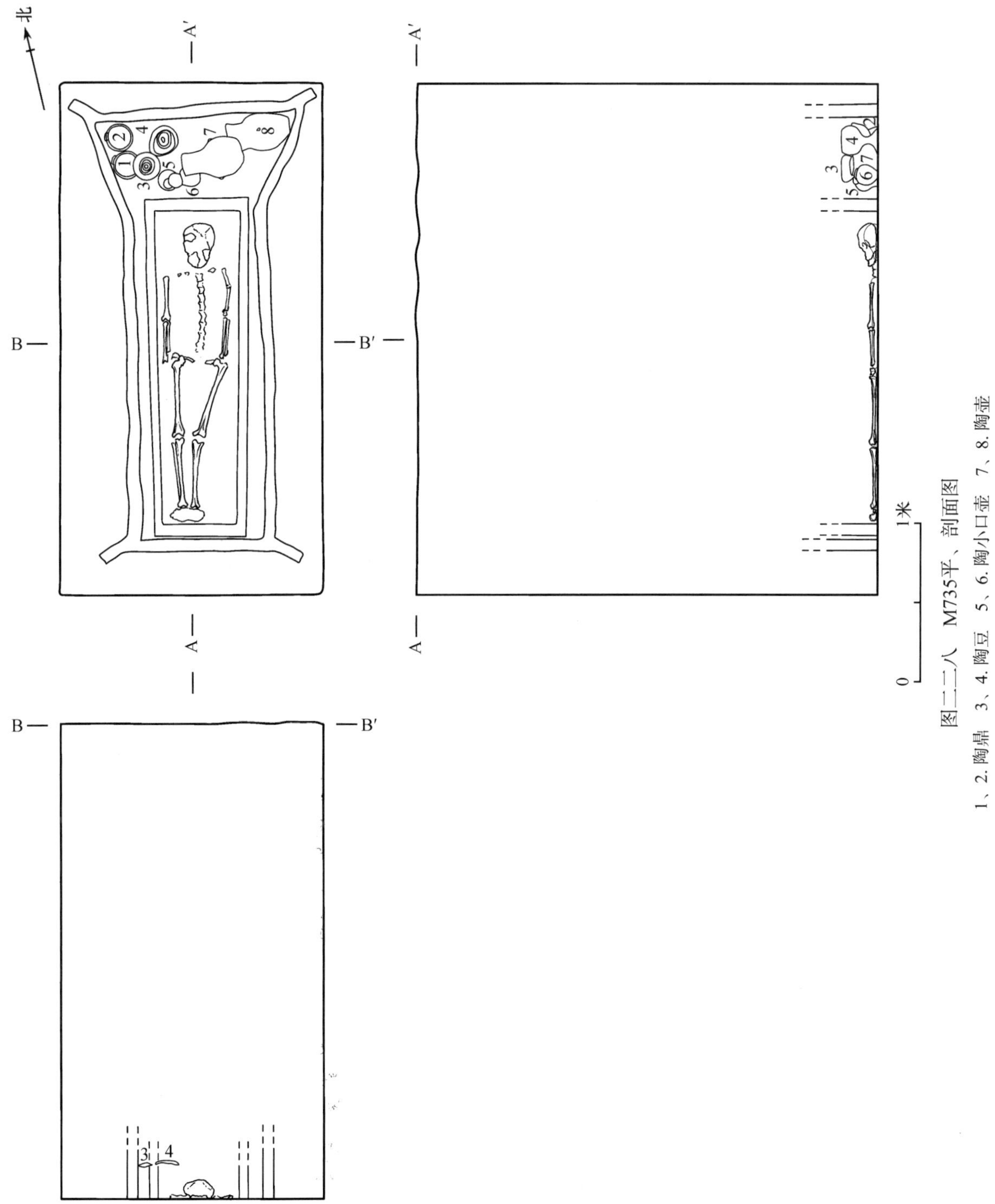

图二二八 M735平、剖面图

1、2. 陶鼎 3、4. 陶豆 5、6. 陶小口壶 7、8. 陶壶

南北长2.98米，东西宽0.93～1.6米，残高0.32米，椁板厚0.06～0.08米。四侧椁壁均向内侧挤压变形。椁内有一棺，棺平面呈梯形，南北长2.12米，东西宽0.58～0.68米，残高0.2米，棺板厚0.03～0.06米。

棺内有人骨一具，头向北，面向上，仰身直肢，保存较好。

（二）出土器物

随葬品置于墓室北部棺椁之间，共出土陶器8件。其中陶鼎2件、陶豆2件、陶壶2件、陶小口壶2件。

陶鼎　2件。M735：1，泥质红陶，轮模合制。器身敛口，方唇，上腹部有两个对称的半圆形外侈附耳，有长方形穿，直腹，腹较浅，圜底，下附三蹄形足。口沿下饰一周凹弦纹，腹部饰两周凹弦纹。器表厚施一层灰陶衣。口径15.8、腹径18.1、高16.2、壁厚0.5～1.8厘米（图二二九，2；图版一〇五，5）。M735：2，泥质红陶，轮模合制。有盖，母口，圆形，顶微隆，顶中心有一个“∩”形纽。器身子口，敛口，圆唇，上腹部有两个对称的半圆形外侈附耳，有长方形穿，直腹，腹较浅，圜底，下附三蹄形足。口沿下方饰一周凹弦纹，腹部饰两周凹弦纹。器表厚施一层灰陶衣。口径16.5、腹径18.2、高17.1、壁厚0.8厘米，盖径17.7、高4、

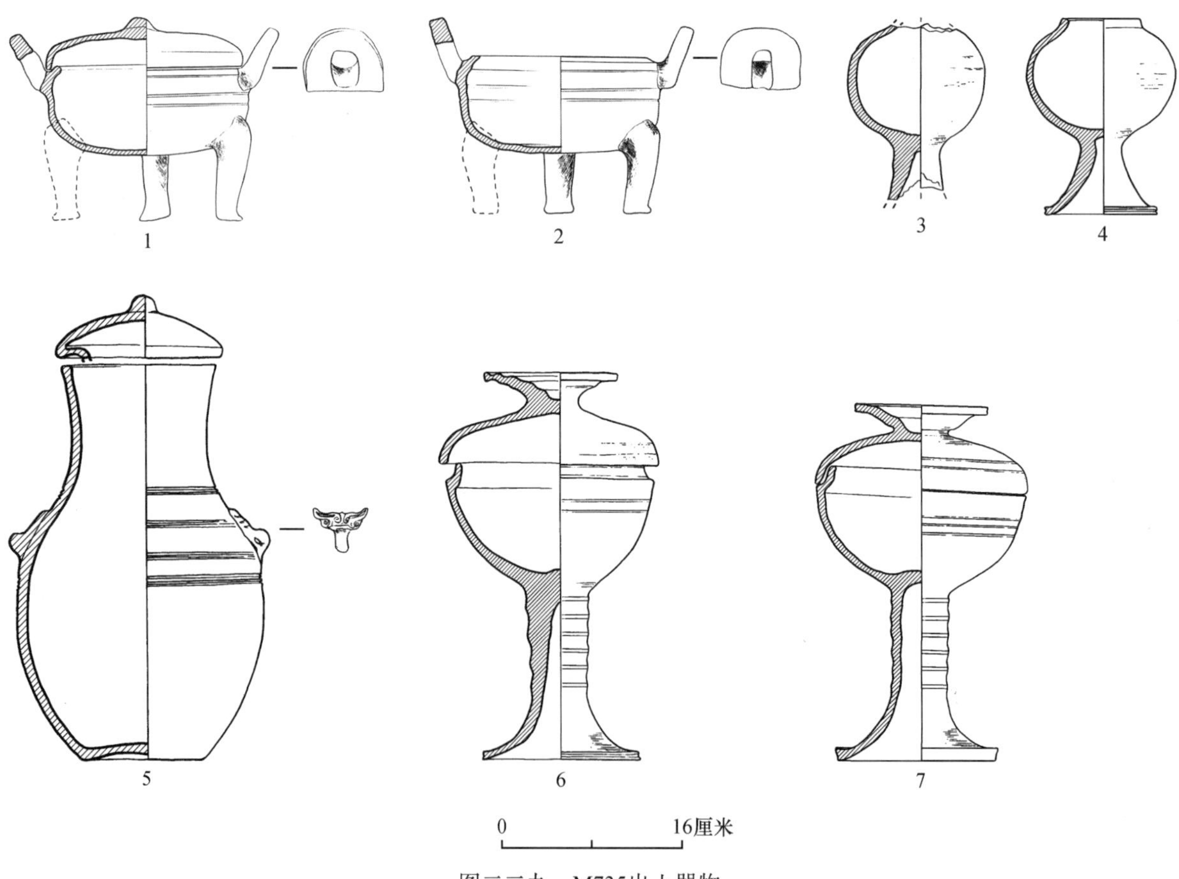

图二二九　M735出土器物

1、2. 陶鼎（M735：2、M735：1）　3、4. 陶小口壶（M735：5、M735：6）　5. 陶壶（M735：7）　6、7. 陶豆（M735：4、M735：3）

壁厚0.6～0.8厘米（图二二九，1；图版一〇五，6）。

陶豆 2件。M735：3，泥质灰陶，轮制。有盖，母口，呈覆钵形，盖腹较浅，顶部有平面呈圆形的喇叭形捉手，柄较短。器身子口，微敛口，圆唇，腹钵形，内底凸起，细长柄，喇叭形座。捉手顶面和盖面饰两周凹弦纹，腹部饰三周凹弦纹，柄部饰竹节状纹。器身有数道轮旋痕，器表厚施一层灰陶衣。口径16.8、腹径18.9、圈足径13.7、高25.3、壁厚0.8～1.4厘米，盖径19.1、捉手径12.1、高6.8、壁厚0.3～1.3厘米（图二二九，7；图版一〇六，1）。M735：4，泥质灰陶，轮制。有盖，母口，呈覆钵形，盖腹较浅，顶部有平面呈圆形的喇叭形捉手，柄较短。器身子口，敛口，圆唇，腹钵形，内底凸起，细长柄，喇叭形座。捉手顶面饰三周凸棱纹，腹部饰两周凹弦纹，柄部饰竹节状纹。器身有数道轮旋痕，器表厚施一层灰陶衣。口径14.8、腹径18.6、圈足径14.2、高25.4、壁厚0.61～2.9厘米，盖径19.6、捉手径12、高7.9、壁厚0.4～2.1厘米（图二二九，6；图版一〇六，2）。

陶壶 2件。M735：7，泥质灰陶，轮模合制。有盖，子口，呈覆钵形，盖舌残缺，顶隆起，顶中心有一“∩”形纽。器身母口，侈口，方唇，束颈，溜肩，肩部贴附两个对称的兽首形耳，弧腹内收，底内凹。肩至腹部饰四组凹弦纹，每组三周。器表施一层灰陶衣。口径13.7、腹径22.2、底径10.8、高33.9、壁厚0.61厘米，盖径7、高5.4、壁厚0.53厘米（图二二九，5；图版一〇六，3）。M735：8，无法修复，器形不可辨。

陶小口壶 2件。M735：5，泥质灰陶，轮制。盖残缺。器身仅存腹部和柄部，鼓腹，细柄。器身有数道轮旋痕，器表厚施一层灰陶衣。腹径11.9、残高13.8、壁厚0.39～1.6厘米（图二二九，3）。M735：6，泥质灰陶，轮制。盖残缺。器身敛口，圆唇，短颈，鼓腹，细柄，柄较短，喇叭形座。器身有数道轮旋痕，器表厚施一层灰陶衣。口径7、腹径13.2、圈足径10、高16.8、壁厚0.61～1.4厘米（图二二九，4；图版一〇六，4）。

一五〇、M736

位于发掘区西北部，T1634北部、T1734南部。方向20°。开口于第6层下，向下打破生土，开口距地表深2.5米（图二三〇；图版二三，1）。

（一）墓葬形制

该墓平面呈长方形，竖穴土坑墓。口底尺寸一致，南北长2.6米，东西宽0.94米，墓底距墓口深1.2米。内填褐色花土，土质松软。四壁较规整，壁面粗糙，直壁，平底。

葬具为单棺，木质，已朽，仅存朽痕。棺平面呈梯形，南北长1.92米，东西宽0.65～0.74米，残高0.16米，棺板厚0.02～0.04米。

棺内有人骨一具，头向东北，面向西北，仰身直肢，保存一般。

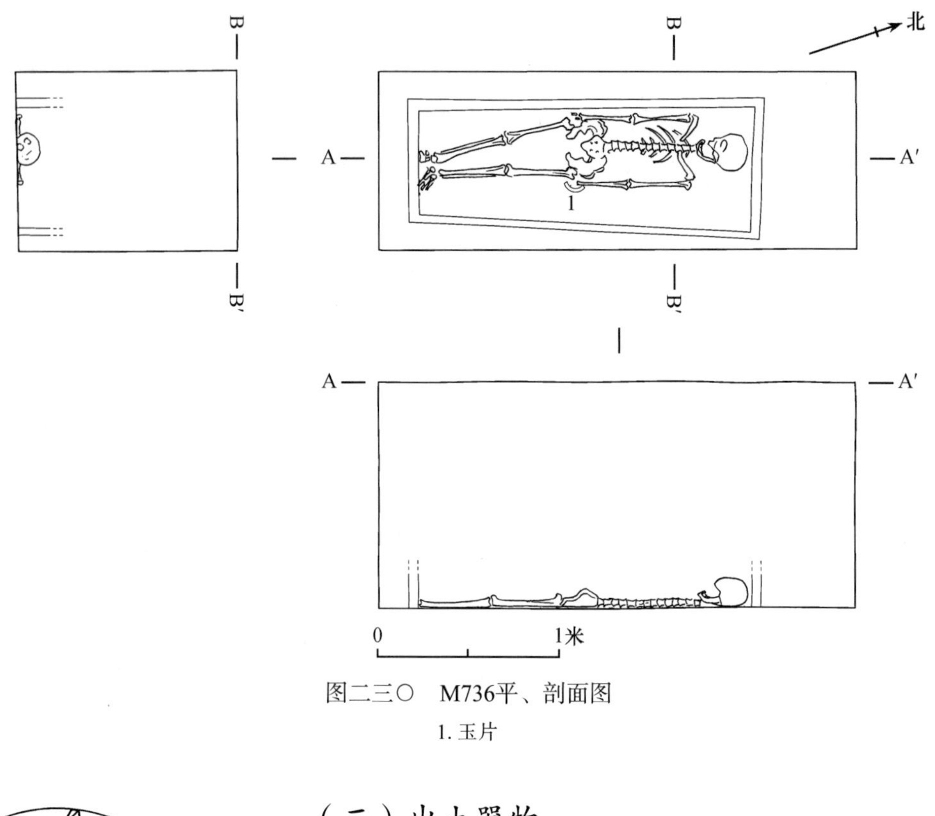

图二三〇　M736平、剖面图

1. 玉片

0　　2厘米

图二三一　M736出土玉片

（M736：1）

（二）出土器物

随葬品置于棺内人骨腰部，出土玉片1件（图版二三，3）。

玉片　1件。M736：1，手制。光润平滑，绿色，有褐色斑。两端皆残，断面呈八边形。两面均暗刻月牙纹。长3.7、厚0.15～0.35厘米（图二三一；图版一〇六，5）。

一五一、M737

位于发掘区的中部，T1430南部，西邻M722，南邻M779，东部被M724打破，西北部被晚期墓葬M723打破。方向20°。开口于第4层下，向下打破生土，开口距地表深1.6米（图二三二）。

（一）墓葬形制

该墓平面呈长方形，竖穴土坑墓。口略大于底，墓口南北长2.3米，东西宽1.45米；墓底南北长2.1米，东西宽1.24米，墓底距墓口深1.1米。内填褐色花土，土质松软。四壁较规整，壁面粗糙，斜壁，平底。

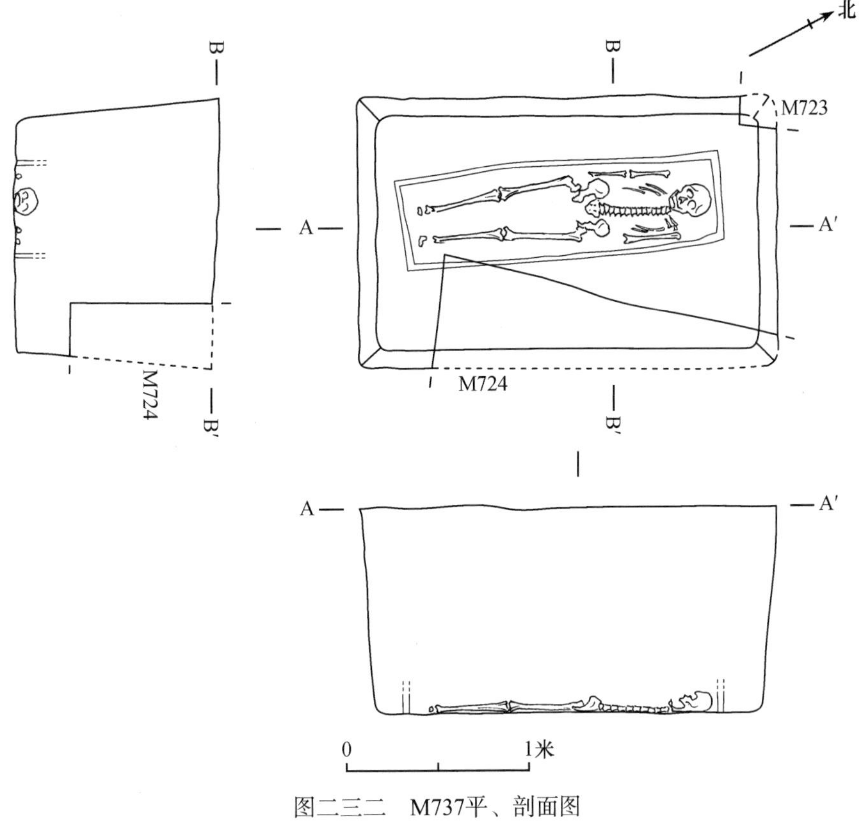

图二三二　M737平、剖面图

葬具为单棺，木质，已朽，仅存朽痕。棺平面呈梯形，南北长1.75米，东西宽0.47～0.53米，残高0.15米，棺板厚0.02～0.05米。

棺内有人骨一具，头向东北，面向上，仰身直肢，保存一般。

（二）出土器物

随葬品置于墓内填土中，共出土铜环2件。

铜环　2件。M737：1，模制。圆形，横断面呈圆形。外径3.4、内径2.1、厚0.65厘米（图二三三，1；图版一〇六，6）。M737：2，模制。圆形，横断面呈圆形。环两面皆饰折线三角纹和涡纹。外径5.1、内径3.5、厚0.52～0.9厘米（图二三三，2；图版一〇七，1）。

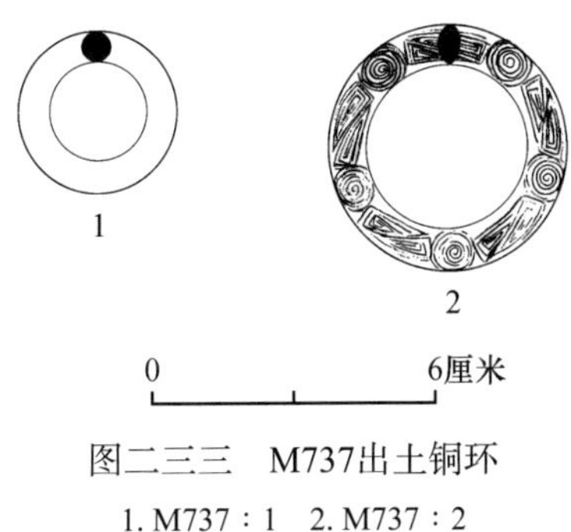

图二三三　M737出土铜环

1. M737：1　2. M737：2

一五二、M738

位于发掘区的中部，T1431东北部、T1430西北部，西邻M719，东南部被K7打破。方向30°。开口于第4层下，向下打破生土，开口距地表深1.4米（图二三四）。

（一）墓葬形制

该墓平面呈长方形，竖穴土坑墓。口底尺寸一致，南北长2.27米，东西宽1.02米，墓底距墓口深2米。内填褐色花土，土质松软。四壁较规整，壁面粗糙，直壁，平底。

葬具为单棺，木质，已朽，仅存朽痕。棺平面呈梯形，南北长1.85米，东西宽0.5～0.6米，残高0.16米，棺板厚0.05米。

棺内有人骨一具，头向东北，面向上，仰身直肢，保存一般。

（二）出土器物

未发现随葬品。

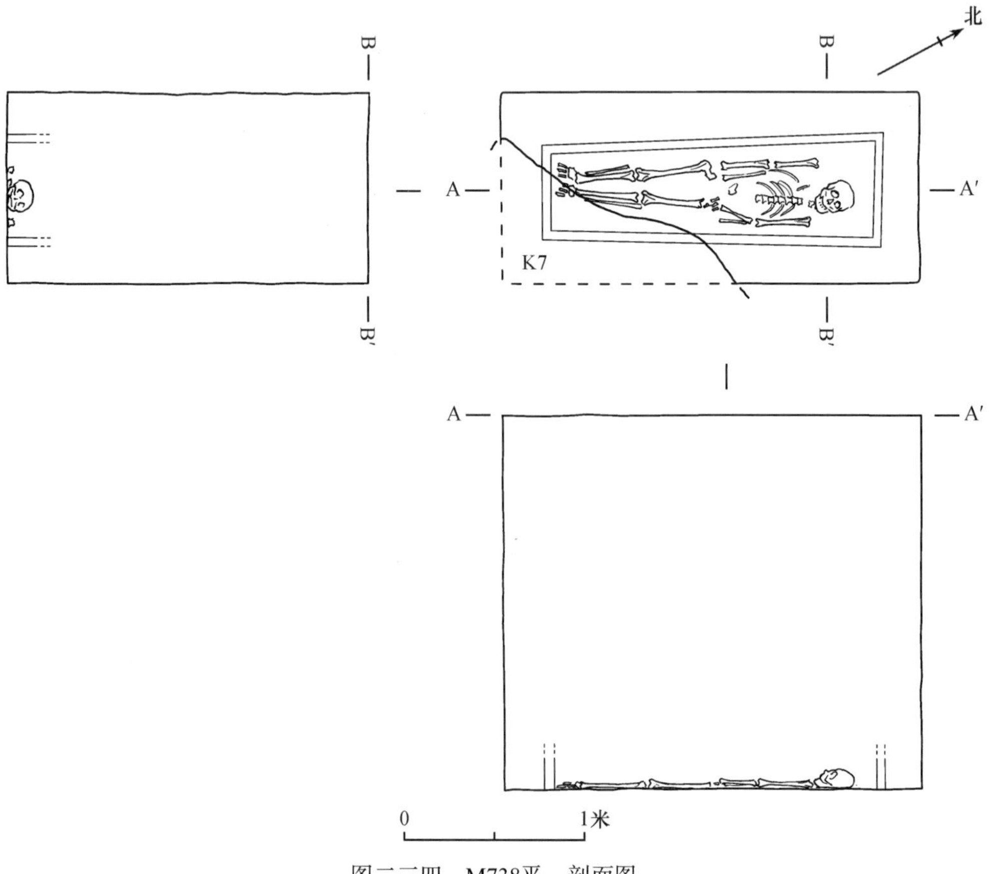

图二三四　M738平、剖面图

一五三、M739

位于发掘区西北部，T1935西北部、T1936东北部，东邻M688，北邻M680。方向42°。开口于第5层下，向下打破第6层及生土，开口距地表深2.4米（图二三五；图版二二，2）。

（一）墓葬形制

该墓平面呈梯形，竖穴土坑墓。口略大于底，墓口南北长3米，东西宽1.73～1.77米；墓底南北长2.83米，东西宽1.57～1.65米，墓底距墓口深1.6米。内填褐色花土，土质较硬。四壁较规整，壁面粗糙，斜壁，平底。

葬具为一椁一棺，木质，已朽，仅存朽痕。椁平面呈“Ⅱ”形，南北长2.63米，东西宽0.81～1.29米，残高0.3米，椁板厚0.03～0.05米。北侧椁壁向内侧挤压变形。椁内有一棺，棺平面呈梯形，南北长1.84米，东西宽0.48～0.67米，残高0.2米，棺板厚0.03～0.04米。

棺内有人骨一具，头向东北，面向不详，仰身直肢，保存较差。

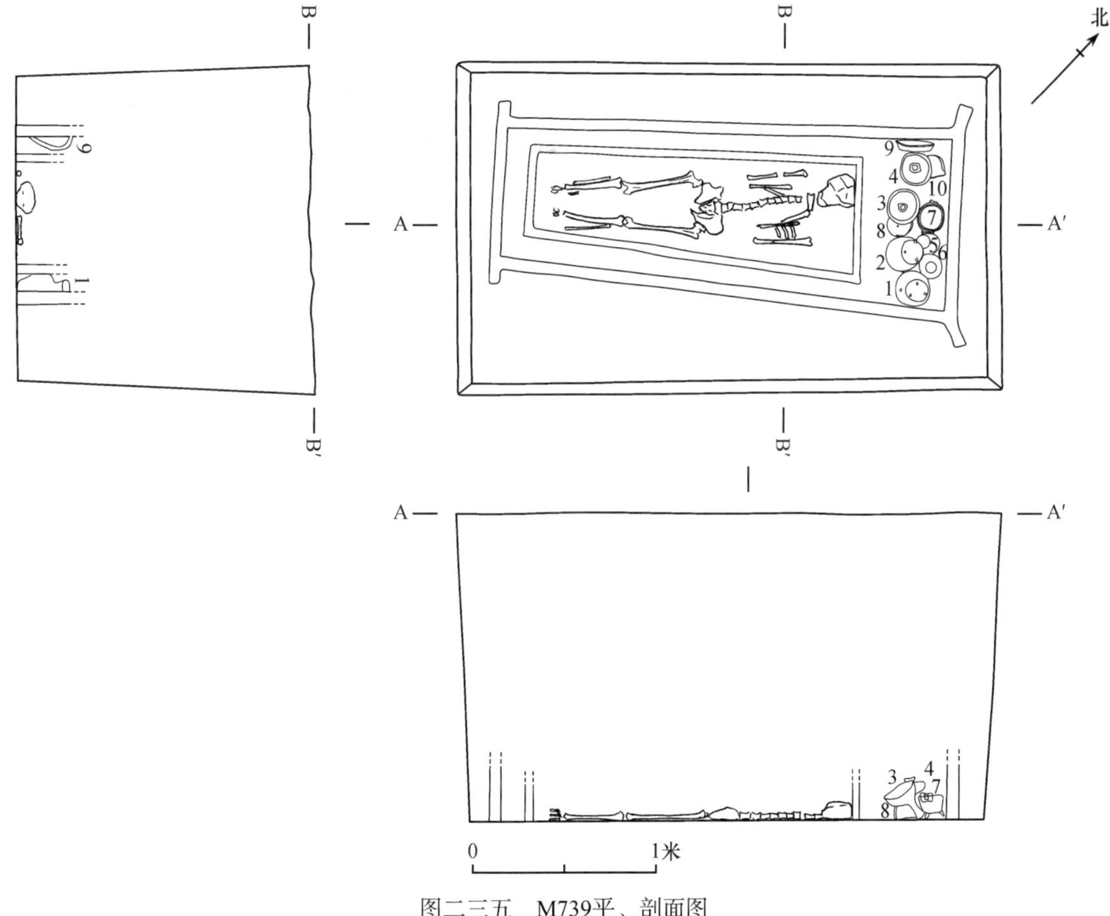

图二三五　M739平、剖面图

1、2. 陶壶　3、4. 陶豆　5、6. 陶小口罐　7、8. 陶鼎　9. 陶盘　10. 陶匜

（二）出土器物

随葬品置于墓室北部棺椁之间，共出土陶器10件。其中陶鼎2件、陶豆2件、陶壶2件、陶盘1件、陶匜1件、陶小口罐2件（图版二二，4）。

陶鼎　2件。M739：7，泥质灰陶，轮模合制。有盖，母口，顶隆起，顶中心有一个“∩”形纽。器身子口，敛口，方唇，上腹部有两个对称的长方形外撇附耳，有长方形穿，深直腹，圜底，下附三蹄形足。腹部饰三周凹弦纹。口径12.4、腹径13.8、高13.5、壁厚0.7～1.2厘米，盖径13.7、高6.3、壁厚0.7～0.9厘米（图二三六，1；图版一〇七，2）。M739：8，泥质灰陶，轮模合制。有盖，母口，顶隆起，顶中心有一个“∩”形纽。器身子口，敛口，圆唇，上腹部有两个对称的长方形外撇附耳，耳中有长方形穿，深直腹，圜底，下附三蹄形足。腹部饰三周凹弦纹。口径11.8、腹径14.2、高11.3、壁厚0.63厘米，盖径13.4、高5.6、壁厚0.55厘米（图二三六，4；图版一〇七，3）。

陶豆　2件。M739：3，泥质灰陶，轮制。有盖，母口，呈覆钵形，顶部捉手残缺。器身子口，微敛口，圆唇，弧折腹，细柄，柄较短、中空，喇叭形座。器身有数道轮旋痕。口径13.9、腹径15.3、圈足径11.9、高19.2、壁厚0.56～2.2厘米，盖径15.1、残高6.3、壁厚0.4～1厘米（图二三六，5；图版一〇七，4）。M739：4，泥质灰陶，轮制。有盖，母口，呈覆钵形，顶部捉手残缺。器身子口，微敛口，方唇，弧折腹，细柄，柄较短、中空，喇叭形座。器身有数道轮旋痕。口径14.7、腹径16.3、圈足径13.2、高20.8、壁厚0.7～1.1厘米，盖径15.8、残高8.5、壁厚0.8～1.9厘米（图二三六，2；图版一〇七，5）。

陶壶　2件。M739：1，泥质灰陶，轮模合制。有盖，子口，呈覆钵形，盖舌内折，顶隆起，等距分布三个矩尺状纽。器身母口，侈口，圆唇，束颈，圆肩，肩部贴附两个对称的简化兽首形耳，弧腹内收，圜底，矮圈足。颈至腹部刻划四组纹饰，各组纹饰下皆饰一周凹弦纹，自上而下第一组为一周三角内填水波纹，第二组为一周竖向水波纹，第三组为一周折线三角组合纹，第四组为一周三角内填水波纹，下腹部饰细绳纹，漫漶不清。口径10.5、腹径16、圈足径8.2、高23.2、壁厚0.82厘米，盖径8.9、高4.5、壁厚0.59厘米（图二三六，3；图版一〇七，6）。M739：2，泥质灰陶，轮模合制。有盖，子口，呈覆钵形，盖舌内折，顶隆起，等距分布三个矩尺状纽。器身母口，侈口，方唇，束颈，圆肩，肩部贴附两个对称的简化兽首形耳，弧腹内收，底内凹，矮圈足。颈至腹部刻划四组纹饰，各组纹饰下皆饰一或两周凹弦纹，自上而下第一组为一周三角内填水波纹，第二组为一周竖向水波纹，第三组为一周折线三角组合纹，第四组为一周三角内填水波纹，下腹部饰细绳纹，漫漶不清。口径10.8、腹径15.8、圈足径8.6、高22.6、壁厚1～2.6厘米，盖径8.1、高4.4、壁厚0.5～0.9厘米（图二三六，6；图版一〇八，1）。

陶盘　1件。M739：9，泥质灰陶，轮制。敞口，折沿上扬，圆唇，折腹，下腹斜收，平底。内壁至盘心压印四周水波纹。口径22.1、底径11.6～12.3、高5、壁厚0.8厘米（图二三六，

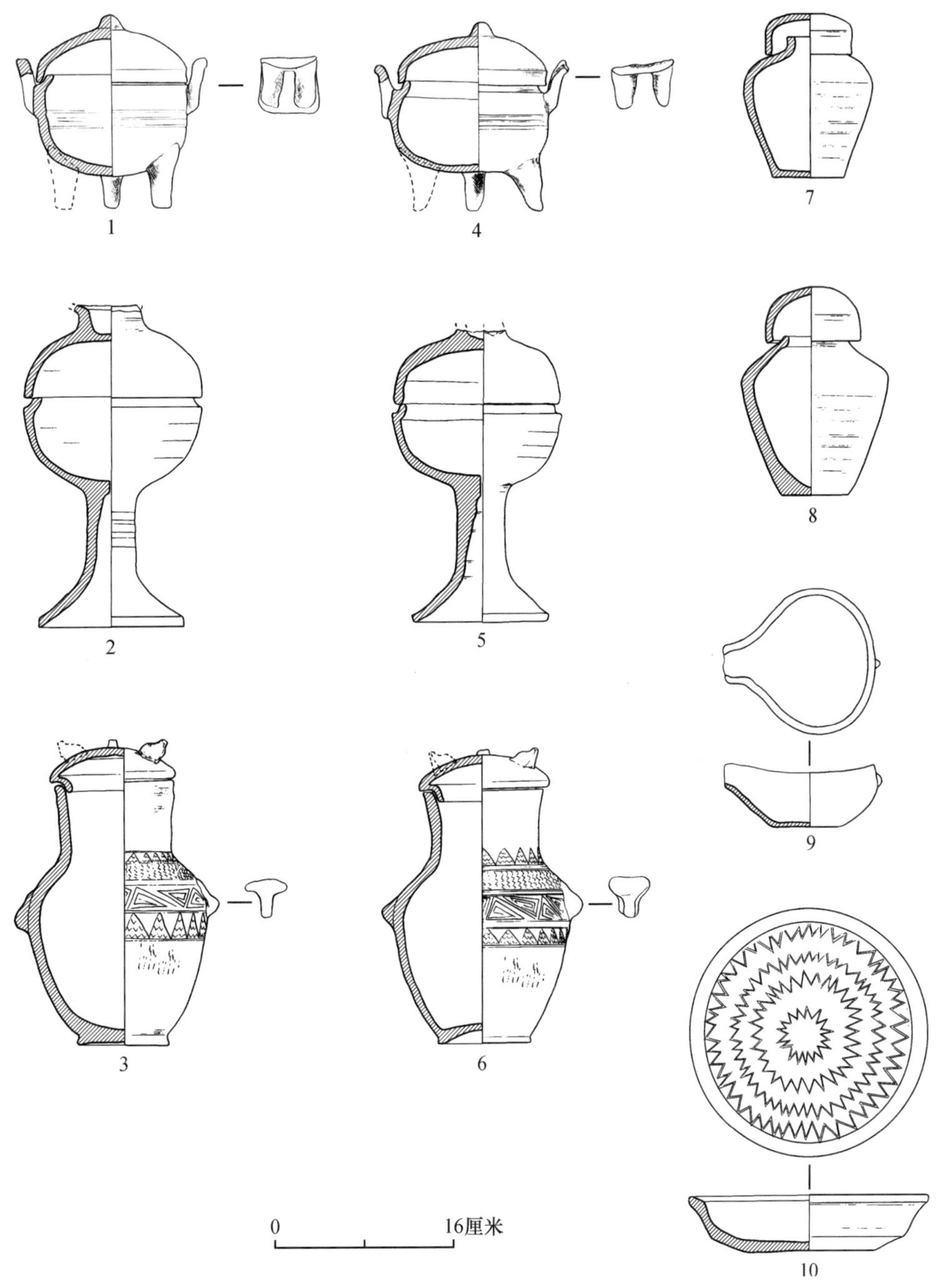

图二三六　M739出土器物

1、4. 陶鼎（M739：7、M739：8）　2、5. 陶豆（M739：4、M739：3）　3、6. 陶壶（M739：1、M739：2）　7、8. 陶小口罐（M739：6、M739：5）　9. 陶匜（M739：10）　10. 陶盘（M739：9）

10；图版一〇八，2）。

陶匜　1件。M739：10，泥质灰陶，轮模合制。口部呈桃形，近直口，圆唇，弧腹内收，附槽状流，流口较短微上扬，尾部有半圆形鋬，平底。长13.3、宽12.7、底径6、高5.7、流长2.1、壁厚0.6～0.9厘米（图二三六，9；图版一〇八，3）。

陶小口罐　2件。M739：5，泥质灰陶，轮制。有盖，母口，弧壁，顶微隆。器身子口，敛口，圆唇，短颈，圆肩，斜腹内收，平底。器身有数道轮旋痕。口径5.6、腹径12.6、底径5.8、高12.8、壁厚0.61厘米，盖径8.2、高4.5、壁厚0.57厘米（图二三六，8；图版一〇八，4）。M739：6，泥质灰陶，轮制。有盖，母口，弧壁，顶微隆。器身子口，微敛口，圆唇，短颈，圆肩，斜腹内收，平底。器身有数道轮旋痕。口径4.3、腹径12、底径5.5、高12.6、壁厚0.6～0.9厘米，盖径7.9、腹径8.1、高4、壁厚0.6厘米（图二三六，7；图版一〇八，5）。

一五四、M740

位于发掘区的中部，T1730南部，西邻M648，南邻M702。方向10°。开口于第5层下，向下打破第6层及生土，开口距地表深1.5米（图二三七；图版二三，2）。

（一）墓葬形制

该墓平面呈长方形，竖穴土坑墓。口底尺寸一致，南北长2米，东西宽0.92米，墓底距墓口深1米。内填褐色花土，土质较硬。四壁较规整，壁面粗糙，直壁，平底。

葬具为单棺，木质，已朽，仅存朽痕。棺平面呈梯形，南北长1.8米，东西宽0.51～0.61米，残高0.15米，棺板厚0.04～0.06米。

棺内有人骨一具，头向北，面向上，仰身直肢，保存一般。

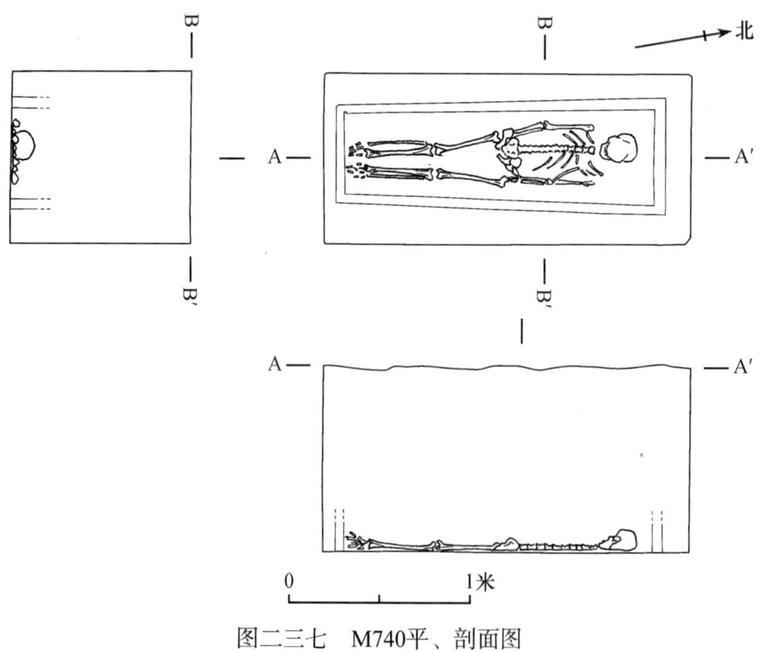

图二三七　M740平、剖面图

（二）出土器物

未发现随葬品。

一五五、M741

位于发掘区的北部，T1729东北部，西北邻M565。方向335°。开口于第5层下，向下打破第6层及生土，开口距地表深1.8米（图二三八；图版二五，1）。

（一）墓葬形制

该墓平面呈长方形，竖穴土坑墓。口底尺寸一致，南北长2.3米，东西宽0.85米，墓底距墓口深0.7米。内填深褐色花土，土质较硬。四壁较规整，壁面粗糙，直壁，平底。

葬具为单棺，木质，已朽，仅存朽痕。棺平面呈梯形，南北长1.9米，东西宽0.46～0.6米，残高0.2米，棺板厚0.06米。

棺内有人骨一具，头向西北，面向上，仰身直肢，保存一般。

（二）出土器物

未发现随葬品。

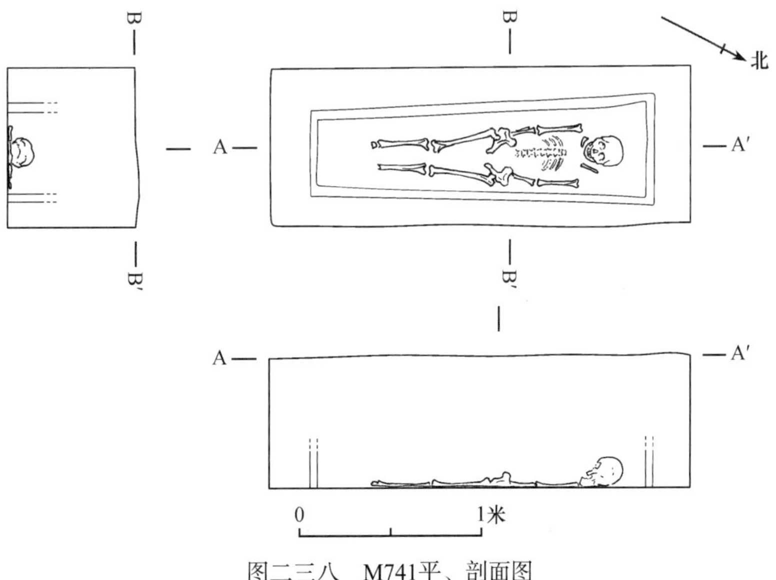

图二三八　M741平、剖面图

一五六、M743

位于发掘区的中部，T1428北部，东南邻M766。方向126°。开口于第4层下，向下打破生土，开口距地表深1.44米（图二三九；图版二四，1）。

（一）墓葬形制

该墓平面呈长方形，竖穴土坑墓。口略大于底，墓口东西长2.98米，南北宽1.63米；墓底东西长2.7米，南北宽1.37米，墓底距墓口深1.76米。内填花土，土质松软。四壁较规整，壁面粗糙，斜壁，平底。

葬具为一椁一棺，木质，已朽，仅存朽痕。椁平面呈“Ⅱ”形，东西长2.32米，南北宽0.82～1.07米，残高0.2米，椁板厚0.06米。东、西两侧椁壁长度大于椁宽。椁内有一棺，棺平面呈梯形，东西长1.75米，南北宽0.44～0.52米，残高0.2米，棺板厚0.03～0.05米。

棺内有人骨一具，头向东南，面向不详，仰身直肢，保存较差。

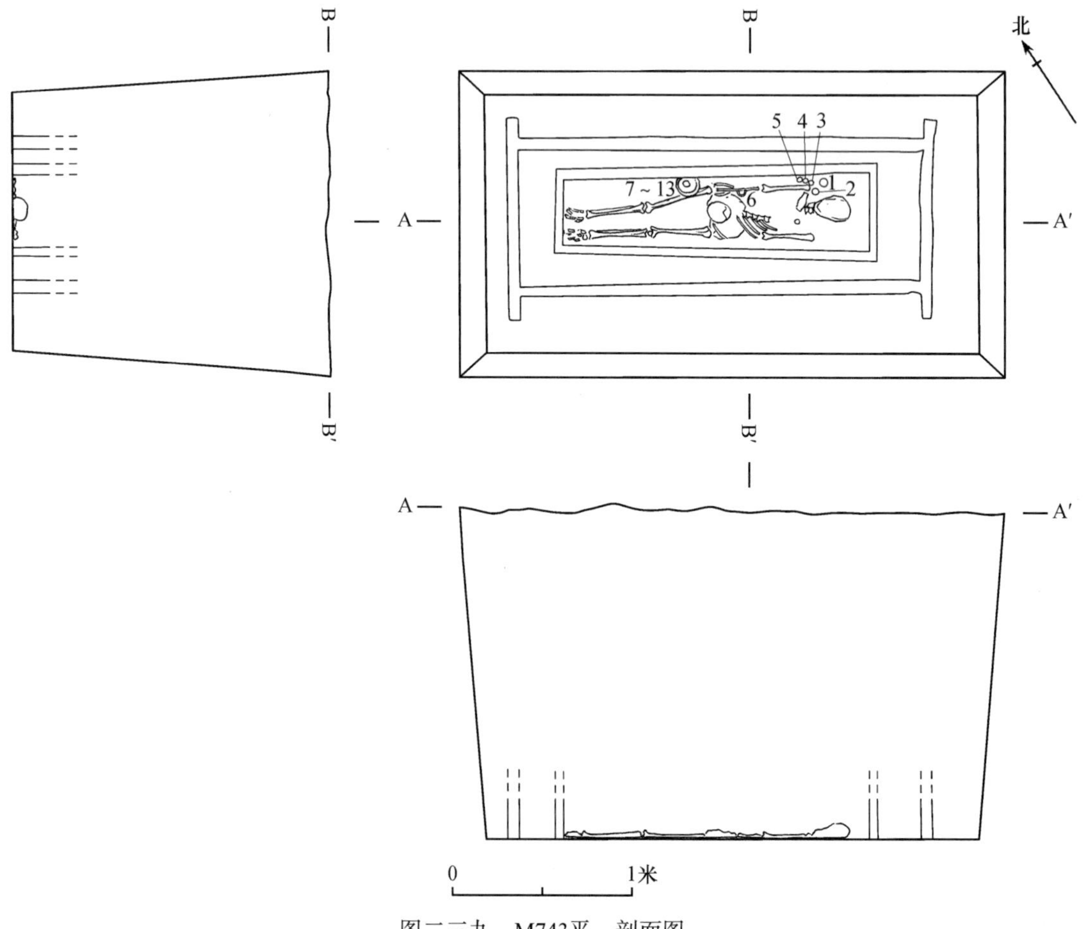

图二三九　M743平、剖面图

1、6. 铜环　2. 玉环　3～5. 水晶珠　7～13. 石璧

（二）出土器物

随葬品置于棺内，共出土器物13件，其中铜器2件、玉器1件、水晶3件、石器7件。铜器有铜环2件，玉器有玉环1件，水晶有水晶珠3件，石器有石璧7件（图版二四，3）。

1. 铜器

铜环　2件。M743：1，模制。圆形，横断面呈圆形。外径4.7、内径3.5、厚0.6厘米（图二四〇，8；图版一〇八，6）。M743：6，模制。圆形，横断面呈六边形。外径3.4、内径2.3、厚0.3～0.55厘米（图二四〇，9；图版一〇九，1）。

2. 玉器

玉环　1件。M743：2，磨制。玉质透亮，黄白色，有黑褐色沁斑。整体呈环状，横剖面呈同心圆状，纵剖面呈不规则八边形。外径3、内径1.6、厚0.6厘米（图二四〇，7；图版一〇九，2）。

3. 水晶

水晶珠　3件。M743：3，手制。透明。整体呈扁圆柱形，中有圆穿，上下边缘斜削，横剖面呈同心圆状，纵剖面呈不规则八边形。外径1.6、内径0.3、厚1.3厘米（图二四〇，12；图版一〇九，3）。M743：4，手制。透明。整体呈扁圆柱形，中有圆穿，两孔歪斜，上下边缘斜削，横剖面呈同心圆状，纵剖面呈不规则八边形。外径1.5、内径0.4、厚1.2厘米（图二四〇，13；图版一〇九，4）。M743：5，手制。透明。整体呈扁圆柱形，中有圆穿，上下边缘斜削，横剖面呈同心圆状，纵剖面呈不规则八边形。外径1.5、内径0.3、厚1.6厘米（图二四〇，11；图版一〇九，5）。

4. 石器

石璧　7件。M743：7，手制。深灰色。扁平状，圆形，一侧残缺，中间有圆孔，表面磨制平滑。外径11.1、内径3.5、宽3.9、厚0.2厘米（图二四〇，6）。M743：8，手制。深灰色夹杂米白色纹饰。扁平状，圆形，中间有圆孔，表面磨制平滑。外径9.1、内径3.1、宽2.8、厚0.4厘米（图二四〇，1；图版一〇九，6）。M743：9，手制。深灰色。扁平状，圆形，中间有圆孔，表面磨制平滑。外径9.4、内径3.4、宽2.9、厚0.25厘米（图二四〇，2；图版一一〇，1）。M743：10，手制。深灰色。扁平状，圆形，中间有圆孔，表面磨制平滑。外径10、内径3.5、宽3.2、厚0.1～0.2厘米（图二四〇，3；图版一一〇，2）。M743：11，手制。深灰色。扁平状，圆形，中间有圆孔，表面磨制平滑。外径11.1、内径3.5、宽3.9、厚0.2

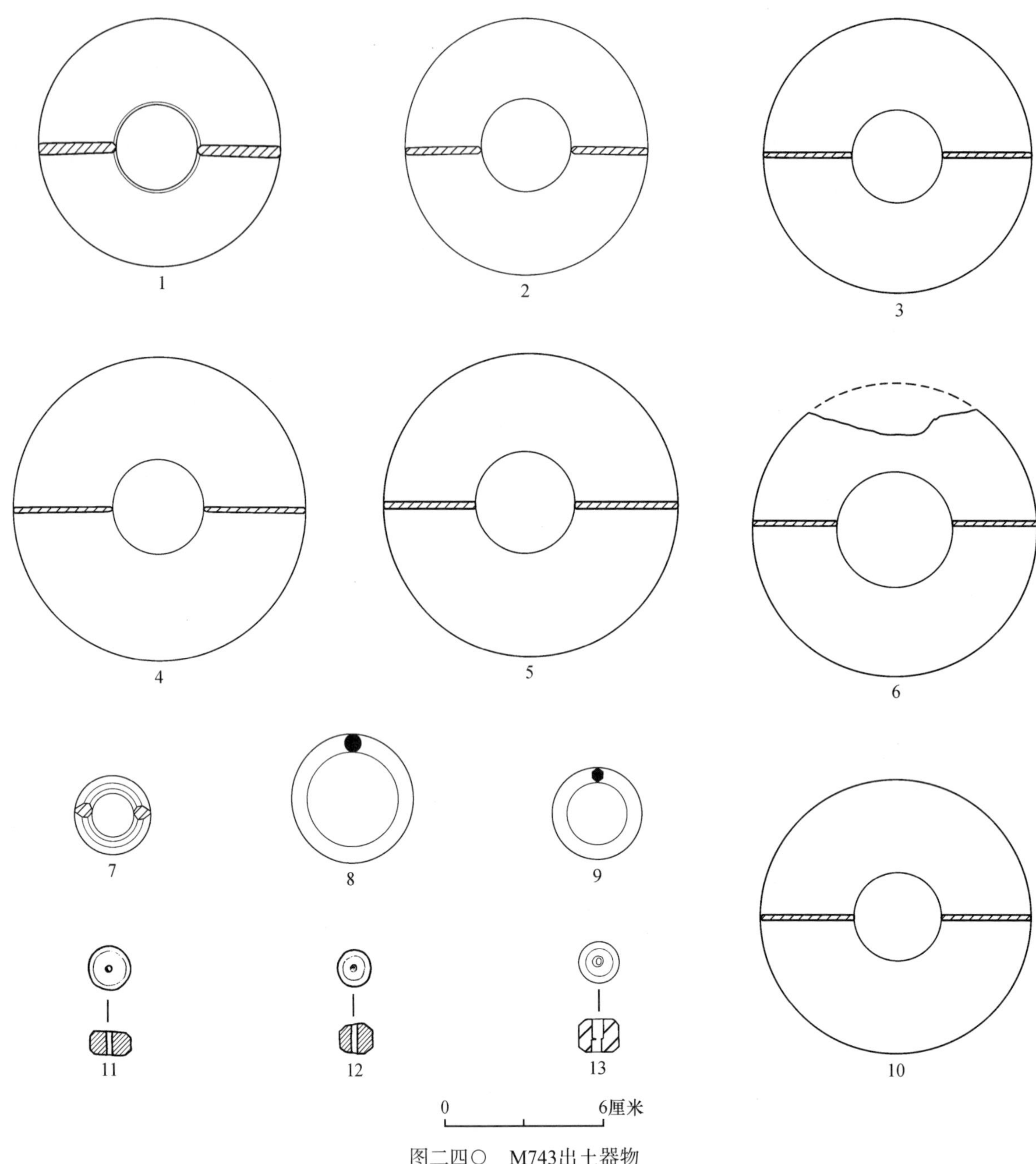

图二四〇　M743出土器物

1～6、10. 石璧（M743：8、M743：9、M743：10、M743：11、M743：12、M743：7、M743：13）　7. 玉环（M743：2）
8、9. 铜环（M743：1、M743：6）　11～13. 水晶珠（M743：5、M743：3、M743：4）

厘米（图二四〇，4；图版一一〇，3）。M743：12，手制。深灰色。扁平状，圆形，中间有圆孔，表面磨制平滑。外径11.1、内径3.8、宽3.8、厚0.1厘米（图二四〇，5；图版一一〇，4）。M743：13，手制。深灰色夹杂米白色花纹。扁平状，圆形，中间有圆孔，表面磨制平滑。外径10.1、内径3.3、宽3.4、厚0.1厘米（图二四〇，10；图版一一〇，5）。

一五七、M744

位于发掘区的中部，T1428西部，南邻M707。方向122°。开口于第4层下，向下打破生土，开口距地表深1.6米（图二四一）。

（一）墓葬形制

该墓平面呈长方形，竖穴土坑墓。口底尺寸一致，东西长2.92米，南北宽1.41米，墓底距墓口深1.2米。内填深褐色花土，土质较硬，含沙。四壁较规整，壁面粗糙，直壁，平底。

葬具为单棺，木质，已朽，仅存朽痕。棺平面呈梯形，东西长2米，南北宽0.69～0.77米，残高0.2米，棺板厚0.03～0.06米。

棺内有人骨一具，头向东南，面向西南，仰身直肢，保存较差。

（二）出土器物

未发现随葬品。

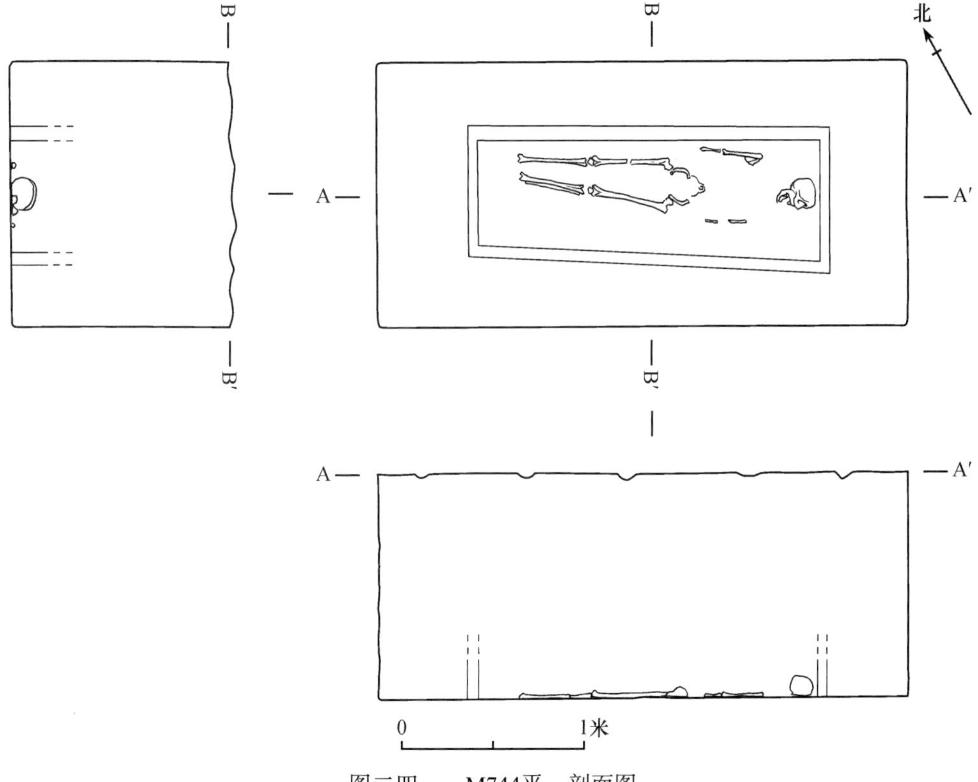

图二四一　M744平、剖面图

一五八、M747

位于发掘区的中部，T1429东北部、T1529东南部，东邻M748，西邻M693，南邻M749。方向22°。开口于第4层下，向下打破生土，开口距地表深1.19米（图二四二）。

（一）墓葬形制

该墓平面呈长方形，竖穴土坑墓。口略大于底，墓口南北长3.3米，东西宽1.86米；墓底南北长2.9米，东西宽1.5米，墓底距墓口深1.81米。内填花土，土质松软。四壁较规整，壁面粗糙，斜壁，平底。

葬具为单棺，木质，已朽，仅存朽痕。棺平面呈梯形，南北长2.15米，东西宽0.5～0.7米，残高0.16米，棺板厚0.02～0.04米。

棺内有人骨一具，头向东北，面向不详，仰身直肢，保存较差。

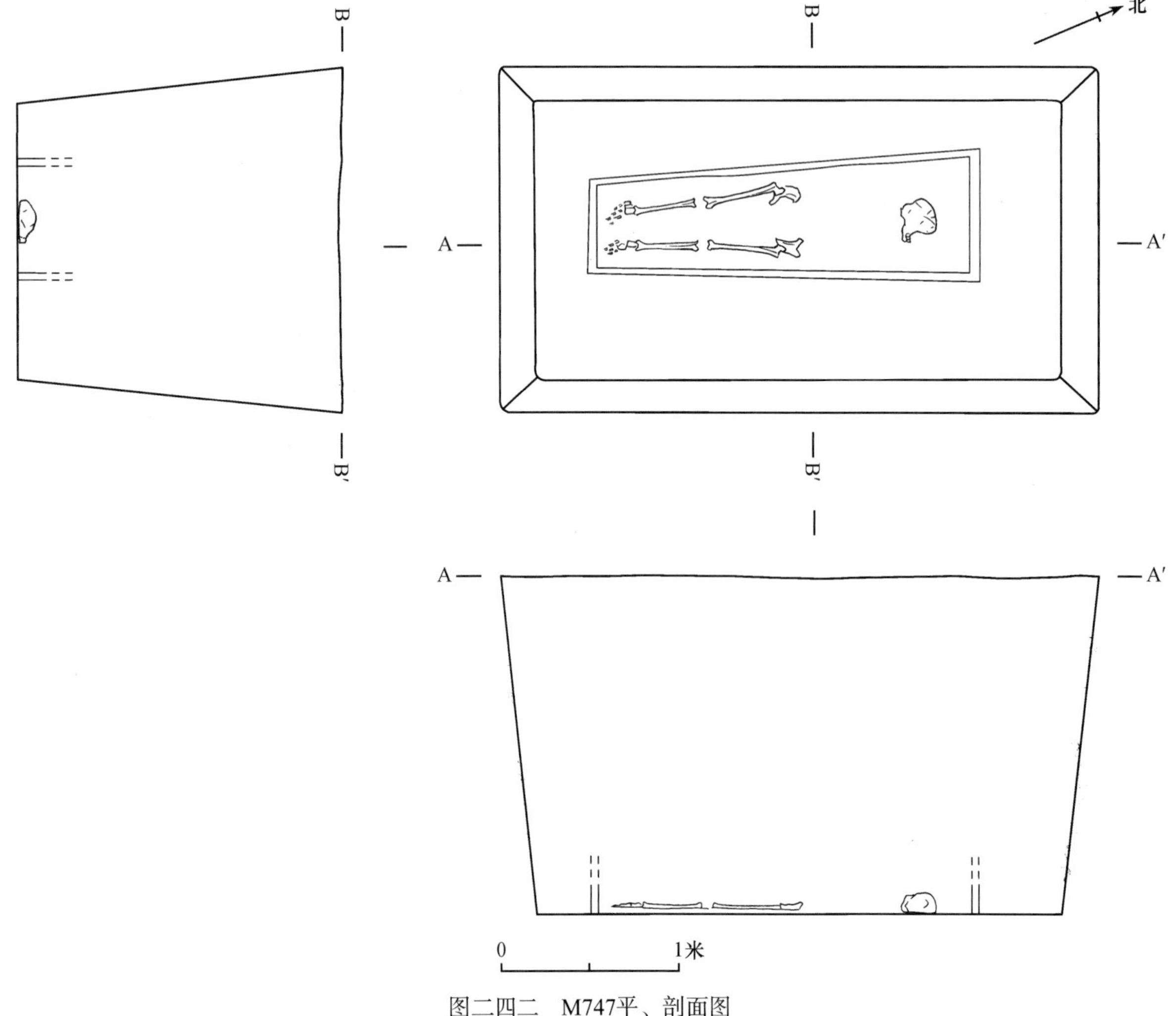

图二四二　M747平、剖面图

（二）出土器物

未发现随葬品。

一五九、M748

位于发掘区的中部，T1429东北部，东邻M744，西邻M747，南邻M752。方向38°。开口于第5层下，向下打破生土，开口距地表深1.34米（图二四三）。

（一）墓葬形制

该墓平面呈长方形，竖穴土坑墓。口略大于底，墓口南北长1.94米，东西宽1米；墓底南北长1.74米，东西宽0.82米，墓底距墓口深1.66米。内填黄褐色花土，土质松软。四壁较规整，壁面粗糙，斜壁，平底。

葬具为单棺，木质，已朽，仅存朽痕。棺平面呈梯形，南北长1.34米，东西宽0.37～0.46米，残高0.2米，棺板厚0.03～0.04米。

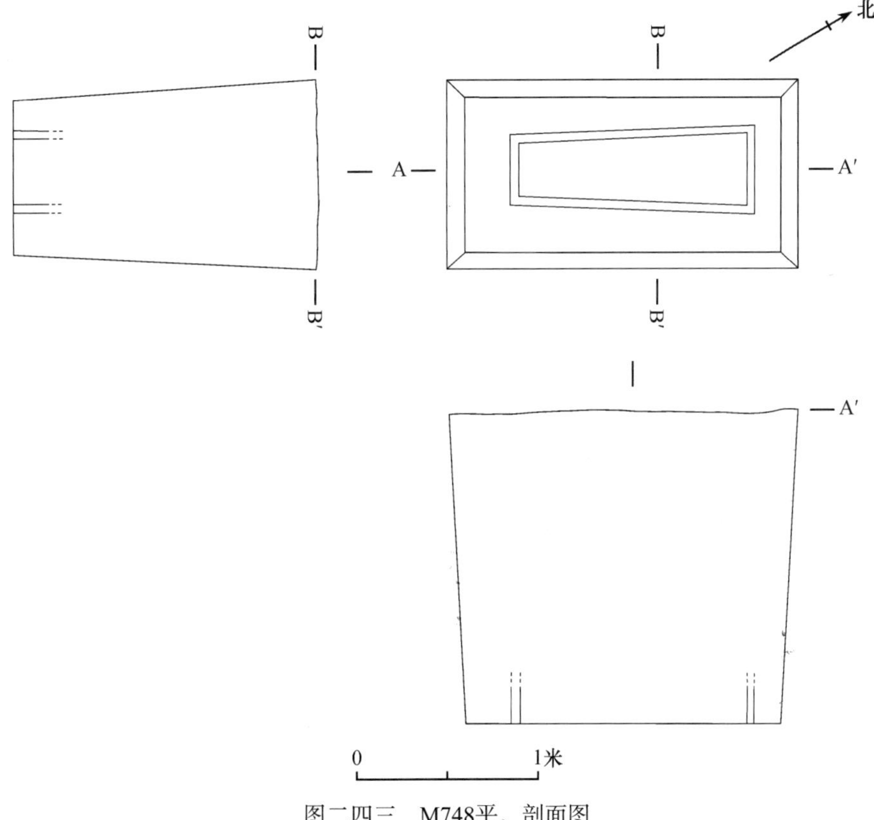

图二四三　M748平、剖面图

（二）出土器物

未发现人骨及随葬品。

一六〇、M749

位于发掘区的中部，T1429中部，东邻M752，北邻M747。方向18°。开口于第4层下，向下打破生土，开口距地表深1.42米（图二四四）。

（一）墓葬形制

该墓平面呈长方形，竖穴土坑墓。口底尺寸一致，南北长2.84米，东西宽1.51米，墓底距墓口深1.18米。内填黄褐色花土，土质松散，含沙。四壁较规整，壁面粗糙，直壁，平底。

葬具为一椁一棺，木质，已朽，仅存朽痕。椁平面呈“Ⅱ”形，南、北两端宽，中间窄，南北长2.54米，东西宽0.87～1.33米，残高0.22米，椁板厚0.04～0.06米。东、西两侧椁壁均向内侧挤压变形。椁内有一棺，棺平面呈梯形，南北长1.91米，东西宽0.51～0.62米，残高0.22

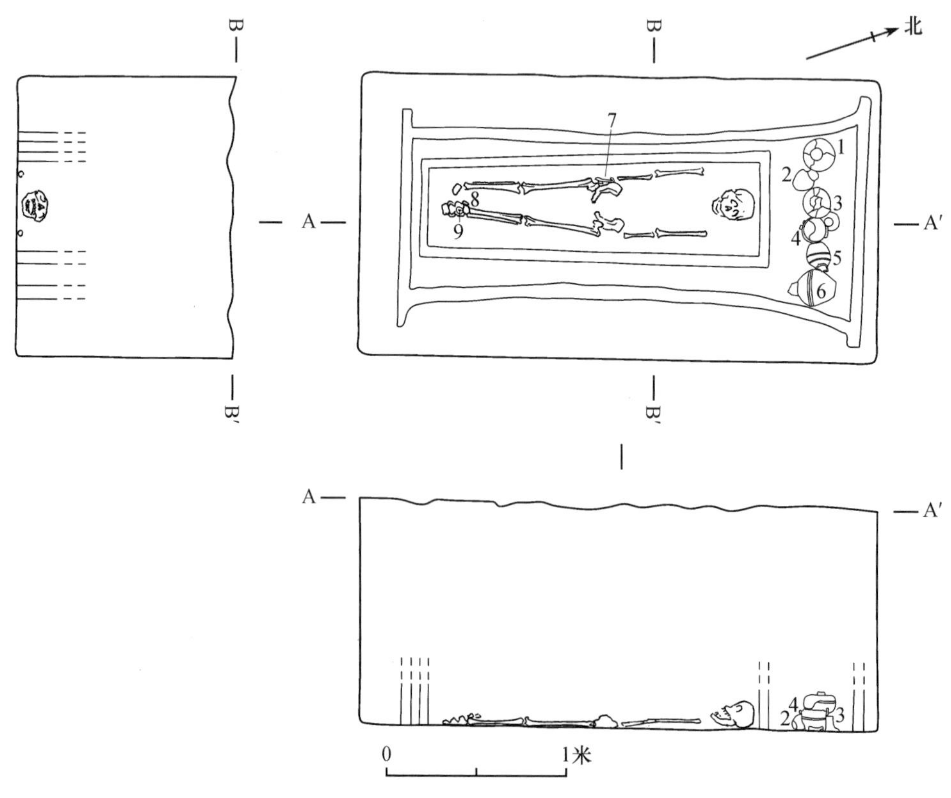

图二四四　M749平、剖面图

1、3. 陶豆　2. 陶小口罐　4. 陶鼎　5、6. 陶壶　7. 铜带钩　8、9. 铜镞

米，棺板厚0.03～0.05米。

棺内有人骨一具，头向北，面向上，仰身直肢，保存较差。

（二）出土器物

随葬品置于墓室北部棺椁之间、棺内人骨腰部和腿部，共出土器物9件，其中陶器6件、铜器3件。墓室北部棺椁之间有陶鼎1件、陶豆2件、陶壶2件、陶小口罐1件，棺内人骨腰部有铜带钩1件，棺内人骨腿部有铜镞2件。

1. 陶器

陶鼎　1件。M749：4，泥质灰陶，轮模合制。有盖，母口，顶隆起，顶中心有一个“∩”形纽。器身子口，敛口，圆唇，上腹部有两个对称的长方形外撇附耳，有长方形穿，深直腹，圜底，下附三蹄形足。腹部饰三周凹弦纹。器表施一层灰陶衣。口径11.6、腹径13.8、高14.5、壁厚0.7厘米，盖径12.9、高5.4、壁厚0.63厘米（图二四五，4；图版一一〇，6）。

陶豆　2件。M749：1，泥质灰陶，轮制。有盖，母口，呈覆钵形，顶部捉手残缺。器身子口，微敛口，圆唇，弧折腹，内底部有较大的坡状凸起，细柄，柄较短，喇叭形座。器身有数道轮旋痕，器表施一层灰陶衣。口径14.5、腹径16.1、圈足径12.6、高20.4、壁厚0.81厘米，盖径16.4、残高8.7、壁厚0.78厘米（图二四五，6；图版一一一，1）。M749：3，无法修复，器形不可辨。

陶壶　2件。M749：5，无法修复，器形不可辨。M749：6，泥质灰陶，轮模合制。有盖，子口，呈覆钵形，盖舌残缺，顶隆起，等距分布三个矩尺状纽，两纽残缺。器身母口，侈口，方唇，束颈，圆肩，肩部贴附两个对称的简化兽首形耳，弧腹内收，平底略凹，矮圈足。肩至上腹部饰四周凹弦纹。口径11.8、腹径17.1、圈足径10.4、高23.5、壁厚0.7～2.1厘米，盖径12.3、高4、壁厚1.1厘米（图二四五，5；图版一一一，2）。

陶小口罐　1件。M749：2，无法修复，器形不可辨。

2. 铜器

铜带钩　1件。M749：7，模制。细长，钩作鸭首形，长颈，颈断面呈方形，腹隆起，平背，断面呈梯形，尾较平，腹背置一圆形纽。长7.4、宽0.4、厚0.2～0.6、颈径0.8、纽径1.2厘米（图二四五，1；图版一一一，3）。

铜镞　2件。M749：8，模制。前锋残缺，双翼微弧，表面斜直，断面呈菱形，后锋微内收，铤残，可见断面呈圆形。残长3.3、宽0.5～1.2厘米（图二四五，2；图版一一一，4）。M749：9，模制。残存后半部分，表面斜直，断面呈菱形，后锋微内收，铤残，可见断面呈圆形。镞长2.5、宽0.8～1.1、厚0.5～1厘米，铤残长0.4、厚0.35厘米（图二四五，3；图版一一一，5）。

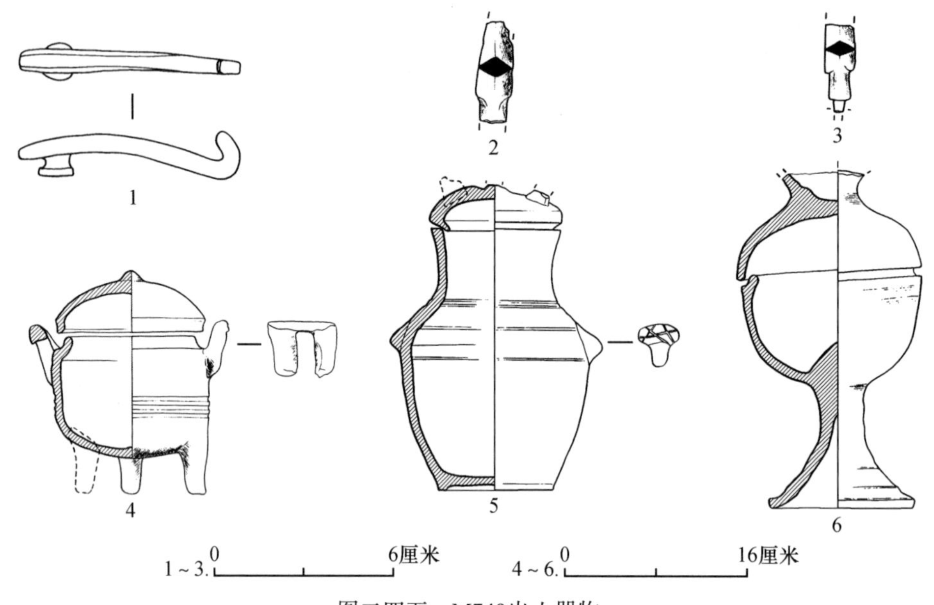

图二四五　M749出土器物

1. 铜带钩（M749：7）　2、3. 铜镞（M749：8、M749：9）　4. 陶鼎（M749：4）　5. 陶壶（M749：6）　6. 陶豆（M749：1）

一六一、M750

位于发掘区的中部，T1430东部、T1429西部，北邻M746，西邻M726。方向20°。开口于第5层下，向下打破生土，开口距地表深1.34米（图二四六；图版二四，2）。

（一）墓葬形制

该墓平面呈长方形，竖穴土坑墓。口略大于底，墓口南北长3.52米，东西宽2.14米；墓底南北长3.23米，东西宽1.8米，墓底距墓口深1.66米。内填花土，土质松软。四壁较规整，壁面粗糙，斜壁，平底。

葬具为一椁一棺，木质，已朽，仅存朽痕。椁平面呈“Ⅱ”形，南北长2.6米，东西宽1.13～1.44米，残高0.4米，椁板厚0.04～0.06米。东、西两侧椁壁均向内侧挤压变形。椁内有一棺，棺平面呈梯形，南北长2.01米，东西宽0.6～0.7米，残高0.2米，棺板厚0.04～0.05米。

棺内有人骨一具，头向东北，面向不详，仰身直肢，保存差。

（二）出土器物

随葬品置于墓室北部棺椁之间，共出土陶器9件。其中陶鼎1件、陶豆2件、陶壶2件、陶盘1件、陶匜1件、陶小口壶2件（图版二四，4；图版四三，1）。

陶鼎　1件。M750：9，泥质灰陶，轮模合制。有盖，母口，呈覆钵形，顶隆起，等距分

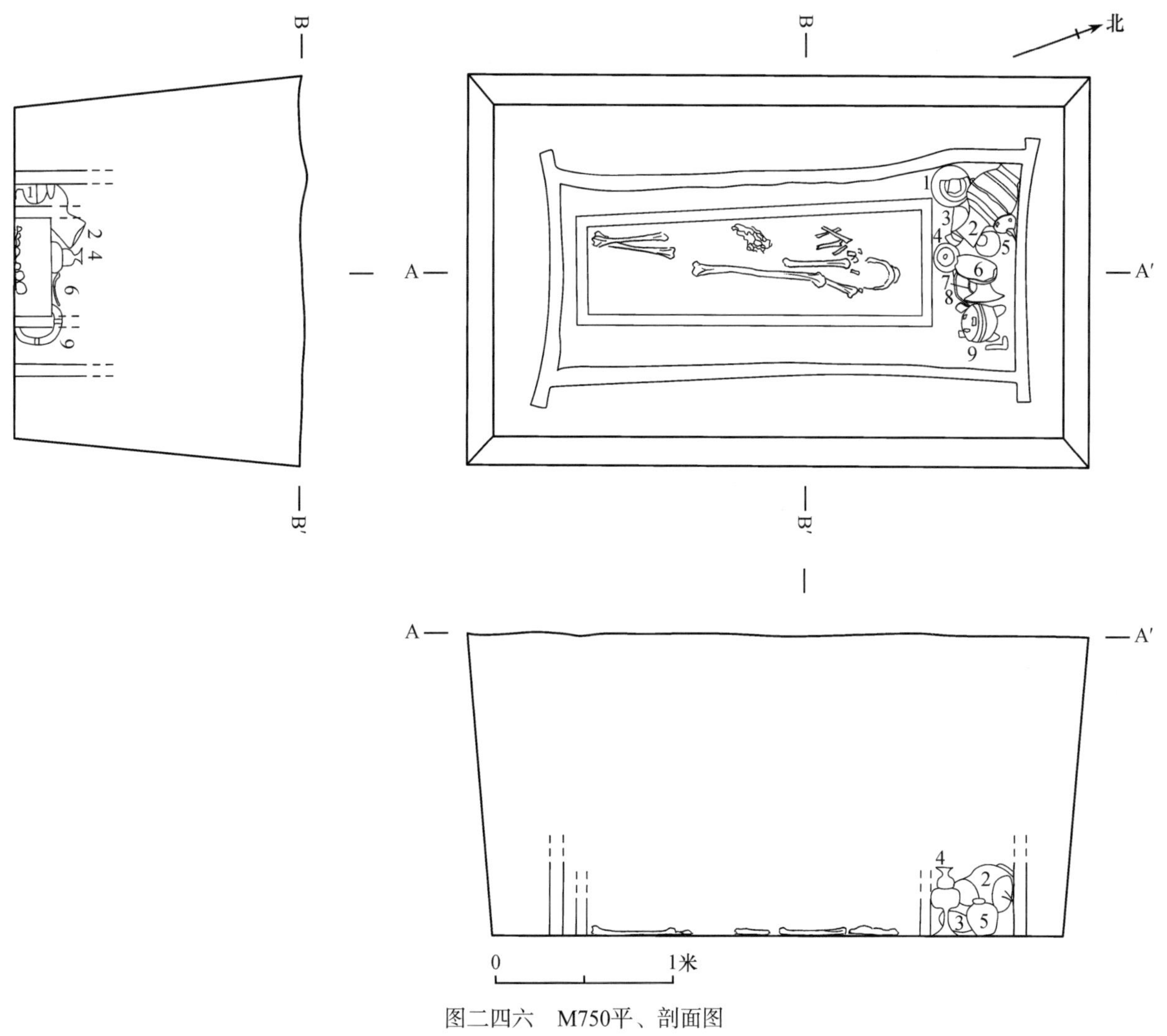

图二四六　M750平、剖面图

1、6. 陶豆　2、3. 陶壶　4、5. 陶小口壶　7. 陶匜　8. 陶盘　9. 陶鼎

布三个卧羊形纽。器身子口，敛口，方唇，上腹部有两个对称的长方形附耳，有长方形穿，弧腹，圜底，下附三蹄形足。盖面饰两周卷草纹和四周凹弦纹，腹部饰一周菱格附旋涡纹和三周凹弦纹，膝部饰兽面纹。器表施一层灰陶衣。口径18.7、腹径22.5、高27.6、壁厚1.1厘米，盖径21.1、高7.2、壁厚1厘米（图二四七，1；图版一一一，6）。

陶豆　2件。M750：1，泥质灰陶，轮制。盖残缺。器身近直口，圆唇，深弧腹斜收，细长柄，喇叭形座。器身上腹部饰三周凸棱纹和三周压印水波纹，柄部饰竹节状纹。器身有数道轮旋痕，器表施一层灰陶衣。口径15.8、腹径17.7、圈足径14.3、高33.3、壁厚0.64厘米（图二四七，2；图版一一二，1）。M750：6，泥质红陶，轮制。有盖，母口，呈覆钵形，盖腹较浅，顶部有平面呈圆形的喇叭形捉手。器身子口，近直口，圆唇，深弧腹斜收，圜底，细长柄，喇叭形座。捉手顶面和器身上腹部饰三周凸棱纹和三周压印水波纹，盖面饰两周凸棱纹和三周压印水波纹，柄部饰竹节状纹。器身有数道轮旋痕，器表施一层灰陶衣。口径16.8、腹径18.5、圈足径13.8、高33.2、壁厚0.62厘米，盖径18.2、捉手径13.2、高10.6、壁厚0.8～2.1厘米

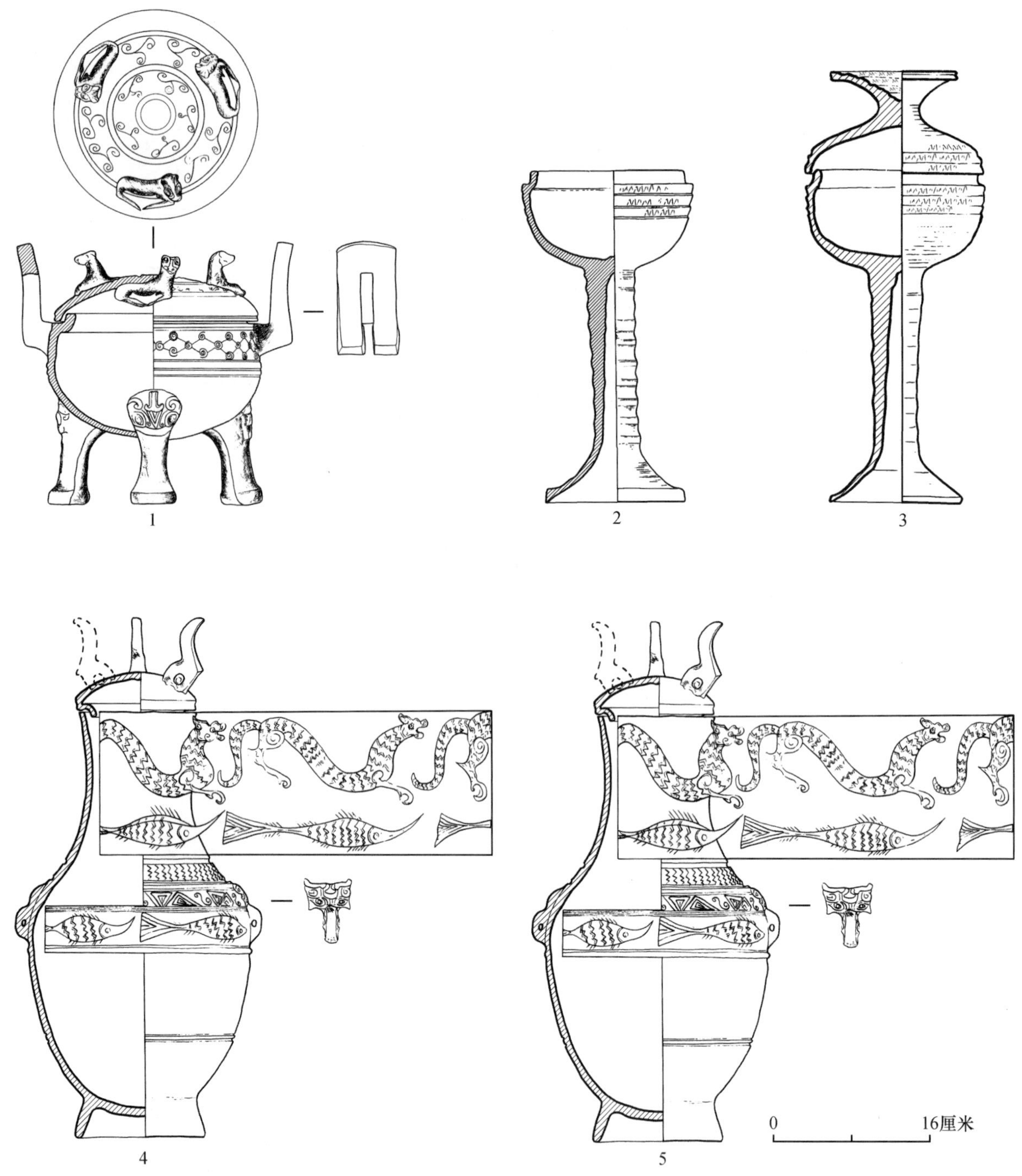

图二四七　M750出土器物

1. 陶鼎（M750：9）　2、3. 陶豆（M750：1、M750：6）　4、5. 陶壶（M750：3、M750：2）

（图二四七，3；图版一一二，2）。

陶壶　2件。M750：2，泥质灰陶，轮模合制。有盖，子口，盖舌内折，顶隆起，等距分布三个简化立鸟形纽。器身母口，侈口，方唇，高束颈，溜肩，肩部贴附两个对称的兽首形耳，弧腹内收，圜底，高圈足，足墙外撇。颈至腹部共刻划四组纹饰，各组纹饰下皆饰一周凸棱纹，自上而下第一组为一周鱼虎纹，共两层，上层为双驰虎纹，下层为双鱼纹；第二组为一周竖向水波纹；第三组为一周折线三角纹外附卷云纹；第四组为一周四条鱼纹。下腹部饰两周凹弦纹。器表施一层灰陶衣。口径12.2、腹径23、圈足径13.5、高43、壁厚0.54厘米，盖径9、高10.7、壁厚0.52厘米（图二四七，5；图版一一二，3）。M750：3，泥质红陶，轮模合制。有盖，子口，盖舌内折，顶隆起，等距分布三个简化立鸟形纽。器身母口，侈口，方唇，高束颈，溜肩，肩部贴附两个对称的兽首形耳，弧腹内收，圜底，高圈足，足墙外撇。颈至腹部共刻划四组纹饰，各组纹饰下皆饰一周凸棱纹，自上而下第一组为一周鱼虎纹，共两层，上层为双驰虎纹，下层为双鱼纹；第二组为一周竖向水波纹；第三组为一周折线三角纹外附卷云纹；第四组为一周四条鱼纹。下腹部饰两周凹弦纹。器表施一层灰陶衣。口径13.2、腹径22.6、圈足径14、高42.7、壁厚0.54厘米，盖径9、高10.5、壁厚0.52厘米（图二四七，4；图版一一二，4）。

陶盘　1件。M750：8，泥质灰陶，轮模合制。敞口，折沿上扬，方唇，上腹部有两个对称的环形附耳，弧腹内收，矮圈足。口径25.4、圈足径9.4、高7.4、壁厚0.9～2.5厘米（图二四八，4；图版一一二，5）。

陶匜　1件。M750：7，泥质灰陶，轮模合制。口部呈椭圆形，敛口，方唇，弧腹内收，附槽状流，流口上扬，尾部有半圆形鋬，平底。器身有数道轮旋痕。长16、宽13.5、底径5.3～6.4、高7.7、流长5.4、壁厚0.79厘米（图二四八，3；图版一一二，6）。

陶小口壶　2件。M750：4，泥质灰陶，轮制。有盖，母口，呈覆杯形，顶部有喇叭形捉手，柄较短。器身子口，侈口，圆唇，短颈，斜弧腹，细柄，喇叭形座。器身有数道轮旋痕，器表施一层灰陶衣。口径5.9、腹径14、圈足径12.8、高25.8、壁厚0.6～1.1厘米，盖径8.6、腹径9.2、捉手径8.8、高8.6、壁厚0.7～1.7厘米（图二四八，1；图版一一三，1）。M750：5，泥质灰陶，轮制。有盖，母口，呈覆杯形，顶部有喇叭形捉手，柄较短。器身子口，侈口，圆唇，短颈，斜弧腹，细柄，喇叭形座。器身有数道轮旋痕，器表施一层灰陶衣。口径5.5、腹径14.1、圈足径12.5、高26.3、壁厚0.6厘米，盖径8.5、腹径9.2、捉手径8.5、高9.4、壁厚0.6厘米（图二四八，2；图版一一三，2）。

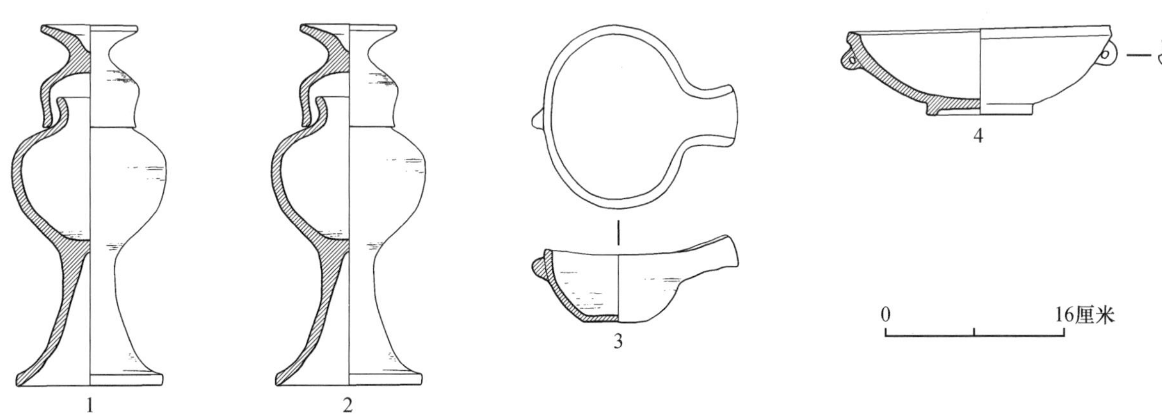

图二四八　M750出土器物

1、2. 陶小口壶（M750：4、M750：5）　3. 陶匜（M750：7）　4. 陶盘（M750：8）

一六二、M752

位于发掘区的中部，T1429东部，西南部被晚期墓葬M751打破，西邻M749，东邻M707。方向40°。开口于第5层下，向下打破生土，开口距地表深1.37米（图二四九）。

（一）墓葬形制

该墓平面呈长方形，竖穴土坑墓。口底尺寸一致，南北长3.13米，东西宽1.98米，墓底距墓口深1.63米。内填褐色花土，土质松散，含沙。四壁较规整，壁面粗糙，直壁，平底。

葬具为单棺，木质，已朽，仅存朽痕。棺平面呈梯形，南北长2.13米，东西宽1米，残高0.27米。

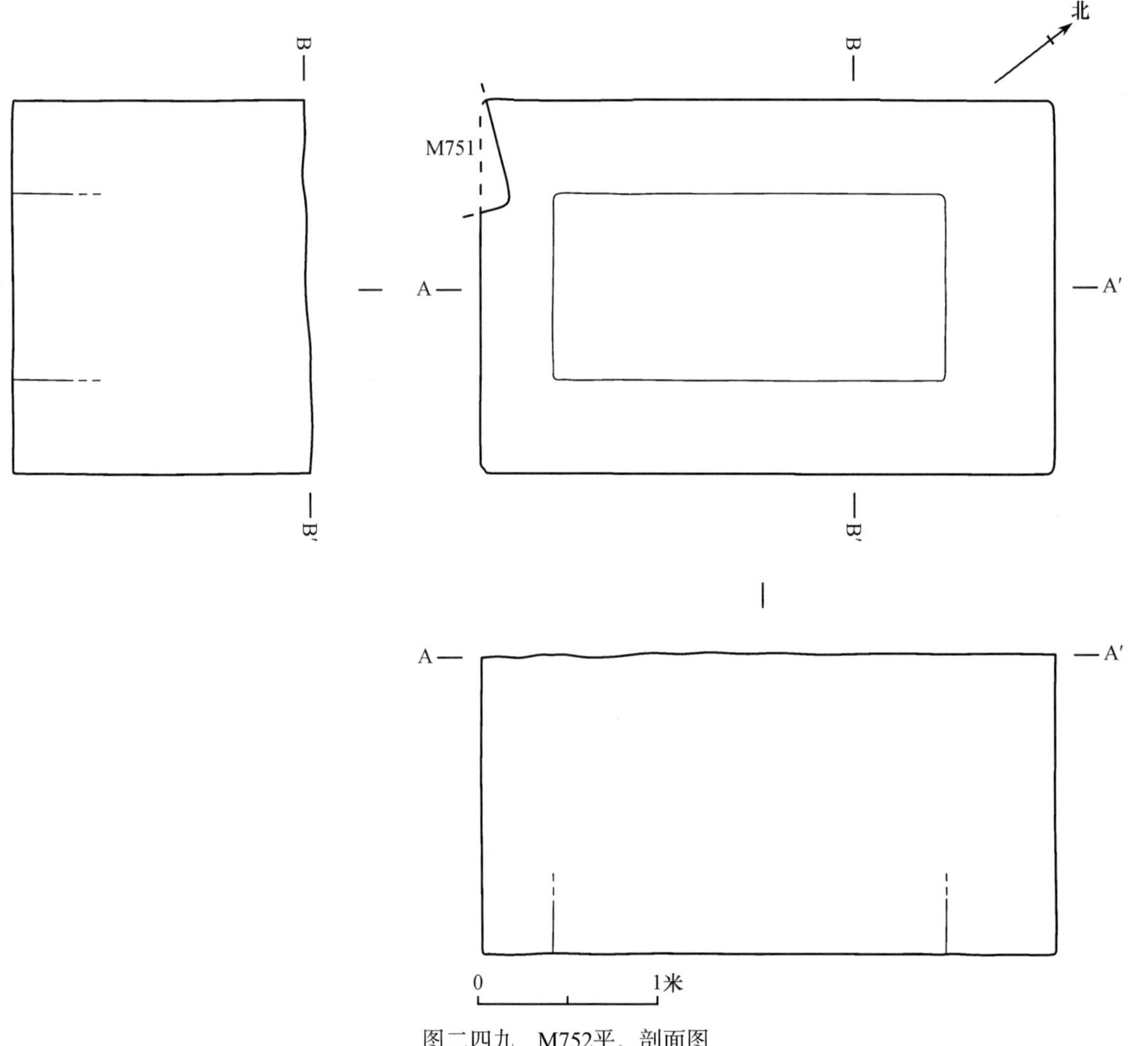

图二四九　M752平、剖面图

（二）出土器物

未发现人骨及随葬品。

一六三、M753

位于发掘区的中部，T1429东南部、T1329东北部，西邻M756，北邻M707，南邻M785。方向120°。开口于第4层下，向下打破生土，开口距地表深1.6米（图二五〇）。

（一）墓葬形制

该墓平面呈长方形，竖穴土坑墓。口略大于底，墓口东西长2.9米，南北宽1.81米；墓底

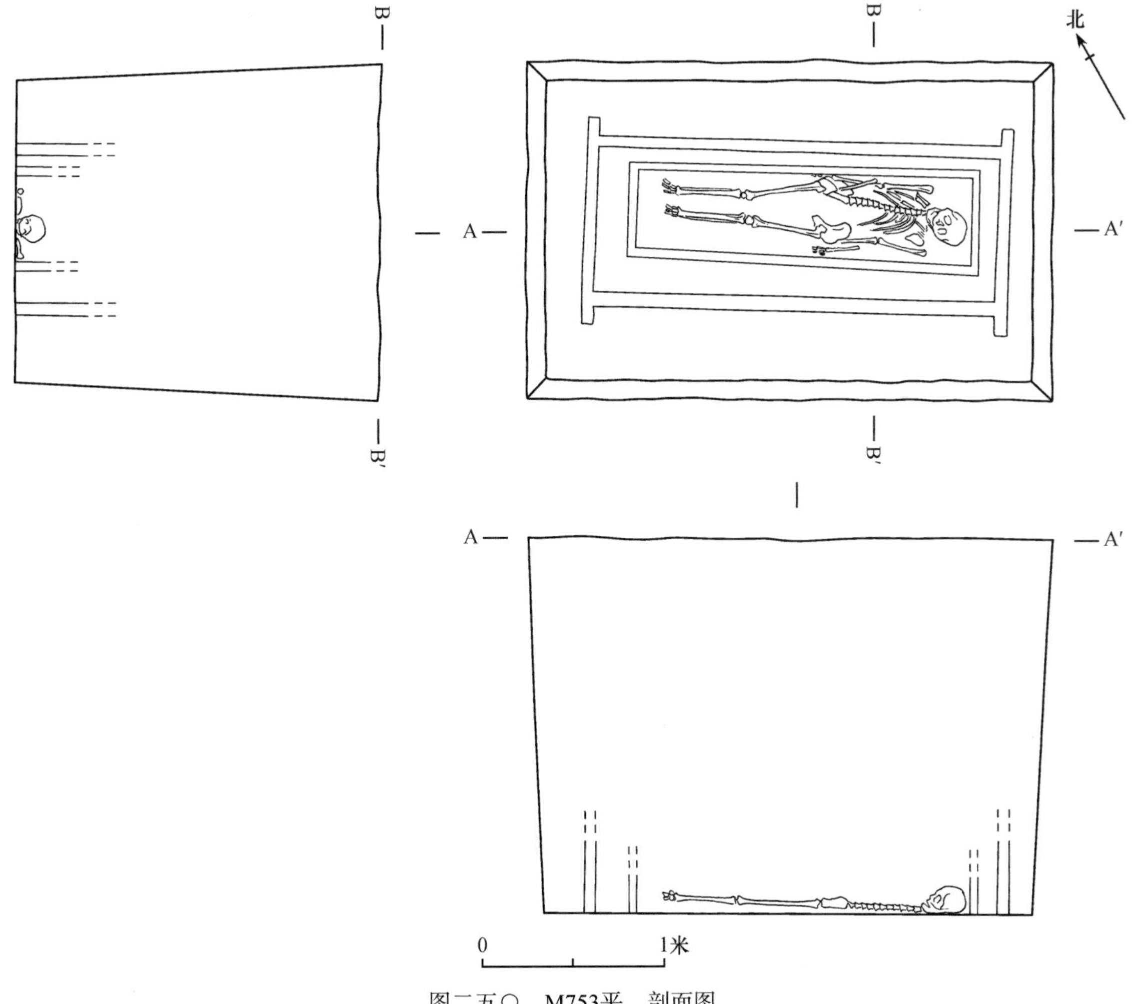

图二五〇　M753平、剖面图

东西长2.7米，南北宽1.6米，墓底距墓口深2米。内填灰褐色花土，土质松散，含沙。四壁较规整，壁面粗糙，斜壁，平底。

葬具为一椁一棺，木质，已朽，仅存朽痕。椁平面呈“II”形，东西长2.35米，南北宽0.9～1.1米，残高0.4米，椁板厚0.06米。分别向南、北凸出约0.1米。椁内有一棺，棺平面呈梯形，东西长1.94米，南北宽0.5～0.56米，残高0.2米，棺板厚0.02～0.04米。

棺内有人骨一具，头向东南，面向上，仰身直肢，保存较好。

（二）出土器物

未发现随葬品。

一六四、M756

位于发掘区的中部，T1429南部、T1329北部，东北部被晚期墓葬M754打破。方向20°。开口于第5层下，向下打破生土，开口距地表深1.7米（图二五一）。

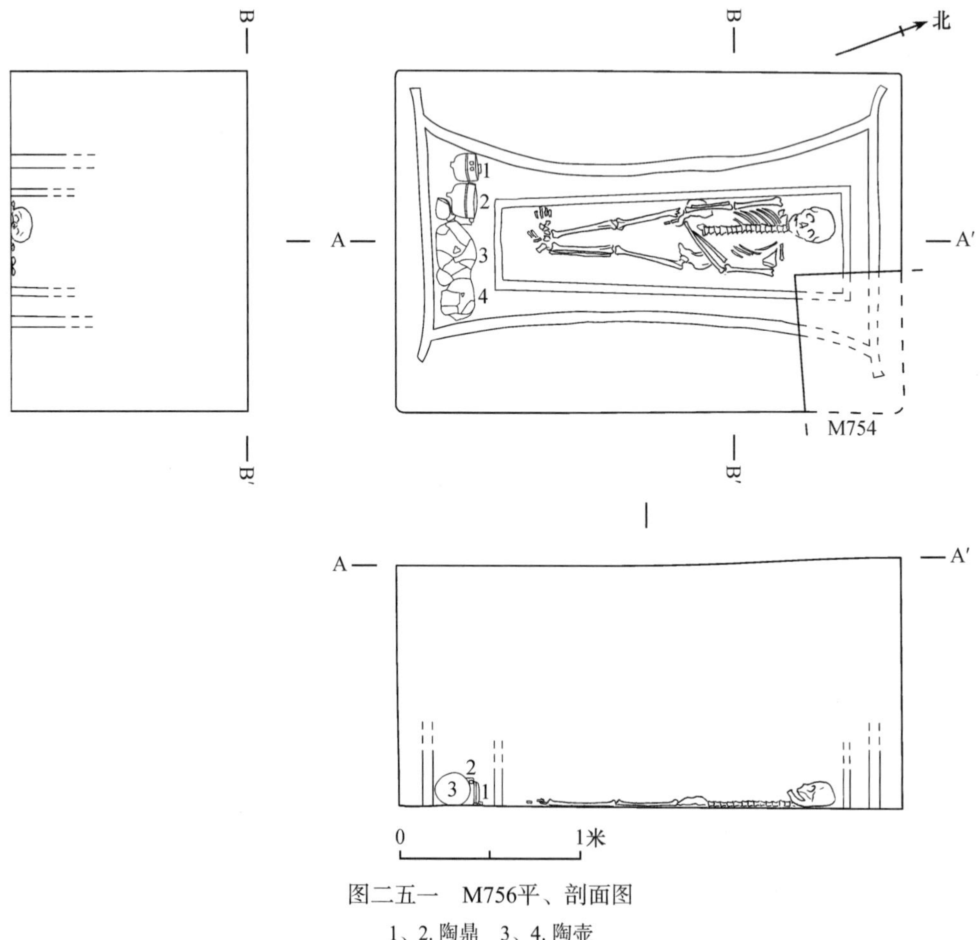

图二五一　M756平、剖面图

1、2. 陶鼎　3、4. 陶壶

（一）墓葬形制

该墓平面呈长方形，竖穴土坑墓。口底尺寸一致，南北长2.77米，东西宽1.81米，墓底距墓口深1.3米。内填花土，土质松软。四壁较规整，壁面粗糙，直壁，平底。

葬具为一椁一棺，木质，已朽，仅存朽痕。椁平面呈"Ⅱ"形，南、北两端宽，中间窄，南北长2.61米，东西宽0.83～1.55米，残高0.3米，椁板厚0.06米。东、西两侧椁壁均向内侧挤压变形。椁内有一棺，棺平面呈梯形，南北长1.94米，东西宽0.46～0.6米，残高0.2米，棺板厚0.04米。

棺内有人骨一具，头向东北，面向上，仰身直肢，保存一般。

（二）出土器物

随葬品置于墓室南部棺椁之间，共出土陶器4件。其中陶鼎2件、陶壶2件。

陶鼎　2件。M756：1，泥质灰陶，轮模合制。盖残缺。器身敛口，圆唇，上腹部有两个对称的长方形外撇附耳，有长方形穿，深直腹，圜底，下附三蹄形足。腹部饰两周凹弦纹。口径11.7、腹径14.4、高14.9、壁厚0.5厘米（图二五二，1；图版一一三，3）。M756：2，泥质灰陶，轮模合制。盖残缺。器身敛口，圆唇，上腹部有两个对称的长方形外撇附耳，有长方形穿，深直腹，圜底，下附三蹄形足。腹部饰三周凹弦纹。口径12.1、腹径14.3、高15.8、壁厚1.7厘米（图二五二，2；图版一一三，4）。

陶壶　2件。M756：3，无法修复，器形不可辨。M756：4，无法修复，器形不可辨。

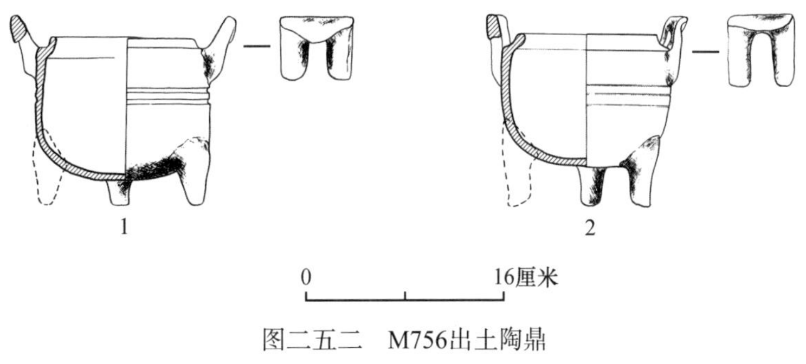

图二五二　M756出土陶鼎

1. M756：1　2. M756：2

一六五、M761

位于发掘区的东南部，T1427南部，北邻M769，南邻M864。方向35°。开口于第4层下，向下打破第6层及生土，开口距地表深1.4米（图二五三）。

（一）墓葬形制

该墓平面呈长方形，竖穴土坑墓。口略大于底，墓口南北长2.6米，东西宽1.2米；墓底南北长2.4米，东西宽1米，墓底距墓口深1.9米。内填花土，土质松软。四壁较规整，壁面粗糙，斜壁，平底。

葬具为单棺，木质，已朽，仅存朽痕。棺平面呈梯形，南北长1.83米，东西宽0.42～0.6米，残高0.2米，棺板厚0.05米。

棺内有人骨一具，头向东北，面向上，仰身直肢，保存较好。

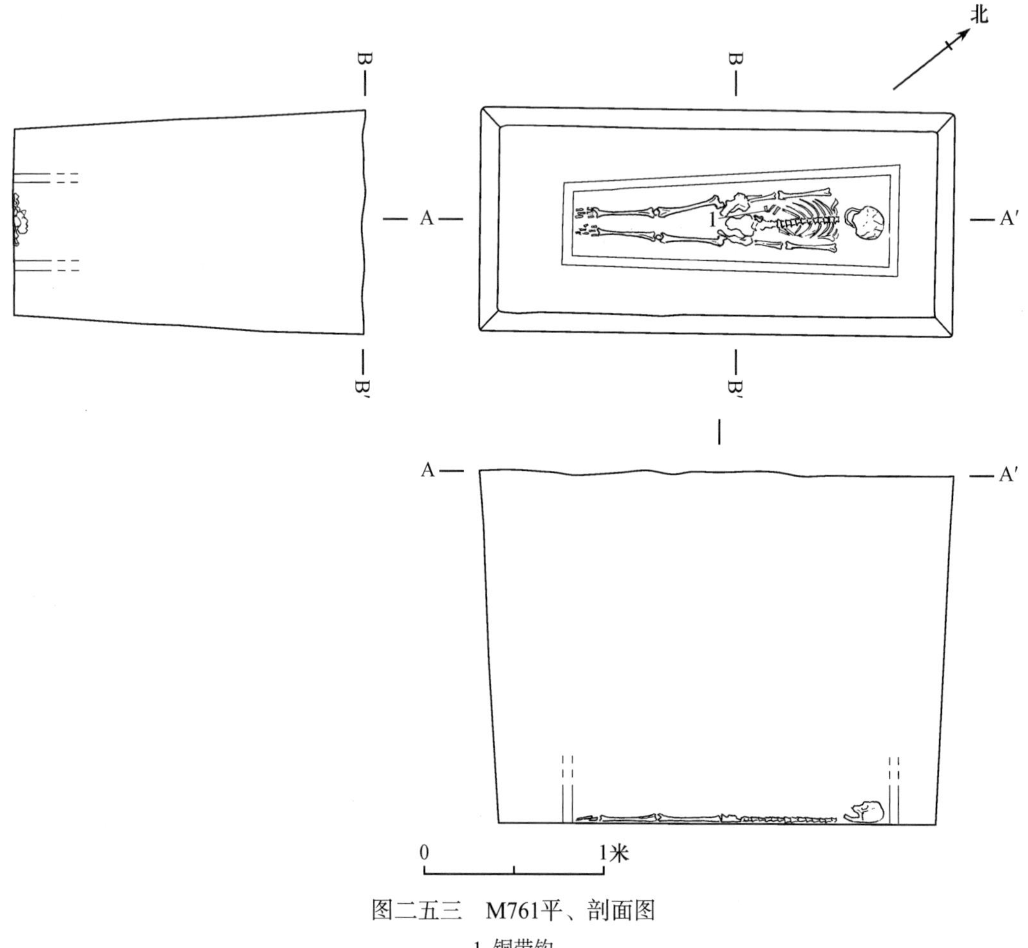

图二五三　M761平、剖面图

1. 铜带钩

（二）出土器物

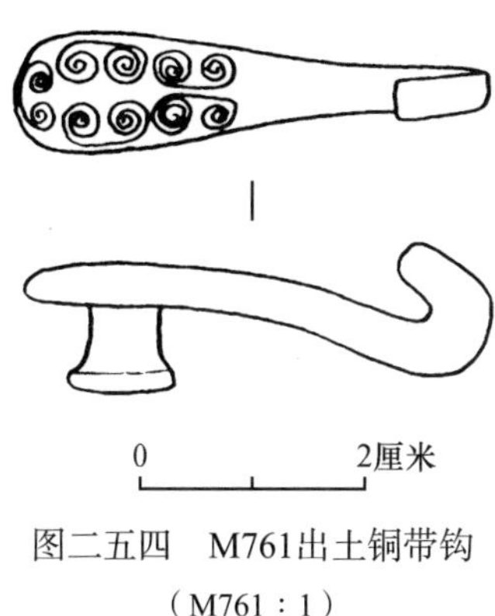

图二五四　M761出土铜带钩
（M761：1）

随葬品置于棺内人骨腰部，共出土铜带钩1件。

铜带钩　1件。M761：1，模制。整体呈琵琶形，钩首断面呈方形，短颈，颈断面呈长方形，扁圆腹，平背，宽圆尾，尾背置一圆形纽。腹部和尾部饰涡纹。长4.3、宽0.3～1.1、厚0.2～0.55、颈径0.7、纽径1.0厘米（图二五四；图版一一三，5）。

一六六、M764

位于发掘区的中部，T1629西南部，西北邻M765。方向48°。开口于第5层下，向下打破生土，开口距地表深1.58米（图二五五）。

（一）墓葬形制

该墓平面呈长方形，竖穴土坑墓。口略大于底，墓口东西长3.2米，南北宽2.07米；墓底东西长2.91米，南北宽1.94米，墓底距墓口深2.22米。内填花土，土质松软。四壁较规整，壁面粗糙，斜壁，平底。

葬具为一椁一棺，木质，已朽，仅存朽痕。椁平面呈“Ⅱ”形，东西长2.48米，南北宽1.02～1.4米，残高0.3米，椁板厚0.06～0.08米。北、东、西三侧椁壁均向内侧挤压变形。椁内有一棺，棺平面呈梯形，东西长1.96米，南北宽0.58～0.63米，残高0.3米，棺板厚0.04～0.06米。

棺内有人骨一具，头向东北，面向西北，仰身直肢，保存较好。

墓室东壁设壁龛，直壁，弧顶，距墓底1.3米，长1.09米，进深0.25米，高0.6米。

（二）出土器物

随葬品置于壁龛、棺内人骨头部和腰部，共出土器物11件，其中陶器8件、铜器1件、骨器2件。壁龛有陶鼎1件、陶豆2件、陶壶2件、陶盘1件、陶罐2件，棺内人骨头部有骨饰2件，棺内人骨腰部有铜带钩1件。

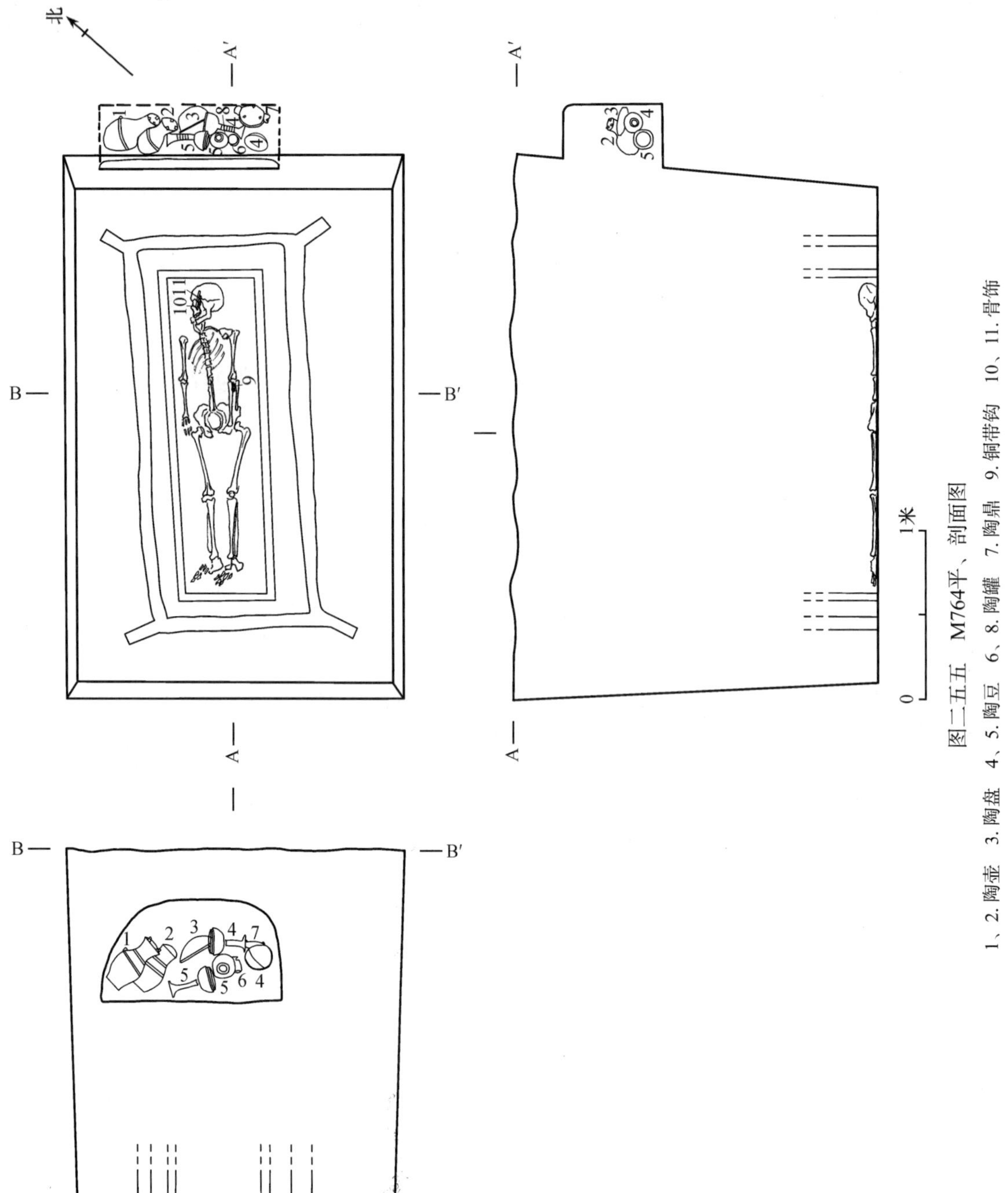

图二五五　M764平、剖面图

1、2. 陶壶　3. 陶盘　4、5. 陶豆　6、8. 陶罐　7. 陶鼎　9. 铜带钩　10、11. 骨饰

1. 陶器

陶鼎 1件。M764：7，泥质灰陶，轮模合制。有盖，母口，呈覆钵形，顶隆起，等距分布三个“∩”形穿孔纽。器身子口，敛口，圆唇，上腹部有两个对称的长方形外侈附耳，有长方形穿，弧腹，圜底，下附三蹄形足。腹部有一周凸棱纹。口径14.6、腹径16.8、高15.9、壁厚0.8～1.2厘米，盖径17、高6、壁厚0.9厘米（图二五六，5；图版一一三，6）。

陶豆 2件。M764：4，泥质灰陶，轮制。有盖，母口，呈覆钵形，顶部有平面呈圆形的捉手，柄较短。器身子口，微敛口，圆唇，弧腹斜收，圜底，细长柄，喇叭形座。柄部饰竹节状纹。器身有数道轮旋痕。口径15.2、腹径17.5、圈足径11.5、高25.9、壁厚0.7～1厘米，盖径17.8、捉手径8.2、高7.5、壁厚0.6～0.95厘米（图二五六，2；图版一一四，1）。M764：5，泥质灰陶，轮制。有盖，母口，呈覆钵形，顶部有平面呈圆形的捉手，柄较短。器身子口，微敛口，圆唇，弧腹斜收，圜底，细长柄，喇叭形座。盖面饰一周凹弦纹，柄部饰竹节状纹。器身有数道轮旋痕。口径15.4、腹径17.3、圈足径10.9、高24.2、壁厚0.59厘米，盖径17.3、捉手径8.4、高7.4、壁厚0.65厘米（图二五六，4；图版一一四，2）。

陶壶 2件。M764：1，泥质灰陶，轮模合制。有盖，子口，呈覆钵形，盖舌内折，顶隆起，等距分布三个“∩”形穿孔纽。器身母口，侈口，方唇，束颈，溜肩，肩部贴附两个对称的桥形耳，弧腹内收，圜底，矮圈足。肩部和腹部饰六周凹弦纹。口径12.4、腹径17.3、圈足径9.5、高25.8、壁厚0.78厘米，盖径8.1、高4.2、壁厚0.5～1.6厘米（图二五六，1；图版一一四，3）。M764：2，泥质灰陶，轮模合制。有盖，子口，呈覆钵形，盖舌内折，顶隆起，等距分布三个“∩”形穿孔纽。器身母口，侈口，方唇，束颈，溜肩，肩部贴附两个对称的桥形耳，弧腹内收，平底略凹。肩部和腹部饰四周凹弦纹。口径10.8、腹径15.6、底径10、高26.8、壁厚1～2.8厘米，盖径7.8、高3.7、壁厚0.4～1.7厘米（图二五六，3；图版一一四，4）。

陶盘 1件。M764：3，无法修复，器形不可辨。

陶罐 2件。M764：6，泥质灰陶，轮制。侈口，圆唇，短束颈，溜肩，深弧腹，下腹内收，平底。口沿处有一周凹弦纹。器身有数道轮旋痕。口径9.1、腹径10.6、底径6.3、高11.5、壁厚0.56厘米（图二五六，7；图版一一四，5）。M764：8，泥质灰陶，轮制。侈口，方唇，短束颈，溜肩，深弧腹，下腹内收，平底。口沿处有一周凹弦纹。器身有数道轮旋痕。口径9、腹径10.6、底径6、高12.2、壁厚0.6厘米（图二五六，6；图版一一四，6）。

2. 铜器

铜带钩 1件。M764：9，模制。整体呈琵琶形，钩作鸭首形，钩折较长，颈断面呈长方形，扁圆腹，平背，宽圆尾，尾背置一圆形纽。长5、宽0.4～1.3、厚0.1～0.6、颈径0.9、纽径1.2厘米（图二五六，8；图版一一五，1）。

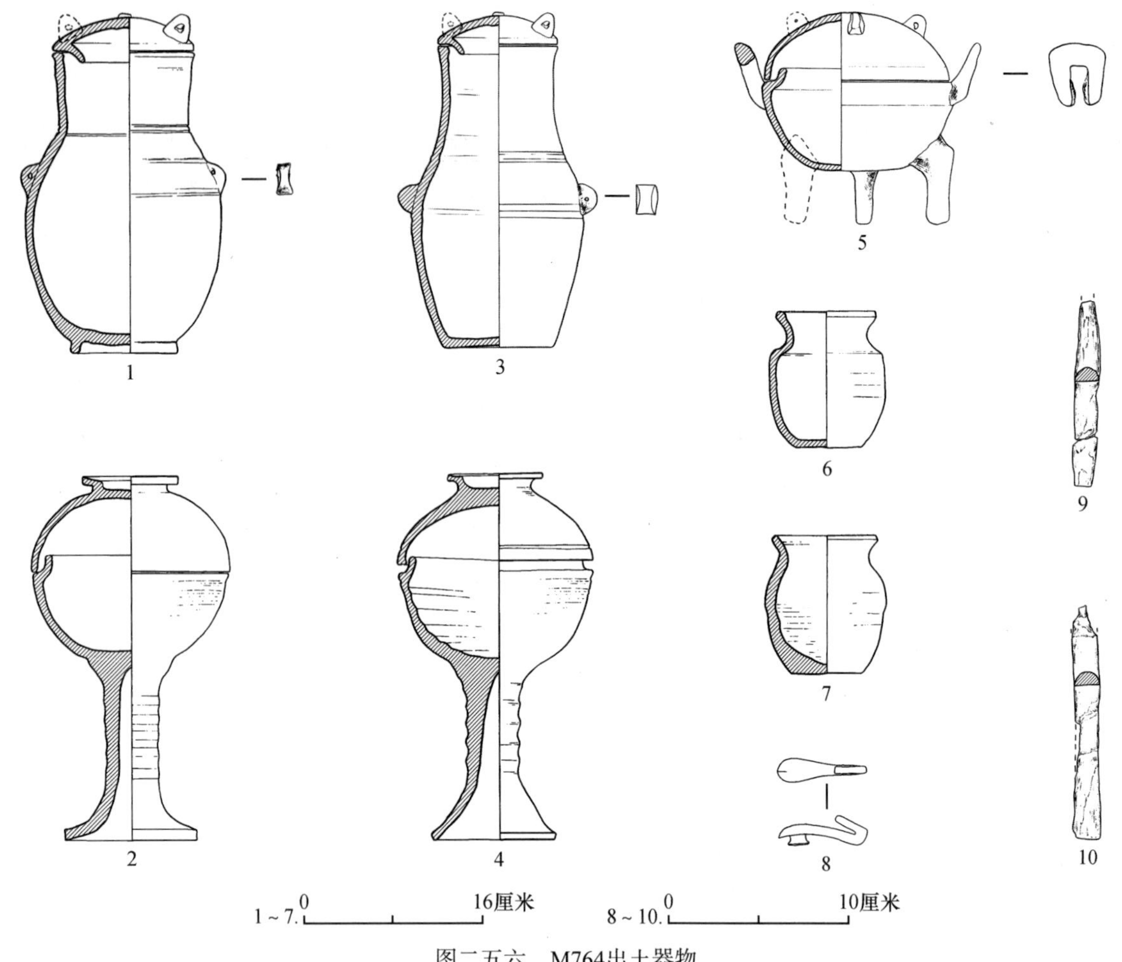

图二五六　M764出土器物

1、3. 陶壶（M764：1、M764：2）　2、4. 陶豆（M764：4、M764：5）　5. 陶鼎（M764：7）　6、7. 陶罐（M764：8、M764：6）　8. 铜带钩（M764：9）　9、10. 骨饰（M764：10、M764：11）

3. 骨器

骨饰　2件。M764：10，手制。表面为褐色，内为白色。已残端，断面呈半圆形，表面抛光。残长9.9、宽0.9～1.3、厚0.7厘米（图二五六，9；图版一一五，2）。M764：11，手制。表面为褐色，内为白色。已残端，断面呈半圆形，表面抛光。残长12.5、宽1～1.5、厚0.7厘米（图二五六，10；图版一一五，3）。

一六七、M765

位于发掘区的中部，T1629西部，西邻M704，东南邻M764。方向50°。开口于第5层下，向下打破生土，开口距地表深1.7米（图二五七；图版二五，2）。

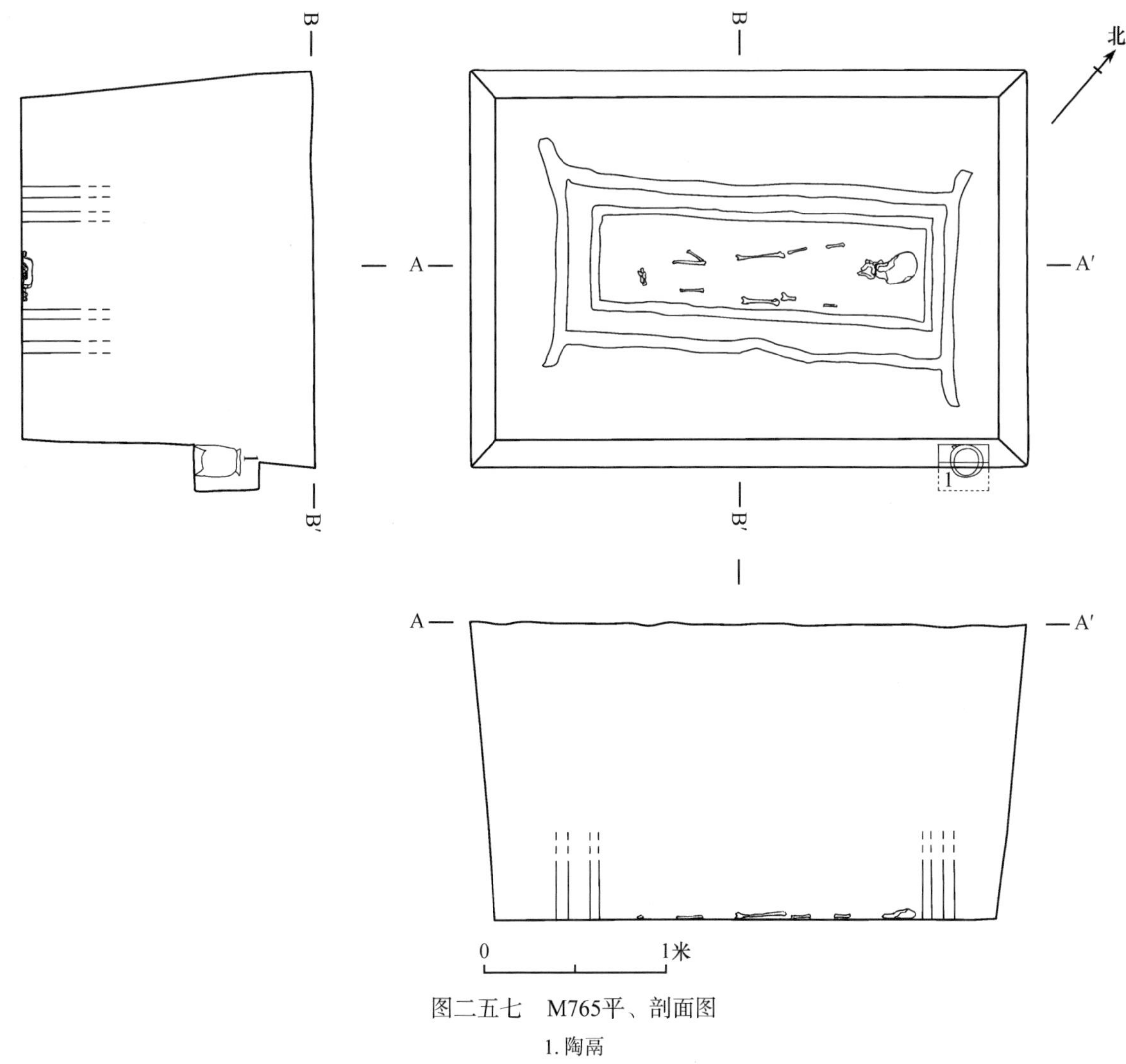

图二五七 M765平、剖面图
1. 陶鬲

（一）墓葬形制

该墓平面呈长方形，竖穴土坑墓。口略大于底，墓口东西长3.15米，南北宽2.12米；墓底东西长2.78米，南北宽1.83米，墓底距墓口深1.6米。内填花土，土质较硬，含沙。四壁较规整，壁面粗糙，斜壁，平底。

葬具为一椁一棺，木质，已朽，仅存朽痕。椁平面呈“Ⅱ”形，东西长2.39米，南北宽0.89～1.26米，残高0.32米，椁板厚0.06米。四侧椁壁均向内侧挤压变形。椁内有一棺，棺平面呈梯形，东西长1.92米，南北宽0.56～0.6米，残高0.32米，棺板厚0.05～0.06米。

棺内有人骨一具，头向东北，面向上，葬式不详，保存差。

墓室东壁设壁龛，平面呈长方形，距墓底0.94米，长0.27米，进深0.24米，高0.35米。

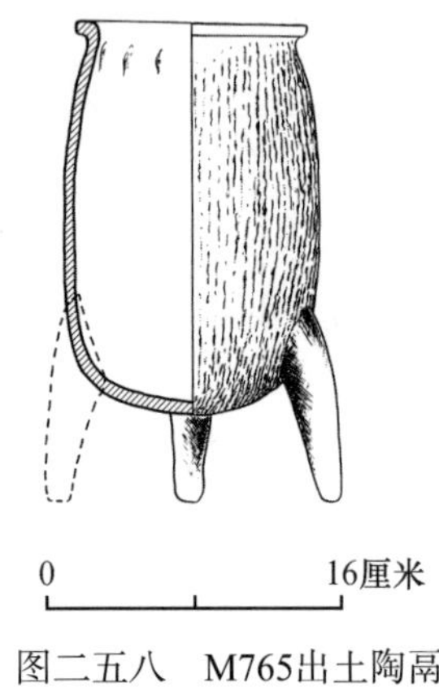

图二五八　M765出土陶鬲（M765：1）

（二）出土器物

随葬品置于东部壁龛内，共出土陶鬲1件。

陶鬲　1件。M765：1，夹砂红陶，腹壁模制，足为手制。近直口，平沿，方唇，短束颈，溜肩，深斜腹，圜底，底附三个锥形实足，略外撇。腹壁和底部饰中绳纹。内壁有按压痕迹。口径12.6、腹径14.4、高26.2、壁厚1.1厘米（图二五八；图版一一五，4）。

一六八、M766

位于发掘区的中部，T1428东部。方向45°。开口于第4层下，向下打破生土，开口距地表深1.52米（图二五九）。

（一）墓葬形制

该墓平面呈长方形，竖穴土坑墓。口底尺寸一致，南北长1.9米，东西宽0.72米，墓底距墓口深0.58米。内填褐色花土，土质松软，含沙。四壁较规整，壁面粗糙，直壁，平底。

葬具为单棺，木质，已朽，仅存朽痕。棺平面呈梯形，南北长1.76米，东西宽0.5～0.62米，残高0.1米，棺板厚约0.05米。

棺内人骨仅存下颚骨及腿骨，头向东北，面向不详，仰身直肢，保存较差。

（二）出土器物

未发现随葬品。

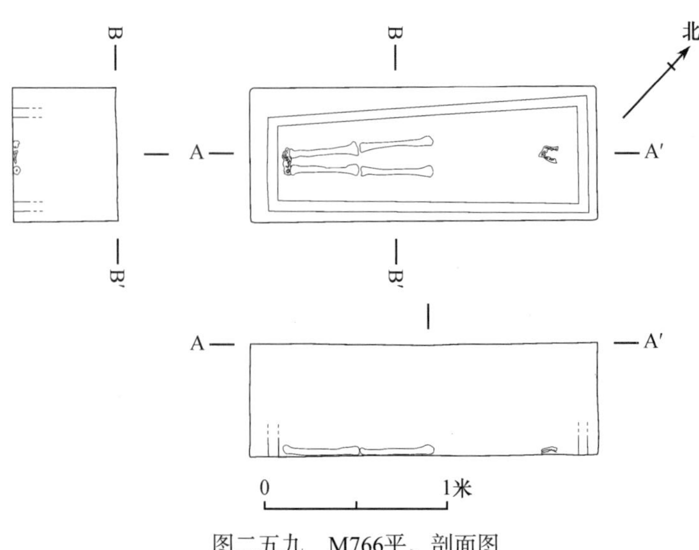

图二五九　M766平、剖面图

一六九、M769

位于发掘区的东南部，T1527南部。方向2°。开口于第4层下，向下打破第6层及生土，开口距地表深1.4米（图二六〇；图版二五，3）。

（一）墓葬形制

该墓平面呈长方形，竖穴土坑墓。口略大于底，墓口南北长2.58米，东西宽1.23米；墓底南北长2.5米，东西宽1.15米，墓底距墓口深1.2米。内填花土，土质松软。四壁较规整，壁面粗糙，斜壁，平底。

葬具为单棺，木质，已朽，仅存朽痕。棺平面呈梯形，南北长1.9米，东西宽0.44～0.65米，残高0.2米，棺板厚0.05米。

棺内有人骨一具，头向北，面向东，仰身直肢，保存较差。

（二）出土器物

未发现随葬品。

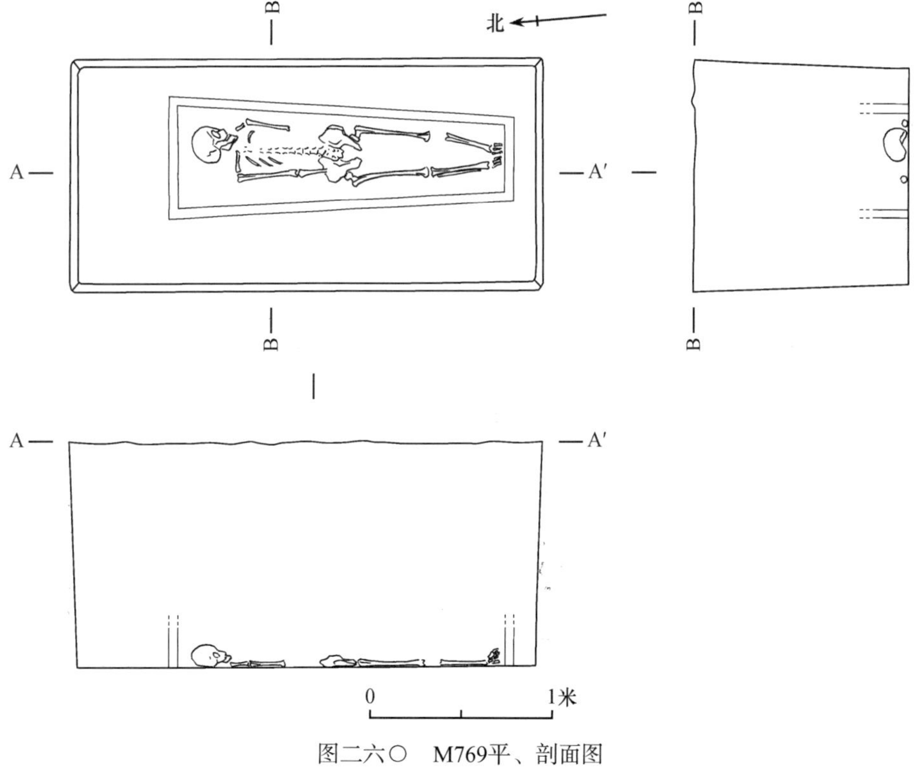

图二六〇 M769平、剖面图

一七〇、M771

位于发掘区的东南部，T1426东南部。方向358°。开口于第4层下，向下打破生土，开口距地表深1.78米（图二六一）。

（一）墓葬形制

该墓平面呈长方形，竖穴土坑墓。口略大于底，墓口南北长2.4米，东西宽1.05米；墓底南北长2.15米，东西宽0.94米，墓底距墓口深1.62米。内填褐色花土，土质松软。四壁较规整，壁面粗糙，斜壁，平底。

葬具为单棺，木质，已朽，仅存朽痕。棺平面呈梯形，南北长1.84米，东西宽0.47～0.65米，残高0.12米，棺板厚0.06米。

棺内有人骨一具，头向北，面向不详，仰身直肢，保存差。

（二）出土器物

未发现随葬品。

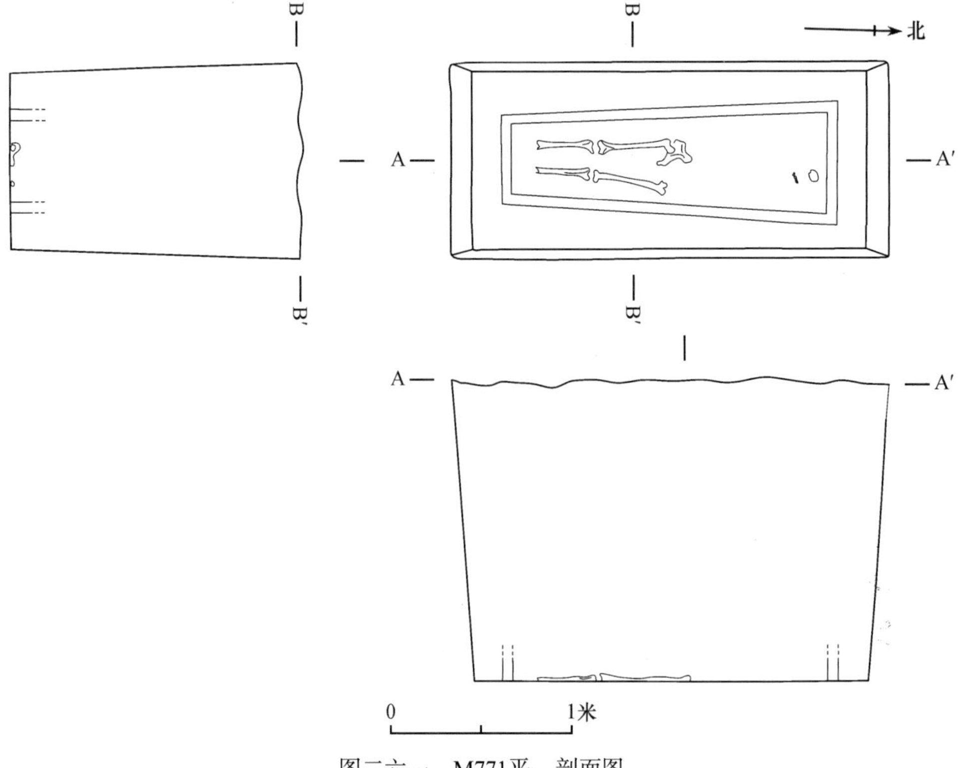

图二六一　M771平、剖面图

一七一、M774

位于发掘区的东南部，西邻M949。方向24°。开口于第5层下，向下打破生土，开口距地表深2.19米（图二六二）。

（一）墓葬形制

该墓平面呈长方形，竖穴土坑墓。口底尺寸一致，南北长2.6米，东西宽1.12米，墓底距墓口深1.41米。内填灰褐色花土，土质较硬，含沙。四壁较规整，壁面粗糙，直壁，平底。

葬具为单棺，木质，已朽，仅存朽痕。棺平面呈梯形，南北长2.16米，东西宽0.54～0.69米，残高0.23米，棺板厚0.06米。

棺内人骨仅存残头骨及部分下肢骨，头向东北，面向上，葬式不详，保存差。

（二）出土器物

未发现随葬品。

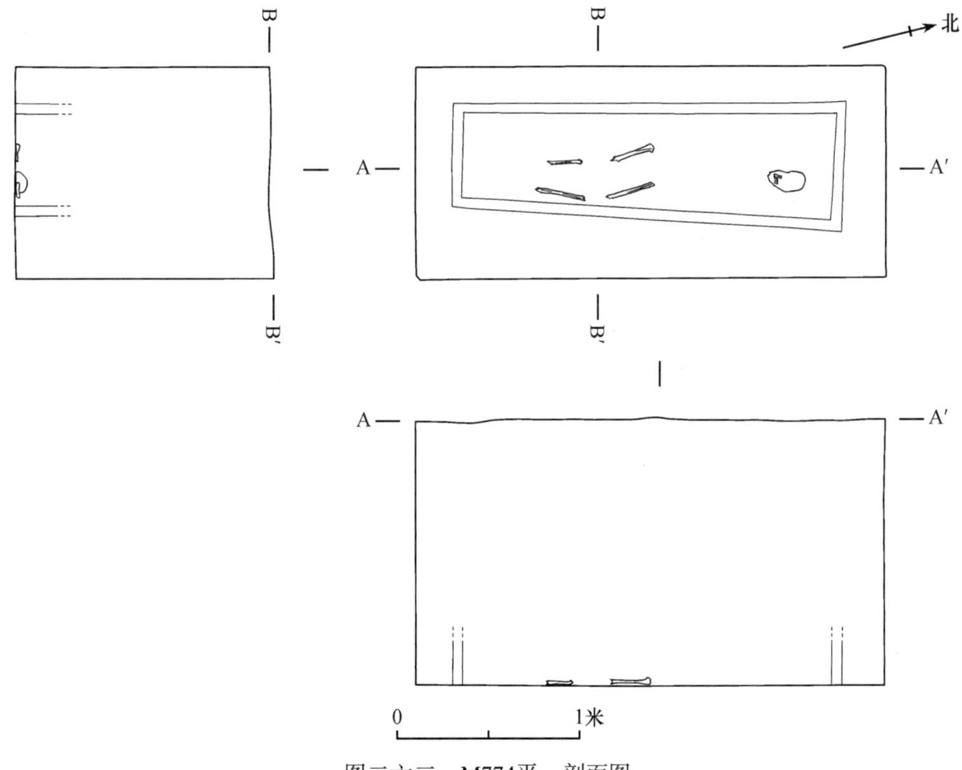

图二六二　M774平、剖面图

一七二、M775

位于发掘区中部，T1229北部、T1329南部，东南部被H15打破，北邻M785。方向8°。开口于第4层下，向下打破第6层及生土，开口距地表深1.5米（图二六三）。

（一）墓葬形制

该墓平面呈长方形，竖穴土坑墓。口底一致，南北长2米，东西宽0.93米，墓底距墓口深0.4米。内填深褐色花土，土质较硬。四壁较规整，壁面粗糙，直壁，平底。

葬具为单棺，木质，已朽，仅存朽痕。棺平面呈梯形，南北长1.2米，东西宽0.35～0.37米，残高0.15米，棺板厚0.02～0.05米。

棺内有人骨一具，头向北，面向不详，仰身直肢，保存较差。

（二）出土器物

未发现随葬品。

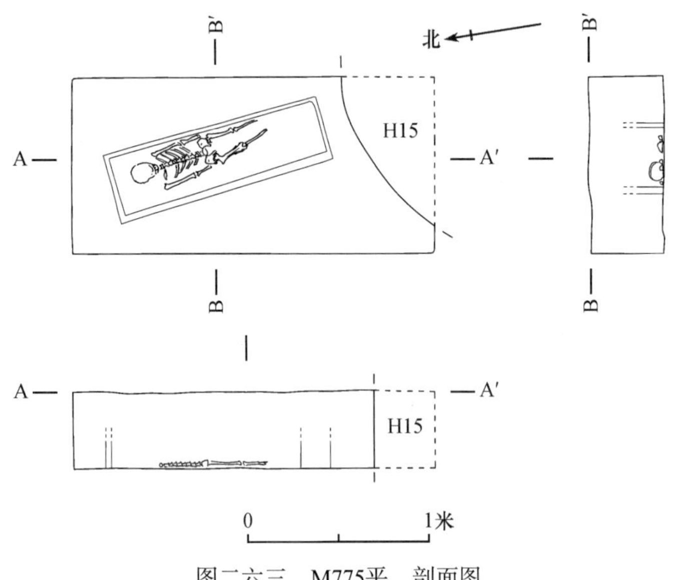

图二六三　M775平、剖面图

一七三、M776

位于发掘区的中部，T1331东南部，西邻M797，北邻M777。方向37°。开口于第4层下，向下打破生土，开口距地表深1.58米（图二六四）。

（一）墓葬形制

该墓平面呈长方形，竖穴土坑墓。口底尺寸一致，南北长2.23米，东西宽0.93米，墓底距墓口深0.22米。内填花土，土质较疏松。四壁较规整，壁面粗糙，直壁，平底。

葬具为单棺，木质，已朽，仅存朽痕。棺平面呈梯形，南北长2米，东西宽0.5～0.6米，残高0.15米，棺板厚0.04～0.06米。

棺内有人骨一具，头向东北，面向上，仰身直肢，保存差。

（二）出土器物

未发现随葬品。

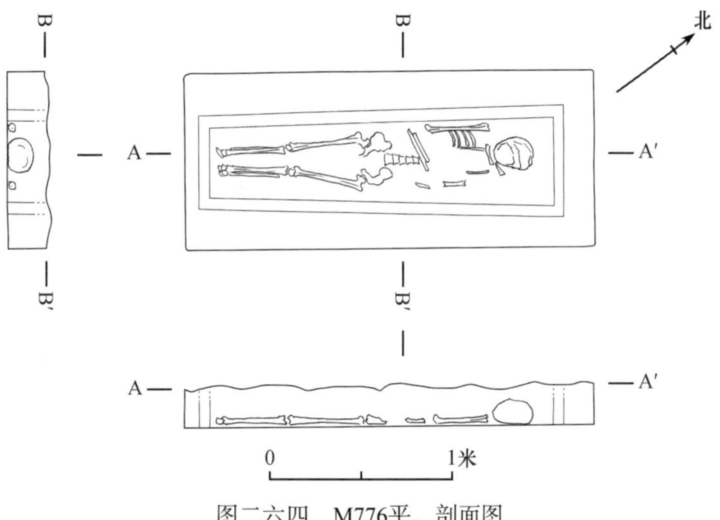

图二六四　M776平、剖面图

一七四、M777

位于发掘区的中部，T1331北部，南邻M776。方向21°。开口于第4层下，向下打破第6层及生土，开口距地表深1.5米（图二六五；图版二五，4）。

（一）墓葬形制

该墓平面呈长方形，竖穴土坑墓。口略大于底，墓口南北长2.32米，东西宽1米；墓底南北长2.21米，东西宽0.94米，墓底距墓口深2米。内填花土，土质较疏松。四壁较规整，壁面粗糙，斜壁，平底。

葬具为单棺，木质，已朽，仅存朽痕。棺平面呈梯形，南北长1.74米，东西宽0.46～0.56米，残高0.2米，棺板厚0.05米。

棺内有人骨一具，头向东北，面向西北，仰身直肢，保存一般。

（二）出土器物

未发现随葬品。

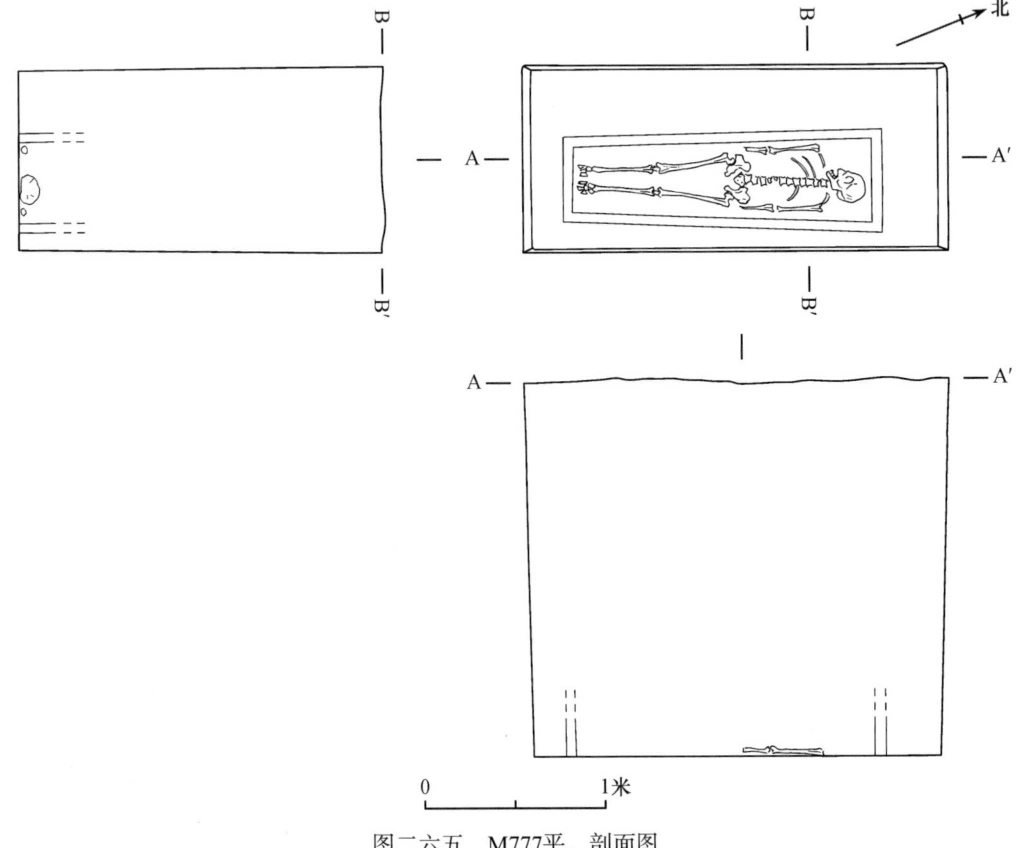

图二六五　M777平、剖面图

一七五、M779

位于发掘区的中部，T1330北部，南部被H11打破，东邻M780。方向20°。开口于第4层下，向下打破生土，开口距地表深1.59米（图二六六）。

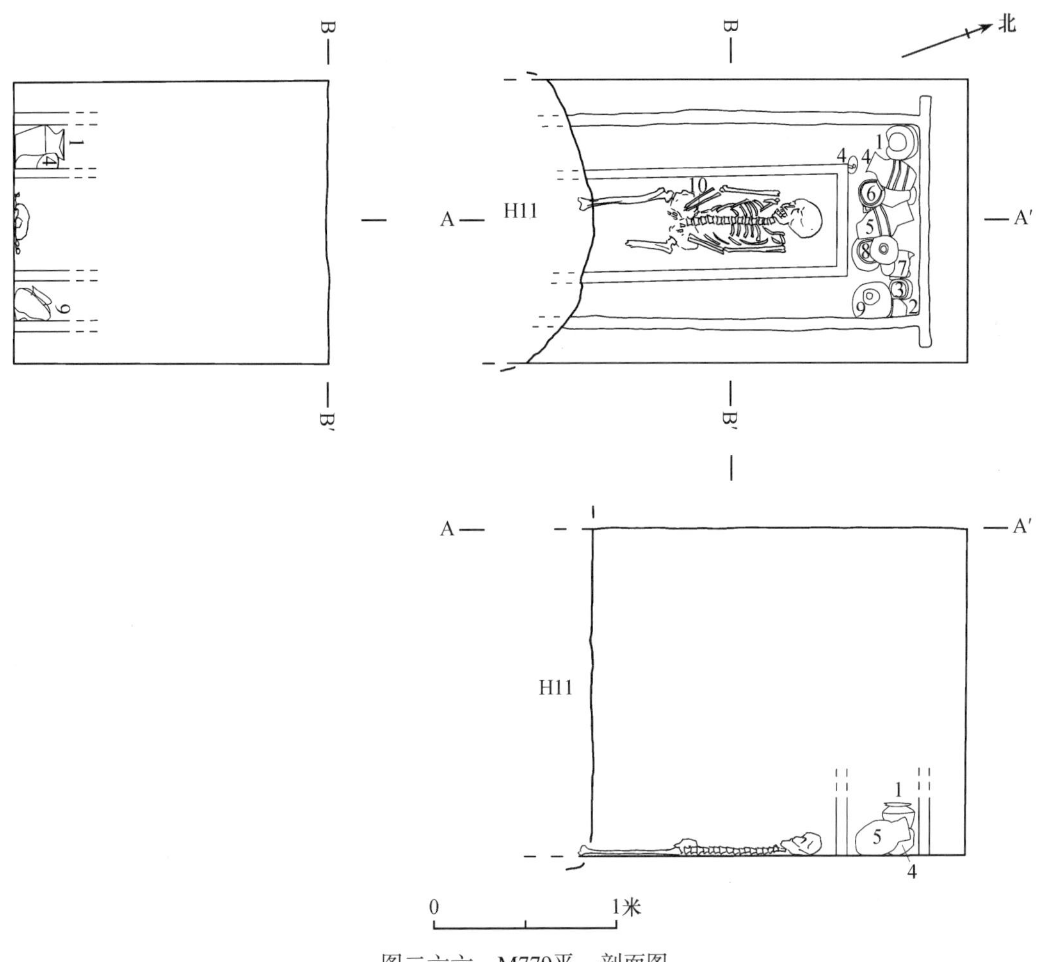

图二六六　M779平、剖面图

1. 陶尊　2. 陶罐　3. 陶三足罐　4、5. 陶壶　6、7. 陶鼎　8、9. 陶豆　10. 铜带钩

（一）墓葬形制

该墓平面呈长方形，竖穴土坑墓。口底尺寸一致，南北残长2.06～2.4米，东西宽1.5米，墓底距墓口深1.71米。内填花土，土质较硬。四壁较规整，壁面粗糙，直壁，平底。

葬具为一椁一棺，木质，已朽，仅存朽痕。椁平面呈“Ⅱ”形，南北残长2.03米，东西宽1.12～1.32米，残高0.3米，椁板厚0.06～0.08米。东、西两侧椁壁均向外侧挤压变形。椁内有一棺，棺平面呈梯形，南北残长1.44米，东西宽0.6米，残高0.3米，棺板厚0.05～0.06米。

棺内存人骨一具，头向东北，面向西北，仰身直肢，保存一般。

（二）出土器物

随葬品置于墓室北部棺椁之间和棺内人骨腰部，共出土器物10件，其中陶器9件、铜器1件。墓室北部棺椁之间有陶鼎2件、陶豆2件、陶壶2件、陶三足罐1件、陶罐1件、陶尊1件，棺内人骨腰部有铜带钩1件。

1. 陶器

陶鼎　2件。M779：6，泥质红陶，轮模合制。有盖，盖母口，呈覆钵形，顶隆起，上有一个“∩”形纽。器身子口，敛口，圆唇，上腹部有两个对称长方形外撇附耳，耳中有长方形穿，深直腹，圜底，下附三兽蹄形足。腹部饰三周凹弦纹。器表施一层灰陶衣。口径10.8、腹径13.6、高15.4、壁厚0.61厘米，盖径12.4、高5.9、壁厚0.46厘米（图二六七，4；图版一一五，5）。M779：7，泥质红陶，轮模合制。盖残缺。器身子口，敛口，圆唇，上腹部有两个对称长方形外撇附耳，耳中有长方形穿，深直腹，圜底，下附三兽蹄形足。腹部饰三周凹弦纹。器表施一层灰陶衣。口径11.7、腹径13.8、高16.9、壁厚0.6厘米（图二六七，5；图版一一五，6）。

陶豆　2件。M779：8，无法修复，器形不可辨。M779：9，无法修复，器形不可辨。

陶壶　2件。M779：4，泥质红陶，轮模合制。有盖，子口，呈覆钵形，盖舌内折，顶隆起，等距分布三个矩尺状纽。器身母口，近直口，方唇，束颈，圆肩，肩部贴附两个对称的桥形耳，弧腹内收，平底，矮圈足。颈至腹部饰三组凹弦纹，每组两周，腹部饰细绳纹，漫漶不清。器表施一层灰陶衣。口径10.8、腹径19.1、圈足径10、高25.1、壁厚0.6～0.9厘米，盖径8.7、高4.8、壁厚0.4厘米（图二六七，7；图版一一六，1）。M779：5，泥质红陶，轮模合制。有盖，子口，呈覆钵形，盖舌内折，顶隆起，等距分布三个矩尺状纽。器身母口，侈口，方唇，束颈，圆肩，肩部贴附两个对称的简化兽首形耳，弧腹内收，矮圈足。颈至腹部饰三组凹弦纹，每组两周，腹部饰细绳纹，漫漶不清。器表施一层灰陶衣。口径13.1、腹径18.4、圈足径10、高24.9、壁厚0.9厘米，盖径8.3、高3.3、壁厚0.39厘米（图二六七，8；图版一一六，2）。

陶三足罐　1件。M779：3，泥质灰陶，轮制。侈口，方唇，短颈，圆肩，深弧腹，底近平，下附三乳突状足。器身有数道轮旋痕，近底处有明显刀削痕。口径10.7、腹径12.1、高13、壁厚0.9厘米（图二六七，3；图版一一六，3）。

陶罐　1件。M779：2，泥质红陶，轮制。侈口，圆唇，短束颈，圆肩，浅弧腹，下腹内收，平底。器身有数道轮旋痕。器表施一层灰陶衣。口径10.7、腹径13.5、底径6.8、高12.3、壁厚0.4～1.1厘米（图二六七，2；图版一一六，4）。

陶尊　1件。M779：1，泥质红陶，轮制和手制。侈口，方唇，宽沿外折，束颈，折肩，斜弧腹内收，平底。沿面及折肩处均有一周凹弦纹，折肩处饰漫漶不清的绳纹。器身有数道轮

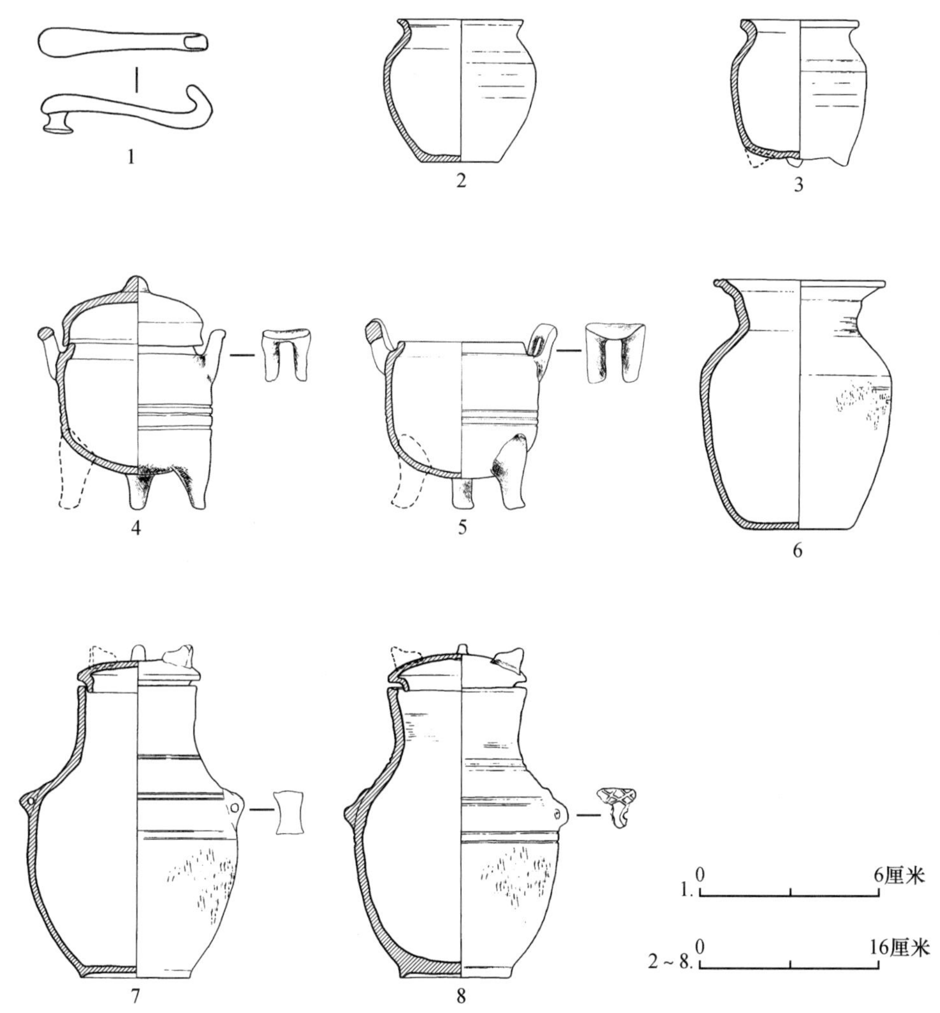

图二六七　M779出土器物

1. 铜带钩（M779：10）　2. 陶罐（M779：2）　3. 陶三足罐（M779：3）　4、5. 陶鼎（M779：6、M779：7）
6. 陶尊（M779：1）　7、8. 陶壶（M779：4、M779：5）

旋痕，器表厚施一层灰陶衣。口径15.9、腹径17.4、底径9.8、高22.1、壁厚1厘米（图二六七，6；图版一一六，5）。

2. 铜器

铜带钩　1件。M779：10，模制。钩作鸭首形，长颈，颈断面呈长方形，扁圆腹，平背，断面呈半圆形，圆尾，尾背置一圆形纽。长5.6、宽0.5～1、厚0.2～0.55、颈径0.5、纽径1厘米（图二六七，1；图版一一六，6）。

一七六、M780

位于发掘区的中部，T1330的北部，北邻M725，西邻M779。方向35°。开口于第4层下，向下打破生土，开口距地表深1.7米（图二六八；图版二六，1）。

（一）墓葬形制

该墓平面呈长方形，竖穴土坑墓。口底尺寸一致，南北长2.48米，东西宽1.33米，墓底距墓口深1.4米。内填花土，土质较疏松。四壁较规整，壁面粗糙，直壁，平底。

葬具为单棺，木质，已朽，仅存朽痕。棺平面呈梯形，南北长1.99米，东西宽0.57～0.59米，残高0.2米，棺板厚0.05米。

棺内有人骨一具，头向东北，面向上，仰身直肢，保存较好。

（二）出土器物

未发现随葬品。

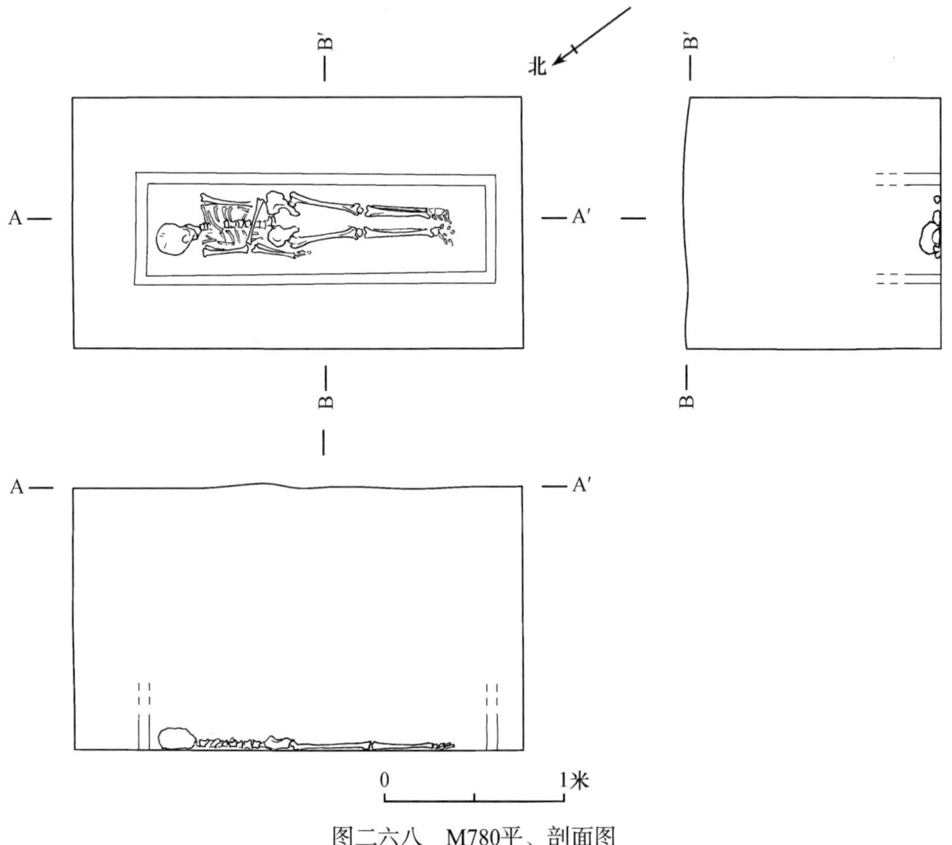

图二六八　M780平、剖面图

一七七、M781

位于发掘区的中部，T1330东南部、T1230东北部，北邻M804。方向20°。开口于第6层下，向下打破生土，开口距地表深1.9米（图二六九）。

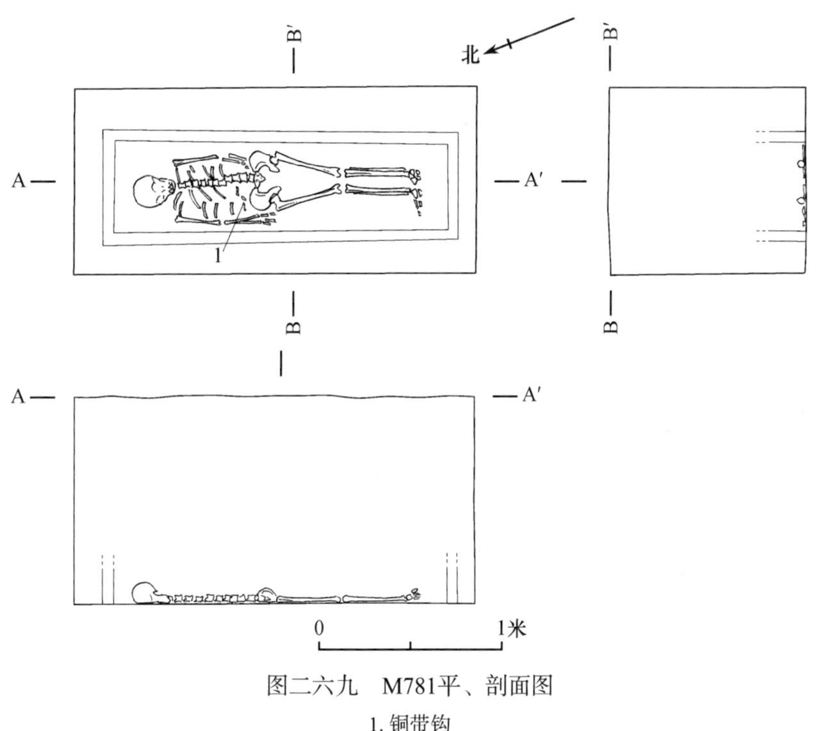

图二六九　M781平、剖面图
1. 铜带钩

（一）墓葬形制

该墓平面呈长方形，竖穴土坑墓。口底尺寸一致，南北长2.2米，东西宽1米，墓底距墓口深1.1米。内填花土，土质较硬。四壁较规整，壁面粗糙，直壁，平底。

葬具为单棺，木质，已朽，仅存朽痕。棺平面呈梯形，南北长1.94米，东西宽0.56～0.62米，残高0.2米，棺板厚0.06米。

棺内有人骨一具，头向东北，面向上，仰身直肢，保存较好。

（二）出土器物

随葬品置于棺内人骨腰部，共出土铜带钩1件。

铜带钩　1件。M781：1，模制。整体呈琵琶形，钩首断面呈方形，颈断面呈长方形，扁圆腹，平背，宽圆尾，尾背置一圆形纽。长4.1、宽0.4～1.1、厚0.2～0.6、颈径0.6、纽径1厘米（图二七〇；图版一一七，1）。

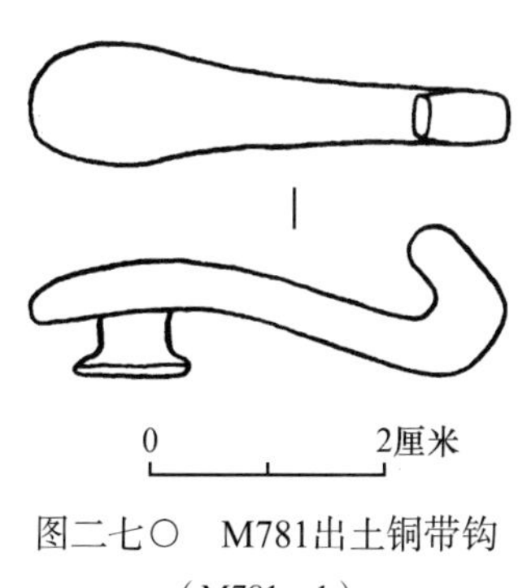

图二七〇　M781出土铜带钩
（M781：1）

一七八、M782

位于发掘区的中部，T1329北部，东部被H9打破，北邻M756、M753。方向20°。开口于第4层下，向下打破生土，开口距地表深1.8米（图二七一）。

（一）墓葬形制

该墓平面呈长方形，竖穴土坑墓。口底一致，南北长2.1米，东西宽0.9米，墓底距墓口深1米。内填灰色花土，土质较硬，含沙。四壁较规整，壁面粗糙，直壁，平底。

葬具为单棺，木质，已朽，仅存朽痕。棺平面呈梯形，南北长1.85米，东西宽0.54～0.68米，残高0.2米，棺板厚0.03～0.06米。

棺内有人骨一具，头向东北，面向上，仰身直肢，保存较好。

（二）出土器物

未发现随葬品。

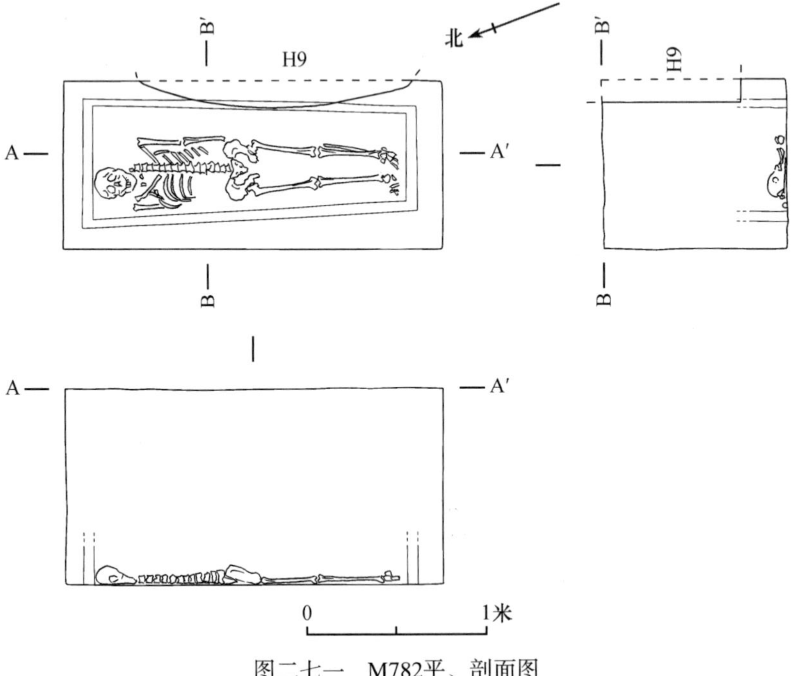

图二七一　M782平、剖面图

一七九、M783

位于发掘区的中部，T1329西南部，东邻M785。方向60°。开口于第5层下，向下打破生土，开口距地表深2.1米（图二七二；图版二六，2）。

（一）墓葬形制

该墓平面呈长方形，竖穴土坑墓。口底尺寸一致，东西长2.71米，南北宽1.5米，墓底距墓口深1.2米。内填褐色花土，土质较硬，含沙。四壁较规整，壁面粗糙，直壁，平底。

葬具为一椁一棺，木质，已朽，仅存朽痕。椁平面呈“Ⅱ”形，东西长2.63米，南北宽1.28～1.43米，残高0.23米，椁板厚0.02～0.06米。东、西两侧椁壁均向内侧挤压变形。椁内有一棺，棺平面呈梯形，东西长2.11米，南北宽0.64～0.69米，残高0.2米，棺板厚0.03～0.05米。

棺内存人骨一具，头向东北，面向上，仰身屈肢，保存较好。

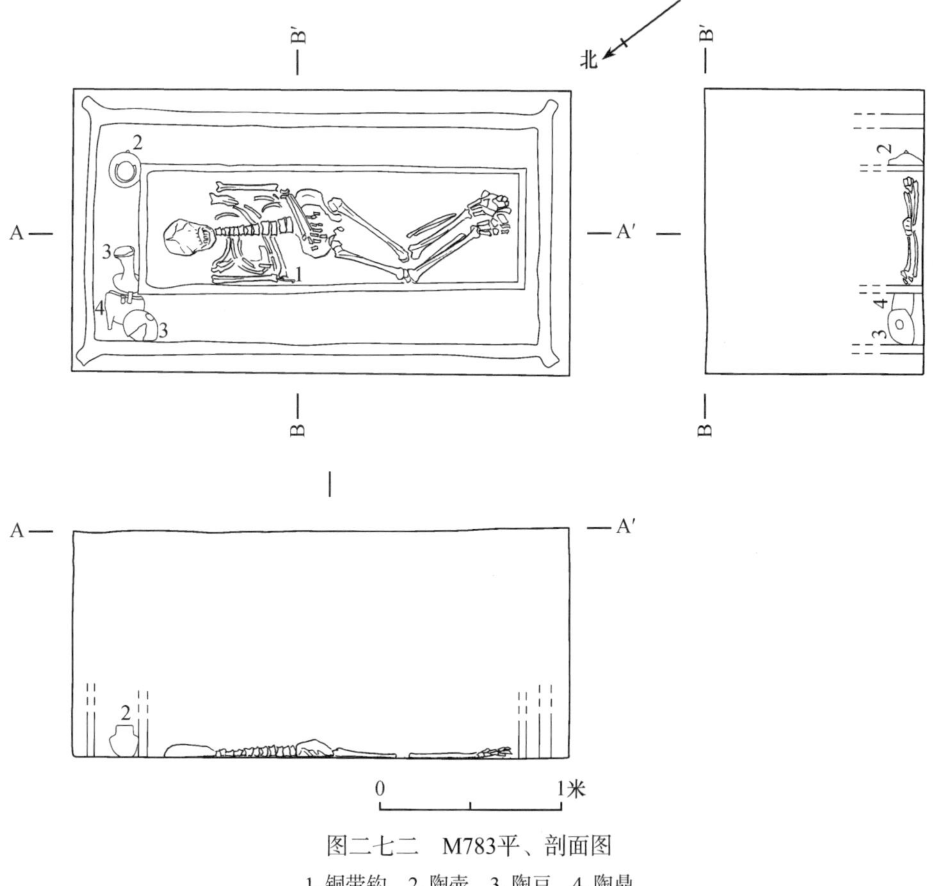

图二七二　M783平、剖面图

1. 铜带钩　2. 陶壶　3. 陶豆　4. 陶鼎

（二）出土器物

随葬品置于墓室北部棺椁之间和棺内人骨腰部，共出土器物4件，其中陶器3件、铜器1件。墓室北部棺椁之间有陶鼎1件、陶豆1件、陶壶1件，棺内人骨腰部有铜带钩1件。

1. 陶器

陶鼎　1件。M783：4，泥质灰陶，轮模合制。盖残缺。器身敛口，圆唇，上腹部有两个对称的长方形外撇附耳，双耳皆残，深直腹，圜底，下附三蹄形足。腹部饰两周凹弦纹。口径11.8、腹径13.2、高13.8、壁厚0.6～1.6厘米（图二七三，2）。

陶豆　1件。M783：3，泥质灰陶，轮制。盖、柄、座皆残。器身敛口，圆唇，弧折腹。口径14、腹径16.2、残高13.2、壁厚0.4～1.8厘米（图二七三，4；图版一一七，2）。

陶壶　1件。M783：2，泥质红陶，轮模合制。有盖，子口，呈覆钵形，盖舌内折，顶隆起，等距分布三个矩尺状纽。器身口部至上腹部残缺，下腹弧收，平底略凹。腹部饰一周凹弦纹。器表施一层灰陶衣。底径8.6、残高15、壁厚0.8厘米，盖径8.3、高5、壁厚0.4～1.6厘米（图二七三，1；图版一一七，3）。

2. 铜器

铜带钩　1件。M783：1，模制。钩首断面呈方形，长颈，颈断面呈长方形，腹隆起，平背，断面呈梯形，尖尾，尾背置一圆形纽。长6.2、宽0.4～1.2、厚0.1～0.65、颈径0.7、纽径1.2厘米（图二七三，3；图版一一七，4）。

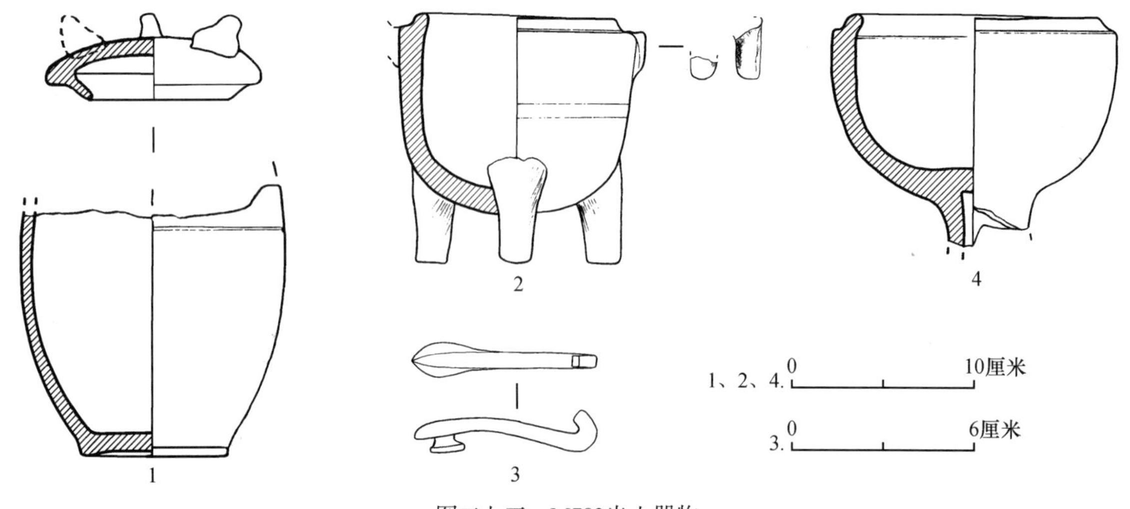

图二七三　M783出土器物

1. 陶壶（M783：2）　2. 陶鼎（M783：4）　3. 铜带钩（M783：1）　4. 陶豆（M783：3）

一八〇、M784

位于发掘区的中部，T1332西部，东邻M849。方向357°。开口于第4层下，向下打破第5层及生土，开口距地表深2.01米（图二七四）。

（一）墓葬形制

该墓平面呈长方形，竖穴土坑墓。口略大于底，墓口南北长1.9米，东西宽0.6米；墓底南北长1.8米，东西宽0.53米，墓底距墓口深1.09米。内填浅灰色花土，土质松软。四壁较规整，壁面粗糙，斜壁，平底。

葬具为单棺，木质，已朽，仅存朽痕。棺平面呈梯形，南北长1.6米，东西宽0.4～0.44米，残高0.1米，棺板厚0.04米。

棺内人骨仅存部分头骨，保存较差，头向、面向、葬式均不详。

（二）出土器物

未发现随葬品。

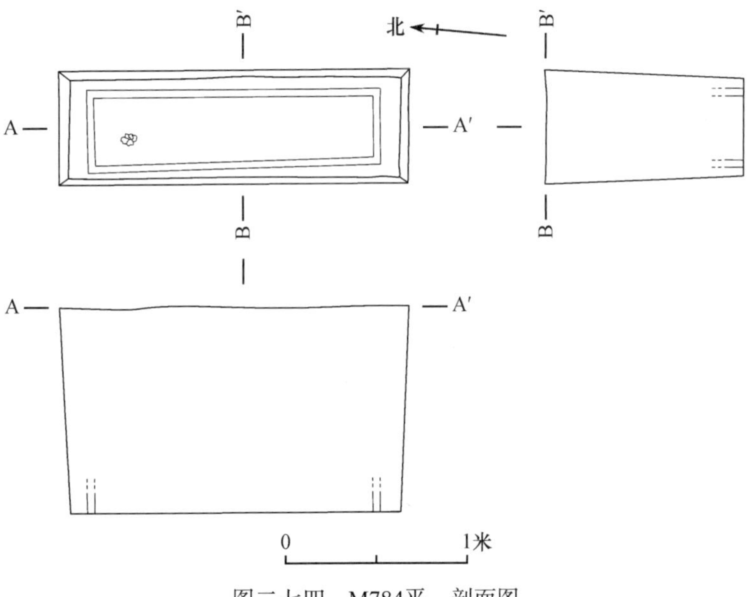

图二七四　M784平、剖面图

一八一、M785

位于发掘区中部，T1329东部，西北部被H9打破，西邻M783，北邻M782，南邻M775。方向25°。开口于第4层下，向下打破生土，开口距地表深1.58米（图二七五）。

（一）墓葬形制

该墓平面呈长方形，竖穴土坑墓。口略大于底，墓口南北长2.1米，东西宽1.1米；墓底南北长1.98米，东西宽0.96米，墓底距墓口深1.52米。内填灰色花土，土质较硬，含沙。四壁较规整，壁面粗糙，斜壁，平底。

葬具为单棺，木质，已朽，仅存朽痕。棺平面呈梯形，南北长1.83米，东西宽0.6～0.67米，残高0.14米，棺板厚0.02～0.05米。

棺内有人骨一具，头向东北，面向上，仰身直肢，保存较差。

（二）出土器物

未发现随葬品。

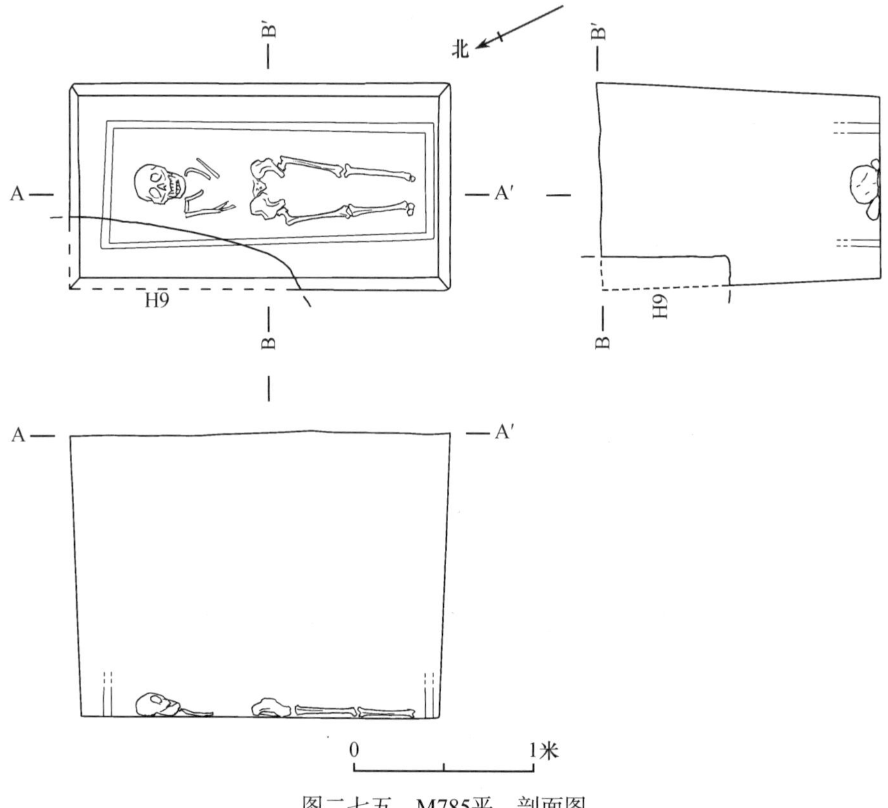

图二七五　M785平、剖面图

一八二、M786

位于发掘区的中部，T1328北部，东邻M791，南邻M788。方向38°。开口于第4层下，向下打破生土，开口距地表深1.22米（图二七六；图版二六，3）。

（一）墓葬形制

该墓平面呈长方形，竖穴土坑墓。口略大于底，墓口南北长2.5米，东西宽1.3米；墓底南北长2.28米，东西宽1.1米，墓底距墓口深1.78米。内填黄褐色花土，土质松软。四壁较规整，壁面粗糙，斜壁，平底。

葬具为单棺，木质，已朽，仅存朽痕。棺平面呈梯形，南北长1.8米，东西宽0.51～0.58米，残高0.09米，棺板厚0.02～0.04米。

棺内有人骨一具，头向东北，面向西北，仰身直肢，保存较好。

（二）出土器物

未发现随葬品。

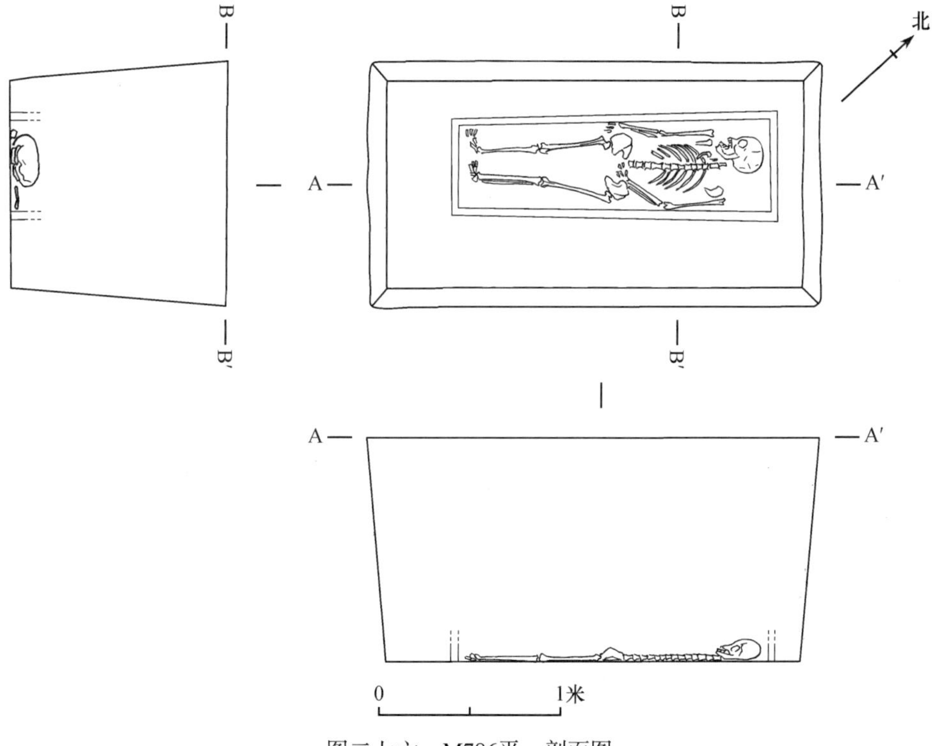

图二七六　M786平、剖面图

一八三、M787

位于发掘区的中部，T1328西南部，东邻M788。方向40°。开口于第6层下，向下打破生土，开口距地表深2.1米（图二七七；图版二六，4）。

（一）墓葬形制

该墓平面呈长方形，竖穴土坑墓。口略大于底，墓口南北长2.4米，东西宽1.21米；墓底南北长2.2米，东西宽1米，墓底距墓口深1.8米。内填灰褐色花土，土质松软。四壁较规整，壁面粗糙，斜壁，平底。

葬具为单棺，木质，已朽，仅存朽痕。棺平面呈梯形，南北长1.77米，东西宽0.47～0.59米，残高0.12米，棺板厚0.03～0.05米。

棺内有人骨一具，头向东北，面向西北，仰身直肢，保存一般。

墓室北壁设壁龛，直壁，弧顶，距墓底0.6米，长0.65米，进深0.19米，高0.29米。

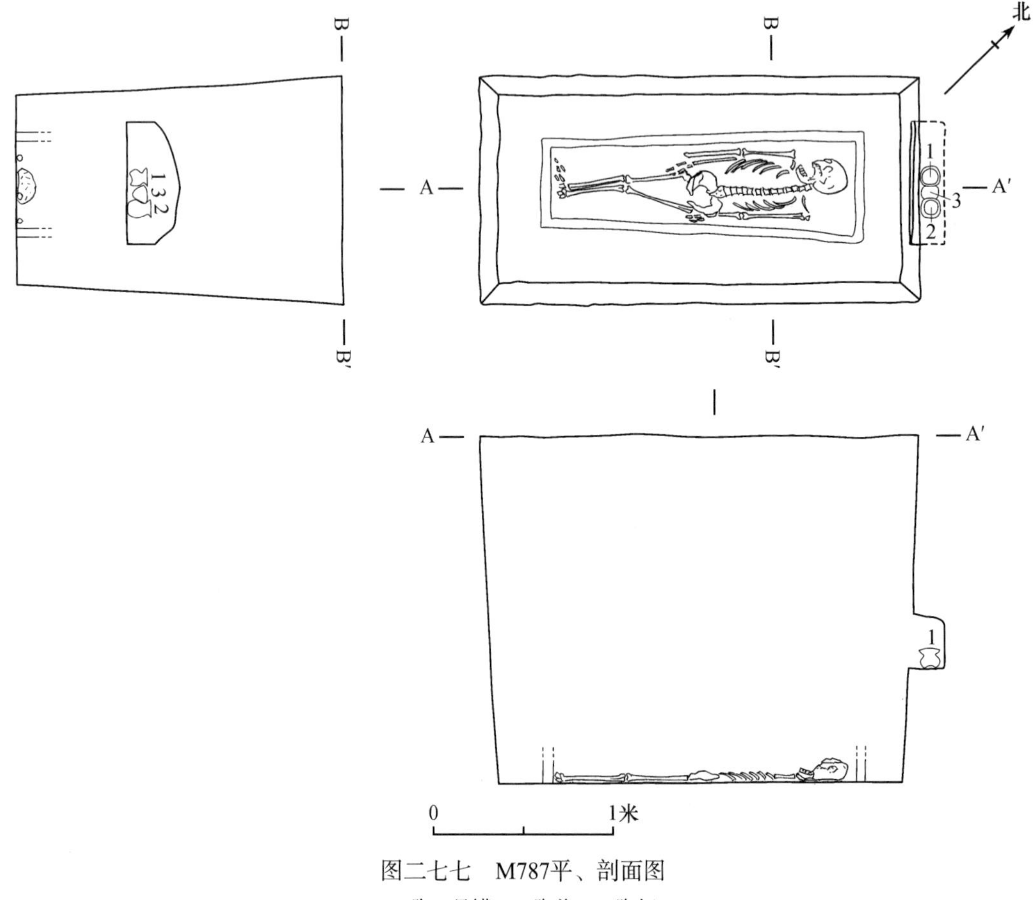

图二七七　M787平、剖面图

1. 陶三足罐　2. 陶尊　3. 陶杯

（二）出土器物

随葬品置于壁龛内，共出土陶器3件。其中陶三足罐1件、陶尊1件、陶杯1件（图版四三，2）。

陶三足罐　1件。M787：1，泥质红陶，轮制。侈口，折沿上扬，方唇，短束颈，溜肩，深弧腹，平底，下附刀削三角形足。器身有数道轮旋痕，近底处有明显刀削痕。口径9.6、腹径10.5、高11、壁厚0.7～2.2厘米（图二七八，2；图版一一七，5）。

陶尊　1件。M787：2，泥质灰陶，轮制。侈口，圆唇，束颈，折肩，斜弧腹，平底微凸。口沿处有一周凹弦纹。器身有数道轮旋痕。口径9.9、腹径9.5、底径5.7、高11.8、壁厚0.5～1.5厘米（图二七八，1；图版一一七，6）。

陶杯　1件。M787：3，泥质灰陶，轮制。侈口，折沿上扬，圆唇，近直腹，平底。唇端有一周凹弦纹。器身有数道轮旋痕。口径11.5、底径7、高6.3、壁厚0.2～1.45厘米（图二七八，3；图版一一八，1）。

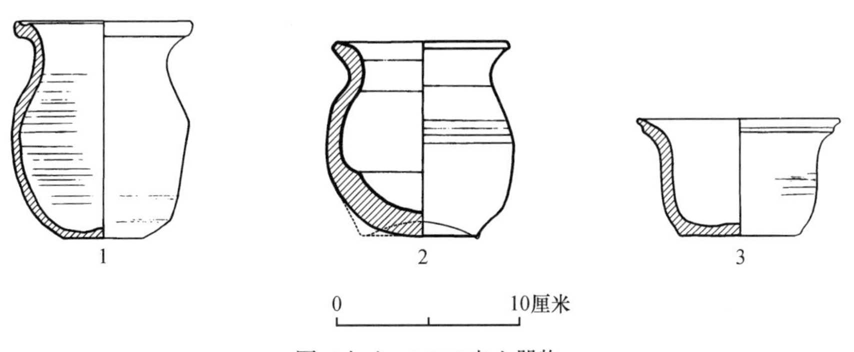

图二七八　M787出土器物

1. 陶尊（M787：2）　2. 陶三足罐（M787：1）　3. 陶杯（M787：3）

一八四、M788

位于发掘区的中部，T1328南部，西邻M787，东邻M790，北邻M786。方向22°。开口于第6层下，向下打破生土，开口距地表深2.2米（图二七九；图版二七，1）。

（一）墓葬形制

该墓平面呈长方形，竖穴土坑墓。口略大于底，墓口南北长2.5米，东西宽1.15米；墓底南北长2.4米，东西宽1.05米，墓底距墓口深1.7米。内填褐色花土，土质较硬。四壁较规整，壁面粗糙，斜壁，平底。

葬具为单棺，木质，已朽，仅存朽痕。棺平面呈梯形，南北长2.06米，东西宽0.5～0.66米，残高0.2米，棺板厚0.03～0.04米。

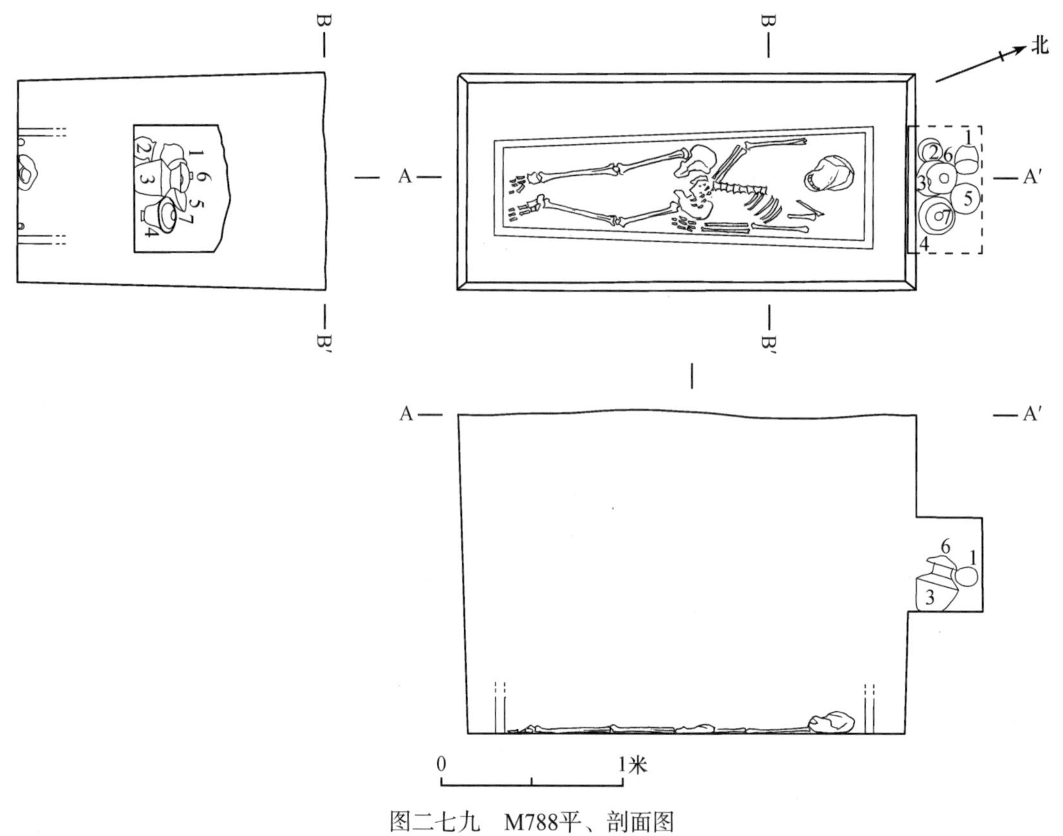

图二七九　M788平、剖面图

1. 陶三足罐　2. 陶罐　3. 陶尊　4. 陶簋　5～7. 陶浅盘豆

棺内有人骨一具，头向东北，面向上，仰身直肢，保存较差。

墓室北壁设壁龛，直壁，弧顶，距墓底0.64米，长0.67米，进深0.41米，高0.52米。

（二）出土器物

随葬品置于北部壁龛内，共出土陶器7件。其中陶浅盘豆3件、陶三足罐1件、陶罐1件、陶尊1件、陶簋1件（图版二七，3；图版四四，1）。

陶浅盘豆　3件。M788：5，泥质灰陶，轮制。敞口，圆唇，浅弧腹内收，圜底，细柄，柄较短，喇叭形座。内底中心有“+”字形符号。器身有数道轮旋痕。口径16.6、圈足径8.5、高13.5、壁厚0.7厘米（图二八〇，5；图版一一八，2）。M788：6，泥质灰陶，轮制。敞口，圆唇，浅弧腹内收，圜底，柄、座皆残缺。内底偏中心处有“+”字形符号。器身有数道轮旋痕。口径16.2、残高7.6、壁厚0.59厘米（图二八〇，7；图版一一八，3）。M788：7，泥质灰陶，轮制。敞口，圆唇，浅弧腹内收，圜底，柄、座皆残缺。口径15.3、残高6.4、壁厚1.1厘米（图二八〇，1；图版一一八，4）。

陶三足罐　1件。M788：1，泥质灰陶，轮制。侈口，圆唇，短颈，圆鼓肩，深弧腹，底近平，下附三乳突状足。器身有数道轮旋痕，近底处有明显刀削痕。口径10.6、腹径12、高12、壁厚0.2～1.4厘米（图二八〇，2；图版一一八，5）。

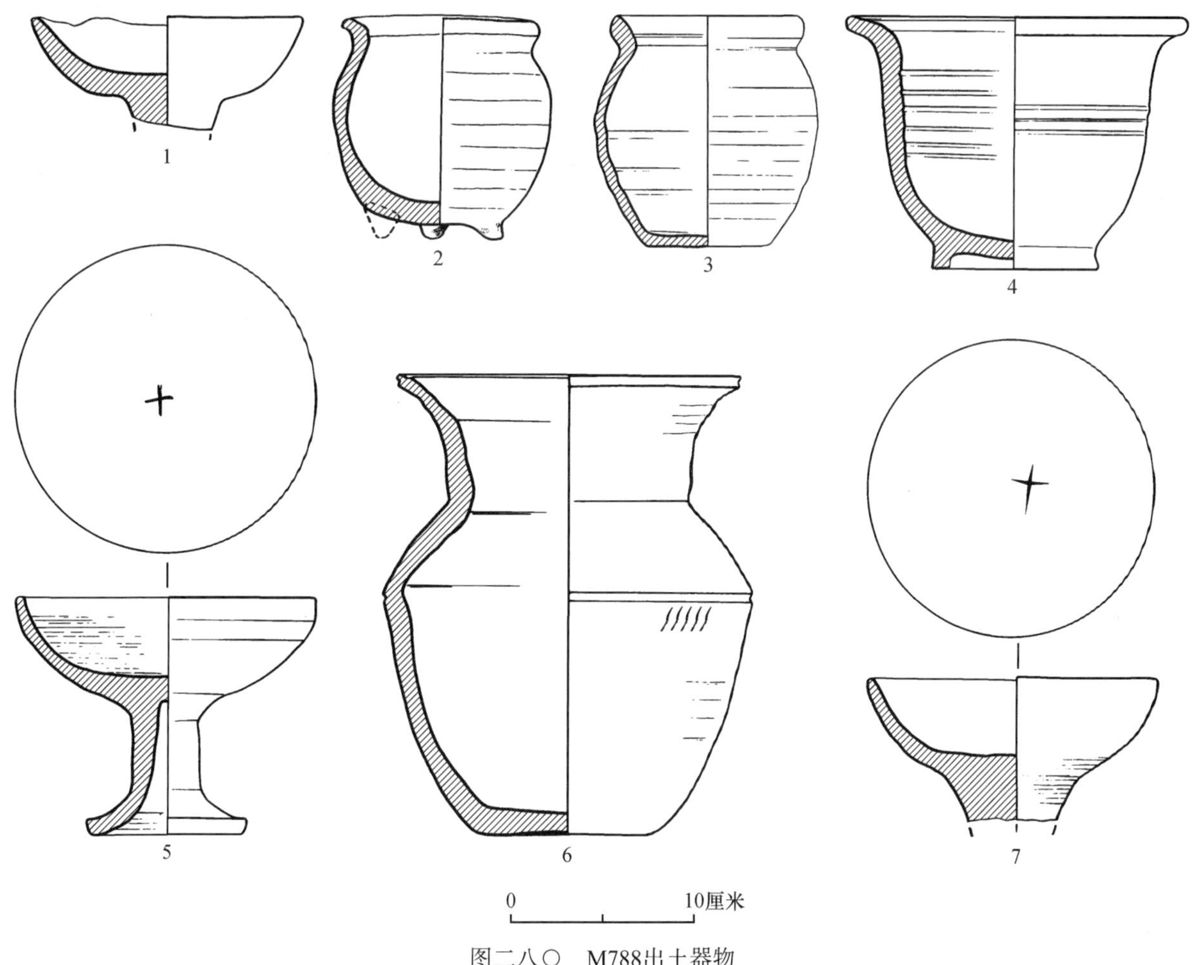

图二八〇　M788出土器物

1、5、7. 陶浅盘豆（M788：7、M788：5、M788：6）　2. 陶三足罐（M788：1）　3. 陶罐（M788：2）　4. 陶簋（M788：4）　6. 陶尊（M788：3）

陶罐　1件。M788：2，泥质灰陶，轮制。侈口，圆唇，短束颈，溜肩，深弧腹，下腹内收，平底。器身有数道轮旋痕。口径10.5、腹径12.6、底径6.6、高12.6、壁厚0.75厘米（图二八〇，3；图版一一八，6）。

陶尊　1件。M788：3，泥质灰陶，轮制。侈口，宽沿外折，方唇，束颈，折肩，弧腹内收，平底略凹。沿面、唇端、折肩处均有一周凹弦纹，肩部有几处漫漶不清的粗绳纹。器身有数道轮旋痕。口径18.9、腹径20.5、底径9.2、高24.7、壁厚0.61厘米（图二八〇，6；图版一一九，1）。

陶簋　1件。M788：4，泥质灰陶，轮制。敞口，宽沿外折，圆唇，深腹，上腹近直，下腹弧收，圜底，圈足，足墙外撇。沿面饰一周、腹中部饰三周凹弦纹。器身有数道轮旋痕。口径18.4、腹径14.6、圈足径9.5、高13.5、壁厚1～1.3厘米（图二八〇，4；图版一一九，2）。

一八五、M790

位于发掘区的中部，T1328东南部，北邻M791，西邻M788。方向38°。开口于第4层下，向下打破生土，开口距地表深1.4米（图二八一）。

（一）墓葬形制

该墓平面呈长方形，竖穴土坑墓。口略大于底，墓口南北长2.2米，东西宽0.92米；墓底南北长1.99米，东西宽0.71米，墓底距墓口深1.7米。内填灰褐色花土，土质较硬。四壁较规整，壁面粗糙，斜壁，平底。

葬具为单棺，木质，已朽，仅存朽痕。棺平面呈梯形，南北长1.91米，东西宽0.45～0.58米，残高0.2米，棺板厚0.04米。

棺内有人骨一具，头向东北，面向不详，仰身直肢，保存较差。

（二）出土器物

未发现随葬品。

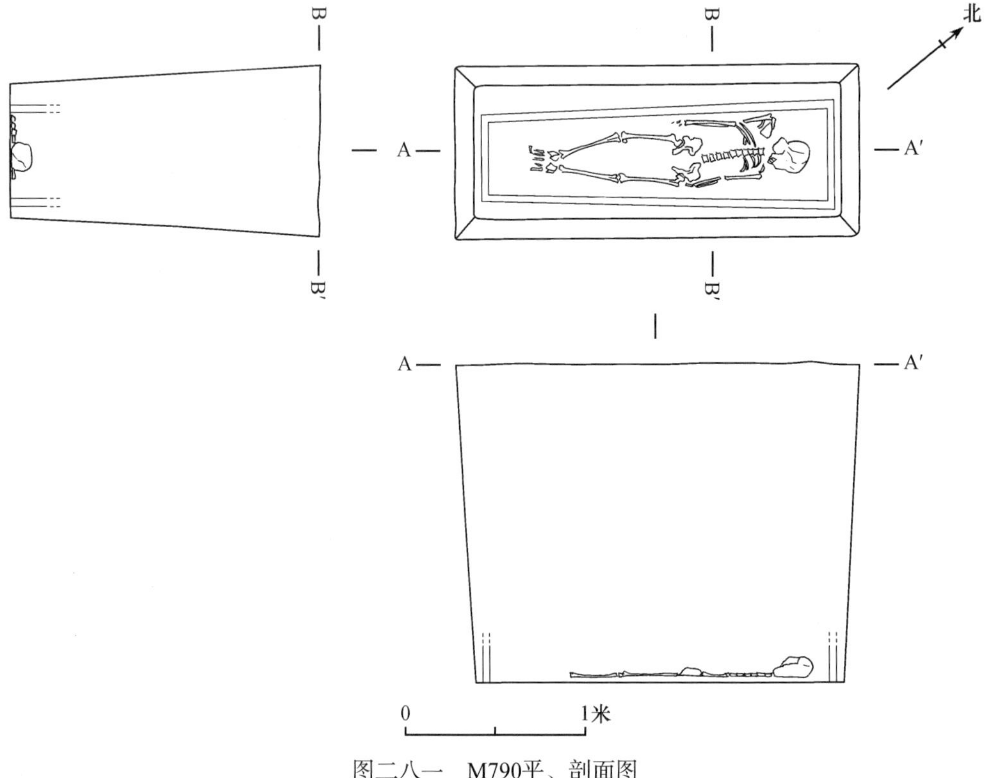

图二八一　M790平、剖面图

一八六、M791

位于发掘区的中部，T1328东部，西邻M786，南邻M790。方向44°。开口于第4层下，向下打破生土，开口距地表深1.5米（图二八二）。

（一）墓葬形制

该墓平面呈长方形，竖穴土坑墓。口底尺寸一致，南北长2.18米，东西宽0.77米，墓底距墓口深0.6米。内填灰褐色花土，土质松软。四壁较规整，壁面粗糙，直壁，平底。

葬具为单棺，木质，已朽，仅存朽痕。棺平面呈梯形，南北长1.74米，东西宽0.42～0.5米，残高0.12米，棺板厚0.03～0.04米。

棺内有人骨一具，头向东北，面向上，仰身屈肢，保存较差。

（二）出土器物

未发现随葬品。

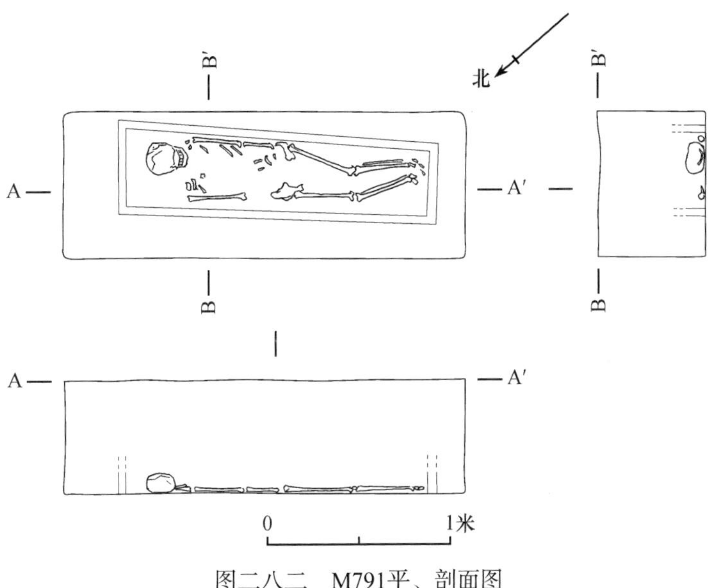

图二八二　M791平、剖面图

一八七、M792

位于发掘区的中部，T1331西北部，西部被晚期墓葬M796打破，东邻M777，南邻M797。方向20°。开口于第5层下，向下打破第6层及生土，开口距地表深1.27米（图二八三）。

（一）墓葬形制

该墓平面呈长方形，竖穴土坑墓。口略大于底，墓口南北长3.9米，东西宽2.3米；墓底南北长3.5米，东西宽1.99米，墓底距墓口深2.73米。内填花土，土质较硬。四壁较规整，壁面粗糙，斜壁，平底。

葬具为单棺，木质，已朽，仅存朽痕。椁平面呈“Ⅱ”形，南北长2.74米，东西宽0.93～1.51米，残高0.4米，椁板厚0.04～0.07米。四侧椁壁均向内侧挤压变形。椁内有一棺，棺平面呈梯形，南北长1.9米，东西宽0.56～0.76米，残高0.3米，棺板厚0.03～0.04米。

棺内存人骨一具，头向东北，面向上，仰身直肢，保存较差。

（二）出土器物

随葬品置于墓室北部棺椁之间和棺内人骨腰部，共出土器物4件，其中陶器3件、铜器1件。墓室北部棺椁之间有陶豆2件、陶罐1件，棺内人骨腰部有铜带钩1件。

1. 陶器

陶豆　2件。M792：1，泥质灰陶，轮制。盖、柄、底座皆残缺。器身微敛口，圆唇，腹钵形。器身有数道轮旋痕。口径16.8、腹径19.1、残高10.4、壁厚0.59厘米（图二八四，1；图版一一九，3）。M792：2，无法修复，器形不可辨。

陶罐　1件。M792：3，无法修复，器形不可辨。

2. 铜器

铜带钩　1件。M792：4，模制。钩作鸭首形，短颈，颈断面呈长方形，腹隆起，平背，断面呈梯形，平尾，腹背置一圆形纽。长6.6、宽0.5～1.4、厚0.1～0.6、颈径0.7、纽径1.2厘米（图二八四，2；图版一一九，4）。

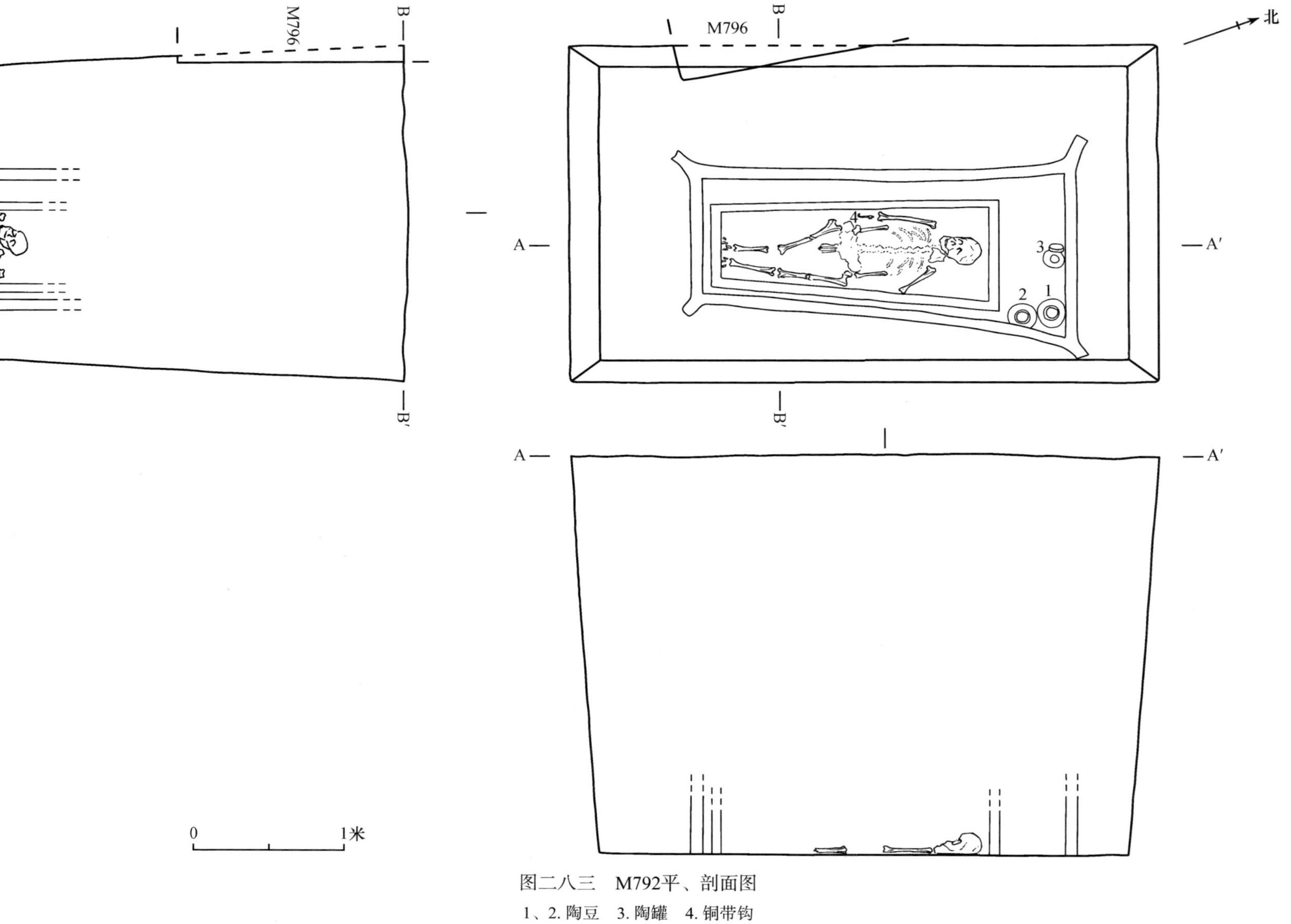

图二八三　M792平、剖面图
1、2. 陶豆　3. 陶罐　4. 铜带钩

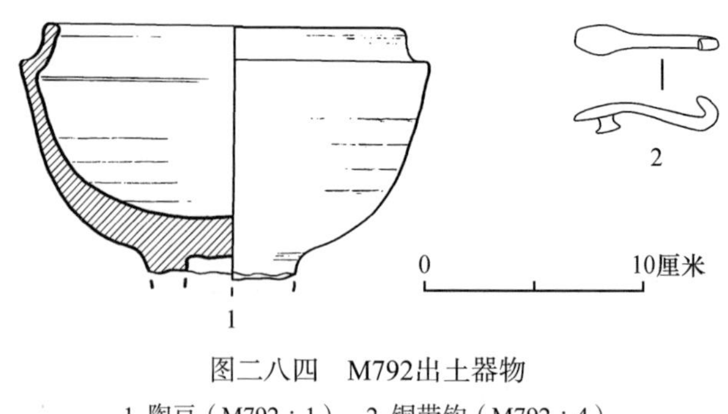

图二八四　M792出土器物

1. 陶豆（M792∶1）　2. 铜带钩（M792∶4）

一八八、M794

位于发掘区的中部，T1332东南部，东部打破M797，南部被晚期墓葬M798打破。方向26°。开口于第5层下，向下打破生土，开口距地表深1.82米（图二八五）。

（一）墓葬形制

该墓平面呈长方形，竖穴土坑墓。口底尺寸一致，南北长3.2米，东西宽2.07米，墓底距墓口深2.18米。内填褐色花土，土质松软。四壁较规整，壁面粗糙，直壁，平底。

葬具为一椁一棺，木质，已朽，仅存朽痕。椁平面呈“Ⅱ”形，南北长2.26米，东西宽0.86～1.27米，残高0.3米，椁板厚0.03～0.06米。北、西两侧椁壁均向内侧挤压变形。椁内有一棺，棺平面呈长方形，南北长1.9米，东西宽0.6米，残高0.15米，棺板厚0.03～0.04米。

棺内有人骨一具，头向东北，面向西北，仰身屈肢，保存较差。

（二）出土器物

随葬品置于椁外东北部，出土陶鬲1件。

陶鬲　1件。M794∶1，夹砂红陶，腹壁模制，足为手制。敛口，平沿，方唇，短束颈，溜肩，深弧腹，圜底，底附三个锥形实足，略外撇。腹壁和底部饰细绳纹。内壁有按压痕迹。口径12.7、腹径16.6、高22.3、壁厚0.38厘米（图二八六；图版一一九，5）。

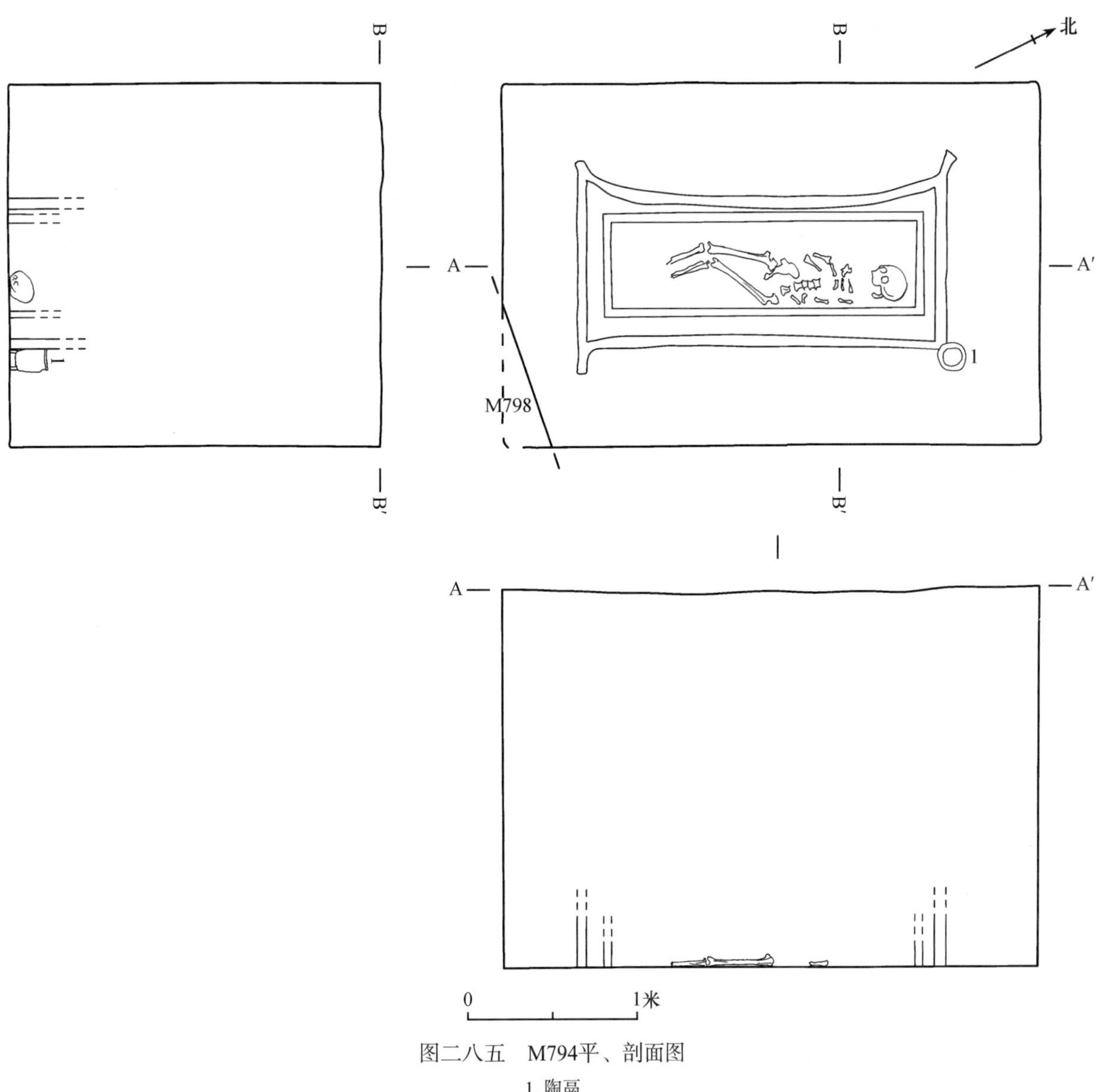

图二八五　M794平、剖面图
1. 陶鬲

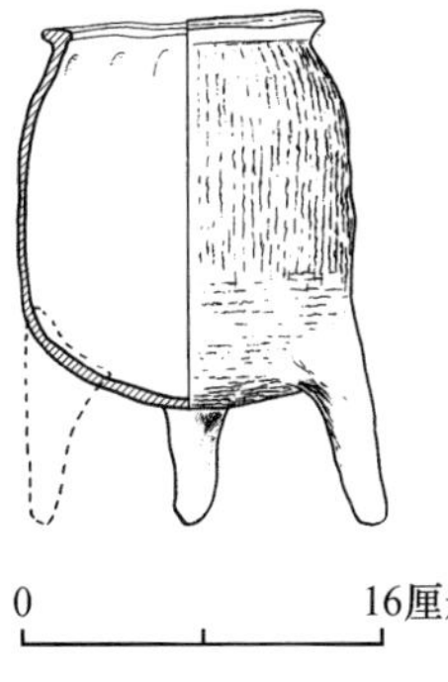

图二八六　M794出土陶鬲
（M794：1）

一八九、M797

位于发掘区的中部，T1332东南部、T1331西南部，西部被M794打破。方向32°。开口于第5层下，向下打破生土，开口距地表深1.8米（图二八七）。

（一）墓葬形制

该墓平面呈长方形，竖穴土坑墓。口略大于底，墓口南北长3.51米，东西宽2.5米；墓底南北长3.4米，东西宽2.37米，墓底距墓口深2.6米。内填褐色花土，土质较硬，含沙。四壁较规整，壁面粗糙，斜壁，平底。

葬具为一椁一棺，木质，已朽，仅存朽痕。椁平面呈“Ⅱ”形，南北长2.86米，东西宽1.04～1.54米，残高0.4米，椁板厚0.05～0.06米。西侧椁壁向内侧挤压变形，东侧椁壁向外侧挤压变形。椁内有一棺，棺平面呈长方形，南北长2.16米，东西宽0.76米，残高0.22米，棺板厚0.05～0.06米。

棺内有人骨一具，头向东北，面向西北，仰身直肢，保存较差。

（二）出土器物

随葬品置于墓室北部棺椁之间，共出土陶器10件。其中陶鼎2件、陶豆2件、陶壶2件、陶盘1件、陶匜1件、陶小口罐2件。

陶鼎　2件。M797：7，无法修复，器形不可辨。M797：9，泥质灰陶，轮模合制。有盖，母口，呈覆钵形，顶隆起，等距分布三个“∩”形穿孔纽。器身子口，敛口，圆唇，上腹部有两个对称的长方形外撇附耳，有长方形穿，直腹，圜底近平，下有三蹄形足。盖面饰四组纹饰，每组纹饰间用两周凹弦纹隔开，盖顶正中为篦点团花纹，第二组为一周篦点团花与“8”字篦点组合纹，第三组为一周横向“8”字篦点组合纹，第四组为一周三角内填水波纹，器身上腹部饰一周凹弦纹，中部饰一周篦点团花与“8”字篦点组合纹，下腹部饰两周凹弦纹。口径12.5、腹径14.8、高15.5、壁厚1厘米，盖径14.7、高4.8、壁厚1厘米（图二八八，1；图版一一九，6）。

陶豆　2件。M797：1，泥质灰陶，轮制。有盖，母口，呈覆钵形，顶部捉手残缺。器身子口，微敛口，圆唇，深斜弧腹，下腹略鼓，细长柄，底座残缺。器身有数道轮旋痕。口径14.9、腹径17.2、残高21.4、壁厚0.59厘米，盖径17.2、残高7.6、壁厚0.9厘米（图二八八，7；图版一二〇，1）。M797：8，无法修复，器形不可辨。

陶壶　2件。M797：3，泥质灰陶，轮模合制。盖残缺。器身口微侈，方唇，束颈，圆

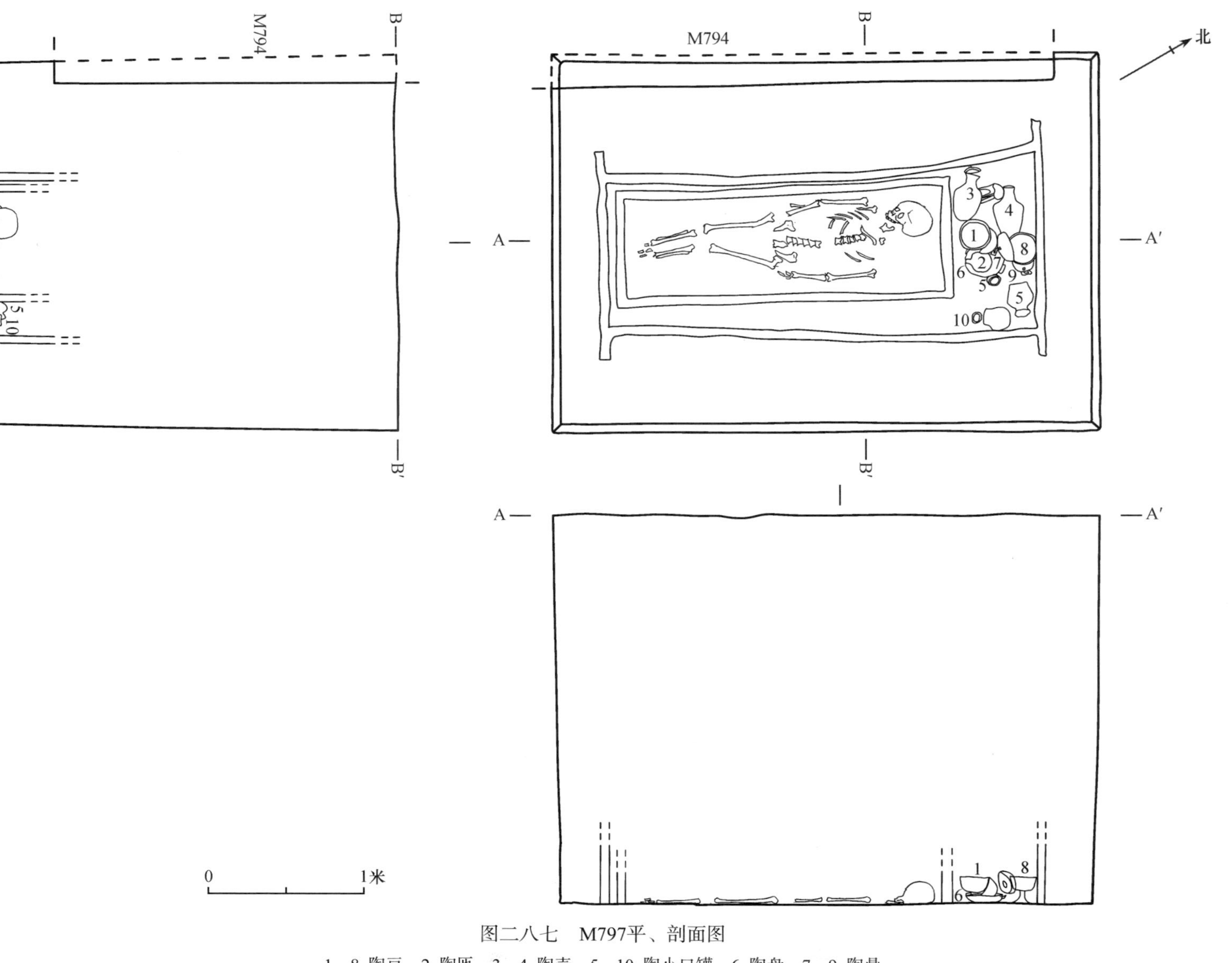

图二八七　M797平、剖面图

1、8. 陶豆　2. 陶匜　3、4. 陶壶　5、10. 陶小口罐　6. 陶盘　7、9. 陶鼎

肩，肩部贴附两个对称的简化兽首形耳，弧腹内收，圜底，矮圈足，足墙外撇。颈至腹部刻划五组纹饰，各组纹饰间皆用一周凸棱纹隔开，自上而下第一组为一周三角内填水波纹，第二组为一周竖向水波纹，第三组为一周折线三角纹外附卷云纹，第四组为一周菱格纹外附水波纹，第五组为一周三角内填水波纹。口径12.4、腹径19.4、圈足径12、高30.3、壁厚0.79厘米（图二八八，2；图版一二〇，2）。M797：4，泥质灰陶，轮模合制。盖残缺。器身口微侈，方唇，束颈，圆肩，肩部贴附两个对称的简化兽首形耳，一铺首残缺，弧腹内收，圜底，矮圈足，足墙外撇。颈至腹部刻划五组纹饰，各组纹饰间皆用一周凸棱纹隔开，自上而下第一组为一周三角内填水波纹，第二组为一周竖向水波纹，第三组为一周折线三角纹外附卷云纹，第四组为一周菱格纹外附水波纹，第五组为一周三角内填水波纹。口径12.8、腹径19.4、圈足径11.4、高31.1、壁厚0.65厘米（图二八八，5；图版一二〇，3）。

陶盘　1件。M797：6，泥质红陶，轮制。敞口，折沿上扬，圆唇，浅折腹，下腹斜收，平底略凹。上腹部有一周凸棱纹。器表施一层灰陶衣，大多已脱落。口径22.4、腹径19.6、底径11.2、高5.2、壁厚0.4～0.9厘米（图二八八，4；图版一二〇，4）。

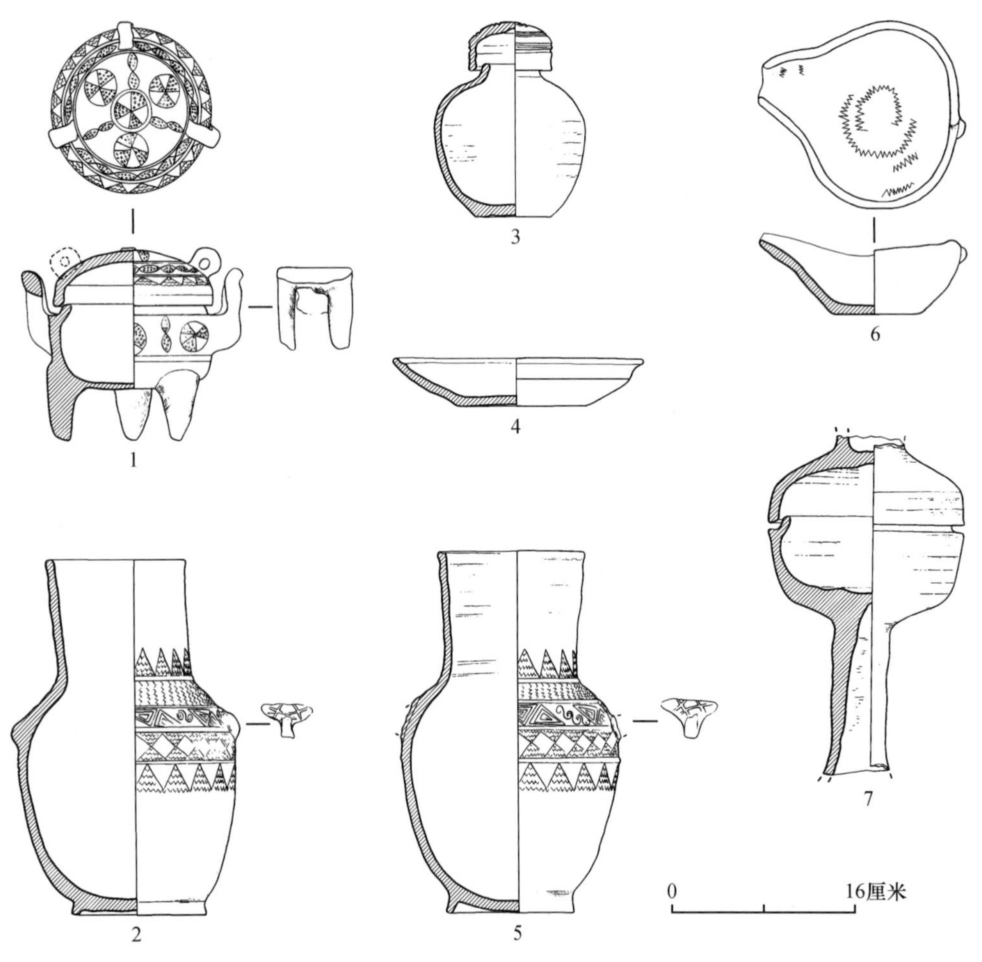

图二八八　M797出土器物

1. 陶鼎（M797：9）　2、5. 陶壶（M797：3、M797：4）　3. 陶小口罐（M797：5）　4. 陶盘（M797：6）　6. 陶匜（M797：2）　7. 陶豆（M797：1）

陶匜　1件。M797：2，泥质灰陶，轮模合制。口部呈椭圆形，敛口，方唇，弧腹内收，附槽状流，流口较短上扬，尾部有半圆形鋬，鋬上部有尖状凸起，平底。内壁有几处压印水波纹，模糊不清。口长17.5、口宽12.2、高7.1、流长6.2、壁厚0.61厘米（图二八八，6；图版一二〇，5）。

陶小口罐　2件。M797：5，泥质灰陶，轮制。有盖，母口，近直壁，顶隆起。器身子口，敛口，圆唇，短束颈，圆鼓肩，斜弧腹内收，平底略凹。盖顶部饰四周凹弦纹，盖壁饰两周凹弦纹。器身有数道轮旋痕。口径4.9、腹径13.4、底径6.4、高13.2、壁厚0.59厘米，盖径7.3、腹径7.4、壁厚0.5～0.8厘米（图二八八，3；图版一二〇，6）。M797：10，无法修复，器形不可辨。

一九〇、M804

位于发掘区的中部，T1330东部，南邻M781。方向15°。开口于第4层下，向下打破生土，开口距地表深2米（图二八九；图版二七，2）。

（一）墓葬形制

该墓平面呈长方形，竖穴土坑墓。口底尺寸一致，南北长2.5米，东西宽1米，墓底距墓口深1.3米。内填花土，土质较硬，含沙。四壁较规整，壁面粗糙，直壁，平底。

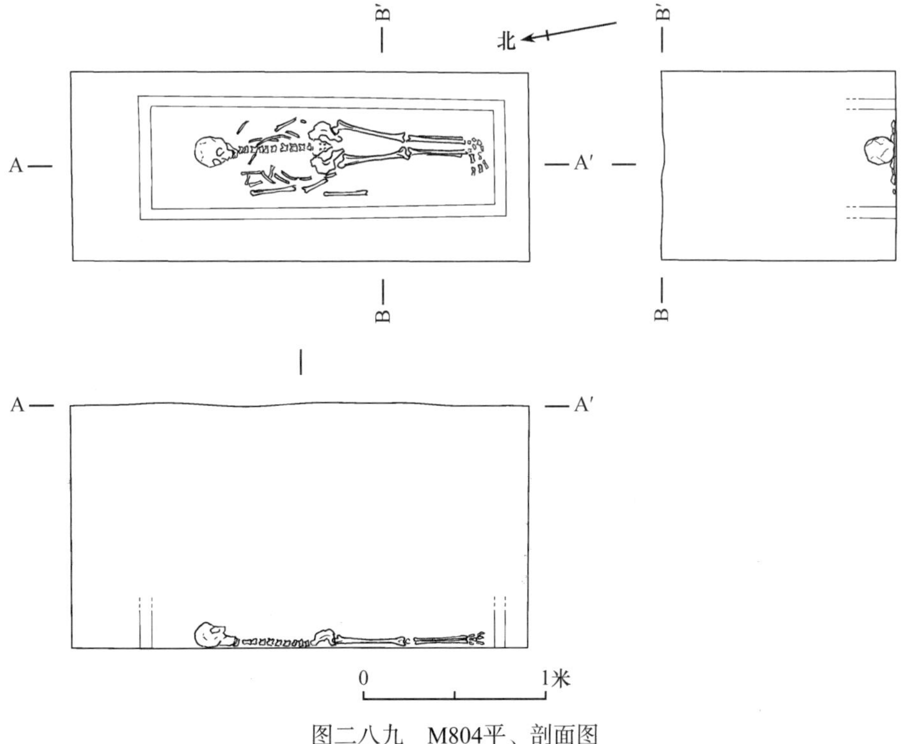

图二八九　M804平、剖面图

葬具为单棺，木质，已朽，仅存朽痕。棺平面呈梯形，南北长2米，东西宽0.61～0.66米，残高0.2米，棺板厚0.05～0.06米。

棺内有人骨一具，头向北，面向上，仰身直肢，保存一般。

（二）出土器物

未发现随葬品。

一九一、M813

位于发掘区的东南部，T1227东部，北部被H14打破。方向26°。开口于第4层下，向下打破生土，开口距地表深0.96米（图二九〇）。

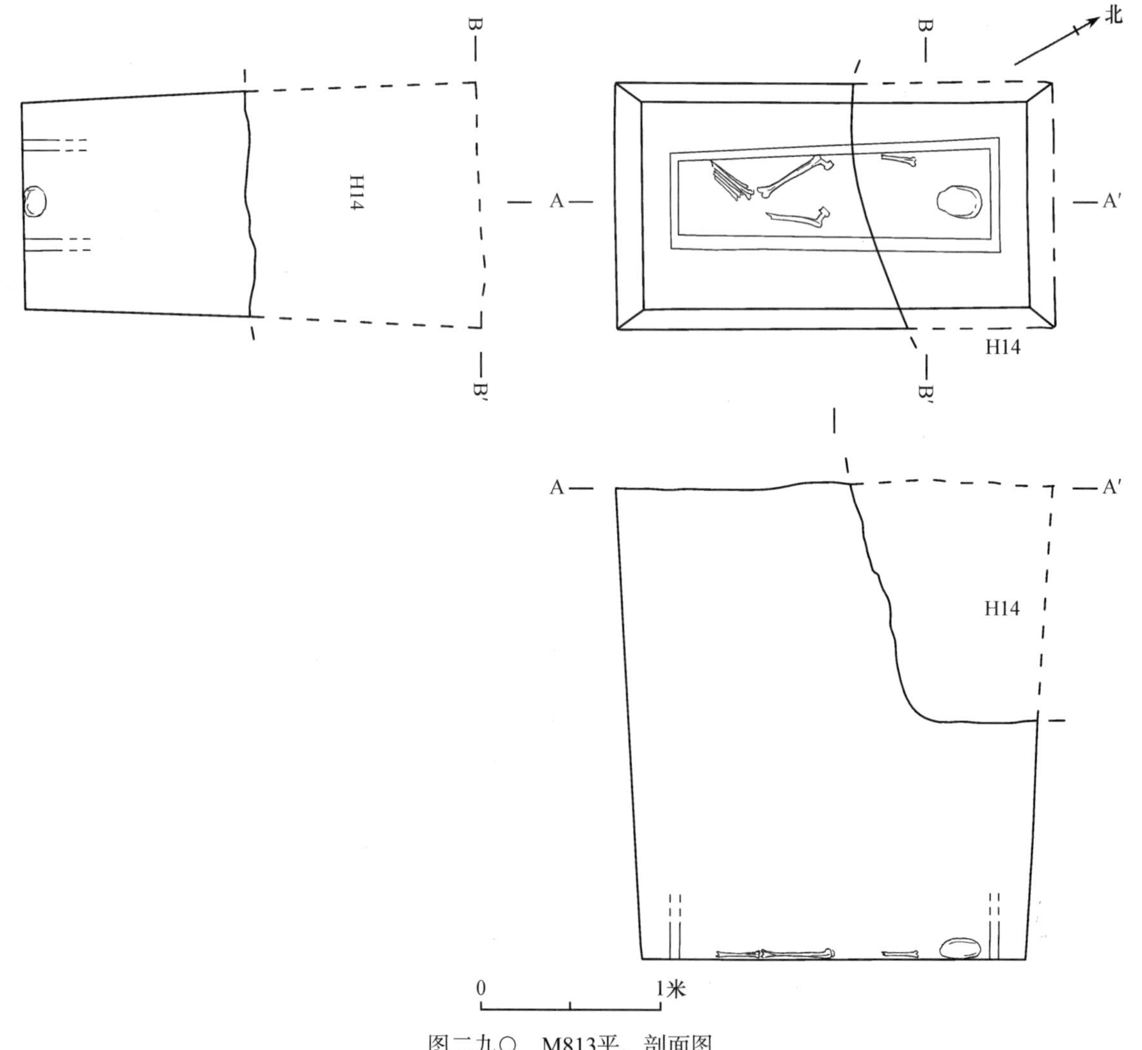

图二九〇　M813平、剖面图

（一）墓葬形制

该墓平面呈长方形，竖穴土坑墓。口略大于底，墓口南北长2.4米，东西宽1.3米；墓底南北长2.1米，东西宽1.09米，墓底距墓口深2.54米。内填花土，土质较疏松。四壁较规整，壁面粗糙，斜壁，平底。

葬具为单棺，木质，已朽，仅存朽痕。棺平面呈梯形，南北长1.8米，东西宽0.5～0.6米，残高0.2米，棺板厚0.03～0.05米。

棺内有人骨一具，头向东北，面向不详，仰身屈肢，保存差。

（二）出土器物

未发现随葬品。

一九二、M814

位于发掘区东南部，T1129西南部，东北邻M817。方向30°。开口于第5层下，南部、东部被现代沟打破，打破第6层及生土，开口距地表深2.43米（图二九一；图版二八，1）。

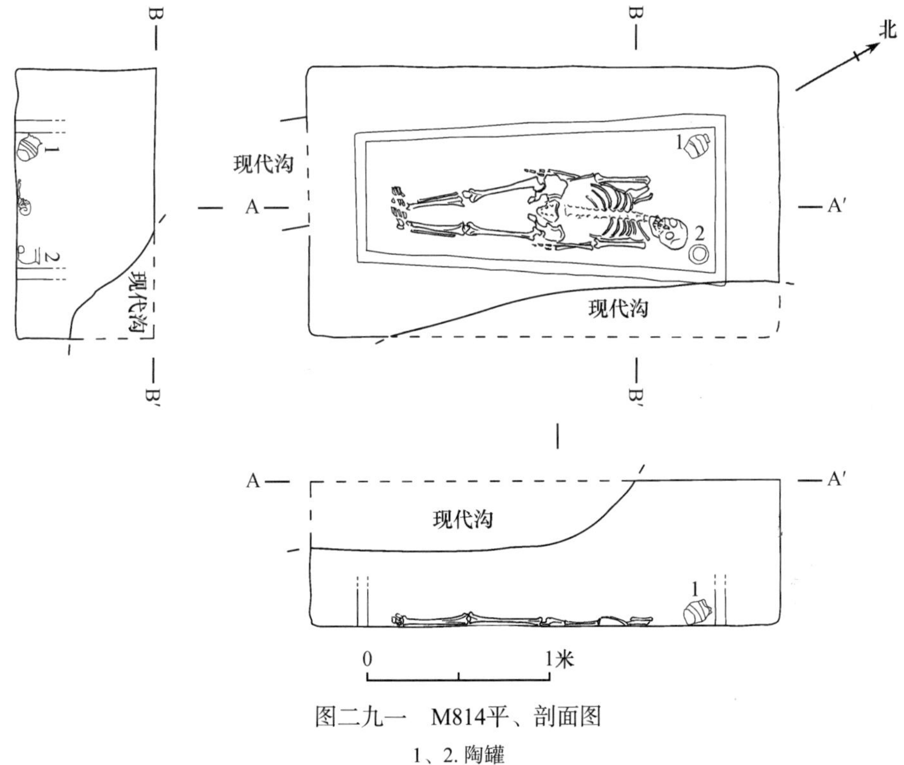

图二九一　M814平、剖面图

1、2. 陶罐

（一）墓葬形制

该墓平面呈长方形，竖穴土坑墓。口底尺寸一致，南北长2.58米，东西宽1.43米，墓底距墓口深0.77米。内填花土，土质较硬。四壁较规整，壁面粗糙，直壁，平底。

葬具为单棺，木质，已朽，仅存朽痕。棺平面呈梯形，南北长2.02米，东西宽0.67～0.9米，残高0.2米，棺板厚0.04～0.06米。

棺内存人骨一具，头向东北，面向上，仰身直肢，保存一般。

（二）出土器物

随葬品置于棺内人骨头部，出土陶罐2件。

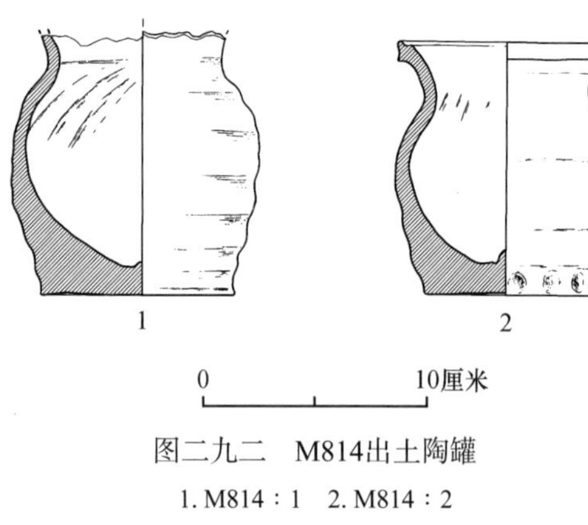

图二九二　M814出土陶罐
1. M814：1　2. M814：2

陶罐　2件。M814：1，泥质灰陶，轮制。口部残缺，束颈，溜肩，深弧腹，下腹内收，平底。器身有数道轮旋痕。腹径11.2、底径8.8、残高11.5、壁厚0.45厘米（图二九二，1；图版一二一，1）。M814：2，泥质灰陶，轮制。侈口，方唇，短束颈，溜肩，深弧腹，下腹内收，平底。口沿处有一周凹弦纹。器身有数道轮旋痕。口径9.7、腹径10.1、底径7.6、高11、壁厚0.6厘米（图二九二，2；图版一二一，2）。

一九三、M817

位于发掘区的东南部，T1129东北部，北邻M818。方向135°。开口于第4层下，向下打破第6层及生土，开口距地表深1.5米（图二九三；图版二八，2）。

（一）墓葬形制

该墓平面呈梯形，竖穴土坑墓。口略大于底，墓口东西长2.6米，南北宽1.64～1.72米；墓底东西长2.4米，南北宽1.53～1.62米，墓底距墓口深1.6米。内填花土，土质较硬。四壁较规整，壁面粗糙，斜壁，平底。

葬具为单棺，木质，已朽，仅存朽痕。棺平面呈梯形，东西长1.96米，南北宽0.6～0.7米，残高0.2米，棺板厚0.04～0.05米。

棺内有人骨一具，头向东南，面向东北，仰身直肢，保存较好。

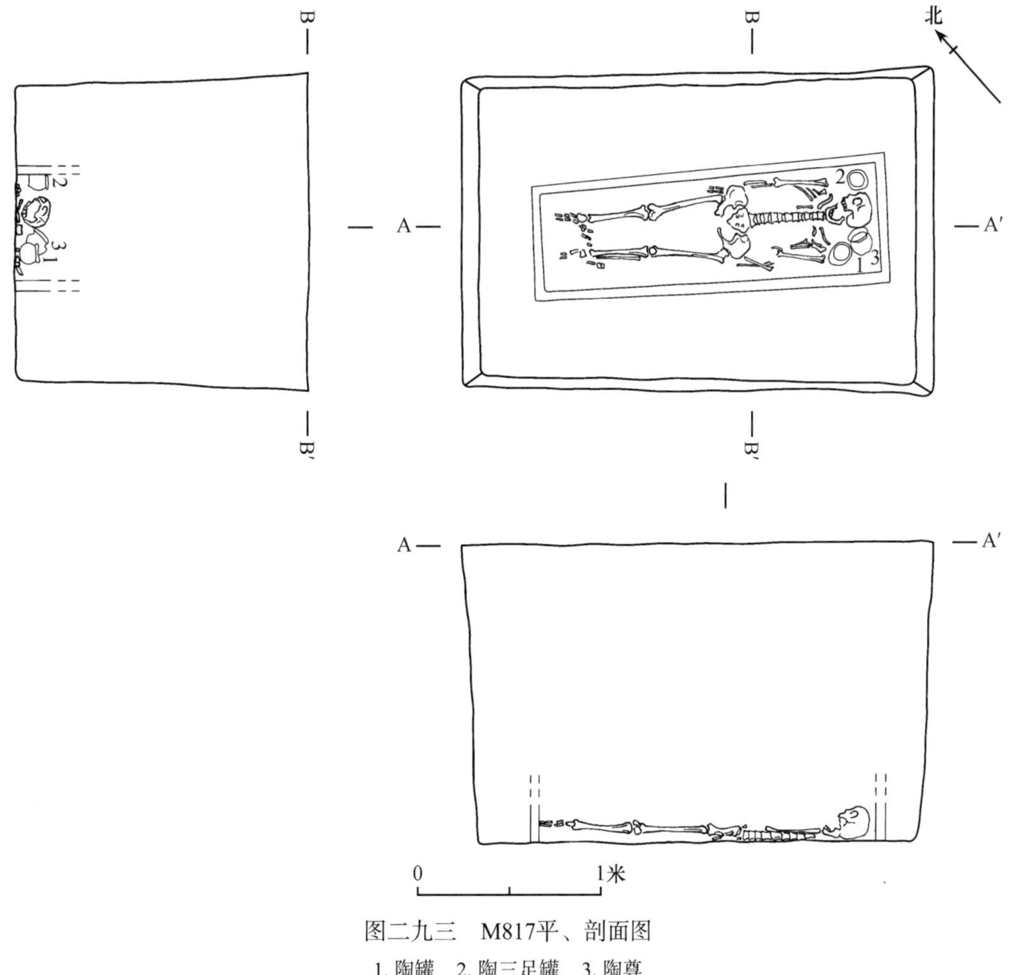

图二九三　M817平、剖面图
1. 陶罐　2. 陶三足罐　3. 陶尊

（二）出土器物

随葬品置于棺内人骨头部，共出土陶器3件。其中陶尊1件、陶三足罐1件、陶罐1件（图版四四，2）。

陶三足罐　1件。M817∶2，泥质灰陶，轮制。侈口，折沿，沿面有凹槽，圆唇，短颈，溜肩，深弧腹，平底，下附刀削三角形足。腹部饰五周凹弦纹。器身有数道轮旋痕，近底处有明显刀削痕。口径10.3、腹径10.9、底径5.8、高11、壁厚0.86～1.4厘米（图二九四，2；图版一二一，3）。

陶罐　1件。M817∶1，泥质灰陶，轮制。侈口，圆唇，短束颈，圆鼓肩，浅弧腹，下腹内收，平底。口沿处有一周凹弦纹，腹部有数周凹弦纹。器身有数道轮旋痕。口径11.3、腹径11.9、底径5.5、高10.6、壁厚0.8～1.7厘米（图二九四，1；图版一二一，4）。

陶尊　1件。M817∶3，泥质灰陶，轮制。敞口，宽沿外折，方唇，束颈，折肩，弧腹斜收，平底。折肩处有一周凹弦纹。器身有数道轮旋痕。口径12.5、腹径10.6、底径5、高11.5、壁厚0.6～1.55厘米（图二九四，3；图版一二一，5）。

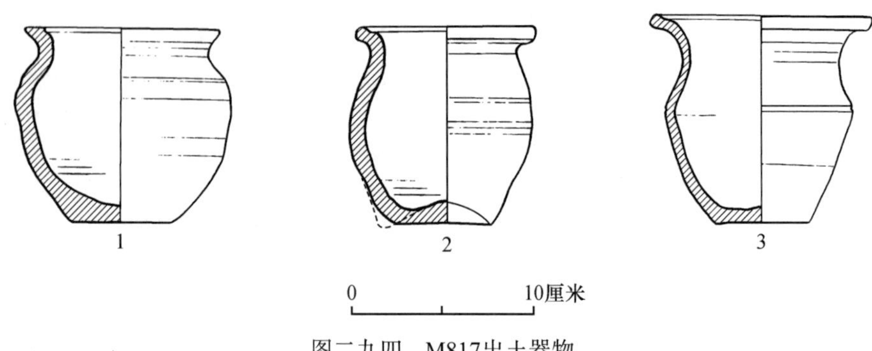

图二九四　M817出土器物

1. 陶罐（M817：1）　2. 陶三足罐（M817：2）　3. 陶尊（M817：3）

一九四、M818

位于发掘区的东南部，T1128西北部、T1129东北部、T1228西南部、T1229东南部，南邻M817。方向198°。开口于第4层下，向下打破第6层及生土，开口距地表深1.4米（图二九五；图版二八，3）。

（一）墓葬形制

该墓平面呈近梯形，竖穴土坑墓。口略大于底，墓口南北长3.18～3.29米，东西宽2.03～2.23米；墓底南北长3.2米，东西宽1.84～2.04米，墓底距墓口深2.6米。内填花土，土质松软。四壁较规整，壁面粗糙，斜壁，平底。

葬具为一椁一棺，木质，已朽，仅存朽痕。椁平面呈"Ⅱ"形，南、北两端宽，中间窄，南北长3.02米，东西宽0.92～1.41米，残高0.36米，椁板厚0.08米。四侧椁壁均向内侧挤压变形。椁内有一棺，棺平面呈梯形，南北长1.9米，东西宽0.5～0.63米，残高0.2米，棺板厚0.05米。

棺内有人骨一具，头向南，面向不详，仰身屈肢，保存较差。

（二）出土器物

随葬品置于墓葬北部棺椁之间，共出土陶器9件。其中陶鼎2件、陶豆2件、陶壶2件、陶盘1件、陶匜1件、陶尊1件（图版四五，1）。

陶鼎　2件。M818：6，泥质灰陶，轮模合制。盖残缺。器身敛口，圆唇，上腹部有两个对称的方形外撇附耳，有长方形穿，深直腹，圜底，下附三蹄形足。腹部饰三周凹弦纹。口径11.8、腹径14、高15.5、壁厚0.59厘米（图二九六，4；图版一二一，6）。M818：9，泥质灰陶，轮模合制。有盖，母口，顶隆起，顶中心有一个"∩"形纽。器身子口，敛口，圆唇，

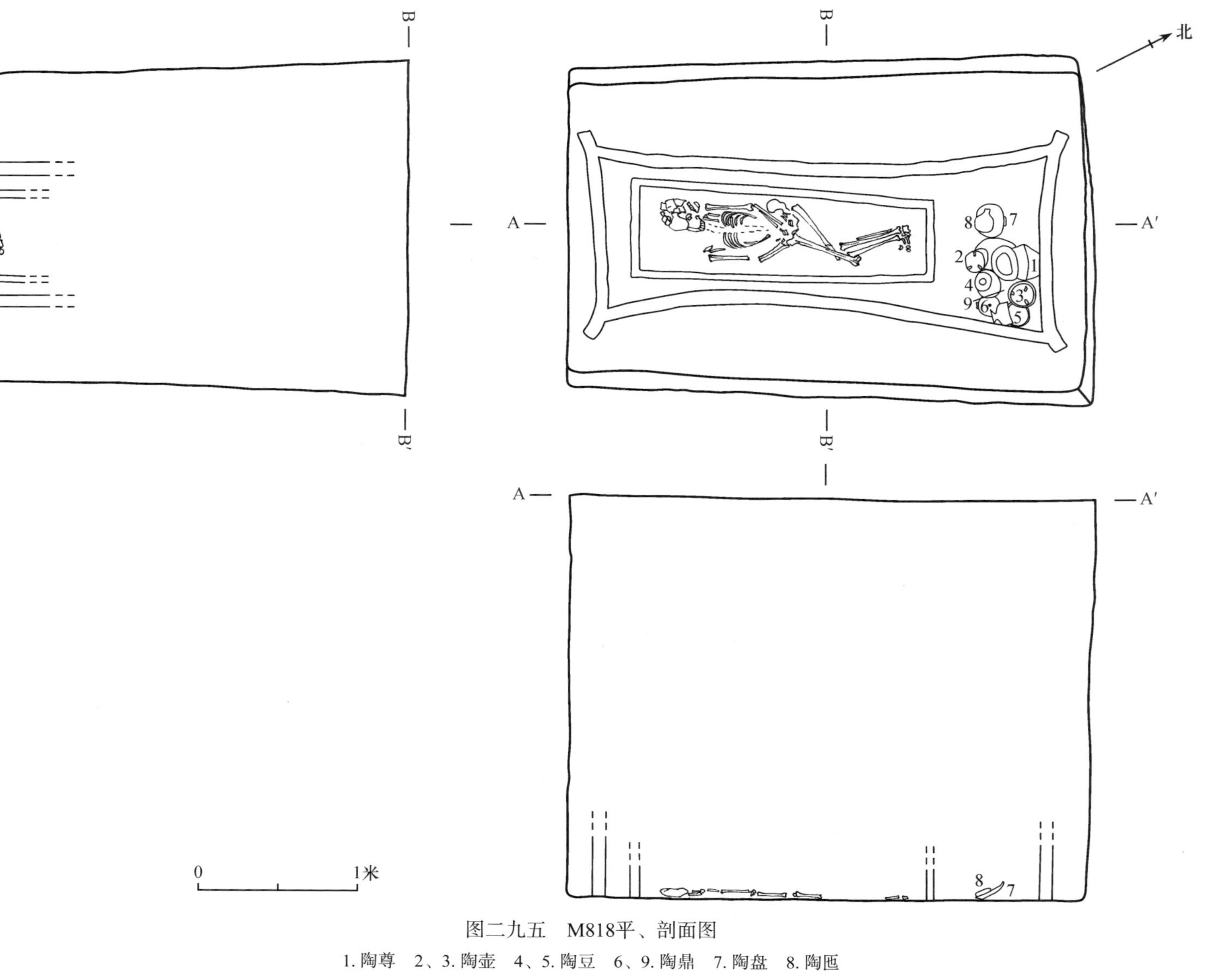

图二九五　M818平、剖面图
1. 陶尊　2、3. 陶壶　4、5. 陶豆　6、9. 陶鼎　7. 陶盘　8. 陶匜

上腹部有两个对称的方形外撇附耳，有长方形穿，深直腹，圜底，下附三蹄形足。腹部饰三周凹弦纹。口径11.2、腹径13.4、高13.3、壁厚0.41厘米，盖径12.8、高4.9、壁厚0.4厘米（图二九六，1；图版一二二，1）。

陶豆　2件。M818∶4，泥质灰陶，轮制。有盖，母口，呈覆钵形，顶部有平面呈圆形的喇叭形捉手，柄较短。器身子口，微敛口，方唇，弧折腹，细长柄，喇叭形座。器身有数道轮旋痕。口径15.7、腹径17、圈足径13.9、高22.4、壁厚0.75厘米，盖径16.9、捉手径13.1、高9.7、壁厚0.46厘米（图二九六，5；图版一二二，2）。M818∶5，泥质灰陶，轮制。盖残缺。器身微敛口，圆唇，弧折腹，细长柄，喇叭形座。器身有数道轮旋痕。口径15.2、腹径16.7、圈足径11.9、高22.3、壁厚0.39厘米（图二九六，8；图版一二二，3）。

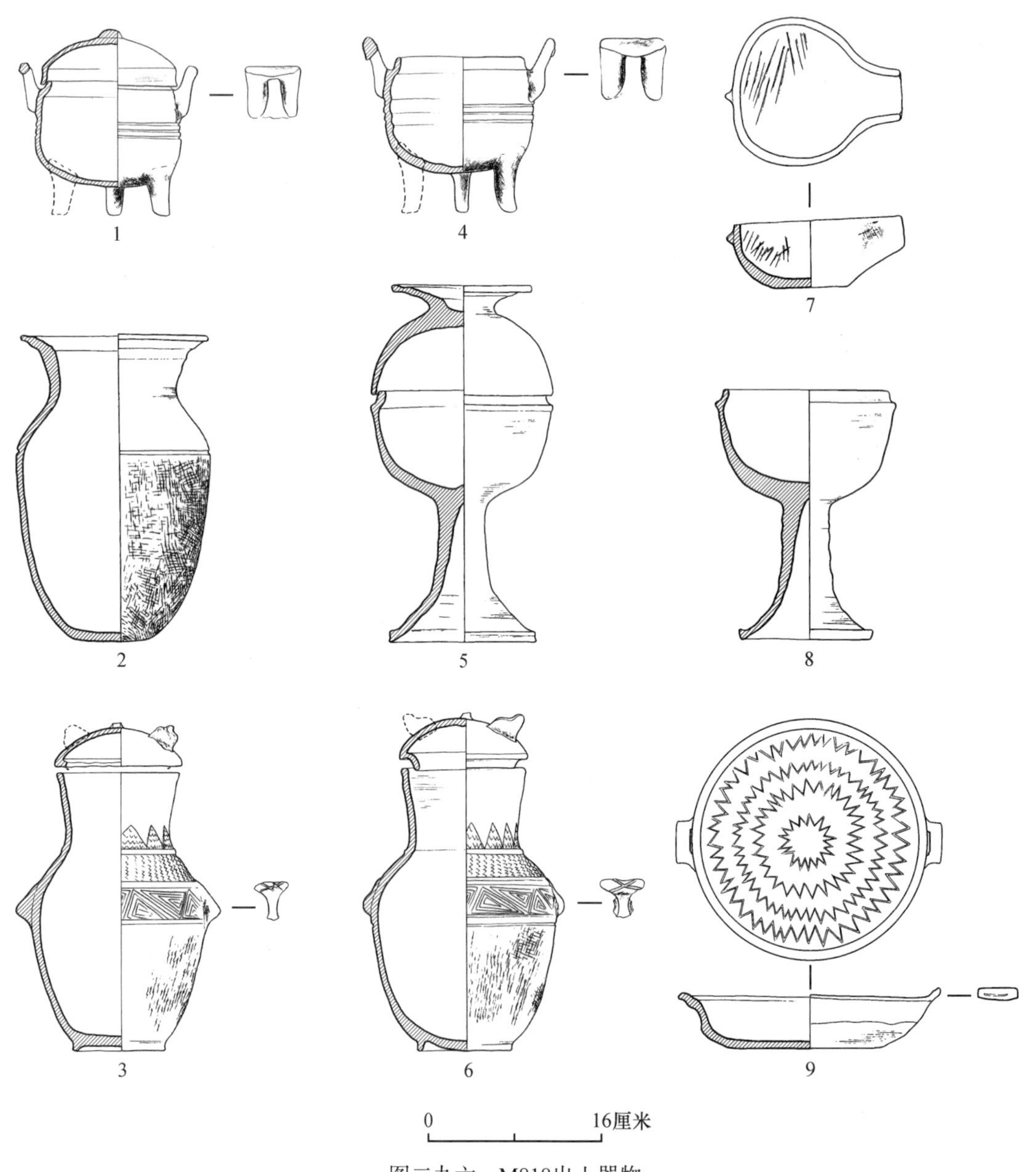

图二九六　M818出土器物

1、4. 陶鼎（M818∶9、M818∶6）　2. 陶尊（M818∶1）　3、6. 陶壶（M818∶2、M818∶3）　5、8. 陶豆（M818∶4、M818∶5）　7. 陶匜（M818∶8）　9. 陶盘（M818∶7）

陶壶　2件。M818：2，泥质灰陶，轮模合制。有盖，子口，呈覆钵形，盖舌残，顶隆起，等距分布三个矩尺状纽，三组局部残缺。器身母口，侈口，方唇，束颈，圆肩，肩部贴附两个对称的简化兽首形耳，弧腹内收，平底，矮圈足。颈至腹部刻划三组纹饰，各组纹饰下皆饰两周凹弦纹，自上而下第一组为一周三角内填水波纹，第二组为一周竖向水波纹，第三组为一周折线三角组合纹，下腹部饰细绳纹。口径11.5、腹径16.2、圈足径8.6、高24.9、壁厚0.59厘米，盖径11.9、高3.9、壁厚0.55厘米（图二九六，3；图版一二二，4）。M818：3，泥质灰陶，轮模合制。有盖，子口，呈覆钵形，盖舌内折，顶隆起，等距分布三个矩尺状纽，一组残缺。器身母口，侈口，方唇，束颈，圆肩，肩部贴附两个对称的简化兽首形耳，弧腹内收，圜底，矮圈足。颈至腹部刻划三组纹饰，各组纹饰下皆饰两周凹弦纹，自上而下第一组为一周三角内填水波纹，第二组为一周竖向水波纹，第三组为一周折线三角组合纹，下腹部饰交错细绳纹。口径11.6、腹径17.2、圈足径9、高25.3、壁厚0.56厘米，盖径9.3、高5.1、壁厚0.57厘米（图二九六，6；图版一二二，5）。

陶盘　1件。M818：7，泥质灰陶，轮模合制。敞口，折沿上扬，方唇，唇边有两对称长方形外撇附耳，有长方形细穿，折腹，下腹斜收，平底。内壁压印四周水波纹。口径24.2、腹径19.6、底径13.2、高5.7、壁厚0.61厘米（图二九六，9；图版一二二，6）。

陶匜　1件。M818：8，泥质灰陶，轮模合制。口部呈桃形，敛口，方唇，弧腹内收，附槽状流，流口较短微上扬，尾部有半圆形錾，平底。内壁有刻划痕。口长16.4、口宽13.1、高6.4、流长3、壁厚0.5～1.1厘米（图二九六，7；图版一二三，1）。

陶尊　1件。M818：1，泥质灰陶，轮模合制。侈口，宽沿外折，方唇，束颈，折肩，斜弧腹内收，圜底近平。沿面及折肩处均有一周凹弦纹，腹部饰交错细绳纹。器身有数道轮旋痕。口径17.3、腹径18、高27.4、壁厚0.42厘米（图二九六，2；图版一二三，2）。

一九五、M820

位于发掘区中部，T1231南部、T1131北部。方向350°。开口于第4层下，向下打破生土，开口距地表深1.8米（图二九七；图版二八，4）。

（一）墓葬形制

该墓平面呈长方形，竖穴土坑墓。口底尺寸一致，南北长2.42米，东西宽1.14米，墓底距墓口深0.7米。内填花土，土质较硬。四壁较规整，壁面粗糙，直壁，平底。

葬具为单棺，木质，已朽，仅存朽痕。棺平面呈长方形，南北长2米，东西宽0.77～0.8米，残高0.3米，棺板厚0.02～0.06米。

棺内有人骨一具，头向北，面向上，仰身直肢，保存较好。

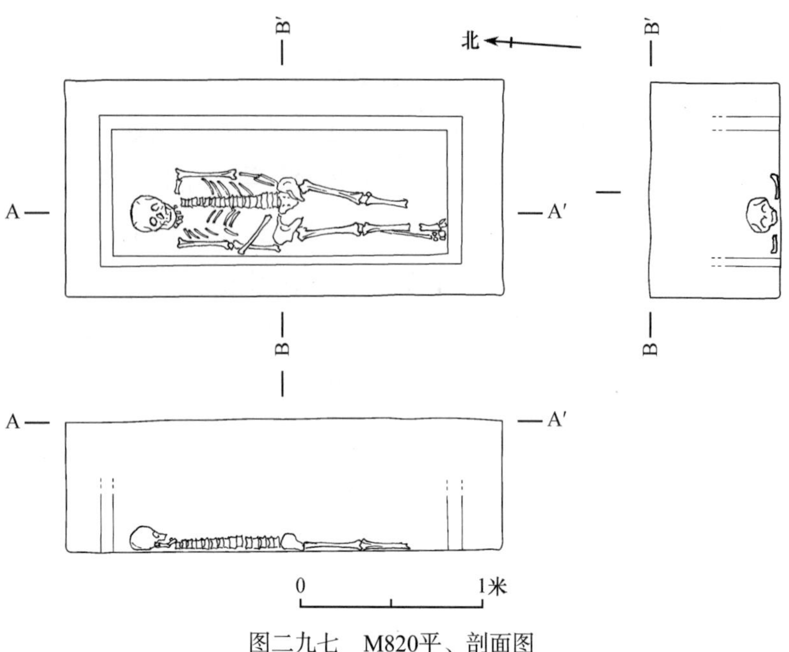

图二九七　M820平、剖面图

（二）出土器物

未发现随葬品。

一九六、M822

位于发掘区的东南部，T1128南部，西邻M837。方向24°。开口于第4层下，向下打破生土，开口距地表深1.6米（图二九八）。

（一）墓葬形制

该墓平面呈长方形，竖穴土坑墓。口略大于底，墓口南北长2.5米，东西宽1.1米；墓底南北长2.4米，东西宽1米，墓底距墓口深0.8米。内填灰褐色花土，土质较硬。四壁较规整，壁面粗糙，斜壁，平底。

葬具为单棺，木质，已朽，仅存朽痕。棺平面呈梯形，南北长1.9米，东西宽0.5～0.68米，残高0.12米，棺板厚0.03～0.04米。

棺内有人骨一具，头向东北，面向西，仰身直肢，保存一般。

（二）出土器物

未发现随葬品。

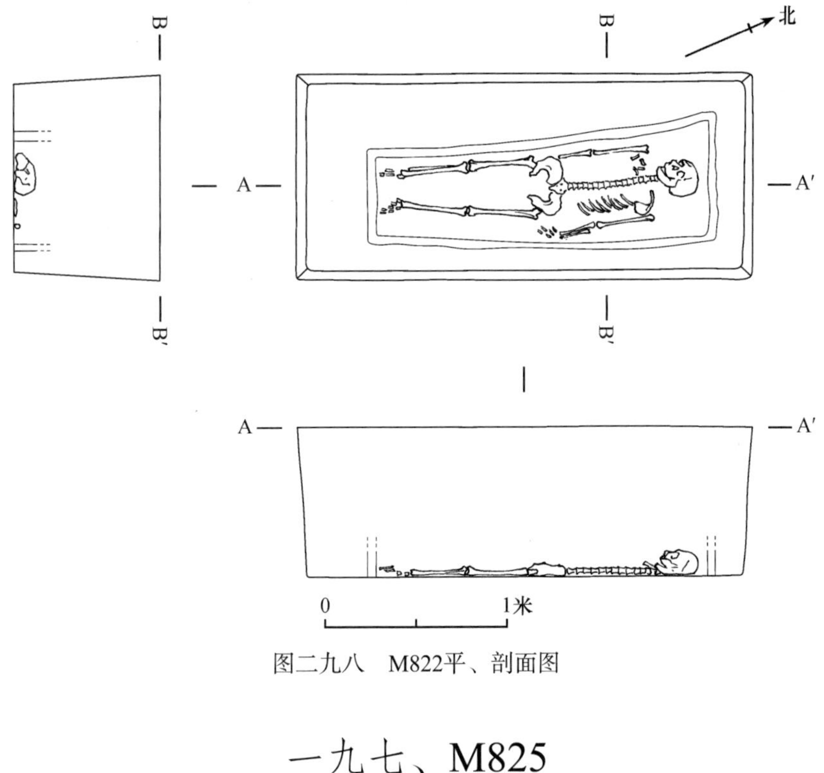

图二九八　M822平、剖面图

一九七、M825

位于发掘区的东南部，T1225中部。方向355°。开口于第6层下，向下打破生土，开口距地表深2.2米（图二九九；图版二九，1）。

（一）墓葬形制

该墓平面呈长方形，竖穴土坑墓。口略大于底，墓口南北长2.56米，东西宽1.01米；墓底南北长2.46米，东西宽0.84米，墓底距墓口深1.6米。内填花土，土质较疏松。四壁较规整，壁面粗糙，斜壁，平底。

葬具为单棺，木质，已朽，仅存朽痕。棺平面呈梯形，南北长2米，东西宽0.51～0.65米，残高0.2米，棺板厚0.04米。

棺内有人骨一具，头向北，面向上，仰身直肢，保存较差。

（二）出土器物

未发现随葬品。

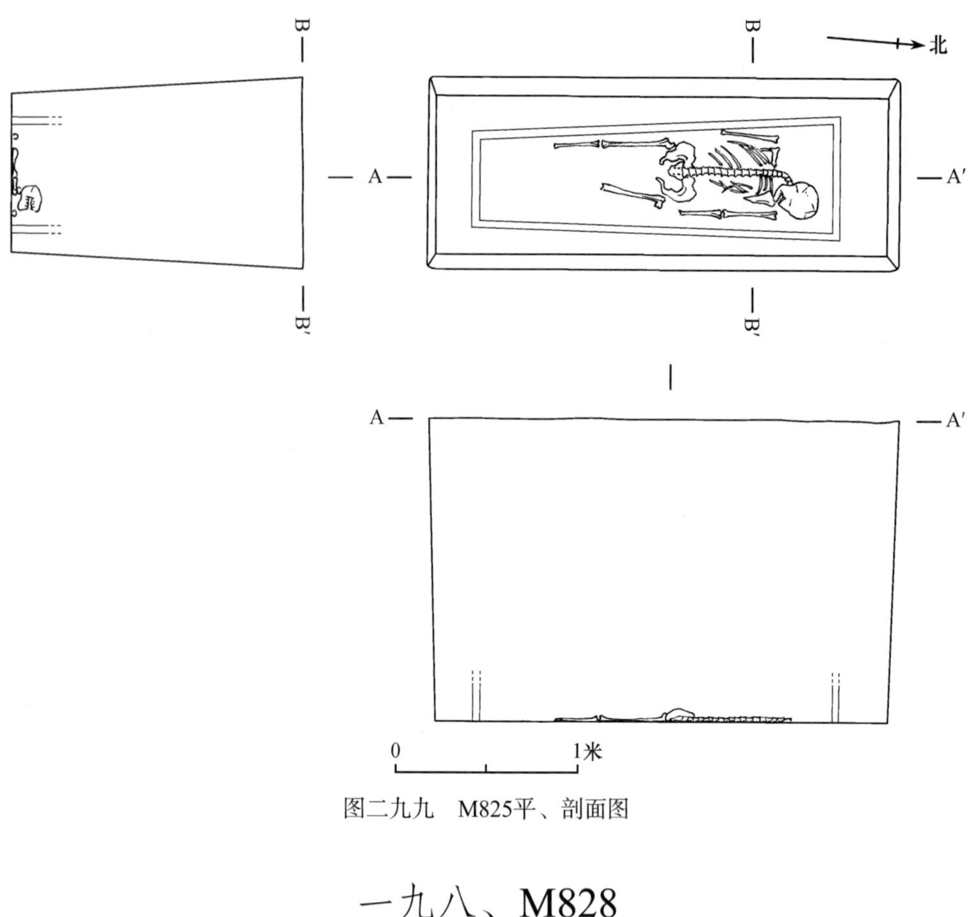

图二九九　M825平、剖面图

一九八、M828

位于发掘区的东南部，西邻M825。方向12°。开口于第4层下，向下打破第6层及生土，开口距地表深1.2米（图三〇〇）。

（一）墓葬形制

该墓平面呈长方形，竖穴土坑墓。口略大于底，墓口南北长2.85米，东西宽1.56米；墓底南北长2.68米，东西宽1.31米，墓底距墓口深2.5米。内填花土，土质较硬。四壁较规整，壁面粗糙，斜壁，平底。

葬具为单棺，木质，已朽，仅存朽痕。棺平面呈梯形，南北长2.06米，东西宽0.5～0.7米，残高0.2米，棺板厚0.03～0.04米。

棺内有人骨一具，头向北，面向西，仰身直肢，保存较差。

（二）出土器物

未发现随葬品。

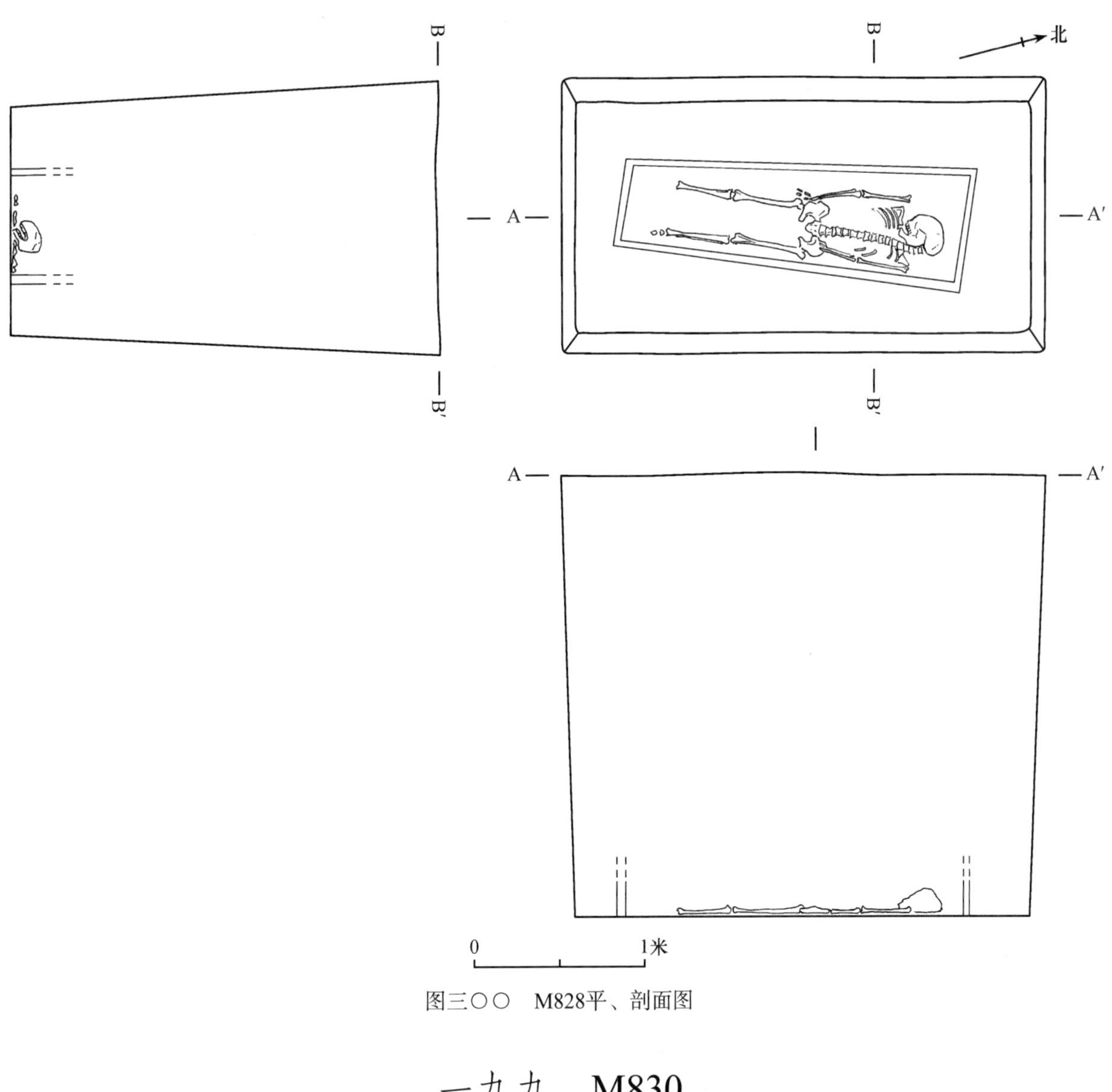

图三〇〇　M828平、剖面图

一九九、M830

位于发掘区的中部，T1232中部，东部被M836打破。方向25°。开口于第5层下，向下打破第6层及生土，开口距地表深1.77米（图三〇一）。

（一）墓葬形制

该墓平面呈长方形，竖穴土坑墓。口略大于底，墓口南北长3.5米，东西宽2.2米；墓底南北长3.28米，东西宽1.99米，墓底距墓口深2.63米。内填花土，土质较硬。四壁较规整，壁面粗糙，斜壁，平底。

葬具为一椁一棺，木质，已朽，仅存朽痕。椁平面呈“Ⅱ”形，南北长2.79米，东西宽1.22～1.68米，残高0.5米，椁板厚0.06米。南、北两侧椁壁均向内侧挤压变形。椁内有一棺，

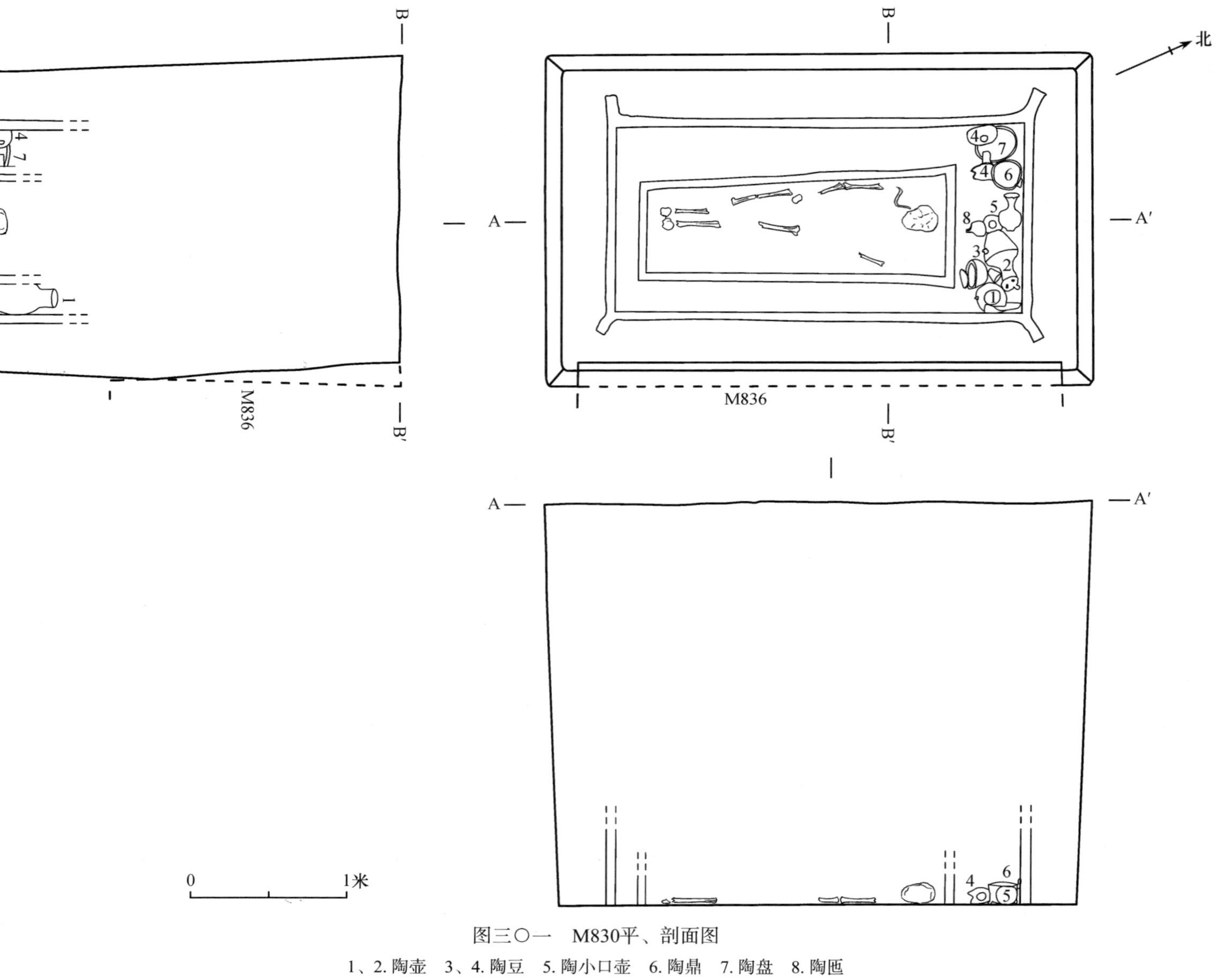

图三〇一　M830平、剖面图

1、2. 陶壶　3、4. 陶豆　5. 陶小口壶　6. 陶鼎　7. 陶盘　8. 陶匜

棺平面呈梯形，南北长2.01米，东西宽0.65～0.81米，残高0.2米，棺板厚0.05米。

棺内有人骨一具，头向东北，面向不详，仰身直肢，保存差。

（二）出土器物

随葬品置于墓室北部棺椁之间，共出土陶器8件。其中陶鼎1件、陶豆2件、陶壶2件、陶盘1件、陶匜1件、陶小口壶1件。

陶鼎　1件。M830：6，泥质灰陶，轮模合制。盖残缺。器身敛口，圆唇，上腹部有两个对称的长方形外侈附耳，有长方形穿，近直腹，圜底，下附三蹄形足。腹部饰两周凸棱纹，其间有两周卷云纹。口径11.8、腹径16.6、高15.5、壁厚0.59厘米（图三〇二，3；图版一二三，3）。

陶豆　2件。M830：3，泥质灰陶，轮制。有盖，母口，呈覆钵形，盖腹较浅，捉手残缺。器身子口，敛口，圆唇，浅斜弧腹，柄、座残缺。口径15.2、腹径17.4、残高8.9、壁厚0.4～0.6厘米，盖径18.2、残高7.7、壁厚0.6～0.9厘米（图三〇二，1）。M830：4，泥质灰陶，轮制。有盖，母口，呈覆钵形，盖腹较浅，顶部有平面呈圆形的喇叭形捉手，柄较长。器身子口，敛口，圆唇，浅斜弧腹，细长柄，喇叭形座。柄部饰数周凹弦纹。器身有数道轮旋痕。口径16.6、腹径18.1、圈足径12.3、高26.6、壁厚0.42厘米，盖径18、捉手径10.2、高8.9、壁厚0.41厘米（图三〇二，7；图版一二三，4）。

陶壶　2件。M830：1，泥质灰陶，轮模合制。有盖，子口，呈覆钵形，盖舌内折，顶隆起，等距分布三个简化立鸟形纽。器身母口，侈口，方唇，束颈，溜肩，肩部贴附两个对称的兽首形耳，弧腹内收，圜底，圈足，足墙外撇。盖面饰卷云纹，颈至腹部刻划五组纹饰，各组纹饰间皆用一周凸棱纹隔开，自上而下第一组为一周三角内填水波纹，第二组为一周竖向水波纹，第三组为一周折线三角纹外附卷云纹，第四组为一周菱格纹外附水波纹，第五组为一周三角内填水波纹。口径14.1、腹径21.6、圈足径12、高32.6、壁厚0.61厘米，盖径11.4、高12.6、壁厚0.9厘米（图三〇二，2；图版一二三，5）。M830：2，泥质灰陶，轮模合制。有盖，子口，呈覆钵形，盖舌内折，顶隆起，等距分布三个简化立鸟形纽。器身母口，侈口，方唇，束颈，溜肩，肩部贴附两个对称的兽首形耳，弧腹内收，圜底，圈足，足墙外撇。盖面饰卷云纹，颈至腹部刻划五组纹饰，各组纹饰间皆用一周凸棱纹隔开，自上而下第一组为一周三角内填水波纹，第二组为一周竖向水波纹，第三组为一周折线三角纹外附卷云纹，第四组为一周菱格纹外附水波纹，第五组为一周三角内填水波纹。口径12.5、腹径21.6、圈足径12.5、高32.3、壁厚0.6厘米，盖径8.6、高12.3、壁厚0.58厘米（图三〇二，4；图版一二三，6）。

陶盘　1件。M830：7，泥质灰陶，轮模合制。敞口，折沿上扬，方唇，唇边有两个对称的长方形附耳，有长方形细穿，折腹，下腹斜收，平底。内壁压印一周水波纹。口径25、腹径20.4、底径10、高6.8、壁厚0.84厘米（图三〇二，5；图版一二四，1）。

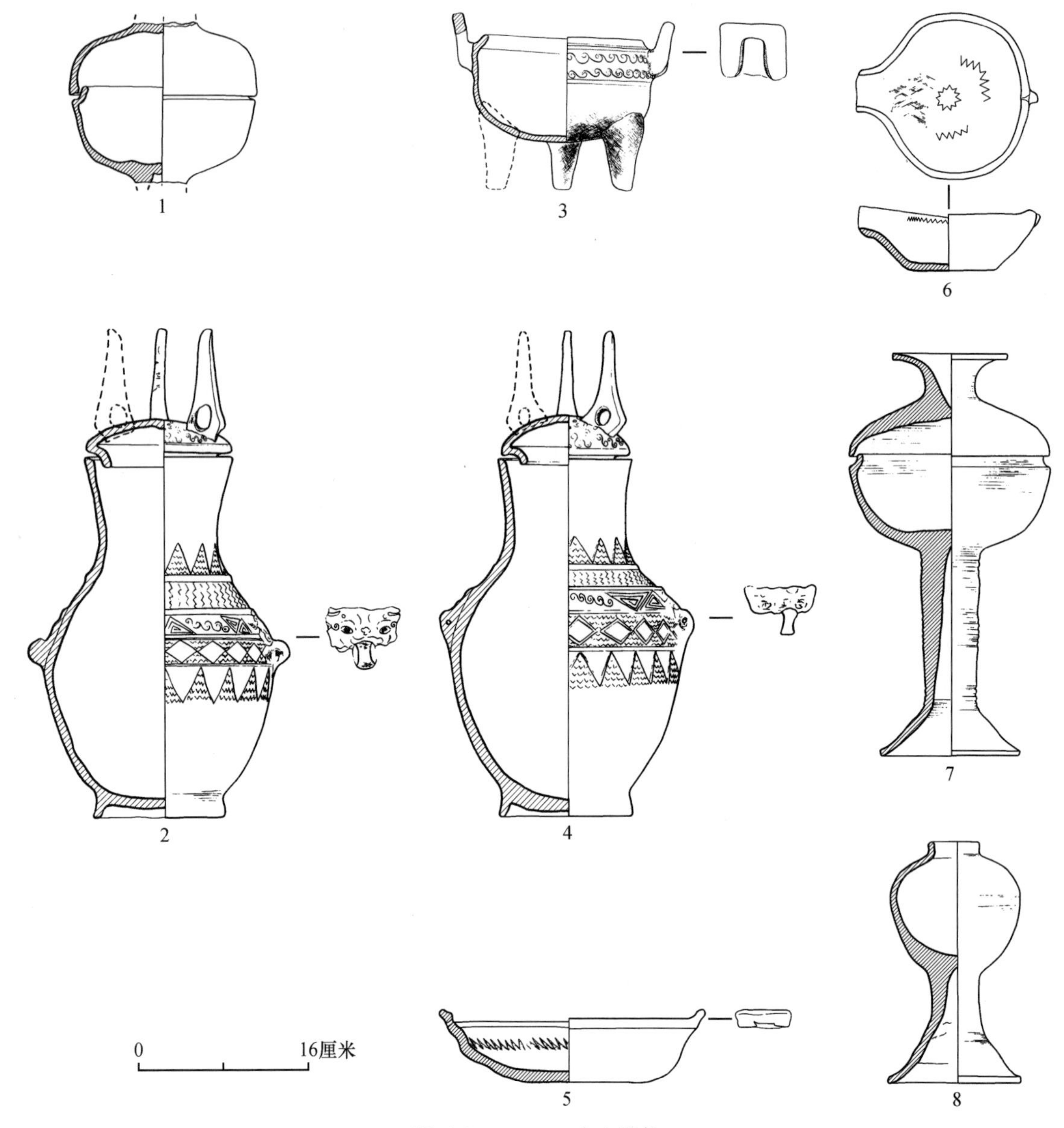

图三〇二　M830出土器物

1、7. 陶豆（M830∶3、M830∶4）　2、4. 陶壶（M830∶1、M830∶2）　3. 陶鼎（M830∶6）　5. 陶盘（M830∶7）　6. 陶匜（M830∶8）　8. 陶小口壶（M830∶5）

陶匜　1件。M830∶8，泥质灰陶，轮模合制。口部呈桃形，敛口，圆唇，弧腹内收，附槽状流，流口较短微上扬，尾部有半圆形錾，錾上部有尖状凸起，平底。内壁有几处压印水波纹和刻划痕。口长15、口宽12、高6、流长5、壁厚0.61厘米（图三〇二，6；图版一二四，2）。

陶小口壶　1件。M830∶5，泥质灰陶，轮制。盖残缺。器身侈口，圆唇，短颈，斜弧腹，细柄，喇叭形座。器身有数道轮旋痕。口径4.7、腹径12.1、圈足径12.5、高21.9、壁厚0.44厘米（图三〇二，8；图版一二三，3）。

二〇〇、M831

位于发掘区中部，T1232东部、T1231西部，西邻M836。方向25°。开口于第5层下，向下打破第6层及生土，开口距地表深1.97米（图三〇三）。

（一）墓葬形制

该墓平面呈长方形，竖穴土坑墓。口略大于底，墓口南北长3.1米，东西宽2.18米；墓底南北长2.99米，东西宽1.99米，墓底距墓口深1.93米。内填花土，土质较硬。四壁较规整，壁面粗糙，斜壁，平底。

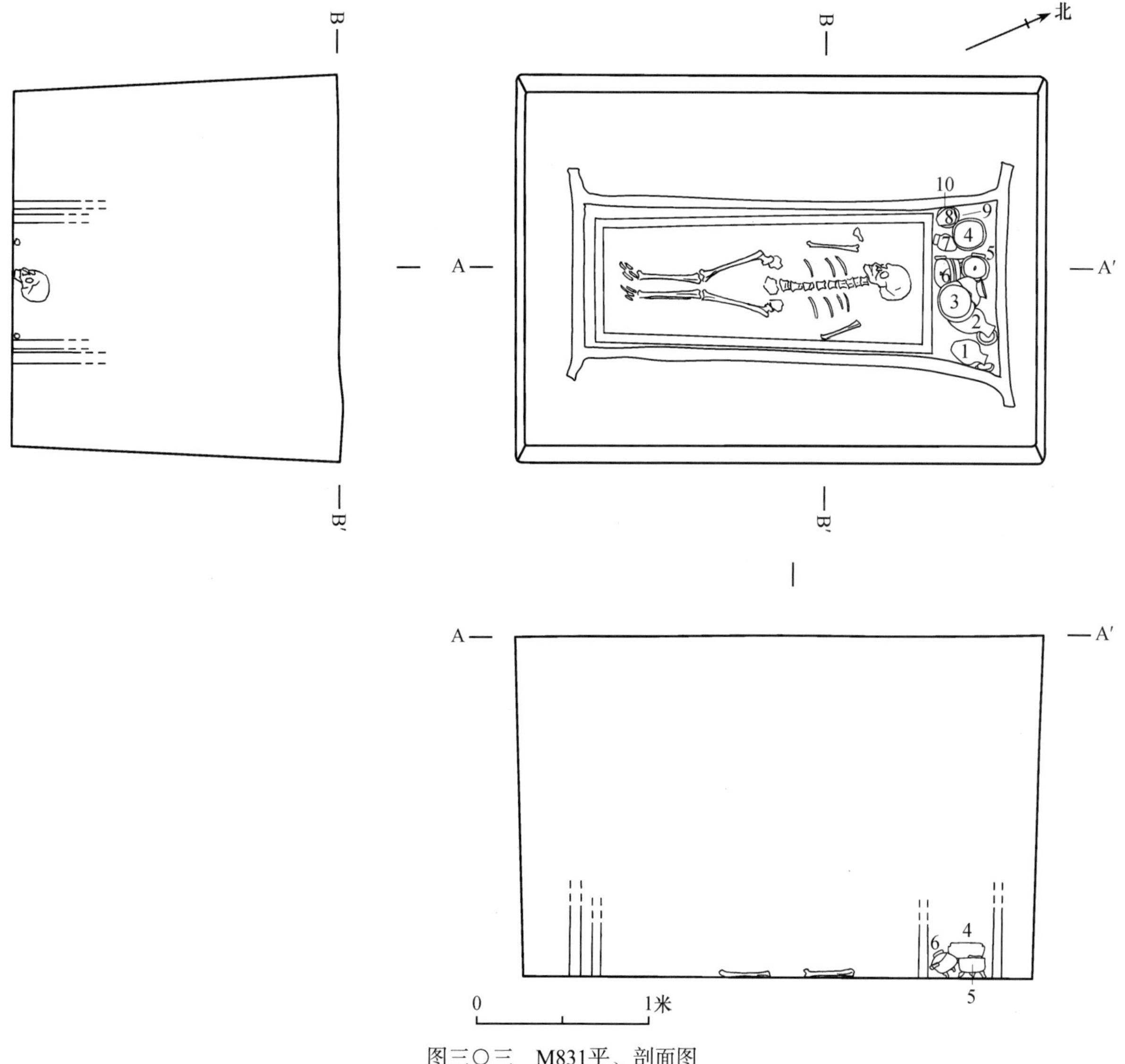

图三〇三　M831平、剖面图

1、2. 陶壶　3、4. 陶豆　5、6. 陶鼎　7、8. 陶小口罐　9. 陶盘　10. 陶匜

葬具为一椁一棺，木质，已朽，仅存朽痕。椁平面呈“Ⅱ”形，南、北两端宽，中间窄，南北长2.61米，东西宽0.91～1.37米，残高0.4米，椁板厚0.06米。四侧椁壁均向内侧挤压变形。椁内有一棺，棺平面呈梯形，南北长1.98米，东西宽0.7～0.79米，残高0.3米，棺板厚0.05米。

棺内有人骨一具，头向东北，面向西北，仰身直肢，保存差。

（二）出土器物

随葬品置于墓室北部棺椁之间，共出土陶器10件。其中陶鼎2件、陶豆2件、陶壶2件、陶盘1件、陶匜1件、陶小口罐2件。

陶鼎　2件。M831∶5，泥质灰陶，轮模合制。有盖，母口，顶隆起，顶中心有一个“∩”形纽。器身子口，敛口，圆唇，上腹部有两个对称的方形外撇附耳，有长方形穿，深直腹，圜底，下附三蹄形足。腹部饰三周凹弦纹。口径11.6、腹径14.2、高12.7、壁厚0.52厘米，盖径13.6、高4.7、壁厚0.58厘米（图三〇四，1；图版一二四，4）。M831∶6，无法修复，器形不可辨。

陶豆　2件。M831∶3，泥质灰陶，轮制。有盖，母口，呈覆钵形，顶部有平面呈圆形的喇叭形捉手，柄较短。器身子口，微敛口，圆唇，弧折腹，细柄，柄较短、中空，喇叭形座。口沿下方有一周凹弦纹。器身有数道轮旋痕。口径14.5、腹径16.2、圈足径11.8、高20.3、壁厚0.38厘米，盖径16.2、捉手径11.6、高9.1、壁厚0.69厘米（图三〇四，6；图版一二四，5）。M831∶4，泥质灰陶，轮制。有盖，母口，呈覆钵形，顶部捉手残缺。器身子口，微敛口，圆唇，弧折腹，细柄，柄较短、中空，喇叭形座。器身有数道轮旋痕。口径14.4、腹径15.8、圈足径11.4、高20.4、壁厚0.48厘米，盖径16.1、残高7.7、壁厚0.61厘米（图三〇四，9；图版一二四，6）。

陶壶　2件。M831∶1，泥质灰陶，轮模合制。盖残缺。器身侈口，圆唇，束颈，圆肩，肩部贴附两个对称的简化兽首形耳，弧腹内收，圜底近平。肩至腹部饰三周凹弦纹，腹部至底部饰交错细绳纹。口径11.1、腹径15.6、高21.8、壁厚0.71厘米（图三〇四，2；图版一二五，1）。M831∶2，泥质灰陶，轮模合制。盖残缺。器身侈口，方唇，束颈，圆肩，肩部贴附两个对称的简化兽首形耳，弧腹内收，圜底近平。肩至腹部饰三周凹弦纹，腹部至底部饰交错细绳纹。口径10.9、腹径15.4、高20.3、壁厚0.78厘米（图三〇四，5；图版一二五，2）。

陶盘　1件。M831∶9，泥质灰陶，轮模合制。侈口，折沿上扬，方圆唇，唇边有两个对称的长方形外撇附耳，有长方形细穿，折腹，上腹近直，下腹斜收，平底。口沿至内壁压印五周水波纹，下腹部有一周凹弦纹。口径26、底径16.6、高7.7、壁厚0.2～1厘米（图三〇四，3；图版一二五，3）。

陶匜　1件。M831∶10，泥质灰陶，轮模合制。口部呈桃形，敛口，圆唇，上腹近直，下腹斜收，流和尾皆残，尾部余部分半圆形鋬，圜底近平。长14.2、宽13.2、高5.2、壁厚

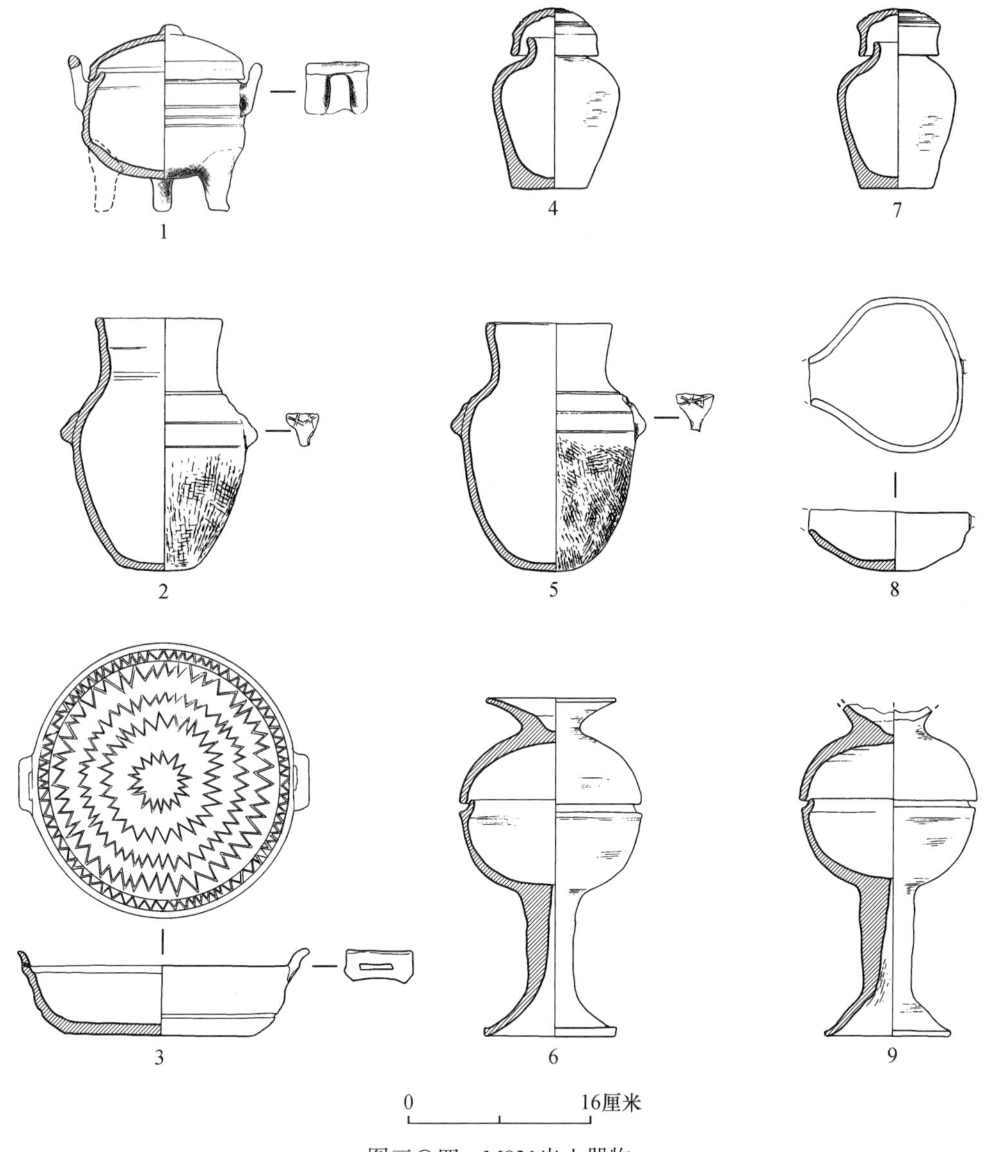

图三〇四　M831出土器物

1. 陶鼎（M831：5）　2、5. 陶壶（M831：1、M831：2）　3. 陶盘（M831：9）　4、7. 陶小口罐（M831：8、M831：7）　6、9. 陶豆（M831：3、M831：4）　8. 陶匜（M831：10）

0.4～0.8厘米（图三〇四，8）。

陶小口罐　2件。M831：7，泥质灰陶，轮制。有盖，母口，弧壁，顶隆起。器身子口，侈口，圆唇，短束颈，圆肩，斜腹内收，平底。盖顶饰四周凹弦纹。器身有数道轮旋痕。口径2.2、腹径10.7、底径6.4、高12.5、壁厚0.56～1.4厘米，盖径7.2、腹径7.5、高3.9、壁厚0.4～1.2厘米（图三〇四，7；图版一二五，4）。M831：8，泥质灰陶，轮制。有盖，母口，弧壁，顶隆起。器身子口，侈口，圆唇，短束颈，圆肩，斜腹内收，平底。盖顶饰四周凹弦纹。器身有数道轮旋痕。口径2.6、腹径11.3、底径6.6、高12.9、壁厚0.67～1.5厘米，盖径7.8、腹径7.4、高4.1、壁厚0.61厘米（图三〇四，4；图版一二五，5）。

二〇一、M834

位于发掘区的东南部，T1025东北部、T1125东南部，西邻M861，南邻M929。方向25°。开口于第5层下，向下打破第6层及生土，开口距地表深1.73米（图三〇五）。

（一）墓葬形制

该墓平面呈长方形，竖穴土坑墓。口略大于底，墓口南北长3.38米，东西宽2.21米；墓底南北长3.1米，东西宽1.9米，墓底距墓口深3.83米。内填花土，土质较硬。四壁较规整，壁面粗糙，斜壁，平底。

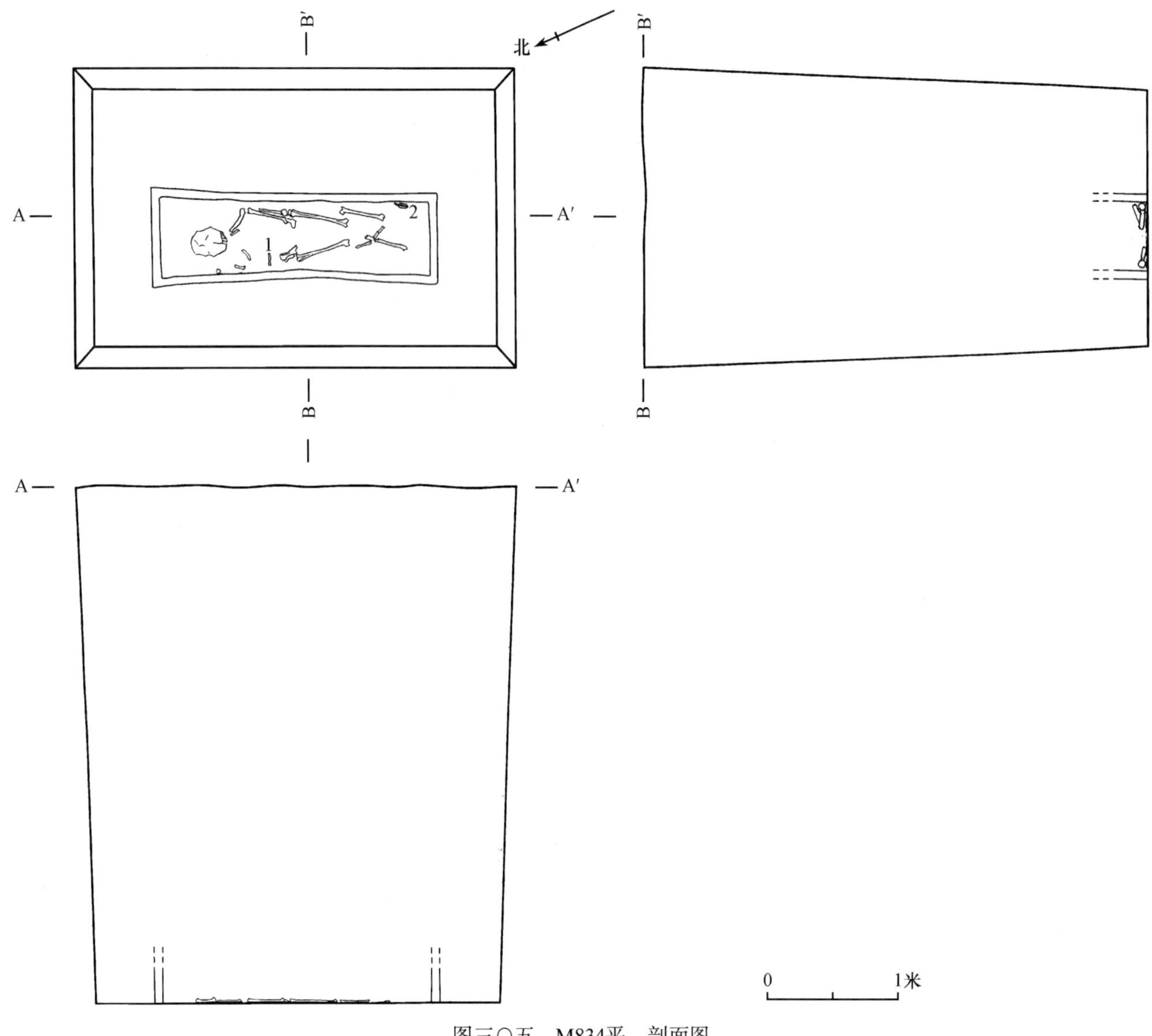

图三〇五　M834平、剖面图

1. 铜带钩　2. 铜镞

葬具为单棺，木质，已朽，仅存朽痕。棺平面呈梯形，南北长2.2米，东西宽0.4～0.65米，残高0.26米，棺板厚0.06米。

棺内有人骨一具，头向东北，面向不详，仰身直肢，保存差。

（二）出土器物

随葬品置于棺内，共出土铜器2件。其中棺内人骨胸部西侧出土铜带钩1件，人骨脚部东侧出土铜镞1件。

铜带钩　1件。M834：1，模制。整体较细长，钩首断面呈方形，长颈，颈断面呈长方形，正面颈至尾部中间凸起两道较高的棱脊，正面形成三道弧形凹槽，平背，尖尾，腹背置一圆形纽。长10.1、宽0.5～1.3、厚0.2～0.7、颈径0.5、纽径1.2厘米（图三〇六，1；图版一二六，1、2）。

铜镞　1件。M834：2，模制。前锋经磨损，近弧形，双翼微弧，前翼表面斜直，断面呈菱形，后翼表面内凹，后锋微外撇，尾翼平直，铤断面呈圆形，至尾部渐细。镞长5.4、最宽2、最厚0.8厘米，铤残长3.7、厚0.35厘米（图三〇六，2；图版一二五，6）。

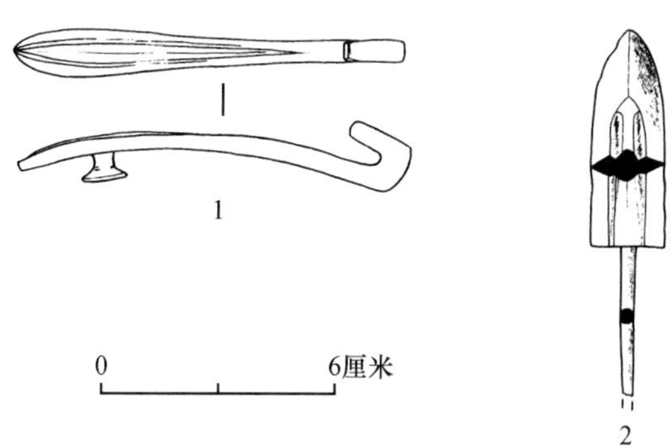

图三〇六　M834出土器物

1. 铜带钩（M834：1）　2. 铜镞（M834：2）

二〇二、M836

位于发掘区中部，T1232中部，西部打破M830，东邻M831。方向23°。开口于第5层下，向下打破第6层及生土，开口距地表深1.75米（图三〇七；图版二九，2）。

（一）墓葬形制

该墓平面呈长方形，竖穴土坑墓。口略大于底，墓口南北长3.1米，东西宽2.3米；墓底南北长2.77米，东西宽2米，墓底距墓口深1.55米。内填花土，土质较硬。四壁较规整，壁面粗糙，斜壁，平底。

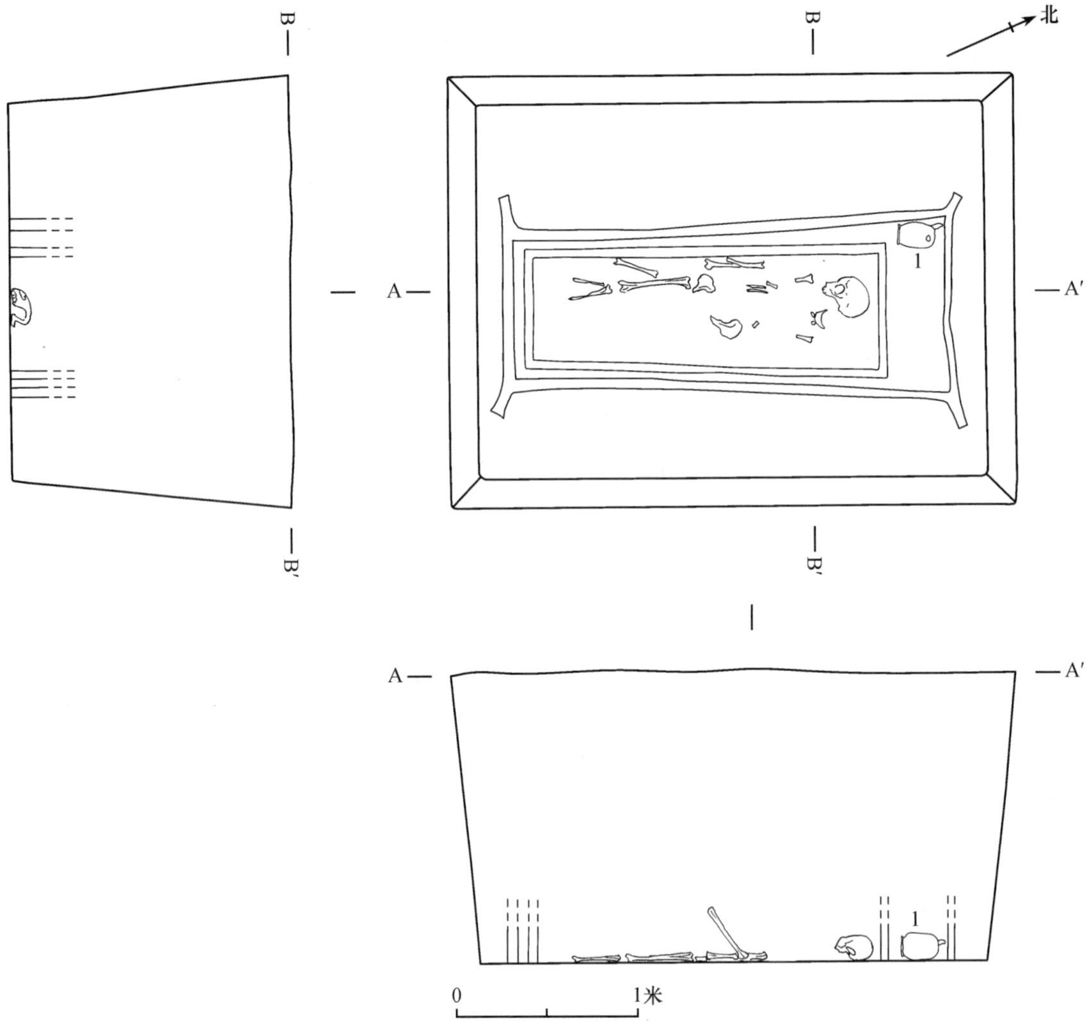

图三〇七　M836平、剖面图
1. 陶鬲

葬具为一椁一棺，木质，已朽，仅存朽痕。椁平面呈“Ⅱ”形，南北长2.59米，东西宽0.84～1.23米，残高0.2米，椁板厚0.06米。四侧椁壁均向内侧挤压变形。椁内有一棺，棺平面呈梯形，南北长1.98米，东西宽0.62～0.71米，残高0.2米，棺板厚0.05米。

棺内有人骨一具，骨架散乱，头向东北，面向西北，葬式不详，保存差。

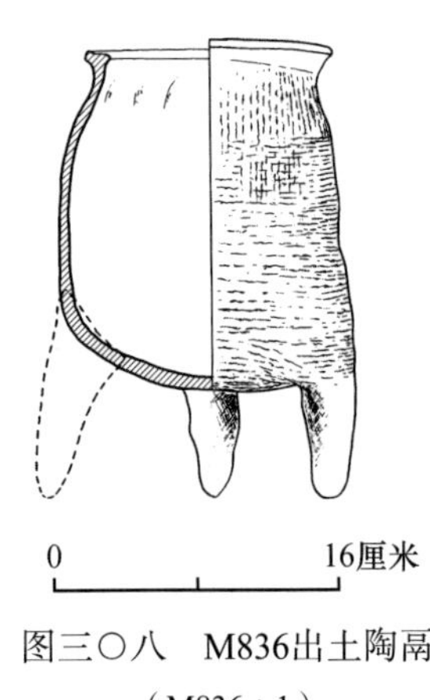

图三〇八　M836出土陶鬲（M836：1）

（二）出土器物

随葬品置于墓室北部棺椁之间，出土陶鬲1件。

陶鬲　1件。M836：1，夹砂红陶，腹壁模制，足为手制。敛口，平沿，方唇，短束颈，溜肩，深弧腹，圜底，底附三个锥形实足，略外撇。腹壁和底部饰细绳纹。内壁有按压痕迹。口径14.1、腹径18.2、高25、壁厚0.53厘米（图三〇八；图版一二六，3）。

二〇三、M837

位于发掘区的东南部，T1028北部、T1128南部，东邻M822。方向10°。开口于第4层下，向下打破第6层及生土，开口距地表深1.45米（图三〇九；图版二九，3）。

（一）墓葬形制

该墓平面呈梯形，竖穴土坑墓。底略大于口，墓口南北长2.63米，东西宽0.8～1.02米；墓底南北长2.68米，东西宽0.83～1.03米，墓底距墓口深1.25米。内填花土，土质较硬。四壁较规整，壁面粗糙，斜壁，平底。

葬具为单棺，木质，已朽，仅存朽痕。棺平面呈梯形，南北长1.8米，东西宽0.56～0.67米，残高0.2米，棺板厚0.04米。

棺内有人骨一具，头向北，面向西，仰身直肢，保存较好。

（二）出土器物

未发现随葬品。

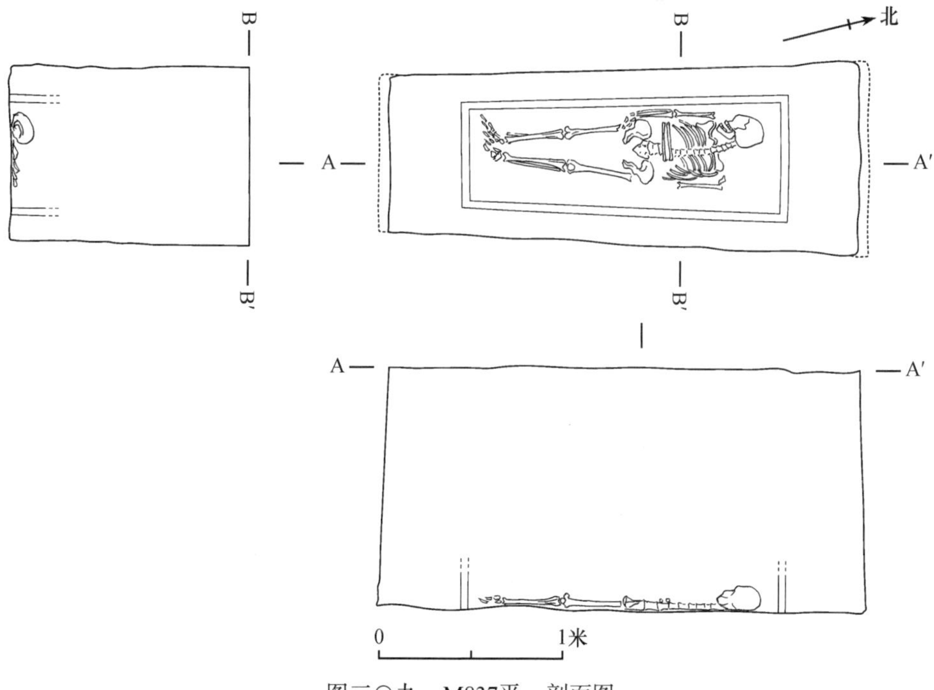

图三〇九　M837平、剖面图

二〇四、M844

位于发掘区的东南部，T0928东北部，北邻M894，东邻M859。方向40°。开口于第5层下，向下打破第6层及生土，开口距地表深1.5米（图三一〇；图版三〇，1）。

（一）墓葬形制

该墓平面呈长方形，竖穴土坑墓。口略大于底，墓口南北长3.4米，东西宽2.18米；墓底南北长3.21米，东西宽1.99米，墓底距墓口深2.6米。内填花土，土质较硬。四壁较规整，壁面粗糙，斜壁，平底。

葬具为一椁一棺，木质，已朽，仅存朽痕。椁平面呈“Ⅱ”形，南北长2.87米，东西宽1.27～1.75米，残高0.4米，椁板厚0.06米。南、北、东三侧椁壁均向内侧挤压变形。椁内有一棺，棺平面呈梯形，南北长1.78米，东西宽0.54～0.6米，残高0.21米，棺板厚0.04米。

棺内有人骨一具，头向东北，面向不详，仰身直肢，保存差。

（二）出土器物

随葬品置于墓室北部棺椁之间，共出土陶器9件。其中陶鼎1件、陶豆2件、陶壶2件、陶盘1件、陶匜1件、陶小口壶2件（图版三〇，3）。

陶鼎　1件。M844：3，泥质灰陶，轮模合制。盖残缺。器身微敛口，方圆唇，上腹部有两个对称的方形外撇附耳，有长方形穿，弧腹，圜底，下附三蹄形足，足较高。器身有数道轮旋痕。口径14.5、腹径16.6、高20.6、壁厚0.29厘米（图三一一，1；图版一二六，4）。

陶豆　2件。M844：4，泥质红陶，轮制。有盖，母口，呈覆钵形，盖腹较浅，顶部有平面呈圆形的喇叭形捉手，柄较短。器身子口，微敛口，圆唇，深斜弧腹，下腹略鼓，细长柄，喇叭形座。腹部饰四周凸棱纹，柄部饰竹节状纹。器身有数道轮旋痕，器表厚施一层灰陶衣。口径14.5、腹径18.3、圈足径14.4、高26.5、壁厚0.54厘米，盖径17.4、捉手径11.4、高6.8、壁厚0.39厘米（图三一一，6；图版一二七，1）。M844：6，泥质红陶，轮制。仅存器盖，母口，呈覆钵形，盖腹较浅，顶部有平面呈圆形的喇叭形捉手，柄较短。器身有数道轮旋痕，器表厚施一层灰陶衣。盖径17.9、捉手径10.8、高8.4、壁厚0.2～1.8厘米（图三一一，3）。

陶壶　2件。M844：1，泥质红陶，轮模合制。有盖，子口，呈覆钵形，盖舌内折，顶微隆，等距分布三组，皆残缺。器身母口，近直口，圆唇，高束颈，溜肩，肩部贴附两个对称的兽首形耳，弧腹内收，圜底，圈足，足墙外撇。肩至腹部饰三组凹弦纹，每组三周。器表施一层灰陶衣。口径12.9、腹径23.6、圈足径12.6、高39.9、壁厚0.6厘米，盖径9.6、高4.6、壁厚

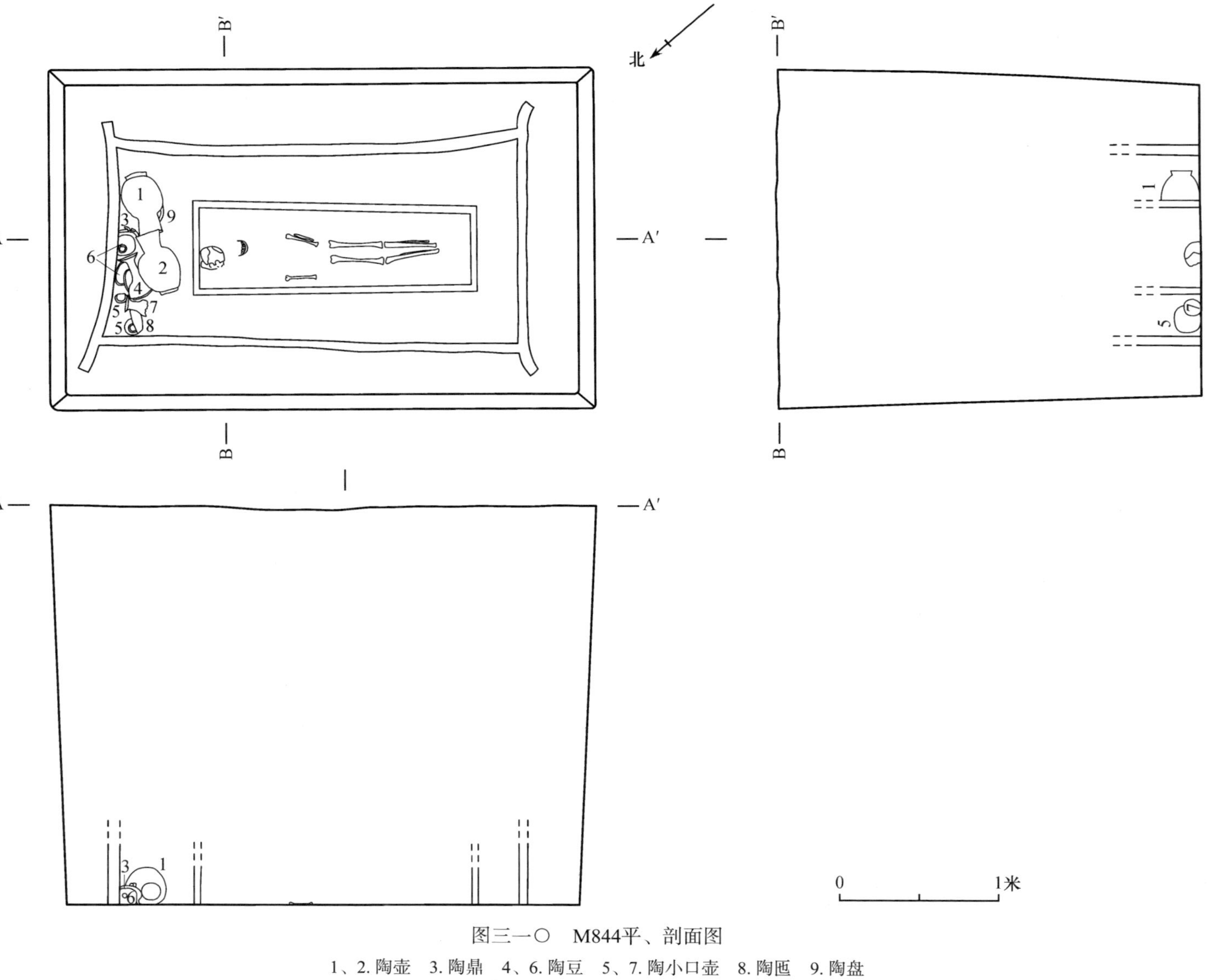

图三一〇 M844平、剖面图
1、2. 陶壶 3. 陶鼎 4、6. 陶豆 5、7. 陶小口壶 8. 陶匜 9. 陶盘

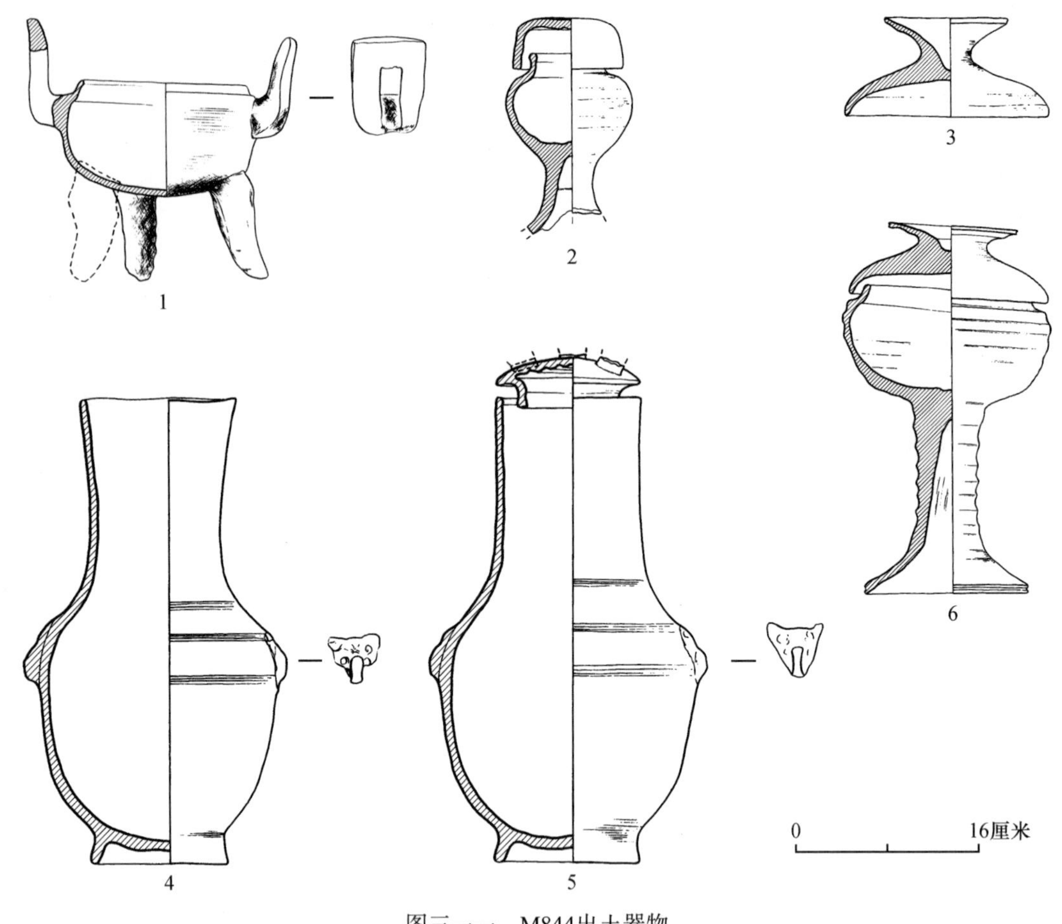

图三一一　M844出土器物

1. 陶鼎（M844：3）　2. 陶小口壶（M844：5）　3、6. 陶豆（M844：6、M844：4）　4、5. 陶壶（M844：2、M844：1）

0.62厘米（图三一一，5；图版一二六，5）。M844：2，泥质红陶，轮模合制。盖残缺。器身侈口，圆唇，高束颈，溜肩，肩部贴附两个对称的兽首形耳，弧腹内收，圜底，圈足，足墙外撇。肩至腹部饰三组凹弦纹，每组三周。器表施一层灰陶衣。口径13.8、腹径21、圈足径12、高39.8、壁厚0.59厘米（图三一一，4；图版一二六，6）。

陶盘　1件。M844：9，无法修复，器形不可辨。

陶匜　1件。M844：8，无法修复，器形不可辨。

陶小口壶　2件。M844：5，泥质红陶，轮制。有盖，母口，圆形，斜壁，平顶。器身子口，微敛口，圆唇，短颈，斜弧腹，细柄，底座残缺。器身有数道轮旋痕，器表厚施一层灰陶衣。口径6.6、腹径11.2、残高13.2～15.4、壁厚0.42～1.2厘米，盖径9.6、高4.3、壁厚0.61厘米（图三一一，2）。M844：7，无法修复，器形不可辨。

二〇五、M849

位于发掘区中部，T1332东部，北部被晚期墓葬M793打破，南邻M794。方向11°。开口于第5层下，向下打破第6层及生土，开口距地表深1.6米（图三一二；图版二九，4）。

（一）墓葬形制

该墓平面呈长方形，竖穴土坑墓。口略大于底，墓口南北长2.6米，东西宽1.18米；墓底南北长2.4米，东西宽1米，墓底距墓口深2.1米。内填花土，土质较硬。四壁较规整，壁面粗糙，斜壁，平底。

葬具为单棺，木质，已朽，仅存朽痕。棺平面呈梯形，南北长1.76米，东西宽0.46～0.51米，残高0.23米，棺板厚0.05米。

棺内有人骨一具，头向北，面向不详，仰身直肢，保存差。

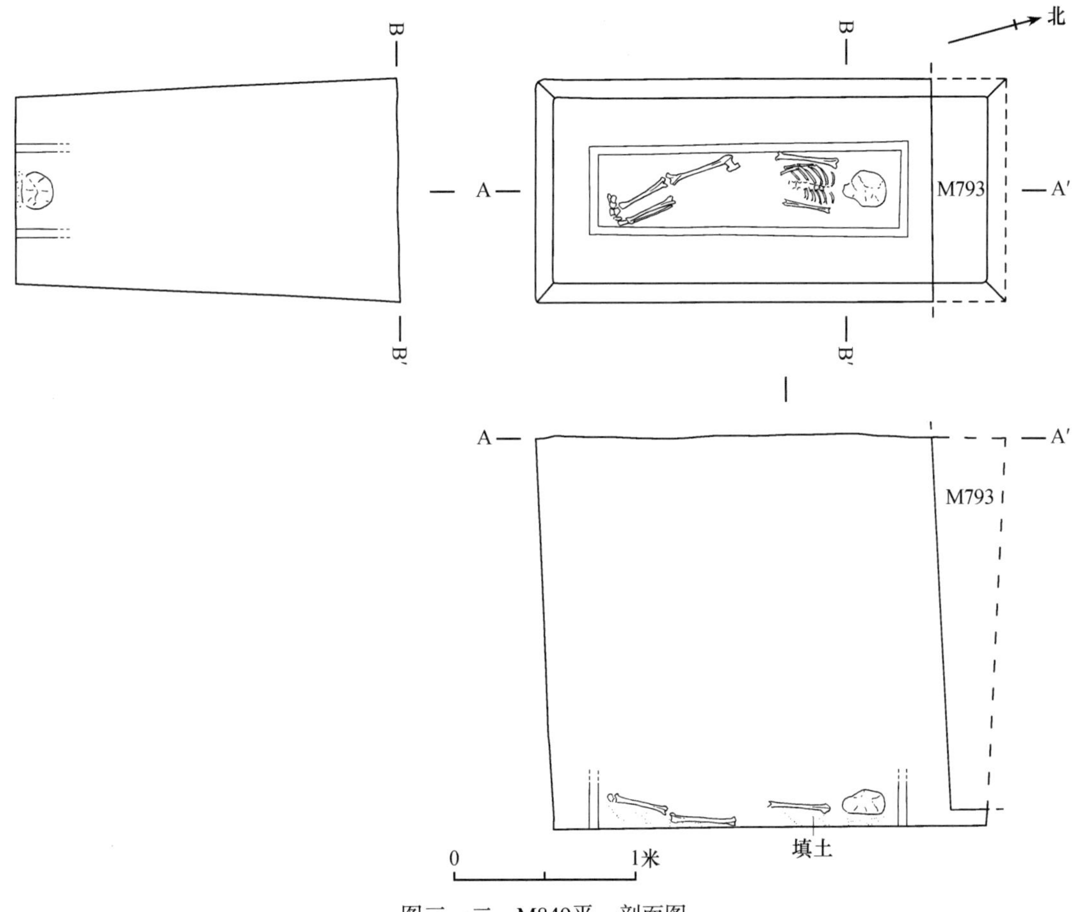

图三一二　M849平、剖面图

（二）出土器物

未发现随葬品。

二〇六、M851

位于发掘区的东南部，西邻M852、M853，西北部打破M852。方向15°。开口于第5层下，向下打破生土，开口距地表深2米（图三一三；图版三〇，2）。

（一）墓葬形制

该墓平面呈长方形，竖穴土坑墓。口底一致，南北长2.64米，东西宽1.1米，墓底距墓口深1.7米。内填花土，土质较硬。四壁较规整，壁面粗糙，直壁，平底。

葬具为单棺，木质，已朽，仅存朽痕。棺平面呈梯形，南北长2.03米，东西宽0.5～0.6米，残高0.1米，棺板厚0.05米。

棺内有人骨一具，头向北，面向不详，仰身直肢，保存较差。

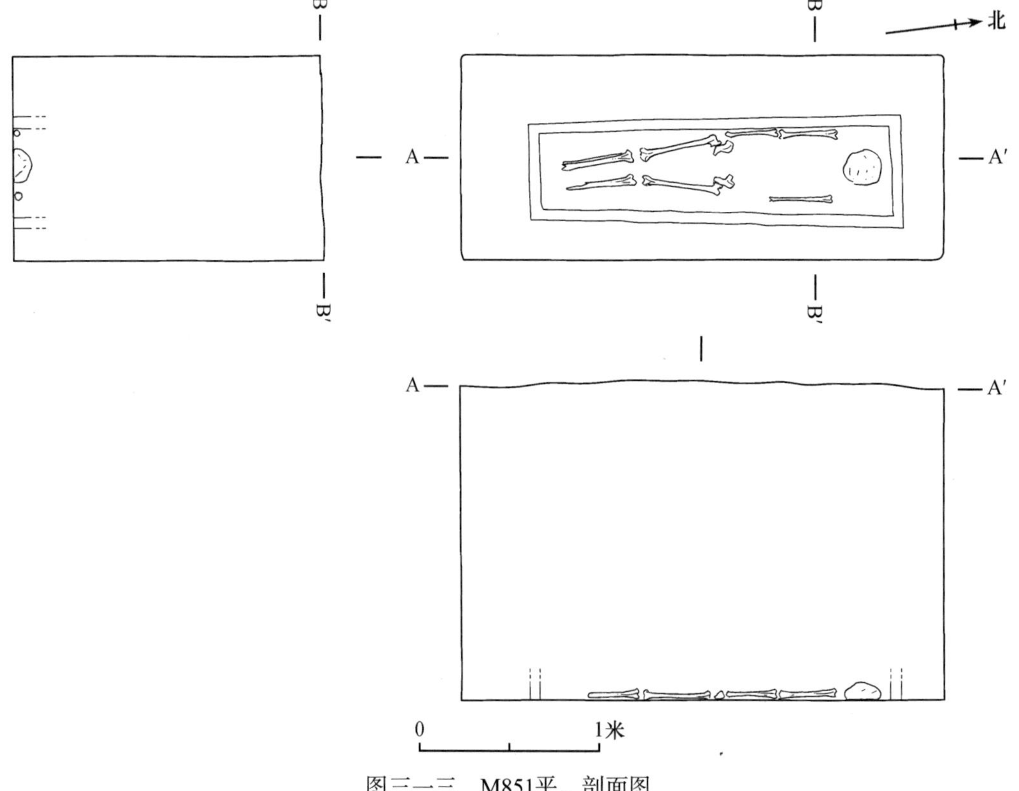

图三一三　M851平、剖面图

（二）出土器物

未发现随葬品。

二〇七、M852

位于发掘区的东南部，T1325东北部，东南部被M851打破，西部打破M853。方向32°。开口于第5层下，向下打破第6层及生土，开口距地表深1.7米（图三一四；图版三一，1）。

（一）墓葬形制

该墓平面呈长方形，竖穴土坑墓。口略大于底，墓口南北长3.41米，东西宽2.5米；墓底南北长3.2米，东西宽2.18米，墓底距墓口深2.1米。内填花土，土质较硬。四壁较规整，壁面粗糙，斜壁，平底。

葬具为一椁一棺，木质，已朽，仅存朽痕。椁平面呈“Ⅱ”形，南北长2.33米，东西宽0.8～1.1米，残高0.3米，椁板厚0.09米。椁内有一棺，棺平面呈梯形，南北长2米，东西宽0.5～0.65米，残高0.15米，棺板厚0.05米。

棺内有人骨一具，头向东北，面向东南，仰身直肢，保存一般。

（二）出土器物

随葬品出土于墓室东北角填土中，出土陶鬲2件（图版四五，2），高出墓底0.65米。

陶鬲　2件。M852：1，夹砂红陶，腹壁模制，足为手制。近直口，平沿，方唇，短束颈，溜肩，深弧腹，圜底，底附三个锥形实足，略外撇。沿面有凹槽，腹壁和底部饰中绳纹。内壁有按压痕迹。口径14.5、腹径17.3、高25.1、壁厚0.52厘米（图三一五，1；图版一二七，2）。M852：2，夹砂红陶，腹壁模制，足为手制。近直口，平沿，方唇，短束颈，溜肩，深腹，呈筒状，平底内凹，底附三个锥形实足，略外撇。沿面有凹槽，腹壁和底部饰细绳纹。内壁有按压痕迹。口径13.9、腹径15.8、高25.2、壁厚0.46厘米（图三一五，2；图版一二七，3）。

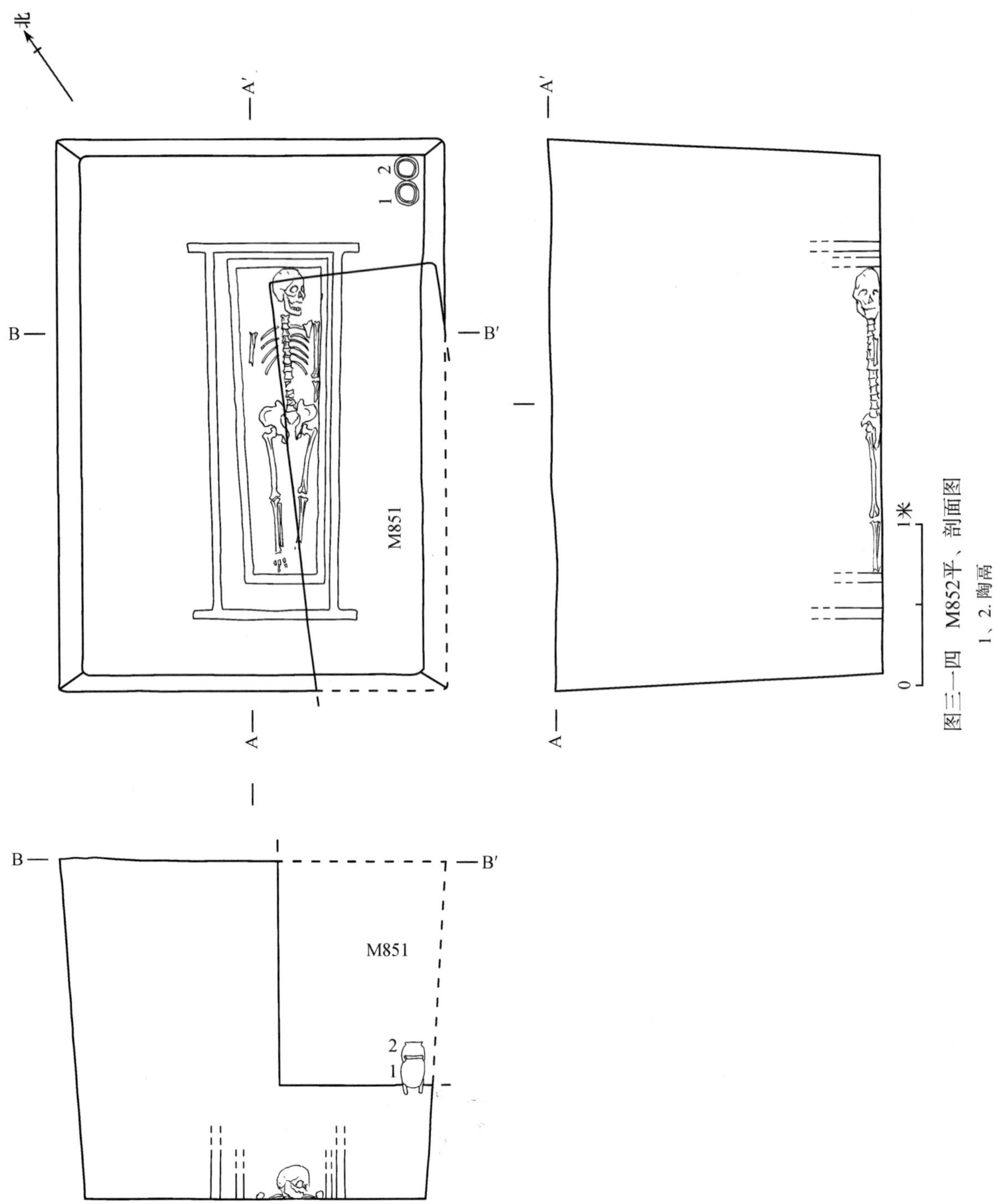

图三一四　M852平、剖面图

1、2. 陶鬲

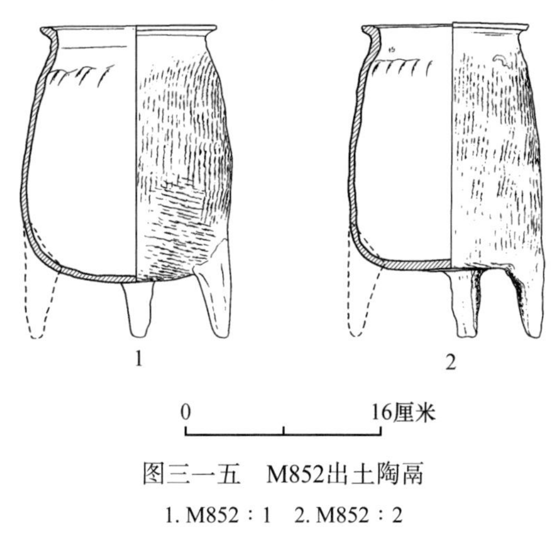

图三一五　M852出土陶鬲
1. M852：1　2. M852：2

二〇八、M853

位于发掘区的东南部，T1325东北部、T1425东南部，东部被M852打破。方向26°。开口于第5层下，向下打破第6层及生土，开口距地表深1.7米（图三一六）。

（一）墓葬形制

该墓平面呈长方形，竖穴土坑墓。口略大于底，墓口南北长3.24米，东西宽2.38米；墓底南北长3.04米，东西宽2.18米，墓底距墓口深2.2米。内填花土，土质较硬。四壁较规整，壁面粗糙，斜壁，平底。

葬具为一椁一棺，木质，已朽，仅存朽痕。椁平面呈“Ⅱ”字形，南北长2.52米，东西宽1～1.39米，残高0.4米，椁板厚0.04～0.07米。南、北、西三侧椁壁均向内侧挤压变形。椁内有一棺，棺平面呈梯形，南北长1.94米，东西宽0.53～0.63米，残高0.15米，棺板厚0.04～0.05米。

棺内有人骨一具，头向东北，面向东南，仰身直肢，保存较差。

墓室西北角设壁龛，平面呈长方形，距墓底1.3米，长0.27米，进深0.24米，高0.39米。

（二）出土器物

随葬品置于北部壁龛内，出土陶鬲1件。

陶鬲　1件。M853：1，夹砂红陶，腹壁模制，足为手制。近直口，平沿，圆唇，唇面有两周凹槽，短束颈，溜肩，深弧腹，圜底，底附三个锥形实足，略外撇。腹壁和底部饰中绳纹。内壁有按压痕迹。口径13.1、腹径16.5、高25.8、壁厚0.45厘米（图三一七；图版一二七，4）。

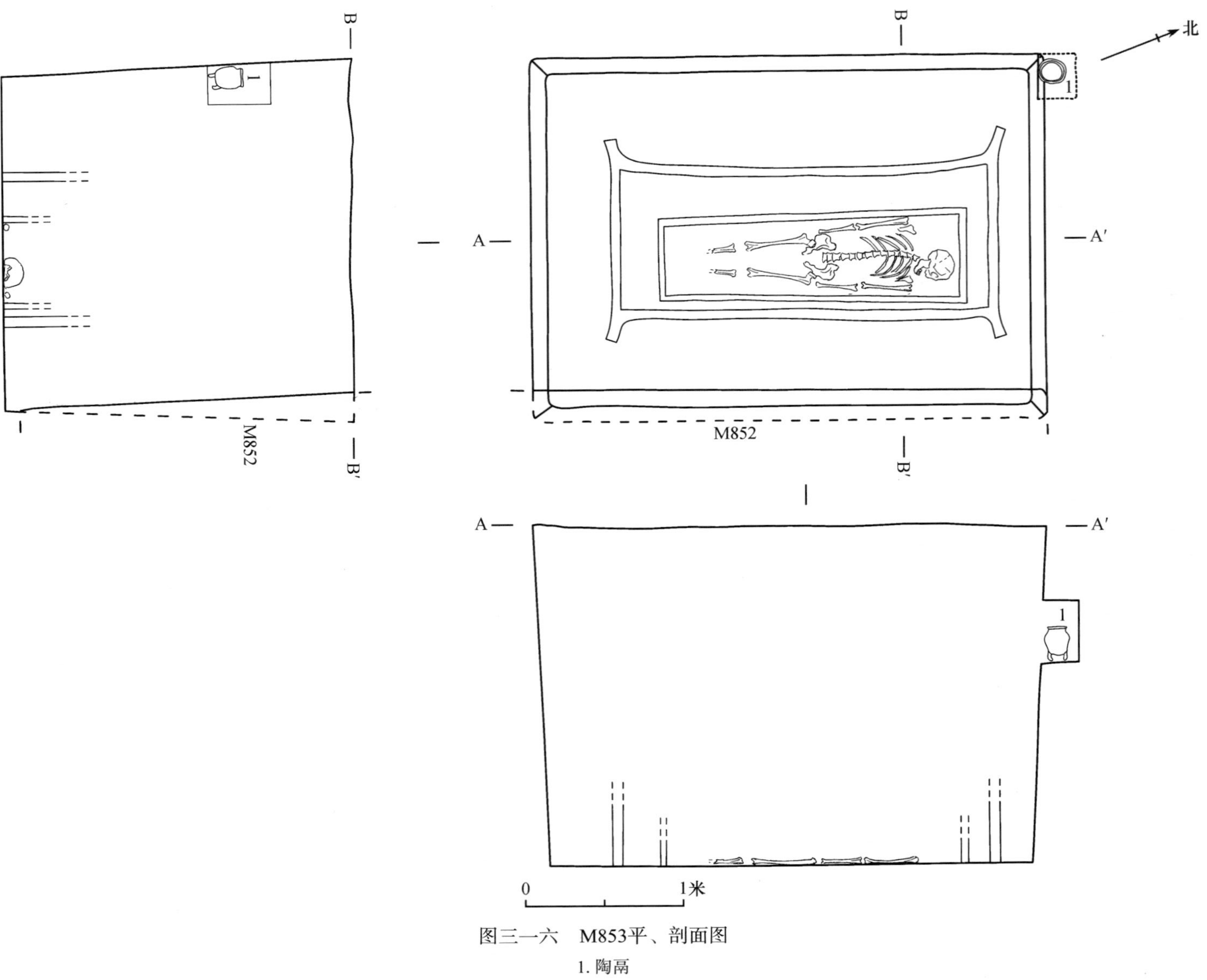

图三一六　M853平、剖面图
1. 陶鬲

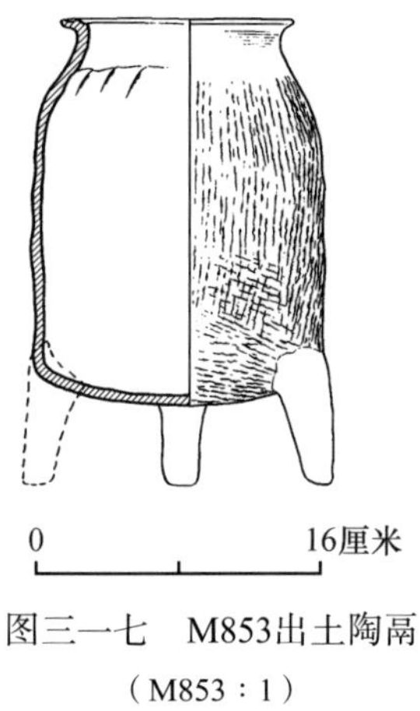

图三一七　M853出土陶鬲
（M853：1）

二〇九、M855

位于发掘区的东南部，T1525西南部，东邻M856。方向40°。开口于第5层下，向下打破生土，开口距地表深1.5米（图三一八；图版三一，2）。

（一）墓葬形制

该墓平面呈长方形，竖穴土坑墓。口略大于底，墓口南北长3.84米，东西宽2.27米；墓底南北长3.55米，东西宽2.07米，墓底距墓口深2.5米。内填褐色花土，土质松散，含沙。四壁较规整，壁面粗糙，斜壁，平底。

葬具为一椁一棺，木质，已朽，仅存朽痕。椁平面呈“Ⅱ”形，南北长2.56米，东西宽0.97～1.37米，残高0.4米，椁板厚0.06米。南、北、东三侧椁壁均向内侧挤压变形。椁内有一棺，棺平面呈梯形，南北长1.94米，东西宽0.67米，残高0.14米，棺板厚0.05米。

棺内有人骨一具，头向东北，面向西北，仰身直肢，保存较差。

（二）出土器物

随葬品出土于墓室东北部填土中，出土陶鬲2件，高出墓底1米。

陶鬲　2件。M855：1，夹砂红陶，腹壁模制，足为手制。近直口，平沿，方唇，短束颈，溜肩，深弧腹，圜底近平，底附三个锥形实足，略外撇。腹壁和底部饰中绳纹。内壁有按压痕迹。口径12.8、腹径15.8、高24.2、壁厚0.68厘米（图三一九，1；图版一二七，5）。M855：2，夹砂红陶，腹壁模制，足为手制。敛口，折沿微上扬，方唇，短束颈，溜肩，深弧腹，圜底，底附三个锥形实足，略外撇。腹壁和底部饰细绳纹。内壁有按压痕迹。口径12.4、腹径16.5、高24.5、壁厚0.45厘米（图三一九，2；图版一二七，6）。

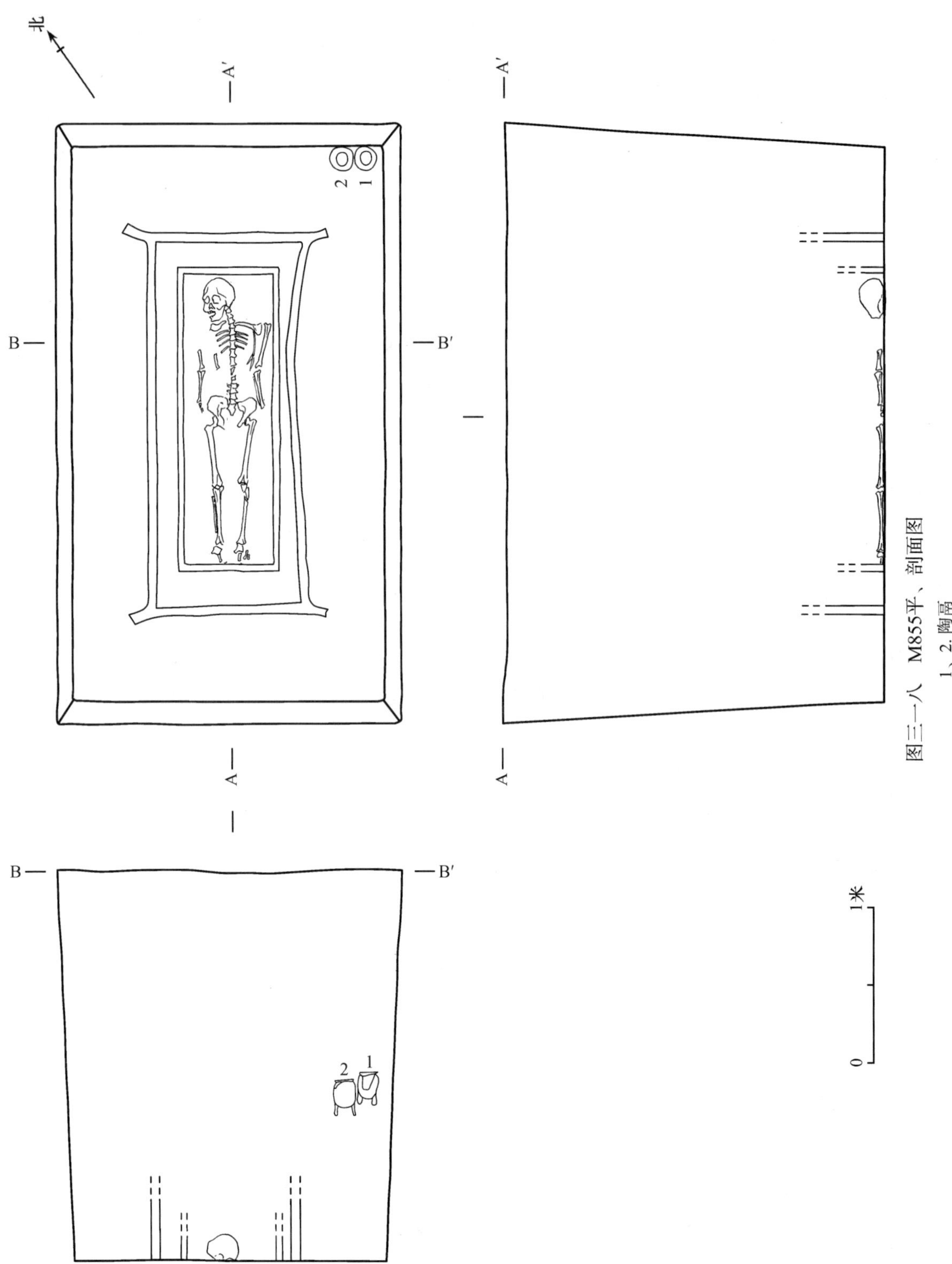

图三一八　M855平、剖面图
1、2. 陶鬲

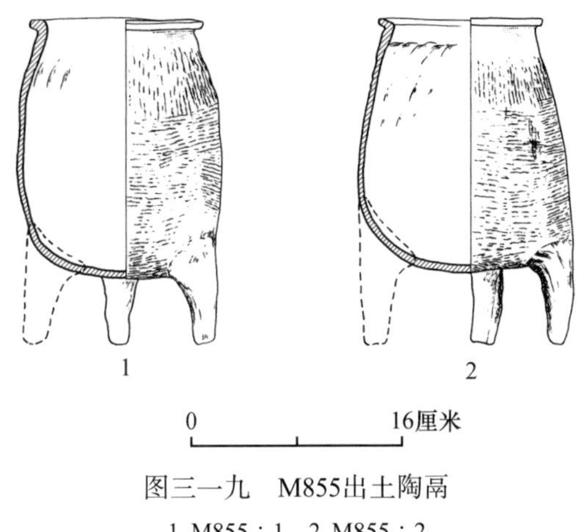

图三一九　M855出土陶鬲
1. M855：1　2. M855：2

二一〇、M856

位于发掘区的东南部，T1525南部，西南部被晚期墓葬M857打破，西邻M855。方向25°。开口于第5层下，向下打破生土，开口距地表深1.8米（图三二〇；图版三一，3）。

（一）墓葬形制

该墓平面呈长方形，竖穴土坑墓。口略大于底，墓口南北长2.84米，东西宽1.7米；墓底南北长2.64米，东西宽1.38米，墓底距墓口深1.4米。内填褐色花土，土质松散、含沙。四壁较规整，壁面粗糙，斜壁，平底。

葬具为一椁一棺，木质，已朽，仅存朽痕。椁平面呈"Ⅱ"形，南、北两端宽，中间窄，南北长2.25米，东西宽0.74～1.11米，残高0.15米，椁板厚0.06米。四侧椁壁均向内侧挤压变形。椁内有一棺，棺平面呈梯形，南北长1.99米，东西宽0.54～0.62米，残高0.15米，棺板厚0.02～0.05米。

棺内有人骨一具，头向东北，面向西北，仰身直肢，保存差。

（二）出土器物

未发现随葬品。

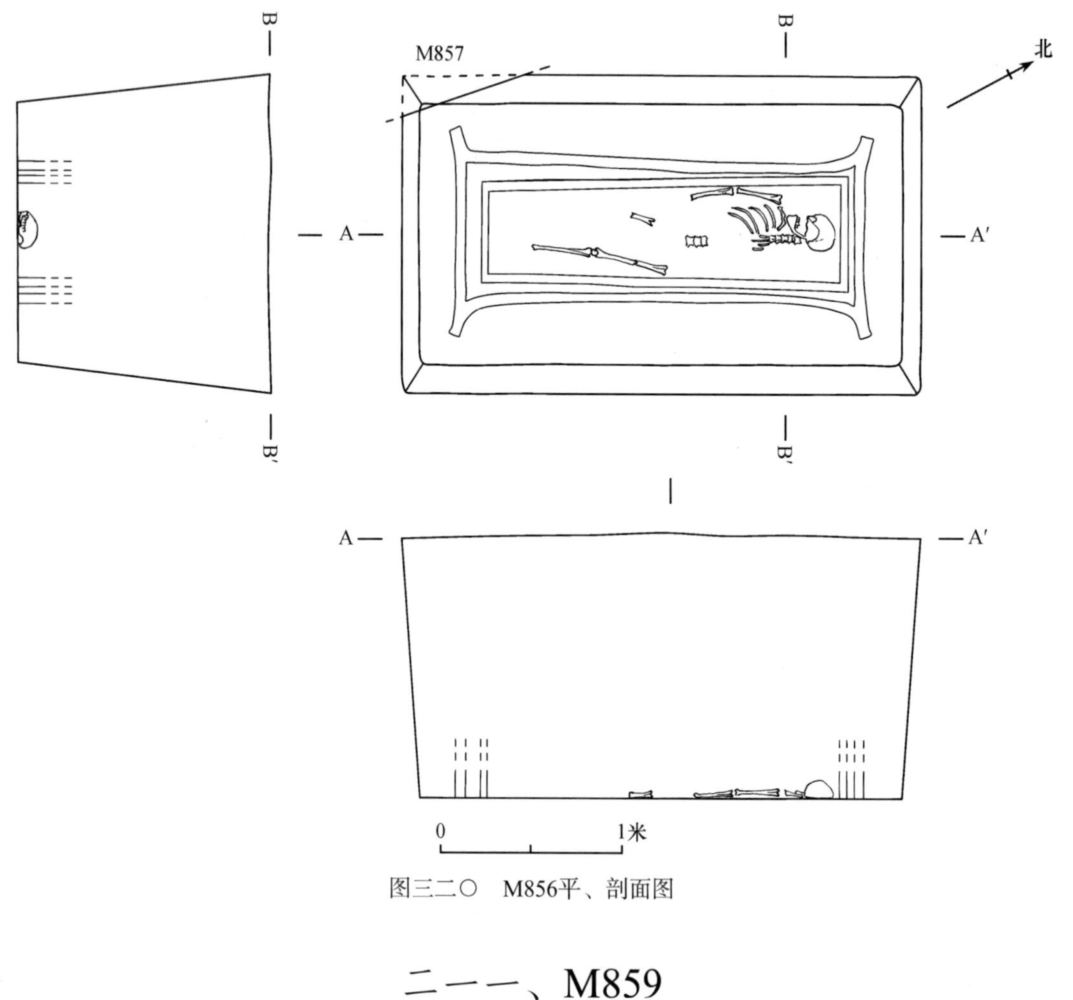

图三二〇　M856平、剖面图

二一一、M859

位于发掘区的东南部，T0927西北部、T0928东北部，西邻M844，东邻M895。方向35°。开口于第5层下，向下打破第6层及生土，开口距地表深1.5米（图三二一）。

（一）墓葬形制

该墓平面呈长方形，竖穴土坑墓。口略大于底，墓口南北长3.63米，东西宽2.12米；墓底南北长3.23米，东西宽1.86米，墓底距墓口深2.8米。内填灰褐色花土，土质较黏。四壁较规整，壁面粗糙，斜壁，平底。

葬具为一椁一棺，木质，已朽，仅存朽痕。椁平面呈“Ⅱ”形，南北长2.55米，东西宽1.13～1.42米，残高0.4米，椁板厚0.06米。南、北两侧椁壁均向内侧挤压变形。椁内有一棺，棺平面呈梯形，南北长1.77米，东西宽0.51～0.61米，残高0.24米，棺板厚0.04米。

棺内有人骨一具，头向东北，面向东南，仰身屈肢，保存较差。

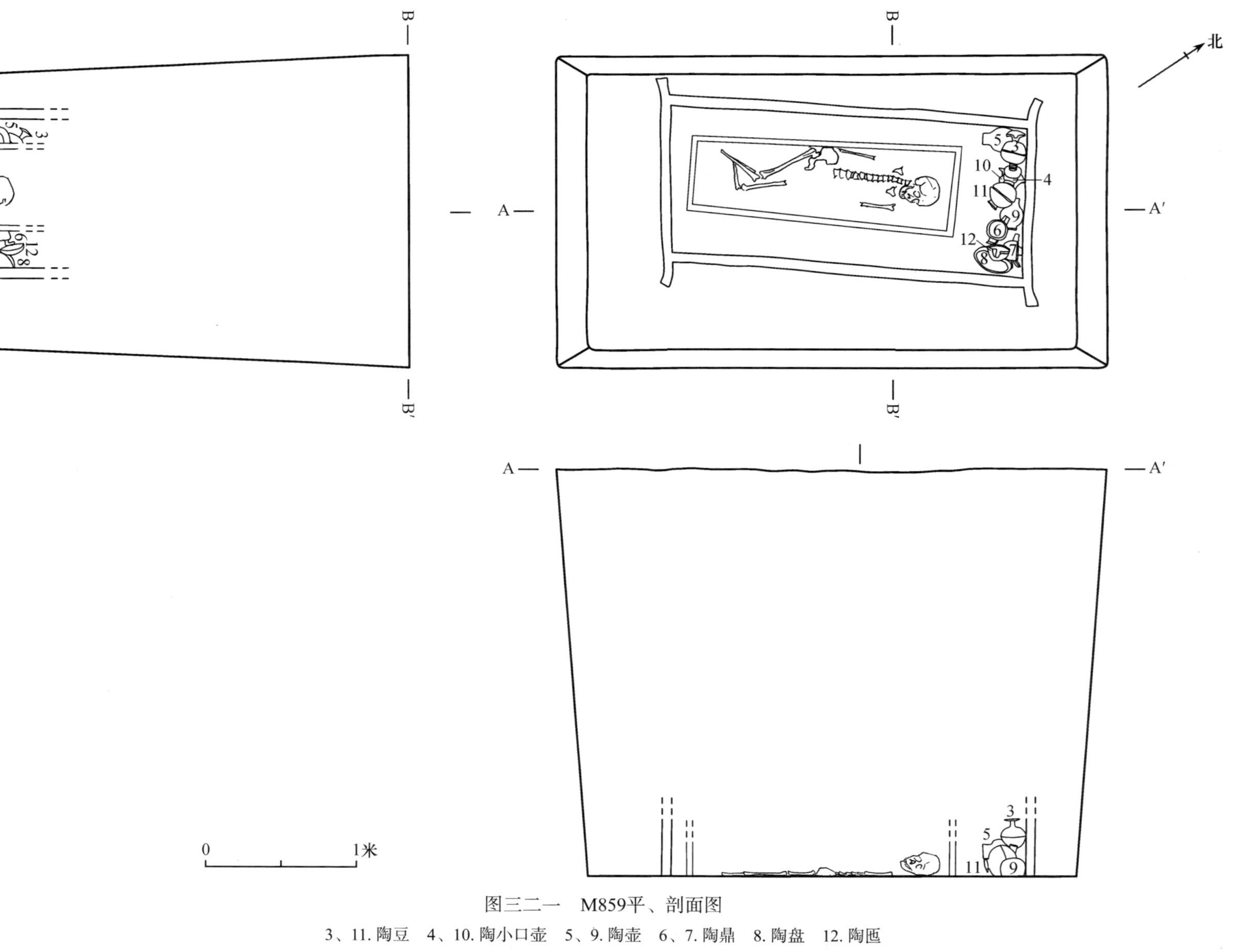

图三二一　M859平、剖面图
3、11. 陶豆　4、10. 陶小口壶　5、9. 陶壶　6、7. 陶鼎　8. 陶盘　12. 陶匜

（二）出土器物

随葬品置于墓室北部棺椁之间，在填土深2.2米处发现铜剑、石片。共出土器物12件（组），其中陶器10件、铜器1组、石制品1组。墓室北部棺椁之间有陶鼎2件、陶豆2件、陶壶2件、陶盘1件、陶匜1件、陶小口壶2件，填土中有铜剑1件、石片1组。

1. 陶器

陶鼎　2件。M859：6，无法修复，器形不可辨。M859：7，泥质灰陶，轮模合制。有盖，母口，顶隆起，边缘等距分布三个“∩”形纽。器身子口，敛口，方唇，唇端略凹，上腹部有两个对称的长方形外撇附耳，有长方形穿，直腹，圜底，下附三蹄形足，足较高。盖壁饰两周凹弦纹，器身腹部饰三周凹弦纹。器身有数道轮旋痕。口径13.1、腹径15.4、高17.1、壁厚0.48～1.2厘米，盖径14.6、高3.9、壁厚0.6厘米（图三二二，1；图版一二八，1）。

陶豆　2件。M859：3，泥质灰陶，轮制。有盖，母口，呈覆钵形，顶部有平面呈圆形的喇叭形捉手。器身子口，微敛口，圆唇，弧折腹，柄较短，喇叭形座。柄部饰竹节状纹。器身有数道轮旋痕，器表厚施一层灰陶衣。口径15.4、腹径17.3、圈足径12.5、高24.3、壁厚0.61～2.5厘米，盖径17.4、捉手径12、高11.3、壁厚0.3～3厘米（图三二二，6；图版一二八，2）。M859：11，泥质红陶，轮制。盖残缺。器身微敛口，圆唇，弧折腹，柄较短，喇叭形座。柄部饰竹节状纹。器身有数道轮旋痕，器表厚施一层灰陶衣。口径15.4、腹径17.3、圈足径12.9、高23.3、壁厚0.67～2.6厘米（图三二二，7；图版一二八，3）。

陶壶　2件。M859：5，泥质灰陶，轮模合制。盖残缺。器身侈口，方唇，束颈，溜肩，肩部贴附两个对称的兽首形耳，弧腹内收，圜底，矮圈足，足墙外撇。肩至腹部饰三组凹弦纹，每组三周。口径9.2、腹径16.8、圈足径10.2、高23.1、壁厚0.59～1.4厘米（图三二二，5；图版一二八，4）。M859：9，无法修复，器形不可辨。

陶盘　1件。M859：8，泥质灰陶，轮模合制。敞口，折沿上扬，圆唇，唇边有两个对称的长方形附耳，斜折腹，下腹斜收，平底。口径22.2、腹径9、底径10、高2.5、壁厚0.39～0.87厘米（图三二二，2；图版一二八，5）。

陶匜　1件。M859：12，泥质灰陶，轮模合制。口部呈椭圆形，敛口，方唇，弧腹内收，附槽状流，流口上扬，尾部有环形鋬，鋬上部有尖状凸起，平底。流口有几处压印水波纹。口长15.2、口宽12.7、高6.1、流长7、壁厚0.45～1.5厘米（图三二二，8；图版一二八，6）。

陶小口壶　2件。M859：4，泥质灰陶，轮制。有盖，母口，近直壁，顶微隆。器身子口，侈口，圆唇，短颈，斜弧腹，细柄，柄较短，喇叭形座。器身有数道轮旋痕。口径5.9、腹径11.4、底径8.4、高17.9、壁厚0.57～1.9厘米，盖径7.4、腹径7.9、高3.7、壁厚0.5～1厘米（图三二二，3；图版一二九，1）。M859：10，泥质灰陶，轮制。有盖，母口，近直壁，顶微隆。器身子口，侈口，圆唇，短颈，斜弧腹，细柄，柄较短，喇叭形座。器身有数道轮旋

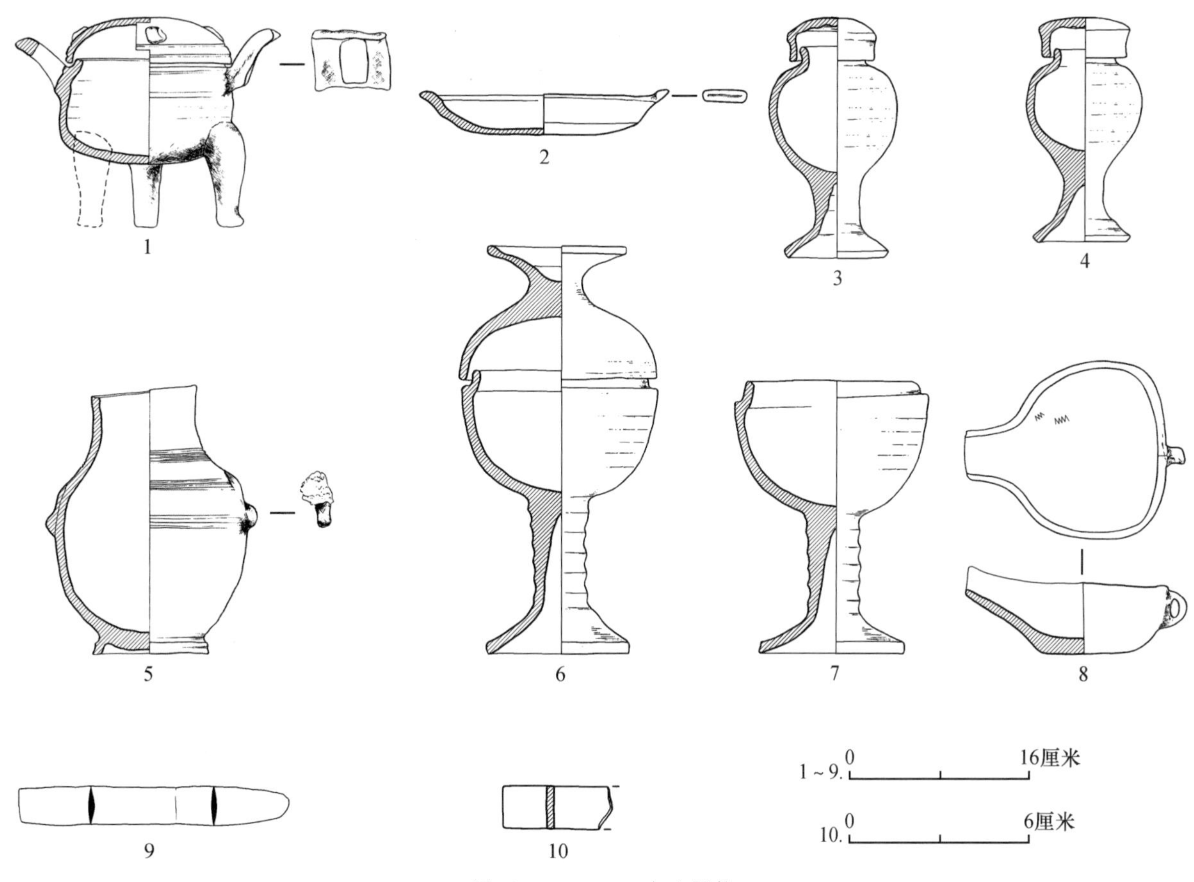

图三二二　M859出土器物

1. 陶鼎（M859：7）　2. 陶盘（M859：8）　3、4. 陶小口壶（M859：4、M859：10）　5. 陶壶（M859：5）　6、7. 陶豆（M859：3、M859：11）　8. 陶匜（M859：12）　9. 铜剑（M859：1）　10. 石片（M859：2-1）

痕。口径5.4、腹径10.2、底径7.7、高16.5、壁厚0.59～1.8厘米，盖径7.5、腹径7.8、高3.4、壁厚0.6～1厘米（图三二二，4；图版一二九，2）。

2. 铜器

铜剑　1件。M859：1，模制。仅残存部分剑身，断面呈菱形，中脊较平，两刃中部呈弧形。残长23.8、宽3.3、厚0.6厘米（图三二二，9；图版一二九，3）。

3. 石制品

石片　1组9件。M859：2-1，手制。灰色，表面磨制平滑。已残断，残片多呈长方形。残长3.6、宽1.4、厚0.25厘米（图三二二，10；图版一二九，4）。

二一二、M861

位于发掘区的东南部，T1125西南部、T1025西北部、T1126东南部、T1026东北部，东北部被晚期墓葬M860打破。方向58°。开口于第5层下，向下打破生土，开口距地表深1.6米（图三二三）。

（一）墓葬形制

该墓平面呈长方形，竖穴土坑墓。口略大于底，墓口东西长2.54米，南北宽1米；墓底东西长2.38米，南北宽0.91米，墓底距墓口深2.6米。内填灰褐色花土，土质较疏松。四壁较规整，壁面粗糙，斜壁，平底。

葬具为单棺，木质，已朽，仅存朽痕。棺平面呈梯形，东西长1.94米，南北宽0.5～0.6米，残高0.2米，棺板厚0.02～0.06米。

棺内有人骨一具，头向东北，面向西北，仰身屈肢，保存一般。

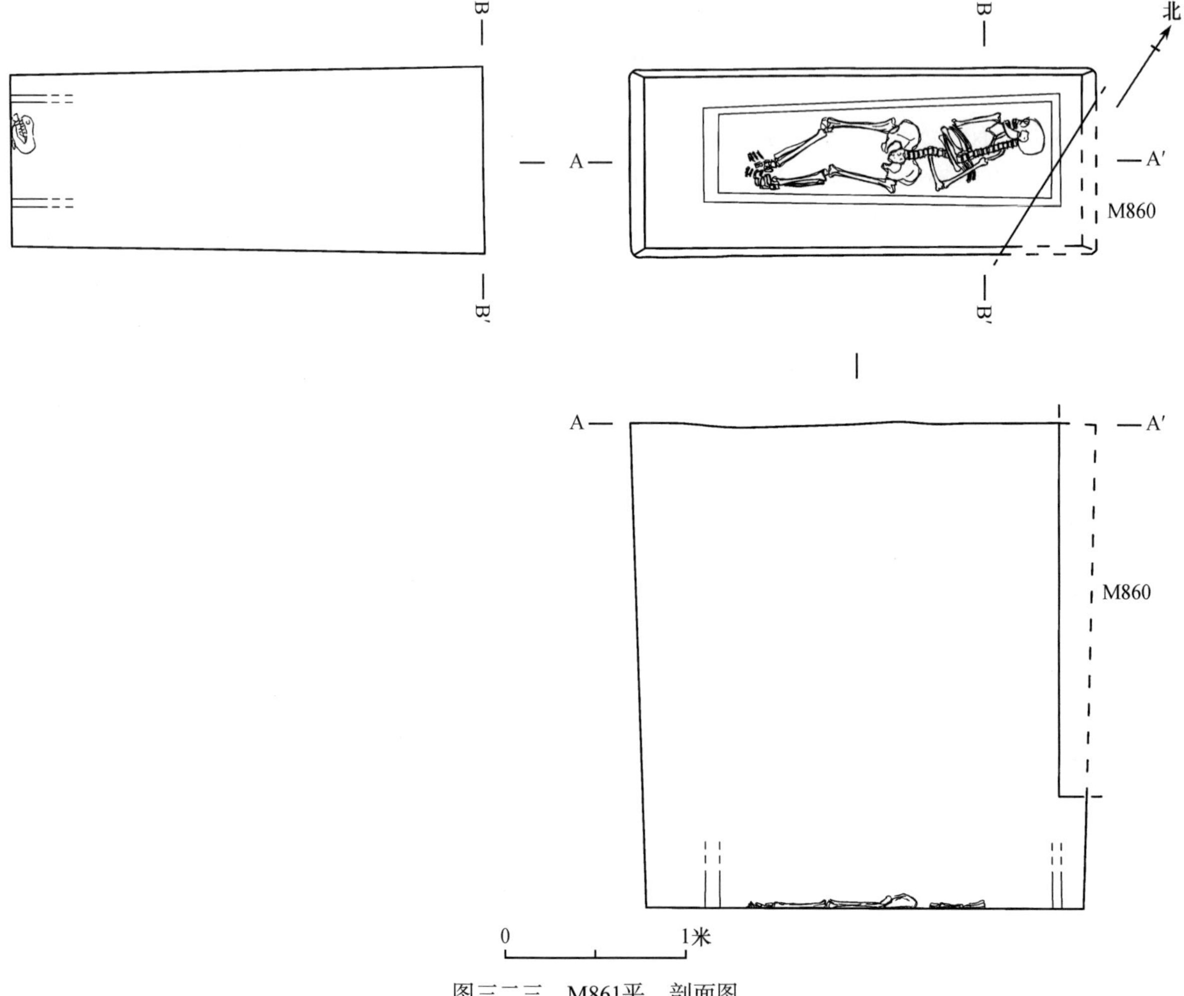

图三二三　M861平、剖面图

（二）出土器物

未发现随葬品。

二一三、M864

位于发掘区的东南部，T1327北部，北邻M761，东邻M865。方向346°。开口于第5层下，向下打破生土，开口距地表深1.25米（图三二四；图版三一，4）。

（一）墓葬形制

该墓平面呈长方形，竖穴土坑墓。口底尺寸一致，南北长2.34米，东西宽1米，墓底距墓口深1.55米。内填浅灰色花土，土质松散，含沙。四壁较规整，壁面粗糙，直壁，平底。

葬具为单棺，木质，已朽，仅存朽痕。棺平面呈梯形，南北长1.74米，东西宽0.52～0.58米，残高0.15米，棺板厚0.06米。

棺内人骨仅存头骨及下肢骨，头向北，面向不详，仰身直肢，保存差。

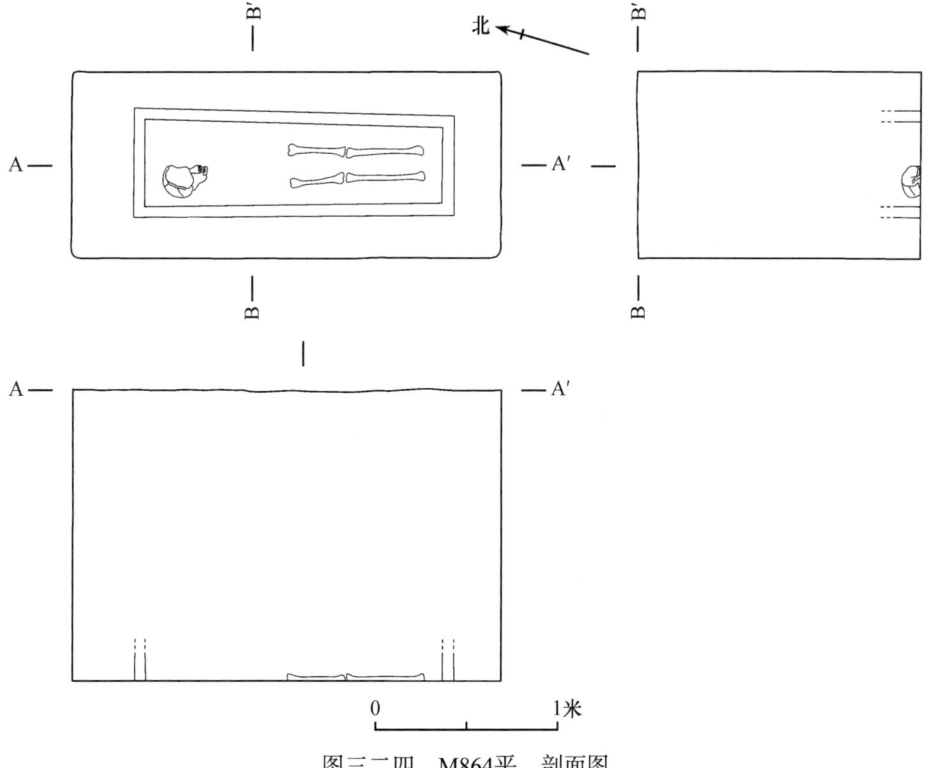

图三二四　M864平、剖面图

（二）出土器物

未发现随葬品。

二一四、M865

位于发掘区的东南部，T1327东部，西邻M864。方向94°。开口于第5层下，向下打破生土，开口距地表深1.17米（图三二五）。

（一）墓葬形制

该墓平面呈长方形，竖穴土坑墓。口底尺寸一致，东西长2.2米，南北宽0.9米，墓底距墓口深1.09米。内填浅黄色花土，土质松散，含沙。四壁较规整，壁面粗糙，直壁，平底。

葬具为单棺，木质，已朽，仅存朽痕。棺平面呈梯形，东西长1.66米，南北宽0.5～0.56米，残高0.1米，棺板厚0.04～0.06米。

棺内仅存少量人骨，头向、面向、葬式均不详，保存差。

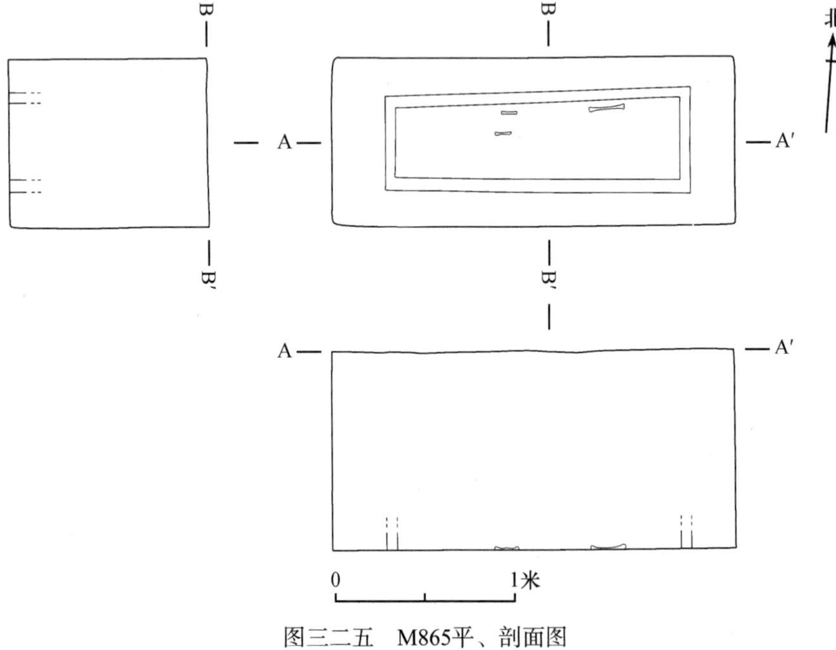

图三二五　M865平、剖面图

（二）出土器物

未发现随葬品。

二一五、M866

位于发掘区的北部，T2630西北部，南邻M874。方向5°。开口于第5层下，向下打破生土，开口距地表深1.18米（图三二六）。

（一）墓葬形制

该墓平面呈长方形，竖穴土坑墓。口底尺寸一致，南北长2.62米，东西宽1.3米，墓底距墓口深2.02米。内填浅灰色花土，土质松散，含沙。四壁较规整，壁面粗糙，直壁，平底。

葬具为单棺，木质，已朽，仅存朽痕。棺平面呈梯形，南北长1.86米，东西宽0.54～0.64米，残高0.15米，棺板厚0.04～0.05米。

棺内有人骨一具，头向北，面向不详，仰身直肢，保存差。

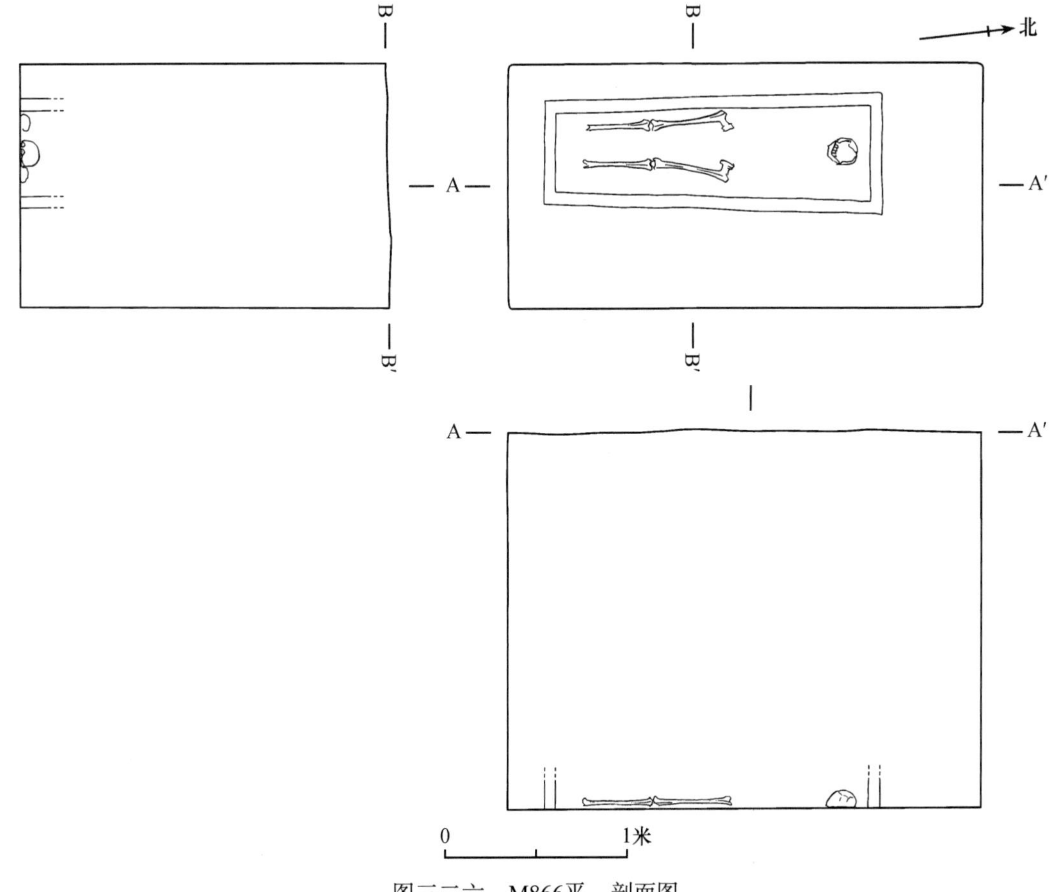

图三二六　M866平、剖面图

（二）出土器物

未发现随葬品。

二一六、M869

位于发掘区的东南部，T1326南部，西邻M865。方向45°。开口于第4层下，向下打破生土，开口距地表深1.3米（图三二七；图版三二，1）。

（一）墓葬形制

该墓平面呈近长方形，竖穴土坑墓。口底尺寸一致，南北长2.6米，东西宽0.87米，墓底距墓口深0.9米。内填灰褐色花土，土质较疏松。四壁较规整，壁面粗糙，直壁，平底。

葬具为单棺，木质，已朽，仅存朽痕。棺平面呈梯形，南北长2.05米，东西宽0.45～0.51米，残高0.28米，棺板厚0.04米。

棺内有人骨一具，头向东北，面向西北，仰身直肢，保存较好。

（二）出土器物

未发现随葬品。

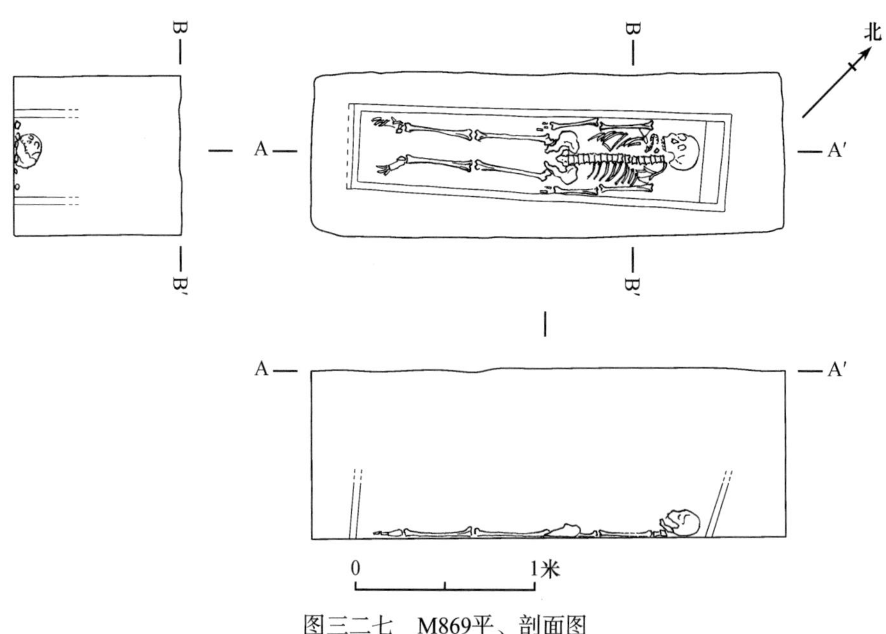

图三二七　M869平、剖面图

二一七、M871

位于发掘区的北部，T2530南部，东邻M872。方向5°。开口于第5层下，向下打破生土，开口距地表深0.9米（图三二八）。

（一）墓葬形制

该墓平面呈长方形，竖穴土坑墓。口略大于底，墓口南北长2.62米，东西宽1.08米；墓底南北长2.42米，东西宽0.88米，墓底距墓口深1.7米。内填花土，土质松软。四壁较规整，壁面粗糙，斜壁，平底。

葬具为单棺，木质，已朽，仅存朽痕。棺平面呈梯形，南北长2.02米，东西宽0.54～0.68米，残高0.2米，棺板厚0.06米。

棺内有人骨一具，头向北，面向上，仰身直肢，保存较好。

（二）出土器物

未发现随葬品。

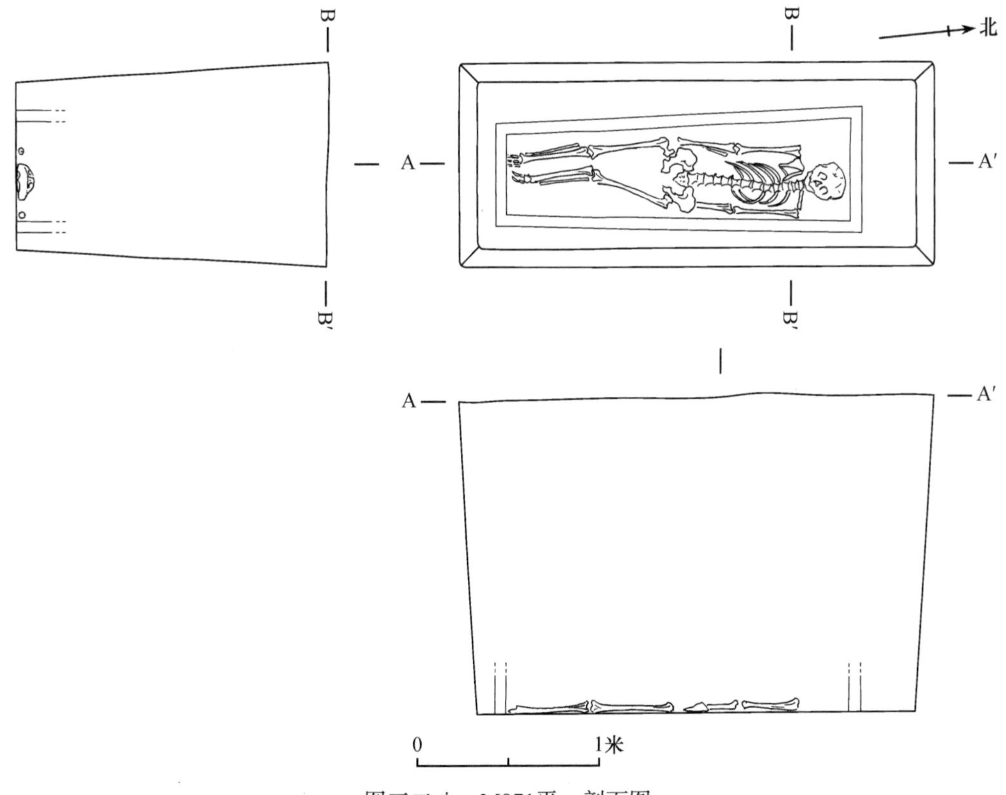

图三二八　M871平、剖面图

二一八、M872

位于发掘区的北部，T2530东南部，西邻M871。方向4°。开口于第4层下，向下打破第5层及生土，开口距地表深0.9米（图三二九）。

（一）墓葬形制

该墓平面呈长方形，竖穴土坑墓。口略大于底，墓口南北长2.53米，东西宽1.3米；墓底南北长2.34米，东西宽1.08米，墓底距墓口深1.5米。内填花土，土质松软。四壁较规整，壁面粗糙，斜壁，平底。

葬具为单棺，木质，已朽，仅存朽痕。棺平面呈梯形，南北长1.94米，东西宽0.48～0.66米，残高0.2米，棺板厚0.04～0.06米。

棺内有人骨一具，头向北，面向上，仰身直肢，保存较好。

（二）出土器物

未发现随葬品。

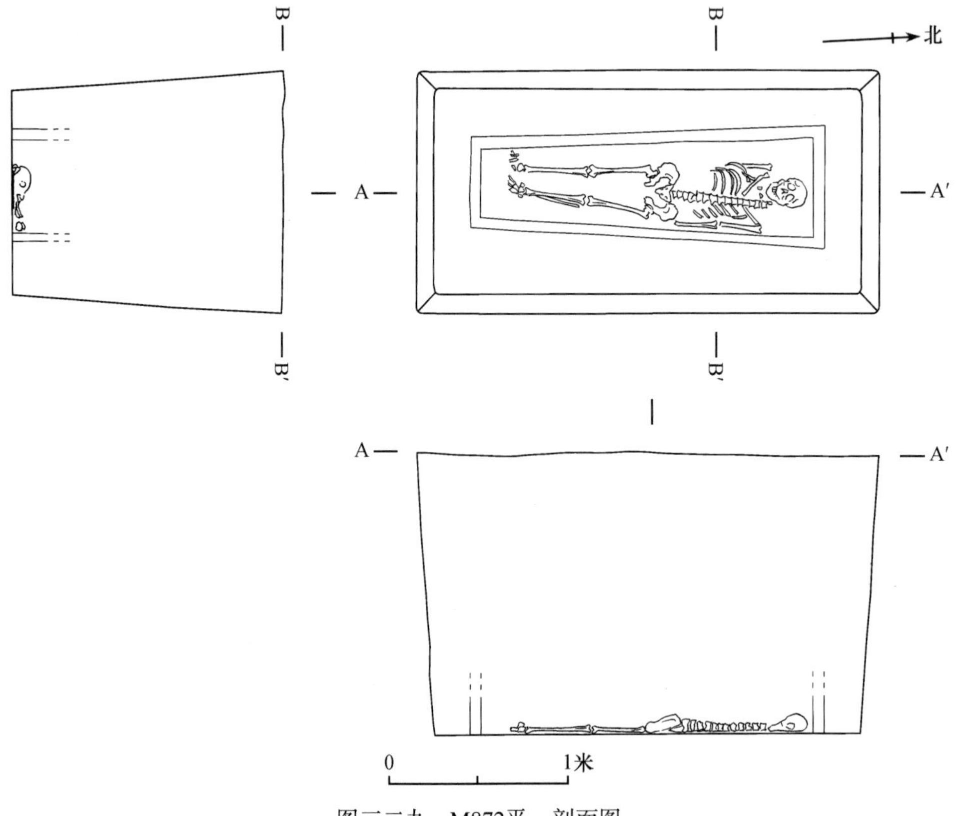

图三二九　M872平、剖面图

二一九、M874

位于发掘区的北部，T2530东北部，南邻M872。方向354°。开口于第4层下，向下打破第5层及生土，开口距地表深0.91米（图三三〇）。

（一）墓葬形制

该墓平面呈长方形，竖穴土坑墓。口略大于底，墓口南北长2.23米，东西宽1.2米；墓底南北长2.03米，东西宽1米，墓底距墓口深1.99米。内填花土，土质松软。四壁较规整，壁面粗糙，斜壁，平底。

葬具为单棺，木质，已朽，仅存朽痕。棺平面呈梯形，南北长1.83米，东西宽0.48～0.66米，残高0.15米，棺板厚0.06米。

棺内有人骨一具，头向北，面向西，仰身直肢，保存较差。

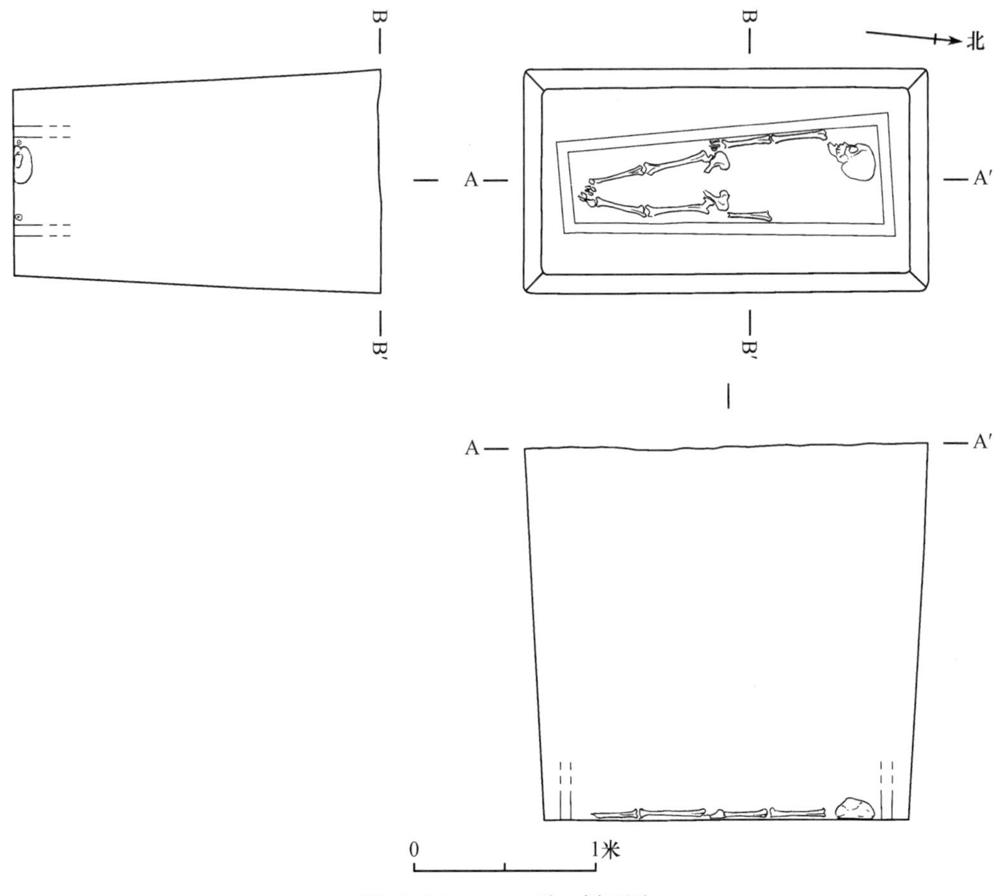

图三三〇　M874平、剖面图

（二）出土器物

未发现随葬品。

二二〇、M893

位于发掘区的北部，T1928中部，西邻M454，南邻M571。方向13°。开口于第5层下，向下打破生土，开口距地表深3.5米（图三三一）。

（一）墓葬形制

该墓平面呈长方形，竖穴土坑墓。口略大于底，墓口南北长3.04米，东西宽1.6米；墓底南北长2.83米，东西宽1.4米，墓底距墓口深1.3米。内填灰褐色花土，土质较疏松。四壁较规整，壁面粗糙，斜壁，平底。

葬具为单棺，木质，已朽，仅存朽痕。棺平面呈梯形，南北长2.11米，东西宽0.48～0.63

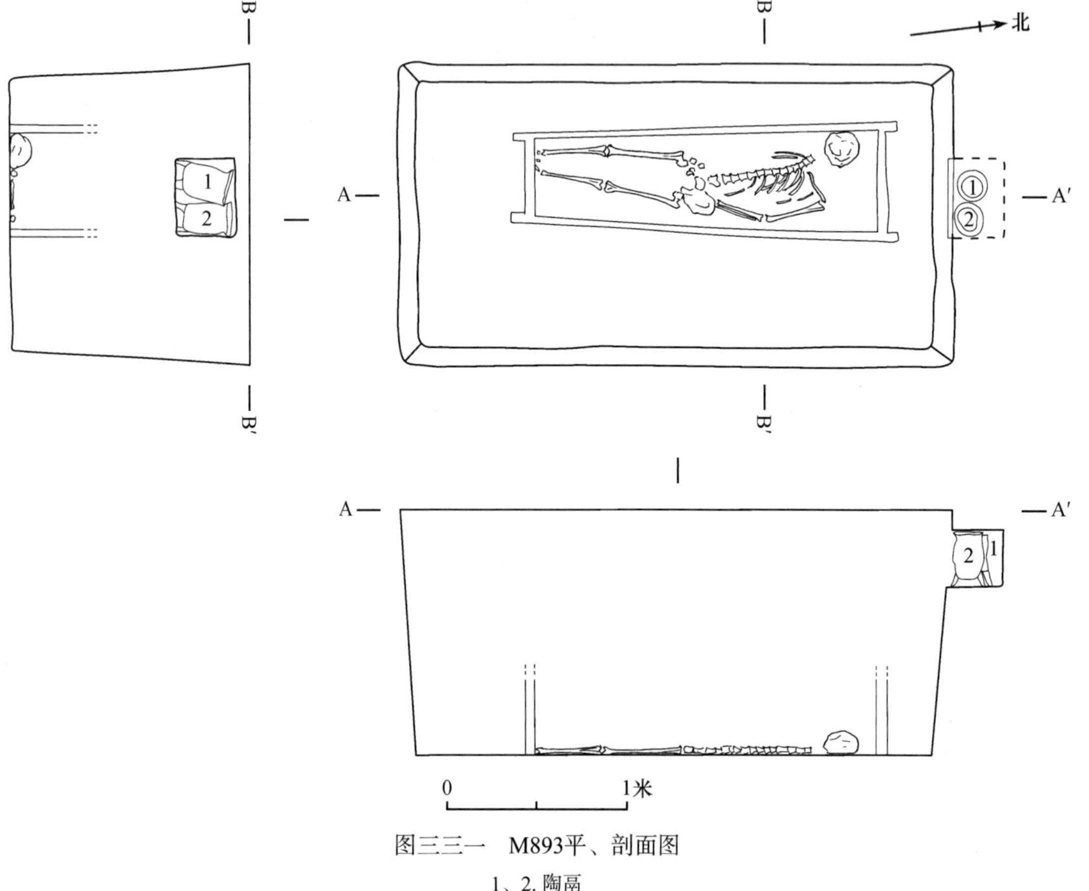

图三三一　M893平、剖面图

1、2. 陶鬲

米，残高0.4米，棺板厚0.03～0.06米。

棺内有人骨一具，头向北，面向不详，仰身直肢，保存较差。

墓室北壁设壁龛，平面呈长方形，距墓底0.9米，长0.4米，进深0.33米，高0.3米。

（二）出土器物

随葬品置于北部壁龛内，出土陶鬲2件。

陶鬲　2件。M893：1，夹砂红陶，腹壁模制，足为手制。敛口，折沿上扬，方唇，短束颈，深腹，呈筒状，平底内凹，底附三个锥形实足，略外撇。腹壁和底部饰细绳纹。内壁有按压痕迹。口径13.8、腹径16.4、底径8.4、高27.4、壁厚0.71厘米（图三三二，1；图版一二九，5）。M893：2，夹砂红陶，腹壁模制，足为手制。敛口，折沿上扬，方唇，短束颈，深腹，呈筒状，平底内凹，底附三个锥形实足，略外撇。沿面及唇端有凹槽，腹壁和底部饰细绳纹。内壁有按压痕迹。口径14.6、腹径17.7、底径10.4、高27.8、壁厚0.69厘米（图三三二，2；图版一二九，6）。

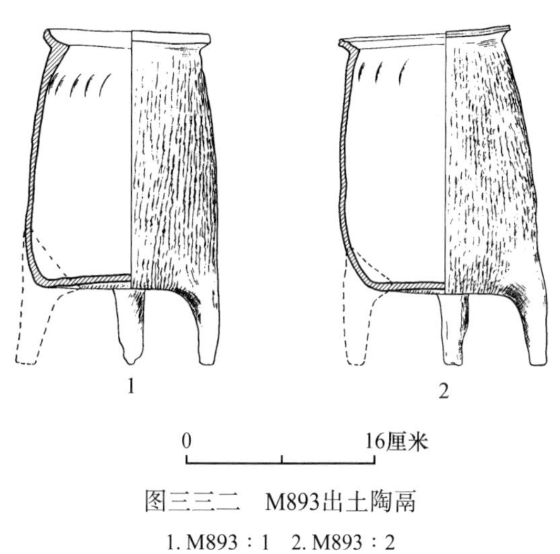

图三三二　M893出土陶鬲

1. M893：1　2. M893：2

二二一、M894

位于发掘区的东南部，T1028东南部，东邻M895，南邻M844。方向4°。开口于第5层下，向下打破生土，开口距地表深3米（图三三三）。

（一）墓葬形制

该墓平面呈近长方形，竖穴土坑墓。口底尺寸一致，南北长3.33米，东西宽1.9米，墓底距墓口深1.2米。内填灰褐色花土，土质较疏松。四壁较规整，壁面粗糙，直壁，平底。

葬具为一椁一棺，木质，已朽，仅存朽痕。椁平面呈“Ⅱ”形，南北长2.87米，东西宽1.17～1.44米，残高0.4米，椁板厚0.1米。椁内有一棺，棺平面呈梯形，南北长1.9米，东西宽0.64～0.78米，残高0.3米，棺板厚0.05～0.08米。

棺内有人骨一具，头向北，面向西，仰身直肢，保存一般。

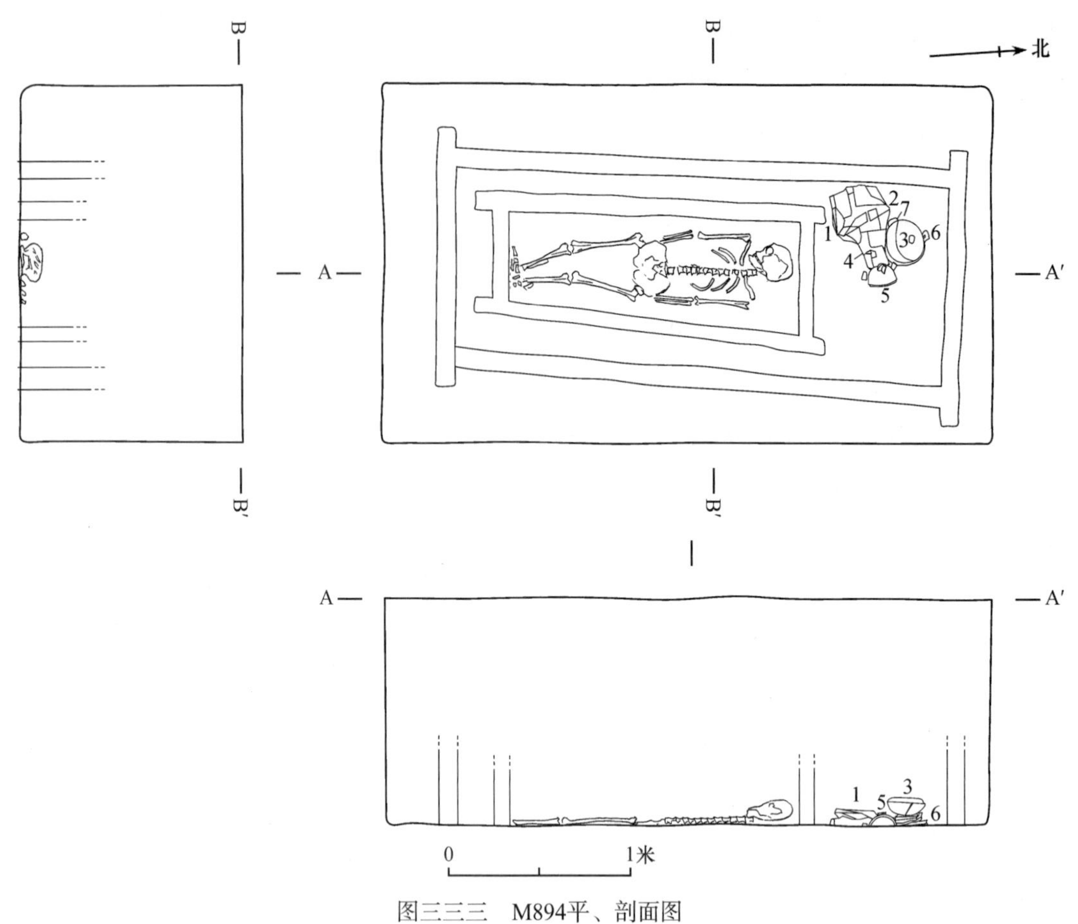

图三三三　M894平、剖面图
1、2. 陶壶　3、5. 陶豆　4. 陶三足罐　6. 陶鼎　7. 陶小口罐

（二）出土器物

随葬品置于墓室北部棺椁之间，共出土陶器7件。其中陶鼎1件、陶豆2件、陶壶2件、陶小口罐1件、陶三足罐1件。

陶鼎　1件。M894∶6，无法修复，器形不可辨。

陶豆　2件。M894∶3，泥质灰陶，轮制。盖残缺。器身微敛口，圆唇，深斜弧腹，下腹略鼓，细长柄，喇叭形座。腹部饰两周凸棱纹，柄部饰竹节状纹。器身有数道轮旋痕。口径16.9、腹径18.6、圈足径13.7、高27.1、壁厚0.57～2.3厘米（图三三四，1；图版一三〇，1）。M894∶5，无法修复，器形不可辨。

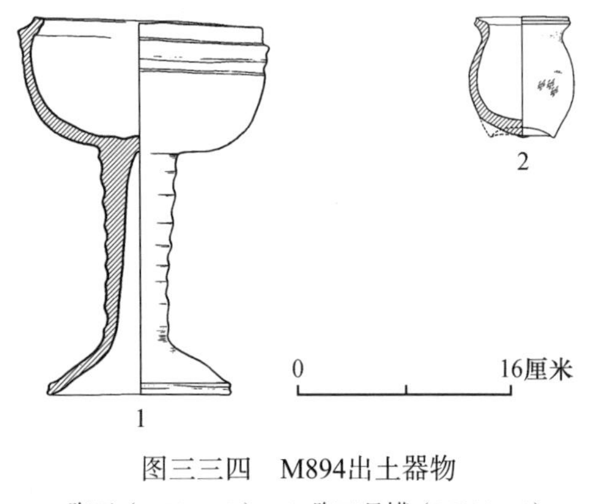

图三三四　M894出土器物
1. 陶豆（M894∶3）　2. 陶三足罐（M894∶4）

陶壶　2件。M894∶1，无法修复，器形不可辨。M894∶2，无法修复，器形不可辨。

陶小口罐　1件。M894∶7，无法修复，器形不可辨。

陶三足罐　1件。M894∶4，泥质灰陶，轮制。侈口，方唇，唇端有凹槽，短颈，溜肩，浅弧腹，底近平，下附刀削三角形状足。器身腹部饰细绳纹，漫漶不清。器身有数道轮旋痕，近底处有明显刀削痕。口径6.8、腹径7.2、底径4.8、高8.1、壁厚0.61厘米（图三三四，2；图版一三〇，2）。

二二二、M895

位于发掘区的东南部，T0927北部、T1027南部，西邻M894，东邻M926。方向18°。开口于第6层下，向下打破生土，开口距地表深3.49米（图三三五）。

（一）墓葬形制

该墓平面呈近长方形，竖穴土坑墓。口略大于底，墓口南北长3.63米，东西宽2.1～2.15

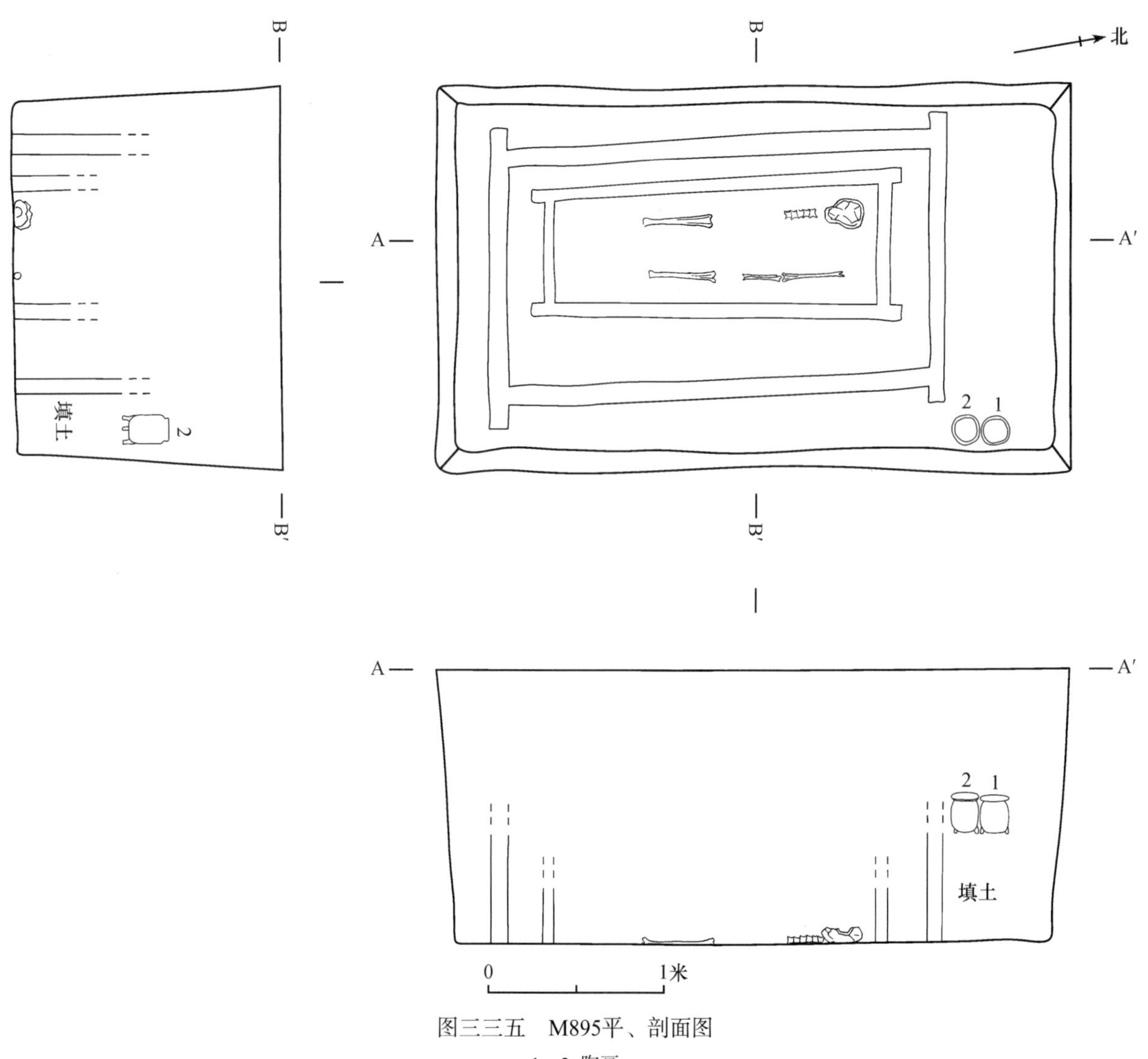

图三三五　M895平、剖面图

1、2. 陶鬲

米；墓底南北长3.43米，东西宽1.93米，墓底距墓口深1.51米。内填灰褐色花土，土质较疏松。四壁较规整，壁面粗糙，斜壁，平底。

葬具为一椁一棺，木质，已朽，仅存朽痕。椁平面呈“Ⅱ”形，南北长2.61米，东西宽1.4～1.66米，残高0.6米，椁板厚0.08～0.1米。椁内有一棺，棺平面呈梯形，南北长2.12米，东西宽0.69～0.84米，残高0.3米，棺板厚0.04～0.08米。

棺内有人骨一具，头向北，面向上，葬式不详，保存差。

（二）出土器物

随葬品置于椁外东北部，出土陶鬲2件。

陶鬲　2件。M895：1，夹砂红陶，腹壁模制，足为手制。敛口，平沿，方唇，短束颈，溜肩，深弧腹，圜底，底附三个锥形实足，略外撇。腹壁和底部饰细绳纹。内壁有按压痕迹。口径12.6、腹径16.5、高25.6、壁厚0.58厘米（图三三六，1；图版一三〇，3）。M895：2，夹砂红陶，腹壁模制，足为手制。近直口，平沿，方唇，短束颈，溜肩，深弧腹，圜底，底附三个锥形实足，略外撇。腹壁和底部饰细绳纹。内壁有按压痕迹。口径13.3、腹径16.9、高26.3、壁厚0.57厘米（图三三六，2；图版一三〇，4）。

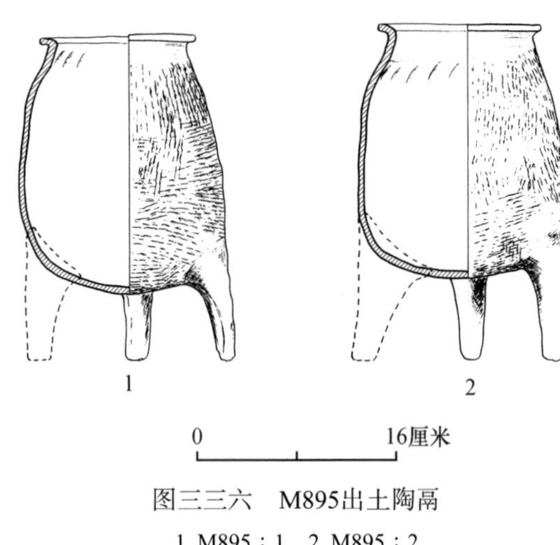

图三三六　M895出土陶鬲
1. M895：1　2. M895：2

二二三、M912

位于发掘区的东南部，T0925西南部，西邻M913。方向22°。开口于第5层下，向下打破第6层及生土，开口距地表深2.5米（图三三七；图版三三，1）。

（一）墓葬形制

该墓平面呈长方形，竖穴土坑墓。口底尺寸一致，南北长3.32米，东西宽2米，墓底距墓口深1米。内填灰褐色花土，土质较疏松。四壁较规整，壁面粗糙，直壁，平底。

葬具为一椁一棺，木质，已朽，仅存朽痕。椁平面呈“Ⅱ”形，南北长2.94米，东西宽1.47～1.74米，残高0.33米，椁板厚0.09米。椁内有一棺，棺平面呈梯形，南北长1.75米，东西宽0.54～0.66米，残高0.2米，棺板厚0.05米。

棺内有人骨一具，头向东北，面向不详，仰身直肢，保存较差。

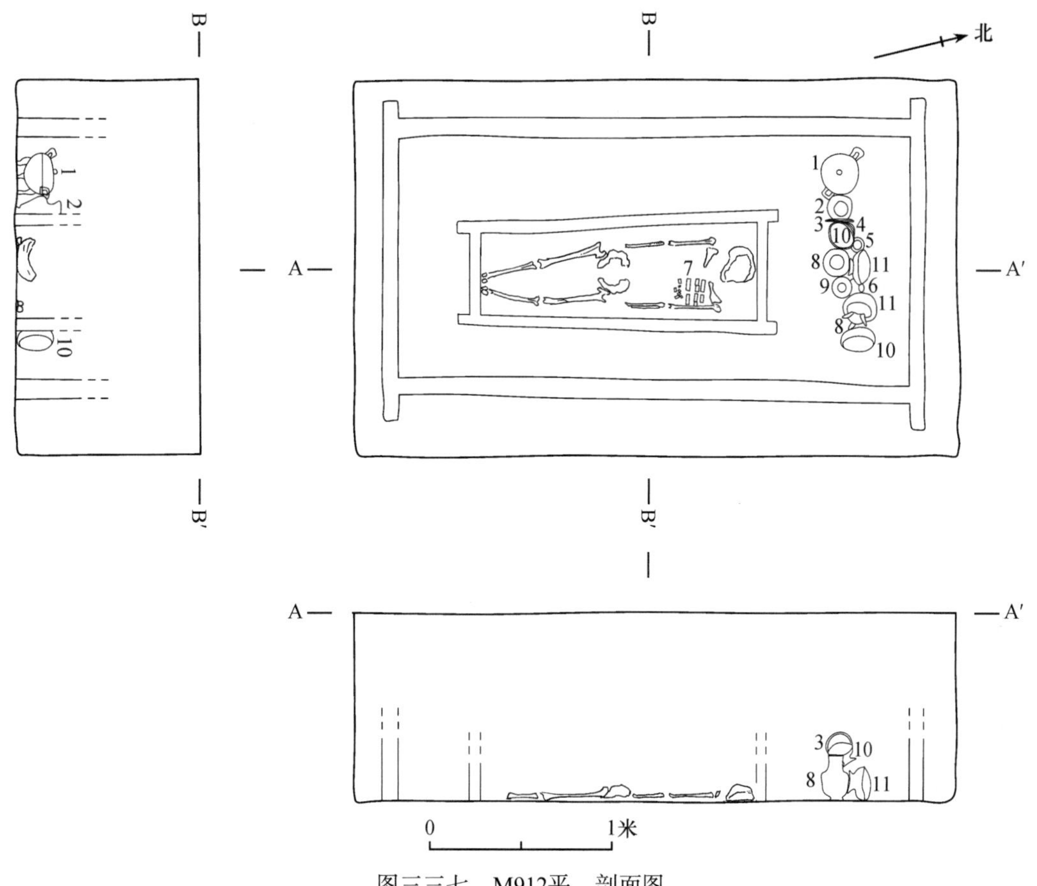

图三三七　M912平、剖面图

1. 陶鼎　2、8. 陶壶　3. 陶盘　4. 陶匜　5. 陶三足罐　6、9. 陶小口壶　7. 石片　10、11. 陶豆

（二）出土器物

随葬品置于墓室北部棺椁之间和棺内人骨胸部，共出土器物11件（组），其中陶器10件、石制品1组。墓室北部棺椁之间有陶鼎1件、陶豆2件、陶壶2件、陶盘1件、陶匜1件、陶三足罐1件、陶小口壶2件，棺内人骨胸部有石片1组（图版四六，1）。

1. 陶器

陶鼎　1件。M912：1，泥质灰陶，轮模合制。有盖，母口，顶隆起，顶中心有一个"∩"形纽。器身子口，近直口，圆唇，上腹部有两个对称的椭圆形附耳，有长方形穿，深弧腹，圜底，下附三蹄形足。器身有数道轮旋痕。口径14.5、腹径18.4、高23.8、壁厚1.2～3厘米，盖径17、高7.7、壁厚0.2～1厘米（图三三八，1；图版一三〇，5）。

陶豆　2件。M912：10，泥质灰陶，轮制。有盖，母口，呈覆钵形，顶部有平面呈圆形的喇叭形捉手，柄较短。器身子口，微敛口，圆唇，弧折腹，细长柄，喇叭形座。器身有数道轮旋痕，器表施一层灰陶衣。口径16.4、腹径18.4、圈足径14.2、高27.1、壁厚0.63厘米，盖径19.7、捉手径11.4、高10.1、壁厚0.56厘米（图三三八，6；图版一三一，1）。M912：11，泥质灰陶，轮制。有盖，盖母口，呈覆钵形，盖腹较浅，顶部有平面呈圆形的喇叭形捉手，柄较短。器身子口，微敛口，圆唇，弧折腹，内底部有一坡状突起，细长柄，喇叭形座。器身有数道轮旋痕，器表施一层灰陶衣。口径16.6、腹径19.3、圈足径13.2、高24.8、壁厚0.79厘米，盖径20.2、捉手径9.8、高8.2、壁厚0.62厘米（图三三八，5；图版一三一，2）。

陶壶　2件。M912：2，泥质灰陶，轮模合制。有盖，子口，呈覆钵形，盖舌内折，顶隆起，等距分布三个柱形纽。器身母口，侈口，方唇，束颈，溜肩，肩部贴附两个对称的兽首形耳，弧腹内收，圜底，圈足，足墙外撇。肩部饰竖向水波纹，腹部饰细绳纹，漫漶不清。器身有数道轮旋痕。口径11.8、腹径19.4、圈足径10.2、高35.2、壁厚0.72厘米，盖径5、高8.3、壁厚0.61厘米（图三三八，3；图版一三一，3）。M912：8，泥质灰陶，轮模合制。有盖，子口，呈覆钵形，盖舌内折，顶隆起，等距分布三个柱形纽。器身母口，侈口，方唇，束颈，溜肩，肩部贴附两个对称的兽首形耳，弧腹内收，圜底，圈足，足墙外撇。颈部饰竖向水波纹，肩部饰横向水波纹，腹部饰细绳纹，漫漶不清。器身有数道轮旋痕。口径12.2、腹径19.2、圈足径8.9、高35.2、壁厚0.81厘米，盖径5.1、高8.9、壁厚0.98厘米（图三三八，2；图版一三一，4）。

陶盘　1件。M912：3，泥质灰陶，轮制。敞口，折沿上扬，方唇，弧腹斜收，平底。器身有数道轮旋痕，器表施一层灰陶衣。口径25.2、底径14.4、高4.7、壁厚0.61厘米（图三三八，7；图版一三〇，6）。

陶匜　1件。M912：4，泥质灰陶，轮模合制。口部呈三角形，敞口，圆唇，弧腹内收，附尖槽状流，流口微上扬，尾部无鋬，平底。器表施一层灰陶衣。口长17.8、口宽7.2、高5.3、壁厚0.7、流长11厘米（图三三八，4；图版一三一，5）。

陶三足罐　1件。M912：5，泥质红陶，轮制。敞口，圆唇，束颈，圆肩，肩部软折，浅弧腹，底近平，下附刀削三角形足。器身有数道轮旋痕，近底处有明显刀削痕。口径10.9、腹径10.4、高10.1、壁厚0.5～0.9厘米（图三三八，10；图版一三一，6）。

陶小口壶　2件。M912：6，泥质灰陶，轮制。有盖，母口，弧壁，顶隆起。器身子口，敛口，方唇，短颈，溜肩，垂腹，细柄，喇叭形座。器身有数道轮旋痕。口径5.2、腹径11.9、圈足径10、高22.8、壁厚0.61厘米，盖径8.9、高4.3、壁厚0.59厘米（图三三八，8；图版一三二，1）。M912：9，泥质灰陶，轮制。有盖，母口，近直壁，顶隆起。器身子口，敛口，方唇，短颈，溜肩，垂腹，细柄，喇叭形座。器身有数道轮旋痕。口径5.6、腹径11.9、圈足径10.9、高22.6、壁厚0.58厘米，盖径8.9、高4.2、壁厚0.51厘米（图三三八，9；图版一三二，2）。

2. 石制品

石片　1组5件。形制相似。M912：7-1，手制。深灰色。已残断，残片呈长方形，表面磨制平滑。残长5.4、宽1.3、厚0.2厘米（图三三八，11；图版一三二，3）。

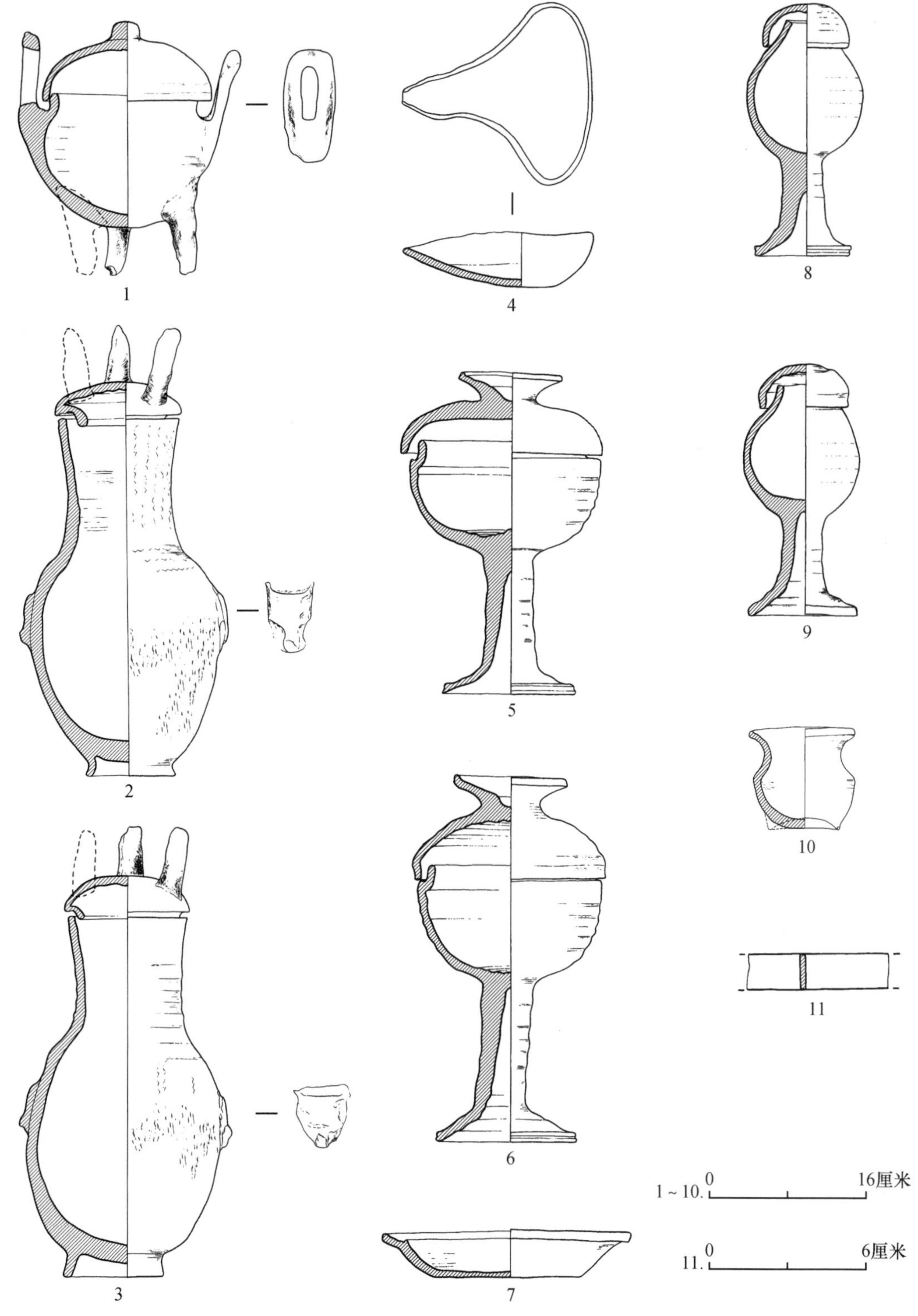

图三三八　M912出土器物

1. 陶鼎（M912：1）　2、3. 陶壶（M912：8、M912：2）　4. 陶匜（M912：4）　5、6. 陶豆（M912：11、M912：10）　7. 陶盘（M912：3）　8、9. 陶小口壶（M912：6、M912：9）　10. 陶三足罐（M912：5）　11. 石片（M912：7-1）

二二四、M913

位于发掘区的东南部，T0926东南部，东邻M912，西邻M921。方向10°。开口于第5层下，向下打破第6层及生土，开口距地表深2.5米（图三三九；图版三三，2）。

（一）墓葬形制

该墓平面呈长方形，竖穴土坑墓。口底尺寸一致，南北长3.06米，东西宽1.72米，墓底距墓口深1.46米。内填灰褐色花土，土质较疏松。四壁较规整，壁面粗糙，直壁，平底。

葬具为一椁一棺，木质，已朽，仅存朽痕。椁平面呈“Ⅱ”形，南北长2.81米，东西宽1.35～1.56米，残高0.24米，椁板厚0.06米。椁内有一棺，棺平面呈梯形，南北长2.01米，东西宽0.59米，残高0.22米，棺板厚0.06米。

棺内有人骨一具，头向北，面向上，仰身直肢，保存较差。

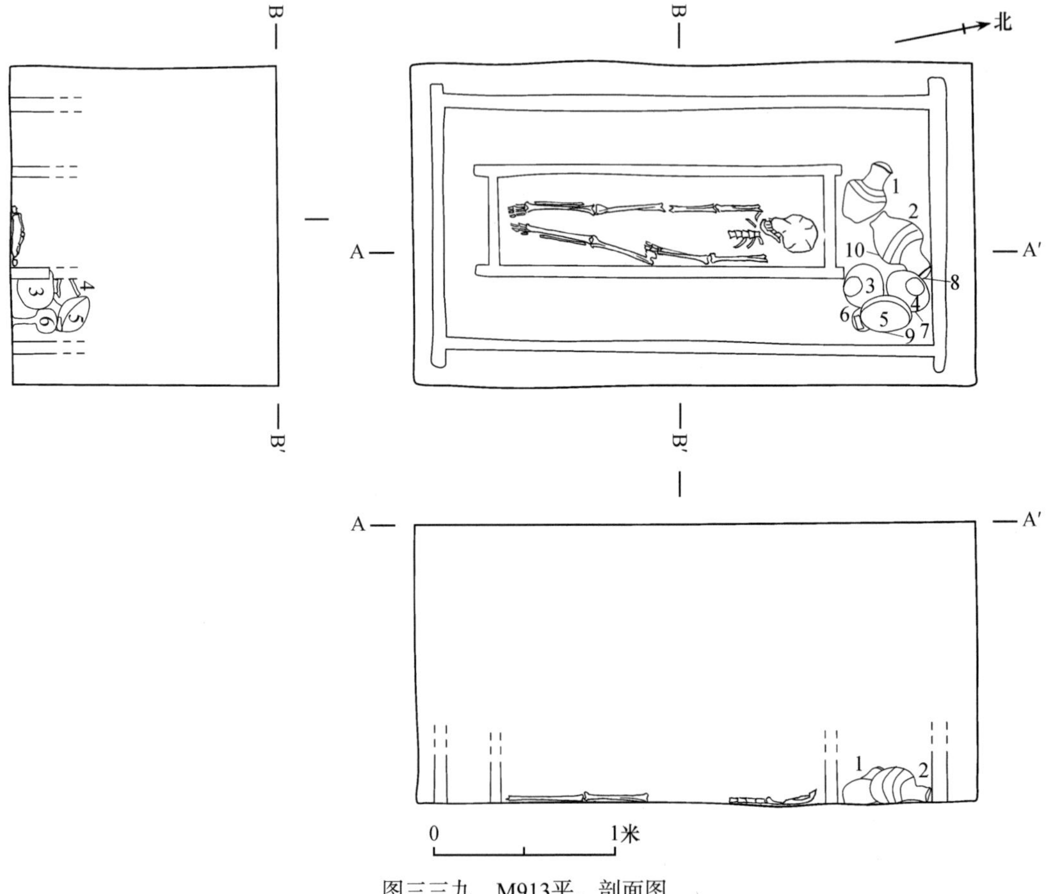

图三三九　M913平、剖面图

1、2. 陶壶　3、4. 陶豆　5. 陶盘　6、10. 陶小口壶　7、8. 陶鼎　9. 陶匜

（二）出土器物

随葬品置于墓室北部棺椁之间，共出土陶器10件。其中陶鼎2件、陶豆2件、陶壶2件、陶盘1件、陶匜1件、陶小口壶2件。

陶鼎　2件。M913：7，泥质灰陶，轮模合制。有盖，母口，呈覆钵形，顶微隆，边缘等距分布三个“∩”形纽。器身子口，敛口，圆唇，上腹部有两个对称的长方形外撇附耳，有长方形穿，近直腹，圜底，下附三蹄形足。腹部饰三周凹弦纹。器身有数道轮旋痕。口径14.9、腹径17.4、高16、壁厚0.6～1.2厘米，盖径17.1、高4、壁厚0.7～1厘米（图三四〇，1；图版一三二，4）。M913：8，泥质灰陶，轮模合制。有盖，母口，呈覆钵形，顶微隆，边缘等距分布三个“∩”形纽。器身子口，敛口，圆唇，上腹部有两个对称的长方形外撇附耳，有长方形穿，近直腹，圜底，下附三蹄形足。腹部饰三周凹弦纹。器身有数道轮旋痕。口径14.8、腹径16.6、高18、壁厚0.6～2.2厘米，盖径16.1、高4.2、壁厚0.61厘米（图三四〇，4；图版一三二，5）。

陶豆　2件。M913：3，泥质灰陶，轮制。有盖，母口，呈覆钵形，盖腹较浅，盖壁和顶部捉手残缺。器身子口，敛口，圆唇，浅斜弧腹，细长柄，喇叭形座。盖壁饰两周、器身腹部饰四周凹弦纹。器身有数道轮旋痕。口径17、腹径19.2、圈足径12.9、高25.7、壁厚0.61厘米，盖径19.4、残高3.8、壁厚0.82厘米（图三四〇，6；图版一三二，6）。M913：4，泥质灰陶，轮制。有盖，母口，呈覆钵形，盖腹较浅，顶部有平面呈圆形的喇叭形捉手，柄较短。器身子口，敛口，圆唇，浅斜弧腹，柄和底座残缺。盖壁和器身腹部均饰四周凹弦纹。器身有数道轮旋痕。口径17.6、腹径19.2、残高7.6、壁厚0.61厘米，盖径19.4、捉手径12、高8.5、壁厚0.61厘米（图三四〇，8）。

陶壶　2件。M913：1，泥质灰陶，轮模合制。仅存腹部残片，可见两周凸棱纹和一周三角内填水波纹。残宽16.5、残高15.1、壁厚0.85厘米（图三四〇，5）。M913：2，泥质灰陶，轮模合制。有盖，子口，呈覆钵形，盖舌内折，顶隆起，边缘等距分布三个“∩”形纽。器身母口，侈口，方唇，束颈，圆肩，肩部贴附两个对称的兽首形耳，弧腹内收，圜底，圈足，足墙外撇。盖面饰三周凹弦纹，颈至腹部饰四组纹饰，各组纹饰下皆饰一周凸棱纹，自上而下第一组为一周三角纹，第二组为一周竖向水波纹，第三组为一周折线三角纹外附卷云纹，第四组为一周三角内填水波纹。口径12.2、腹径19.4、圈足径11.8、高32.1、壁厚0.62厘米，盖径11、高4.5、壁厚0.43厘米（图三四〇，3；图版一三三，1）。

陶盘　1件。M913：5，泥质灰陶，轮制。敞口，折沿上扬，方唇，折腹，上腹近直，下腹弧收，圜底。腹部有一周折棱。器身有数道轮旋痕。口径27、底径9、高6.4、壁厚0.79～1.6厘米（图三四〇，2；图版一三三，2）。

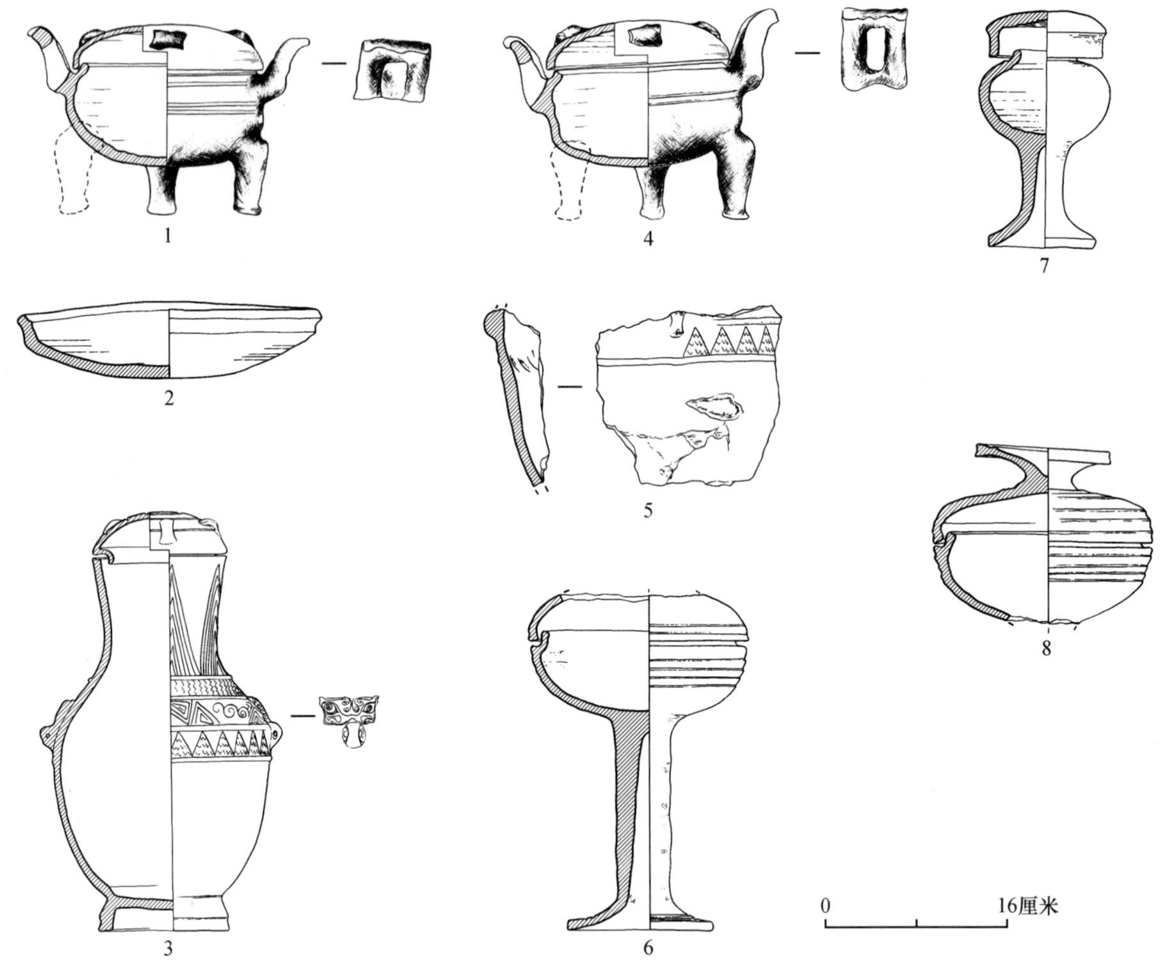

图三四〇　M913出土器物

1、4. 陶鼎（M913：7、M913：8）　2. 陶盘（M913：5）　3、5. 陶壶（M913：2、M913：1）　6、8. 陶豆（M913：3、M913：4）　7. 陶小口壶（M913：6）

陶匜　1件。M913：9，无法修复，器形不可辨。

陶小口壶　2件。M913：6，泥质灰陶，轮制。有盖，母口，近直壁，顶隆起。器身子口，敛口，圆唇，短颈，斜弧腹，细柄，喇叭形座。器身有数道轮旋痕。口径5.4、腹径11.6、圈足径9.1、高16.9、壁厚0.71厘米，盖径10、腹径10.8、高3.9、壁厚0.76厘米（图三四〇，7；图版一三三，3）。M913：10，无法修复，器形不可辨。

二二五、M916

位于发掘区的东南部，T0925东北部、T1025东南部，西邻M929。方向18°。开口于第5层下，向下打破第6层及生土，开口距地表深2.5米（图三四一）。

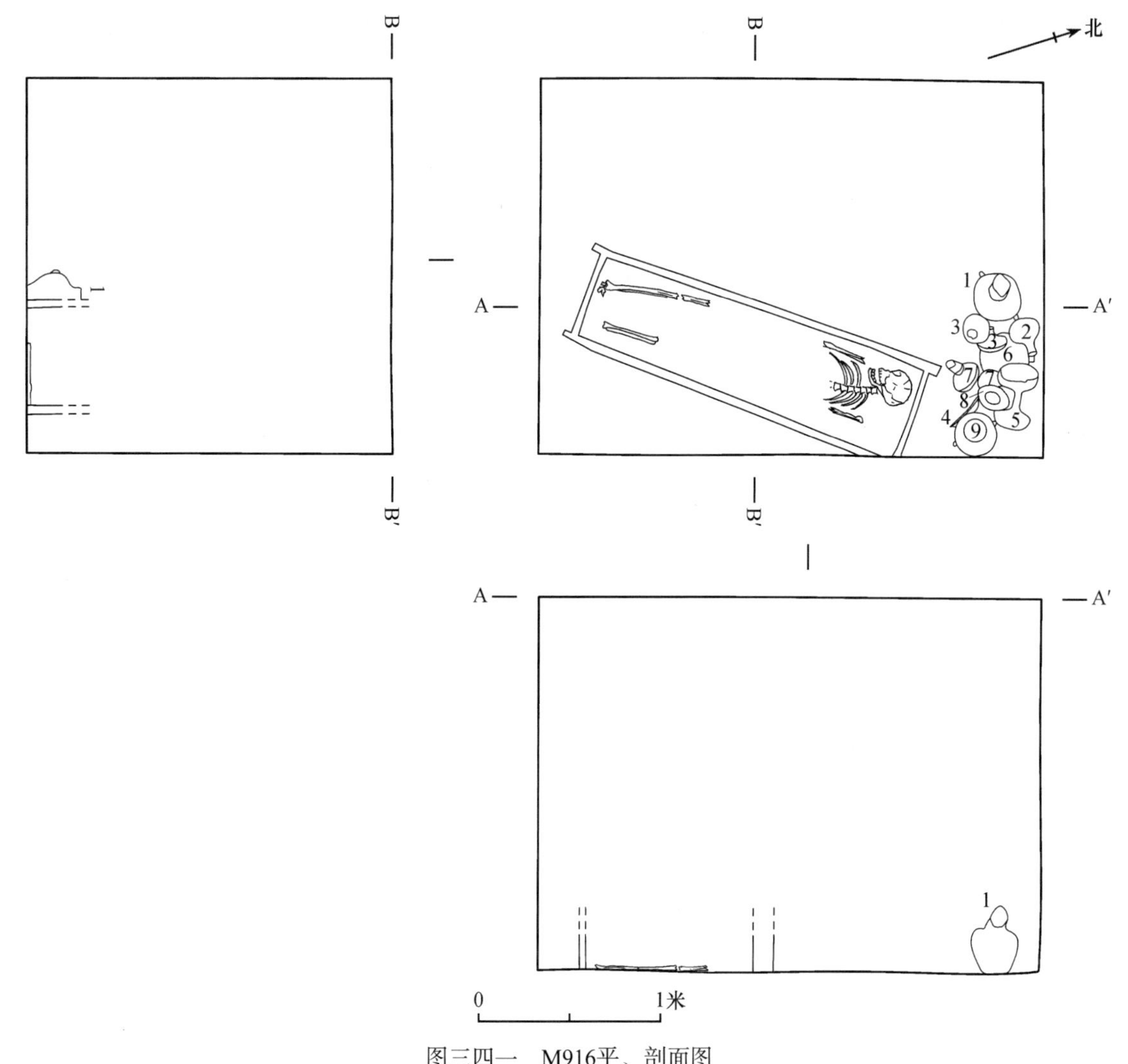

图三四一　M916平、剖面图
1、9. 陶壶　2、3. 陶小口壶　4. 陶盘　5、7. 陶豆　6. 陶鼎　8. 陶器座

（一）墓葬形制

该墓平面呈长方形，竖穴土坑墓。口底尺寸一致，南北长2.77米，东西宽2.01米，墓底距墓口深2米。内填灰褐色花土，土质较疏松。四壁较规整，壁面粗糙，直壁，平底。

葬具为单棺，木质，已朽，仅存朽痕。棺平面呈梯形，南北长2.02米，东西宽0.5～0.6米，残高0.2米，棺板厚0.05米。

棺内有人骨一具，头向北，面向西，仰身直肢，保存差。

（二）出土器物

随葬品置于棺外人骨头部，共出土陶器9件。其中陶鼎1件、陶豆2件、陶壶2件、陶盘1件、陶小口壶2件、陶器座1件。

陶鼎　1件。M916：6，泥质灰陶，轮模合制。有盖，母口，呈覆钵形，顶隆起，等距分布三个“∩”形纽。器身子口，敛口，方唇，上腹部有两个对称的长方形附耳，有长方形穿，近直腹，圜底，下附三细高蹄形足。盖面饰七周凹弦纹，器身口沿下方和腹部均饰一周凸棱纹。器身有数道轮旋痕。口径19.8、腹径19.4、高30.2、壁厚0.84厘米，盖径20.7、高7.6、壁厚0.81厘米（图三四二，1；图版一三三，4）。

陶豆　2件。M916：5，泥质灰陶，轮制。盖残缺。器身敛口，圆唇，浅斜弧腹，细长柄，喇叭形座。腹部饰两周凹弦纹。器身有数道轮旋痕。口径16.7、腹径18.7、圈足径15.3、高25.7、壁厚0.71厘米（图三四二，9；图版一三三，5）。M916：7，泥质灰陶，轮制。仅存底座，喇叭形。器身有数道轮旋痕。圈足径15.8、残高10.6、壁厚1～1.6厘米（图三四二，4）。

陶壶　2件。M916：1，泥质灰陶，轮模合制。盖残缺。器身口部残缺，高束颈，圆肩，

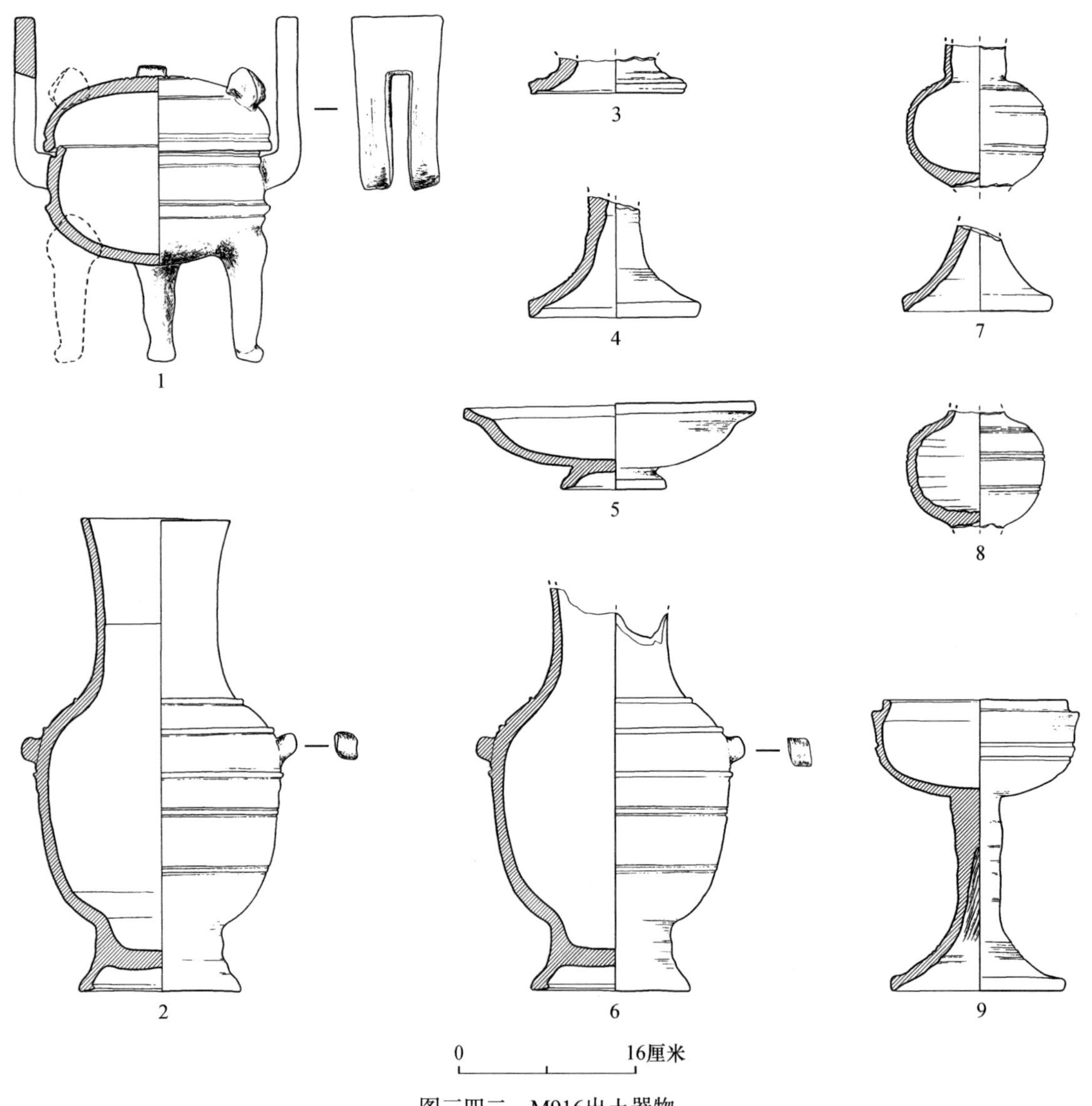

图三四二　M916出土器物

1. 陶鼎（M916：6）　2、6. 陶壶（M916：9、M916：1）　3. 陶器座（M916：8）　4、9. 陶豆（M916：7、M916：5）　5. 陶盘（M916：4）　7、8. 陶小口壶（M916：3、M916：2）

肩部贴附两个对称的桥形耳，弧腹内收，圜底，喇叭状高圈足。肩至腹部饰三周凸棱纹和四周凹弦纹。腹径21.6、圈足径14.1、残高33.2、壁厚0.64厘米（图三四二，6；图版一三三，6）。M916∶9，泥质灰陶，轮模合制。盖残缺。器身侈口，方唇，高束颈，圆肩，肩部贴附两个对称的桥形耳，弧腹内收，圜底，喇叭状高圈足。肩至腹部饰三周凸棱纹和四周凹弦纹。口径13.5、腹径21.8、圈足径14.5、高41.6、壁厚0.73厘米（图三四二，2；图版一三四，1）。

陶盘　1件。M916∶4，泥质灰陶，轮制。敞口，折沿上扬，方唇，弧腹内收，圈足。器身有数道轮旋痕，器表施一层灰陶衣。口径26.6、足径9.4、高7.6、壁厚0.61厘米（图三四二，5；图版一三四，2）。

陶小口壶　2件。M916∶2，泥质灰陶，轮制。仅存腹部，鼓腹。腹部饰三组凹弦纹，每组两周。器身有数道轮旋痕。腹径12.4、残高9.8、壁厚0.81厘米（图三四二，8）。M916∶3，泥质灰陶，轮制。盖残缺。器身口部及柄部残，鼓腹，喇叭形座。腹部饰三组凹弦纹，每组两周。器身有数道轮旋痕。腹径12.8、壁厚0.4～0.9厘米（图三四二，7；图版一三四，3）。

陶器座　1件。M916∶8，泥质灰陶，轮制。喇叭形。底径14.3、残高1.6、壁厚1.4厘米（图三四二，3；图版一三四，4）。

二二六、M921

位于发掘区的东南部，T0926中部，东邻M913。方向16°。开口于第5层下，向下打破第6层及生土，开口距地表深2.5米（图三四三）。

（一）墓葬形制

该墓平面呈长方形，竖穴土坑墓。口底尺寸一致，南北长2.57米，东西宽1.3米，墓底距墓口深1.26米。内填灰褐色花土，土质较疏松。四壁较规整，壁面粗糙，直壁，平底。

葬具为单棺，木质，已朽，仅存朽痕。棺平面呈梯形，南北长1.94米，东西宽0.45～0.56米，残高0.2米，棺板厚0.06米。

棺内有人骨一具，头向北，面向不详，仰身直肢，保存一般。

（二）出土器物

随葬品出土于墓室南部填土中和棺内人骨头部，共出土器物3件。其中南部填土中有陶尊2件，高出墓底0.26米，棺内人骨头部有铜带钩1件（图版四六，2）。

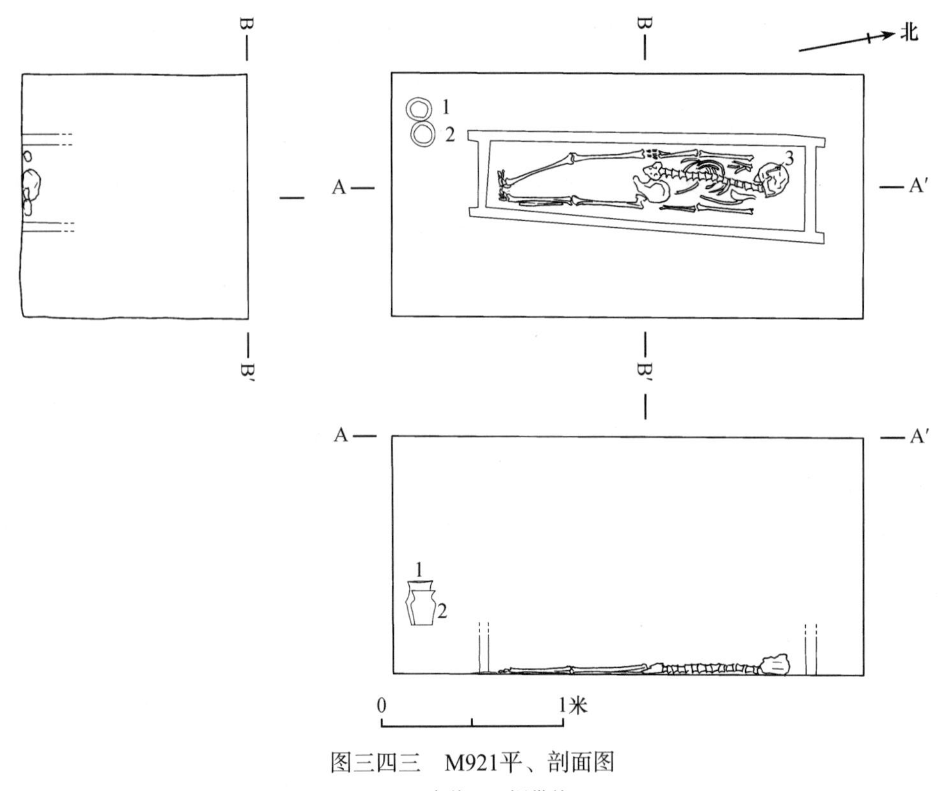

图三四三　M921平、剖面图

1、2. 陶尊　3. 铜带钩

1. 陶器

陶尊　2件。M921：1，泥质红陶，轮制。侈口，宽沿外折，方唇，束颈，折肩，弧腹斜收，平底内凹。唇端和肩部均饰一周凹弦纹。器身有数道轮旋痕，器表厚施一层灰陶衣。口径12.8、腹径13.6、底径8.6、高19.7、壁厚0.57厘米（图三四四，1；图版一三四，5）。M921：2，泥质红陶，轮制。口部和颈部残缺，折肩，弧腹斜收，平底内凹。肩部饰一周凹弦纹。器身有数道轮旋痕，器表厚施一层灰陶衣。腹径13.4、底径9、残高17.2、壁厚0.51厘米（图三四四，2；图版一三四，6）。

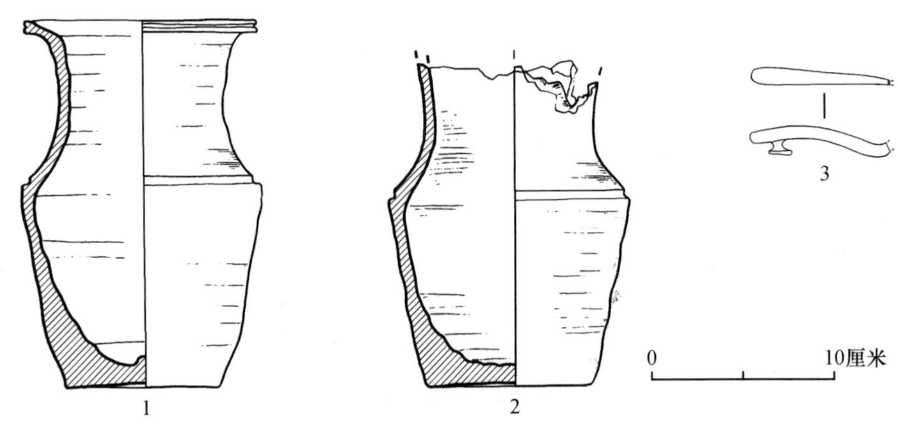

图三四四　M921出土器物

1、2. 陶尊（M921：1、M921：2）　3. 铜带钩（M921：3）

2. 铜器

铜带钩 1件。M921：3，模制。整体细长，钩残缺，长颈，腹中隆起一脊，平背，颈、腹断面呈长方形，圆尾，腹背置一椭圆形纽。残长7.6、残宽0.4～0.9、残厚0.7、颈径0.5、纽径1.3厘米（图三四四，3；图版一三五，1）。

二二七、M926

位于发掘区的东南部，T0926西北部、T1026西南部，西邻M895，东邻M921。方向31°。开口于第5层下，向下打破第6层及生土，开口距地表深2.5米（图三四五；图版三二，2）。

（一）墓葬形制

该墓平面呈近长方形，竖穴土坑墓。口底尺寸一致，南北长3.13米，东西宽1.87～1.9米，墓底距墓口深1.6米。内填灰褐色花土，土质较疏松。四壁较规整，壁面粗糙，直壁，平底。

葬具为一椁一棺，木质，已朽，仅存朽痕。椁平面呈“Ⅱ”形，南北长2.68米，东西宽0.9～1.07米，残高0.3米，椁板厚0.06～0.1米。椁内有一棺，棺平面呈梯形，南北长1.9米，东西宽0.45～0.57米，残高0.2米，棺板厚0.04～0.06米。

棺内有人骨一具，头向东北，面向上，仰身直肢，保存较好。

（二）出土器物

随葬品置于墓室北部棺椁之间和棺内人骨头部，共出土器物6件，其中陶器5件、石制品1组。墓室北部棺椁之间有陶豆2件、陶壶2件、陶小口壶1件，棺内人骨头部有石片1组（图版三二，3；图版四七，1）。

1. 陶器

陶豆 2件。M926：1，泥质灰陶，轮制。有盖，母口，呈覆钵形，顶部有平面呈圆形的喇叭形捉手，柄较短。器身子口，敛口，圆唇，弧腹斜收，细长柄，喇叭形座。盖面和腹部均饰六周凸棱纹，柄部饰竹节状纹。器身有数道轮旋痕。口径15.2、腹径17.2、圈足径13.8、高24.5、壁厚0.81厘米，盖径17.1、捉手径12.8、高10.3、壁厚0.78厘米（图三四六，4；图版一三五，2）。M926：5，泥质灰陶，轮制。有盖，母口，呈覆钵形，顶部有平面呈圆形的喇叭形捉手，柄较短。器身子口，敛口，圆唇，弧腹斜收，细长柄，喇叭形座。盖面饰六周凸棱

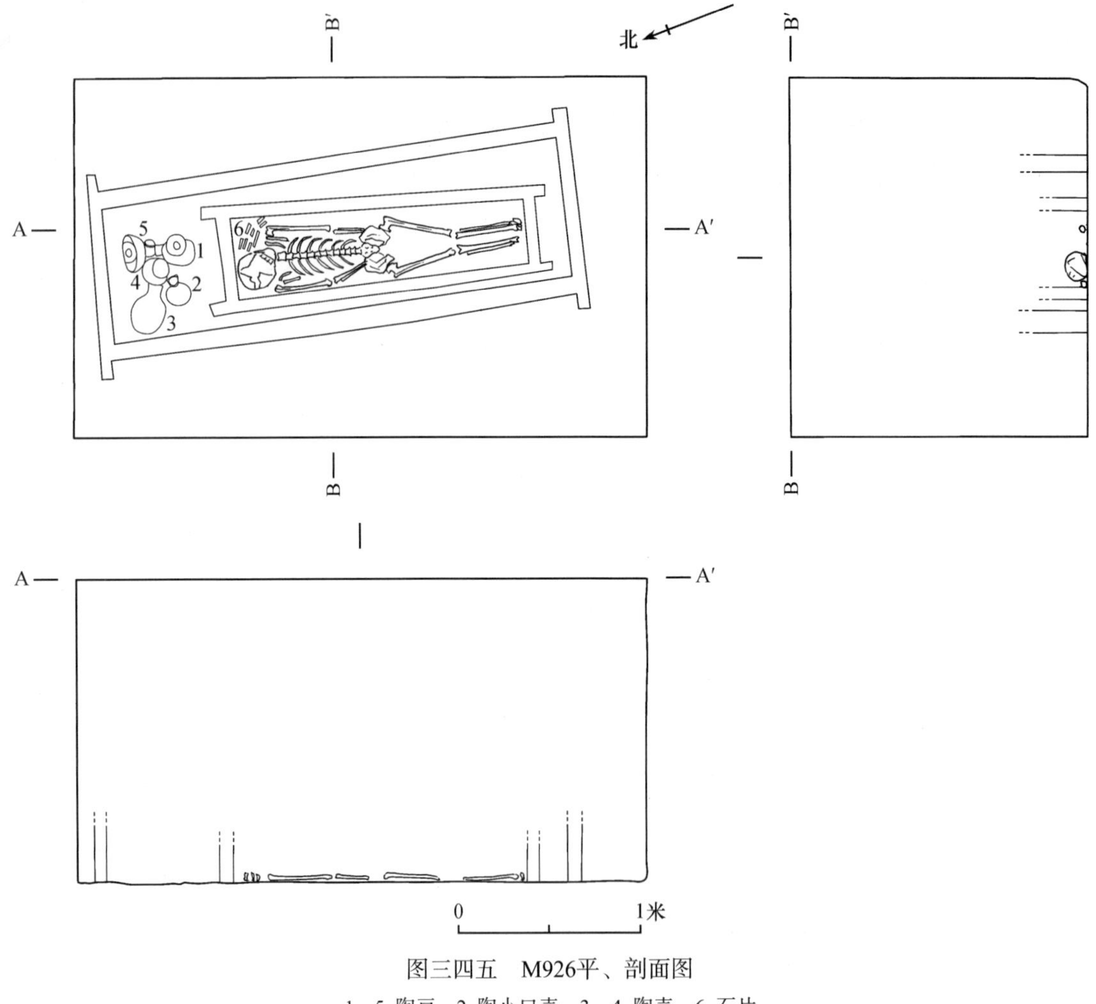

图三四五　M926平、剖面图

1、5. 陶豆　2. 陶小口壶　3、4. 陶壶　6. 石片

纹，腹部饰五周凸棱纹，柄部饰竹节状纹。器身有数道轮旋痕。口径15.3、腹径16.7、圈足径10.6、高22.5、壁厚0.82厘米，盖径16.3、捉手径12.8、高9.1、壁厚0.84厘米（图三四六，5；图版一三五，3）。

陶壶　2件。M926：3，泥质灰陶，轮模合制。有盖，子口，呈覆钵形，盖舌内折，顶隆起，等距分布三个矩尺状纽。器身母口，侈口，方唇，束颈，圆肩，肩部贴附两个对称的兽首形耳，弧腹内收，平底。肩至腹部饰三周凹弦纹，腹部饰细绳纹，漫漶不清。口径10.7、腹径16.8、底径9、高24、壁厚0.59厘米，盖径8.3、高4.4、壁厚0.56厘米（图三四六，1；图版一三五，4）。M926：4，泥质灰陶，轮模合制。盖残缺。器身侈口，方唇，束颈，圆肩，肩部贴附双耳皆残，弧腹内收，平底。肩至腹部饰三周凹弦纹，腹部饰细绳纹，漫漶不清。口径11.6、腹径16.4、底径6、高24.2、壁厚1.1厘米（图三四六，2；图版一三五，5）。

陶小口壶　1件。M926：2，泥质灰陶，轮制。盖残缺。器身近直口，圆唇，短颈，斜弧腹，细柄，柄较短，喇叭形座。器身有数道轮旋痕。口径4.9、腹径12.6、圈足径11.3、高19.9、壁厚0.6～2.8厘米（图三四六，3；图版一三五，6）。

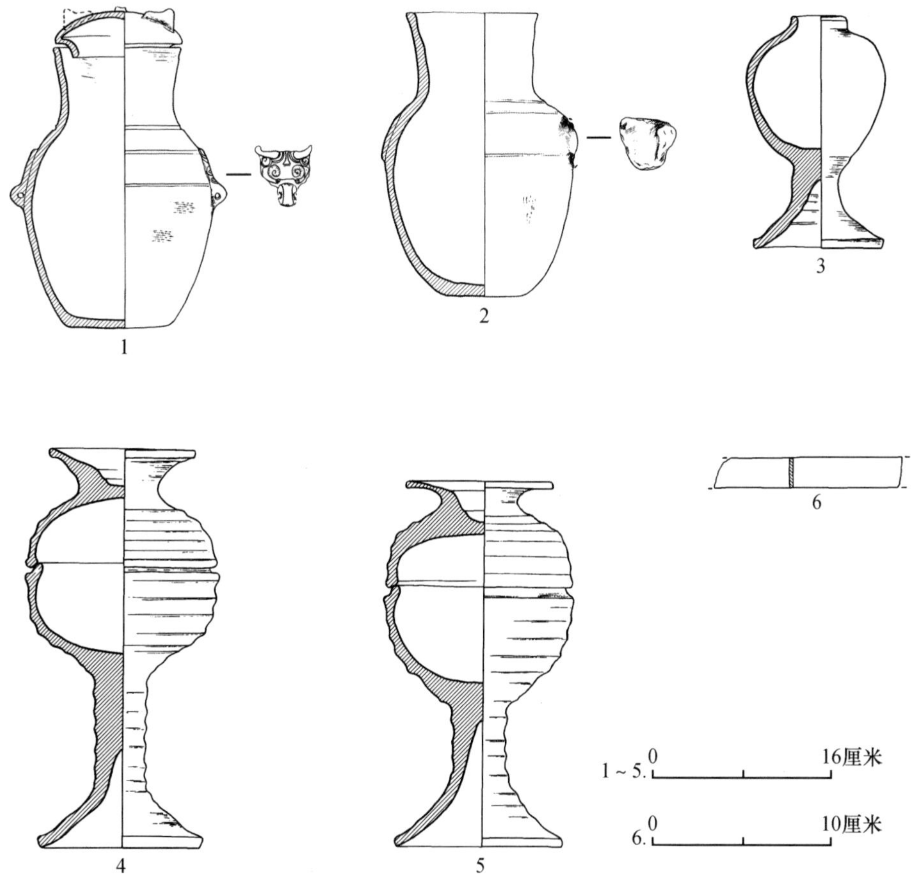

图三四六　M926出土器物

1、2. 陶壶（M926：3、M926：4）　3. 陶小口壶（M926：2）　4、5. 陶豆（M926：1、M926：5）　6. 石片（M926：6-1）

2. 石制品

石片　1组5件。形制相似。M926：6-1，手制。灰色。已残断，呈长方形，表面磨制平滑。残长10.4、宽1.6、厚0.2厘米（图三四六，6；图版一三六，1）。

二二八、M927

位于发掘区的东南部，T1025西南部，东邻M929。方向40°。开口于第5层下，向下打破第6层及生土，开口距地表深2.5米（图三四七；图版三三，3）。

（一）墓葬形制

该墓平面呈梯形，竖穴土坑墓。口底尺寸一致，南北长2.36米，东西宽0.7～0.8米，墓底距墓口深0.5米。内填灰褐色花土，土质较疏松。四壁较规整，壁面粗糙，直壁，平底。

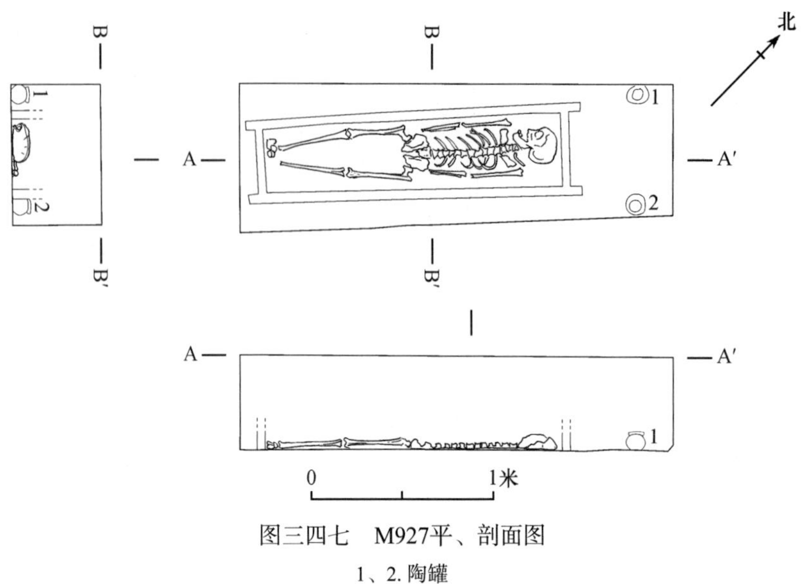

图三四七　M927平、剖面图
1、2. 陶罐

葬具为单棺，木质，已朽，仅存朽痕。棺平面呈梯形，南北长1.82米，东西宽0.44～0.49米，残高0.1米，棺板厚0.04米。

棺内有人骨一具，头向东北，面向西北，仰身直肢，保存较好。

（二）出土器物

随葬品置于棺外人骨头部，靠近墓坑东西两侧，共出土陶罐2件。

陶罐　2件。M927∶1，泥质灰陶，轮制。侈口，圆唇，短束颈，溜肩，深弧腹，下腹内收，平底。口沿处有一周凹弦纹，器身有数道轮旋痕。口径10.9、腹径11.4、底径6.5、高10.9、壁厚0.75厘米（图三四八，1；图版一三六，2）。M927∶2，泥质灰陶，轮制。口部和颈部残缺，溜肩，深弧腹，下腹内收，平底内凹。器身有数道轮旋痕。腹径11.1、底径7.2、残高10.2、壁厚0.6厘米（图三四八，2）。

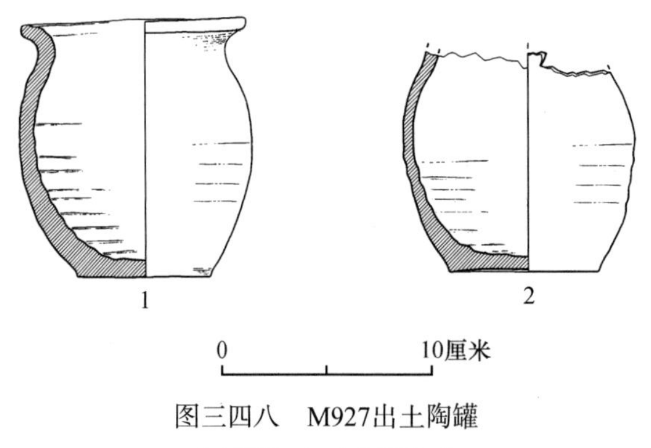

图三四八　M927出土陶罐
1. M927∶1　2. M927∶2

二二九、M929

位于发掘区的东南部，T0925北部、T1025南部，东邻M916。方向14°。开口于第5层下，向下打破第6层及生土，开口距地表深2.5米（图三四九）。

（一）墓葬形制

该墓平面呈长方形，竖穴土坑墓。口底尺寸一致，南北长2.78米，东西宽1.35～1.5米，墓底距墓口深1.1米。内填灰褐色花土，土质较疏松。四壁较规整，壁面粗糙，直壁，平底。

葬具为单棺，木质，已朽，仅存朽痕。棺平面呈梯形，南北长2.08米，东西宽0.45～0.57米，残高0.06米，棺板厚0.04～0.05米。

棺内有人骨一具，头向北，面向不详，仰身直肢，保存一般。

（二）出土器物

随葬品置于棺外头部，共出土陶器10件。其中陶鼎2件、陶豆2件、陶壶2件、陶盘1件、陶匜1件、陶小口罐2件（图版四七，2）。

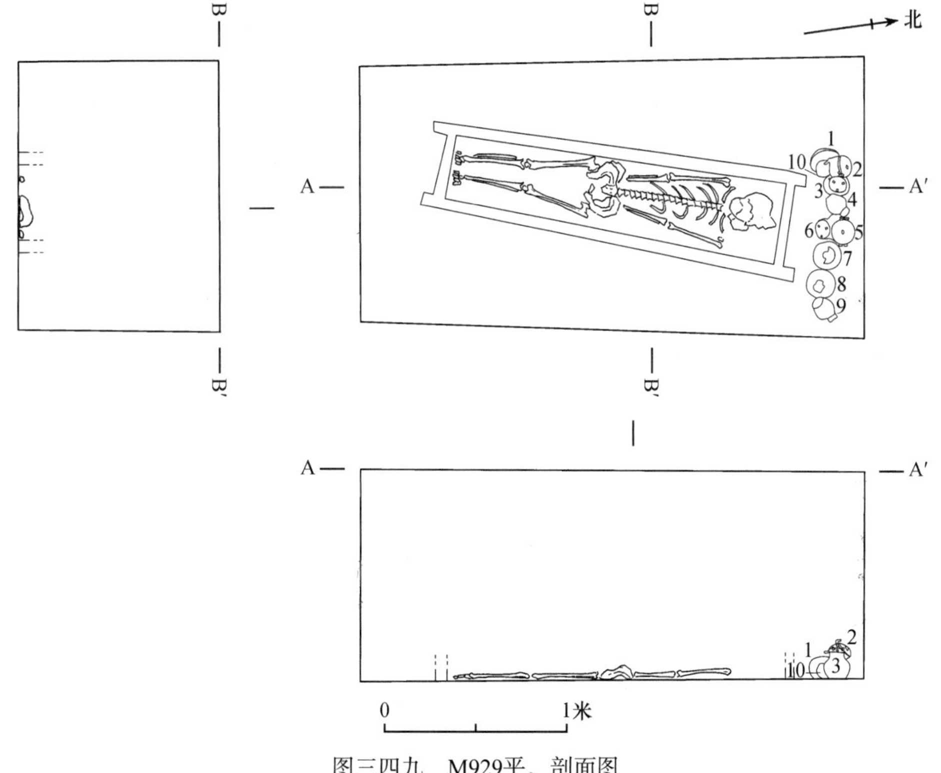

图三四九　M929平、剖面图

1. 陶盘　2、5. 陶鼎　3、6. 陶壶　4、9. 陶小口罐　7、8. 陶豆　10. 陶匜

陶鼎　2件。M929：2，泥质灰陶，轮模合制。有盖，母口，顶隆起，顶中心有一个“∩”形纽。器身子口，敛口，圆唇，上腹部有两个对称的长方形外撇附耳，有长方形穿，深直腹，圜底，下附三蹄形足。腹部饰三周凹弦纹。器表施一层灰陶衣。口径10.8、腹径12.6、高14.9、壁厚0.54～0.81厘米，盖径13.2、高5.9、壁厚0.61厘米（图三五〇，4；图版一三六，3）。M929：5，泥质灰陶，轮模合制。有盖，母口，顶隆起，顶中心有一个“∩”形纽。器身子口，敛口，圆唇，上腹部有两个对称的长方形外撇附耳，有长方形穿，深直腹，圜底，下附三蹄形足。腹部饰三周凹弦纹。口径10.1、腹径12.3、高13.1、壁厚0.52～0.69厘米，盖径11.6、高5.4、壁厚0.61厘米（图三五〇，1；图版一三六，4）。

陶豆　2件。M929：7，泥质灰陶，轮制。盖残缺。器身敛口，圆唇，弧折腹，细柄，柄较短，喇叭形座。器身有数道轮旋痕，器表施一层灰陶衣。口径14.6、腹径15.7、圈足径11.5、高20.8、壁厚0.62厘米（图三五〇，10；图版一三六，5）。M929：8，泥质灰陶，轮制。有盖，母口，呈覆钵形，顶部捉手残缺。器身子口，敛口，圆唇，弧折腹，细柄，柄较短，喇叭形座。器身有数道轮旋痕，器表施一层灰陶衣。口径14.9、腹径15.9、圈足径11.5、高22.1、壁厚0.65厘米，盖径16.4、残高8.8、壁厚0.71厘米（图三五〇，3；图版一三六，6）。

陶壶　2件。M929：3，泥质灰陶，轮模合制。有盖，子口，呈覆钵形，盖舌内折，顶隆起，等距分布三个矩尺状纽。器身母口，侈口，方唇，束颈，圆肩，肩部贴附两个对称的简化兽首形耳，弧腹内收，底内凹，矮圈足。颈至腹部刻划三组纹饰，各组纹饰下皆饰两周凹弦纹，自上而下第一组为一周三角内填水波纹，第二组为一周竖向水波纹，第三组为一周折线三角组合纹，下腹部饰细绳纹。口径10.8、腹径16.2、圈足径8.9、高22.4、壁厚0.61～1.6厘米，盖径9.2、高3.8、壁厚0.61厘米（图三五〇，5；图版一三七，1）。M929：6，泥质红陶，轮模合制。盖残缺。器身，侈口，方唇，束颈，圆肩，肩部贴附两个对称的简化兽首形耳，弧腹内收，底内凹，矮圈足。颈至腹部刻划三组纹饰，各组纹饰下皆饰两周凹弦纹，自上而下第一组为一周三角内填水波纹，第二组为一周竖向水波纹，第三组为一周折线三角组合纹。器表施一层灰陶衣。口径10.9、腹径17、圈足径7.9、高21.8、壁厚0.61～1.8厘米（图三五〇，2；图版一三七，2）。

陶盘　1件。M929：1，泥质灰陶，轮模合制。敞口，折沿上扬，圆唇，折腹，上腹近直，下腹斜收，平底。内壁口沿至盘心压印五周水波纹。口径21.6、腹径18.2、底径9、高5.4、壁厚0.51～1.3厘米（图三五〇，6；图版一三七，3）。

陶匜　1件。M929：10，泥质灰陶，轮模合制。口部呈桃形，敛口，方唇，弧腹内收，附槽状流，流口较短微上扬，尾部有半圆形鋬，平底。口长12.3、口宽7.2、高4.9、壁厚0.58～1.1、流长4.6厘米（图三五〇，9；图版一三七，4）。

陶小口罐　2件。M929：4，泥质灰陶，轮制。有盖，母口，弧壁，顶隆起。器身子口，近直口，方唇，短颈，圆肩，斜弧腹内收，平底略凹。器身有数道轮旋痕。口径4.5、腹径11.9、底径5.6、高12.7、壁厚0.61～1.3厘米，盖径7.1、高3.9、壁厚0.61厘米（图三五〇，8；图版一三七，5）。M929：9，泥质灰陶，轮制。有盖，母口，弧壁，顶隆起。器身子口，近

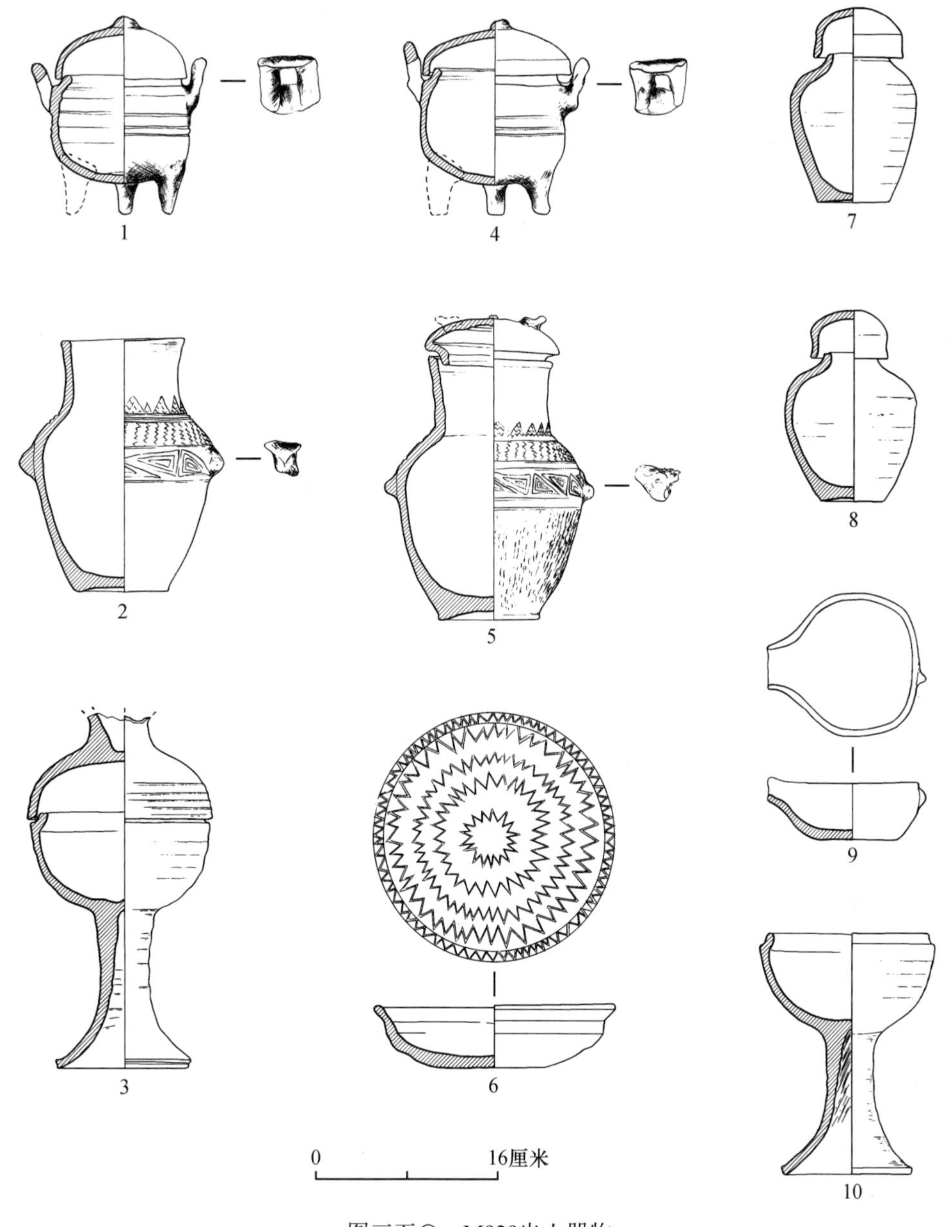

图三五〇　M929出土器物

1、4. 陶鼎（M929：5、M929：2）　2、5. 陶壶（M929：6、M929：3）　3、10. 陶豆（M929：8、M929：7）　6. 陶盘（M929：1）　7、8. 陶小口罐（M929：9、M929：4）　9. 陶匜（M929：10）

直口，圆唇，短颈，圆肩，斜弧腹内收，平底略凹。器身有数道轮旋痕。口径5、腹径11.4、底径6.6、高13、壁厚0.59～1.5厘米，盖径8.1、高4.2、壁厚0.61厘米（图三五〇，7；图版一三七，6）。

二三〇、M944

位于发掘区的东南部，东邻M671。方向40°。开口于第6层下，向下打破生土，开口距地表深2.5米（图三五一；图版三三，4）。

（一）墓葬形制

该墓平面呈梯形，竖穴土坑墓。口底一致，南北长3.14米，东西宽1.85～1.96米，墓底距墓口深1.28米。内填灰褐色花土，土质较疏松。四壁较规整，壁面粗糙，直壁，平底。

葬具为一椁一棺，木质，已朽，仅存朽痕。椁平面呈“Ⅱ”形，南北长2.48米，东西宽1.3～1.6米，残高0.38米，椁板厚0.08米。椁内有一棺，棺平面呈梯形，南北长2.07米，东西宽0.76～0.86米，残高0.30米，棺板厚0.06米。

棺内有人骨一具，头向东北，面向上，仰身直肢，保存一般。

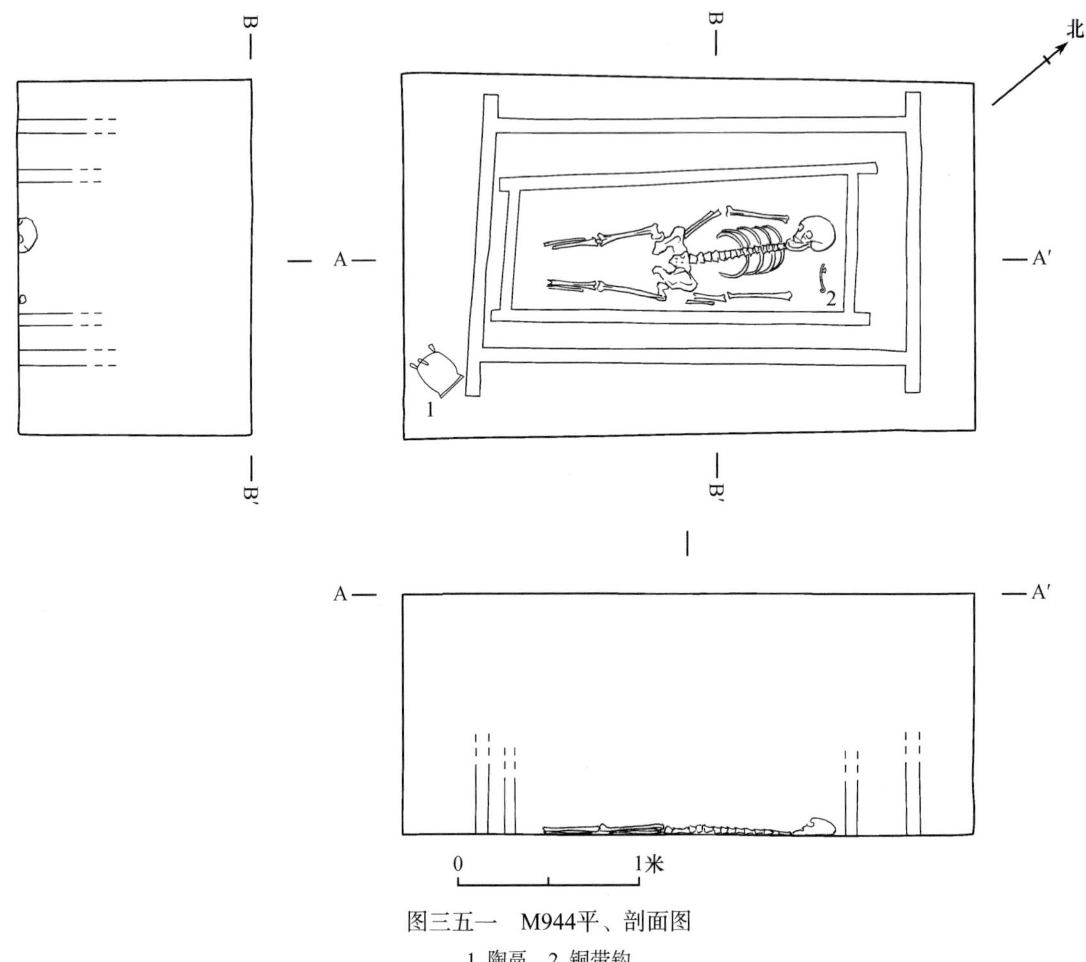

图三五一　M944平、剖面图
1. 陶鬲　2. 铜带钩

（二）出土器物

随葬品置于椁外人骨脚部和棺内人骨头部，共出土器物2件。其中，椁外人骨脚部有陶鬲1件，棺内人骨头部有铜带钩1件。

1. 陶器

陶鬲 1件。M944：1，夹砂红陶，腹壁模制，足为手制。敛口，平沿，圆唇，短束颈，溜肩，深弧腹，圜底，底附三个锥形实足，略外撇。腹壁和底部饰细绳纹。内壁有按压痕迹。口径12.9、腹径16.1、高23.8、壁厚0.34～0.58厘米（图三五二，1；图版一三八，1）。

2. 铜器

铜带钩 1件。M944：2，模制。整体较细长，钩首断面呈方形，长颈，颈断面呈长方形，正面颈至尾部中间凸起两道较高棱脊，正面形成三道弧形凹槽，平背，尖尾，腹背置一圆形纽。长10、宽0.5～1.15、厚0.3～0.7、颈径0.6、纽径1.4厘米（图三五二，2；图版一三八，2）。

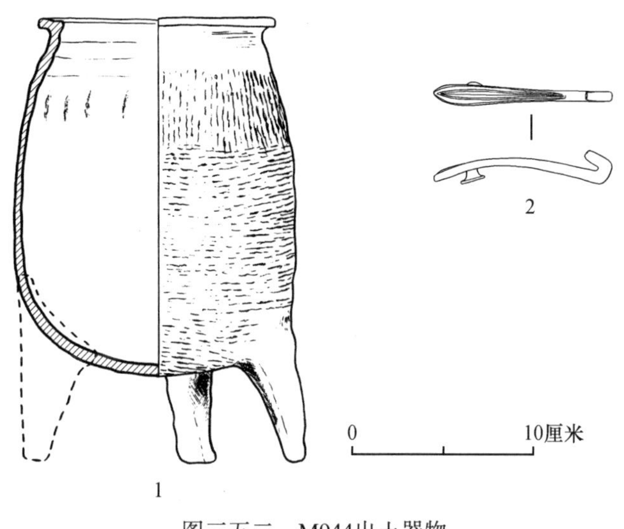

图三五二 M944出土器物
1. 陶鬲（M944：1） 2. 铜带钩（M944：2）

二三一、M949

位于发掘区的东南部，西邻M641。方向37°。开口于第5层下，向下打破第6层及生土，开口距地表深2.5米（图三五三）。

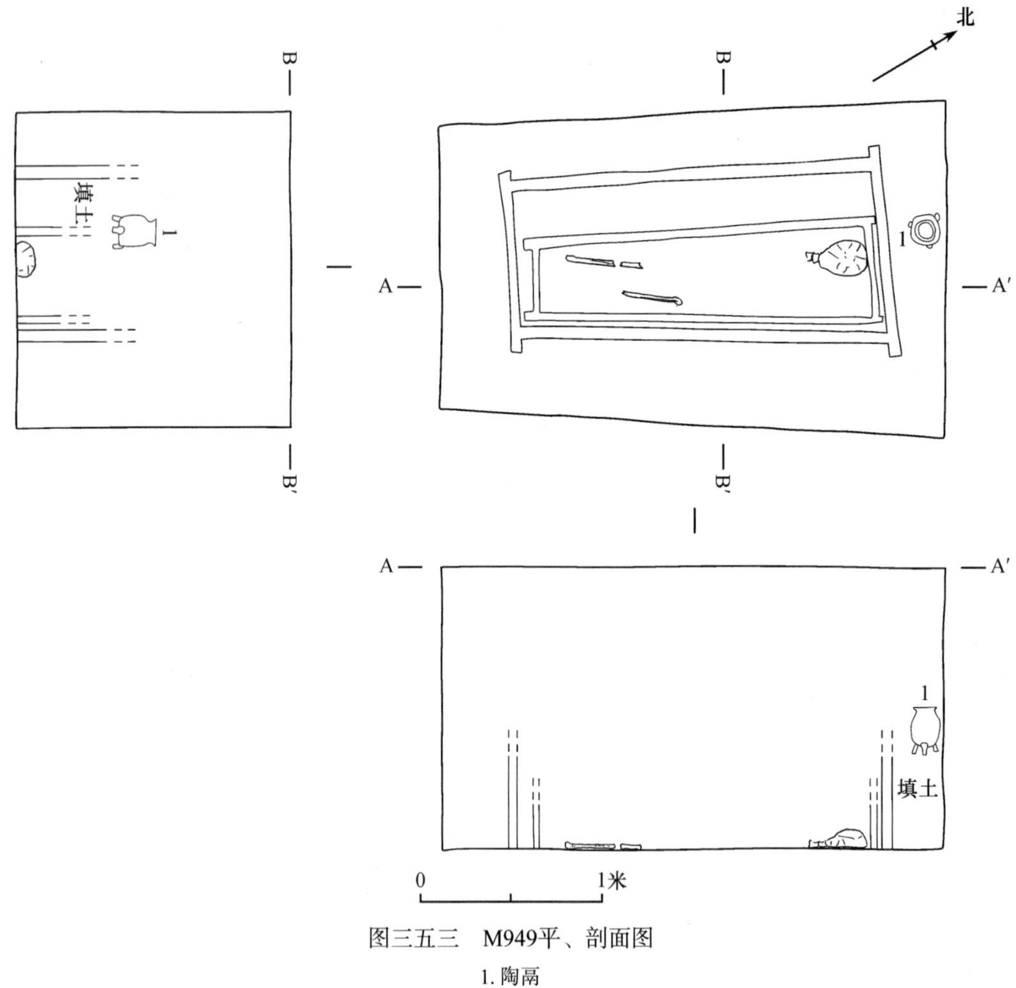

图三五三　M949平、剖面图

1. 陶鬲

（一）墓葬形制

该墓平面呈梯形，竖穴土坑墓。口底尺寸一致，南北长2.75米，东西宽1.5～1.8米，墓底距墓口深1.5米。内填灰褐色花土，土质较疏松。四壁较规整，壁面粗糙，直壁，平底。

葬具为一椁一棺，木质，已朽，仅存朽痕。椁平面呈“Ⅱ”形，南北长2.11米，东西宽0.84～1.12米，残高0.48米，椁板厚0.05米。椁内有一棺，棺平面呈梯形，南北长1.94米，东西宽0.43～0.56米，残高0.24米，棺板厚0.04～0.06米。

棺内人骨仅存头骨及部分肢骨，头向东北，面向、葬式不详，保存差。

（二）出土器物

随葬品置于椁外北部，出土陶鬲1件。

陶鬲　1件。M949：1，夹砂红陶，腹壁模制，足为手制。敛口，折沿上扬，方唇，唇端略凹，短束颈，溜肩，深弧腹，圜底，底附三个锥形实足，略外撇。腹壁和底部饰细绳

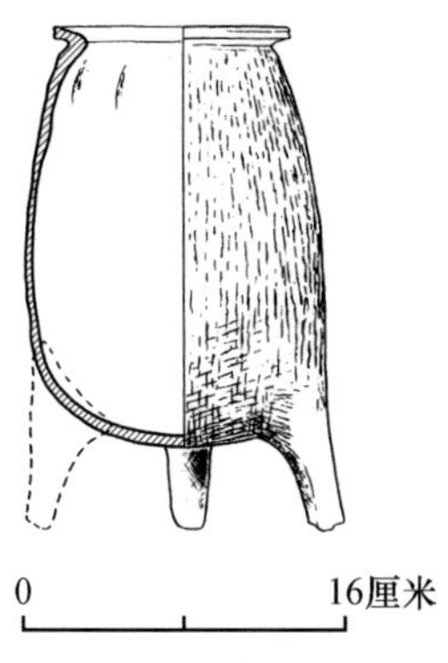

图三五四　M949出土陶鬲
（M949：1）

纹。内壁有按压痕迹。口径11.7、腹径15.9、高24.4、壁厚0.31～0.59厘米（图三五四；图版一三八，3）。

第四章　结　　语

第一节　墓葬形制

后屯墓地发掘的231座战国时期墓葬形制主要为竖穴土坑墓，根据葬具数量，可细分为竖穴土坑无棺墓、竖穴土坑单棺墓、竖穴土坑双棺墓、竖穴土坑一棺一椁墓、竖穴土坑双棺一椁墓等五种类型。

一、竖穴土坑无棺墓

3座，分别为M433、M567、M625。墓口平面为梯形，深度、大小各异。墓壁规整，壁面粗糙。四壁垂直，口底同大。人骨保存差，葬式不详，无随葬品。墓葬为北向（340°～19°）或东北向（20°～69°）。

二、竖穴土坑单棺墓

（一）墓葬综述

1. 墓葬概要

146座。墓的口、底为长方形，深度、大小各异。多数墓葬四壁垂直，口底同大；少数墓葬口大底小呈覆斗形，墓壁从口至底逐渐收分；仅1座墓口小底大。多数墓坑长小于3米，极少数大于3米。大部分墓葬没有壁龛或二层台，部分墓葬有二层台或壁龛。墓壁规整，壁面粗糙。口大底小的墓中，一般墓主人头足两端的墓壁坡度略大，身体两侧墓壁较陡。有个别墓葬，四壁坡度一致（如M601）或头足两端墓壁坡度小于身体两侧（如M834）。绝大部分墓葬为北向（340°～19°）或东北向（20°～69°），仅零星几座为东向（70°～109°）、东南向（110°～159°）、西南向（200°～249°）、西北向（290°～339°）。

2. 墓葬类型

根据墓坑的长度，可分为甲（墓坑大于3米）、乙（墓坑小于3米）两大类。M640、M707被晚期遗迹打破，原坑长不详，未分类。

（1）甲类墓葬

9座。根据墓壁的倾斜度又可分为二型。

A型　4座。口底同大，四壁垂直，壁面粗糙。无壁龛或二层台。如M532。

B型　5座。口大底小。根据有无壁龛或二层台可分为二亚型。

Ba型　1座。有壁龛或二层台。如M893。

Bb型　4座。无壁龛或二层台。如M455。

（2）乙类墓葬

135座。根据墓壁的倾斜度又可分为三型。

A型　83座。口底同大。根据有无壁龛或二层台可分为二亚型。

Aa型　4座。有壁龛或二层台。如M541、M545等。

Ab型　79座。无壁龛或二层台。如M368、M526等。

B型　51座。口大底小。根据有无壁龛或二层台可分为二亚型。

Ba型　8座。有壁龛或二层台。如M537、M608、M788等。

Bb型　43座。无壁龛或二层台。如M436、M557、M601等。

C型　1座。口小底大，为M837。

（二）葬式和葬具

1. 葬式

葬式可分为仰身直肢葬和仰身屈肢葬两类。直肢葬指身体仰卧，双腿伸直，双臂伸直或弯曲；屈肢葬指身体仰卧，下肢弯曲。在可辨葬式的132座墓葬中，仰身直肢葬125座，占95%，仰身屈肢葬7座，仅占5%。

（1）仰身直肢

在仰身直肢中多数为四肢伸直，双臂顺置于身体两侧，也有的双手或单手置于盆骨处，个别单臂上举，双腿伸直，双足分开或并拢。部分单腿或双腿略曲，可能是关节病变或下葬时的颠簸致使腿部略微弯曲，与葬式无关。个别脊柱弯曲的葬式，可能与墓主人生前的生理缺陷有关。根据手臂放置位置及小腿、双足间距离，以及肢体姿态的不同，葬式可分为三类。

甲类墓葬　49座。或双臂伸直，或单臂或双臂弯曲，下肢伸直，双膝或双足并拢，双足间距小，又可分为四型。

A型　20座。四肢伸直，双足并拢或略有间距。如M559、M688、M782等。

B型　15座。四肢伸直，双膝、双足并拢。如M630、M727、M804等。

C型　7座。双手置于盆骨处，双足并拢。如M451、M589、M761等。

D型　7座。一臂伸直，一臂微曲（多数单手置于盆骨处），双足并拢或略有间距。如M653、M769、M837等。

乙类墓葬　39座。多数双臂伸直，有的单臂或双臂弯曲，双腿自然伸直，小腿间宽度略小于或等于大腿间宽度，又可分为三型。

A型　26座。四肢伸直，双足间距略小于或等于大腿间距。如M436、M599、M737等。

B型　7座。一臂伸直，一臂微曲（多数单手置于盆骨处）或上举。如M368、M638、M786等。

C型　6座。双手置于盆骨处或双臂弯曲。如M575、M640、M828等。

另有37座墓葬保存差，或（单）双臂残缺，双腿自然伸直或并拢，无法归于以上两类或自成一类。如M445、M545、M602等。

（2）仰身屈肢

根据双腿弯曲程度的不同，葬式可分为甲、乙、丙、丁四种类型。

甲类墓葬　1座。双腿弯曲至15°。如M683。

乙类墓葬　2座。双腿弯曲至80°。如M556、M813等。

丙类墓葬　3座。双臂伸直，或一臂伸直一臂弯曲，下肢弯曲度小，在120°～140°。如M703、M791、M861等。

丁类墓葬　1座。上肢伸直，双腿内曲。如M661。

2. 葬具

葬具均已朽，从残存木灰痕迹来看，单棺一般置于墓底中部，个别偏于一侧（如M916），带长方形头箱的仅1座，为M575。

三、竖穴土坑双棺墓

1座。M680。墓口平面呈梯形，口底同大。四壁较规整，壁面粗糙，直壁，平底。人骨保存差，葬式不详。无随葬品。墓葬为东南向（110°～159°）。

四、竖穴土坑一棺一椁墓

（一）墓葬综述

1. 墓葬概要

80座。墓口平面为长方形或近长方形，深度、大小各异。墓壁规整，壁面粗糙。四壁垂直，口底同大或口大于底。多数墓坑长大于3米，极少数墓坑长小于3米。大部分墓葬随葬品置于墓室北部，部分墓葬有二层台或壁龛。绝大部分墓葬为北向（340°～19°）或东北向（20°～69°），仅零星几座为东南向（110°～159°）、南向（160°～209°）。

2. 墓葬类型

根据墓坑的长度，可分为甲（墓坑大于3米）、乙（墓坑小于3米）两大类。M779被晚期遗迹打破，原坑长不详，不参与分类。

（1）甲类墓葬

62座。根据墓壁的倾斜度又可分为二型。

A型　17座。口底同大。根据有无壁龛或二层台可分为二亚型。

Aa型　1座。有壁龛或二层台。如M563。

Ab型　16座。无壁龛或二层台。如M572、M626、M944等。

B型　45座。口大底小。根据有无壁龛或二层台可分为二亚型。

Ba型　10座。有壁龛或二层台。如M571、M664、M855等。

Bb型　35座。无壁龛或二层台。如M369、M432、M895等。

（2）乙类墓葬

17座。根据墓壁的倾斜度又可分为二型。

A型　9座。口底同大。根据有无壁龛或二层台可分为二亚型。

Aa型　3座。有壁龛或二层台。如M564、M636、M725等。

Ab型　6座。无壁龛或二层台。如M623、M749、M949等。

B型　8座。口大底小，无壁龛或二层台。如M533、M607、M856等。

（二）葬式、葬具

1. 葬式

葬式可分为仰身直肢葬和仰身屈肢葬两类。直肢葬指身体仰卧，双腿伸直，双臂伸直或弯曲；屈肢葬指身体仰卧，下肢弯曲。在可辨葬式的64座墓葬中，仰身直肢葬57座，占89%，仰身屈肢葬7座，仅11%。

（1）仰身直肢

在仰身直肢中根据手臂放置位置及小腿、双足间距离，以及肢体姿态的不同，葬式可分为甲、乙、丙三种类型。

甲类墓葬　13座。或双臂伸直，或单臂或双臂弯曲，下肢伸直，双膝或双足并拢，双足间距小，又可分为五型。

A型　3座。四肢伸直，双足并拢或略有间距。如M735、M894等。

B型　3座。四肢伸直，双膝、双足并拢。如M369、M708、M797等。

C型　5座。双手置于盆骨处，双足并拢。如M636、M725、M926等。

D型　1座。一臂伸直，一臂微曲（多数单手置于盆骨处），双足并拢或略有间距，如M437。

E型　1座。双手叠交在胸前，双足并拢。如M580。

乙类墓葬　25座。多数双臂伸直，有的单臂或双臂弯曲，双腿自然伸直，小腿间宽度略小于或等于大腿间宽度，又可分为三型。

A型　17座。四肢伸直，双足间距略小于或等于大腿间距。如M432、M660、M855等。

B型　3座。一臂伸直，一臂微曲（多数单手置于盆骨处）或上举。如M607、M669、M944等。

C型　5座。双手置于盆骨处或双臂弯曲。如M434、M533、M616等。

丙类墓葬　1座。仰身，双腿叉开。如M574。

另有18座墓葬保存较差，或（单）双臂残缺，双腿自然伸直或并拢，无法归于以上两类或自成一类。如M658、M732、M856等。

（2）仰身屈肢

根据双腿弯曲程度的不同，葬式可分为甲、乙、丙三种类型。

甲类墓葬　1座。双腿弯曲至5°。如M648。

乙类墓葬　4座。双腿弯曲至80°。如M783、M818等。

丙类墓葬　2座。双臂伸直，或一臂伸直一臂弯曲，下肢弯曲度小，在120°～140°。如M615、M700等。

2. 葬具

葬具均已朽蚀，从残存木灰痕迹来看，棺、椁均为长方体。棺椁一般置于墓底中间，棺有的在椁中间，有的偏向一侧。根据椁的部分遗留痕迹，可知椁有“工”形和近长方形两种。其中有近长方形形椁的仅4座，如M563，多数墓椁板均已挤压变形。另有M581、M588带头箱。

五、竖穴土坑双棺一椁墓

1座，M440。墓口平面呈长方形，口略大于底。四壁较规整，壁面粗糙，斜壁，平底。椁平面呈“Ⅱ”形，棺平面均呈梯形。南棺内人骨保存一般，仰身直肢。北棺人骨保存差，葬式不详。墓葬为东北向（20°～69°）。

第二节　随葬器物

一、随葬器物分类

231座墓葬中，有120座墓葬未出土随葬品，其余111座墓葬共出土620件随葬品。出土随葬品按照材质可分为陶器、铜器、铁器、玉器、水晶、石制品、骨器七大类，其中陶器531件、铜器52件、铁器1件、玉器11件、水晶3件、石制品13件、骨器9件。

随葬品主要出土在墓室北部棺椁之间、壁龛、二层台等位置。棺内出土随葬品多为铜带钩、玉片、铜环、骨簪等器物；棺外出土随葬品多为鬲、罐、尊等陶器，器形较小，也有伴出一些铜带钩、石片等器物；墓室北部棺椁之间出土的随葬品多为成组的鼎、豆、壶、盘、匜等陶器。还有一些墓葬的随葬品在棺外和棺内同时存在，这类墓的棺内随葬品一般为铜带钩、铜环、骨簪等器物，棺外随葬品为成组的鼎、豆、壶等陶器。

（一）陶器

按用途分为仿铜礼器、生活用器、模型明器。以礼器为主，器形多样，有簋、鼎、豆、壶、盘、匜、尊等；生活用器有鬲、双耳罐等；模型明器有鬲、杯、尊等。

陶质以泥质红陶为主，泥质灰陶次之，另有一些夹砂红陶。灰陶质地坚硬，红陶较疏松，有一些泥质红陶器在器表施一层灰陶衣。制法有轮制、模制和手制三种。器物多为轮制，部分模制或手制，器物附件多为模制。有的陶器采用两种或多种制法兼制而成，如陶壶器身为轮制，兽首形耳为模制；陶鬲腹壁为模制，足为手制。

素面陶器不多，大多有纹饰。陶鼎、陶壶纹饰较丰富，其余装饰简单，纹样以凹弦纹、凸棱纹为主，同时有一些绳纹、压印水波纹、折线三角纹、卷云纹、卷草纹、竹节纹等。凹弦纹和凸棱纹多见于鼎、豆、壶、盘、尊的肩部、腹部。压印水波纹多见于豆盖、小口罐盖、盘内壁。绳纹多见于鬲、尊、壶腹部。折线三角纹、卷云纹、卷草纹、动物图案多见于壶身。个别器物有戳印或者刻划符号。

（二）铜器

铜器有铜带钩、铜环、铜铃、铜镞、铜剑五种。

铜带钩　有长条形、龟形、琵琶形三种形态。腹背置一个圆形纽，有少量带钩腹部或尾部饰有几何纹、卷草纹、涡纹、如意纹，或背部饰有两至三道凹槽。

铜环　多数横断面呈圆形或椭圆形，仅1件呈六边形。多数皆素面，仅1件铜环两面皆饰折线三角纹和涡纹。

铜铃　铃桶略扁，铃口向内凹，呈弧形，平顶上有半环状纽，纽下有一个圆孔。铃身饰网格纹和乳钉纹，两侧图案相同。

铜镞　双翼微弧，前翼表面斜直，断面呈菱形。

铜剑　仅残存部分剑身，断面呈菱形，中脊较平，两刃中部呈弧形。

（三）铁器

锈蚀严重，器形不可辨。

（四）玉器

玉器有玉环、玉璧、玉璜、玛瑙环、玛瑙珠、玉片六种。

玉环　圆形，环肉横断面呈长方形或不规则多边形。

玉璧　减地平雕，阴线刻。通体绿色，有黄、白间色斑。玉璧正、背面内、外圈各雕一周弦纹，正面浅浮雕涡纹，背面线刻涡纹。

玉璜　黄绿色，间有白斑，有褐色沁斑，通体磨光。呈扁平龙形，龙首残缺，仅存龙尾部分，龙身上部和右部各有一个圆形穿孔，龙尾外侧有一个未穿透的圆形穿孔。双面饰减地浅浮雕谷纹。

玛瑙珠　有红色、橙红色、棕色，外壁打磨光滑，中部有一个穿孔，其中M655墓主人胸前串饰1组。

玉片　呈浅绿色或绿色，间有黄褐色斑。有刻划纹或月牙纹。

（五）水晶

水晶珠　扁圆柱形，上下边缘斜削，横剖面呈同心圆状，纵剖面呈不规则八边形。

（六）石制品

石制品有石片、石璧、肛塞、石块四种。

石片　灰色，表面磨制平滑，多呈长方形。

石璧　深灰色，部分夹杂米白色纹饰，扁平状圆形，中间有一个圆形穿孔，表面磨制平滑。

肛塞　紫色，柱状，横断面近圆形，柱身有刮削痕迹。

石块　粉砂岩，白色，有红、褐色花纹，扁长条形。

（七）骨器

骨器均为骨饰。

骨饰　多为圆柱形，断面呈圆形，中空。1件较为特殊，为榫卯式组合器，圆锥形榫嵌入矮圆柱形中空器中。

二、随葬器物组合

随葬陶器组合多为鼎、豆、壶、盘、匜或2件鬲的常见组合，可分为四大类。

（一）第一类

参与组合的器物有陶鼎、豆、壶、盘、匜、小口罐（壶）、尊、三足罐、罐、浅盘豆，铜剑、环、带钩，骨饰。陶器前五类器物一般全部参与组合，鼎、豆、壶多者2件，少者1件；后五类部分参与组合。如M369、M437、M533等。

（二）第二类

参与组合的器物有陶鼎、豆、壶、盘、小口壶、尊、三足罐、罐、器座，铜带钩，骨饰。陶器前四类器物一般全部参与组合，鼎多者2件，少者1件，豆、壶各2件；后五类部分参与组合。如M648、M764等。

（三）第三类

参与组合的器物有陶鼎、豆、壶、小口罐（壶）、尊、三足罐、罐，铜带钩、镞。陶器前三类器物一般全部参与组合，鼎、豆、壶多者2件，少者1件；后四类部分参与组合。如M686、M710、M779等。

（四）第四类

参与组合的器物有陶鬲、陶罐，铜带钩，玉璧、玉璜、玉片，陶鬲多者2件，少者1件。陶鬲一般全部参与组合，后几类器物部分参与。如M563、M603、M727等。

三、部分陶器型式分析

陶器共531件。部分器物残缺损毁或数量极少，未分型；分型定式的器物有448件，器类有鼎、豆、壶、盘、匜、浅盘豆、小口罐、三足罐、罐、小口壶、鬲、尊。

（一）陶鼎

77件。演变规律是鼎盖由平渐鼓，鼎耳由大渐小，鼎足由长渐短。参与分型的有64件，依据形制的不同分为四型。

A型　2件。卧羊形纽。此型演变规律是器身由大渐小，腹部由深渐浅。依据耳部上端有无外撇分为二式。

Ⅰ式：1件。耳部上端不外撇。M750：9，盖母口，呈覆钵形，顶隆起，等距分布三个卧羊形纽。器身子口，敛口，方唇，上腹部有两个对称的长方形附耳，有长方形穿，弧腹，圜底，下附三蹄形足（图三五五，1）。

Ⅱ式：1件。耳部上端外撇。M437：8，盖母口，圆形，弧壁，顶微隆，分布三个卧羊形纽。器身子口，敛口，圆唇，上腹部有两个对称的长方形附耳，两耳上端外撇，有长方形穿，浅直腹，圜底，下附三蹄形足（图三五五，2）。

B型　55件。“∩”纽。此型演变规律是器形由大渐小，盖顶纽由多渐少，鼎盖由平渐鼓，鼎耳由大、方耳渐成小、圆耳，鼎足由高渐矮。依据耳部、腹部及纹饰的不同分为五亚型。

Ba型　6件。长方形耳。依据耳部与足部形态的变化分为四式。

Ⅰ式：1件。耳部较大，蹄足较形象。M581：5，盖母口，呈覆钵形，顶隆起，等距分布三个“∩”形纽。器身子口，敛口，方唇，上腹部有两个对称的长方形附耳，有长方形穿，直腹，圜底，下附三蹄形足（图三五六，1）。

Ⅱ式：1件。耳部较大，蹄足抽象。M916：6，盖母口，呈覆钵形，顶隆起，等距分布三个“∩”形纽。器身子口，敛口，方唇，上腹部有两个对称的长方形附耳，有长方形穿，近直腹，圜底，下附三细兽蹄形足（图三五六，2）。

Ⅲ式：3件。耳部较小，蹄足简化。M588：8，盖母口，呈覆钵形，顶隆起，等距分布三个“∩”形穿孔纽。器身子口，敛口，方唇，上腹部有两个对称的长方形附耳，有长方形穿，

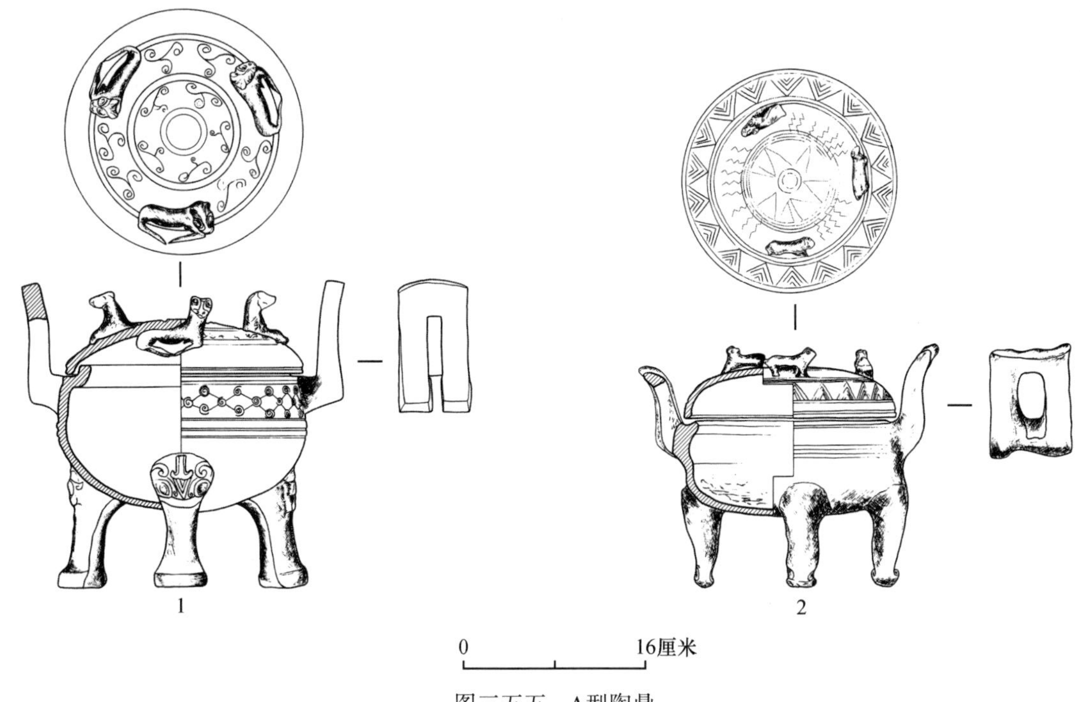

图三五五　A型陶鼎

1. Ⅰ式（M750：9）　2. Ⅱ式（M437：8）

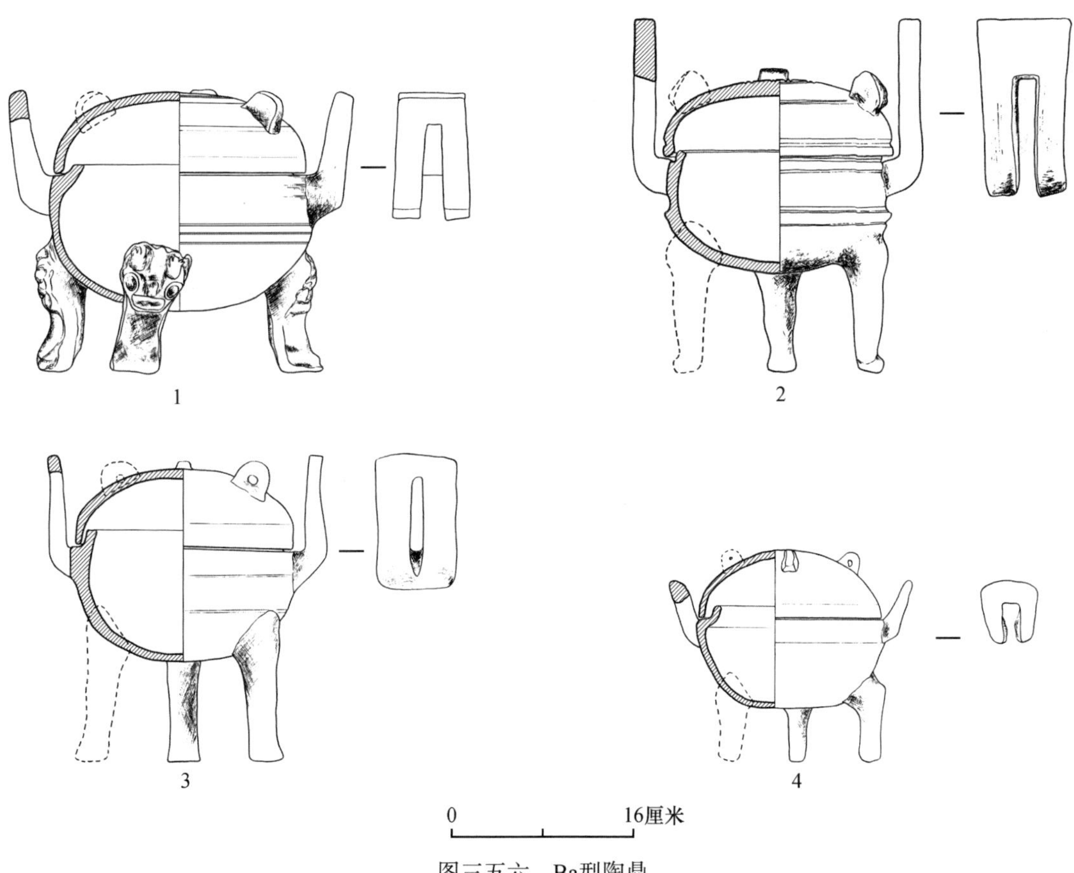

图三五六　Ba型陶鼎

1. Ⅰ式（M581：5）　2. Ⅱ式（M916：6）　3. Ⅲ式（M588：8）　4. Ⅳ式（M764：7）

弧腹，圜底，下附三细兽蹄形足（图三五六，3）。

Ⅳ式：1件。耳部小，蹄足简化、变矮。M764：7，盖母口，呈覆钵形，顶隆起，等距分布三个“∩”形穿孔纽。器身子口，敛口，圆唇，上腹部有两个对称的长方形外侈附耳，有长方形穿，弧腹，圜底，下附三蹄形足（图三五六，4）。

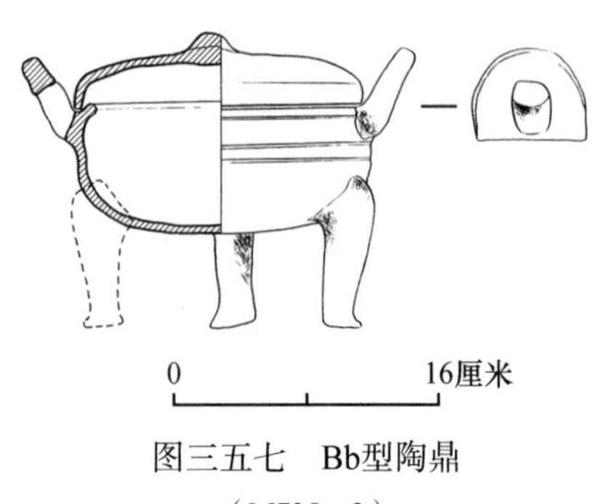

图三五七　Bb型陶鼎（M735：2）

Bb型　2件。半圆形耳。M735：2，盖母口，圆形，顶微隆，顶中心有一个“∩”形纽。器身子口，敛口，圆唇，上腹部有两个对称的半圆形外侈附耳，有长方形穿，直腹，腹较浅，圜底，下附三蹄形足（图三五七）。

Bc型　40件。外撇长方形或方形耳。依据耳部和足部形态的变化分为四式。

Ⅰ式：1件。耳部较大，蹄足形象。M689：5，盖母口，圆形，顶隆起，等距分布三个“∩”形纽。器身子口，敛口，圆唇，上腹部有两个对称的长方形外撇附耳，有长方形穿，深直腹，圜底，下附三蹄形足（图三五八，1）。

Ⅱ式：3件。耳部较大，蹄足抽象。M913：8，盖母口，呈覆钵形，顶微隆，边缘等距分布三个“∩”形纽。器身子口，敛口，圆唇，上腹部有两个对称的长方形外撇附耳，有长方形穿，近直腹，圜底，下附三蹄形足（图三五八，2）。

Ⅲ式：1件。耳部较小，蹄足简化。M859：7，盖母口，圆形，顶隆起，边缘等距分布三个“∩”形纽。器身子口，敛口，方唇，唇端略凹，上腹部有两个对称的方形外撇附耳，有长方形穿，直腹，圜底，下附三蹄形足，足较高（图三五八，3）。

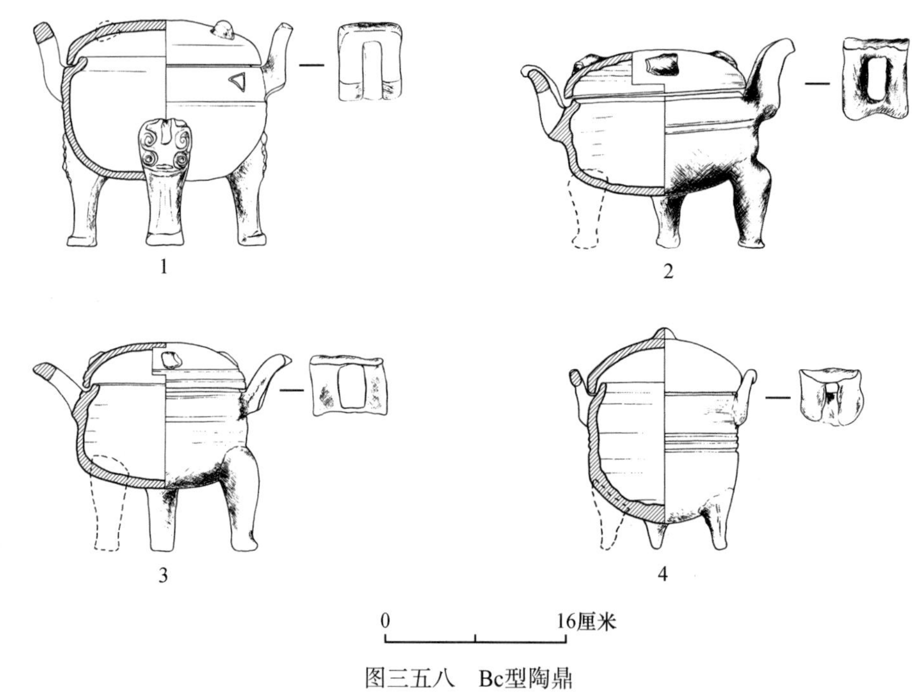

图三五八　Bc型陶鼎

1. Ⅰ式（M689：5）　2. Ⅱ式（M913：8）　3. Ⅲ式（M859：7）　4. Ⅳ式（M369：10）

Ⅳ式：35件。耳部小，蹄足简化、变矮。M369：10，盖母口，圆形，顶隆起，顶中心有一个“∩”形纽。器身子口，敛口，圆唇，上腹部有两个对称的方形外撇附耳，有长方形穿，深直腹，圜底，下附三蹄形足（图三五八，4）。

Bd型 2件。筒腹。依据足部形态的变化分为二式。

Ⅰ式：1件。足部较高。M689：6，盖母口，圆形，顶隆起，顶中心有一个“∩”形纽。器身子口，敛口，圆唇，上腹部有两个对称的长方形附耳，有长方形穿，筒腹，圜底，下附三蹄形足（图三五九，1）。

Ⅱ式：1件。足部较矮。M725：2，盖母口，圆形，平顶。器身子口，敛口，圆唇，上腹部有两个对称的附耳，双耳皆残缺，筒腹，圜底，下附三蹄形足（图三五九，2）。

Be型 5件。有纹饰。依据纹饰及鼎足形态的变化分为三式。

Ⅰ式：2件。蹄足形象，纹饰繁复。M658：2，盖残缺。器身子口，敛口，圆唇，上腹部有两个对称的长方形附耳，有长方形穿，直腹，圜底，下附三蹄形足（图三六〇，1）。

Ⅱ式：2件。蹄足抽象，纹饰简化。M440：8，盖母口，呈覆钵形，顶隆起，等距分布三个“∩”形穿孔纽。器身子口，敛口，方唇，上腹部有两个对称的长方形附耳，两耳上端外撇，有长方形穿，直腹，圜底，下附三蹄形足（图三六〇，2）。

Ⅲ式：1件。蹄足简化，纹饰简化。M672：3，盖母口，呈覆钵形，顶隆起，等距分布三个“∩”形穿孔纽，器身子口，敛口，方唇，上腹部有两个对称的长方形外撇附耳，有长方形穿，直腹，圜底，下附三蹄形足（图三六〇，3）。

C型 3件。环形纽。M533：9，盖母口，圆形，顶隆起，等距分布三个圆环形活动纽，一环残缺，纽均嵌入圆孔中。器身子口，敛口，方唇，上腹部有两个对称的长方形外侈附耳，有长方形穿，直腹，圜底，下附三蹄形足（图三六一）。

D型 4件。鼎足特殊。此型演变规律是鼎耳横斜一段后上折，变为紧贴鼎身外斜向上，由方耳变为圆耳，鼎足由长渐短，腹部由浅渐深。依据足部形态的变化分为二式。

Ⅰ式：3件。足部较高，外撇。M634：5，盖母口，呈覆钵形，顶隆起，顶中心有一个“∩”形纽。器身子口，近直口，方唇，上腹部有两个对称的长方形附耳，有长方形穿，弧腹，圜底，下附三细高蹄形足（图三六二，1）。

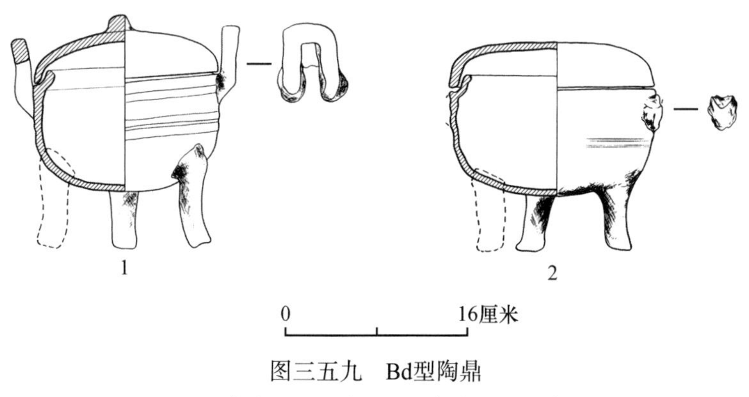

图三五九 Bd型陶鼎

1. Ⅰ式（M689：6） 2. Ⅱ式（M725：2）

Ⅱ式：1件。足部较矮，内收。M912∶1，盖母口，圆形，顶隆起，顶中心有一个“∩”形纽。器身子口，近直口，圆唇，上腹部有两个对称的圆形附耳，有长方形穿，深弧腹，圜底，下附三蹄形足（图三六二，2）。

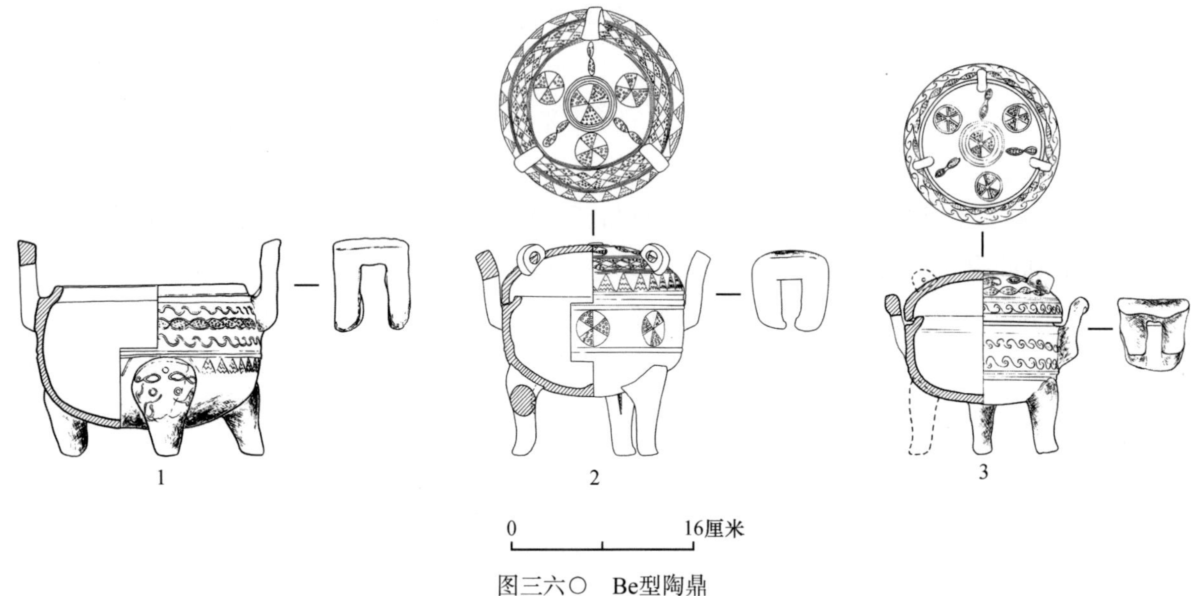

图三六〇　Be型陶鼎

1. Ⅰ式（M658∶2）　2. Ⅱ式（M440∶8）　3. Ⅲ式（M672∶3）

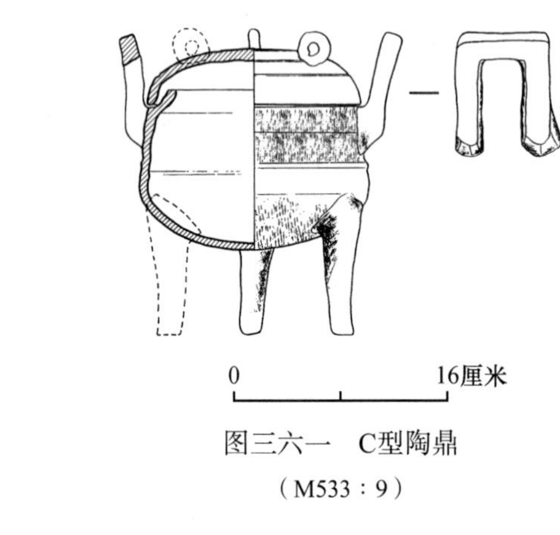

图三六一　C型陶鼎

（M533∶9）

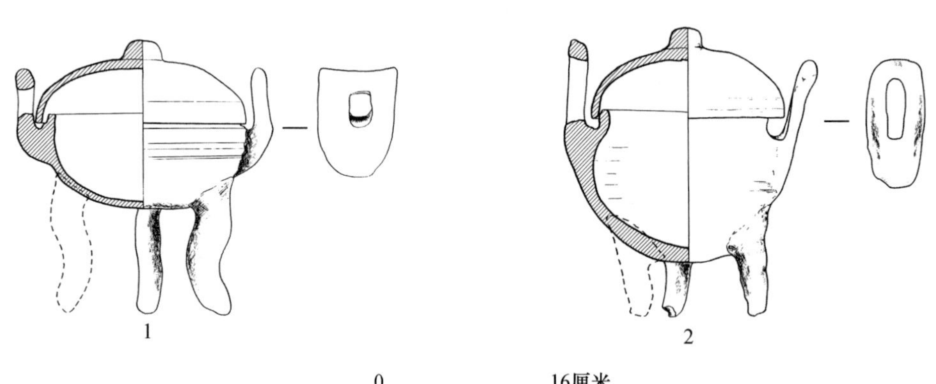

图三六二　D型陶鼎

1. Ⅰ式（M634∶5）　2. Ⅱ式（M912∶1）

（二）陶豆

99件，演变规律是盖豆把手由高、大渐矮、小，豆柄由长渐短。参与分型的有79件，根据腹部及盖形态的不同分为七型。

A型　18件。弧腹斜收。此型演变规律是盖豆把手由高、大渐矮、小，豆柄由长渐短。依据柄部长短变化分为四式。

Ⅰ式：2件。柄部细长。M750：6，盖母口，呈覆钵形，盖腹较浅，顶部有平面呈圆形的喇叭形捉手。器身子口，近直口，圆唇，深弧腹斜收，喇叭形座（图三六三，1）。

Ⅱ式：10件。柄部细短。M689：10，盖母口，呈覆钵形，顶部有平面呈圆形的喇叭形捉手，柄较短。器身子口，近直口，圆唇，深弧腹斜收，喇叭形座（图三六三，2）。

Ⅲ式：4件。柄部粗短。M440：6，盖母口，呈覆钵形，顶部有平面呈圆形的喇叭形捉手，柄较短。器身子口，敛口，圆唇，弧腹斜收，柄中空，喇叭形座（图三六三，3）。

Ⅳ式：2件。柄部较短。M926：1，盖母口，呈覆钵形，顶部有平面呈圆形的喇叭形捉手，柄较短。器身子口，敛口，圆唇，弧腹斜收，喇叭形座（图三六三，4）。

B型　4件。钵形腹。M735：4，盖母口，呈覆钵形，盖腹较浅，顶部有平面呈圆形的喇叭形捉手，柄较短。器身子口，敛口，圆唇，内底部凸起，腹钵形，细长柄，喇叭形座（图三六四）。

C型　3件。腹上部近直。此型演变规律是豆盖捉手柄由长渐短，豆柄由长渐短，腹部由鼓

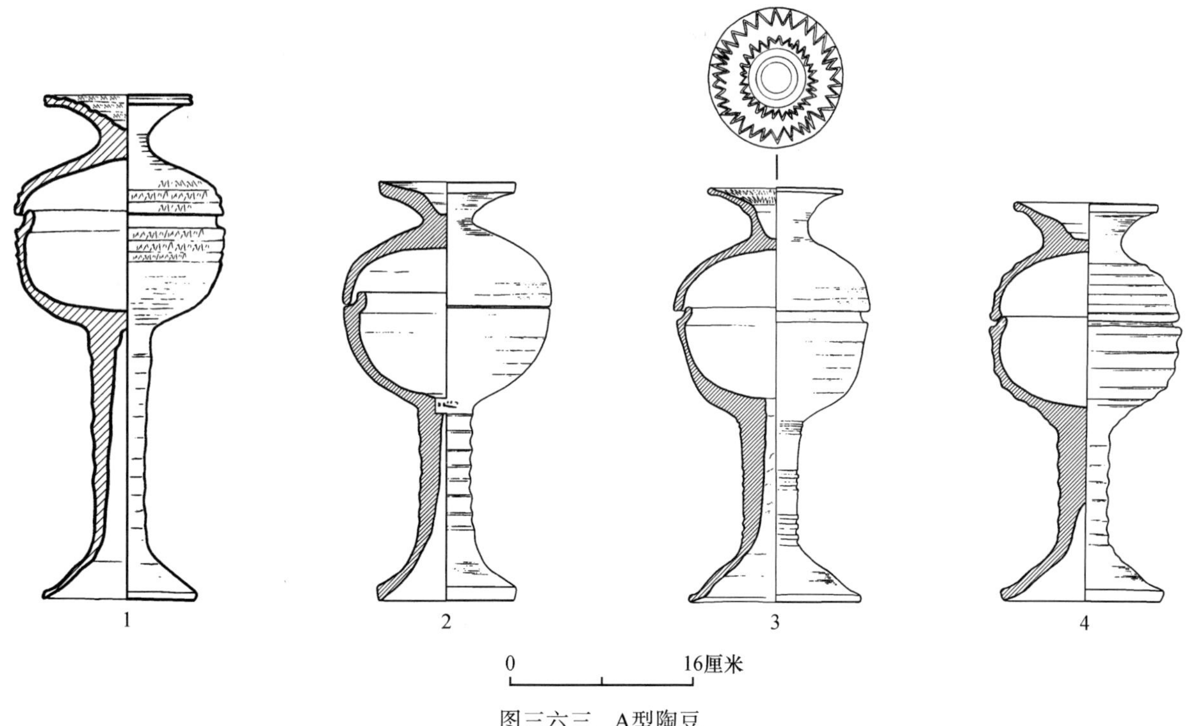

图三六三　A型陶豆

1. Ⅰ式（M750：6）　2. Ⅱ式（M689：10）　3. Ⅲ式（M440：6）　4. Ⅳ式（M926：1）

渐弧。依据柄部长短变化分为二式。

Ⅰ式：1件。柄部较长。M634∶2，盖母口，呈覆钵形，盖腹较浅，顶部有平面呈圆形的喇叭形捉手，柄较长。器身子口，近直口，圆唇，深弧腹，上腹近直，下腹斜收，喇叭形座（图三六五，1）。

Ⅱ式：2件。柄部较短。M533∶3，盖母口，呈覆钵形，顶部有平面呈圆形的喇叭形捉手，柄较短。器身子口，敛口，圆唇，深弧腹，上腹近直，下腹斜收，喇叭形座（图三六五，2）。

D型　42件。弧折腹。此型演变规律是器形由大渐小，盖豆把手由高渐矮，豆柄由长渐短。依据柄部长短变化分为五式。

Ⅰ式：2件。柄部细长。M581∶6，盖母口，呈覆钵形，盖腹较浅，顶部有平面呈圆形的喇叭形捉手，柄较长。器身子口，敛口，圆唇，弧折腹，喇叭形座（图三六六，1）。

Ⅱ式：2件。柄部较长，把手较高。M859∶3，盖母口，呈覆钵形，顶部有平面呈圆形的喇叭形捉手。器身子口，微敛口，圆唇，弧折腹，喇叭形座（图三六六，2）。

Ⅲ式：14件。柄部较短，把手较矮。M369∶1，盖母口，呈覆钵形，顶部有平面呈圆形的喇叭形捉手，柄较短。器身子口，敛口，圆唇，弧折腹，喇叭形座（图三六六，3）。

Ⅳ式：16件。柄部较短。M732∶5，盖母口，呈覆钵形，顶部有平面呈圆形的喇叭形捉手，柄较短。器身子口，敛口，圆唇，弧折腹，喇叭形座（图三六六，4）。

Ⅴ式：8件。柄部短。M706∶3，盖母口，呈覆钵形，顶部有平面呈圆形的喇叭形捉手，柄较短。器身子口，敛口，圆唇，弧折腹，喇叭形座（图三六六，5）。

E型　4件。深弧腹，腹下部略鼓。此型演变规律是腹部由鼓渐弧。依据豆柄长度变化分为二式。

Ⅰ式：3件。柄部较长。M844∶4，盖母口，呈覆钵形，盖腹较浅，顶部有平面呈圆形的喇叭形捉手，柄较短。器身子口，微敛口，圆唇，深斜弧腹，下腹略鼓，喇叭形座（图三六七，1）。

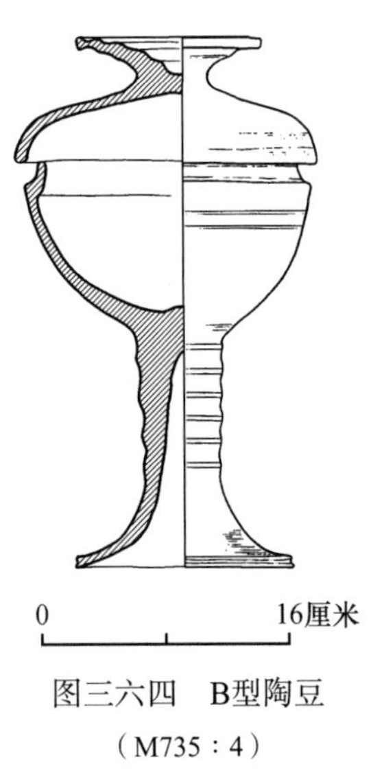

图三六四　B型陶豆
（M735∶4）

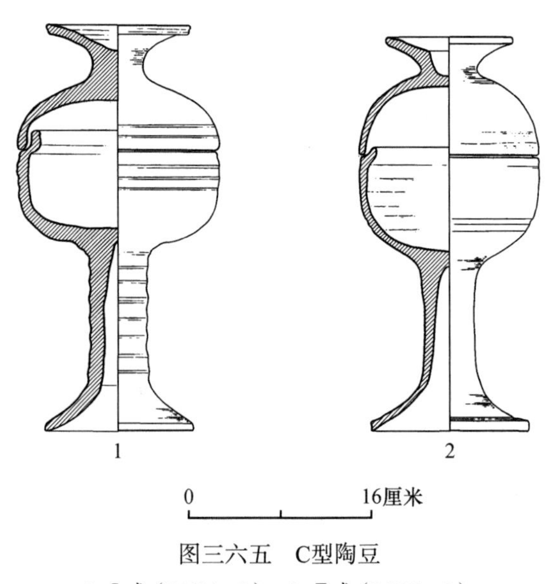

图三六五　C型陶豆
1. Ⅰ式（M634∶2）　2. Ⅱ式（M533∶3）

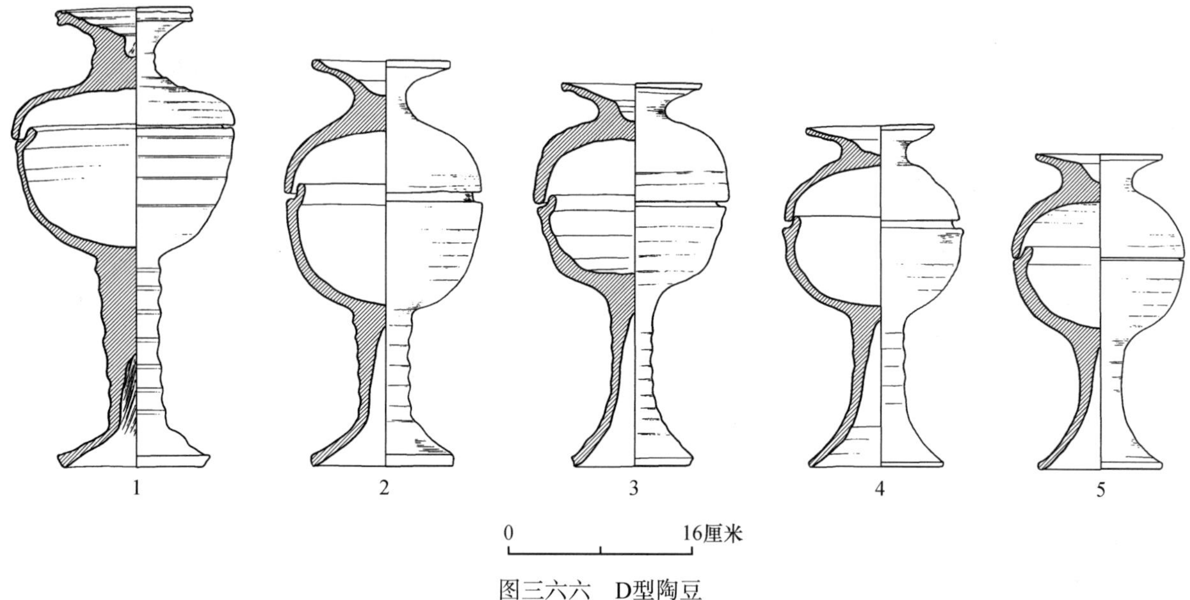

图三六六　D型陶豆

1. Ⅰ式（M581：6）　2. Ⅱ式（M859：3）　3. Ⅲ式（M369：1）　4. Ⅳ式（M732：5）　5. Ⅴ式（M706：3）

Ⅱ式：1件。柄部较短。M797：1，盖母口，呈覆钵形，顶部捉手残缺。器身子口，微敛口，圆唇，深斜弧腹，下腹略鼓，底座残缺（图三六七，2）。

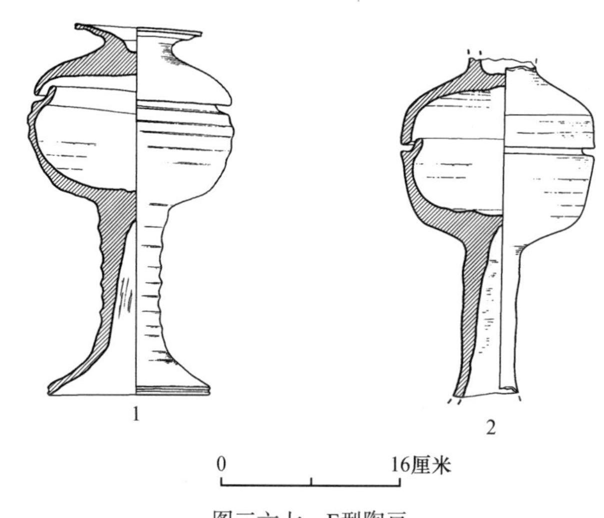

图三六七　E型陶豆

1. Ⅰ式（M844：4）　2. Ⅱ式（M797：1）

F型　6件。浅斜弧腹。M830：4，盖母口，呈覆钵形，盖腹较浅，顶部有平面呈圆形的喇叭形捉手，柄较长。器身子口，敛口，圆唇，浅斜弧腹，细长柄，喇叭形座（图三六八）。

G型　2件。盖有环纽。M574：11，盖母口，呈覆钵形，顶隆起，盖面等距分布三个圆环形活动纽，纽均嵌入圆孔中。器身子口，敛口，圆唇，上腹近直，下腹斜收，细长柄，喇叭形座（图三六九）。

（三）陶壶

98件。演变规律是器形由大渐小，由瘦变胖，盖顶纽由多渐少，颈由长渐短，圈足渐矮。参与分型的有89件，根据盖顶纽形状的不同分为三型。

A型　65件。立纽。此型演变规律是盖顶纽由大渐小，壶颈由长渐短，铺首形象由具体逐渐简化，圈足渐矮。依据有无纹饰分为二亚型。

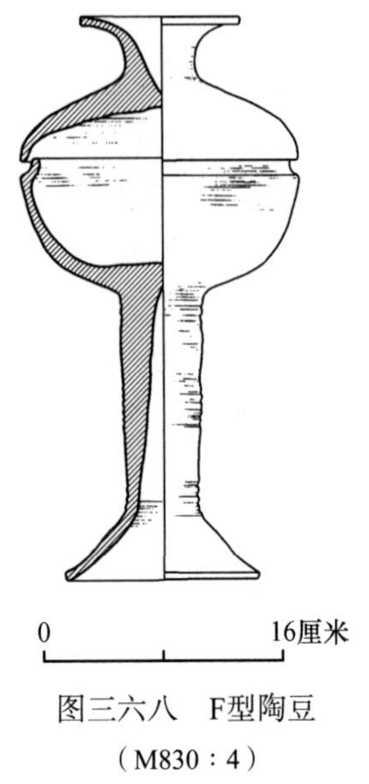

图三六八　F型陶豆
（M830：4）

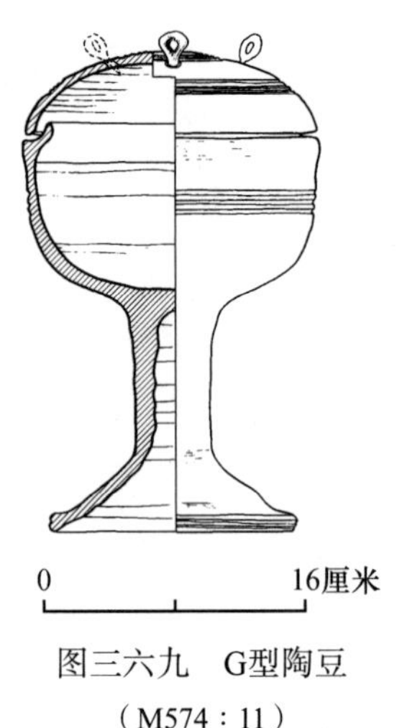

图三六九　G型陶豆
（M574：11）

Aa型　50件。有纹饰。依据盖顶纽的大小、圈足高矮及其纹饰的变化分为六式。

Ⅰ式：2件。盖顶纽较大，圈足较高，纹饰繁复。M750：3，盖子口，圆形，盖舌内折，顶隆起，等距分布三个简化立鸟形纽。器身母口，侈口，方唇，高束颈，溜肩，肩部贴附两个对称的兽首形耳，弧腹内收，圜底，高圈足，足墙外撇（图三七〇，1）。

Ⅱ式：6件。盖顶纽较大，圈足较矮，纹饰较复杂。M658：1，盖子口，呈覆钵形，盖舌内折，顶隆起，等距分布三个简化立鸟形纽。器身母口，侈口，方唇，高束颈，圆肩，肩部贴附两个对称的兽首形耳，弧腹内收，圜底近平，圈足（图三七〇，2）。

Ⅲ式：2件。盖顶纽较大，圈足矮，纹饰较复杂。M440：7，盖子口，圆形，盖舌内折，盖身略外撇，顶隆起，等距分布三个简化立鸟形纽。器身母口，侈口，方唇，束颈，圆肩，肩部贴附两个对称的简化兽首形耳，弧腹内收，圜底，矮圈足（图三七〇，3）。

Ⅳ式：23件。盖顶纽较小，圈足矮，纹饰简化。M732：6，盖子口，呈覆钵形，盖舌内折，顶隆起，等距分布三个矩尺状纽。器身母口，侈口，方唇，束颈，圆肩，肩部贴附两个对称的简化兽首形耳，弧腹内收，圜底，矮圈足（图三七〇，4）。

Ⅴ式：15件。盖顶纽较小，圜底，纹饰简单。M575：3，盖子口，呈覆钵形，盖舌内折，顶隆起，等距分布三个矩尺状纽。器身母口，侈口，方唇，束颈，圆肩，肩部贴附两个对称的简化兽首形耳，弧腹内收，圜底近平（图三七〇，5）。

Ⅵ式：2件。盖顶纽较大，圈足较高，纹饰简单。M912：2，盖子口，呈覆钵形，盖舌内折，顶隆起，等距分布三个柱形纽。器身母口，侈口，方唇，束颈，溜肩，肩部贴附两个对称的兽首形耳，弧腹内收，圜底，圈足，足墙外撇（图三七〇，6）。

Ab型　15件。无纹饰。依据底部及壶颈长短的变化分为四式。

Ⅰ式：6件。高圈足，长颈。M588：5，盖子口，圆形，盖舌内折，近直壁，顶隆起，等距分布三个曲形纽。器身母口，侈口，方唇，高束颈，圆肩，肩部贴附两个对称的兽首形耳，

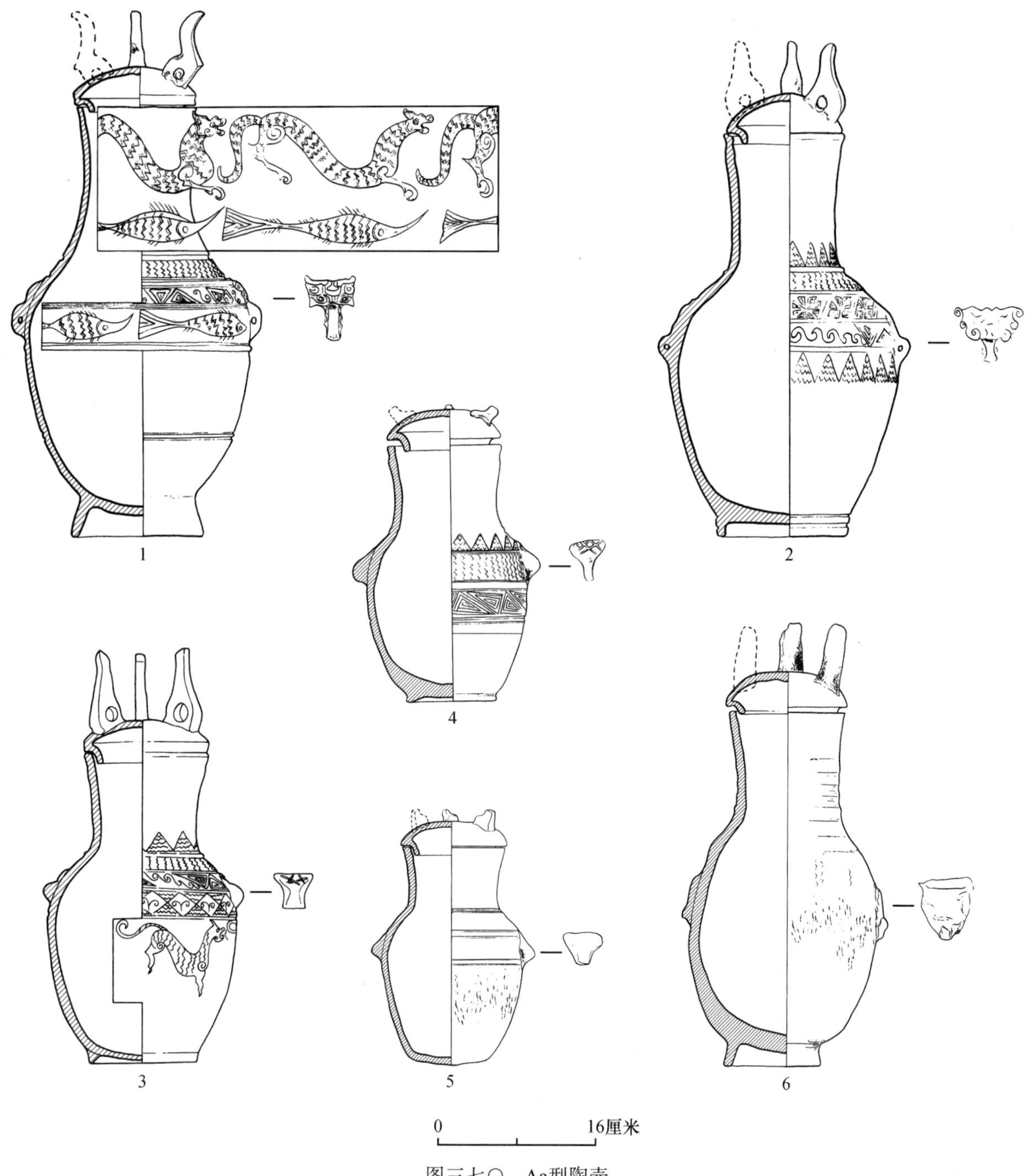

图三七〇　Aa型陶壶

1. Ⅰ式（M750：3）　2. Ⅱ式（M658：1）　3. Ⅲ式（M440：7）　4. Ⅳ式（M732：6）　5. Ⅴ式（M575：3）　6. Ⅵ式（M912：2）

弧腹内收，平底，喇叭状高圈足（图三七一，1）。

Ⅱ式：2件。矮圈足，长颈。M844：1，盖子口，呈覆钵形，盖舌内折，顶微隆，等距分布三纽，皆残缺。器身母口，近直口，圆唇，高束颈，溜肩，肩部贴附两个对称的兽首形耳，弧腹内收，圜底，圈足，足墙外撇（图三七一，2）。

Ⅲ式：1件。矮圈足，短颈。M859：5，盖残缺。器身母口，侈口，方唇，束颈，溜肩，

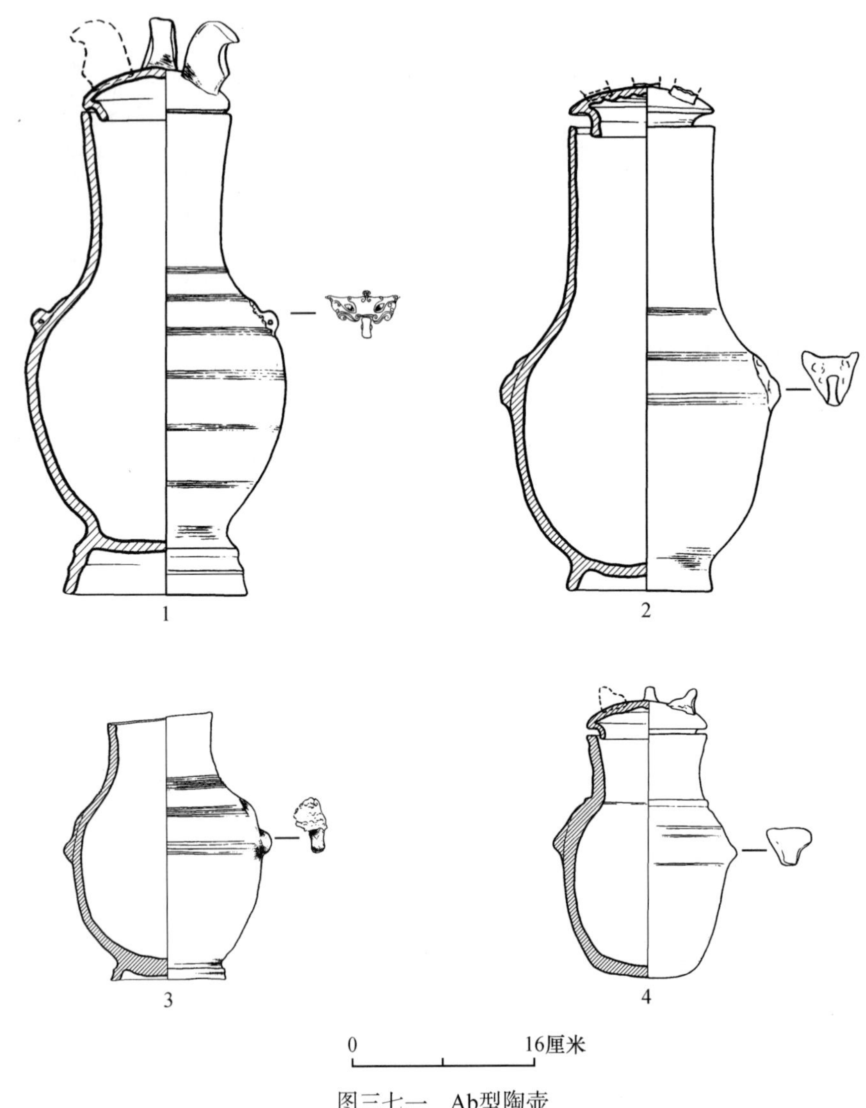

图三七一　Ab型陶壶

1. Ⅰ式（M588：5）　2. Ⅱ式（M844：1）　3. Ⅲ式（M859：5）　4. Ⅳ式（M575：2）

肩部贴附两个对称的兽首形耳，弧腹内收，圜底，矮圈足，足墙外撇（图三七一，3）。

Ⅳ式：6件。圜底近平，短颈。M575：2，盖子口，呈覆钵形，盖舌内折，顶隆起，等距分布三个矩尺状纽。器身母口，侈口，方唇，束颈，圆肩，肩部贴附两个对称的简化兽首形耳，弧腹内收，圜底近平（图三七一，4）。

B型　18件。“∩”形纽。演变规律是壶颈由长渐短，铺首形象由具体逐渐简化，圈足渐矮。依据有无纹饰分为二亚型。

Ba型　5件。有纹饰。M913：2，盖子口，呈覆钵形，盖舌内折，顶隆起，边缘等距分布三个“∩”形纽。器身母口，侈口，方唇，束颈，圆肩，肩部贴附两个对称的兽首形耳，弧腹内收，圜底，圈足，足墙外撇（图三七二）。

Bb型　13件。无纹饰。依据底部及壶颈长短的变化分为四式。

Ⅰ式：2件。圈足较高，颈较长。M581：1，盖子口，圆形，盖舌内折，顶隆起，等距分布三个“∩”形纽。器身母口，侈口，方唇，高束颈，圆肩，肩部贴附两个对称的兽首形耳，鼓腹，下腹弧收，圜底，矮圈足，足墙外撇（图三七三，1）。

Ⅱ式：8件。圈足较矮，颈较短。M432：1，盖子口，圆形，盖舌内折，顶隆起，等距分布三个“∩”形穿孔纽。器身母口，侈口，方唇，束颈，圆肩，肩部贴附两个对称的兽首形耳，鼓腹，下腹弧收，圜底，矮圈足（图三七三，2）。

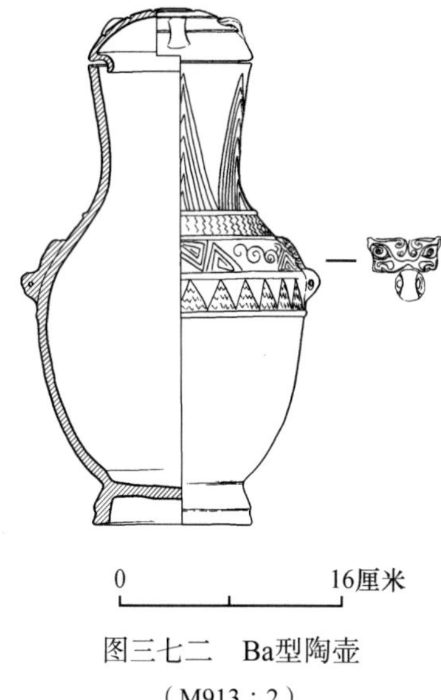

图三七二　Ba型陶壶
（M913：2）

Ⅲ式：1件。平底内凹，颈较短。M735：7，盖子口，呈覆钵形，盖舌残缺，顶隆起，顶中心有一“∩”形纽。器身母口，侈口，方唇，束颈，溜肩，肩部贴附两个对称的兽首形耳，弧腹内收，平底内凹（图三七三，3）。

Ⅳ式：2件。近平底，短颈。M764：2，盖子口，呈覆钵形，盖舌内折，顶隆起，等距分布三个“∩”形穿孔纽。器身母口，侈口，方唇，束颈，溜肩，肩部贴附两个对称的桥形耳，弧腹内收，平底略凹（图三七三，4）。

C型　6件。圆环形活动纽。演变规律是铺首逐渐消失，圈足渐矮。依据有无纹饰分为二亚型。

Ca型　3件。有纹饰。依据耳部与足部的变化分为二式。

Ⅰ式：2件。有附耳，圈足较高。M533：1，盖直接置于器身，无子母口。圆形，顶隆起，等距分布三个圆环形活动纽，纽残，仅存嵌孔。器身侈口，方唇，束颈，溜肩，肩部贴附两个对称的桥形耳，一耳残缺，弧腹内收，圜底，圈足，足墙外撇（图三七四，1）。

Ⅱ式：1件。无附耳，圈足较矮。M448：5，盖直接置于器身，无子母口。圆形，无舌，直壁，顶隆起，等距分布三个圆环形活动纽，纽残，仅存嵌孔。器身侈口，方唇，束颈，圆肩，弧腹内收，圜底，圈足，足墙外撇（图三七四，2）。

Cb型　3件。无纹饰。依据足部形态的变化分为二式。

Ⅰ式：2件。有附耳，圈足较高。M574：2，盖子口，呈覆钵形，盖舌内折，顶隆起，上等距分布三个圆环形活动纽，两环残缺，纽均嵌入圆孔中。器身母口，侈口，方唇，束颈，圆肩，肩部贴附两个对称的兽首形耳，鼓腹，圜底，圈足，足墙外撇（图三七五，1）。

Ⅱ式：1件。无附耳，圈足较矮。M448：1，盖残缺。器身侈口，方唇，束颈，圆肩，弧腹内收，圜底，圈足，足墙外撇（图三七五，2）。

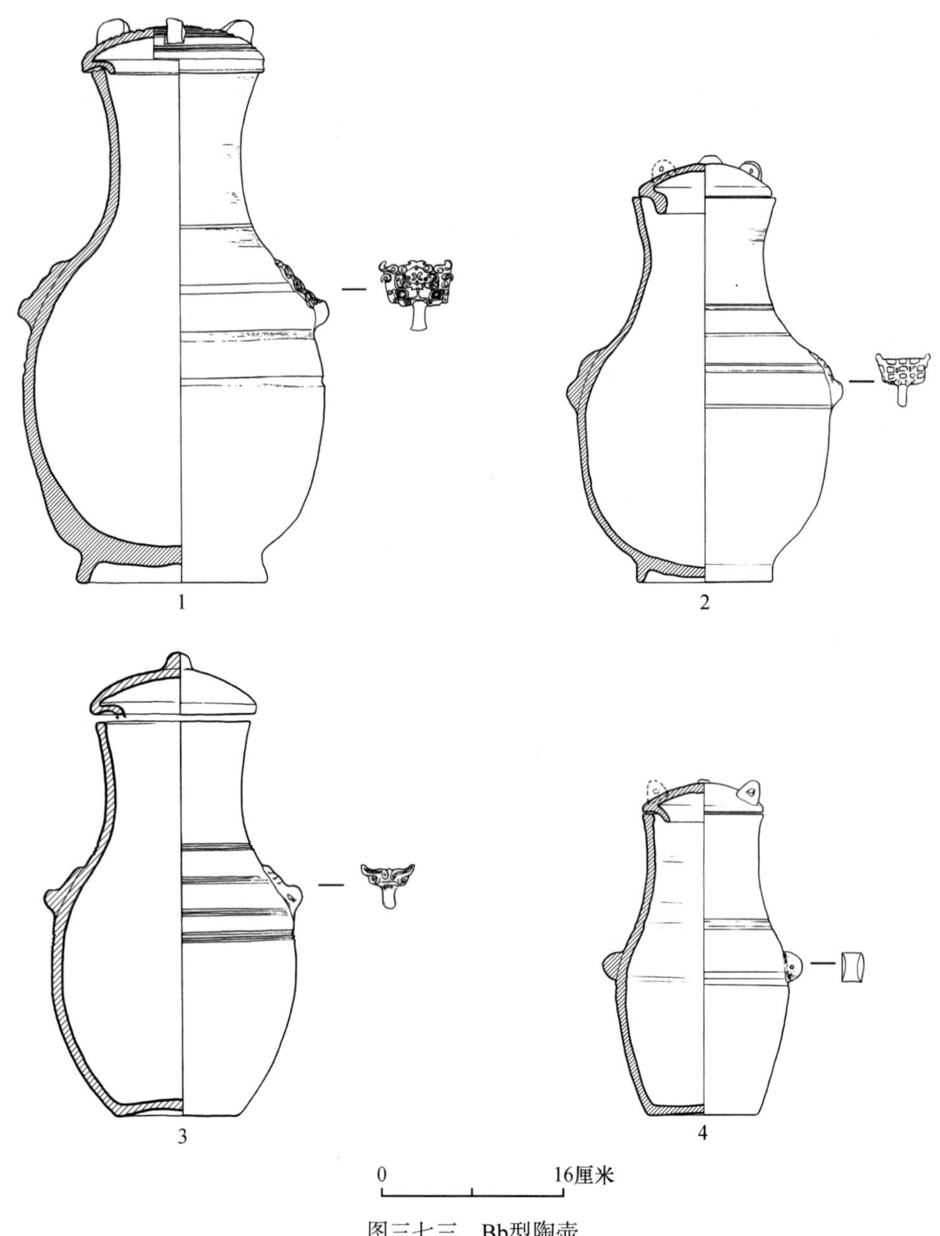

图三七三　Bb型陶壶

1. Ⅰ式（M581：1）　2. Ⅱ式（M432：1）　3. Ⅲ式（M735：7）　4. Ⅳ式（M764：2）

（四）陶盘

39件。演变规律是圈足渐矮，盘身渐浅。参与分型的有34件。依据圈足有无分为二型。

A型　5件。有圈足。此型演变规律是圈足渐矮。依据耳部形态的不同分为三亚型。

Aa型　2件。方耳。依据腹部形态的变化分为二式。

Ⅰ式：1件。腹较深，腹上部近直，腹下部斜收。M689：7，敞口，折沿上扬，方唇，唇边有两个对称的长方形外撇附耳，耳中有长方形穿，上腹近直，下腹斜收，矮圈足（图三七六，1）。

Ⅱ式：1件。腹较浅，弧腹，腹下部弧收。M720：11，敞口，折沿上扬，圆唇，唇边有

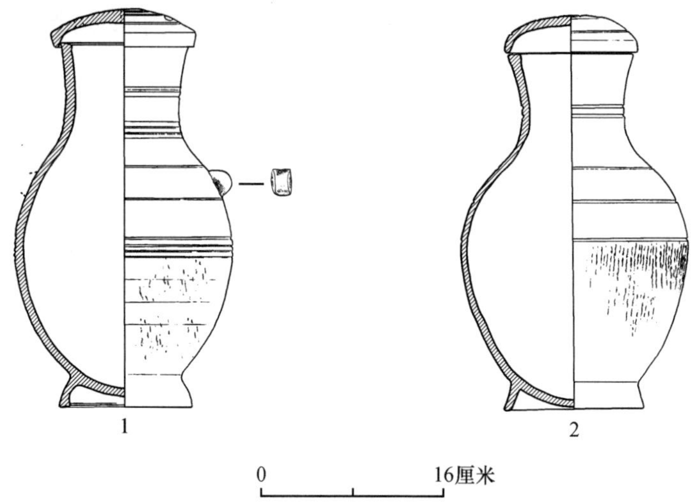

图三七四 Ca型陶壶

1. Ⅰ式（M533：1） 2. Ⅱ式（M448：5）

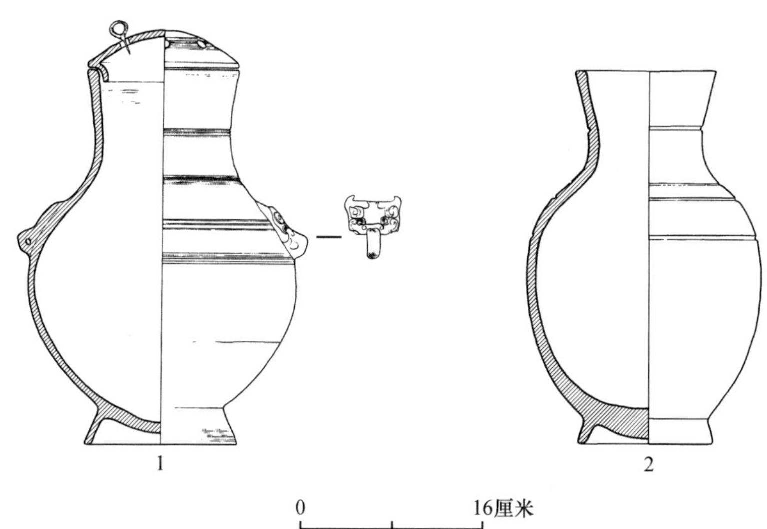

图三七五 Cb型陶壶

1. Ⅰ式（M574：2） 2. Ⅱ式（M448：1）

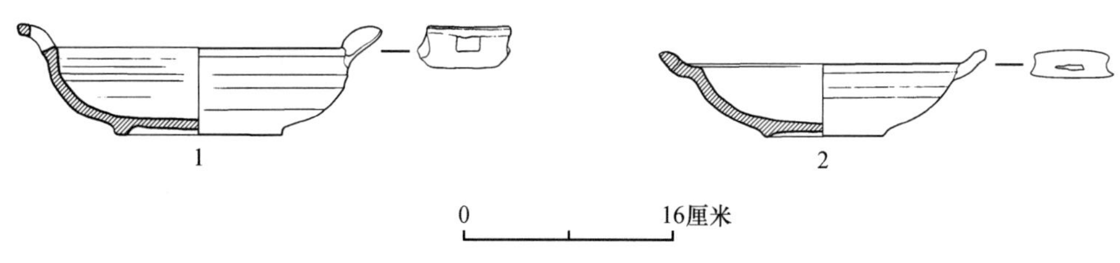

图三七六 Aa型陶盘

1. Ⅰ式（M689：7） 2. Ⅱ式（M720：11）

两个对称的长方形外撇附耳，耳中有长方形细穿，弧腹，腹中部软折，下腹弧收，矮圈足（图三七六，2）。

Ab型　2件。无耳。依据腹部形态的变化分为二式。

Ⅰ式：1件。腹较深，腹上部近直，下部斜收。M581：2，敞口，折沿上扬，方唇，折腹，上腹近直，下腹斜收，圈足（图三七七，1）。

Ⅱ式：1件。腹较浅，弧腹内收。M916：4，敞口，折沿上扬，方唇，弧腹内收，圈足（图三七七，2）。

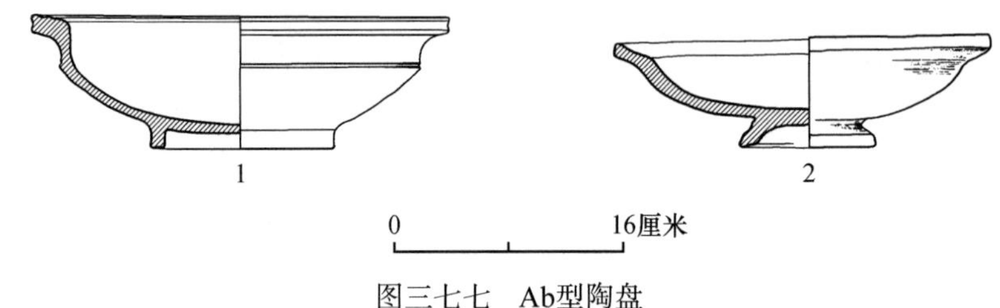

图三七七　Ab型陶盘

1. Ⅰ式（M581：2）　2. Ⅱ式（M916：4）

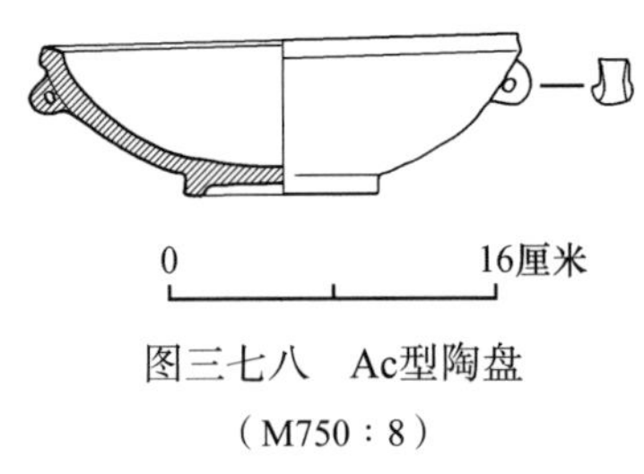

图三七八　Ac型陶盘

（M750：8）

Ac型　1件。环耳。M750：8，敞口，折沿上扬，方唇，上腹部有两个对称的环形附耳，弧腹内收，矮圈足（图三七八）。

B型　29件。无圈足。此型演变规律是盘身渐浅。依据耳部有无分为二亚型。

Ba型　11件。有耳。依据腹部形态的变化分为三式。

Ⅰ式：1件。腹上部为折腹。M830：7，敞口，折沿上扬，方唇，唇边有两个对称的长方形附耳，有长方形细穿，折腹，下腹斜收，平底（图三七九，1）。

Ⅱ式：2件。腹中部为折腹。M440：3，敞口，折沿上扬，方唇，唇边有两个对称的长方形附耳，有长方形细穿，折腹，上腹近直，下腹斜收，平底（图三七九，2）。

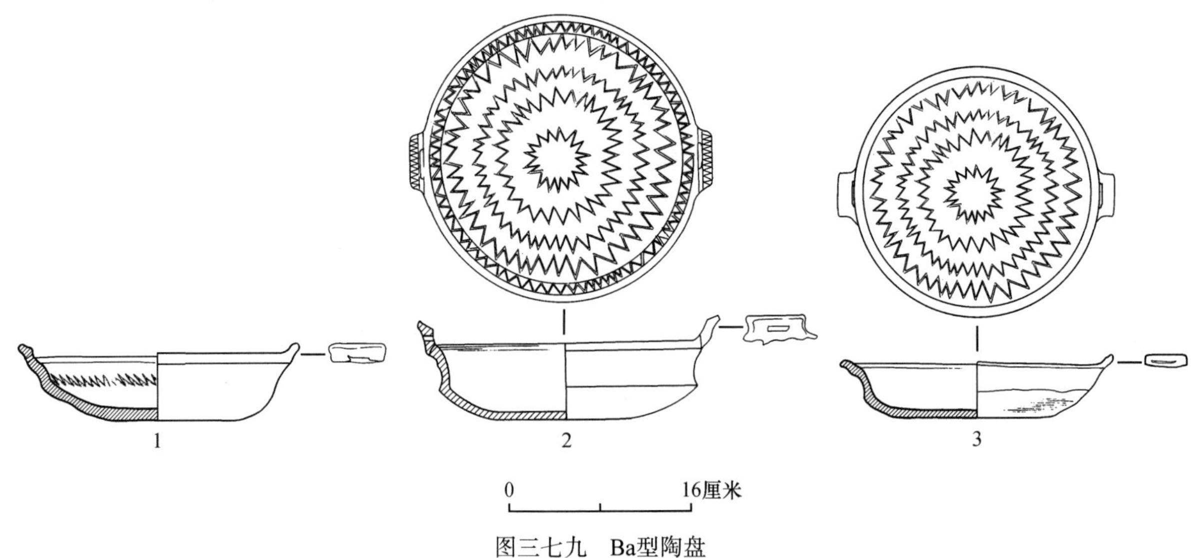

图三七九　Ba型陶盘

1. Ⅰ式（M830：7）　2. Ⅱ式（M440：3）　3. Ⅲ式（M818：7）

Ⅲ式：8件。腹下部为折腹。M818：7，敞口，折沿上扬，方唇，唇边有两个对称的长方形外撇附耳，有长方形细穿，折腹，下腹斜收，平底（图三七九，3）。

Bb型　18件。无耳。依据腹部及底部形态的变化分为六式。

Ⅰ式：3件。腹较深，圜底。M588：9，敞口，折沿上扬，方唇，弧腹内收，圜底（图三八〇，1）。

Ⅱ式：2件。腹较深，圜底。M913：5，敞口，折沿上扬，方唇，折腹，上腹近直，下腹弧收，圜底（图三八〇，2）。

Ⅲ式：3件。腹较深，圜底。M432：4，敞口，折沿上扬，方唇，折腹，上腹近直，下腹斜收，圜底（图三八〇，3）。

Ⅳ式：2件。腹较浅，圜底。M533：10，敞口，折沿，沿面有一周凹槽，方唇，弧腹，圜底（图三八〇，4）。

Ⅴ式：1件。下腹较浅，圜底。M574：7，敞口，平沿，方唇，折腹，上腹近直，下腹斜收，圜底（图三八〇，5）。

Ⅵ式：7件。腹较浅，平底。M626：7，敞口，折沿上扬，方唇，折腹，上腹近直，下腹斜收，平底（图三八〇，6）。

（五）陶匜

35件。演变规律是匜口由椭圆形渐成近圆形，流由长渐短，心从深渐浅，口线和底线从弧曲渐趋平直。参与分型的有28件，根据鋬首形态的不同分为四型。

A型　4件。环形鋬。此型演变规律是流由长渐短，心从深渐浅，口线和底线从弧曲渐趋

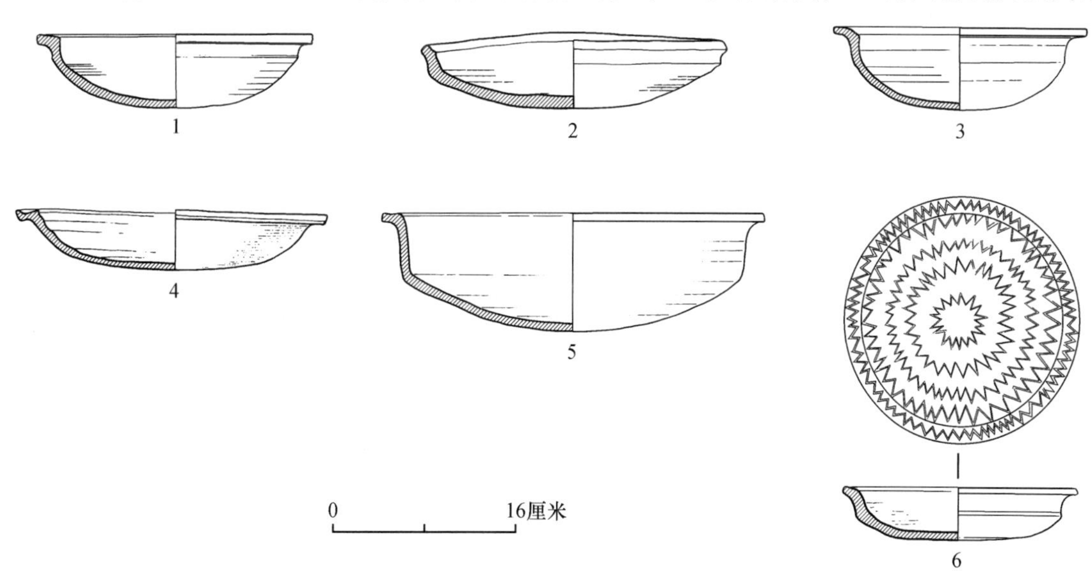

图三八〇　Bb型陶盘

1. Ⅰ式（M588：9）　2. Ⅱ式（M913：5）　3. Ⅲ式（M432：4）　4. Ⅳ式（M533：10）　5. Ⅴ式（M574：7）　6. Ⅵ式（M626：7）

平直。依据匜口形状的变化分为三式。

Ⅰ式：1件。椭圆形口，口浅弧曲。M581∶3，口部呈椭圆形，敛口，方唇，弧腹内收，附槽状流，流口上扬，尾部有环形鋬，平底（图三八一，1）。

Ⅱ式：1件。心形口，口浅略弧。M533∶11，口部呈心形，敞口，方唇，弧腹内收，附槽状流，流口较短，尾部有环形鋬，平底（图三八一，2）。

Ⅲ式：2件。近圆形口，口浅近平。M574∶5，口部近圆形，敞口，圆唇，弧腹内收，附槽状流，流口较短微上扬，尾部有环形鋬，平底（图三八一，3）。

B型　15件。半圆形鋬。此型演变规律是匜口由椭圆形渐成近圆形，流由长渐短，心从深渐浅，口线和底线从弧曲渐趋平直。依据流与鋬形态的变化分为四式。

Ⅰ式：1件。流部较弧，鋬较大。M750∶7，口部呈椭圆形，敛口，方唇，弧腹内收，附槽状流，流口上扬，尾部有半圆形鋬，平底（图三八二，1）。

Ⅱ式：3件。流部较斜，鋬较大。M689∶9，口部呈椭圆形，敞口，方唇，弧腹内收，附槽状流，流口较短微上扬，尾部有半圆形鋬，平底（图三八二，2）。

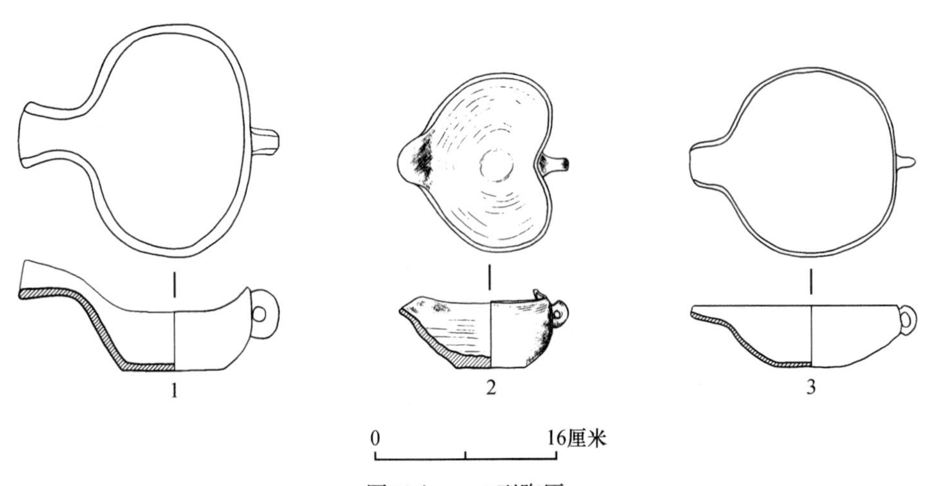

图三八一　A型陶匜

1. Ⅰ式（M581∶3）　2. Ⅱ式（M533∶11）　3. Ⅲ式（M574∶5）

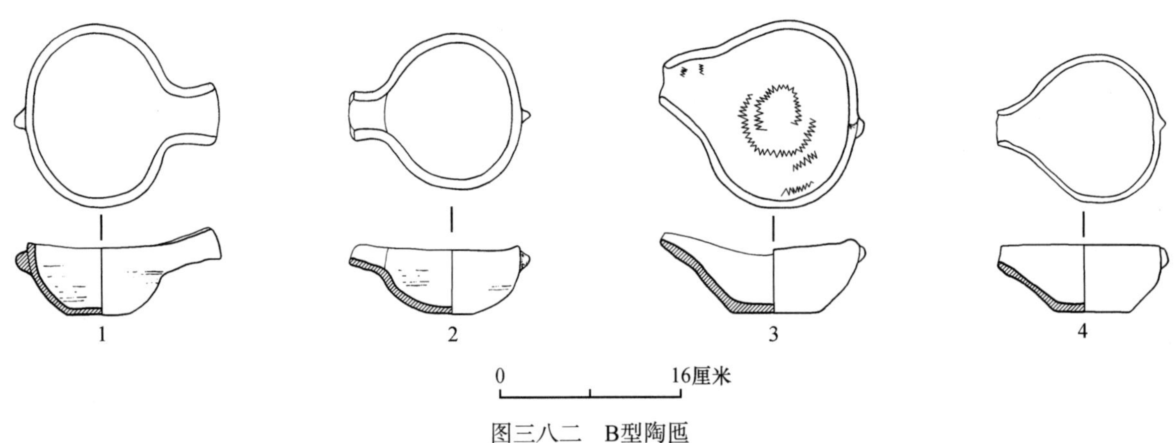

图三八二　B型陶匜

1. Ⅰ式（M750∶7）　2. Ⅱ式（M689∶9）　3. Ⅲ式（M797∶2）　4. Ⅳ式（M676∶10）

Ⅲ式：1件。流部斜直，鋬较小。M797∶2，口部呈椭圆形，敛口，方唇，弧腹内收，附槽状流，流口较短上扬，尾部有半圆形鋬，鋬上部有尖状凸起，平底（图三八二，3）。

Ⅳ式：10件。流部较斜直，鋬较小。M676∶10，口部呈桃形，近直口，方唇，弧腹内收，附槽状流，流口较短，尾部有半圆形鋬，平底（图三八二，4）。

C型 6件。简化兽形鋬。此型演变规律是流由长渐短，心从深渐浅，口线和底线从弧曲渐趋平直。依据鋬部形态的变化分为五式。

Ⅰ式：1件。鋬较大，较形象。M588∶6，口部呈椭圆形，敞口，圆唇，上腹近直，下腹弧收，附槽状流，微上扬，尾部有简化兽形鋬，圜底（图三八三，1）。

Ⅱ式：2件。鋬较大，较抽象。M649∶8，口部呈椭圆形，敛口，方唇，深腹，上腹近直，下腹斜收，附槽状流，流口较短上扬，尾部有简化兽形鋬，平底（图三八三，2）。

Ⅲ式：1件。鋬较小，较抽象。M432∶9，口部呈椭圆形，敞口，圆唇，上腹微折，下腹斜收，附槽状流，流口较短微上扬，尾部有简化兽形鋬，平底（图三八三，3）。

Ⅳ式：1件。鋬较小，较简化。M440∶2，口部呈椭圆形，敛口，方唇，弧腹内收，附槽状流，流口上扬，尾部有简化兽形鋬，鋬上部有尖状凸起，平底（图三八三，4）。

Ⅴ式：1件。鋬小，简化。M732∶8，口部呈桃形，微敛口，方唇，弧腹斜收，附槽状流，流口较短微上扬，尾部有简化兽形鋬，平底（图三八三，5）。

D型 3件。无鋬。此型演变规律是口线和底线从弧曲渐趋平直。依据腹部形态的变化分为三式。

Ⅰ式：1件。弧腹较深。M437∶9，口部呈椭圆形，敛口，圆唇，深弧腹微折，下腹斜

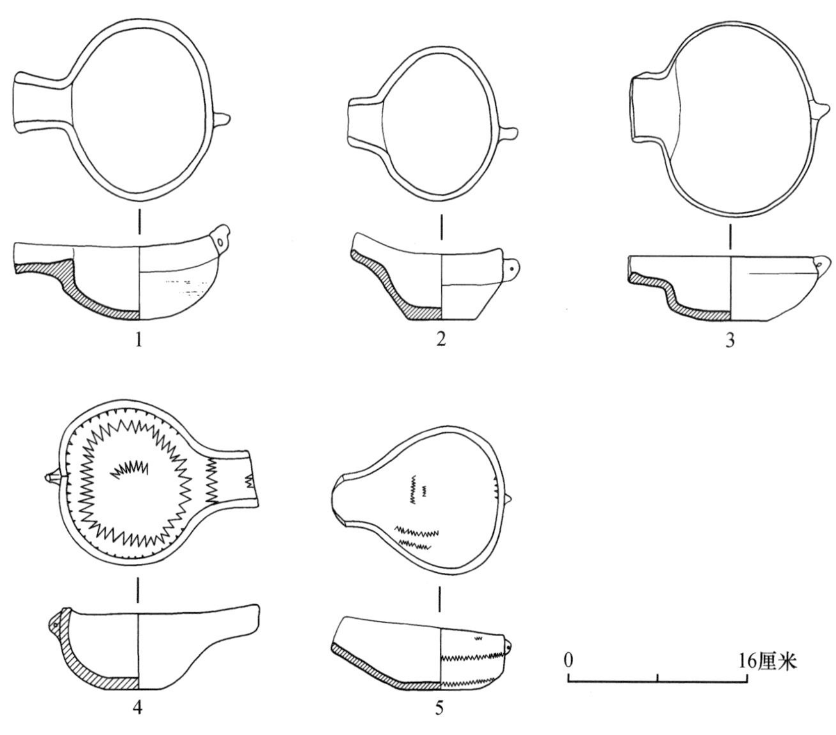

图三八三 C型陶匜

1. Ⅰ式（M588∶6） 2. Ⅱ式（M649∶8） 3. Ⅲ式（M432∶9） 4. Ⅳ式（M440∶2） 5. Ⅴ式（M732∶8）

收，附槽状流，流口较短微上扬，尾部无鋬，平底略凹（图三八四，1）。

Ⅱ式：1件。折腹较浅。M446∶3，口部呈椭圆形，敛口，方唇，折腹，下腹斜收，附槽状流，流口较短微上扬，尾部无鋬，平底（图三八四，2）。

Ⅲ式：1件。浅弧腹。M912∶4，口部呈三角形，敞口，圆唇，弧腹内收，附尖槽状流，流口微上扬，尾部无鋬，平底（图三八四，3）。

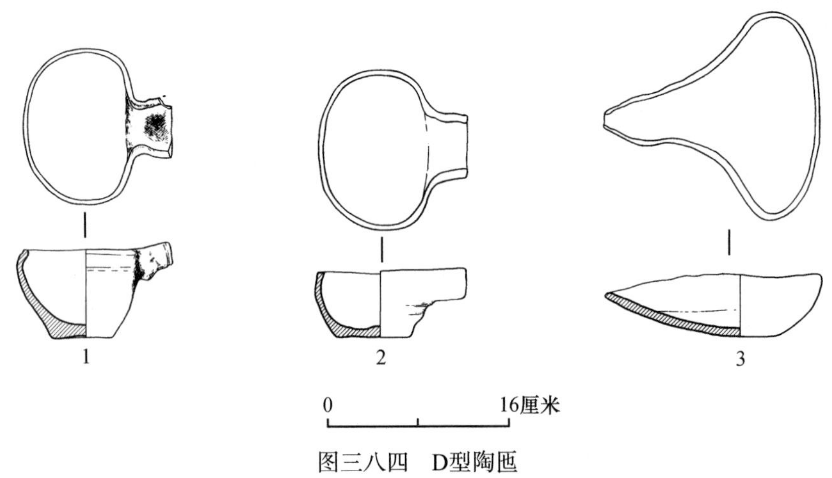

图三八四　D型陶匜

1. Ⅰ式（M437∶9）　2. Ⅱ式（M446∶3）　3. Ⅲ式（M912∶4）

（六）陶小口壶

36件。演变规律是器形由大渐小，柄部由长渐短，颈部由长渐短。参与分型的有32件，根据腹部形态及壶盖的不同分为四型。

A型　22件。斜弧腹。此型演变规律是器形由大渐小，器盖由覆杯形演化为覆钵形，壶柄由高渐矮。依据器形大小及柄部长短的变化分为六式。

Ⅰ式：2件。器形大，柄部长。M750∶4，盖母口，呈覆杯形，顶部有喇叭形捉手，柄较短。器身子口，侈口，圆唇，短颈，斜弧腹，细柄，喇叭形座（图三八五，1）。

Ⅱ式：1件。器形较大，柄部长。M588∶4，盖母口，圆形，近直壁，平顶。器身子口，侈口，圆唇，短颈，斜弧腹，细柄，喇叭形座（图三八五，2）。

Ⅲ式：6件。器形较大，柄部较长。M658∶5，盖残缺。器身子口，侈口，圆唇，短颈，斜弧腹，细柄，喇叭形座（图三八五，3）。

Ⅳ式：8件。器形较小，柄部较短。M590∶11，盖母口，圆形，斜壁，中部有一周折棱，平顶。器身子口，侈口，圆唇，短颈，斜弧腹，细柄，柄较短，喇叭形座（图三八五，4）。

Ⅴ式：3件。器形较小，柄部短。M658∶6，盖母口，圆形，近直壁，顶微隆。器身子口，近直口，方唇，短颈，斜弧腹，细柄，柄较短，喇叭形座（图三八五，5）。

Ⅵ式：2件。器形小，柄部短。M859∶4，盖母口，圆形，近直壁，顶微隆。器身子口，侈口，圆唇，短颈，斜弧腹，细柄，柄较短，喇叭形座（图三八五，6）。

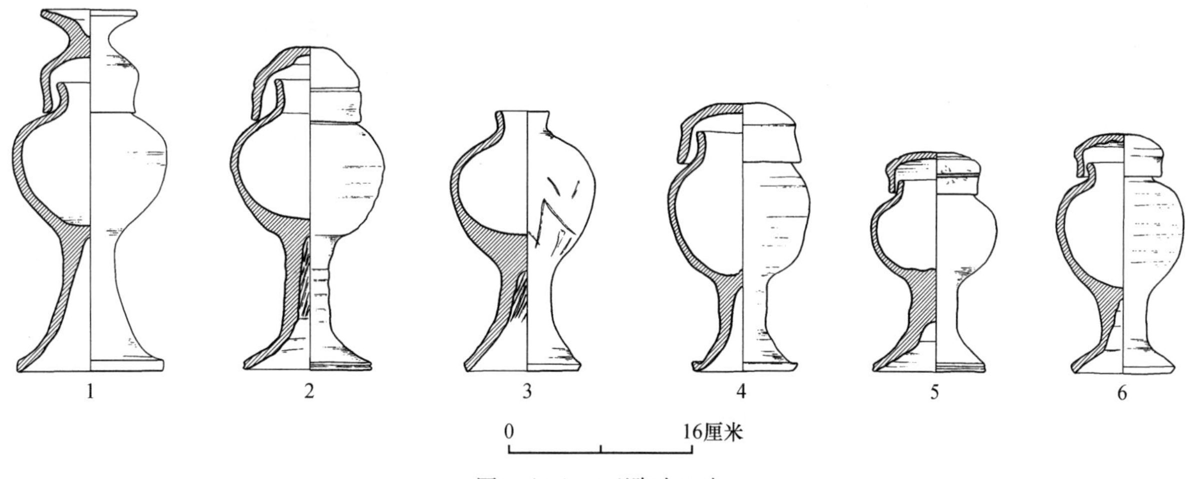

图三八五　A型陶小口壶

1. Ⅰ式（M750：4）　2. Ⅱ式（M588：4）　3. Ⅲ式（M658：5）　4. Ⅳ式（M590：11）　5. Ⅴ式（M658：6）　6. Ⅵ式（M859：4）

B型　4件。垂腹。此型演变规律是口部由小浅大，垂腹位置逐渐上移。依据口部和腹部形态的变化分为二式。

Ⅰ式：2件。口较小，腹下垂。M581：10，敛口，方唇，短颈，溜肩，垂腹，细柄，喇叭形座（图三八六，1）。

Ⅱ式：2件。口较大，垂腹上移。M912：9，盖母口，近直壁，顶隆起。器身子口，敛口，方唇，短颈，溜肩，垂腹，细柄，喇叭形座（图三八六，2）。

C型　4件。鼓腹。此型演变规律是颈部由长渐短，器形由大渐小。依据颈部长短的变化分为二式。

Ⅰ式：2件。颈较长。M916：3，盖残缺。器身口部及柄部残，鼓腹，喇叭形座（图三八七，1）。

Ⅱ式：颈较短。2件。M735：6，盖残缺。器身子口，敛口，圆唇，短颈，鼓腹，细柄，柄较短，喇叭形座（图三八七，2）。

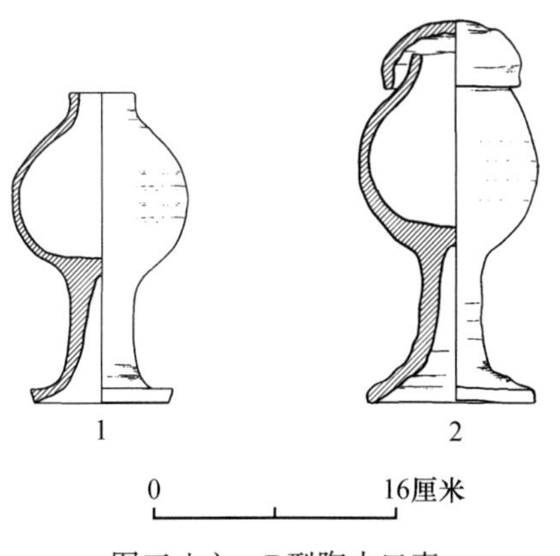

图三八六　B型陶小口壶

1. Ⅰ式（M581：10）　2. Ⅱ式（M912：9）

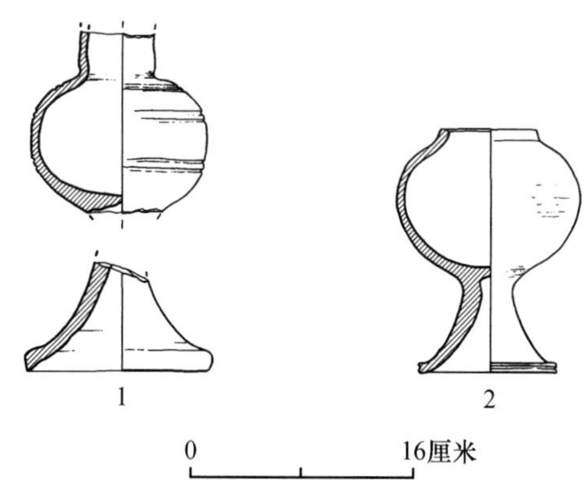

图三八七　C型陶小口壶

1. Ⅰ式（M916：3）　2. Ⅱ式（M735：6）

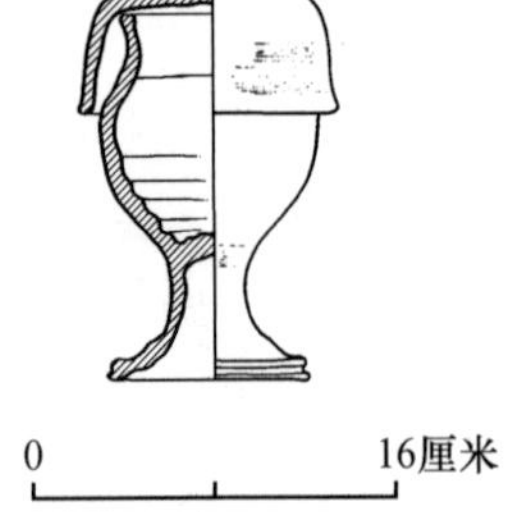

图三八八　D型陶小口壶（M574：13）

D型　2件。盖口径大于器身腹径。M574：13，盖母口，圆形，弧壁，平顶。器身子口，侈口，方唇，短颈，斜弧腹，细柄，柄较短，喇叭形座（图三八八）。

（七）陶鬲

50件。演变规律是弧鼓腹逐渐变直，圜底逐渐变平。参与分式的有42件。依据底部与腹部形态的变化分为三式。

Ⅰ式：7件。腹较弧，圜底。M581：8，敛口，平沿，方唇，唇端略凹，短束颈，溜肩，深弧腹，圜底，底附三个锥形实足，略外撇（图三八九，1）。

Ⅱ式：15件。腹略弧，圜底。M636：2，敛口，折沿微上扬，方唇，短束颈，溜肩，深弧腹，圜底，底附三个锥形实足，略外撇（图三八九，2）。

Ⅲ式：20件。腹略弧，圜底近平。M545：2，微敛口，折沿，方唇，短束颈，溜肩，深弧腹，腹壁略弧，圜底，底附三个扁圆状柱足，略外撇（图三八九，3）。

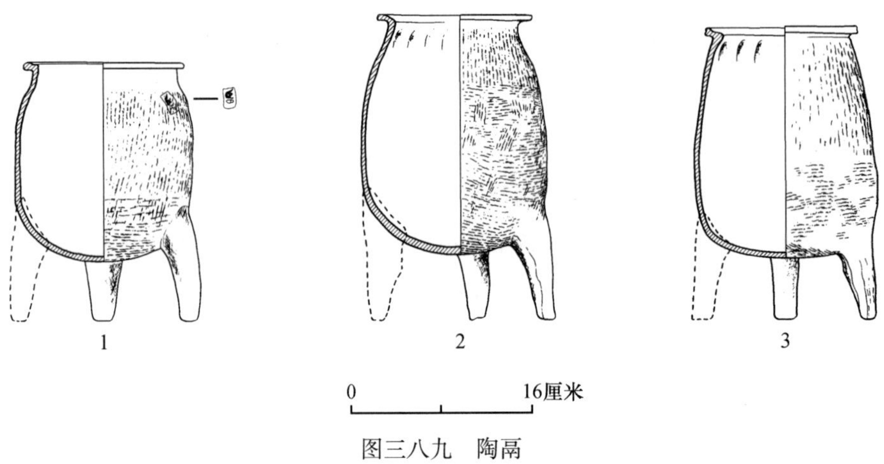

图三八九　陶鬲

1. Ⅰ式（M581：8）　2. Ⅱ式（M636：2）　3. Ⅲ式（M545：2）

（八）陶三足罐

12件。演变规律是器形由小变大。参与分型的有12件，依据腹部深浅的不同分为二型。

A型　7件。深腹。依据足部形态的不同分为二亚型。

Aa型　4件。乳突状足。依据足部大小、高矮的变化分为四式。

Ⅰ式：1件。足矮小，与腹底分界明显。M788：1，侈口，圆唇，短颈，圆鼓肩，深弧腹，底近平，下附三乳突状足（图三九〇，1）。

Ⅱ式：1件。足较矮小，与腹底分界较明显。M437：10，侈口，方唇，短颈，圆肩，斜弧腹，三角形平底，附三外撇乳突状足（图三九〇，2）。

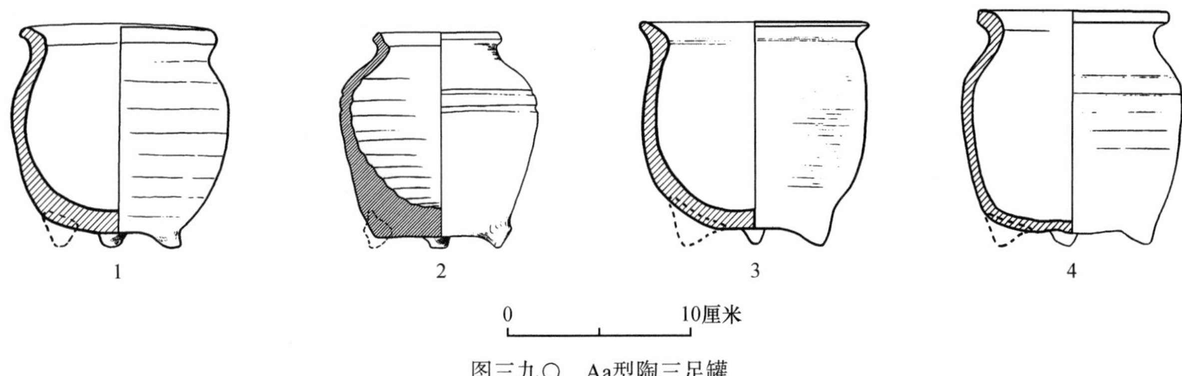

图三九〇 Aa型陶三足罐
1. Ⅰ式（M788：1） 2. Ⅱ式（M437：10） 3. Ⅲ式（M682：2） 4. Ⅳ式（M779：3）

Ⅲ式：1件。足较高大，与腹底分界较模糊。M682：2，侈口，平沿上扬，圆唇，短颈，溜肩，深弧腹，平底，下附三乳突状足（图三九〇，3）。

Ⅳ式：1件。足高大，与腹底分界不明显。M779：3，侈口，方唇，短颈，圆肩，深弧腹，底近平，下附三乳突状足（图三九〇，4）。

Ab型 3件。三角形足。依据器形大小的变化分为二式。

Ⅰ式：2件。腹底较低，裆较浅。M787：1，敞口，折沿上扬，方唇，短束颈，溜肩，深弧腹，平底，下附刀削三角形足（图三九一，1）。

Ⅱ式：1件。腹底较高，裆较深。M817：2，敞口，圆唇，折沿，沿面有凹槽，短颈，溜肩，深弧腹，平底，下附刀削三角形足（图三九一，2）。

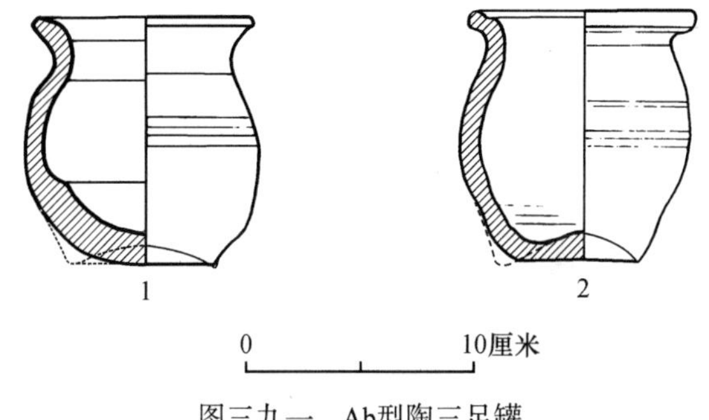

图三九一 Ab型陶三足罐
1. Ⅰ式（M787：1） 2. Ⅱ式（M817：2）

B型 5件。浅腹。依据足部形态的不同分为二亚型。

Ba型 3件。乳突状足。M634：10，侈口，方唇，唇部有凹槽，短颈，圆肩，浅鼓腹，圜底，底下附三乳突状足（图三九二）。

Bb型 2件。三角形足。依据器形大小的变化分为二式。

Ⅰ式：1件。器形较小。M894：4，侈口，方唇，唇端有凹槽，短颈，溜肩，浅弧腹，底近平，下附刀削三角形足（图三九三，1）。

Ⅱ式：1件。器形较大。M912：5，敞口，圆唇，束颈，圆肩，肩部软折，浅弧腹，底近平，下附刀削三角形足（图三九三，2）。

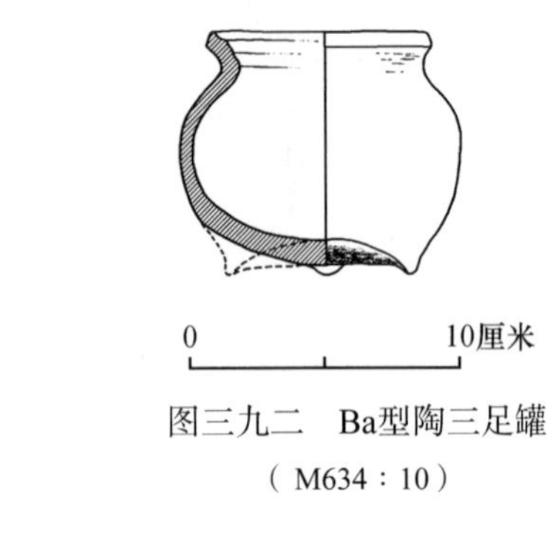

图三九二　Ba型陶三足罐
（M634：10）

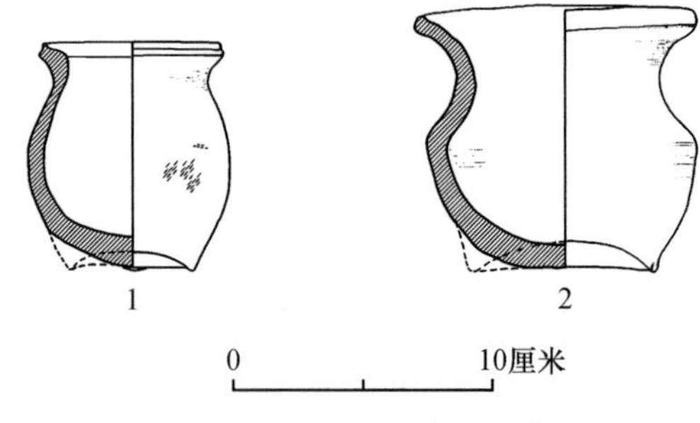

图三九三　Bb型陶三足罐
1. Ⅰ式（M894：4）　2. Ⅱ式（M912：5）

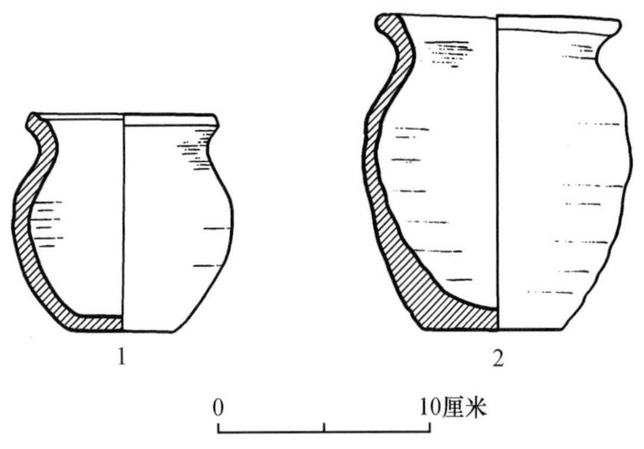

图三九四　A型陶罐
1. Ⅰ式（M727：1）　2. Ⅱ式（M533：6）

（九）陶罐

19件。演变规律是器形由小变大。参与分型的有17件。根据腹部形态的不同分为二型。

A型　3件。鼓腹。依据器形大小的变化分为二式。

Ⅰ式：1件。器形较小。M727：1，侈口，圆唇，短束颈，溜肩，鼓腹较圆，下腹内收，平底（图三九四，1）。

Ⅱ式：2件。器形较大。M533：6，侈口，圆唇，短束颈，溜肩，微鼓腹，下腹内收，平底（图三九四，2）。

B型　14件。弧腹。依据腹部及底部形态的变化分为四式。

Ⅰ式：1件。弧腹深，平底较大。M788：2，侈口，圆唇，短束颈，溜肩，深弧腹，下腹内收，平底（图三九五，1）。

Ⅱ式：1件。弧腹较深，平底较大。M437：11，侈口，尖唇，短束颈，溜肩，深弧腹，下腹内收，平底（图三九五，2）。

Ⅲ式：9件。弧腹较深，平底较小。M682：3，侈口，方唇，短束颈，溜肩，深弧腹，下腹内收，平底（图三九五，3）。

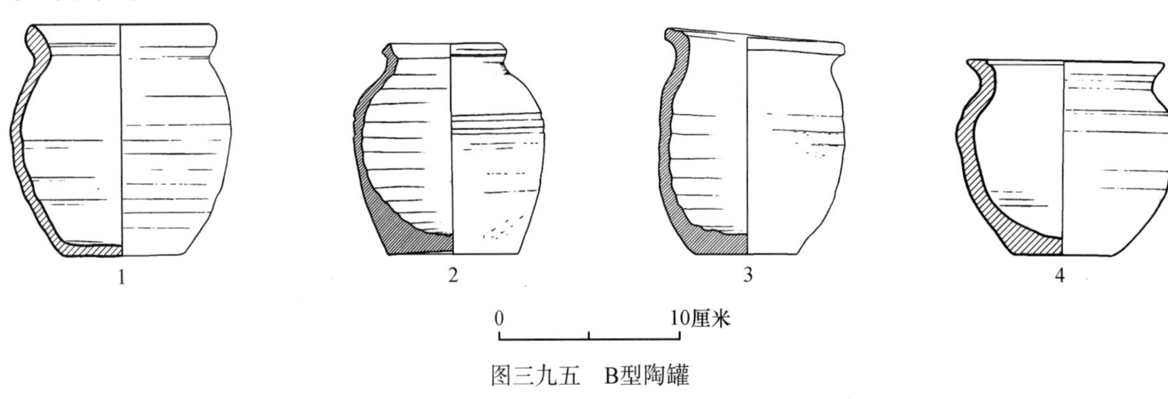

图三九五　B型陶罐
1. Ⅰ式（M788：2）　2. Ⅱ式（M437：11）　3. Ⅲ式（M682：3）　4. Ⅳ式（M817：1）

Ⅳ式：3件。弧腹较浅，平底较小。M817：1，侈口，圆唇，短束颈，圆鼓肩，浅弧腹，下腹内收，平底（图三九五，4）。

（一〇）陶小口罐

40件。演变规律是弧腹变斜直。参与分型的有34件。根据腹部形态的变化分为二式。

Ⅰ式：5件。腹部较弧。M797：5，盖母口，圆形，近直壁，顶隆起。器身子口，敛口，圆唇，短束颈，圆鼓肩，斜弧腹内收，平底略凹（图三九六，1）。

Ⅱ式：29件。腹部较斜直。M369：2，盖母口，圆形，弧壁，顶隆起。器身子口，直口，圆唇，短束颈，圆肩，斜腹内收，平底（图三九六，2）。

（一一）陶双耳罐

1件。与鼎、豆、壶、盘、匜、小口罐共出。M369：6，侈口，内口沿有一周凹槽，圆唇，短束颈，颈部附有对称双耳，耳上接口部，一耳残缺，溜肩，鼓腹，平底内凹（图三九七）。

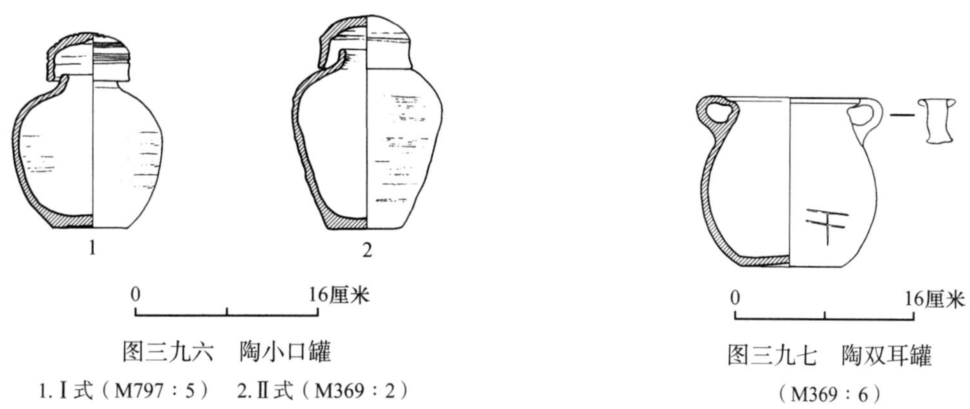

图三九六　陶小口罐
1. Ⅰ式（M797：5）　2. Ⅱ式（M369：2）

图三九七　陶双耳罐
（M369：6）

（一二）陶尊

17件。演变规律是颈部变短，折肩上移，腹部逐渐瘦长。参与分型的有11件。根据有无纹饰分为二型。

A型　9件。有纹饰。依据腹部形态的变化分为二式。

Ⅰ式：1件。腹部较弧。M788：3，侈口，宽沿外折，方唇，束颈，折肩，弧腹内收，平底略凹（图三九八，1）。

Ⅱ式：8件。腹部斜弧。M369：9，侈口，宽沿外折，方唇，束颈，折肩，斜弧腹内收，平底（图三九八，2）。

B型　2件。无纹饰。依据腹部形态的变化分为二式。

Ⅰ式：1件。腹部较弧。M574：8，侈口，宽沿外折，尖圆唇，束颈，折肩下垂，弧腹内收，平底（图三九九，1）。

Ⅱ式：1件。腹部斜弧。M720：6，侈口，宽沿外折，方唇，束颈，折肩，斜弧腹内收，圜底近平（图三九九，2）。

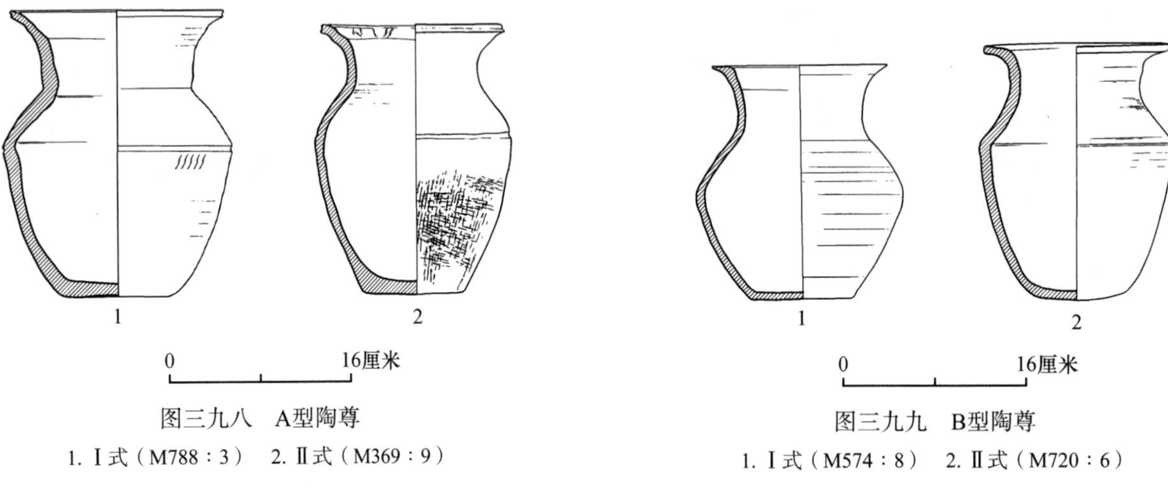

图三九八　A型陶尊
1. Ⅰ式（M788：3）　2. Ⅱ式（M369：9）

图三九九　B型陶尊
1. Ⅰ式（M574：8）　2. Ⅱ式（M720：6）

（一三）陶浅盘豆

5件。演变规律是豆柄渐长。参与分式的有5件。根据豆柄及腹部形态的变化分为二式。

Ⅰ式：3件。柄较短，腹较弧。M788：5，敞口，圆唇，浅弧腹内收，细柄，柄较短，喇叭形座（图四〇〇，1）。

Ⅱ式：2件。柄较长，腹较斜弧。M590：8，敞口，圆唇，浅腹斜收，细长柄，喇叭形座（图四〇〇，2）。

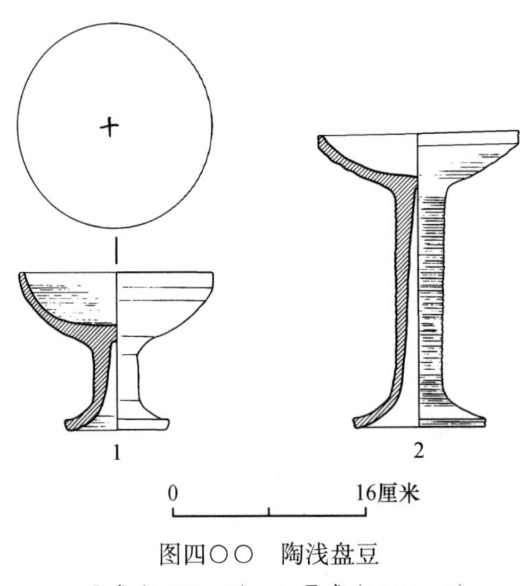

图四〇〇　陶浅盘豆
1. Ⅰ式（M788：5）　2. Ⅱ式（M590：8）

第三节　墓葬分期与年代

一、墓葬的分期

这批战国墓葬之间基本无叠压、打破关系，出土器物中未发现纪年材料。因此，这批墓葬的分期将主要运用考古类型学的方法，通过对随葬器物的分析，进行组合关系的归类和器物型式的排比。随葬陶器的墓葬数量较多，陶器种类丰富，器物组合及器物形制的演变轨迹清晰。器物组合的变化及与形制的改变与当时社会的变革相关，是墓葬分期的基础。随葬的陶礼器中，有的是传世器物，墓葬的分期还要根据实际情况和同出的陶器来确定。随葬日用陶器的墓葬数量少，部分类别器物之间的演变尚有缺环，难以确定其早晚关系，只能参考陶礼器墓葬中的同类器物，从中寻找演化规律，以确定墓葬期别。未出陶器随葬品的墓葬，因一两件器物并不能判定墓葬的年代，一般不参与分期。

在一定时期内，墓葬中几种常见器物相对稳定的共存关系构成了器物的基本组合，它是一定时代特征的集中概括和反映。后屯村墓地已发掘的231座战国墓葬中随葬陶器的墓有90座。其中，随葬陶器组合较齐全、形制较清楚、能直接参加型式分析的有60座墓。其余30座墓中，或是出土器物破碎过甚，不能辨其形，或是随葬器物形制特殊，只能据其地层情况、器物组合情况及少数形制清楚的器物特征将它们归入相应期段内，有24座墓能间接归入相应期段内，6座墓葬未能归入相应期段内。综上，后屯村墓地能参加型式分析的有84座墓葬。

随葬陶器的墓葬分组情况如下。

第Ⅰ组：有1件陶簋仅在M788中出现，较特殊，为第①组。

第①组：出土的陶器有陶簋、Ⅰ式浅盘豆、Aa型Ⅰ式三足罐、B型Ⅰ式罐、A型Ⅰ式尊。

第Ⅱ组：根据第一类基本组合中鼎、豆、壶、盘、匜的主要式别变化在组合较清楚的34座墓葬中的分布情况，归纳为②、③、④、⑤组。

第②组：包括2座墓，M581、M750。出土的陶器有A型Ⅰ式、Ba型Ⅰ式鼎，A型Ⅰ式、D型Ⅰ式豆，Aa型Ⅰ式、Bb型Ⅰ式壶，Ab型Ⅰ式、Ac型盘，A型Ⅰ式、B型Ⅰ式匜。

第③组：包括12座墓，M432、M437、M446、M588、M590、M634、M649、M658、M689、M830、M844、M913。据其器物组合情况及少数形制清楚的器物特征，归入该组的墓有M648、M787、M894、M916等4座。出土的陶器有A型Ⅱ式、Ba型Ⅱ式、Ba型Ⅲ式、Bc型Ⅰ式、Bc型Ⅱ式、Bd型Ⅰ式、Be型Ⅰ式、D型Ⅰ式鼎，A型Ⅱ式、B型、C型Ⅰ式、E型Ⅰ式、F型豆，Aa型Ⅱ式、Ab型Ⅰ式、Ab型Ⅱ式、Ba型、Bb型Ⅱ式壶，Aa型Ⅰ式、Ba型Ⅰ式、Bb型Ⅰ式、Bb型Ⅱ式、Bb型Ⅲ式盘，B型Ⅱ式、C型Ⅰ式、C型Ⅱ式、C型Ⅲ式、D型Ⅰ式、D型Ⅱ式匜。

第④组：包括5座墓，M440、M533、M574、M797、M859。据其器物组合情况及少数形制清楚的器物特征归入该组的墓有M682、M708、M735、M764、M792、M814、M927等共

7座。出土的陶器有Bc型Ⅲ式、Be型Ⅱ式、C型鼎，A型Ⅲ式、C型Ⅱ式、D型Ⅱ式、E型Ⅱ式、G型豆，Aa型Ⅲ式、Aa型Ⅳ式、Ab型Ⅲ式、Ca型Ⅰ式、Cb型Ⅰ式壶，Ba型Ⅱ式、Bb型Ⅳ式、Bb型Ⅴ式盘，A型Ⅱ式、A型Ⅲ式、B型Ⅲ式、C型Ⅳ式匜。

第⑤组：包括15座墓，M369、M448、M572、M575、M626、M669、M672、M676、M720、M732、M739、M818、M831、M912、M929。据其器物组合情况及少数形制清楚的器物特征归入该组的墓有M580、M589、M686、M690、M706、M710、M725、M749、M756、M779、M783、M817、M926等13座。出土的陶器有Bc型Ⅳ式、Be型Ⅲ式、D型Ⅱ式鼎，D型Ⅲ式、D型Ⅳ式、D型Ⅴ式豆，Aa型Ⅳ式、Aa型Ⅴ式、Aa型Ⅵ式、AbⅣ式、Ca型Ⅱ式、Cb型Ⅱ式壶，Aa型Ⅱ式、Ba型Ⅲ式、Bb型Ⅵ式盘，B型Ⅳ式、C型Ⅴ式、D型Ⅲ式匜。

第Ⅲ组：根据第四类基本组合陶鬲的主要式别变化在组合较清楚的25座墓葬中的分布情况，归纳为①、②、③组。

第①组：包括4座墓，M709、M727、M794、M895。出土Ⅰ式鬲。

第②组：包括10座墓，M603、M620、M636、M700、M765、M836、M853、M855、M944、M949。出土Ⅱ式鬲。

第③组：包括11座墓，M443、M541、M545、M552、M555、M563、M571、M596、M608、M852、M893。出土Ⅱ、Ⅲ式鬲。

第Ⅰ、Ⅱ组陶器组合的演变序列也就是后屯村战国墓在年代上发展演变的五个阶段。再依器类组合及器物型式的演化轨迹可将这五个阶段划归成四期。其中第一阶段划作第一期，第二阶段划作第二期，第三、四阶段划作第三期，第五阶段划为第四期（表一）。

表一　陶器组合演变序列与墓葬对应关系统计表

期	段	墓葬（第Ⅰ、Ⅱ组）	总计
一	一	M788	1
二	二	M581、M750	2
三	三	M432、M437、M446、M588、M590、M634、M648、M649、M658、M689、M787、M830、M844、M894、M913、M916	16
	四	M440、M533、M574、M682、M708、M735、M764、M792、M797、M814、M859、M927	12
四	五	M369、M448、M572、M575、M580、M589、M626、M669、M672、M676、M686、M690、M706、M710、M720、M725、M732、M739、M749、M756、M779、M783、M817、M818、M831、M912、M929、M926	28

第Ⅲ组陶器组合的演变序列器物型式的演化轨迹可将这三个阶段划归成三期。其中第一阶段划作第一期，第二阶段划作第二期，第三阶段划作第三期（表二）。

表二　陶器组合演变序列与墓葬对应关系统计表

期	段	墓葬（第Ⅲ组）	总计
一	一	M709、M727、M794、M895	4
二	二	M603、M620、M636、M700、M765、M836、M853、M855、M944、M949	10
三	三	M443、M541、M545、M552、M555、M563、M571、M596、M608、M852、M893	11

二、墓葬的年代

后屯村战国墓葬群已发掘的墓葬中没有纪年墓，北京本地区发掘公布的战国墓葬资料[①]又相对较少，墓葬年代只能通过和周边墓葬的类比来确定。

1. 第Ⅰ、Ⅱ组陶器的年代

关于鼎、豆、壶、盘、匜的年代分析，郑君雷[②]和周海峰[③]的观点颇符合后屯村战国墓地的情况，因此作为参考。文章分期中第一期对应春秋战国之际，第二期对应战国早期，第三期对应战国中期，第四期对应战国晚期。

2. 第Ⅲ组陶器的年代

关于陶鬲的年代分析，李晓健的划分[④]较为全面，几乎包含了所有后屯村战国墓地出土的陶鬲类型，因此作为参考。该文中陶鬲分期的第二期四、五、六段对应战国早期、中期、晚期，也就是本报告的第二、三、四期（表三）。

表三　陶器组合演变序列与墓葬年代对应关系统计表

期	段	年代	墓号（第Ⅰ、Ⅱ组）	墓号（第Ⅲ组）	总计
一	一	春秋战国之际	M788		1
二	二	战国早期	M581、M750	M709、M727、M794、M895	6
三	三	战国中期早段	M432、M437、M446、M588、M590、M634、M648、M649、M658、M689、M787、M830、M844、M894、M913、M916	M603、M620、M636、M700、M765、M836、M853、M855、M944、M949	38
	四	战国中期晚段	M440、M533、M574、M682、M708、M735、M764、M792、M797、M814、M859、M927		
四	五	战国晚期	M369、M448、M572、M575、M580、M589、M626、M669、M672、M676、M686、M690、M706、M710、M720、M725、M732、M739、M749、M756、M779、M783、M817、M818、M831、M912、M926、M929	M443、M541、M545、M552、M555、M563、M571、M596、M608、M852、M893	39

① 目前北京地区发掘公布的战国墓葬资料主要有：苏天钧：《北京昌平区松园村战国墓葬发掘记略》，《文物》1959年第9期；北京市文物工作队：《北京怀柔城北东周两汉墓葬》，《考古》1962年第5期；北京市文物工作队：《北京昌平半截塔村东周和两汉墓》，《考古》1963年第3期；孙玲：《琉璃河遗址发现战国墓群》，《中国文物报》1992年7月19日；北京市文物研究所：《岩上墓葬区考古发掘报告》，《北京段考古发掘报告集》，科学出版社，2008年；北京市文物研究所：《北京窦店战国墓葬发掘简报》，《文物春秋》2010年第5期；北京市文物研究所、北京市房山区文物管理所：《北京房山前朱各庄战国墓发掘简报》，《文物》2017年第4期。

② 郑君雷：《战国时期燕墓陶器的初步分析》，《考古学报》2001年第3期。

③ 周海峰：《燕文化研究》，吉林大学博士学位论文，2011年，第71～80页。

④ 李晓健：《太行山东麓地区东周陶鬲谱系研究》，《边疆考古研究》（第26辑），科学出版社，2019年。

第四节　相关问题探讨

一、墓 地 成 因

后屯墓地位于潞城镇西北部，该区域在永定河、潮白河的洪冲积平原上，地势平坦，土层深厚，土质肥沃，境内水源充沛，宜牧宜耕。

西周中期，此地属燕。战国燕昭王时，励精图治，招贤纳士，疆域扩大，始设五郡，此属渔阳郡。且地扼蓟辽，农业陶工并进。即使整个战国时期战乱频仍，但燕昭王励精图治，招贤纳士，生产方式的改变让整个国家人口有了大量增长，后屯村战国墓地战国中晚期墓葬增多正是这一历史背景的反映。墓葬的年代集中在战国中期至战国晚期（即墓葬分期第三、四期），器物演变序列清晰。

从后屯墓地战国墓葬的发掘情况看，墓葬分布密集，间距稠密，其间同时期墓葬少有打破关系。可以发现，墓葬主要集中在北部、西北部、中部、东南部等区域，每个区域的墓葬排列似有一定规律，特别是中部和北部的部分墓葬，两两紧挨或三座紧挨，墓向一致，由南向北成组排列，早晚有序。种种现象说明，该墓地不是随意下葬，而是有周密的安排和管理，可能为宗族埋葬公墓地①。

二、文化因素分析

西周初年召公封蓟之后，燕国不断扩展，雄踞燕辽渤碣达700年。由于在燕国的西、南方向是强大的中原诸侯国，所以，东、北方向的部族方国成为燕国开疆拓土的对象。山戎、貊、箕子朝鲜、东胡等均与燕国发生过接触②。游牧民族山戎活动的区域主要集中分布在伊逊河的

① 《周礼·冢人》云：（冢人）“掌公墓之地，辨其兆域而为之图，先王之葬居中，以昭穆为左右。凡诸侯居左右以前，卿、大夫、士居后，各以其族”。《周礼·墓大夫》云：（墓大夫）“掌凡邦墓之地域，为之图。令国民族葬而掌其禁令”。不仅贵族有公墓墓地，平民也有聚族而葬的邦墓地，而且分别都有冢人和墓大夫作图规划管理。这也即《周礼·大司徒》所云：“以本俗六安万民，……二曰族坟墓。”后屯村战国墓地考古发掘和文献记述基本能互相印证。参见杨天宇：《周礼译注》，上海古籍出版社，2004年，第322、324、154页。

② 据《春秋穀梁传》记载，庄公三十一年（前663年），“桓外无诸侯之变，内无国事，越千里之险，北伐山戎，为燕辟地”。参见承载：《春秋谷梁传译注·桓公》，上海古籍出版社，2004年，第189页。《国语·齐语》：（桓公）“遂北伐山戎，刜令支、斩孤竹而南归”。参见黄永堂：《国语全译·齐语》，贵州人民出版社，1995年，第257页。《史记·匈奴列传》：“其后燕有贤将秦开，为质于胡，胡甚信之，归而袭破走东胡，东胡却千余里……燕亦筑长城，自造阳至襄平，置上谷、渔阳、右北平、辽西、辽东郡以拒胡”。参见（汉）司马迁撰，（宋）裴骃集解，（唐）司马贞索隐，张守节正义：《史记·匈奴列传》，中华书局，1999年，第2209、2210页。又据《山海经·海内西经》：“貊国在汉水东北。地近于燕，灭之”。参见袁珂：《山海经校注·海内西经》，上海古籍出版社，1980年，第293页。

上游、洋河的中游、潮河的下游、桑干河支流壶流河，以及滦河、白河一带[①]。后屯墓地地处潮白河冲积平原，在空间上的文化交流则成为必然。战国燕墓中存在的非燕文化因素正是此种历史背景的反映。

考古学文化因素中的基本要素和成分，主要反映在墓葬形制，特别是随葬器物组合的群体特征及其个体形态特点上。

（一）燕文化

后屯墓地战国墓葬随葬陶礼器的基本组合为鼎、豆、壶、盘、匜、小口壶（罐）、浅盘豆等，日用陶器墓则有尊、燕式鬲等。组合关系基本稳定，时代特征主要表现在陶器形态的变化上。其中演变规律比较清楚的是鼎、豆、壶、盘、匜、小口壶（罐），与怀柔城北[②]、易县燕下都[③]、朗井村[④]、周仁村[⑤]等地出土的陶器接近。前述陶器是典型的战国燕式陶器，其形制有着典型的战国燕式陶器特点，各期的标准陶器组合是战国燕墓陶器组合，代表着典型的战国燕文化。

（二）非燕文化

后屯墓地战国墓葬的叠压、打破情况较少，分布较为集中。墓坑排列有序，方向具有相对一致性。但这批墓葬中有6座东南向墓、1座东向墓，不与其他墓葬北向相同，这表明这几座墓主人可能原不属于该宗族成员，可能死后的墓葬保留其生前信仰或遥望家乡之意，属于非燕文化遗存。

出土陶器中常见双耳罐、三足罐、罐等，没有明确的组合关系。双耳罐与白庙墓地出土[⑥]的形制近似，应源于军都山类型，属于非燕文化因素[⑦]。三足罐与辽宁喀左眉眼沟墓地出土的[⑧]形制近似，与夏家店上层文化或有某种联系。夏家店上层文化遗存主要分布在努鲁儿虎山以西，年代相当于晚商至春秋。夏家店上层文化“东胡说”的看法曾较为流行，近年来，夏家店上层文化“山戎说”[⑨]逐渐被学术界认可。

---

① 张秀荣：《燕都变迁与山戎族考略》，《中国古都研究（第八辑）——中国古都学会第八届年会论文集》，中国古都学会，1990年，第14页。

② 北京市文物工作队：《北京怀柔城北东周两汉墓葬》，《考古》1962年第5期。

③ 河北省文化局文物工作队：《河北易县燕下都第十六号墓发掘》，《考古学报》1965年第2期。

④ 河北省文化局文物工作队：《1964—1965年燕下都墓葬发掘报告》，《考古》1965年第11期。

⑤ 河北省文化局文物工作队：《燕下都遗址外围发现战国墓葬群》，《文物》1965年第9期。

⑥ 张家口市文物事业管理所：《张家口市白庙遗址清理简报》，《文物》1985年第10期。

⑦ 郑君雷：《战国时期燕墓陶器的初步分析》，《考古学报》2001年第3期。

⑧ 朝阳地区博物馆、喀左县文化馆：《辽宁喀左大城子眉眼沟战国墓》，《考古》1985年第1期。

⑨ 林禨：《东胡和山戎的考古学探索》，《林禨学术文集》，中国大百科全书出版社，1998年。

三、墓主人的社会等级

叶小燕曾对中原地区已发表的近800座战国墓葬资料进行过统计分析，将墓坑大小及随葬品作为重要标准，分析了墓主人身份等级，大型墓葬对应上层贵族，中型墓葬对应一般贵族，小型墓葬对应贫民①。战国墓葬的墓主人社会等级分析亦是在前辈学者的成果基础上进行。从墓葬规模来看，这批战国墓的坑长2～4米，大小不一，属于中、小型墓并存的墓地，随葬陶器从等级上可以分为陶礼器和日用器两大类。

第一类：中型墓，共计72座。这类墓坑长3～4.6米，即当时度制的一丈三至两丈，葬具多为一棺一椁，仰身直肢为主要葬式，随葬品为成组的鼎、豆、壶、盘、匜等陶礼器，它们可能是一般贵族的墓。

第二类：小型墓，共计159座。这类墓坑长小于3米，即当时度制的一丈三以下。由于墓坑窄小，有的在坑的头端辟陈放随葬陶器的小壁龛，葬具为一棺一椁或单棺。随葬数件陶礼器，如壶、罐或鬲等，这可能是下层小贵族或平民的墓。有些墓墓坑狭小，仅有一两件陶礼器或铜带钩随身放置，或无一长物，这可能是生活在最底层的贫民墓葬。M749较为特殊，出土了2件铜镞，有1件是嵌在小腿骨里，可能是战场负伤遗留，除此之外还随葬鼎、豆、壶等陶礼器，规格较高，墓主人推测是下级军官。

① 叶小燕：《中原地区战国墓初探》，《考古》1985年第2期。